Den 36. Genuss-Guide gestemmt: SZENE-HAMBURG-Geschäftsführer Tanya Kumst (links) und Mathias Forkel, Grafikleitung Constanze Henk (2. v. l.) und Projektleitung Ilona Lütje

FOTO: JOHANNA ZOBEL

Hamburgs Gastro nimmt Kurs Zukunft

Nach vorn. Nicht zurück. Mit Mut, Optimismus und frischen Ideen. Das ist der Weg, den unzählige Gastronomen gerade jetzt beschreiten. Weil sie nicht anders können. Weil sie Macherinnen und Macher sind. Und weil auf Krisen folgt, was folgen muss. Der Aufschwung. Mit dieser 36. Ausgabe unseres Genuss-Guides wollen wir auf 470 Seiten wertschätzen, wie kreativ Hamburgs Gastro ist. Warum auch in Zeiten nach Pandemie, ersten Schockwellen angesichts eines Kriegs in Europa und den großen Herausforderungen steigender Preise das Genießen wichtiger denn je ist. Und nein, es geht nicht ums Schönreden. Sondern um Perspektive. Denn die hat unsere Gastro! Und sie hat sie auch verdient.

Natürlich bleiben wir uns treu, wenn es um unser Herz geht. Das schlägt für anonyme, kritische und unabhängige Restaurantchecks. Also haben sich unsere Autoren und VIP-Tester auch in diesem Jahr wieder aufgemacht, den kochenden Künstlern hinter die Tresen und auf die Teller zu schauen und dem Service mal gehörig auf den Zahn zu fühlen. Satte 750 Läden haben in den vergangenen Monaten unangemeldet Besuch von uns bekommen. Ab Seite 101 zeigen wir, hinter welchen Türen kulinarisch magische Momente warten. Und verschweigen nicht, wenn lahm oder gar lausig performt wird. Von der kleinen Fischbude bis zum Fine-Dining-Tempel ist alles dabei. Ganz zu schweigen von unseren Besten, die den Gastro-Himmel rocken und sich mit den begehrten Sternen schmücken dürfen.

Und auch sonst ist unser Tisch wieder reich gedeckt. Wir haben Tipps und Trends (ab Seite 8) gesammelt, die heißesten Neueröffnungen ausgegraben und sagen norddeutsch Tschüss zu denen, deren Küchen künftig kalt bleiben müssen. Und dann gibt's natürlich als Topping die 20 Testsieger und Hamburgs wichtigsten Gastropreis (ab Seite 102) zu verteilen. Unsere hochkarätig besetzte Jury hat das Restaurant des Jahres, den besten Newcomer und – Premiere! – die beste Bar prämiert. Einen Nachhaltigkeitspreis packen wir noch drauf. Und einen würdigen Träger unseres Genuss-Michels fürs Lebenswerk haben wir in Suman Kumar auch gefunden. Tusch!

Klar, wo Hamburg endet, fängt Genuss manchmal erst richtig an. Also steuern unsere Tester auch das Umland an, machen sich auf die Suche nach zauberhaften Gütern, Höfen und Spots. Diesmal sogar rund um die Lübecker Bucht, denn wir haben ab Seite 426 ein Ostsee-Spezial am Start und schauen uns auch an der Nordsee um. Plus die chilligsten Cafés und alles rund um Schnaps. All das garnieren wir mit Porträts, Storys und Interviews. So erzählen uns coole Köche, wohin ihre Reise geht. Beim VIP-Talk (ab Seite 30) sprechen wir mit Top-Gastronomen über neue Konzepte, fallende Scheuklappen und Zukunft. Und wir beschäftigen uns mit Mehrweg und der Kontroverse ums Containern. Also volle Fahrt voraus. Mit klarem Kurs Zukunft. Weil wir Hamburgs Gastro feiern wollen. Weil wir Genuss lieben. Und an all diese tollen Leute da draußen glauben, die uns satt und glücklich machen! Die begleiten wir übrigens auch online – auf unserer immer topaktuellen Website informieren wir laufend über alles, was in der Gastroszene unserer schönen Stadt passiert. Lasst es euch schmecken! Viel Spaß beim Lesen!

Das Team von SZENE HAMBURG

+++ www.genussguide-hamburg.com +++

VLET

Restaurant VLET Kitchen & Bar
Jungfernstieg 7, 20354 Hamburg
040 350 189 90

750 Restaurants im Test

Magazin

FOTOS: JULIA SCHUMACHER (O.), CAFE FABRIC (L.), JOHANNA ZOBEL (R.)

INHALT

Service

Unsere Top-Listen

Register

Standards

FOTOS: THE BLESS (O.), OLAF MALZAHN (M.L.), MARC SILL (M.R.), JOHANNA ZOBEL (U.)

Tipps & Trends

Kochbücher, Spirituosen, Weine oder neu gedachte Tiefkühlkost – diese Tipps kommen allesamt aus Hamburg. Hier gibt's die frischen Trendsetter für Foodies und Genießer!

KOCHBUCH VON STEVAN PAUL

„EINFACH URLAUB"

Winterstiefel aus, Sandalen an! Der Hamburger Kochbuchautor, Foodjournalist und Genuss-Guide-Kolumnist Stevan Paul sorgt mit seinem neuen Kochbuch „Einfach Urlaub" für sommerliche Vorfreude. Das Buch ist seit Ende Februar erhältlich und enthält Rezepte, die einfach überall gelingen: „In der kleinsten Küche einer Ferienwohnung, im Campingmobil, draußen und unterwegs [...] die praktischen Rezepte sind von der ganzen Welt inspiriert", sagt der Autor. Übersichtlich aufgeteilt, präsentiert Stevan Paul in seinem Kochbuch die Rezepte in verschiedenen Kapiteln: darunter „Gut gegen Hitze", „Rezepte ohne Kochen", „Die schnelle Nummer", „Grillen" und „Süßer Sommer". Für den Gaumen bedeutet das cremig-kühles Labneh mit Gurke, Mozzarella mit Gemüsekonfetti, aber auch leckere Eistees und bunte Tacos. Alle Rezepte wurden vom Autor selbst auf die Probe gestellt; das Buch wurde in und um ein Häuschen an einem See in Norddeutschland produziert. Übrigens: Tipps zum Einkaufen, Vorrat und platzsparenden Packen gibt es im Kochbuch obendrauf.
brandstaetterverlag.com/buch/einfach-urlaub

FOTO: VIVI D'ANGELO/BRANDSTÄTTER VERLAG

Zum Dorfkrug Landhof

„Das wird sau-gut", verspricht der Zum Dorfkrug Landhof. In Neu Wulmstorf bietet der Hof ein umfangreiches kulinarisches Angebot: Im Hofladen warten regionale Produkte und Fleisch vom Hof, im Hof-Café gibt es hausgemachte Kuchen, saisonale Gerichte und deftige Speisen wie Burger, Pinsa und Currywurst. Jede Menge Erlebnis gibt es obendrauf, etwa einen Besuch bei den Hof-Bewohnern, darunter Hühner, Schweine, Ziegen, Kühe und Alpakas. Bei Hofführungen erfahren Teilnehmer alles über die Landwirtschaft. Zum Austoben für die kleinen Gäste gibt es einen Abenteuerspielplatz und Kettcar-Parcours!
landhof.zum-dorfkrug.de

Schokovida

Fiete und Käthe kommen aufs Brot – und zwar mit Schokovida. Der schokoladige Brotaufstrich aus Hamburg kommt mit einem maritimen Label daher, das sich auch super zum Verschenken eignet. Darin: dunkle und helle Schoko-Nuss-Creme. Jeder Schokoaufstrich wird in liebevoller Handarbeit hergestellt. **Übrigens:** Im Sortiment gibt es auch fruchtige Brotaufstriche, Pralinen und natürlich noch viel, viel mehr Schokolade.
schokovida.de

VEGAN

FRoSTA Foodservice

FRoSTA hat sich längst auch in der Gastronomie einen Namen gemacht: mit FRoSTA Foodservice. Unter der Linie „Vom Feld" bietet FRoSTA Foodservice ein veganes Sortiment. Die Produkte sind alle aus rein pflanzlichen Zutaten und entsprechen einem nachhaltigen Anspruch. Frisch vom Feld eben. Bei der Herstellung verzichtet FRoSTA Foodservice auf Soja, Farbstoffe, Geschmacksverstärker, Aromen und Konservierungsstoffe. **Kurz:** Es gibt keine kennzeichnungspflichtigen Zusatzstoffe.
frostafoodservice.de

VOELKEL

KÜHLFRISCHE HAFERDRINKS

Mit viel Calcium, für Kaffee-Fans oder klassisch: Die neuen Haferdrinks von Voelkel aus dem Nordosten Niedersachsens stehen erstmalig im Kühlregal. Sie werden nur kurz erhitzt, um möglichst frisch zu sein. Der Geschmack der veganen und glutenfreien Milchalternativen ist dadurch noch vollmundiger und milder. Durch das besonders schonende Verfahren müssen die frischen Haferdrinks in den Sorten Hafer klassisch, Hafer mit Calcium und Hafer Barista durchgehend gekühlt werden.
voelkeljuice.de

HAMBURGER KÜMMEL

HELBING

Ein echter Hamburger! Der würzige Helbing Kümmel wird seit 180 Jahren nach unveränderter Rezeptur hergestellt. Die streng geheime Mixtur stammt von Johann Peter Hinrich Helbing. Trotz des hohen Alters sorgt der Helbing auch heute noch bei Jung und Alt gleichermaßen für jede Menge Spaß. Ob pur, mit Tonic Water oder als Cocktail mit Basilikum und Zitrone: Der Helbing macht immer eine gute Figur. Also, cheers!
helbing-kuemmel.de

FOTOS: SCHOKOVIDA, FROSTA FOODSERVICE TOBIAS PANKRATH, VOELKEL, HELBING

MICHELIN-STERN FÜR DAS HÆBEL

Fabio Haebel ist Multigastronom. Neben zwei Restaurants und einer Bäckerei betreibt der Familienvater auch den Lieferservice Circus. Sein Restaurant hæbel in der Paul-Roosen-Straße wurde bereits 2021 mit dem grünen Stern für Nachhaltigkeit ausgezeichnet, in diesem Jahr kam ein richtiger Stern des Guide Michelin dazu. Vor über zwölf Jahren startete Haebel mit der Tarterie St. Pauli, 2016 dann der Namenswechsel, nachdem das Konzept mehr und mehr in Richtung Fine Dining ging. Küchenchef Kevin Bürmann kocht gemeinsam mit seinem Team ein vegetarisches und ein omnivores Menü, das durch die Expertise von Gastgeberin Jule-Fee Poll und Sommelier Noah Goeke perfektioniert wird.
haebel.hamburg

HAK Hülsenfrüchte im Beutel

Ohne Zucker und Aromen zubereitet: Die HAK-Hülsenfrüchte im Beutel haben einen puren Geschmack. Durch den praktischen Beutel benötigen die Hülsenfrüchte kaum zugesetztes Wasser und haben dadurch einen guten Biss. Ob im Salat, in der Suppe oder anderen leckeren Speisen: Die verschiedenen Bohnen, Linsen, Kichererbsen machen überall eine gute Figur und sind dazu noch eine gesunde Quelle für Proteine und Ballaststoffe.
hakdeutschland.de/sortiment/bonen-linzen-in-stazak

SPENDENPROJEKT

HILF MAHL!

Dieses Spendenprojekt für Obdachlose hat seine Wurzeln in London. Helfen ist damit ganz einfach: Teilnehmende Restaurants weisen durch Tischkarten darauf hin, dass Gäste einen zusätzlichen Betrag von einem Euro auf ihrer Rechnung finden werden. Dieser wird an Organisationen weitergeleitet, die Notunterkünfte betreiben oder Essen verteilen. Der Spendenbetrag kann von den Gästen abgelehnt oder auch beliebig erhöht werden. Hilf Mahl!
hilfmahl.de

1€
HILF MAHL!
DER OBDACHLOSEN·OBOLUS

KOCHBUCH VON GOLDEIMER

„KOCHEN FÜR DEN ARSCH"

128 Seiten für eine gesunde Darmflora: mit dem Kochbuch „Kochen für den Arsch – 40 darmgesunde Rezepte für mehr Ästhetik in der Schüssel". Insgesamt 40 Rezepte bringen sorglose Momente im Badezimmer. Mit den Rezepten geht's glücklich durch den ganzen Tag: ob zum Frühstück, Mittagessen oder Abendessen. 30 Rezepte sind vegetarisch, zehn vegan: darunter etwa vegane Paella mit buntem Gemüse und Ratatouille mit Fenchel und Aubergine.
goldeimer.de

FOTO: JOHANNA ZOBEL (O.L.), JESSICA ZUMPFE (U.)

Public Coffee Roasters

Kaffee made in Hamburg: Die Public Coffee Roasters rösten ihre Bohnen auf einem Hausboot auf der Elbe. Das Credo der Kaffeerösterei: „Qualität mit jedem Arbeitsschritt". Und das kommt an, mittlerweile gibt es drei Cafés der Public Coffee Roasters in Hamburg – in der Neustadt, in Eimsbüttel und in Winterhude. Um die steigende Nachfrage zu decken, hat das Unternehmen inzwischen einen zweiten Standort zum Rösten in Rahlstedt, wo es gemeinsam mit den Hanseatic Coffee Roasters arbeitet. Alle, die mehr über das schwarze Gold erfahren möchten, können auf dem Hausboot an Barista-Seminaren teilnehmen.
publiccoffeeroasters.com

Rainbow World Wine

Der Rainbow World Wine feiert die Vielfalt! Die Idee zum Wein hatte Rainbow World, eine Plattform, die sich für Freiheit, Respekt und Toleranz einsetzt. Gemeinsam mit der Pfälzer Winzerin Tina Pfaffmann ist ein regenbogenbunter, leichter Grauburgunder entstanden. Der Erlös aus dem Verkauf des Weins fließt in die Arbeit der Rainbow World. Das gefällt: Wein-Genuss mit guter Botschaft!
rainbowworld.de

KOCHBUCH

„Herr Grün kocht. Natürlich, vegetarisch und vegan."

Neues aus dem Kochlabor: Mitte März 2023 erschien das zweite „Herr Grün"-Kochbuch von dem Hamburger Autoren und Foodfotografen Manfred Zimmer. In „Herr Grün kocht. Natürlich, vegetarisch und vegan." gibt es Geschichten, Illustrationen und natürlich jede Menge leckere vegetarische und vegane Rezepte. Ob Pasta, Pizza, Mediterranes, Gerichte für den Sonntag, schnelle Küche oder Suppen – hier wird wirklich jeder fündig, glücklich und satt! Herr Grün „kocht" aber nicht nur in Büchern, einen großen Fundus an Rezepten gibt es auch im Onlineblog.
herrgruenkocht.de

PLACE4BEES

Eine moderne Beekeeping Company aus Hamburg: PLACE4BEES gibt Honigbienen ein neues Zuhause – und zwar bei Unternehmen und Hotels. Die Bienenvölker werden von PLACE4BEES auf den Firmengeländen aufgestellt und das ganze Jahr über betreut – ein echtes, erlebbares Nachhaltigkeitsprojekt vor Ort! Die beiden Gründer von PLACE4BEES, Dani Castro und Björn Schumann, verbindet die Liebe zur Natur und Imkerei. Mit ihrem Unternehmen verfolgen sie gemeinsam die Vision, gesunde Lebensräume für heimische Bienen zu schaffen und vielen Menschen einen Einblick in diese Welt zu gewähren.
place4bees.com

FOTOS: MALTE METAG (O.L.), HERR GRÜN (M.), LYNN BUTENSCHÖN (U.)

GREEN FOOD FESTIVAL

Beim Green Food Festival gibt es interessante Panels und Keynotes, ein vielfältiges Familienprogramm mit Workshops für Groß und Klein und Live-Musik. Kurz: Es wird eine große Feier am Wochenende voller Genuss und Inspiration. Dabei können Gäste engagierte Akteure der nachhaltigen Agrarwirtschaft aus Hamburg und Umgebung persönlich kennenlernen und ihre frischen und leckeren Köstlichkeiten genießen. Vom (veganen) Burger über Craft-Beer-Spezialitäten bis hin zu veganen Eiskreationen ist alles dabei, was das Genießer-Herz begehrt. In der ökologischen und regenerativen Agrarwirtschaft sind viele spannende Landwirte sowie Initiativen und Unternehmen unterwegs, die Nachhaltiges und Innovatives für alle erschaffen. Diese ambitionierten Menschen und Projekte aus der Region werden beim Green Food Festival vorgestellt.

greenfoodfestival.de

Anne Brandes gewinnt Next Chef Award

Die 26-jährige Anne Brandes, Commis de Cuisine im Ameron Hamburg Hotel Speicherstadt, hat auf der Internorga 2023 den Next Chef Award gewonnen – als erste Frau in diesem Wettbewerb. Sie und 15 weitere Teilnehmer mussten ein von Johann Lafer kreiertes Gericht nachkochen – ohne Rezept und Zutaten zu kennen. Die Köchinnen und Köche waren vollständig auf ihren Geschmack, Geruch und auf die Optik angewiesen. Das Gericht bestand aus Rehrücken aus dem Zitronengrasdampf, Topinamburpüree, Enoki-Pilz-Tempura und Soja-Sesam-Sabayon. Im Finale überzeugte Brandes die hochkarätige Jury, der unter anderem die TV-Köche Nelson Müller und Cornelia Poletto sowie Jacobs-Restaurant-Küchenchef Thomas Martin angehörten. Der Preis: Brandes darf ihr eigenes Kochbuch beim Gräfe und Unzer Verlag veröffentlichen.

TANTE-ANNE-LADEN

Liebevoll zusammengestellt und in Bio-Qualität: Der Tante-Anne-Laden vom Restaurant Zur Erholung bietet Eingemachtes, süße Sünden und Weine. Zum Sortiment gehören unter anderem Suppen, Gulasch, Labskaus sowie Apfelmus, Vanille-Rhabarber-Sirup und Schalotten-Konfit. Die handgemachten Speisen gibt es im Onlineshop und im Laden in Uetersen. Perfekt zum Verschenken: die hübsch angerichteten Präsentkörbe.

tante-anne-laden.net

Hamburg-Zanzibar Gin

Der beste Gin der Welt kommt aus Hamburg! Im Hamburger Alstertal kreieren Hauke Günther und Yuka Suzuki ihren Hamburg-Zanzibar Gin. Beim World Gin Award in London konnten die beiden mit ihrem Suburban Gin in der Kategorie „World's Best Classic Gin" den ersten Platz belegen. In der kleinsten Destille der Hansestadt stellen Hauke und Yuka würzige Gins her, die eine Hommage an die Insel Zanzibar sind.

hamburg-zanzibar.de

FOTOS: AMERON HAMBURG HOTEL (O.R.), JOHANNA ZOBEL (M.), FRANK LOESCHKE LIQUID PHOTOGRAPHY (U.)

garage CREATIVESPACE

Für Film-, Presse-, Media-, PR-, Marketing- und Blogger-Events: Der garage CREATIVESPACE bietet ein urbanes Loft als Eventfläche – und zwar inmitten von Winterhude. Neben rustikalem Industriecharme gibt es einen tollen Blick vom sechsten Stock obendrauf. Die über 500 Quadratmeter große Eventfläche kann für bis zu 150 Leute genutzt werden.

garage-creativespace.de

SIERRA TROPICAL CHILLI

Ab zur nächsten Party – und zwar mit Sierra Tropical Chilli. Dieser Tequila vereint die Fruchtigkeit von Sierra Tequila Blanco mit dem fruchtig-intensiven Geschmack von Mango, Maracuja und einem Hauch von Chili. In den Sierra Tropical Chilli kommen ausschließlich hochwertige Zutaten und 100 Prozent natürliche Aromen sowie Mango- und Maracujafruchtkonzentrat. Übrigens: Der Sierra Tropical Chilli schmeckt sowohl gekühlt als auch bei Zimmertemperatur. Salud!

sierratequila.com/de

BIOKISTE HAIDEHOF

Frisches Gemüse bis vor die Haustür geliefert: Wer ein Gemüsekisten-Abo vom Gut Haidehof abschließt, bekommt von Mai bis November Bio-Gemüse geliefert, das regionaler fast nicht sein könnte. Die Wahl liegt zwischen der mittleren Box mit acht oder der großen Box mit zwölf Gemüseeinheiten. Eine Einheit ist zum Beispiel ein Bund Rote Bete, eine Gurke, ein großer Salatkopf oder 250 Gramm Bohnen. Die frische Ware kommt einmal wöchentlich, immer mittwochs, an. Das Gut Haidehof arbeitet für das Projekt mit der Biokiste Hamburg zusammen.

gut-haidehof.de/abo

BRENNEREI ELMENDORF

In der Gin-Schule Hamburg der Brennerei Elmendorf gibt es die einzigartige Gelegenheit, sich am Wochenende seinen ganz persönlichen Gin unter fachkundiger Anleitung zu destillieren. Die Auswahl der Botanicals trifft jeder selbst nach eigenem Geschmack. In den vierstündigen Workshops findet ein ausführliches Tasting statt, und es wird jede Menge spannendes Wissen zum Brenner-Handwerk vermittelt: Infotainment at its best! Das Erlebnis ist und bleibt immer exklusiv und individuell, da sich zwei Gin-Guides um eine Kleingruppe von vier Personen kümmern. Und so ist Gin mit viel Spaß einfach mal selber gemacht.

elmendorf.de

FOTOS: STEFAN GROSSJOHANN-BIRNSTENGEL (O.L.), HINRICHS LEONIE (M.), ELMENDORF (U.)

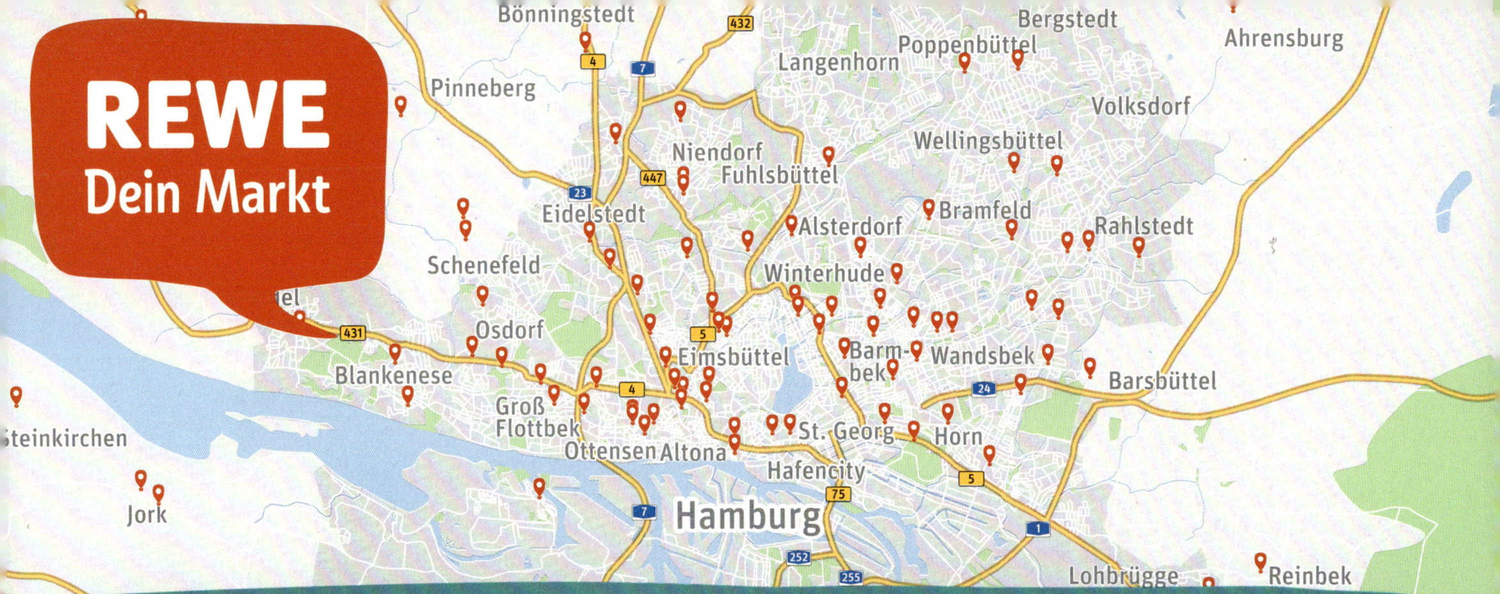
REWE
Dein Markt
Bönningstedt
Bergstedt
Ahrensburg
Langenhorn
Poppenbüttel
Pinneberg
Volksdorf
Niendorf
Wellingsbüttel
Fuhlsbüttel
Eidelstedt
Bramfeld
Alsterdorf
Rahlstedt
Schenefeld
Winterhude
Osdorf
Eimsbüttel
Barmbek
Wandsbek
Blankenese
Barsbüttel
Groß Flottbek
Steinkirchen
Ottensen
Altona
St. Georg
Horn
Hafencity
Jork
Hamburg
Lohbrügge
Reinbek

Angebote im Markt
Zu den Angeboten
beste Wahl, beste Preise
Vorteile & Coupons
REWE Coupons der Woche
% Rabatt
Coupon aktiviert
App Knaller
REWE

Willkommen in Hamburg!

Schluss mit Krise und Angst. Hier kommen die Mutigen. Denn in Hamburg entstehen immer wieder neue Hotspots für Liebhaber von Leckereien aus aller Welt. Wir wünschen den Neu-Gastronomen einen perfekten Start. Noch mehr Top-Neueröffnungen gibt es immer aktuell online auf genussguide-hamburg.com

AI YEU AI

Wenn im Karoviertel ein neues Restaurant eröffnet, das Social-Media-Marketing versteht, bleiben die hungrigen Gäste mit gezücktem Smartphone nicht lange aus. In der Karolinenstraße, am Eingang zur belebten Marktstraße, hat im August 2022 das Ai Yeu Ai eröffnet. Hier werden Fusion Comfort Food and Drinks serviert. Bedeutet: vietnamesische Klassiker mit Trüffel, vegan oder untypisch kombiniert. Die Cocktails und Longdrinks werden nicht nur in schicken Kristallgläsern serviert, sondern auch mit frischen Blüten garniert. Hinzu kommt ein minimalistisch-hippes Interieur, das jede Ecke des Restaurants als perfektes Setting für das nächste Instagram-Posting erscheinen lässt.
Karolinenstraße 16 (St. Pauli);
Seite 188

FOTO: ALICE VON DER LADEN

SÜLLBERG ALM

Sternekoch Karlheinz Hauser hat nach 20 Jahren seine Fine-Dining-Restaurants Seven Seas und Deck 7 in Blankenese geschlossen. Gut für die Gastro-Brüder Vazzano, die als neue Pächter im September 2022 die Süllberg Alm eröffnet haben. Die Genussregion Südtirol steht im Vordergrund: Brotzeitbretter, Steaks vom Simmentaler Rind oder Veggie-Spinatschlutzkrapfen sind Beispiele der Speisekarte. Darüber hinaus gibt es Fine-Dining-Produkte wie Kaviar und Austern. Seit Jahren das Highlight: die große Terrasse mit Blick über die Elbe.
Süllbergsterrasse 12 (Blankenese);
suellberg-gastronomie.de;
Seite 247

GRILL ROYAL

Endlich! Dass das Promi-Restaurant nach Hamburg zieht, war schon lange bekannt. Auch, dass das Hamburger Grill Royal in Top-Lage an der Binnenalstar beheimatet sein würde. Doch die Renovierungsarbeiten verzögerten sich. Anfang Mai begannen schließlich die ersten Soft-Openings. Die offizielle Eröffnung war zu Redaktionsschluss für 20. Mai geplant – weitere Verzögerungen nicht ausgeschlossen.
Ballindamm 17 (Altstadt);
Seite 188

MAQUIS

Dass man im Maquis nachhaltig und fleischfrei in einer neuen Dimension genießen kann, hat sich seit der Eröffnung im Herbst 2022 schnell herumgesprochen. Das Lokal in Altona zieht Vegetarier und Fleischfreunde zugleich an. Das Drei-Gänge-Menü besteht aus Kombinationen deutsch-französischer Gerichte, regional eingekauft, raffiniert variiert. Als Gast fühlt man sich herzlich willkommen, angefangen bei der Begrüßung über die Erklärung der Speisen vom Koch bis hin zum gemeinsamen Absacker am Ende des Abends.
Thedestraße 2 (Altona-Altstadt);
maquis.hamburg;
Seite 256

KAIYŌ

Schon die Räumlichkeiten sind ein Hingucker. Wo früher Cölln's, Deutschlands älteste Austerstube zu Hause war, ist Ende 2022 das japanische Restaurant Kaiyō eingezogen. Die Kacheln an den Wänden von 1760 sind dieselben, auch Meeresfrüchte werden weiterhin in der Küche zubereitet. Nur jetzt eben auf die japanische Weise. Nigiri, Maki und Co. werden hier in Perfektion zubereitet und angerichtet. Der freundliche Service bringt die bis ins Detail fein angerichteten Speisen in zügigem Tempo an den Tisch. Die passenden Weine und Longdrinks sehen mindestens genauso gut aus wie die Gerichte.
Brodschrangen 1-5 (Altstadt);
instagram.com/
kaiyo_japanese_cuisine;
Seite 196

FOTOS: JUAN MOLINA (O. & U.), MATTHIAS ONKEN (M. L.), MARC SILL (M. R.)

EDMONDO

Das Edmondo vom Unternehmen Big Squadra bringt italienische Lebensfreude nach Hamburg. In den ehemaligen Räumlichkeiten des Restaurants Die Bank in der Innenstadt finden Gäste seit Mitte April 2023 viel Farbe, Glitzer und echte italienische Köstlichkeiten. Chefkoch Edoardo Bernini bereitet in der Küche unter anderem neapolitanische Pizza, Trüffelpasta, Hummer-Risotto und Grill-Spezialitäten zu. Um den mediterranen Geschmack zu garantieren, wird mit mehr als 170 italienischen Produzenten zusammen gearbeitet. Neben dem Edmondo gibt es noch die Giorgia Trattoria in München und das Coccodrillo in Berlin.

Hohe Bleichen 17 (Neustadt);
bigsquadra.com
Seite 121

JING JING

Etwas versteckt in einem Hinterhof hat das Jing Jing im September 2022 sein Zuhause in einer ehemaligen Weinlagerhalle gefunden. Bunte Wandmalerei, eine offene Küche und original thailändisches Geschirr sind wahre Hingucker. Doch die echten Stars des Restaurants in Eimsbüttel sind die Speisen: authentische Thai-Gerichte in kleinen Portionen, perfekt zum Teilen und mit ordentlich Schärfe – bei Bedarf. Ob nordthailändischer Rindfleisch-Salat, südthailändisches Curry oder ein veganes Auberginengericht mit „heiligem Basilikum", der freundliche Service leitet jeden Gast durch die Menükarte.

Waterloohain 7 (Eimsbüttel);
jing-jing.de;
Seite 204

LOEWEN

Viele Plätze in der Sonne auf dem Eppendorfer Weg – ein Garant für viele Gäste. Das dachten sich wohl Malvin Ullmann und Johann Jencquel, als sie hörten, dass für die Räumlichkeiten der alteingesessenen Gastwirtschaft Löwen neue Pächter gesucht werden. Die Betreiber des Edelsatt in Winterhude machten Nägel mit Köpfen, renovierten das Ecklokal und eröffneten ihr Loewen Ende Januar 2023. Seitdem bekommen Gäste hier bunte Bistro-Küche mit regionalen Produkten, eine hauseigene Käseauswahl sowie samstags und sonntags ein üppiges Brunch-Menü.

Eppendorfer Weg 264 (Hoheluft-Ost);
edelsatt.de/loewen;
Seite 302

BATU NOODLE SOCIETY

Über der Drunken Oyster Bar leuchten seit Oktober 2022 verheißungsvoll rote Lampions den Weg in Hamburgs neuen Nudel-Hotspot: die BATU Noodle Society. Eine schmale Treppe führt in das Restaurant, das seine Gäste mit einem Mix aus Chinarestaurant, Shabby Chic und durchdachtem Design empfängt. Die namensgebenden Nudeln werden täglich frisch hergestellt und sind eine Kombination aus chinesischer Nudelkultur und italienischem Know-how. Mit Lilienblüten-Pilzfond, geschmortem Ginger-Beef-Gulasch oder Szechuan-Style-Bolo werden sie ins perfekte Licht gerückt.

Eimsbütteler Straße 1 (Altona-Nord);
batu.global;
Seite 186

FOTOS: JOANN PAI (O.), MARC SILL (M., U.)

SICILY

Mitte März 2023 ist Blankenese um einen Hotspot reicher geworden. Sicily – The Italian Bar bietet seinen Gästen hochwertige italienische Weine, internationale Cocktails und Kaffee. Dazu gibt es diverse italienische Aufschnitte und Käsesorten wie hauchdünn geschnittener Parmaschinken, Trüffelsalami, Gorgonzola und Parmesan. Selbst gebackene Ciabatta gibt es auch zum Mitnehmen und die frisch belegte Pinsa ist perfekt für den etwas größeren Hunger. Inhaber der Bar ist Agatino Testa, Sohn des Gastronomen Salvatore Testa aus dem Ristorante Dal Fabbro und erfolgreicher DJ und Musikproduzent.

Blankeneser Bahnhofstraße 2 (Blankenese); instagram.com/sicily_hamburg
Seite 420

DA REMO

Das italienische Restaurant Da Remo eröffnete im März unter gleichem Namen einen zweiten Standort. Künftig gibt es im Lehmweg 35 Pastagerichte wie Lasagne, Gnocchi und Fettuccine sowie großzügige Vorspeise-Platten und Desserts. Nur wenige Meter entfernt, im ursprünglichen und ersten Standort in der Hegestraße 12, hat sich die Küche auf Pizza spezialisiert. Das neue Restaurant ist modern eingerichtet und hält im Sommer Plätze auf der geräumigen Terrasse bereit. Angelo Giampietro führt das Restaurant in der zweiten Generation.

Lehmweg 35 (Hoheluft-Ost); daremo-ristorante.de

MÖSTEL FEINE KOST

Im September 2022 hat das Restaurant Möstel Feine Kost & Bewirtung in Lemsahl-Mellingstedt eröffnet. Das Küchenkonzept lautet: kreativer, respektvoller Umgang mit den Ideen und Geschmäckern von anderswo. Zusammen mit saisonalen Produkten aus der Region ergibt das eine moderne Cross-over-Fusionsküche. Besonders beliebt ist das Foodsharing-Menü. Hier liefert der Service in kleinen Abständen allerlei Highlights aus der Küche, darunter Beef-Carpaccio, Karottensüppchen oder Pulled Chicken Taco.

Lemsahler Landstraße 195a (Lemsahl-Mellingstedt); moestel-feinekost.de;
Seite 245

KYBA

Anfang 2023 eröffnete das Kyba Restaurant in der Hamburger Neustadt und verspricht „einzigartige Gerichte und innovative Geschmackskombinationen". Marmortische, graue Wände und dunkelgrüne Samtstühle treffen auf internationale Gerichte wie Blumenkohl-Mousse mit Kaffeenote, Lemon Chicken und eine Auswahl an süßen Desserts und bunten Cocktails. Immer im Fokus: die Kombination verschiedenster Geschmäcker und Gewürze.

Kaiser-Wilhelm-Straße 73 (Neustadt); kyba-restaurant.com;
Seite 302

FOTOS: DA REMO (O.L.), MARC SILL (O.R.), MÖSTEL (M.), JOHANNA ZOBEL (U.)

SONNENDECK

Wo früher das Del Mar war, sorgt seit dem 5. Mai das Sonnendeck St. Pauli für Urlaubsstimmung. Die Gastronomen Björn Hansen und Kevin Hartjen haben den Zuschlag für die 500 Quadratmeter große Fläche von der Stadt Hamburg bekommen und möchten hier nun maritimes Flair mit nachbarschaftlichem Ambiente verbinden. Weißer Sand, Palmen und Hängematten werden mit regionalen und saisonalen Gerichten kombiniert. Dazu gibt es eine Auswahl an Beachbar-Klassikern wie Fritten und Fischbrötchen.
Bei den St. Pauli-Landungsbrücken (St. Pauli); sonnendeck-stpauli.de

DE MARCO

Die liebevoll gestaltetet Vineria e Culinaria von Angelo de Marco punktet mit charmantem Service und hervorragendem Essen. Der ehemalige Küchenchef des Tschebull hat im November 2022 sein eigenes Restaurant eröffnet und tischt dort Klassiker seiner Heimatküche auf: Saltimbocca, Wolfsbarsch-Carpaccio und Tiramisu sind nur drei von zahlreichen Köstlichkeiten, die das Team kredenzt. Dazu gibt es ausgewählte Weine, herzlichen Service und gemütlich-italienisches Ambiente.
Rathausstraße 12 (Altstadt); demarco-vineria.com;
Seite 122

ÆNDRÈ RESTAURANT

Das Café Ændrè tischt im Lehmweg seit Jahren nachhaltige, gesunde Vegan-Küche auf. Nun hat Inhaberin Janine op het Veld ein Restaurant mit dem gleichen Ansatz eröffnet. In der Schlüterstraße gibt es seit April 2023 gesunde Bowls, einen wechselnden Mittagstisch aus regionalen Produkten und mehr. Die Einrichtung ist minimalistisch-schick mit Sand- und Erdtönen, gedecktem Licht und einem Mix aus Materialien. Die Gäste können sich auf tollen Service, gute Drinks und die gewohnte Ændrè-Mentalität freuen.
Schlüterstraße 86 (Rotherbaum); aendre.de;
Seite 255

LEGLER'S

Max Legler bereichert seit Februar 2023 mit seinem modernen Bistro Ottensens Gastroszene. Nach Stationen im Le Canard und Landhaus Scherrer stand er im Witwenball und zuletzt im neuen Szeneladen „Der Player" am Herd. Er kocht zeitgenössisch französisch mit regionalen Produkten nach Saison: Sashimi vom Streifenbarsch, Burrata mit Radicchio und Spaghetti mit Miesmuscheln sind nur Ausschnitte aus der regelmäßig wechselnden Karte. Das Weinregal bestückt er mit Flaschen vom benachbarten Fachhandel Oxhoft.
Hohenesch 55 (Ottensen); leglers.de;
Seite 242

FOTOS: LEA HARMS (O.L.), ALICE VON DER LADEN (M.L.), JOHANNA ZOBEL (M.R.), MAX LEGLER (U.R.)

OPEN KITCHEN

Direkt am Fischmarkt hat im Sommer 2022 das Open Kitchen eröffnet. In direkter Nachbarschaft von Yin Seafood, Fabios Fischbistro und anderer Größen des Hamburger Fischhandels serviert Inhaber und Küchenchef Tobias Struck hier nordische Gerichte mit asiatischem Twist. So wird der Wolfsbarsch mit Mentsuyuschaum getoppt, die Goldbrasse liegt neben scharfem Kimchi, und die kalte Gurkensuppe wird mit Wasabi verfeinert. Bei gutem Wetter kann man vor dem Restaurant essen und den Blick über die Hafenkräne und die Möwen streifen lassen.
Große Elbstraße 133 (Altona-Altstadt);
open-kitchen.eu;
Seite 303

THE BLESS

Das im früheren Imara in Hoheluft eröffnete The Bless interpretiert die Geschichte und Kulinarik des früheren Indochinas auf die hippe Art. Seinen Gästen verspricht es glückliche Stunden mit Köstlichkeiten aus Laos, Kambodscha und Vietnam. Sowohl vegane als auch fleischhaltige Ernährung kann in vollen Zügen genossen werden. Von Viet-Tacos über knuspriges Hähnchen bis zu süßen Desserts mit Kokos und exotischen Früchten, hier werden alle fündig. Ambiente: Goldene Kronleuchter, samtig-blau bezogene Sitzmöbel, Lampions und hohe Decken – The Bless ist ein Ort fürs erste Date oder einen ausgelassenen Abend unter Freunden.
Eppendorfer Weg 186 (Hoheluft-West);
bless-restaurants.com;
Seite 192

FOTOS: OPEN KITCHEN (O.), MARC SILL (U.)

HOBENKÖÖK GUT KARLSHÖHE

Die Hobenköök im Oberhafenquartier ist Vorreiter in Sachen Nachhaltigkeit und Regionalität. Hier kann nicht nur richtig gut gegessen, sondern auch regional und saisonal eingekauft werden. Noch näher am Produzenten ist der neue Standort: Auf Gut Karlshöhe in Bramfeld servieren Thomas Sampl und Team seit März 2023 Gerichte aus größtenteils lokalen Produkten. Neben einer kleinen Markthalle und einer Terrasse mit bis zu 300 Plätzen bietet die neue Hobenköök auch eine Umgebung aus Bauerngärten und bunten Wiesen, Naturerlebnis-Stationen und einem Spielgarten.
Karlshöhe 60 (Bramfeld);
hobenkoeoek.de;
Seite 322

PONY WALDSCHÄNKE

Die Pony Waldschänke im Klövensteen ist ein beliebtes Ausflugsziel in Hamburg und wird seit Mitte April von einem neuen Betreiber geleitet: Milan Lukač. Der Inhaber des Restaurant Knips in Klein Flottbek vekauft gemeinsam mit seinem Team Imbissgerichte aus dem Kiosk sowie Biergarten-Klassiker im Restaurant und auf der Terrasse. „Wir machen handfeste Gerichte für jedermann", so Lukač. Die Karte soll für Jung und Alt sowie jede kulinarische Vorliebe zugleich ansprechend sein. Platz ist ausreichend vorhanden: Im Innenbereich stehen bis zu 200 Plätze bereit, draußen können bis zu 500 Gäste bewirtet werden.
Babenwischenweg 28 (Rissen);
ponyhof-waldschaenke.de;
Seite 310

THE MORGENMUFFEL

Das Team von The Morgenmuffel hat extra ein Architekturbüro engagiert, um aus den denkmalgeschützten Räumlichkeiten in der Eppendorfer Landstraße ein perfekt designtes Frühstücks- und Brunchrestaurant zu kreieren. Und das hat funktioniert: The Morgenmuffel begeistert im Norden des Stadtteils. Neben einem schicken Interior können sich Gäste auf kreative Frühstückskreationen und hippe Drinks freuen. Die Jugendfreunde und Inhaber Koosha Bahar, Iman Saber und Cagatay Baskurt haben sich von Küchen in London, Paris, Istanbul und Barcelona inspirieren lassen und wollen mit ihrem Konzept die Hamburger „Ausgeh-Generation, die frei von Konventionen gutes und ausgefallenes Frühstück liebt", überzeugen.
Eppendorfer Landstraße 144 (Eppendorf);
instagram.com/morgenmuffelhamburg;
Seite 94

BRAENA

Mitten im lebhaften Eimsbüttel hat Ende April 2023 das Braena eröffnet. Das neue Stadtteilwohnzimmer sorgt morgens für üppige Frühstücksstullen und heißen Kaffee, überzeugt mittags mit einer kleinen Auswahl an Lunchgerichten und bietet sich abends an, um mit den Liebsten gemütlich zu essen und zu trinken. Die Terrasse mit schicken Holzmöbeln ist bei Sonne gut besucht, aber auch der Innenbereich überzeugt mit tollen Farben, viel Raum und herzlichem Service.
Heußweg 93 (Eimsbüttel);
instagram.com/braena_;
Seite 82

FOTOS: BJARNE VOSS (O.), MAREN KRÜGER (M.R.), PONY-WALDSCHÄNKE (M.L.), ALICE VON DER LADEN (U.)

KULINARISCHER Hotsport
im HAMBURG

Bald am **Start**

Pläne, Pläne, Pläne – und immer an die Genießer denken. Hamburg darf sich in den kommenden Wochen und Monaten auf etliche Neueröffnungen und coole, frische Läden freuen. Es gibt jede Menge neue Haltestellen auf unserer kulinarischen Reise

LE BIG TAMTAM

Eine neue Art Food-Market eröffnet in der Innenstadt. Unter dem Namen Le big TamTam haben bekannte Größen der Hamburger Gastrowelt ein Konzept entwickelt, das im Untergeschoss des Hanseviertels auf einer 2000 Quadratmeter großen Fläche unterschiedlichste Küchen und Gerichte anbietet. Neben den kulinarischen Highlights sollen ab Spätsommer auch Beer-Pong-Turniere, Poetry Slams und Cover-Band-Konzerte stattfinden. Die Köpfe hinter Le big TamTam sind Patrick Rüther und Axel Ohm (ÜberQuell, auf dem Foto links), Samet Kaplan (Underdocks), Niels Berschneider (unter anderem Berta Emil Richard Schneider), Valentin Broer (MOMO Ramen), Burhan Schawich (Underdocks, hinten v. l. n. r.) Miguel Zaldívar (Gründer der ersten Taquerías Deutschlands), Björn Juhnke (Haco), Vena Steinkönig (MOMO Ramen; vorne v. l. n. r).
Große Bleichen 32 (Neustadt); lebigtamtam.com

FOTOS: LE BIG TAMTAM

STADTHAUS-RESTAURANT

Das Steigenberger Hotel am Fleet wurde bis November 2022 vollständig modernisiert. Zusätzlich zu dem bestehenden Bistro am Fleet gibt es bald ein weiteres gastronomisches Angebot. Auf dem Menü des Stadthaus-Restaurants stehen Gerichte vom Holzkohlegrill, jedoch nicht nur Fisch und Fleisch, sondern auch diverse Gemüsegerichte.
Heiligengeistbrücke 4 (Altstadt)

OTTO'S BURGER EIMSBÜTTEL

Erst Anfang des Jahres hat Otto's Burger in Ottensen seinen vierten Standort in Hamburg eröffnet. Aber das Burger-Imperium wächst weiter: In Eimsbüttel soll das nächste Restaurant entstehen. Wo? Otto's zieht in die ehemaligen Räumlichkeiten der Lehmitz Weinstuben. Bevor Burger gebraten werden können, stehen große Umbauarbeiten an. Wann eröffnet wird, stand bei Redaktionsschluss noch nicht fest.
ottosburger.com

MAZÉ MAZÉ BERGEDORF

Das Restaurant Mazé Mazé begeistert am Sievekingdamm mit internationalen Köstlichkeiten. In naher Zukunft soll in Bergedorf ein weiterer Standort eröffnet werden. Noch gibt es keine konkreten Informationen, vermutlich zieht sich die Eröffnung bis in den kommenden Winter.
mazemaze.de

SECHSUNDZWANZIG

Hinter der historischen Fassade am Spielbudenplatz Hausnummer 26 befindet sich seit 20 Jahren eine Brachfläche. Die Schmidt-Geschäftsführung um Corny Littmann, Tessa Aust und Hannes Vater will das nun ändern. Sie plant, Ende Mai einen Weingarten unter freiem Himmel auf dem Grundstück zu eröffnen. In lockerer Atmosphäre können ausgewählte Weine und dazu passende Speisen wie Flammkuchen oder Käseteller genossen werden. An einen Spielbereich für die Jüngsten wird ebenfalls gedacht. Der Name der Open-Air-Weinbar: „Sechsundzwanzig".
Spielbudenplatz 26 (St. Pauli); weingarten26.de

BLATTGOLD

Zora und Ronja Klipp sind mit ihrer Weidenkantine bereits in Hamburgs Gastroszene vertreten. Als sie den Zuschlag für die Räumlichkeiten des ehemaligen Saal II auf dem Schulterblatt erhielten, war die Freude groß. Ein vegetarisches Restaurant soll hier entstehen. Leider sind die Mängel an dem Altbau groß, wodurch die Eröffnung auf unbestimmte Zeit verschoben ist.
Schulterblatt 83 (Sternschanze); blattgold.hamburg

60 SECONDS TO NAPOLI

Das Essener Unternehmen 60 seconds to Napoli ist bereits in sechs deutschen Städten vertreten – Tendenz steigend. Zeitnah eröffnet auch ein Standort in der Hansestadt. Das Geheimnis der Pizza: Der Teig ruht für 72 Stunden, bevor er bei 485 Grad Celsius lediglich 60 Sekunden gebacken wird. Das Ergebnis ist ein fluffiger Rand mit dünnem Teig – echt neapolitanisch!
Großer Burstah 1 (Neustadt); 60secondstonapoli.de

FOTOS: MARINA HÖFKER (O.L.), KRISTIN FLÖTER (O.R.), MARIE OETGEN (M.L.), ZORA KLIPP (U.L.) 60 SECONDS TO NAPOLI (U.R.)

Leider geschlossen. Die Krisen haben der Gastronomie zugesetzt – manchen Restaurants leider zu sehr. In den vergangenen Monaten mussten wir uns von einigen Lokalen verabschieden. Ihr werdet uns fehlen!

ANNA SGROI
Rotherbaum, Italien

GASTHAUS ZUM KIEKEBERG
Rosengarten-Ehestorf, Hamburgs Süden

CHICAGO MEATPACKERS
Eppendorf, Fleisch

PETIT AMOUR
Ottensen, Sterneküche

ANNA BISTRO
Ottensen, Italien

TRATTORIA OLIVO
Bergedorf, Hamburgs Osten

CÖLLN'S
Altstadt, Heimatküche

PAOLINO SARDEGNA
Winterhude, Italien

IMARA
Hoheluft-West, International

LEUCHTTURM (ECKELMANNS)
Blankenese, Heimatküche

WHAT'S BEEF
Wandsbek, Fleisch

LA FORCHETTA
Altstadt, Italien

KITSCH
Hoheluft-Ost, Gourmet

SCHLACHTEREI HANS WAGNER
Eimsbüttel

SAAL II
Sternschanze, Bar

RISTORANTE ITALIA
Duvenstedt, Italien

HOFLADEN UND CAFÉ STENDER
Tatenberg

FREISCHWIMMER
Eimsbüttel, Heimatküche

HEINSENS
Ellerbek, Hamburgs Norden

LEHMITZ WEINSTUBEN
Eimsbüttel, Heimatküche

MACAIBO
Altona-Altstadt, International

KINNELOA
Altstadt, International

AREA 10
Neustadt, Fleisch

FRITTENFREUDE
Altstadt, Szene-Läden

FOTO: UNSPLASH/LISA BRESLER

KONZEPTE STATT DAUERKRISE: NACH VORN!

So kraftvoll is(s)t Hamburg!

Moderator Markus Tirok (Mitte) diskutiert mit Björn Juhnke (Haco/von rechts), Folke Kaempfe (Alte Rader Schule), Hannes Schröder (u.a. Küchenfreunde), Sophie Lehmann (100/200 Kitchen), Ingo C. Peters (Vier Jahreszeiten) und Michael Finck (Frischeparadies) im Thalia in der Gaußstraße

Krise. Von einer in die nächste. Seit Corona kommt Hamburgs Gastro nicht zur Ruhe. Doch davon lässt sie sich nicht unterkriegen. Ihre Antworten: neue Konzepte, weitere Standbeine, Zusammenhalt. Immer mit einem Ziel: Nach vorn! Beim jährlichen VIP-Dinner haben Top-Gastronomen einmal mehr bewiesen: So kraftvoll is(s)t Hamburg!

Text: Andreas Daebeler, Marina Höfker, Ilona Lütje, Alice von der Laden & Sirany Schümann

Fotos: Johanna Zobel

Freuen sich auf die VIPs: SZENE-HAMBURG-Geschäftsführer Tanya Kumst und Mathias Forkel

> **In der Gastronomie geht es nicht nur um Essen, sondern um Entertainment.**
>
> BJÖRN JUHNKE, HACO

Langer Tag für unsere Genuss-Michel-Jury. Denn noch vor unserem VIP-Dinner im Thalia in der Gaußstraße ist eine Entscheidung gefallen. Wir wissen jetzt, wen wir in zwei Wochen zum besten Newcomer und zum Restaurant des Jahres küren werden. Bleibt aber im kleinen Kreis, diese Nachricht. Denn unsere Jury wäre nicht unsere Jury, wenn sie nicht schweigen könnte. Interessant wird's heute trotzdem. Denn wir wollen diskutieren. Und von Hamburgs Machern aus der Gastroszene wissen, was drei Jahre mit Pandemie, Lockdowns, Kriegsfolgen, Energiekrise und Inflation mit ihnen machen. Woher sie immer wieder Kraft schöpfen. Und warum Optimismus nicht verboten ist. Moderator Markus Tirok hat sechs namhafte Talkgäste aus der Szene auf seinem Podium sitzen. Der laute Beifall von den Gästen aus Wirtschaft, Kultur und Medien ist kaum verklungen, da geht Tirok in die Vollen. „Ein Zurück ins Jahr 2019, ein Zurück in diese Normalität wird es nicht geben", gibt er vor. „Meine Gesprächspartner haben sinnbildlich oder tatsächlich die Ärmel hochgekrempelt und sich entschieden: Wir gehen nach vorn." Klingt gut. Hoffnungsvoll. Nach Zukunft. Was sich so einfach anhört, ist es nicht immer. Auch das werden wir heute erfahren. Doch der Reihe nach.

Auf die Krise vorbereitet

Für viel Staub in der guten Hamburger Stube gesorgt hat auf jeden Fall Hoteldirektor Ingo C. Peters, der seit 26 Jahren das Vier Jahreszeiten leitet, wo er einst als Page seine Laufbahn begann. Er hat in der Krise modernisiert, zum Beispiel die Empfangshalle. „Das ist das Herzstück eines Hotels, das lässt sich nicht bei laufendem Betrieb machen", so Peters. Er gehöre nicht zu denen, die stöhnen, sondern zu denen, die handeln. „Das Leben und die Wirtschaft gehen in Wellen. Man muss wissen, dass Krisen kommen und vorbereitet sein." Schwache Momente? Gab es auch. „Der Moment, in dem wir die Türen abgeschlossen haben", sagt der 60-Jährige und rührt damit das Publikum, das sich selbst in das Jahr 2020 zurückgebeamt fühlt. „Das Hotel hat den Ersten und den Zweiten Weltkrieg überlebt, war immer offen. Als ich entscheiden musste ‚Wir machen dicht', war das ein ganz komisches Gefühl."

Bloß kein Stillstand

Optimismus und Unternehmertum sind auch bei Haco-Chef Björn Juhnke, 2022 mit unserem Genuss-Michel für das Restaurant des Jahres ausgezeichnet, die Antriebsfeder. „Stillstand ist in so einer Situation tödlich", betont er. Natürlich habe man eine harte Zeit gehabt, „aber wir haben sie genutzt, um neue Projekte anzugehen und Herzenswünsche zu realisieren". Dazu gehört auch das Restaurant in Binz auf der Insel Rügen, das im neuen Hotel Ceres eröffnen soll. Die Planungen laufen seit November 2019, seit Sommer

Nur sie kennen an diesem Abend schon das Restaurant des Jahres: unsere Juroren Jens Sroka, Anke Harnack, Stevan Paul, Gerd Rindchen und Christian Sroka

Dr. Tina Ingwersen-Matthiesen (Borco-Marken-Import) und Robert Kaiser (Fairwayhomes)

2022 pendelt der gebürtige Warnemünder zwischen Binz und Hamburg, um alles unter einen Hut zu bekommen. Wie ist so etwas zu schaffen? Juhnke betont: „Ich habe eine fantastische Familie und ein verlässliches Team. Ich muss nur die Balance halten und darf es nicht übertreiben." Wichtig sei, in einer Situation wie der aktuellen immer zu schauen, was man noch ausbauen und breiter aufstellen könne. Binz sei so spannend, dass dies auch Antrieb sei. „Das Hotel wurde komplett entkernt und neu gemacht." Dass der Zeitplan gecrasht wurde („Wir wollten schon seit einem Jahr geöffnet haben"), darüber kann Juhnke an diesem Abend sogar witzeln, dabei ist die Aufregung spürbar. „Wir haben seit Ostern eine härtere Soft-Opening-Phase mit durchgängigem Gästebetrieb, und es geht jetzt sukzessive in die richtige Richtung."

Paralympics-Siegerin Edina Müller

Das Leben und die Wirtschaft gehen in Wellen. Man muss wissen, dass Krisen kommen und vorbereitet sein.

INGO C. PETERS, HOTELDIREKTOR VIER JAHRESZEITEN

Bäderland-Geschäftsführer Dirk Schumaier

Frischeparadies-Betriebsleiter Michael Finck mit SZENE-HAMBURG-Chefin Tanya Kumst

Julia Burmeister (links), Ingo C. Peters und Alexia Rabe vom Hotel Vier Jahreszeiten

Die Krisengewinner

Auch Folke Kaempfe von der Alten Rader Schule wusste und weiß die Zeit zu nutzen. In dem alten Gasthof, der mehr als 130 Jahre auf dem Buckel hat, fällt schließlich immer etwas an. Bereits zu Corona-Zeiten wurde viel renoviert und geplant. Und als dann alles nach draußen strebte, sei man mit den wunderschönen Terrassen bei den Gästen sehr weit vorn gewesen. „Wir haben nur gewinnen können", sagt Kaempfe. Angst habe man nie gehabt. „Der Optimismus war immer da." Ein Grund, warum die Alte Rader Schule auch Anfang des Jahres einfach mal die Türen schloss, um die Küche von Grund auf zu renovieren. „Bei uns sitzen die Gäste gern draußen, Januar und Februar sind die schwächsten Monate – das haben wir genutzt", so die Gastronomin.

Mit Ideen gegen die Angst

Hannes Schröder, Multitalent der Hamburger Gastroszene und auch während der Pandemie mit kreativen Konzepten immer präsent, gibt dagegen unumwunden zu: „Ich habe die Krise als enorme Gefahr für meine Selbstständigkeit gesehen." Fünf unterschiedliche Konzepte an sechs Standorten seien schwierig zu lenken gewesen. Denn Schröder wollte nicht nur die Krise überstehen, sondern mit neuen Ideen Zuverdienstmöglichkeiten schaffen. Vor allem für den Service, dem Trinkgeld weggebrochen ist. „Das hat uns als Team krass gestärkt", sagt der Gastronom rückblickend. Die nächste Herausforderung: „Die Konzepte wieder zurückzusortieren und in einen normalen Modus zurückzufinden." Doch welcher ist das? „Wir haben jetzt schon wieder eine neue Situation und müssen noch mal umdenken, das finde ich schon extrem schwierig", so Schröder. Hat sich der Blick auf die Selbstständigkeit verändert? „Definitiv!", sagt Schröder. „Meine Wertschätzung hat sich extrem geändert. Für die Mitarbeiter und auch für die eigene Arbeit, von der man manchmal ganz schön genervt war. Jetzt, da alles wieder steht, kann ich mit viel mehr Stolz und Respekt auf alles schauen."

Warum alle über Geld sprechen sollten

Markus Tirok will über Geld sprechen. Ein Thema, das vielen Menschen ➡

schwerfällt. Nicht so Sophie Lehmann vom 100/200 Kitchen. „Wir sind als Unternehmer sehr jung eingestiegen und hatten ein Anfangskapital von 1,5 Millionen Euro. Wenn man so viel Geld verantwortet, muss man auch darüber sprechen." Sophie Lehmann und Thomas Imbusch sind von Anfang an ungewöhnliche Wege gegangen – zum Beispiel mit dem bis dahin einzigartigen Prepaid-System in Hamburg. Preissteigerungen werden transparent kommuniziert und in der Regel auch verständnisvoll akzeptiert. „Wir leben für den schönen Moment des Gastes am Abend, er sollte immer das Geld wert sein", betont Lehmann. In Deutschland schaffe man es aber immer wieder, den Menschen das Gefühl zu geben, es könne alles noch günstiger gehen. „Manchmal schämt man sich schon fast, hochpreisig zu sein." Es gebe eine totale Verschiebung von Werten. „Die Menschen sind bereit, zwölf Euro für einen Kaffee bei Starbucks zu zahlen, aber 15 Euro für ein Mittagessen wird als viel Geld empfunden. Gastronomie ist eines der schönsten Dinge auf der Welt, das geht aber nur mit Wertschätzung, und zu Wertschätzung gehört das Monetäre dazu."

Wenn man so offen darüber rede, polarisiere man aber vielleicht auch, wirft Tirok ein. „Wir müssen nicht jedem gefallen. Wenn wir immer darauf achten, ob das vielleicht jemandem bitter aufstößt, dann wird es niemals richtig gut", betont Lehmann. Ob die Krisen diese Haltung noch verschärft haben, will Tirok wissen. Lehmann nickt: „Durch die Krisen sind wir auf jeden Fall schneller erwachsen geworden." Die Konsequenz aus drei Jahren Krise: „Rücklagen bilden, Konzepte hinterfragen, zweite Standbeine denken – das ist wichtiger für uns geworden."

Großhändler vor neuen Herausforderungen

Auch Michael Finck, Betriebsleiter im Frischeparadies Hamburg, hat schwierige Zeiten hinter sich. „Wir müssen auch höhere Preise durchsetzen, weil wir auf Qualität setzen – dafür hat nicht jeder Verständnis", sagt er. Das Problem: Während die Kunden permanente Warenverfügbarkeit an sechs Tagen die Woche erwarten, nehmen sie weniger ab, weil zum Beispiel die Öffnungszeiten reduziert wurden. Gleichzeitig habe das Frischeparadies aber auch Mindestauftragswerte

Die Tafel ist gedeckt: Nach dem Talk freuten sich die Gäste über regionales Essen von der Hobenkööк

> **Hamburg ist eine der spannendsten Städte in Deutschland, was Foodkonzepte angeht.**
>
> MICHAEL FINCK, FRISCHEPARADIES

bei seinen Lieferanten umzusetzen. Mit einigen langjährigen Partnern habe man sich zusammengesetzt und darüber gesprochen, wie man gemeinsam durch diese schwierige Zeit mit Inflation und Energiekrise kommt. Aktuell hielten sich die Kunden, die gerade selbst unter Druck stehen und sparen müssen, und Neukunden mit neuen spannenden Konzepten die Waage. „Ich bin gespannt, wie das weitergeht", sagt Finck und ist überzeugt: „Hamburg ist eine der spannendsten Städte in Deutschland, was Foodkonzepte angeht."

Autark ausbilden

Gestiegene Preise, Wertschätzung, Transparenz und Gästeverhalten – an diesem Abend diskutieren die Talkgäste noch lange über die Herausforderungen in der aktuellen Zeit und die Ideen und Entwicklungen, diesen zu begegnen. So hat Hannes Schröder seine Mitarbeiter zum Beispiel gerade darin coachen lassen, wie sie auf – vor allem ungerechtfertigte – Kritik angemessen reagieren können. Sophie Lehmann und Thomas Imbusch haben eine eigene Akademie gestartet, um Mitarbeiter dauerhaft zu begeistern: „Wie soll man einem 32-Jährigen mit BWL-Master erklären, warum er in der Berufsschule Dreisatz rechnen muss? Unsere Azubis hatten keinen Bock mehr auf so was und sagten: ‚Entweder wir dürfen bei euch weiterlernen oder wir gehen.' Dann haben wir entschieden, das autark zu machen." Unterm Strich ebenso Wertschätzung. Denn gutes Personal ist Mangelware – am besten also selbst dafür sorgen.

Tolle Zeiten für die Gastro?

Als Markus Tirok die Schlussrunde einläuten will, lehnt er sich weit aus dem Fenster: „Ich habe das Gefühl, der Gastro geht es gerade nicht schlecht. Von Donnerstag bis Sonntag bekomme ich spontan keinen Tisch mehr. Das sind doch tolle Zeiten, oder?", fragt er provokant – und erntet erst einmal erstaunte Stille. „Ich kann das nicht bestätigen", antwortet Sophie Lehmann. Die vergangenen Wo-

> **Durch die Krisen sind wir schneller erwachsen geworden.**
>
> SOPHIE LEHMANN, 100/200 KITCHEN

Lüneburgs Marketing-Managerin Melanie-Gitte Lansmann und Finanzberater Steffen Scherer

Ulrike Lorenz, Fabrik Stiftung, und Thorsten Bartels, NDR

chen seien durchwachsen gewesen. Den Samstag hätte man doppelt belegen können, der Donnerstag laufe nicht so gut. „Wenn ich in den großen Restaurants in Metropolen zwei Tage vorher noch was reservieren kann, ist das kein gutes Zeichen für die Gastronomie." Bei Hannes Schröder kommen diese Worte gut an. „Cool, dass du das sagst, und ich finde das super inspirierend, denn ich leide auch die ganze Zeit darunter", sagt er und berichtet von Leuten, die ihm immer anerkennend auf die Schulter klopfen und sich freuen, dass es immer bumsvoll sei. „Ich antworte dann: ‚Du kommst ja auch immer am Samstag.' Wir haben aber ein Sieben-Tage-System und am Anfang der Woche immer ein Riesenloch. Da hängen Produktionsprozesse dran, Arbeitsplätze, Kalkulationen, wir können das gar nicht mehr einschätzen. Es gibt Tage, da kommen wir nicht hinterher, und dann gibt es Tage, da fallen wir in ganz tiefe Löcher." Das bedeute: Er verliere an manchen Tagen viel Geld, an anderen Tagen könne er das Geld nicht mitnehmen. „Aus Managementsicht katastrophal, da wünsche ich mir die Zeit vor Corona tatsächlich zurück", so Schröder.

Im Haco kämpft man dagegen eher gegen Stornos und No Shows. „Ich beneide das 100/200 um das Ticketsystem", betont Juhnke und bekommt Rückenwind von Ingo C. Peters. „Wir sind da in Deutschland weit hinterher. In den USA musst du bereits beim Reservieren bezahlen, und wenn du 15 Minuten zu spät kommst, ist der Tisch weg und das Geld auch." In den Restaurants des Vier Jahreszeiten wolle man das jetzt auch angehen. „Wenn eine Achterreservierung nicht kommt, dann ist das wahnsinnig viel Geld." Hier müsse sich Deutschland anpassen. Schließlich gehe es nicht nur um Essen, sondern um Entertainment, sagt Haco-Chef Juhnke und zieht eine Parallele: „Ob im Theater oder im Fußballstadion – überall zahlt man im Entertainmentbereich vorweg. Nur in der Gastro nicht."

Hannes Schröder befürchtet, dass seine Gäste sich von so einem System abschrecken ließen. Außerdem wolle man auch Walk-ins, die Spontanbesuche, nicht komplett abschaffen und vergebe darum nur 70 Prozent der Plätze per Reservierung. Obwohl er von sich selbst sagt, kein großer Fan der Digitalisierung zu sein, arbeite man auf der Terrasse auch bereits mit QR-Codes, damit die Gäste autark bestellen und bezahlen können. „Ich hasse es wie die Pest." Aber nur so habe man bei hoher Auslastung eine reale Chance, noch hinterherzukommen.

> **Der Optimismus war immer da.**
>
> FOLKE KAEMPFE, ALTE RADER SCHULE

Der nächste mutige Schritt? Juhnke zögert und sagt angesichts der großen Pläne auf Rügen: „Ich glaube, ich hab nix mehr vor, außer stabil auf den Beinen zu stehen, mehr Zeit mit der Familie zu verbringen und einfach ein gutes Leben zu haben. Ich glaube, das ist mehr als genug." Folke Kaempfe sagt Ähnliches. „Corona hat zu einem Wertewandel geführt", sagt sie. Mehr Zeit für Erholung, das sei das nächste Projekt. Hannes Schröder ist „im Augenblick sehr zurückhaltend", wie er sagt. Statt „gefühlt jedes Jahr einen Laden zu eröffnen", wolle er viel lieber das Wir im Team stärken. Das Frischeparadies

> **Wir sind in ganz tiefe Löcher gefallen.**
>
> HANNES SCHRÖDER, KÜCHENFREUNDE

Schauspielerin Dayan Kodua mit Jens und Christian Sroka von den Heimathafenhotels

sei schon den ersten Schritt gegangen, so Michael Finck. Man habe die Abläufe optimiert, um zuverlässiger für die Gastronomie zu sein. Als Nächstes stehe der Umzug der Logistik nach Obergeorgswerder an, während der Standort Große Elbstraße im laufenden Betrieb renoviert werde. Renovierungsarbeiten stehen auch im Vier Jahreszeiten an. Dort soll der Grill in diesem Jahr grundlegend erneuert werden. Sophie Lehmann will weiter das Thema Wertschätzung vorantreiben: „Mein nächstes großes Herzensprojekt ist es, Servicekultur und Gastgebertum sichtbarer zu machen." Es solle sich nicht immer alles nur um die Köche drehen. Service sei elementar für die Zukunft der Gastronomie. „Wenn wir sie weiter genießen wollen, können wir nur mit echten Erlebnissen punkten." Dass es die in Hamburgs Gastro auch weiterhin geben wird, das wird an diesem Abend klar. Ein Abend, an dem nicht schöngeredet wird, aber, mit vorsichtigem Optimismus in die Zukunft geschaut. Nach vorn. ▮

FOTO: CHRISTIAN BUCHLEITER

Unsere Zutat ist Zuversicht

Hamburgs Gastronomen feilen an neuen Rezepten. Und das auf jeder Ebene. Es geht darum, Krisen, Kriegsfolgen und Corona etwas entgegenzusetzen. Mit frischen Ideen, viel Mut, technischem Fortschritt. Und einer Messerspitze Zuversicht. Für eine weiterhin leckere Zukunft

„Die Gastro hat eine Zukunft"

Hannes Schröder gilt als eines der größten Gastro-Talente in der Stadt. Ihm gehören unter anderem die Küchenfreunde, die Botanic District Bar und die „Was wir wirklich lieben"-Läden. Doch auch bei ihm haben die Krisen Spuren hinterlassen. Mit Kreativität und Konzepten blickt er optimistisch in die Zukunft

Die vergangenen Jahre haben uns wirklich viel Kraft gekostet. Wir haben uns mit vier unterschiedlichen Konzepten regelmäßig neu erfunden. Irgendwo zwischen Imbiss, Feinkostladen und Suppenküche oder Glühweinstand, Grillzelt und wieder halbwegs normalem Terrassengeschäft. Ich bin froh, dass wir Corona hinter uns haben. Es war nicht leicht, alle Konzepte wieder dahin zu bekommen, wo sie vor der Corona-Krise waren. Zum Glück konnten wir unsere Mitarbeiter größtenteils halten. Dafür bin ich sehr dankbar – in diesen Tagen, in denen viele Betriebe nicht einmal mehr ihre Öffnungszeiten halten können, weil ihnen das Personal fehlt.

Was uns antreibt? Arbeiten in der Gastronomie ist doch das Schönste, das wir uns vorstellen können. Es gibt keinen vergleichbaren Job, der so vielfältig ist. Ich sehe in der gegenwärtigen Krise auch eine Chance, die Gastronomie neu zu denken. Insbesondere legen wir dabei Wert auf Nachhaltigkeit und Effizienz. Wir dürfen jetzt nicht vor den hohen Preisen zurückschrecken und Billigprodukte in den Küchen verarbeiten. Vielmehr sollten wir uns die Angebotsvielfalt vor allem bei den vegetarischen Lebensmitteln zunutze machen. Wir bauen seit zehn Jahren auf unserem Kastanienhof selbst an. Viele Kräuter, Salate und Gemüsesorten beziehen wir in der Saison von dort.

Unser Rezept gegen die Krisen ist es, unsere Teams zu stärken und mit Kreativität und Motivation den vielschichtigen Problemen zu begegnen. Die Gastronomie befindet sich in einem Wandel. Hohe Qualitätsansprüche treffen auf klamme Geldbeutel. Wir versuchen wieder vermehrt, auf einfache Verarbeitung und gesunde Gerichte zu setzen. Durch eine zentralisierte Produktion können wir die Prozesse optimieren und Synergien zwischen unseren Gastronomien nutzen.

Den größten Fortschritt sehe ich in der Digitalisierung. Schon lange haben wir Kassen und die Buchhaltung digitalisiert. Nun haben wir aber auch in der Personalbuchhaltung und Self-Ordering nachgelegt. Die Systeme werden nun langsam miteinander verknüpft und bieten dem Gastronomen einen transparenten Einblick ins Geschäft. Self-Ordering ermöglicht den Gästen, die Bestellungen und die Bezahlvorgänge selbst abzuwickeln. Anders als befürchtet, wird es vom Service sehr geschätzt. Es bleibt mehr Zeit zur Beratung und auch das Trinkgeld leidet kaum darunter. Für kleine Gastronomen bieten sich Gemeinschaften wie „Echt Gastropartner" an, um schnell in der Digitalisierung voranzukommen und durch Einkaufgemeinschaften an günstigeren Preisen zu partizipieren.

Ich glaube fest daran, dass die Gastro eine gute Zukunft hat. Der soziale Wert der Gastronomie ist allen in der Corona-Krise bewusst geworden und der Nachholeffekt war wahnsinnig! Nun müssen wir auch den Herausforderungen der Zeit mit kreativen Ideen begegnen. Das Speisen- und Getränkeangebot wird sich sicher stark verändern, wenn wir wirklich unser Klima retten wollen. Gleichermaßen ist es eine riesige Chance, vor allem die Ernährung zu verbessern. Trotz hochgradiger Digitalisierung und Roboter in den Restaurants werden es immer die Menschen bleiben, die für ihre Konzepte stehen.

PROTOKOLL: ILONA LÜTJE

„Es sind nicht nur Pralinen, es ist ein Wertesystem“

Sie sind Pioniere der Naturpatisserie in Deutschland: Pro Woche produzieren die Macher von gleem auf der Veddel 600 Petit Fours oder 180 Boxen Pralinen – glutenfrei, ohne Zuckerzusatz und überwiegend vegan. Doch nach neun Jahren steht den Gründern das Wasser bis zum Hals. Ein Crowdfunding soll die Patisserie retten. Gründerin Anna Gliemer über Krisen, Hoffnungen und Pläne

Dadurch, dass wir keinen Laden, sondern einen Onlineshop haben, hatten wir während der Corona-Zeit weniger Probleme. Als der Aufschwung nah schien, haben wir in neue Ideen investiert – dann entwickelte sich die aktuelle politische Lage in Europa. Diese wirtschaftliche Veränderung haben wir zu spüren bekommen. 50 Prozent weniger Umsatz in 2022 – das war zu viel.

Das Crowdfunding löst nun natürlich nicht alle Probleme. Es gibt uns aber die Möglichkeit, an den Herausforderungen, die wir haben, arbeiten zu können. Der erfolgreiche Abschluss verschafft uns einen kleinen Spielraum, aktiv neu zu agieren und nicht nur zu reagieren.

Denn das, was wir mit gleem und THE FOOD by gleem aufgebaut haben, wollen wir nicht einfach aufgeben. Es sind nicht nur Pralinen, es ist ein Konzept, ein Wertesystem, was um uns herum besteht. Der Wunsch nach individuellen Unternehmen wird seit Jahren lauter, wenn wir alle aufgeben (müssen), gibt es bald nur noch die großen Player am Markt.

In der Krise entstehen neue Ideen und Arbeitsabläufe werden durch optimierte Prozesse neu ausgerichtet. Gutes kommt natürlich auch von außen. Das Feedback, was wir bekommen, die Kooperationen, die aktuell besprochen und hoffentlich bald umgesetzt werden. Natürlich bringen diese Phasen auch das Team zusammen. Wir sind alle noch näher zusammengerückt und jeder schaut wie er unterstützen kann.

Wo wir in fünf Jahren stehen? So weit können wir aktuell nicht schauen. Wir arbeiten uns jetzt erst durch dieses Jahr bis ins nächste. Wenn alles so läuft, wie wir es uns wünschen, dann haben wir irgendwann einen eigenen Laden, in dem wir Menschen begegnen und unsere Naturpatisserie näherbringen können. PROTOKOLL: ILONA LÜTJE

FOTOS: CHRISTOPHER GROSSE-COSSMANN (U.), GLEEM (M.)

„Wir sind in große Fußstapfen getreten"

Sie haben sich gesucht und gefunden: Kristian Haas und Theres Neuhaus haben sich mit der Übernahme von der Weinstube „Zur Traube" allen Krisen zum Trotz ihren Traum vom eigenen Restaurant erfüllt

Im vergangenen Jahr haben wir Hamburgs älteste Weinstube Zur Traube übernommen und im November 2022 schließlich unsere Eröffnung gefeiert. Das sind große Fußstapfen, in die wir getreten sind, aber es fühlt sich gut an. Für unseren Traum vom eigenen Restaurant sind wir vor einigen Jahren in die Hansestadt zurückgekehrt. Für uns war klar: Wenn wir ein Restaurant aufmachen, dann in Hamburg. Das gastronomische Konzept der Weinstube ist im Grunde schon vorgegeben. Du kannst hier keinen Inder oder Peruaner draus machen. Wenn Gäste hier reinkommen, erwarten sie Küche, die zu richtig gutem Wein passt. Und die kommt eben aus Weinregionen wie Baden, Elsass, Bordeaux. Deshalb bieten wir gutbürgerliche deutsche und französische Küche an. Dabei möchten wir vor allem Kleinlieferanten aus der Region unterstützen, nachhaltig und saisonal kochen. Ich brauche keine Bohnen aus Peru. Und wenn die Bohnen aus der Umgebung ausgegangen sind, dann habe ich Karotten aus dem Alten Land da. Das muss man den Gästen nur erklären. Die Speisen und der Wein sollen bestenfalls nicht nur die Gäste aus der Nachbarschaft begeistern. Es soll ein richtig gutes Stadtteil-Restaurant sein. Wenn das Strahlkraft darüber hinaus entwickelt – fantastisch.

PROTOKOLL: MARINA HÖFKER

FOTO: MARINA HÖFKER

„Mein Rezept für die Zukunft: Optimismus"

Zwei Michelin-Sterne, fünf Kochhauben vom Gault&Millau und mehrfacher Koch des Jahres – Christoph Rüffer, seit 21 Jahren Küchenchef im Haerlin, gilt als einer der besten Köche Hamburgs. Der 50-Jährige über Krisen, Konzepte und Kreativität

Selbstverständlich haben die Lockdowns auch die Sternegastronomie getroffen, die Energiekrise in Verbindung mit der Inflation ist ebenfalls wie auch in anderen Branchen ein Thema, das uns beschäftigt. Was Personal betrifft, können wir uns im Hotel Vier Jahreszeiten generell sehr glücklich schätzen – aber ich befürchte fast, dass dies ein Ausnahmefall ist und hoffe, dass es hier generell in der Gastronomie bald wieder einen Umschwung gibt.

Mein Rezept für die Zukunft ist allem voran Optimismus, positives Denken. Zudem gilt es weiterhin, unseren Gästen die beste Qualität zu bieten, unseren hohen Standard zu halten und weiterhin zu etablieren – dies in der Kombination mit einem zielstrebigen und dynamischen Team.

Dabei treibt mich in erster Linie mein eigener Wille. Mein eigener Wille, etwas Tolles und Einzigartiges zu kreieren. Dies wird häufig durch das Feedback und natürlich auch Lob unserer Gäste hervorgerufen. Ohne die Reaktion von Außenstehenden auf das Kreierte würde das Konzept der Sterneküche nicht funktionieren.

In den letzten Jahren hat sich einiges verändert. Es ist alles deutlich intensiver geworden, teils negativ, aber größtenteils natürlich positiv. Die Pandemie hat mehr Wertschätzung in den Gästebereich fließen lassen, Essen zu gehen ist wieder etwas Besonderes. Auch das Miteinander im Team ist deutlich enger geworden, man hat gelernt, einander auch in schwierigen Situationen zu unterstützen, das hat natürlich sehr zusammengeschweißt.

Neben der Anpassung der Restaurantzeiten, um mehr Verbindlichkeit der Gäste zu erhalten, ist die Küche deutlich regionaler geworden. Man kann sich auf Grund der aktuell anhaltenden Situation am besten auf die lokalen und regionalen Partner verlassen. Zudem ist das Thema Nachhaltigkeit beliebter denn je, diesem Konzept sollte man, um auf dem Markt mitspielen zu können, folgen und im eigenen Restaurantkonzept etablieren.

Mein Credo: Die Entwicklung in der Sterneküche steht nicht still – es geht immer weiter. Bis vor fünf, sechs Jahren haben wir hier im Restaurant Haerlin zum Beispiel noch à la carte serviert – das ist mit zwei Sternen eigentlich nicht umzusetzen. Zudem wurde über die Zeit hinweg die Anzahl der Mitarbeiter deutlich angehoben – so werden Überstunden vermieden und erhöht natürlich auch die Mitarbeiterzufriedenheit, was generell in der Branche ein schwieriges Thema war. Und natürlich insbesondere für das Haerlin und mich: Die Repräsentation Hamburgs und Umgebung durch regionale, kleine, qualitative Partner in unserer Küche und unserem Menü. Ein Meilenstein, den ich nicht missen möchte.

Meine persönlichen Pläne? Erst mal wird mein Weg hier im Hotel Vier Jahreszeiten weitergehen, worauf ich mich weiterhin sehr freue. Dann irgendwann möchte ich gemeinsam mit meiner Partnerin die Welt entdecken und noch viel mehr Zeit mit meinen beiden Töchtern verbringen. Das wird sicherlich eine tolle Zeit.

PROTOKOLL: ILONA LÜTJE

FOTO: KIRCHGASSER PHOTOGRAPHY

FOTO: MARC SILL

„Der zufriedene Gast ist unsere Antriebsfeder"

Die Veddeler Fischgaststätte serviert seit über 90 Jahren feinsten Backfisch in Hamburg. Inhaber Christian Butzke bleibt trotz der Krisen zuversichtlich, schließlich sah er sich bereits mit einer ganz anderen Herausforderung konfrontiert: Sein Restaurant sollte abgerissen werden. Mit einer Petition konnte er zusammen mit der Familie das Vorhaben der Stadt abwenden

Als ich 2021 die Veddeler Fischgaststätte übernahm, war das ein wohlüberlegter Schritt. Meine Frau Olivia und ich haben dafür unsere alten Jobs aufgegeben und sind von Berlin nach Hamburg gezogen. Zu diesem Zeitpunkt waren wir noch inmitten der Corona-Pandemie. Wir können uns nur bei unseren Stammgästen bedanken, die uns während dieser schwierigen Zeit bei unserem Außerhausverkauf unterstützt haben und in Schlangen vor unserer Gaststätte standen. Die Freude war riesig, als wir unsere Türen trotz all der Restriktionen wieder öffnen duften. Auch wenn die Zeit sehr fordernd gewesen ist, hat es Spaß gemacht. Doch das blieb nicht die einzige Herausforderung für uns: Dass Veränderungen auf dem Areal rund um unser Restaurant auf der Veddel stattfinden sollten, ist uns von Anfang an bewusst gewesen. Die Stadt hat uns versichert: Keine Sorge, die Fischgaststätte wird bleiben. Als die Pläne finalisiert wurden, hieß es aber, die Gaststätte müsse abgerissen werden. Schnell war klar, dass wir um den Erhalt an dem jetzigen Standort kämpfen würden. Die Petition, bei der innerhalb weniger Monate über 20.000 Unterschriften zusammenkamen, hat alles übertroffen, was wir uns vorstellen konnten. Die Politiker haben erkannt, dass das Thema die Hamburger sehr interessiert und waren beeindruckt von der Resonanz. Und nun müssen wir uns weiteren Schwierigkeiten wie der Personalnot und der Energiekrise stellen. Wir haben großes Glück, dass wir eine stabile Mannschaft haben und die Leute gerne bei uns arbeiten. Wenn es darum geht, eine Stelle nachzubesetzen, haben wir allerdings Probleme, jemand Passendes zu finden. Und wie viel mehr Geld alles kostet, ist brutal – auch, was die Lieferungen von Waren angeht. Überall werden Energiepauschalen erhoben. Wir haben kleine Preiserhöhungen von 10 Cent je Fischfilet vorgenommen, die aber nur das abdecken, was an Einkaufswert für uns anfällt. Das war nötig. Es tun sich immer wieder neue Herausforderungen auf, aber das gehört dazu. Wir haben viel Freude an dem, was wir tun. Der fröhliche und zufriedene Gast ist unsere Antriebsfeder, die uns die Power gibt, die wir brauchen. Und Olivia und ich sind ein gutes Team – die Dinge gemeinsam anzugehen, macht vieles einfacher.

PROTOKOLL: MARINA HÖFKER

Setzen auf Four-Hands-Dinner: Aaron Levi Hasenpusch und Marc Michels von der Klinkerbar

Warum Hamburgs Gastro Brücken baut

Zu viele Köche verderben den Brei? Im Gegenteil! In Hamburgs Gastrowelt wird zusammengearbeitet und sich gegenseitig unterstützt. Pop-ups, Gastküchen und Kooperationen halten Einzug in der Hansestadt. Der Konkurrenzgedanke ist auf dem Rückzug

TEXT: ALICE VON DER LADEN

Bei einem Four-Hands-Dinner bereitet ein Küchenchef zusammen mit einem Gastkoch ein gemeinsames Abendessen zu. Was zunächst vor allem in Fine-Dining-Restaurants beliebt war und Sterneköche durch das ganze Land reisen ließ, findet inzwischen auch in Szene-Läden statt. Dabei treffen Länderküchen und Kochstile aufeinander, Kochende lernen voneinander und Gäste bleiben in ihrem Lieblingsrestaurant und kommen dennoch in neuen Genuss. Win-win also. Wie bei einem Four-Hands-Dinner gibt es auch diverse andere Projekte, die zeigen, wie viel Vorteile Zusammenarbeit in der Gastro bringt.

Die Corona-Pandemie hat Menschen zusammenhalten und -arbeiten lassen. Und auch jetzt, nach Covid, wird Kooperation großgeschrieben. Als die Klinkerbar im Oktober 2020 mitten in der Pandemie eröffnet, ist der Samstag direkt für Pop-ups reserviert. Aaron Levi Hasenpusch, Mitgründer und Inhaber der Klinkerbar und des Klinker Restaurants, und sein Team möchten von Anfang an mit anderen Gastronomen arbeiten und voneinander lernen. Während den Gästen unter der Woche ein klassisches Menü gereicht wird, geht es samstags dynamischer zu. Mal ein Boozy Brunch mit Eggs Benedict und Prosecco, ein anderes Mal kommen die Pizzabäcker von Tazzi Pizza aus St. Pauli nach Eimsbüttel, um ihre italienischen Köstlichkeiten mit den Naturweinen der Klinkerbar zu kombinieren und wieder ein anderes Mal meldet sich

FOTO: SOPHIA SCHILLIK

Wir wollen Zusammenhalt zwischen Gastronomen schaffen.

LAURA FECHNER, KLINKERBAR

der Sternekoch aus Köln an und kocht für die Gäste des kleinen Lokals im Eppendorfer Weg.

Auch Aaron Levi Hasenpusch startete 2017 seine Selbstständigkeit mit Gastauftritten. „Anfangs haben wir Tischlereien und Bauernhöfe gekapert und da die ersten Kochschritte unter eigener Regie gemacht." Kein Wunder also, dass Aaron und sein Partner Marianus von Hörsten sowie das Team rund um Gastgeberin Laura Fechner mit einem Restaurant und einer Bar in Eimsbüttel heute regelmäßig Events mit Köchinnen und Köchen aus ganz Deutschland, mit Wein-Expertinnen und -Experten, Gourmet-Fans und genussaffinen Multitalenten in ihren Räumlichkeiten organisieren. Ziel ist es, nicht nur den eigenen Horizont zu erweitern, sondern „ein wenig Abwechslung in die Gastronomie zu bringen und den Zusammenhalt zwischen den Gastronomen zu schaffen", so Laura. Sie und Aaron schätzen den Austausch mit Mitarbeitenden aus anderen Betrieben und die Inspiration. Außerdem freuen sie sich, ihr Können weiterzugeben und von den Talenten anderer zu profitieren.

Auch Maurizio Oster, Inhaber und Küchenchef im Sternerestaurant Zeik in Winterhude profitiert von der Zusammenarbeit mit anderen Hamburger Gastronomen. Als seine Küche Anfang des Jahres renoviert wird, zieht er samt Team und Menü zu Helge Hagemann und Steffen Burkhardt in die Alte Schmiede in Ottensen. „Jedem, der einen Umbau vor sich hat, kann ich das nur empfehlen", erklärt der Ausnahmekoch. Für vier Wochen kocht er in der Mietküche der Location in der Bahrenfelder Straße. Ein Ort mit viel persönlicher Geschichte: Hier feierte das Zeik-Team, nachdem das Restaurant mit einem Stern ausgezeichnet wurde, nicht weit weg wohnte Maurizio, bevor er sein Restaurant in Winterhude eröffnete. Mit seinem Pop-up im Westen der Stadt lockt er in dieser Zeit seine Stammgäste nicht nur aus ihrer Komfortzone, sondern kann auch neue Leute für sich begeistern und von seiner Kochkunst überzeugen. In der Übergangslocation habe er auch Menschen aus Altona und Ottensen, denen Winterhude vielleicht zu weit oder „zu schickimicki" ist, wie Maurizio sagt, für sich gewinnen können. „Die Brücke ist geschlagen", sagt er stolz, freut sich allerdings auch, wieder in seinem eigenen Restaurant mit der neuen Küche kochen zu dürfen.

Während Maurizio Oster in einer fremden Küche kocht, lassen Ronja und Zora Klipp ein Pop-up in ihre Baustelle ziehen, um währenddessen die eigene Küche zu renovieren – ein Geben und Nehmen. Im Herbst 2022 teilen die Klipp-Geschwister mit, dass sie den ehemaligen Saal II am Schulterblatt übernehmen. Keine leichte Aufgabe. Dass es in dem Altbau viel zu tun geben würde, war von Anfang an klar. Um die Zeit der ersten Umbauarbeiten nicht ungenutzt zu lassen, schließen sie sich mit dem Hamburger Naturweinhandel VinVin zusammen. Unter dem Namen GlouGlou veranstalten Ralf Voigt und Christoph Cyll, die Gründer und Inhaber von VinVin, Pop-ups zum Thema Naturwein. Von Oktober 2022 bis Februar 2023 ziehen die beiden Weinexperten also in die Räumlichkeiten des zukünftigen Blattgold. In bester Lage in der Schanze können Ralf und Christoph ihre Naturweine an den Mann und die Frau bringen, Ronja und Zora bekommen dafür eine kleine Miete und beide Parteien profitieren. Währenddessen werden die ersten Umbauarbeiten in der Küche und einigen Räumen vorgenommen und das zukünftige vegetarische Restaurant nimmt Formen an.

Zusammenarbeit schlägt Brücken und schafft eine starke Gemeinschaft. Für Konkurrenz ist bei diesen Kooperationen kein Platz. Schon viele Gastronomen in Hamburg haben begriffen, dass sie stärker, effektiver und nachhaltiger arbeiten, wenn sie es gemeinsam tun. In Wilhelmsburg teilen sich die Restaurants SuChi und Williamsburger eine Küche: Wer im SuChi sitzt, kann auch Burger bestellen und andersrum. Der Taco Shop La Casita ist über die Wintermonate tagsüber in die Bar Kleines Phi gezogen und das Izakaya by Dokuwa im Karolinenviertel ➡

Auch ein Konzept für die Zukunft: Die Restaurants Williamsburger und SuChi teilen sich eine Location

Die Brücke ist geschlagen.

MAURIZIO OSTER, ZEIK

FOTOS: SOPHIA SCHILLIK (O.L.), MARC SILL (O.R.), SARAH PORSACK (U.)

Die Weidenkantinen-Betreiberinnen Ronja und Zora Klipp (v. l.) wollen im alten Saal II schon bald das Blattgold eröffnen

Blattgold meets GlouGlou – das bedeutet Win-win für alle: Die Umbauzeit im Saal II bleibt nicht ungenutzt, die neuen Betreiber bekommen eine kleine Miete und das Pop-up einen attraktiven Standort

macht zwei Wochen Betriebsurlaub und überlässt jungen, aufstrebenden Gastronomen in der Zeit ihre Räumlichkeiten.

In Hamburgs Gastronomieszene kennen sich nicht nur alle, sondern viele unterstützen sich gegenseitig. Vorreiter in Sachen Unterstützung ist das Foodlab. In dem Kreativlabor für Start-ups hilft Marketing-Expertin Christin Siegemund gemeinsam mit Experten aus der Gastronomie Neulingen dabei, ihre Ideen in die Tat umzusetzen. In dem Gebäude in der HafenCity bekommen Gründer einen Arbeitsplatz im Co-Working Space, eine eigene Küche sowie Workshops, Netzwerk und Sichtbarkeit. Für eine bestimmte Dauer werden sie bei ihren Anfängen unterstützt und profitieren von der Foodlab-Community. Der anschließende Einstieg in die „echte" Arbeitswelt wird dadurch einfacher und die ersten Stammkunden sind vielleicht schon überzeugt.

Wenn zwei Köche aus verschiedenen Bereichen im Zuge eines Four-Hand-Dinners zusammenkommen, prallen Vorstellungen und Arbeitsweisen aufeinander. Doch statt sich an den Unterschieden und Gegensätzlichkeiten aufzureiben, lernen die Profis voneinander und blicken über ihren eigenen Tellerrand. Aaron Levi Hasenpusch von der Klinkerbar ist Fan vom gemeinsamen Kochen und gegenseitigen Profitieren. Er sieht die Zusammenarbeit zwischen Gastronominnen und Gastronomen als Bereicherung für die Hansestadt und die kulinarische Vielfalt. „Das Leben ist doch am einfachsten, wenn man die guten Momente zusammen verbringt und im Idealfall auch noch davon leben kann." ▮

Im Foodlab können Gründer ihre ersten Schritte in der Gastro wagen

Netzwerkerin: Foodlab-Gründerin Christin Siegemund hilft Start-ups in die Spur

FOTOS: JOHANNA ZOBEL (O.L.), ZORA KLIPP (O.R.), BRITA PLATH (U.), FOODLAB (M.)

GENUSS FÜR ALLE SINNE

FÜR JEDEN GESCHMACK DAS PASSENDE GASTRONOMISCHE ANGEBOT IM WESTFIELD HAMBURG-ÜBERSEEQUARTIER

Credit: URW / Moka-Studio

Was haben der Hamburger Hafen und das Westfield Hamburg-Überseequartier gemeinsam?

Zum Beispiel Aromen wie Kaffee, Curry, Pfeffer und Muskat, die mit Schiffen aus fernen Ländern in die Hansestadt gebracht werden. Im Westfield Hamburg-Überseequartier werden schon bald in rund 40 Restaurants, Bars und Bistros heimische Produkte mit den exotischsten Zutaten aus aller Welt kombiniert, was die Gastroszene in der HafenCity bereichern und eine neue kulinarische Attraktion für Hamburg und den gesamten norddeutschen Raum werden wird.

„Die jährlich 16 Millionen erwarteten Besuchenden des Westfield Hamburg-Überseequartiers wird ein vielfältiger, individueller Mix aus diversen kulinarischen Richtungen begrüßen: internationale und lokale Küchen, Bars, Cafés, Bäckereien und außergewöhnliche gastronomische Highlights", verspricht Andrea Eggers, Gastronomieexpertin im Leasingmanagement bei Unibail-Rodamco-Westfield, dem Investor und künftigen Betreiber des neuen Stadtquartiers.

Direkt an der Elbe entsteht zurzeit ein außergewöhnliches Quartier mit 579 Wohnungen, 4.000 Arbeitsplätzen in vier Bürogebäuden, drei Hotels, einem Kreuzfahrtterminal, einem Kino mit zehn Sälen und 200 Flächen für Kultur, Entertainment, Fashion, Produkte des täglichen Bedarfs und Gastronomie.

„Das Angebot vom Deli-Imbiss bis zum Sterne-Restaurant sorgt für eine lebendige urbane Nachbarschaft und das Wohlergehen der Menschen vom Frühstück bis zum Mitternachtssnack", erklärt Andrea Eggers und ergänzt: „Die Gastronomieszene in Hamburg ist immer im Wandel. Ebenso wie die Wünsche und Ansprüche der Hamburgerinnen und Hamburger. Gerade Aspekte wie veganes Essen oder Superfood stehen nach wie vor im Vordergrund. Hinzu kommt der Wunsch nach ausgeklügelten und neuen Konzepten sowie der Verarbeitung von Produkten aus der Region."

Dank der vier zentralen Gastronomie-Cluster Coffee & Deli, The Soulfoodkitchen, The Neighbourhood und The Waterfront findet im wahrsten Sinne des Wortes jeder im Westfield Hamburg-Überseequartier einen passenden Anlaufpunkt - vom entspannten Coffee-Retreat über einzigartiges Streetfood bis hin zum erlesenen Á-la-Carte Restaurant.

„Hier verschmelzen die Atmosphäre legendärer Markthallen wie in Portugal und Südafrika mit dem Flair der Hansestadt zu einem einzigartigen Erlebnis."

Andrea Eggers
Unibail-Rodamco-Westfield

Und wer sich mal wie in einem Leuchtturm fühlen möchte, fährt einfach in das Sky-Restaurant mit Bar im 13. Stock des Zwillingsturmes Lee und genießt dort ganz nebenbei noch einen 360°-Ausblick über den Hafen und die Stadt.

Auch Nachhaltigkeit ist für alle Beteiligten von größter Wichtigkeit. Vom ersten Spatenstich bis zum Betrieb werden weniger Ressourcen verbraucht, Abfall vermieden, der CO_2-Ausstoß reduziert und die Biodiversität gestärkt. Eine weltweit einmalige Mehrweginfrastruktur in Kooperation mit der Technologieplattform Vytal sorgt dafür, dass das Quartier weitgehend frei von Einwegverpackungen sein wird. Mit der App Too Good To Go wird wertvolles Essen gerettet.

Credit: URW / Moka-Studio

Eine Quartiersapp ermöglicht ein optimales Zusammenspiel von Angebot und Nachfrage. Durch die intelligente Vernetzung und digitale Steuerung von öffentlichem Nahverkehr, 3.500 Fahrradstellplätzen und 2.500 PKW-Stellplätzen mit E-Ladestationen, dem unterirdischen Liefer- und Beförderungsverkehr sowie Sharingangeboten wird eine exzellente Mobilitätserfahrung geschaffen.

Gastronominnen und Gastronomen finden im Westfield Hamburg-Überseequartier ein einzigartiges Umfeld mit vielen Synergien und Möglichkeiten. Und die Menschen im Quartier erwartet ab Frühjahr 2024 ein attraktiver Ort mit guter Gesellschaft und Blick auf ein- und auslaufende Schiffe.

/westfieldhamburg

Vom Pagen zum Hoteldirektor: Ingo C. Peters leitet seit 26 Jahren das Vier Jahreszeiten

„Die Hotels leben"

Es ist eine dieser berühmten Tellerwäscher-Geschichten: Als Page begann Ingo C. Peters in seinem Traumhotel, mittlerweile führt der 60-Jährige das Luxushotel „Vier Jahreszeiten" seit 26 Jahren. Er begrüßte dort Stars, Sternchen, Königsfamilien und Regierungschefs. Ein Gespräch über Krisen, Träume und Rekorde

INTERVIEW: ILONA LÜTJE

Herr Peters, 125 Jahre Hotel Vier Jahreszeiten und 25. Dienstjubiläum – wie zufrieden sind Sie mit dem großen Partyjahr 2022?

Das Jahr 2022 war ein absolutes Highlight für das gesamte Team des Hotel Vier Jahreszeiten und so natürlich auch für mich. Ich bin mehr als stolz, dass ich seit 25 Jahren ein Teil der Geschichte sein darf und das vergangene Jahr hat unvergessliche Erinnerungen geschaffen.

Ein Rückblick: Ein Rekordjahr folgte dem nächsten, dann kam die Pandemie. Waren Sie auf so eine Situation vorbereitet?

Natürlich waren wir dies im ersten Überraschungsmoment nicht, als alles von einem auf den anderen Tag passierte und es von heute auf morgen immer mehr Restriktionen gab. Aber wir haben als gesamtes Team sehr schnell gehandelt und neue Strategien und Maßnahmen entwickelt.

Während der Pandemie haben Sie gezeigt, dass Sie keine Angst vor Krisen, aber immer einen Plan haben. Wie haben Sie die Zeit genutzt?

Natürlich waren auch wir von der Krise stark betroffen und mussten sogar für viele Monate das Hotel komplett schließen, allerdings haben wir die Zeit wirklich sehr effektiv genutzt. Viele Themen, für die sonst kaum Zeit war, wurden neu aufgerollt und aus neuen Perspektiven betrachtet. Und zudem war dies natürlich der perfekte Moment, um Renovierungen durchzuführen. Wir haben in der Zeit nicht nur unseren Weinkeller neu gestaltet, sondern auch unsere Lobby, der Rezeptionsbereich hat ein komplett neues Makeover und Design erhalten und wir haben eine neue Präsidenten Suite geschaffen.

Keine Kurzarbeit, keine Entlassungen – Sie gelten nicht erst seit der Pandemie als wertschätzender Arbeitgeber. Was ist Ihr Geheimnis, dass Sie als eines der wenigen Häuser auch anschließend ohne Personalnot dastanden?

Ich glaube, das Besondere am Hotel Vier Jahreszeiten ist, dass wir uns als Team alle als eine große Familie wahrnehmen. Unsere Mitarbeiter haben zu dem unglaublichen Erfolg des Hotel Vier Jahreszeiten maßgeblich beigetragen. Daher ist es für uns selbstverständlich, dass wir sie auch in schwierigen Zeiten bestmöglich unterstützen. Dieses besondere Gefühl,

FOTO: WOLFGANG WILDE

das jeder einzelne Mitarbeiter hier spürt, muss nach außen getragen werden, sodass auch potenzielle Bewerber zumindest ein leises Gespür dafür entwickeln können. Daher haben wir uns für verschiedene Employer Branding Kampagnen in der digitalen Welt entschieden – hier stehen unsere Mitarbeiter im Fokus, was sie auch in der realen Welt tun. Ich denke, dies war und ist ein großer Faktor, um die Personalnot zu umgehen.

Jetzt also die nächste Krise – auch Sie mussten die Preise erhöhen. Wie sind die Reaktionen der Gäste oder ist das für Ihre Klientel gar kein Thema?

Es ist ja nicht so, dass wir nur unsere Preise anziehen, wir haben auch damit einhergehend die Qualität signifikant gesteigert, in der Soft- sowie der Hardware. Unsere Gäste sind gerne bereit, für Qualität einen angemessenen Preis zu zahlen und haben mit einigen wenigen Ausnahmen vollstes Verständnis.

Wie ist die Buchungssituation heute? Sind Sie zufrieden?

Wir haben wirklich keinerlei Gründe, uns zu beschweren. Die ersten zwei Monate des Jahres sind besonders in der Stadthotellerie normalerweise eher schwach, was sich in diesem Jahr nicht bewahrheitet hat. Sowohl im Logis-Bereich, als auch in unseren Restaurants und Bars haben wir unsere wirtschaftlichen Ziele erreicht.

Sie hatten in den 25 Jahren immer Träume und Ziele. Was steht als Nächstes an?

Da haben Sie absolut Recht! Bis jetzt konnten bereits einige erfüllt und erreicht werden, wofür ich sehr dankbar bin. In diesem Jahr wird unser Restaurant, der Jahreszeiten Grill, einen weiteren Traum erfüllen, denn dieser wird in neuem Glanz erstrahlen. Ich freue mich schon jetzt darauf!

Wie steht es allgemein um das Gastgewerbe in Hamburg zurzeit?

Die Hotels leben! Die Leute haben wieder Lust zu reisen und das spiegelt sich natürlich auch in den Zahlen wider – zu unserem Glück. Ich denke, die kommende Zeit wird noch einiges für die Gastronomie und Hotellerie zu bieten haben.

In jeder Krise stecken Chancen, es gibt wahnsinnig viele und gute Neueröffnungen in der Stadt und es stehen schon weitere Hochkaräter in den Startlöchern. Wie sehen Sie die Zukunft der Hamburger Gastroszene?

Hamburg ist, was die Kulinarik betrifft, bereits sehr gut aufgestellt – die zahlreichen Neueröffnungen schaffen zudem aber auch national betrachtet noch mal mehr Aufmerksamkeit, was definitiv für eine spannende und erfolgreiche Zukunft spricht. ▮

> **Natürlich waren auch wir von der Krise stark betroffen, allerdings haben wir die Zeit wirklich sehr effektiv genutzt.**
>
> INGO C. PETERS, HOTELDIREKTOR VIER JAHRESZEITEN

Johannes Riffelmacher (l.) und Thomas Kosikowski haben in St. Peter eine zweite Heimat für das Salt & Silver gefunden

Ein Tag am Meer

Johannes Riffelmacher und Thomas Kosikowski haben sich einen Traum erfüllt. Und die legendäre „Seekiste" in St. Peter Böhl übernommen. Läuft!

TEXT: ANTON RATSCHAT

Ein Nachmittag Mitte April. Bisschen Sonne, nicht grad warm. Auf dem Parkplatz am Strand in St. Peter Böhl ist gut was los. Hat seinen Grund. Denn hier haben Johannes Riffelmacher und Thomas Kosikowski sich einen Traum erfüllt. Und ausgerechnet während der Pandemie die legendäre „Seekiste" übernommen. Das Restaurant auf Pfählen kennen Generationen von Urlaubern. Als bodenständige Gastro mit Klassikern, wie Touristen sie lieben. Mit dem Salt & Silver am Meer ist hier jetzt coole, gehobene Küche am Start. Mit regionaler und saisonaler Ausrichtung, wie schon in den Hamburger Homebases des Salt & Silver. Wir wollen wissen, wie es in luftiger Höhe läuft. Kosikowski, den alle nur Cozy nennen, erinnert sich noch gut an einen „Oh-Shit-Moment", nachdem das Team die Ausschreibung für den ganz besonderen Standort am Strand gewann. „Wir sind in die Sache mehr oder weniger reingestolpert", sagt er. Corona habe das Startup zwar zuweilen an den Rand der Verzweiflung getrieben. Aber alle zusammen hätten Lösungen gefunden. „Inzwischen tragen wir mit dem, was wir aufgebaut haben, eine große Verantwortung gegenüber unserem Team", sagt Cozy. Jetzt gehe der Blick nach vorn. Ziel sei nicht, „höher, besser, weiter". Es gehe darum, das Konzept solide auszubauen und zu perfektionieren. Dabei werden Themen wie Wein und eigenes Gemüse immer wichtiger. Nachhaltigkeit weiterdenken, das ist der Anspruch. Optimismus ist angesagt. Küche und Service haben sich eingespielt. Die Karte mit Cataplana, Dicker Rippe und Wolfsbarsch vom Grill überzeugt offenkundig. Der Parkplatz vorm Salt & Silver am Meer spricht Bände. Und die Saison startet grad erst. Läuft. ▌

FOTO: SALT AND SILVER

„Ein Künstler lebt vom Applaus, das ist hier genauso“

Agnès Brinker eröffnete im Februar 2021 das „par ici!“ im Eppendorfer Weg und schuf damit ein Stück Frankreich in Eimsbüttel. Was das Bistro so besonders macht und warum der Kontakt zu den Gästen so wichtig ist

TEXT: JOHANNA ZOBEL

Agnès Brinker holt die französische Lebensart nach Hamburg

Für Agnès Brinker ist der herzliche Umgang mit ihren Gästen besonders wichtig. Diese werden immer mit einem freundlichen „Bonjour“ begrüßt. Für viele sei der Besuch im „par ici!“ ein kleiner Ausflug nach Frankreich. Und so schmecken die Tartes, Croissants und Brioches auch. „Unsere Gäste schätzen unsere Qualität und Authentizität. Es gibt mittlerweile viele französische Bistros – oft sind diese aber nicht von Franzosen“, sagt Agnès, die Quereinsteigerin in der Gastronomie ist. Ihre Karriere startete bei den Münchner Philharmonikern. Mit drei Kindern sei die Kulturarbeit jedoch nicht machbar. Während Agnès in Hamburg für ein Modelabel in der Rechtsabteilung arbeitete, wuchs der Wunsch nach ihrem eigenen Café: „Ich koche sehr gerne und habe mir zum Geburtstag von meinem Mann einen Kochkurs in Frankreich gewünscht. Dann bin ich nach Paris zur bekannten Kochschule Ferrandi.“ Vor acht Jahren öffnete sie die Türen ihres ersten Cafés in der Maria-Louisen-Straße, schnell folgte das Backatelier in der Rothenbaumchaussee. Der Gedanke, ein Bistro für den Außer-Haus-Verkauf zu eröffnen, kam Agnès einige Zeit später. Am 13. Februar 2021 – mitten im Corona-Lockdown – eröffnete Agnès das „par ici!“ im Eppendorfer Weg 105. „Das war eigentlich die beste Zeit, um etwas zu eröffnen“, erinnert sie sich, „die Leute waren zu der Zeit total erpicht auf alles Neue und freuten sich über den neuen Laden.“ In einem Café stecke unglaublich viel Arbeit, man muss immer auf dem neuesten Stand bleiben. „In der Patisserie verändert sich viel – aktuell werden die Klassiker wiederentdeckt und in leichteren Varianten neu definiert. Traditionelles wie unsere Cakes, früher als Reisekuchen beliebt, erleben eine Renaissance. Sie sind zu meinem Aushängeschild und zum heimlichen Favoriten unserer Kunden geworden.“ Für Agnès ist es wichtig, dass ihre Läden in einer familiären Umgebung sind, rund um die Maria-Louisen-Straße wohnen etwa viele Franzosen, im Eppendorfer Weg kämen viele Familien zu Besuch. „Das positive Feedback von unseren Gästen treibt uns an. Ein Künstler lebt vom Applaus, das ist hier genauso.“ Einen weiteren Standort möchte Agnès nicht ausschließen: „Wir haben jetzt einen guten neuen Patissier. Wenn ich jetzt ein gutes Angebot bekäme, wäre ich dafür offen.“ Denn der Schlüssel zum Erfolg ist, „dass man immer an das Konzept glaubt“. ■

FOTO: JOHANNA ZOBEL

Wir haben uns in der Weidenkantine und dem Brüdigams umgehört: Wie läuft's in Krise 3.0?

UMFRAGE

Hamburgs Gastro im Hoffnungs-Modus

Gerade noch Pandemie, dann der Krieg in der Ukraine und Inflation – ausgehen wird für viele Hamburger zum Luxus. Alles auf Krisenmodus. Steigert das vielleicht die Wertschätzung? Für gutes Essen, herzlichen Service, Genuss? Ein Besuch in zwei Hamburger Restaurants

TEXT: LOUISA KOPF

FOTO: MARC SILL

Für Kai gehört der Besuch in der Weidenkantine zum Alltag

Die Zeiten, in denen man für ein gutes Abendessen inklusive Getränk 20 Euro gezahlt hat, sind lange vorbei.

KAI, STAMMGAST IN DER WEIDENKANTINE

In der Weidenkantine in Eimsbüttel sind alle Tische belegt, die Gäste recken die Gesichter in die so lang ersehnte Sonne. Drinnen im bunt gestrichenen Ladenlokal an der Weidenallee herrscht ebenfalls Trubel, es geht fröhlich zu. Sobald ein Tisch frei wird, freuen sich direkt neue Gäste. „Der Mittagstisch läuft eigentlich immer gut", sagt Ronja Klipp, die die Weidenkantine zusammen mit ihren Geschwistern Zora und Oliver betreibt. Vor allem die Angestellten aus den umliegenden Büros und Nachbarn seien Gäste.

Die Hoffnung auf Normalität schien bei vielen Gastronomen zuletzt zu

Kennen Krise und wissen, das Beste draus zu machen: Weidenkantine-Betreiber Ronja (l.), Zora und Oliver Klipp

schwinden. Mehr als drei Jahre im Krisenmodus gehen an niemandem spurlos vorüber. Lockdowns und Corona-Einschränkungen gehören zwar der Vergangenheit an, doch die Folgen des russischen Angriffskriegs auf die Ukraine sind in Restaurants, Bars und Kneipen deutlich spürbar. Gestiegene Energiekosten, damit auch automatisch erhöhte Preise für Lebensmittel sind neue Herausforderungen für die Gastro. Die Folgen: Betreiber gehen an ihr Erspartes, nehmen Kredite auf, entlassen Personal oder schließen ganz. Manche halten sich mit mehr Ruhetagen oder einer gekürzten Speisekarte über Wasser. Wenn dann auch noch das Publikum wegbleibt, befindet man sich im Teufelskreis. Schließlich müssen auch die Gäste im Alltag deutlich höhere Ausgaben stemmen und Verzicht üben. Restaurantbesuche werden für viele zum Luxus.

Ronja Klipp und ihre Geschwister kennen Krise. Als sie die Weidenkantine im Oktober 2020 eröffnen, schlittern sie direkt in den zweiten Lockdown. „Wohl der schwierigste Start, den man sich vorstellen kann", sagt Klipp heute. „Aber genau deswegen können wir seitdem stets behaupten, dass es nur bergauf gehen kann. Und das tut es zum Glück auch." Ronja steht hinter der Theke, bereitet Kaffee zu und lächelt, wenn die Ladentür aufschwingt und neue Gäste hineinkommen.

Einer davon ist Kai aus der Nachbarschaft, der häufig seine Mittagspause in der Weidenkantine verbringt. „Ich koche selten und genieße es, dass ich mir nach wie vor erlauben kann, häufig auswärts essen zu gehen. Ich habe schon immer das meiste Geld für Gastro und gute Küche ausgegeben", erzählt er. „Das ist eines meiner Grundbedürfnisse und gehört zu meinem Leben dazu." Vor allem schätze er in der Weidenkantine den „super Service" und die gute Qualität der Speisen. Natürlich spüre auch er deutlich eine Preissteigerung. „Die Zeiten, in denen man für ein gutes Abendessen inklusive Getränk 20 Euro gezahlt hat, sind lange vorbei", weiß er. „Aber alle Gastronomen haben meinen vollsten Respekt. Dass die Kalkulation aufgeht, ist schon verwunderlich."

Genau kalkulieren müssen auch die Klipps. Vor einiger Zeit haben sie eine notwendige Preiserhöhung kommuniziert, doch glücklicherweise habe das keine negativen Folgen auf ihr Geschäft gehabt. „Die Stammkundschaft bleibt uns treu, wir bekommen nach wie vor tolles Feedback und auch das Trinkgeld wird nicht weniger", freut sich Ronja Klipp. Das zahlen auch die Freundinnen Inga und Nina gern, die in der Nachbarschaft leben und oft vorbeikommen. „Mit Baby oder ohne, zum Mittag, auf ein Stück Kuchen und auch zum Frühstück", sagt Inga lachend. „Wir gehen aber inzwischen ausgewählter essen und überlegen uns genau, worauf wir Lust haben", ergänzt Nina.

Nicht nur die Gäste machen sich mehr Gedanken, auch als Gastronom muss das Speiseangebot besonders in Krisenzeiten wohlüberlegt sein. „Fisch und Fleisch haben wir nach und nach reduziert, da es im Einkauf zu teuer geworden ist. Zwei bis drei Gerichte im Monat bieten wir ➡

FOTOS: WEIDENKANTINE (L.), LOUISA KOPF (R.)

noch an", sagt Ronja Klipp. „Glücklicherweise sind unsere vegetarischen Gerichte ohnehin beliebt und niemand vermisst etwas."

Verzicht üben, das muss auch das Team aus dem Brüdigams am Eppendorfer Weg – für das Team eher eine Herausforderung als ein Problem. Auch hier stehen aktuell weniger Fleisch und Fisch auf dem Speiseplan. „Unsere Vorspeise ist inzwischen immer vegetarisch und das Motto ‚weniger ist mehr' trifft auch bei unserem angepassten Menü zu", erzählt Küchenchef Marco Krüger. „Wir wollen die Grenze von 30 Euro für ein Hauptgericht nicht überschreiten, sodass eben auf gewisse Produkte verzichtet werden muss." Was vielen Gästen eventuell gar nicht auffällt: Dem geht eine detaillierte Planung des Küchenteams voraus. „Kalkulation ist alles", betont Krüger. Seine Überlegung: Es gibt zu den Hauptgerichten nur noch ein Gemüse, zum Beispiel Spitzkohl in unterschiedlichen Zubereitungsarten. Einmal wird er etwa gebraten, beim anderen Gericht zu einer Creme verarbeitet. So wird nichts für die Mülltonne produziert und beim Einkauf gespart.

Haben 2020 das Brüdigams übernommen: Laura Gsellmann und Marco Krüger

„Die Wertschätzung unserer Gäste ist gleichbleibend groß.

LAURA GSELLMANN, MITINHABERIN BRÜDIGAMS

Inga und Nina gehen mittlerweile ausgewählter essen

Eine Preissteigerung bleibt dennoch nicht aus, das Menü kostet jetzt 46,50 Euro und ist somit sieben Euro teurer als bisher. „Es kann sein, dass wir noch einmal ein, zwei Euro drauflegen müssen", sagt Laura Gsellmann, die gemeinsam mit Krüger seit September 2020 die gehobene Bistro-Küche im Eppendorfer Weg leitet. Negative Reaktionen habe es wegen der gestiegenen Preise noch nie gegeben. „Wir sind total dankbar. Schon in den schwierigen Phasen der Pandemie haben uns die Nachbarschaft und unsere Stammkunden aufgefangen und uns motiviert, weiterzumachen", betont Laura Gsellmann. Manchmal habe sie Tränen in den Augen – nicht vor lauter Zukunftssorgen, sondern vor Rührung! „Die Wertschätzung unserer Gäste ist gleichbleibend groß. Es macht so viel Spaß, hier zu sein, und es ist beruhigend, dass zumindest das Konsumverhalten unserer Gäste dasselbe geblieben ist", so die Restaurantleiterin.

Zwar gibt es keine aktuellen Zahlen aus Hamburg, doch laut einer deutschlandweiten Umfrage des Deutschen Hotel- und Gaststättenverbands Dehoga rechnen 32,7 Prozent der befragten Betriebe mit einer Verbesserung ihrer Geschäftslage. Knapp die Hälfte nimmt an, dass die Geschäftslage gleich bleibt, viele sind endlich wieder optimistisch gestimmt. So auch das Team des Brüdigams: „Für unseren Laden halten wir positiv fest, dass jetzt endlich Ruhe einkehrt. Wir haben Zeit für frische Ideen, finden Inspiration, gehen neue Wege, freut sich Laura Gsellmann. „Die Reise kann weitergehen!"

FOTOS: MARC SILL (O.), LOUISA KOPF (U.)

Nils Jacobsen baut jetzt sein eigenes Gemüse fürs Hygge an – und beliefert mittlerweile auch weitere Gastronomen

FOTO: JOHANNA ZOBEL

HYGGE THE FARM

Regionaler geht's kaum

Wer an Hamburgs Westen denkt, denkt oft an elegante Villen und die Nähe zur Elbe. Mittendrin: eine ehemalige Zierblumengärtnerei, die sich in den vergangenen drei Jahren nicht nur zu einem beliebten Ausflugsziel für Hamburger aller Stadtteile entwickelt hat, sondern auch ein Vorreiter in regionalem Anbau ist

TEXT: ALICE VON DER LADEN

Eine ganz gewöhnliche Straße in Nienstedten. Pompöse Altbauten sind von hohen Hecken verdeckt. Alte Bäume an den Straßen und in den Gärten der Anwohner verleihen dem Stadtteil einen gemütlichen, heimeligen Charakter. Hier spielen Kinder auf der Straße oder gehen mit ihren Hunden Gassi. Viel los ist nicht. Die Cordsstraße ist eine von vielen solcher Straßen hier im Westen. Nur das gläserne Gewächshaus unterscheidet sie von anderen. Auf einem großen schwarzen Schild mit weißer Schrift der Name der ansässigen Betriebs: Hygge the farm.

Vor drei Jahren hat Gastronom Nils Jacobsen hier gemeinsam mit mutigen Mitstreitern großflächig umgebaut, gepflanzt und getestet. Super regionales Obst und Gemüse war das Ziel, das von den Köchen des Hygge Restaurants in Groß Flottbek verarbeitet werden sollte. Ein gewagter Plan. Inzwischen arbeiten drei Gärtner auf dem 2000 Quadratmeter großen Gelände und kümmern sich um die rund 150 verschiedenen Kulturen. Während die kalte Jahreszeit für Umbau und Planung genutzt wird, schlängeln sich im Sommer Ranken, Äste und Blätter gen Dach der 70 Jahre alten Gewächshäuser. 25 verschiedene Tomatensorten, seltene Gurkenarten, Zucchini, Erdbeeren und Kräuter sowie diverse Chili- und Bohnenarten werden hier gepflanzt und im Sommer fast täglich geerntet.

Doch nicht nur das Restaurant von Jacobsen profitiert von dem Anbau, sondern auch die Besucher von nah und fern. Die seltenen Obst- und Gemüsesorten können im offenen Verkaufsraum nebst Produkten anderer regionaler Produzenten gekauft werden. Und wer die frisch geerntete Ware gleich vor Ort genießen möchte, bekommt im Farm-Bistro einen wöchentlich wechselnden Mittagstisch.

Inzwischen werden auch andere Gastronomen in Hamburg mit den Produkten der Farm beliefert. Zwar sind Gurke, Basilikum und Co. nicht bio-zertifiziert, aber in Bio-Qualität, ungespritzt und so regional, wie es nur geht. Nils Jacobsen sieht die Zukunft der Oase nicht rosig, sondern grün: „Auf der Farm sehe ich irgendwann eine noch mehr grün blühende Oase, deren Produkte in die ganze Welt hinausgehen." Jacobsen glaubt an den Wert von Nachhaltigkeit und Regionalität und an seine kleine Farm im Westen Hamburgs. „Ich glaube, wenn man sich auf das fokussiert, was man gerne und gut macht, ist man erfolgreich." ▮

Premiere: Arc zu Gast im Klinker

Zwischen Spießer-Dogmen und Gourmetküche

Joshua, Franz und Julian möchten Hamburgs Fine-Dining-Welt dem jüngeren Publikum näherbringen und Landwirten, Produzenten und Züchtern aus dem Umland eine Bühne bieten. Wo sie das machen? Immer woanders

TEXT: ALICE VON DER LADEN

Inzwischen ist es nicht mehr besonders, wenn ein Gastronom sich Nachhaltigkeit, Regionalität und saisonales Arbeiten auf die Fahne schreibt. Zahlreiche Restaurants in Hamburg und ganz Deutschland punkten schon damit. Ein Trend, der gefällt. Und ein Trend, der vor allem beim jüngeren Publikum sehr beliebt, fast schon obligatorisch ist. Was das Arc von anderen Restaurants unterscheidet: Es hat keinen festen Standort, ist quasi ein wanderndes Restaurant. Die Küche, der Stadtteil, die Location, die Gäste, sogar das Servicepersonal wechseln, nur das Team ist immer dasselbe. Joshua Feldkircher, Julian Rickert und Franz Kirsch haben sich bei einem Glas Naturwein kennengelernt. Die zwei Köche – Joshua aus dem Haerlin, Julian vom Sternerestaurant Coda in Berlin – und der Wirtschaftsingenieur und Architekt Franz wollten zunächst als Weinbar mit kleinen Snacks in die Gastro einsteigen. Joshua stand zu dem Zeitpunkt gerade an dem Ende seiner Ausbildung. „Wir wollten den Leuten zeigen, was wir können", erklärt Franz die Entscheidung, warum sie dann doch von Häppchen auf ein ganzes Menü wechselten. Und Joshua bestätigt: „Wir möchten komplexer arbeiten, als nur Snacks zum Wein zu reichen."

Im Oktober 2022 fanden die ersten beiden Events in der Alten Druckerei und in der Klinker Bar statt. Zehn Gänge von lokalen Produzenten, kein Fleisch, nur Fisch von Forellenhof Benecke und Gemüse. Die drei haben dafür diverse Höfe, Züchter und Produzenten im Umland der

FOTO: FRANZISKA HEINEMANN SCHULTE

Hansestadt besucht, die ihnen schließlich Produkte der Saison für ihr Menü lieferten. Franz: „Wir versuchen kleinere Betriebe zu unterstützen, die vielleicht nicht bio- oder Demeter-zertifiziert sind, aber dennoch in bester Qualität produzieren. Wenn der Hof dann nur 20 Minuten entfernt ist, ist uns das wichtiger als das offizielle Siegel." Um die Menschen hinter den Produkten angemessen zu präsentieren, haben sie das Freundebuch entworfen: ein Heft, das die Produzenten des Abends vorstellt. Das farblich gekennzeichnete Menü zeigt, welcher Gang mit den Produkten welches Herstellers zubereitet wurde. „Unsere grundlegende Idee war, dass wir den Produzenten aus dem Hamburger Umland eine Bühne geben", erklärt Joshua. Bread aus dem Eppendorfer Weg, der Kleverhof in Elmenhorst und der genannte Forellenhof in Jelmstorf sind nur drei Partner von Arc.

Der Bogen zwischen Gourmetküche und Generation Z

Die Idee der Arc-Macher begeisterte die Gäste. Das folgende Event im Januar war innerhalb kürzester Zeit ausgebucht – ein weiterer Ansporn für Joshua, Franz und Julian. Noch arbeiten alle drei in Vollzeit, doch die Kündigung liegt bereit. Für den Sommer stehen die nächsten Locations fest. Für einen Monat geht es in „Die Speisegesellschaft" von Christoph Himmel in der Erikastraße in Eppendorf. Anschließend ziehen die drei für vier Wochen in die Klinkerbar in Eimsbüttel, mit allem Drum und Dran – eventuell sogar mit Übernahme des Social-Media-Kanals der beliebten Bar. Wie das Menü im Sommer aussehen wird, kommt auf die Produkte an, die sie von ihren Lieferanten bekommen. Klar ist, dass kein Fleisch und keine Salzwasserfische zubereitet werden. Zudem ist es den dreien wichtig, „eine schöne Atmosphäre durch die Objekte, die Locations, die Speisen und auch die Umgangsweise mit unseren Gästen" zu schaffen. Joshua, Franz und Julian möchten mit dem Arc „die Spießer-Dogmen der Haute Cuisine überwinden" und die gehobene Küche gleichzeitig einem jüngeren Publikum erschwinglich machen. „Wir spannen den Bogen, auf Französisch den Arc, zwischen der Gourmetküche und der Generation, die für gewöhnlich nicht in Zwei-Sterne-Restaurants geht, aber schon Bock hat, diese Experience zu machen", erklärt Franz. Wo das Arc irgendwann seinen Platz findet, ist ungewiss. Die Idee, einem Restaurant zu folgen und sich ganz der Saison und der jeweiligen Location hinzugeben, ist spannend, neu und macht Lust auf mehr. ▮

Joshua Feldkircher hat gemeinsam mit Julian Rickert das Menü konzipiert

Auch Franz Kirsch, eigentlich Architekt und Ingenieur, richtet bei Arc mit an

Zehn Gänge – alle bis ins kleinste Detail angerichtet

Teller und Schüsseln kommen teilweise vom Flohmarkt

FOTOS: ANTON KRÖER (O.), SIMON HUNTINGTON (U.L.), FRANZISKA HEINEMANN SCHULTE (U.R.)

Julian Münder ist Geschäftsführer im Der Player

„Die Leute wollen mal was anderes erleben"

Ottensen hat mit Der Player ein neues Multi-Konzept zum Essen, Arbeiten, Tanzen und Spielen. Geschäftsführer Julian Münder erzählt, warum er sich für dieses Konzept entschieden hat und wie er es weiter ausbauen möchte

INTERVIEW: JOHANNA ZOBEL

Julian, ihr habt im Oktober 2022 den Player eröffnet. Wie lief es bisher?

Die Gäste haben uns sehr positiv aufgenommen. Wir hatten eine extrem geschäftige Vorweihnachts- und Weihnachtszeit. Donnerstag, Freitag, Samstag ist immer sehr viel los.

Was genau erwartet eure Gäste?

Wir haben insgesamt fünf Etagen – die zweite ist fest vermietet, da sind Büros. Die Gastronomie ist im Erdgeschoss und im ersten Stock – mit Bar und Restaurant. In der ersten Etage befindet sich außerdem der Playground – mit einer Boule-Bahn, einem Tischkicker, einem Billardtisch, zwei Tischtennis-Platten, zwei Flipper und einer Shuffleboard-Bahn. Abends gibt es dann noch Musik von ausgewählten DJs. In der dritten und vierten Etage gibt es außerdem den Business Club, der von der Einrichtung her ans Soho House angelehnt ist – hier können Mitglieder Einzelbüros und Besprechungsräume mieten, in der Lounge und auf der Dachterrasse im obersten Stockwerk connecten, networken, oder einfach nur abhängen.

Weshalb habt ihr euch für das Multi-Konzept entschieden?

Wir haben ein solches Konzept in Hamburg vermisst – im Ausland gibt es derartige Konzepte bereits. Da haben wir hier in Hamburg schon eine kleine Marktlücke gesehen. Die Hoffnung und die Idee ist, dass wir Gäste rundum versorgen können. Die Leute können zur Tür reinkommen, ihre Jacke abgeben und einen unfassbar geilen Tag haben, da sie das Gebäude eigentlich nicht wieder verlassen müssen. Co-Working-Mitglieder können morgens arbeiten, mittags lunchen, nachmittags eine Partie Pingpong spielen, dann was Leckeres essen und den Abend dann an einer der Bars mit DJ-Sounds ausklingen lassen. Gäste der Gastronomie haben Casual-Fine-Dining, Entertainment, Kultur, Cocktailbar & Club unter einem Dach. Man muss nicht mehr von Laden zu Laden ziehen um Essen, Trinken und Tanzen zu können.

War es von vornherein klar, mit dem Player ein besonderes Konzept anzubieten?

Ja. Ich denke, das war das Einzige, was Sinn gemacht hat. In Hamburg gibt es viele coole Läden. Aber man kann sich nur von der Masse absetzen, wenn man etwas erschafft, was es in mehreren Hundert Kilometern noch nicht gibt.

Sind solche Konzepte die Zukunft?

Es gibt auch andere gute Konzepte. Es muss nicht immer so groß und laut sein. Auch jede kleinere Gastronomie hat ihre Daseinsberechtigung. Wir merken aber, dass die Leute vor allem an den Wochenenden Lust haben, so ein Konzept wie unseres zu genießen. Gerade die Krisen der vergangenen Jahre zeigen, dass es nur hilfreich sein kann, etwas breiter aufgestellt zu sein.

Wie sieht eure weitere Planung aus?

Wir planen noch einige Veränderungen beim Thema Event und Party. Da präzisieren wir noch unser Portfolio und wollen es ausbauen. Im ersten Stock wollen wir noch ein Kulturprogramm erschaffen. Auf der Event- und Playfläche ist eine kleine Bühne. Da würden wir gerne regelmäßig Live-Musik stattfinden lassen oder auch Stand-up-Comedians einladen und Podiumsdiskussionen veranstalten. ▮

FOTO: JOHANNA ZOBEL

Hoffen auf ruhigeres Fahrwasser

Bernd Ratjen führt gemeinsam mit seiner Schwester Anne das Gasthaus Zur Erholung in Uetersen in sechster Generation. Anfang des Jahres gaben die Geschwister bekannt, das À-la-carte-Geschäft einzustellen

INTERVIEW: ALICE VON DER LADEN

Privatfeiern, Dinner-Events, Weinverkostungen: Statt an fünf Tagen die Woche für den gewöhnlichen Restaurantbetrieb zu öffnen, können sich die Gäste der Traditionswirtschaft Zur Erholung nun über hauseigene Events freuen. Damit hat unser Testsieger 2022/23 in der Kategorie Hamburgs Norden überrascht, reagiert aber auf Energiekrise und Personalengpässe. Küchenchef und Inhaber Bernd Ratjen erzählt, was sich seit Januar geändert hat und was ihn neben der 160-jährigen Geschichte des Hauses noch antreibt.

„Wir möchten eine neue Qualität auf den Teller bringen" – Bernd und Anne Ratjen haben das Konzept im Zur Erholung überdacht

Bernd, Lockdowns, Energiekrise, Inflation und Personalnot – was ist euer Rezept für die Zukunft?

Wir bieten kein klassisches à la carte mehr an, sondern öffnen nur noch auf Reservierung. Wir haben also nur noch hauseigene Events mit einem klaren Wochenrhythmus: Dienstags bieten wir Kochkurse an, derzeit heißt der Kurs „Vegan – natürlich lecker", mittwochs haben wir eine Weinprobe und Donnerstag und Freitag gibt es ein rustikales Angebot, dazu gehören Burger, Fisch mit Pommes oder Salate. Samstags findet „Bernies Dinner Club" statt, unser Flagship mit einem Sechs-Gänge-Menü, klassisch oder vegan. Mit persönlichem Service von mir und Anne, viel Hintergrundwissen, Blicken in die Küche – einfach mehr als einfach nur Essen gehen.

Was treibt euch an?

Zum einen natürlich die Geschichte des Hauses. Dass es hier weitergeht. Und zum anderen möchten wir Gastronomie neu denken. Wir möchten eine neue Qualität auf den Teller bringen. Einen Job machen, den nicht alle machen.

Was haben die vergangenen Jahre mit euch gemacht und was hat sich verändert?

Unser Team ist kleiner geworden. Einige wollten nicht mehr, andere sind weggezogen und wir haben eben das Team nicht vergrößert, sondern das Kern-Team gestärkt. Dadurch sparen wir natürlich Geld. Außerdem sparen wir dadurch, dass wir kein À-la-carte-Geschäft mehr haben, Energiekosten.

Die gute Seite: Was wurde ins Rollen gebracht und hat sich bereits vielleicht verbessert?

Dadurch, dass wir so lange geschlossen hatten, konnten wir in extrem kurzer Zeit sehr viel umbauen. Das sehen wir als Vorteil. Wir haben versucht, die Zeit so gut es geht zu nutzen und hoffen, dass wir jetzt in ruhigere Gewässer treiben. ■

FOTO: JULIA SCHUMACHER

MEIN
bäderland
SCHALT MAL AB:
IN UNSEREN
SAUNA-
WELTEN

Mit geschultem Auge: Vincenzo Andronaco schaut sich die Produkte vor Ort an

ANDRONACO

„Ich habe einen guten Gaumen"

Bei Vincenzo Andronaco gibt es ein (großes) Stück italienische Lebensfreude. Der Großhändler hat sich längst über die Grenzen Hamburgs hinaus einen Namen gemacht. In diesem Jahr feiert er sein 40-jähriges Jubiläum – doch der Anfang war nicht leicht

INTERVIEW: JOHANNA ZOBEL

Herr Andronaco, Sie sind 1970 nach Hamburg gekommen. Wie war es für Sie, als junger Italiener im kühlen Norden anzukommen?

Vincenzo Andronaco: Ich kam am 18. Januar 1970 um 7.10 Uhr am Hamburger Hauptbahnhof an. Es herrschten minus 20 Grad und es fiel Schnee. Ich hatte nur ein paar Mokassins, ein Poloshirt und ein leichtes Sakko an, da es in meinem Heimatdorf, in der Nähe von Messina, bei meinem Aufbruch noch 20 Grad warm war. Das war ein ziemlicher Temperaturschock. Ich habe zwar immer gehört, dass es in Hamburg kalt sei, aber ich hatte mit meinen 18 Jahren noch keine Vorstellung, was kalt bedeutet.

40 Grad Temperaturunterschied und der Wechsel vom Dorf zur Großstadt. Das war sicher nicht einfach …

Anfangs konnte ich bei einem Freund in Pinneberg wohnen. In eine große Stadt zu kommen – ohne Geld – war für mich eine sehr große Herausforderung. In meinem Dorf lebten damals rund 1400 Menschen. Aber, Gott sei Dank, ich habe es überlebt. Ich bin noch hier *(lacht)*.

Wann genau kam Ihnen die Idee, einen Obst- und Gemüsestand zu eröffnen?

Das begann 1983 in Barmbek. Ich hatte eine Fläche von etwa vier Quadratmetern. Mein Sortiment bestand aus saisonalem Obst – ein paar Äpfeln, Erdbeeren, Himbeeren, Blaubeeren. Ich

FOTO: KENNEDY PRODUCTION

hatte aber auch exotische Obst- und Gemüsesorten im Angebot, etwa Mangold, Auberginen und grünen Spargel – den kannte damals niemand und den gab es nirgends. Die Welt hat sich verändert. Heute bekommt man alles.

Wie spüren Sie diese Veränderung im Geschäft?

Heute ist vieles selbstverständlich geworden. Ich arbeite etwa mit einem Mailänder Großhändler zusammen. Wenn ich dort am Montag Kirschen bestelle, sind die Donnerstag bereits hier. Das war damals undenkbar. Früher, auf dem Großmarkt, kamen die Bestellungen noch über den Telegrafen rein. Bis man da die Bestellung bekommen hat, war fast schon Feierabend *(lacht)*.

Heute sind Sie erfolgreich im Geschäft und besitzen deutschlandweit elf Standorte, drei davon in Hamburg. Lief es immer so rund?

Es war erst mal eine Riesenkatastrophe. Ein Jahr nach dem Start in Billbrook war ich schon fast pleite. Die Kosten waren zu hoch. Es kam einfach zu wenig Laufkundschaft. Wir befinden uns hier mitten in einem Industriegebiet – es gab lange Zeit nicht mal eine Bushaltestelle. Deshalb mussten wir viel Ware verschenken.

Die Anfänge: der erste Stand am Barmbeker Bahnhof

> **Unsere Stärke ist, dass wir Qualität verkaufen – zu einem fairen Preis.**
>
> VINCENZO ANDRONACO

Sorgfältige Auslese: frische Ernte vom Feld

Aber Sie haben es trotzdem geschafft. Was ist Ihr Geheimnis?

Unsere Stärke ist, dass wir Qualität verkaufen – zu einem fairen Preis. Im Frühjahr 2002 haben wir es geschafft, wieder nach vorne zu kommen. Unsere Kunden haben uns viel weiterempfohlen. Das hat uns gerettet und wir konnten uns sehr schnell erholen. Mein großes Glück war, dass die Lieferanten an mich geglaubt und immer weiter beliefert haben. Außerdem war meine große Motivation der Parkplatz. Wir sind alle bequeme Leute *(lacht)*. Die Kunden kommen und machen den Kofferraum voll.

Sie besitzen viel Expertise. Fahren Sie häufig nach Italien?

Etwa alle sechs Wochen. Dann besuche ich meine Mutter, sie ist 95 Jahre alt. Gemeinsam mit einigen Mitarbeitern besuche ich außerdem oft die Lieferanten. Ich schaue mir Schinken, Parmesan, Olivenöl an. Kürzlich waren wir in Apulien und haben uns Wein angeschaut. Es ist sehr wichtig zu wissen, wo die Produkte herkommen und wie sie hergestellt werden. Da sieht man auch sofort, ob die Leute sauber arbeiten. Unsere Lieferanten sind besser als jede Apotheke, so sauber wie es dort ist.

Woran erkennen Sie gute Produkte?

Ich habe einen guten Gaumen *(lacht)*, wofür ich meiner Familie sehr dankbar bin. Mir wird immer wieder gesagt, dass Produkte, die mir schmecken, auch gut laufen. Und das stimmt: Es hat viel mit dem Geschmack zu tun. Natürlich sammelt man nach und nach auch Wissen. Wo kommt welches Salz her? Welche Bodenqualität braucht es, für bestimmte Produkte? Wir arbeiten viel mit kleinen Familienbetrieben zusammen, die uns Einblicke gewähren.

Ihr Sohn Florian ist bereits im Unternehmen aktiv. Soll er irgendwann das Geschäft übernehmen?

Ja, ich hoffe, dass er sich schnell entscheidet *(lacht)*. Mein Sohn ist 41 Jahre alt und schon 20 Jahre im Unternehmen. Wir stehen alle dahinter. Mir macht es noch Spaß, aber irgendwann muss man auch Pause machen. ▮

ALSTERTAL | AM MICHEL | BARMBEK | EPPENDORF | WANDSBEK
DEINE AUSZEIT.
5 x IN HAMBURG.
MIT INNOVATIVEM DAY SPA ANGEBOT.
5 X IN HAMBURG.
AUCH FÜR TAGESGÄSTE.
David Lloyd
MERIDIAN
SPA & FITNESS
Spa & Fitness Deutschland GmbH | www.meridianspa.de

Zahlen, bitte!

Pandemie und Energiekrise waren Schläge ins Kontor der Gastronomen. Doch es gibt auch Optimismus. Und Zahlen, die das belegen. Wie auch den ungebrochenen Trend zu nachhaltiger Küche und weniger Fleischkonsum

TEXT: ANDREAS DAEBELER

93,6

betrug der Geschäftsklimaindikator für das Gastgewerbe Ende 2022. Ein deutlicher Aufschwung nach dem historischen Tiefstand von 4,8 im ersten Jahr der Pandemie. Gastronomen blicken also trotz Krisen derzeit wieder deutlich optimistischer in die Zukunft.

30 %

der Gastronomen stehen Investitionen trotz aktueller Krisen derzeit positiv gegenüber. Das geht aus Umfragen der Handelskammer hervor. Rund 35 Prozent der Betriebe planen Aufstockungen beim Personal. Wenn sie denn geeignete Fachkräfte finden.

1879

wurde in der Holstenstraße erstmals nach dem deutschen Reinheitsgebot ein Holsten gebraut. 2019 zog die Holsten-Brauerei nach Hausbruch um. Hamburg ist von jeher ein Hotspot der Bierbrau-Kunst. 1276 wurden bereits 457 Brauer erfasst. Heute gibt es etliche kleine Unternehmen, in denen spannende Craft-Kreationen entstehen. Deutschlandweit gibt es heute 1500 Braustätten, die meisten davon in Bayern.

1,58 Millionen

Menschen in Deutschland bezeichneten sich 2022 selbst als Veganer. Der Trend ist ungebrochen. Laut der Allensbacher Markt- und Werbeträger-Analyse verzichteten damit 170.000 Deutsche mehr auf Fleisch, Butter und Co. als noch ein Jahr zuvor. Die meisten Veganer weltweit gibt's übrigens in Indien.

QUELLEN: HANDELSKAMMER HAMBURG, STATISTISCHES BUNDESAMT, DEHOGA, STATISTA, GROSSMARKT HAMBURG

45,7 %

mehr Umsatz machten Hamburgs Restaurants, Gaststätten und Imbisse im Herbst 2022 im Vergleich zum Herbst des Vorjahres. Ein deutlicher Aufschwung nach den vielen Unsicherheiten und Beschränkungen der Pandemie.

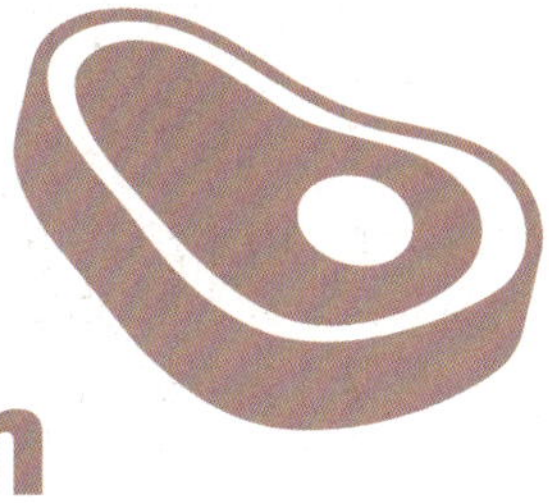

7 Millionen

Tonnen Fleisch wurden 2022 in Deutschland produziert. Damit sank die Fleischproduktion stark. Und zwar um rund acht Prozent, wie das Statistische Bundesamt mitteilt. Ein Jahr zuvor waren noch 0,6 Millionen Tonnen mehr auf den Markt gekommen.

26.900 Euro

betrug der durchschnittliche Bruttoarbeitslohn in der Gastronomie im Jahr 2021 in Deutschland. Eine deutliche Steigerung im Vergleich zu 23.500 Euro zehn Jahre zuvor. Allerdings auch weniger als vor der Pandemie, als durchschnittlich rund 29.500 Euro verdient wurden.

1795

ist das Gründungsjahr eines der berühmtesten Hamburger Restaurants. Der Old Commercial Room an der Englischen Planke gilt sowohl unter Touristen als auch Einheimischen als Home of Labskaus. Gibt aber auch andere norddeutsche Traditionsgerichte unweit des Michels.

1,5 Millionen

Tonnen Waren werden pro Jahr in den Hallen des Großmarkts Hamburg umgeschlagen. Rund zwei Milliarden Euro Umsatz allein mit Obst und Gemüse machen die Händler nach eigenen Angaben jährlich. Auf dem Gelände sind mehr als 3000 Menschen beschäftigt. Der Großmarkt versorgt unter anderem Supermärkte, Restaurants und Hotels.

ILLUSTRATIONEN: THE NOUN PROJECT – MRK, MADE, FLAMINGO, VECTORS MARKET, BARRACUDA, ICON LAUK, SIMON CHILD, N.STYLE,

Zum Mitnehmen, BITTE!

Mit dem novellierten Verpackungsgesetz steht die Gastronomie vor Herausforderungen: Sie muss ihren Kunden beim Außer-Haus-Geschäft Mehrwegbehälter anbieten. Wie wird das Gesetz angenommen und umgesetzt?

TEXT: JOHANNA ZOBEL

Stündlich werden in Deutschland 320.000 Einwegbecher für Kaffee, Tee und Co. verbraucht, ergab eine Studie der Deutschen Umwelthilfe (DUH). Aufs Jahr gesehen sind das 2,8 Milliarden (!) Einwegbecher – aneinandergereiht, ließe sich damit knapp sechsmal die Erde umrunden. Für die Umwelt eine massive Belastung: Allein für die Pappbecher (1,66 Millionen pro Jahr) würden 17.500 Tonnen Papier verbraucht – das koste 26.000 Bäumen im Jahr das Leben. Dazu kommt, dass Becher für Heißgetränke mit dem Kunststoff Polyethylen beschichtet sind. Beschichtete Becher und Plastikdeckel verbrauchen jährlich rund 23.000 Tonnen Rohöl.

Um dieser Umweltverschmutzung und dem massiven Ressourcenverbrauch entgegenzuwirken, hat die Bundesregierung Anfang 2023 das Verpackungsgesetz (VerpackG) verschärft. Dieses schreibt vor, dass Gastronomiebetriebe beim Außer-Haus-Verkauf neben Einweg- auch Mehrwegbehälter anbieten – und ihre Kunden darauf aufmerksam machen. Ausgenommen sind Betriebe unter einer Verkaufsfläche von 80 Quadratmetern oder weniger als fünf Mitarbeitern. Dem World Wide Fund for Nature (WWF) zufolge seien damit über 60 Prozent der Imbisse, Bistros und ähnliche Betriebe von der Regelung ausgenommen. Unternehmen, die nicht unter das neue Gesetz fallen, müssen dennoch darauf hinweisen, dass Kunden ihre eigenen Behälter zur Befüllung mitbringen können.

Mehrweg hat Vorteile – vor allem für die Umwelt. Insbesondere bei häufiger Nutzung macht sich dies bemerkbar: „Die Klimabilanz von Mehrwegbehältern ist bereits nach durchschnittlich zehn Nutzungen besser als die Herstellung von Einwegverpackungen", heißt es in der Broschüre der Kampagne „Essen in Mehrweg". Die Nutzung der Behälter beläuft sich im Schnitt auf 1000 Spülgänge.

Für viele Gastronomiebetriebe stand schon vor der Verschärfung des Gesetzes fest, dass sie Mehrweg beim Außer-Haus-Verkauf anbieten wollen. So etwa für Kerstin Auer vom Restaurant Buhjah Bowls: „Wir finden die Entscheidung sehr gut. Wir haben schon von Anfang an auf Plastikverpackungen verzichtet und Mehrweglösungen angeboten", sagt sie. Das Angebot werde gut angenommen, fast 90 Prozent der Stammkunden würden das Mehrwegsystem in Anspruch nehmen. Viele Kundinnen und Kunden würden zudem vor Ort spontan auf die Mehrwegbehälter zurückgreifen.

Auch Sandra Malchow, Geschäftsführerin vom Café Lütt Möøv, steht hinter dem neuen Gesetz: „Für uns als kleiner Gastrobetrieb ist die Teilnahme am Mehrwegsystem grundsätzlich eine Herzensangelegenheit und bedurfte keines Gesetzes", sagt sie. „Wir haben seit rund zwei Jahren einen Partner für Kaffeebecher, da wir die Menge an Wegwerfverpackungen reduzieren wollten. Außerdem sind in der Corona-Zeit die Preise für Einweggeschirr stark angestiegen, weshalb uns ein teilweiser Umstieg viel leichter fiel", führt sie fort. Für die Umstellung habe sie Kassensysteme eingerichtet und Platz im Lager geschaffen. „Wir waren vorbereitet", so Malchow.

Unübersichtliches System und zu viele Anbieter

Vorbereitung: Das ist das Stichwort, das auch für die Nutzer der Mehrwegbehälter gilt. Denn aktuell gibt es in Hamburg sechs verschiedene Anbieter, die Mehrwegbecher und -geschirr anbieten. Der Haken: Meist bieten die Gastronomiebetriebe nur wiederverwendbare Behälter eines Anbieters an. Wer sich also für einen Anbieter entscheidet, muss herausfinden, welcher Gastronomiebetrieb dieses System unterstützt. In Hamburg sind die Mehrwegbehälter von Rebowl am weitesten verbreitet, diese nutzen 447 Gastronomien (Stand Oktober 2022, Quelle: Behörde für Umwelt, Klima, Energie und Agrarwirtschaft). Es folgen Relevo (206), Vytal (114), FairCup (57), reCIRCLE (13) und Tiffin Loop (11). Die Anbieter haben unterschiedliche Vor- und Nachteile. Aktuell scheint es so, dass keiner der Anbieter die Anforderungen aller Gastronomen erfüllt. Auf ein einheitliches System dürfe sich die Stadt allerdings nicht einigen, da nicht in den Wettbewerb der Systeme eingegriffen werden darf. Der Kunde muss alles sichten. Die Gastronomie zeigt Verständnis.

Dass es mehrere Systeme gibt, ist für Kerstin Auer von Buhjah Bowls nicht problematisch. Auch Sandra Malchow vom Café Lütt Möøv sieht nur wenig Verwirrung bei den Kunden: „Es gibt allerdings das Problem, dass sie mit einem großen Becher ankommen, aber unser Cappuccino in einen kleinen gehört. Darauf weisen wir den Kunden dann hin. Außerdem gibt es auch Kunden, die komplett auf ihre

FOTO: UNSPLASH/SHAYNA DOUGLAS

eigenen Behälter setzen. Auch das geht natürlich", sagt sie. Sofern ein Gastronomiebetrieb ein Mehrwegsystem anbietet, ist er jedoch nicht verpflichtet, private Behälter anzunehmen. Diese müssen auf jeden Fall sauber sein, ansonsten dürfen Gastronomien die Befüllung ablehnen.

Wer sich für die Nutzung von Mehrwegbehältern der sechs Anbieter entscheidet, hat die Qual der Wahl: unterschiedliche Materialien, unterschiedliche Formate, mit oder ohne Deckel, mit oder ohne Pfand. Wer Pizza oder Sushi gerne im Mehrwegbehälter mitnehmen möchte, hat zum Beispiel nur zwei Anbieter zur Auswahl: Relevo und Vytal. Die anderen Anbieter setzen auf Bowl-Schüsseln und Menüschalen mit zwei Kammern. Zumindest Kaffeetrinker können aufatmen: Becher gibt es von allen Anbietern.

> **Grundsätzlich ist die Nachfrage eher gering.**
>
> SANDRA MALCHOW, LÜTT MÖÖV

Die Wahl des Anbieters ist auch für die Gastronomie oft eine Herausforderung. Zumindest scheint die Umsetzung des Mehrweggesetzes nicht überall zu funktionieren. Die Deutsche Umwelthilfe (DUH) hat im Januar 2023 16 große Unternehmen auf das verpflichtende Angebot von Mehrwegbechern, -essensboxen und -deckeln geprüft. Zehn seien durchgefallen: Starbucks, Edeka, Rewe, Backwerk, Steinecke, Wiener Feinbäckerei, Yormas, Cineplex, Cinestar und Cinemaxx. Ende März haben die Unternehmen Backwerk und Cineplex ihr Mehrwegangebot nachgebessert, gegen Starbucks, Rewe, Edeka Fromm, Cinestar und Yormas reicht der DUH Klage ein. „Es ist erschreckend, wie unverschämt sich große Unternehmen über Gesetze zum Schutz von Umwelt, Klima, Verbraucherinnen und Verbrauchern hinwegsetzen. Das ist kein Versehen kleiner privater Cafébesitzer", sagt die DUH-Bundesgeschäftsführerin Barbara Metz. Die DUH fordert deshalb unter anderem „die Einführung unternehmensübergreifender und einheitlicher Mehrwegsysteme" und „einen konsequenten Vollzug der Mehrwegangebots- und Informationspflichten durch die Ordnungs- oder Gewerbeaufsichtsämter der Bundesländer inklusive Strafen bei Verstößen".

Weitere Herausforderungen seien laut WWF etwa Informationsdefizite zur Mehrwegpflicht, Personalmangel, logistische Herausforderungen, Lagerungsmöglichkeiten und eine fehlende technische Ausstattung. Viele dieser Punkte treffen wahrscheinlich besonders auf kleine Betriebe zu. Vor allem nach den schwierigen Corona-Krisenjahren sei der Zeitpunkt für die Umsetzung des neuen Gesetzes nicht einfach, sagt Ulrike von Albedyll, Landesgeschäftsführerin des Hamburger Hotel- und Gaststättenverband e. V. (DEHOGA). „Viele DEHOGA-Mitglieder setzen die neue Regelung schon um, allerdings gibt es bei dem einen oder anderen Betrieb noch Defizite", erklärt von Albedyll. Es benötige „einfache und praxistaugliche Lösungen zur Rücknahme von Mehrwegbehältnissen", damit alle Gastronomien die umweltfreundlichen Behälter anbieten können.

Verstöße können mit bis zu 10.000 Euro geahndet werden

Damit das Vorhaben – eine grünere Umwelt – aufgeht, braucht es aber auch die Bereitschaft der Kunden. Bei Sandra Malchow aus dem Café Lütt Möö sei das noch ausbaufähig: „Immer mehr Kunden greifen auf die Mehrweg-Kaffeebecher zurück, aber es sind immer noch zu wenige. Grundsätzlich ist die Nachfrage eher gering." Vor allem beim Mittagsgeschäft würden nur sehr wenige Kunden das Angebot wahrnehmen. „Nachgefragt wird es quasi überhaupt nicht. Wenn, weisen wir auf die Möglichkeit hin", sagt Malchow. Das spiegelt auch eine Erhebung von der Gesellschaft für Verpackungsmarktforschung wider. Im Jahr 2022 wurden demnach nur rund vier Prozent der To-go-Getränke in wiederverwendbaren Behältern ausgegeben. Könnte es an dem noch unübersichtlichen System liegen? Eine im Januar 2023 durchgeführte Forsa-Umfrage im Auftrag der DUH ergab, dass Verbrauchern ein einheitliches Mehrwegsystem fehle, sie die Boxen nicht transportieren möchten und das System zu umständlich sei. Würde es viele Rückgabestandorte geben, wäre die Mehrheit bereit, Mehrwegboxen zu nutzen. Es scheint, als wäre der Weg hin zum Mehrweg noch ein steiniger. Dennoch: Das neue Gesetz könnte einen Anreiz setzen, auf Einwegbehälter zu verzichten und die Welt ein bisschen grüner zu machen.

Schließlich könnte für die Gastronomie nicht nur der Umweltaspekt eine Rolle bei der Umsetzung der Mehrwegpflicht spielen. Ein Verstoß kann mit einer Geldbuße von bis zu 10.000 Euro geahndet werden. Die Umwelt retten und Geld sparen. Klingt nach einem Deal. ▌

Tauziehen ums CONTAINERN

Ob aus der Not heraus oder aus Protest vor Lebensmittelverschwendung: Menschen, die containern – also Lebensmittel aus dem Abfall fischen –, machen sich strafbar. Ein Vorschlag aus Hamburg, die entsprechenden Richtlinien zu ändern, stieß bei den Ländern nicht auf einheitliche Zustimmung. Doch das Thema ist noch nicht vom Tisch. Auch der Bund will sich erneut mit dem Gesetz befassen

TEXT: MARINA HÖFKER

Jährlich landen weltweit 922 Millionen Tonnen Lebensmittel im Müll. So lauten die Zahlen des Statistischen Bundesamts aus dem Jahr 2019. Im Rahmen der Agenda 2030 der Vereinten Nationen soll diese Lebensmittelverschwendung deutlich reduziert werden. Ein Weg, wie sich Aktivistinnen und Aktivisten privat dagegen engagieren, ist das Containern. Doch das steht unter Strafe. Hamburg hat bereits im Oktober 2021 einen Vorschlag vorgelegt, um das zu ändern. „Es ist doch absurd, dass Menschen bestraft werden, nur weil sie Lebensmittel retten", sagt Hamburgs Justizsenatorin Anna Gallina.

Wer weggeworfene Lebensmittel aus den Abfallcontainern vor Supermärkten holt, begeht Diebstahl und unter Umständen sogar Hausfriedensbruch. Zu Beginn des Jahres kam erneut Bewegung in die Debatte, als Bundesjustizminister Marco Buschmann (FDP) und Bundesernährungsminister Cem Özdemir (Die Grünen) dafür warben, den Vorstoß aus Hamburg zu unterstützen.

Keine Einigung unter den Ländern

Der Hamburger Justizbehörde ging es bei ihrer Initiative nach eigenen Angaben darum, dass bei einfachen Fällen ohne Sachbeschädigung und größeren Hausfriedensbruch von einer Strafverfolgung abgesehen wird. So sei die Hamburger Staatsanwaltschaft in Vergangenheit bereits verfahren. Mit ihrem Vorschlag wolle die Justizbehörde bundesweit einheitliche Richtlinien durchsetzen. Die Länder haben sich nun in einem Ausschuss mit dem Thema befasst. Da allerdings keine Einigung zustande kam, gilt der Antrag als gescheitert.

„Es ist bedauerlich, dass nicht alle Bundesländer dem Vorschlag gefolgt sind. Hamburg hat hier einen wirklich guten Vorschlag gemacht. Nun ist wieder der Bund am Zug, gegebenenfalls im Bereich des Strafrechts aktiv zu werden", sagt Anna Gallina. Die Strafbarkeit des Diebstahls von weggeworfenen Lebensmitteln gänzlich aufzuheben, wäre nämlich nur auf Bundesebene möglich. Einen kleinen Lichtblick für Aktivistinnen und Aktivisten gibt es noch: Das Bundesjustizministerium hat sich nach eigenen Angaben wie im Koalitionsvertrag vereinbart vorgenommen, das Strafrecht – unter anderem in Bezug auf das Containern – noch in diesem Jahr systematisch zu überprüfen.

Einzelhandel spricht sich gegen Containern aus

Händler sehen eine mögliche Gesetzesänderung eher kritisch. Marianne Temming, Geschäftsführerin des Verbandes des Lebensmittel-Einzelhandels Hamburg e. V., erwartet eine Vermüllung entsprechender Plätze. „Ob jeder das, was er beiseite gelegt hat, auch wieder in den Container packt, ist stark zu bezweifeln. Daher ist eine Vermüllung solcher Standorte zu befürchten, die den Einzelhändler zu zusätzlichen Rei-

FOTO: ADOBESTOCK

nigungsmaßnahmen zwingen, will er nicht Ratten- oder sonstige Hygieneprobleme in Kauf nehmen", erklärt Temming.

Auch aus Verbrauchersicht sei das Containern nicht unbedenklich. „Wer Lebensmittel aus Entsorgungsbehältern holt, gefährdet unter Umständen seine Gesundheit. Niemand kann wissen, ob nicht Produkte deshalb in dem Container gelandet sind, weil sie mit gefährlichen Keimen kontaminiert oder anderweitig verdorben sind." Im Sommer sei die Gefahr, dass die Nahrungsmittel in den Containern verderben, besonders groß.

Zweitverwerten statt Wegschmeißen

Einzelhändler würden bereits dafür sorgen, dass Lebensmittel nicht einfach weggeworfen werden, sondern stattdessen den Tafeln zugutekommen, günstiger an die Kundschaft abgegeben oder für die Herstellung von Tierfutter weiterverwertet werden. Eine weitere Möglichkeit: Die dänische App „Too Good To Go", die auch in deutschen Großstädten gut angenommen wird. Restaurants und Geschäfte, die Lebensmittel übrig haben, können sie über die Plattform zu einem günstigeren Preis an Selbstabholer verkaufen.

So regelt es auch Tjaden's Bio Frischemarkt, der inzwischen mit neun Filialen in Hamburg vertreten ist. „Bei uns im Markt werden Produkte mit kleinen Makeln oder kurz vor Ablauf des Mindesthaltbarkeitsdatums zu einem reduzierten Preis angeboten. Produkte, die zwar noch genießbar, aber abgelaufen sind, bieten wir über ‚Too Good To Go' an. So haben wir nahezu keine Produkte, die wir wirklich in den Müll schmeißen müssen", sagt der stellvertretende Geschäftsführer Marvin Tjaden.

Haushalte hauptverantwortlich für Lebensmittelverschwendung

Er selbst spricht sich für die Legalisierung vom Containern aus. „Da es sich bei Containern im weiteren Sinne auch um die Verhinderung von Lebensmittelverschwendung handelt, sollte das meiner Meinung nach nicht unter Strafe stehen. Vielmehr sollte jedoch präventiv dagegen vorgegangen werden", so Tjaden. Ein neues Gesetz zum Containern würde das Problem allerdings nicht gänzlich lösen – das hebt auch Marianne Temming hervor. Es sei ein „viel zu kleiner Schritt".

Tatsächlich ist nur ein geringfügiger Teil der Lebensmittelverschwendung in Deutschland dem Einzelhandel zuzuschreiben. Auf private Haushalte fallen laut dem Statistischen Bundesamt rund 75 Kilogramm pro Kopf, in der Gastronomie sind es 21 und im Einzelhandel sechs Kilogramm. Dass noch viel mehr getan werden muss, betont auch Anna Gallina: „Im Kampf gegen diese gigantische Lebensmittelverschwendung ist das Containern nur ein verhältnismäßig kleiner Baustein. Wir müssen alle gemeinsam deutlich mehr tun, damit erst gar nicht so viele noch verzehrfähige Lebensmittel weggeworfen werden." ▮

Sie waren unter anderem zu Gast: die Lebenswerk Preisträger Elias Hanna Saliba und Suman Kumar, die Kochbuchautorin Anne-Katrin Weber, der Hoteldirektor Axel Bethke, die Gastronomen Julian Münder und Nicole Harms

Einmal ALLES, bitte!

Reinhören und zurücklehnen. Im Podcast „Einmal alles, bitte!" vom Genuss-Guide Hamburg gibt es alles rund um die Themen Essen, Trinken und Genießen

Die Gastronomie ist vielfältig, spannend und kreativ. Der Genuss-Guide Hamburg schaut sich neue Konzepte an, wirft einen Blick hinter die Kulissen und behält im Auge, was in der Gastroszene los ist. Welche Personen stehen hinter Restaurants, Hotels, Kochbüchern und sozialen Projekten? Moderatorin Johanna Zobel spricht mit Gastronomen, Food-Experten, Kochbuchautoren und interessanten Persönlichkeiten aus der Branche.

Zu Gast bei „Einmal alles, bitte!"

In den bisher 30 Podcast-Folgen sind viele Stimmen zu Wort gekommen. Zu Gast waren etwa die Hamburger TV-Köchinnen Cornelia Poletto und Zora Klipp, aber auch Gastro-Neulinge wie etwa Mónica Orjeda Fernández, Inhaberin der Bodega Lima im Karolinenviertel. Die Branche ist nicht immer einfach, manchmal braucht es einen kleinen Schups oder etwas prominente Hilfe. So erzählt die Pizzabäckerin Nicole Harms, wie sie nach anfänglichen Schwierigkeiten mit ihrem Bistro im Eppendorfer Weg durchstartete. In Ottensen hat sich Julian Münder mit seinem Multi-Konzept „Der Player" einen Namen gemacht. Er vereint Restaurant, Bar, Club und Spieleparadies unter einem Dach – und hat damit in Hamburg eine Nische entdeckt. Für frischen Wind will auch Axel Bethke sorgen, seit 2022 neuer Hoteldirektor im Fünf-Sterne-Hotel Grand Elysée. Er erzählt über vergangene Stationen und neue Pläne. Bei „Einmal alles, bitte!" geht es aber auch um nachhaltige Ideen. Nils Gerber hat mit Beesharing ein zukunftsweisendes Netzwerk erschaffen, bei dem sich alles um Bienen dreht. Mit einem grünen Daumen ist auch Anne-Katrin Weber ausgestattet: Die erfahrene Kochbuchautorin hat 2022 „Das Gartenkochbuch" veröffentlicht und spricht im Podcast über vegane Ernährung, die Entstehung eines Kochbuches und Mythen beim Foodstyling. Grün und frisch ist es auch im Gewächshaus von Nils Jacobsen, Inhaber von der Hygge Brasserie & Bar. Er schuf sich mit Hygge the farm einen Ort für den eigenen Anbau von Gemüse und Kräutern. Manche Gastronomen in Hamburg gehören einfach fest dazu. Etwa Elias Hanna Saliba, der das Saliba an den Alsterarkaden führt. Nach seiner Zeit als Seefahrer hat er sich 1984 für die Gastronomie entschieden. Rund zehn Jahre später eröffnete Suman Kumar das Casa di Roma in der Langen Reihe. Was beide Gastronomen vereint: Die Liebe zur Gastronomie, gute Küche und der „Genuss-Michel" für das Lebenswerk. ▮

unterstützt von LOTTO Hamburg

Einmal ALLES, bitte! – Podcast vom Genuss-Guide Hamburg: in allen bekannten Apps für Android- und iOS-Nutzer sowie auf genussguide-hamburg.com

FOTOS: JOHANNA ZOBEL

JB
JIM BLOCK
DAS HAMBURGER ORIGINAL SEIT 1973
EIN ORIGINAL WIRD NIEMALS ALT
50 JAHRE
DAS HAMBURGER ORIGINAL SEIT 1973
www.jim-block.de

„Hier wird alles möglich sein"

Im Frühjahr 2024 soll das Westfield Hamburg-Überseequartier eröffnen. Andrea Eggers, Portfolio Leasing Managerin, über die Pläne, gastronomische Konzepte und die Bedeutung des Quartiers für Hamburg

INTERVIEW: JOHANNA ZOBEL

Andrea Eggers ist in Hamburg aufgewachsen, wurde vom Hotel Vier Jahreszeiten geprägt und hat ihre Kindheit auf dem Naschmarkt in Wien mit ihrem Opa verbracht

Auch im Bürokomplex The Yard werden außergewöhnliche Gastronomiekonzepte zu finden sein

Andrea Eggers, das Westfield Hamburg-Überseequartier soll im Frühjahr 2024 eröffnen. Werden Sie das Ziel voraussichtlich erreichen?

Wir befinden uns voll im Zeitplan. An allen Ecken im Quartier tut sich etwas und man kann immer mehr erkennen, was hier entsteht. Wir hatten in den letzten Wochen mehrere Richtfeste. Das sind immer schöne Anlässe für alle Beteiligten, um sich mal auf die Schulter zu klopfen und sich vor Augen zu führen, was schon alles erreicht wurde.

Haben die aktuellen Krisen Ihre Planung beeinflusst?

Ganz im Gegenteil, wir sind von unserer Strategie nach wie vor vollständig überzeugt. Auch bei unseren Gesprächen mit anderen Marktteilnehmern und Branchenkennern merken wir, dass das Interesse am Projekt ungebrochen groß ist. Das Quartier wird ein Musterbeispiel für einen Ort sein, wo Handel, Gastronomie, Freizeitkonzepte, Hotels und Büros langfristig die höchste Attraktivität für Besucher:innen aufweisen werden. Zusammen sein, Erlebnisse und auch Erinnerungen zu schaffen, hat uns doch allen gefehlt während der Krise, und das Gefühl bietet so nur lokale und erstklassige Gastronomie, deswegen haben wir Platz für bis zu 40 gastronomische Konzepte.

Was genau ist im südlichen Überseequartier geplant?

Das Westfield Hamburg-Überseequartier wird ein einzigartiges Mixed-Use-Quartier mit 14 Gebäuden, das Lebens- und Arbeitsräume mit Kulturangeboten und Freizeitmöglichkeiten sowie Einzelhandels-, Gastronomie- und Unterhaltungskonzepten verbindet. Dort entstehen insgesamt 579 Wohnungen, Büros für 4000 Arbeitsplätze, drei Hotels und ein Kreuzfahrt-Terminal. Dabei überzeugt das Quartier auch durch seine Lage direkt an der Elbe und die gute infrastrukturelle Einbettung: Egal ob zu Fuß, mit dem Auto oder mit öffentlichen Verkehrsmitteln – das Quartier wird für jeden einfach erreichbar sein.

Auf welcher Größe erstreckt sich das Konzept?

Das gesamte Areal erstreckt sich auf einer Fläche von circa 419.000 Quadratmetern. Davon sind 100.000 Quadratmeter für Einzelhandel,

FOTOS: MOKA-STUDIO, UNIBAIL RODAMCO-WESTFIELD (O.)

Gastronomie sowie Entertainment und Kultur ausgewiesen, insgesamt circa 200 Flächen.

Die Gastronomiekonzepte sind aufgeteilt in vier Kategorien: The Waterfront, The Neighbourhood, The Soulfoodkitchen und Coffee & Deli. Was verbirgt sich dahinter?

The Waterfront steht für außergewöhnliche Gourmet-Erlebnisse, gehobene Atmosphäre und eine branchenführende Auswahl an Restaurantbetrieben, die einzigartig kreierte Speisen anbieten. Highlight dieses Clusters wird die Sky Restaurant & Bar-Fläche im 13. Stock des Bürogebäudes Lee. Hier gibt es einen einmaligen Blick auf die Stadt und den Hafen. The Neighbourhood wird im wahrsten Sinne des Wortes der Nachbarschaftstreff mitten im Herzen des Westfield Hamburg-Überseequartiers. Hier lassen sich alltagstaugliche gastronomische Angebote in ungezwungener Atmosphäre genießen.
The Soulkitchen wird ein Ort für ausgefallene Food-Konzepte. Hier gibt es quasi alles: schnelle und preiswerte Mahlzeiten, einen kleinen Snack vorm Kinobesuch oder einen kleinen Energy-Kick in der Mittagspause. Coffee & Deli steht für Ankerpunkte, die über das gesamte Quartier verteilt sind. Hier können Besucher:innen einen Kaffee trinken, ein Stück Kuchen oder etwas anderes Süßes essen oder einfach mal kurz zur Ruhe kommen.

Erste Gastronomien stehen bereits fest: etwa Big Chefs, Goa, Quan 36, Luicella's Ice Cream. Gibt es schon weitere Gastronomien?

Besucher:innen können sich unter anderem über UF Poké Bar, die schwedische Kette Espresso House und das bekannte US-Unternehmen Starbucks freuen. Wer schon immer mal japanische Soufflés probieren wollte, sollte unbedingt bei Lu Soufflé vorbeischauen.

Gibt es einen Leitfaden dafür, welche Gastronomien ins Westfield sollen – etwa bei der Ausrichtung der Küche oder der Zielgruppe?

Grundsätzlich ist es uns wichtig, dass alle Konzepte zu unserem Quartier, unserem Qualitätsanspruch und vor allem zu den Gästen passen. Unser Anspruch ist es, so viele neue und spannende und auch lokale Konzepte wie möglich ins Westfield Hamburg-Überseequartier zu bringen. Natürlich sind auch ein paar große Marken wichtig, aber auch Foodtrends müssen abgebildet, jedoch nicht kurzlebig sein. Wir sind Partner und entwickeln auch einzelne Konzepte mit den Gastronomen für das Quartier.

In Centern gibt es eher schnelle Küche. Ist das hier anders?

Der Mix macht's. Dank der vier verschiedenen Cluster ganz nach Lust und Laune entscheiden, wonach ihnen der Sinn steht. Egal ob schnell etwas auf die Hand oder gemütlich ein neues Food-Konzept ausprobieren – hier wird alles möglich sein.

Welche Besucher-Zielgruppe spricht das südliche Überseequartier an?

Das Westfield Hamburg-Überseequartier ist für jeden spannend: Anwohner:innen, Tourist:innen, Hamburger:innen und natürlich auch Besucher:innen aus dem Umland. Mit dem Angebotsmix aus lokalen, nationalen und internationalen Marken sprechen wir alle an, egal ob jung oder alt. Mit Entertainment-Angeboten wie Lego Discovery Centre, einem Kino oder dem Port des Lumières bieten wir für alle Altersklassen etwas.

Was bedeutet das Projekt für die HafenCity?

Durch das Westfield Hamburg-Überseequartier wird ein zentraler Ort der HafenCity mit architektonisch anspruchsvollen Hotels, Geschäften, Büroflächen und Wohnungen neu belebt.

Skysegel: das geplante 70 Meter hohe Bürogebäude an der Elbe

Und welche Folgen hat es für die Hamburger Innenstadt?

Wir sehen das Quartier nicht als Konkurrenz zur Innenstadt – vielmehr erweitern wir diese entlang der Dom-Achse bis zur Elbe. Auch setzen wir auf großzügige Flagship-Stores und neuartige Konzepte, die wir individuell mit unseren Partnern entwickeln. Wir sind davon überzeugt, dass Besucher:innen aus der Metropolregion und darüber hinaus angezogen werden, davon profitiert auch die Innenstadt.

Die Unibail-Rodamco-Westfield betreibt 78 Destinationen in zwölf Ländern. Worin unterscheidet sich der Standort in Hamburg?

Beim Westfield Hamburg-Überseequartier handelt es sich nicht um ein Shopping-Center. Es wird ein Mixed-Use-Quartier, das den Anwohner:innen und Besucher:innen alles bieten wird, was sie im Alltag brauchen. Einkaufs- und Freizeitmöglichkeiten, Büros, Ärztehäuser und noch vieles mehr.

Hatten Sie das Projekt in Hamburg schon länger im Blick?

Wir haben mit einigen Mitbewerbern 2014 an der Ausschreibung teilgenommen und das Gesamtkonzept hat überzeugt. Es geht nicht um die Anzahl der Quartiere und Center, die wir entwickeln, bauen und langfristig betreiben, sondern um die Qualität, die Stadt an sich und die potenziellen Gäste. Hamburg ist eine großartige Stadt mit einem noch immer riesigen Potenzial und einer langen Historie. Die Verbindung von Moderne und Historie und die Hamburger Kultur sind einzigartig. Wir freuen uns jetzt schon, bald alle Hamburger:innen willkommen zu heißen und ein Teil der Stadt sein zu dürfen.

instagram.com/westfieldhamburg

The Waterfront ist als urbaner, kosmopolitischer Erlebnisort geplant

FOTOS: MOKA-STUDIO

Neu: Food Festival

Vom 14. bis 18. September initiiert Hamburg Tourismus ein neues Food Festival. Tourismus-Chef Michael Otremba über die Pläne, das Konzept und den Schwerpunkt des Festivals

INTERVIEW: JOHANNA ZOBEL

Michael Otremba, Geschäftsführer der Hamburg Marketing GmbH und Alleingeschäftsführer der Hamburg Tourismus GmbH

FOTO: HAMBURG TOURISMUS GMBH – CATRIN EICHINGER

Herr Otremba, im September findet in Hamburg ein neues kulinarisches Event statt. Was hat den Impuls dafür gegeben?

Inspiriert haben uns die vielen herausragenden Gastronomen in der Stadt. Sie haben in Hamburg in den vergangenen Jahren unglaublich spannende Gastro-Konzepte entwickelt, neue Stadträume erschlossen, tolle Locations entwickelt. Von herausragenden Gastgebern wie Thomas Sampl (Hobenköök), Christin Siegemund (foodlab) oder Axel Ohm (Überquell) haben wir viel Zuspruch für die Idee und wertvollen Input für die Ausrichtung bekommen. Mit tellerrand consulting und blood haben wir außerdem zwei anerkannte, foodbegeisterte und -erfahrene Agenturen gewonnen. Gemeinsam wollen wir erreichen, dass Hamburg als Food City in einem Atemzug mit Kopenhagen oder Kapstadt genannt wird.

Wie sieht der derzeitige Stand bei der Planung des Festival aus?

Wir spüren ein besonderes Momentum in der Hamburg Food Community, deshalb wollten wir die Veranstaltung unbedingt schon in diesem Jahr umsetzen. Der Zuspruch von Politik, Gastronomen und Produzenten ist unglaublich groß. Zahlreiche Programmpunkte, Locations und Partnerschaften sind schon fixiert. In den nächsten Wochen werden wir die ersten Eckpunkte, die Positionierung und den finalen Namen des Festivals veröffentlichen. Bestehende Food-Events werden integriert.

Wie kann man sich die Integration der anderen Food-Events vorstellen?

Es ist uns gelungen, zahlreiche Food-Veranstaltungen unter ein Dach zu bekommen und für einen gemeinsamen Veranstaltungszeitraum zu begeistern. So findet das Green Food Festival beispielsweise im Oberhafenquartier statt und die Messe BioNord ist zurück in den Messehallen. Unter dem Dach des Festivals wird es zahlreiche Veranstaltungselemente mit unterschiedlichen Inhalten und an unterschiedlichen Orten geben.

An welchen Orten in Hamburg wird das Food Festival stattfinden?

Das Festival wird in der ganzen Stadt stattfinden. An markanten Orten. Dort wo Essen, Trinken, Erzeugung – einfach das ganze Handwerk – erlebbar ist. Wir planen Touren in die Region zu Betrieben und Produzenten, Kochkurse und Diskussionsrunden sowie Angebote auf dem Wasser. Wir arbeiten an einem Ansatz, möglichst viele Restaurants in der gesamten Stadt einzubinden. Gleichzeitig planen wir einen zentralen Anlaufpunkt, wo Aktivitäten gebündelt werden.

Wie sieht das Konzept des Festivals aus?

Wir verstehen die Veranstaltung als Plattform und Schaufenster für die Food & Beverage Szene. Für uns hat das Reeperbahn Festival durchaus Vorbildcharakter, dieses ist über die Jahre eines der bedeutendsten seiner Art in Europa geworden. Mit dem Food Festival soll Hamburg zum Treffpunkt für Food-Liebhaber und Experten der Ernährungswende werden.

Worin unterscheidet sich das Food Festival von anderen Festivals?

Themen wie Nachhaltigkeit und Kreislaufwirtschaft spielen eine große Rolle, finden aber auch in anderen Städten und Festivals statt. Was Hamburg und sicher auch die Prägung des Festivals unterscheiden wird, ist das kraftvolle Miteinander der Akteure. Wir haben prägende Köpfe in Hamburg, die Grenzen überwinden und damit ganz neue Gastroerlebnisse schaffen. Und sicher wird es auch diese besondere Aufbruchstimmung in der Stadt und in der Gastroszene sein, die wir erlebbar machen wollen. Wir wollen der großen Vielfalt an kleinen regionalen Playern eine Bühne bieten.

Woher kommt der Anreiz, sich auf lokale Produzenten zu fokussieren?

Unsere erste Aufgabe ist es, den Tourismus zu fördern. Aber die Tourismusentwicklung befindet sich im Wandel. Tourismus ist kein Selbstzweck, sondern dient dem Ziel, die Lebensqualität der Hamburger zu steigern. Dazu zählt auch, Betriebe zu unterstützen, die eine lokale Ausrichtung pflegen. Durch diesen Kreislauf profitieren Hamburger und Gäste gleichermaßen. Eine Stadt, die attraktiv ist für Einwohner, ist automatisch attraktiv für Gäste.

Welche Zielgruppe wird das Festival ansprechen?

Wenn die Hamburger es annehmen, wird es auch für Gäste anziehend sein. Deshalb konzentrieren wir uns zunächst auf Besucher aus Hamburg und der Metropolregion. Mit der Zeit soll es fester Bestandteil des Hamburger Veranstaltungskalenders sein und zu einem eigenen Reiseanlass werden.

Welche Partner werden nach derzeitigem Stand dabei sein?

Wir haben schon mehr als 50 Partnerschaften geschlossen, weitere werden folgen. In den nächsten Wochen werden wir die Partner und das Programm veröffentlichen. Wir müssen ausloten, wie viel wir uns für unser Pilot-Festival trauen zu stemmen. Das Interesse ist groß und unsere Ambitionen sind es auch.

Wie wird das Festival finanziert?

Die Basis bilden finanzielle Mittel aus der Kultur- und Tourismustaxe. Auch Kooperationen und Partnerschaften denken wir an, sie müssen aber zur inhaltlichen Ausrichtung passen. Das Festival finanziert sich aus dem Engagement der Teilnehmenden. So können wir es für die Besuchenden kostenfrei halten.

Stehen schon Programmpunkte fest, auf die Sie sich besonders freuen?

Tatsächlich die Eröffnungsveranstaltung, die wir dann hoffentlich mit allen Partnern feiern können. Da wird sich dann sicher eine Menge positive Energie entladen.

50 Jahre

'SZENE HAMBURG

Save the date

30.10.23

Zum Jubiläum feiern wir die größte Party der Stadt in der Fabrik in Altona!

7. Jg. Nr. 8 August 1980 DM 3,-
SZENE
HAMBURG
Alternative Landwirtschaft
Mit „Okomat" und Brennessel-jauche...
„Sanfte Geburt"
Entbindungs-station Alsterdorf soll schließen
Festivals
Der große Rock 'n' Roll Schwindel
„Rosa Listen für Schwule"
Die Polizei als Spanner

Nr. 21 1.-30. 9. 75 DM 2,-
C22077E
SZENE
HAMBURG
Was Sie schon immer über Sex wissen wollten, aber bisher nicht zu fragen wagten

6. Jg. Nr. 10 Oktober 1979 DM 2,50
SZENE
HAMBURG
Knüppel gegen Argumente
GORLEBEN

SZENE
HAMBURG
DEIN NACHBAR, DIE RATTE!
Auf jeden Hamburger kommen zwei Ratten. Wie die Nager im „Untergrund" leben und überleben, lesen Sie in diesem Heft. Und wie immer: News und Tips, großer Film- und Musikteil, tausende von Veranstaltungsterminen und seitenweise Kleinanzeigen...

C 2382 E
SZENE
HAMBURG
NR. 12 1.12.–31.12.74 DM 2,–
WAS SIE ÜBER SAUNEN WISSEN SOLLTEN
SZENE-INTERVIEW: BRYAN FERRY'S ROXY MUSIC
VIELE HUNDERT VERANSTALTUNGEN.

Nr. 12/76 1.12.-31.12.76 DM 2,-
SZENE
HAMBURG
Film
Wim Wenders dreht Highsmith-Krimi in Hamburg
Brokdorf
Ein Lehrstück?
Weihnachten: Wo ist was los? Und was ist geschlossen?

7. Jg. Nr. 3 März 1980 DM 2,50
Ein Mann sieht schwarz
Warum der Hamburger Elbfischer Heinz Oestmann die Bundesrepublik Deutschland verklagen will.

Hamburgs erste Stadtzeitschrift
20. Jahr Nr. 11 November 1993 DM 4,50
SZENE
HAMBURG
Sex für Geld
Was bieten Hamburgs Huren?
Mehr als 1000 Kleinanzeigen
STATT-Partei Was Markus Wegner verspricht
HSV Wie Jürgen Hunke denkt
Kindergärten Warum es zu wenig Plätze gibt

SZENE
HAMBURG
DAS STADTMAGAZIN
SEIT 1973
szene-hamburg.com
APRIL 2020
€ 4,00
Corona in Hamburg
Kopfsache
Danke!
Zusammen da durch!

Himmlisch: Im Café Flané spielt Schokolade die Hauptrolle

Frühstück, Kaffee, Kuchen

Moin! Schon so früh Appetit? Da muss in Hamburg-City aber mal niemand leiden. Denn an coolen Cafés und herrlichen Spots für genial Gebrühtes fehlt es nicht. Käffchen geht natürlich auch nachmittags. Mit bester Bohne und einem Stück Kuchen!

FOTO: CAFÉ FLANÉ

Baegeri

Schnelles Frühstück auf den Punkt

Fabio Haebels Sauerteigbäckerei auf St. Pauli bietet auch Frühstück an. Naheliegend, wenn man ofenfrisches Brot und Buns produziert. Eine warme wie rauchige Angelegenheit, ist schließlich eine offene Backstube. Am weiß gekachelten Tresen wird unsere Bestellung aufgenommen und auch hinaus an die wenigen, aber mit Glück sonnigen Plätze gebracht. Die volle Punktzahl erreicht die Sauerteig-Stulle auf Weizenbasis mit gebackenem Schinken (7 Euro). Derart Saftiges haben wir selten gegessen. Ähnlich gut ist der Joghurt mit hausgemachtem Granola und Blaubeeren (8 Euro). Limettenzeste und veganer Kokosjoghurt bringen den geschmacklichen Twist. Gern hätten wir uns von dem Gericht namens „Pampelmuse Kyoto" mit Olivenöl, Minze und Zucker (6 Euro) überraschen lassen, nur ist das aus. Das ist Pech. Aber auch ein guter Grund für Frühstück auf den Punkt wiederzukommen. LG

Veganes Angebot: Pampelmuse Kyoto, Kokosjoghurt | **Perfekt für ...** Schnelles Frühstück auf den Punkt | **Das Besondere:** Specialty Coffee, eigene Sauerteigbäckerei | **Ambiente:** Skandinavisch | **Kaffeesorten:** Unterschiedliche Röstereien | **Kuchen/Waffeln:** Franz Buns

AMBIENTE ●●●○○ SERVICE ●●●●○
KÜCHE ●●●●○ PREIS-LEISTUNG ●●●●○

€ Beim Grünen Jäger 14 (St. Pauli), Telefon 040 85403780, Mi-Fr 8–18, Sa-So 9–18 Uhr, EC-Karte, VISA, Mastercard; Paulinenstraße Bus 17; baegeri.com

Buttercrumbs Bakery

Bodenständige Kiez-Bäckerei

Buttercrumbs heißt St. Paulis neueste Bäckerei, die im Oktober 2022 in der Bernhard-Nocht-Straße eröffnet hat. Wie der Name verrät, können sich Liebhabende süßen Gebäcks (auch vegan) richtig wohlfühlen. Ob Kardamon Bun (2,60 Euro), verschiedene Schnecken oder das herausragende Pistazien-Croissant (2,70 Euro), alles kommt frisch auf die Theke. Denn auch die hier angebotene Auswahl an Broten und Brötchen wird im eigenen Ofen direkt unter dem Verkaufsraum gebacken. Wer sein Frühstück nicht abholen möchte, für den stehen vier Tische an der Fensterfront, von der zum Teil bis zur Elbphilharmonie geblickt werden kann und sich prima keuchende Touris beobachten lassen, die das Ende der Hafentreppe erreichen. Auf der Karte stehen vier Angebote wie der etwas überschaubare Rühreiteller für sehr moderate 6,90 Euro – plus ein Euro mit Sucuk, der von der netten Verkäuferin direkt am Tresen zubereitet wird. Oder der „Avoteller" mit einer gesmashten Avocado auf Brot oder Sauerteigbrötchen (7,90 Euro). Alles in allem ein Gewinn für den Stadtteil und eine tolle Alternative zu bekannten Ketten. OMA

Veganes Angebot: Gebäck | **Perfekt für ...** Frische Sauerteigbrötchen mit Blick auf die Hafentreppe | **Das Besondere:** Ofen unterm Laden | **Ambiente:** Bodenständig | **Kaffeesorten:** Mr. Hoban's Kafferösterrei | **Kuchen/Waffeln:** Selbst gemachte Pistazien-Croissaints mit reichlich Füllung

AMBIENTE ●●●●○ SERVICE ●●●●●
KÜCHE ●●●●● PREIS-LEISTUNG ●●●●●

NEU! € Bernhard-Nocht-Straße 95 (St. Pauli), Di-Fr 7–18, Sa-So 8–16 Uhr, EC-Karte, VISA, Mastercard; Reeperbahn S1, S2, S3; instagram.com/buttercrumbs_bakery

Black Hat Coffee

Kaffee und Vinyl

Zugegeben: Für einen langen Nachmittag zum Plaudern mit der besten Freundin ist das hier nicht der allerbeste Ort. Zu klein, zu eng und die Sitzgelegenheiten nicht für länger ausgelegt. Wer jedoch Wert auf exzellenten Kaffee (Espresso 2,50 Euro) nach professioneller Barista-Art legt, ist hier definitiv richtig. Auch Teetrinker (Kännchen 3 Euro) sowie vegane und herkömmliche Kuchenesser kommen hier auf ihre Kosten – das Bananenbrot (4 Euro) und der Käsekuchen (4,50 Euro) schmecken bestens. Vergleichsloses Highlight für die unter uns, die überhaupt noch wissen, was das ist: Hier steht ein SCHALLPLATTENSPIELER. Und wer sein Lieblings-Vinyl zu Hause herumstehen hat, bringt es einfach mit ins Black Hat Coffee und legt sich seine Platte passend zum Heißgetränk auf (Nancy Sinatra: priceless). CO

Veganes Angebot: Ja | **Perfekt für ...** Mal eben einen guten Kaffee | **Das Besondere:** Eigene Rösterei | **Ambiente:** Szenig, stylish

AMBIENTE ●●●○○ SERVICE ●●●○○
KÜCHE ●●●●○ PREIS-LEISTUNG ●●●●○

€ Eppendorfer Weg 66 (Eimsbüttel), Telefon 040 60923101, Mo-Sa 9–17, So 12–17 Uhr, EC-Karte; Christuskirche U2; blackhatcoffee.de

Lütt Mööv

Wunderbar chillig!

Lütt Mööv! Das auf Plattdeutsch „Kleine Möwe" benannte Café sollte einen Preis für seinen Namen bekommen. Die Kreativität im Titel wird nämlich mit Leben gefüllt. Zwei Strandkörbe draußen, meerfarbene Einrichtung drinnen (dunkelblau, türkis, hell- und dunkelgrau), überall Möwen in verschiedenster Form und richtig coole Sprüche („I like to mööv it, mööv it!") – der konzeptionelle Auftritt dieses loungigen Cafés sorgt für eine wunderbar chillige Stimmung. Wäre das an sich gute Essen nicht mit einem Makel behaftet, so wäre alles perfekt. Ob portugiesisches Croissant mit Schinken und Käse (3,60 Euro), Baguette mit Hühnchen (3,50 Euro), Lachs-Bagel (4,50 Euro) oder veganer Wrap (3,80 Euro) – stets sind die Zutaten frisch, alles wird auf Wunsch getoastet (selbst das Croissant!) und ist durchaus schmackhaft, Aufstriche wie beispielsweise die Senf-Honigcreme beim Lachs-Bagel überzeugen total. Nur wird mit allem Aufstrich gespart, sodass die Gerichte viel zu trocken daherkommen. Bei der Bubble-Waffel „Besünners" mit Blaubeeren, Himbeeren und Vanilleeis (4,50 Euro) zum Abschluss wird dies gar überdeutlich. Die Waffel ist so fest und trocken, dass wir Eis und Früchte geradezu in sie hineindrücken müssen. Als Entspannungsort ist das Lüüt Mööv einfach herrlich, um die Seele im Großstadtleben so richtig baumeln zu lassen. Gestaltet es seine Speisen künftig cremiger und dippiger, hat es uns als Stammgäste sicher. MISCH

Veganes Angebot: Beispielsweise veganer Apfelkuchen und veganer Wallnusskuchen – Milchersatz ist auch im Angebot | **Perfekt für ...** Entspannung pur im Strandkorb bei einem Kaffee im Sonnenschein | **Das Besondere:** Das unglaublich stimmige, meerfarbene Einrichtungskonzept | **Ambiente:** Chillig-loungig | **Kaffeesorten:** Keine Informationen | **Kuchen/Waffeln:** Beispielsweise Mohn-Schmandkuchen, Schoko-Kirsch-Torte und Bubble-Waffeln

AMBIENTE ●●●●● SERVICE ●●●●●
KÜCHE ●●●●○ PREIS-LEISTUNG ●●●●○

€€ Behringstraße 140 (Othmarschen), Telefon 040 21073863, Mo-Fr 7.30–17.30, Sa-So 12–17.30 Uhr, EC-Karte, VISA, Mastercard, Amex; Griegstraße Bus 115, Bus 150, Bus 250; luettmoev.de

Café Artig

Kunst, Klamotten und Kultur

Farbenfrohe Bilder von Fischen und Bäumen, anziehend designte Kleider und handgemachter Schmuck. Sind wir auf Shoppingtour? Nein, im Niendorfer Café ARTig! „Kaffee, Kuchen, Kunst und Kultur“ gibt es hier laut Eigenwerbung. Und Brunch in herrlich heimeliger Atmosphäre fügen wir nach kurzer Akklimatisierung in so ungewohntem Terrain hinzu. Und dieser Brunch an einem Sonntagmorgen (19,90 Euro pro Person) begeistert uns sogar noch mehr als die von einer Bedienung hier angebotene Kleidung und die Bilder von Asta Ziegler, die im ARTig ihre Kunst ausstellt. Er ist nämlich vor allem dreierlei: hausgemacht, sehr schmackhaft und unglaublich kreativ. Klar gibt's frische Brötchen, Käse, Schinken mit Melone, Rührei, gebratenen Speck, kleine Würstchen und etwas Fisch. Aber eben auch Frittata, Quesadillas, Börek mit Schafskäse, Bruschetta, Antipasti sowie Rote Bete und Couscous-Salat jeweils mit Feta-Käse. Alles in Top-Qualität, plus einem absoluten Höhepunkt: einer Spinat-Lasagne mit herrlich zart zerlaufenen Käse als Dach. Unser Brunch im ARTig wird jedenfalls zum kulturellen und kulinarischen Erlebnis sondergleichen. Einziger kleiner Wermutstropfen: Bei diesem Preis hätten gern einige Säfte kostenlos das Büffet veredeln dürfen. Doch wir trauern darüber nicht lange. Mit einem warm duftenden Apple Crumble mit Vanillesoße und einer innovativen Pfirsich-Mascarpone mit untergehobener Schokomasse schließen wir perfekt ab und verabschieden uns geistig beim Aufbruch angemessen von diesem grandiosen Essen: Liebe Spinatlasagne und Co., wir sehen uns wieder! MISCH

Veganes Angebot: Wechselnd,etwa Oreo-Heidelbeercremetorte und glutenfreie Schoko-Kirsch-Torte | **Perfekt für...** ein kreatives Frühstück als kulturelles Erlebnis | **Das Besondere:** Ganz besondere Einrichtung mit Bilderausstellung, Kleidung und Klamotten | **Ambiente:** Heimelig | **Kaffeesorten:** Nachhaltiger Kaffee aus dem Hause Becking | **Kuchen/Waffeln:** Wechselnd, zum Beispiel Apple Crumble mit Vanillesoße, Waffeln werden auf Nachfrage zubereitet

AMBIENTE ●●●●● SERVICE ●●●●●
KÜCHE ●●●●● PREIS-LEISTUNG ●●●●○

€€€ Graf-Anton-Weg 27 (Niendorf), Telefon 040 57205314, Mo-So 10–17 Uhr, EC-Karte; Joachim-Mähl-Straße U2; cafe-artig.de

Café Avi

Für Franzbrötchenfans

Wir Hamburger lieben ja unsere Franzbrötchen. Im Café Avi geht diese Liebe so weit, dass dort eine echte Besonderheit auf der Frühstückskarte steht: Franzbrötchencreme. Doch nicht nur deshalb lohnt sich der Besuch in dem gemütlichen Café. Seit sechs Jahren werden hier bunte Frühstücksplatten voll mit frischen Produkten von Bauernhöfen aus der Region, belegte Stullen, Smoothie Bowls und hausgemachte Kuchen sowie mittags Sandwiches, Quiches und wechselnde Suppen serviert – alles mit viel Liebe zubereitet und angerichtet. Wir bestellen ein herzhaftes (11,90 Euro) und ein süßes (7,90 Euro) Frühstück und machen halbe-halbe. Putenbrust, Schinken, Salami, Fleischsalat, Gouda, Camembert, selbst gemachte Konfitüre und die eingangs erwähnte Franzbrötchencreme, die wirklich zum Reinsetzen ist, das alles hübsch dekoriert mit viel Obst und Gemüse – was will man mehr? Ach so, was trinken natürlich. Der Kaffee und die heiße Schokolade stammen aus der vielfach ausgezeichneten Speicherstadt Kaffeerösterei. NW

Im Café Avi fühlen sich nicht nur Franzbrötchenfans wohl

Veganes Angebot: Frühstück, Kuchen | **Perfekt für...** Franzbrötchenliebhaber | **Das Besondere:** Regionale und hausgemachte Speisen | **Ambiente:** Gemütlich, elegant, modern | **Kaffeesorten:** Speicherstadt Kaffeerösterei | **Kuchen/Waffeln:** Selbst gemachte Kuchen, zum Beispiel Schoko-Bienenstich

AMBIENTE ●●●●○ SERVICE ●●●●○
KÜCHE ●●●●● PREIS-LEISTUNG ●●●●○

€ Zimmerstraße 52 (Uhlenhorst), Telefon 040 35628362, Mo-Mi 9–15, Do-Fr 9–15 und 17.30–22.30, Sa-So 9–15 Uhr, EC-Karte, VISA, Mastercard, Amex; Beethovenstraße Bus 18; avi-hamburg.de

Braena

Eine gute Zeit

Das Braena ist seit der Eröffnung im April 2023 der neue Hotspot in Eimsbüttel. Die Farbwahl begeistert uns: ein knalliges Orange-Rot mit Akzenten in einem sanften Grün in Kombination mit Holz und viel Raum. Wir starten mit Americano (3,40 Euro) und Flat White (3,90 Euro) und freuen uns zum einen, dass es keinen Aufpreis für Hafermilch gibt und zum anderen, dass die Bohnen von Freibeuter aus Hamburg kommen. Nach langem Hin und Her wählen wir Eggs Benny (13 Euro) und ein Avocadobrot mit pochiertem Ei und Kräuterseitlingen (14,30 Euro). Beides schmeckt fantastisch! Das Brot sowie die Kuchen werden in der veganen Bio-Konditorei Ima Vegan gebacken. Zu einem alkoholfreien Kolonne Null Prosecco gönnen wir uns ein Stück Zucchini-Walnuss-Kuchen, der wenig süß, dafür umso saftiger ist. Da auch die Lunch- und Abendkarte verlockend aussehen und es Pilsener Urquell vom Fass gibt, verabschieden wir uns bei der netten Mitarbeiterin mit einem „Bis bald!“. AVL

Veganes Angebot: Kuchen, Milchalternativen, Stullen | **Perfekt für ...** Eltern mit Kinderwagen, Day-Drinking-Fans und Foodies | **Das Besondere:** Die Freundlichkeit der Mitarbeitenden | **Ambiente** Viel Platz, schöne Farben, Außenbereich mit viel Sonne | **Kaffeesorten:** Freibeuter **Kuchen/Waffeln:** Vegane Kuchen von Ima Vegan

AMBIENTE ●●●●● SERVICE ●●●●●
KÜCHE ●●●●○ PREIS-LEISTUNG ●●●●○

NEU! €€ Heußweg 93 (Eimsbüttel), Telefon 040 4106141, Mo, Mi-Sa 10–22, So 10–18 Uhr, EC-Karte, VISA, Mastercard; Osterstraße U2; instagram.com/braena_

FOTO: CAFÉ AVI

Café Blanco

Next Level der Latte-Art

Die Lange Reihe ist der Laufsteg der Stadt. Alles ist ein bisschen schöner. Es ist sauber, die Menschen sitzen gut angezogen in hübschen Straßencafés, es gibt Kunsthandwerk zu bestaunen und selbst der Edeka-Einkauf wird mit schmeichelndem Lichtkonzept und High-End-Sortiment zum ästhetischen Vergnügen. Den schönsten Kaffee serviert das Café Blanco. Hier schwimmt nämlich nicht das obligatorische Herzchen im Cappuccino (3,50 Euro), sondern ein Eichhörnchen. Es sitzt auf einem Ast und hält eine Nuss – das ist Next-Level Latte-Art und fast zu schön zum Trinken. Dafür ist der Kaffee aber zu lecker. So lecker, dass wir später ein Tütchen Bohnen aus eigener Röstung mit nach Hause nehmen. Zum Kaffee gibt's hausgemachten saftigen Marmorkuchen (3,60 Euro), schlonzigen Carrot Cake (4 Euro) und einen Zitronenkuchen (4 Euro), dessen Konsistenz einer fluffigen Wolke gleicht, die auf Keksboden ruht. Dass alle Backwaren vegan und glutenfrei zubereitet sind, erfahren wir erst hinterher. Wir hätten unsere Kaffebohnen drauf verwettet, dass da Butter, Sahne, Eier und mehr im Spiel waren! LL

Veganes Angebot: Kuchen und Milchersatz | **Perfekt für …** das Bestaunen von Latte-Art | **Das Besondere:** Eigene Röstung | **Ambiente** Szenig-cool | **Kaffeesorten:** Filterkaffee und Espresso | **Kuchen/Waffeln:** Hausgemachte Kuchen

AMBIENTE ●●●●● SERVICE ●●●●●
KÜCHE ●●●●● PREIS-LEISTUNG ●●●●●

€ Lange Reihe 87 (St. Georg), Telefon 040 28003335, Mo-Fr 8–18, Sa-So 9–18 Uhr, EC-Karte; Gurlittstraße Bus 6, Bus 17, Bus 18; instagram.com/cafe.blanco

Café Brooks

Bio-Köstlichkeiten und Herzlichkeit

Eingebettet zwischen Häusern aus der Gründerzeit findet sich in Eilbek das Café Brooks. Eröffnet wurde das Café im Jahr 2012 von zehn Freunden, die hier ihren Traum von regionalen Zutaten und Speisen in Bio-Qualität leben. Unter der Woche gibt es Frühstück à la carte und einen kleinen, aber feinen Mittagstisch. Am Wochenende wartet das große Frühstücksbüfett (21,90 Euro). Das bedeutet eine erlesene Auswahl an selbst gemachten vegetarischen Frühstücksaufstrichen, Käse, Brot und Brötchen sowie Orangensaft. Zusätzlich können wir uns mit weiteren Köstlichkeiten wie Bio-Rührei, Bananenbrot und Cheesecake eindecken. Sämtliche Kaffeespezialitäten sind mit Bohnen von Coffee Circle sowie mit einer großen Portion Liebe gemacht. Das Frühstücksbüfett ist insgesamt ganz klar unsere Empfehlung wert. Zu beachten ist, dass es zwei Time-Slots gibt (10 und 12.15 Uhr). Für uns macht das den Rahmen sehr angenehm und entspannt. Unbedingt vorher reservieren! MH

Veganes Angebot: Kuchen, Aufstriche, Müsli, Obstsalat | **Perfekt für …** ein gesundes und nachhaltiges Frühstück in gemütlicher Atmosphäre | **Das Besondere:** Überwiegend Bio-Produkte und regionale Herstellung. Kein Plastik. Reichhaltiges veganes und vegetarisches Angebot. | **Ambiente** Szenig-gemütlich | **Kaffeesorten:** Coffee Circle | **Kuchen/ Waffeln:** Bananenbrot, Cheesecake und generell Kuchen und Torten

AMBIENTE ●●●●○ SERVICE ●●●●●
KÜCHE ●●●●● PREIS-LEISTUNG ●●●●○

€€€ Hasselbrookstraße 37 (Eilbek), Telefon 0157 33723613, Di-So 10–19 Uhr, nur Barzahlung; Landwehr S1; cafebrooks.de

Café Eims

Langschläfer-Frühstück

Das Café liegt im Herzen von Eimsbüttel, im Hellkamp, Ecke Stellinger Weg, der parallel zu der bekannten Osterstraße verläuft. Von der U2-Haltestelle Lutterothstraße sind es nur knapp drei Minuten zu Fuß. Für Langschläfer ist das Café Eims die richtige Adresse, denn hier gibt es Frühstück bis 15 Uhr. Wir entscheiden uns für das Avocado-Brot (10,70 Euro) und den Egg-Bagel (11,70 Euro). Beide Gerichte werden mit einem Beilagensalat serviert. Dazu gibt es einen frischen Ingwer-Minztee (3,60 Euro) und den Berry Boom Smoothie (8,50 Euro), der Favorit unserer superfreundlichen Servicekraft. Wir verstehen jetzt, warum der Smoothie favorisiert wird – er schmeckt köstlich. Zum süßen Abschluss teilen wir die Berry-Pancakes (11,70 Euro), die mit frischem Obst und Ahornsirup serviert werden – richtig lecker! Wir kommen gerne wieder – das nächste Mal vielleicht zum Mittagessen, vorausgesetzt wir schaffen es dann eher aus dem Bett. Einen Mittagstisch bietet das Café nämlich auch von 12 bis 16 Uhr an. KS

Veganes Angebot: Milchersatz, Frühstücksgerichte (wie etwa Avocado-Brot) | **Perfekt für …** ein ausgiebiges Langschläfer-Frühstück | **Das Besondere:** Frische Gerichte | **Ambiente:** Gemütlich | **Kuchen/Waffeln:** Selbst gemachte Kuchen

AMBIENTE ●●●●○ SERVICE ●●●●●
KÜCHE ●●●●○ PREIS-LEISTUNG ●●●○○

€€ Hellkamp 52 (Eimsbüttel), Telefon 040 37081665, Di-So 9–17 Uhr, EC-Karte; Lutterothstraße U2; cafe-eims.com

Im gemütlichen Café Fabric werden Kuchenträume wahr

Café Fabric

Hausgemachte Kuchenträume

Unweit des Winterhuder Marktplatzes befindet sich das gemütliche Café Fabric. Dunkelgrüne Wände, Holz, Backstein und ein Mix aus Rattan und samtigen Polstern sorgen beim Eintreten direkt für ein angenehmes Flair. An den kleinen und größeren Tischen sitzt vom (wahrscheinlich) ersten Date über die junge Familie bis hin zu dem kleinen Studi-Lernkreis und den zwei Rentnerinnen ein diverses Publikum. Ob sie alle wegen der hausgemachten Kuchen (alle übrigens ohne künstliche Zusätze) hier sind? Wir wollen es herausfinden! Die Auslage ist vielversprechend: Neben verschiedensten Kuchen lächeln uns Cookies, Macarons, Brownies und sogar zwei herzhafte Quiches an. Vieles ist vegan und einiges glutenfrei. Wir bestellen Karottenkuchen und Schoko-Himbeer-Kuchen. Letzterer ist eine kleine Offenbarung: sehr saftig und mit gaaanz viel Schokolade. Üppig, aber trotzdem nicht zu süß. Ein Traum! Leider haben wir nicht so viel Zeit mitgebracht, dabei lässt es sich im Café Fabric sehr gut aushalten . Und wer weiß: Wenn man lange genug wartet, geht vielleicht auch noch ein zweites Stück Kuchen … ACM

Veganes Angebot: Kuchen, Brownies, Kekse, Milchersatz | **Perfekt für …** eine traumhafte Kuchen-Gönnung! | **Das Besondere:** Hausgemachte Kuchen, vieles vegan und glutenfrei | **Ambiente:** Gemütlich und modern | **Kaffeesorte** Verschiedene kolumbianische Bohnensorten | **Kuchen/Waffeln:** Selbst gemachte Kuchen, Cookies, Macarons und Brownies

AMBIENTE ●●●●○ SERVICE ●●●●○
KÜCHE ●●●●● PREIS-LEISTUNG ●●●●●

€ Alsterdorfer Straße 27 (Winterhude), Telefon 040 29827999, Mo-Fr 9–18, Sa-So 10–18 Uhr, EC-Karte, VISA, Mastercard, Amex; Hudtwalckerstraße U1; cafe-fabric.de

Café Hamer's

Für den gehobenen Geldbeutel

„Klar kriegen sie um 11 Uhr bei uns noch Frühstück. Alles, was noch da ist." Die telefonische Reservierung im Cafe Hamer's irritiert uns, vor Ort verstehen wir plötzlich. Das durch eine intensive Blumentapete mit beigen Bänken, weißen Stühlen und bunten Samtkissen für Volksdorf typisch anmutende Hamer's bietet ein spezielles Frühstückskonzept à la carte an: viele Einzelteile zum Auswählen, solange der Vorrat reicht. Detektivisch durchforsten wir die umfangreiche Karte. Das macht Spaß. Schließlich entscheiden wir uns in Runde eins für ein mediterranes Mehrkornbrötchen in Halbmondform, genannt Flaguette, mit Schinken und Käse (5 Euro) sowie für ein Schiocco, eine Kreuzung aus Brot und Croissant, belegt mit Tomate und Mozzarella und ebenfalls in der Mehrkornvariante (4,20 Euro). Beides wird warm serviert, das Flaguette gewinnt enorm durch das rote, würzige Pesto und ist so zufriedenstellend wie das kleine Schiocco. So kreativ hier das Angebot ist, so monoton sind aber, mit Ausnahme der belegten Brötchen, die Beläge: immer Schinken/Käse und Tomate/Mozzarella. Wir wechseln also ins kulinarisch süße Fach – und ziehen den hausgemachten Hauptgewinn: Unser Pastel de Nata versetzt uns in Portugal-Stimmung (1,90 Euro), der Crêpe mit smoothem Apfelmus ohne Stückchen plus Zimt und Zucker (4,10 Euro) und die heiße belgische Waffel (federleicht!) mit Vanilleeis und heißen Kirschen (7,40 Euro) sind vorzüglich. Mit einem wohl gesättigten Blick auf die appetitliche Auslage der Speisen verlassen wir das Hamer's. Hier wird sehr hohe Qualität für den gehobenen Geldbeutel geboten. Doch wer gut auswählt und auch mal ohne Buffet kann, wird seine Zeit im Hamer's genießen. MISCH

Veganes Angebot: Nein | **Perfekt für …** einen Kaffeeplausch unter Freunden | **Das Besondere:** Das spezielle Konzept à la carte, solange der Vorrat reicht | **Ambiente:** Gemütlich | **Kuchen/Waffeln:** Alles selbst gemacht, die heiße belgische Waffel und auch die Crêpe empfehlen wir wärmstens

AMBIENTE ●●●●○ SERVICE ●●●●●
KÜCHE ●●●●● PREIS-LEISTUNG ●●●●○

€€€ Claus-Ferck-Straße 4 (Volksdorf), Telefon 040 30740830, Mo-Mi 10–18, Fr-Sa 10–18, So 13–18 Uhr, EC-Karte, VISA, Mastercard, Amex; Volksdorf U1; cafe-hamers.de

FOTO: CAFE FABRIC

Der Großstadtlärm muss draußen bleiben: Im gemütlichen Café Neo herrscht ein anderes Tempo

Café Ines

Himmlische Brötchen

„Gestatten, Café Ines, wir haben die Superbrötchen!" So könnte der Werbespruch für das kleine portugiesische Café an der U-Bahnstation Hagenbecks Tierpark lauten. Wir wählen à la carte das Frühstück „Ines 1" (6,80 Euro) mit zwei Brötchen, Butter, Marmelade, Nuss-Nougatcreme oder Honig, Tomate, Gurke, Käse, Pute, Salami und einem gekochten Ei, lassen die süßen, gesunden und vegetarischen Frühstücksvarianten links liegen und bestellen noch ein veganes Frühstück „Antoni 1" (7,20 Euro) dazu. Ähnliche Zutaten, nur eben ohne Wurst, dafür mit Tomate-Mozzarella und Rucola. Was dann passiert, lässt sich zweigleisig erzählen. Erstens: Alle Beilagen haben normale Discounterqualität und was frisch sein muss (Tomate, Rucola etc.), ist auch frisch, kleine Fehler der Bedienung – Nuss-Nougatcreme wird einfach gebracht und die Option Honig gar nicht abgefragt, die Eier werden ebenfalls ungefragt weich serviert – fallen etwas ins Gewicht. Zweitens: Die Idee, bei jedem bestellten Frühstück 50 Cent Nachlass auf ein Getränk zu gewähren, ist schön. Und vor allem: Die Brötchen sind traumhaft gut. Sowohl die portugiesischen Roggenbrötchen als auch die Mehrkornbrötchen lassen das Ines, dessen Konzept sehr an die Schweinske-Kette erinnert, eigenständig wirken. Außen schön kross, absolut frisch und manchmal leicht süßlich im Geschmack – großartig. Wir bewundern die Palmen und Landesfahnen im Ines, hören die gewöhnungsbedürftige portugiesische Tanzmusik vom CD-Player – und wählen einen süßen Extraabschluss. Das portugiesische Nata-Gebäck (1,60 Euro) enttäuscht uns dabei nicht, die Waffel mit Puderzucker (4,50 Euro) dafür leider doch. Nicht frisch gemacht, sondern aufgewärmt und lauwarm serviert schmeckt sie pappig. Wir meiden sie künftig. Aber für diese Brötchen des insgesamt solide Speisen zu günstigen Preisen offerierenden Café Ines kommen wir auf jeden Fall wieder! MISCH

Veganes Angebot: Veganes Frühstück | **Perfekt für ...** ein Frühstück nebenbei bei einem Arbeits- oder Geschäftstermin | **Das Besondere:** Das portugiesische Flair des Lokals inklusive sehr eigenwilliger Musik | **Ambiente:** Niedlich bis gemütlich | **Kuchen/Waffeln:** Waffeln und frische Kuchen

AMBIENTE ●●●●○ **SERVICE** ●●●●○
KÜCHE ●●●●○ **PREIS-LEISTUNG** ●●●●○

€ Julius-Vosseler-Straße 42 (Lokstedt), Telefon 040 54880575, Mo-Do 7–16, Fr 7–15 Uhr, EC-Karte, VISA, Mastercard; Hagenbecks Tierpark U2; cafe-ines.business.site

Café Neo

Gemütliche Pause vom Alltagsstress

Swusch, auf der Barmbeker Straße fährt ein Stadtbus vorbei, dann ein Lkw. Im Café Neo in Winterhude herrscht ein anderes Tempo. Mit viel Ruhe und einem breiten Lächeln bringt uns die Kellnerin unsere Bestellung aus dem „Breakfast Club" an die filigranen kleinen Tische, auf denen – sehr aufmerksam – eine volle Flasche Leitungswasser und leere Gläser stehen. Der Avocado-Toast (7,90 Euro) wird in zwei Hälften serviert, die mit einer süßlich scharfen Rote-Bete-Meerrettich-Creme bestrichen wurden. Auf dieser türmen sich die Avocadowürfel – eine Herausforderung, das Ganze in den Mund zu befördern, doch es lohnt sich. Die Kombination aus mild und scharf, saftig und knusprig überzeugt. Auch der vegane Pancake (6,90 Euro) aus Dinkelteig ist eine Augenweide, verziert mit Beeren und Puderzuckerschnee. Dass man nahezu sägen muss, um ihn klein zu schneiden, ist schade. Der köstliche Cappuccino (groß, 3,80 Euro) hilft. Geschmacklich okay, aber ebenfalls eher trocken ist auch das Panino mit Chorizo, Rucola und Tomate (4,80 Euro). Weil es trotzdem so gemütlich ist, bleiben wir noch eine ganze Weile sitzen. MAN

Veganes Angebot: Panini, Bowl, Toast, Pancake | **Perfekt für ...** ein Panini bei der Arbeit am Laptop | **Das Besondere:** Wohnzimmeratmosphäre | **Ambiente:** Gemütlich | **Kuchen/Waffeln:** Pancakes

AMBIENTE ●●●●● **SERVICE** ●●●●●
KÜCHE ●●●●○ **PREIS-LEISTUNG** ●●●○○

€ Barmbeker Straße 177 (Winterhude), Telefon 040 18192341, Mi-So 10–16 Uhr, EC-Karte, VISA, Mastercard, Amex; Hudtwalckerstraße U1; cafeneo.eatbu.com

Café Flané

Trink Schokolade!

Der Duft frisch gebackener Waffeln strömt aus dem Café Flané durchs Levantehaus und verführt viele Passanten zu einem warmem Gebäck to go. Es lohnt sich jedoch ebenso, einen Moment auf den bequemen Polsterstühlen Platz zu nehmen und eine der neun verschiedenen Trinkschokoladen zu probieren. In die Tasse kommt echte geschmolzene Schokolade mit Kakaogehalt zwischen milchigen 39 und bitteren 80,1 Prozent. Außerdem im Angebot: flüssige weiße Schoki mit Bourbonvanille, Erdbeerschokolade oder der Klassiker mit Schuss. Wir entscheiden uns für Milchschokolade mit Mini-Marshmallows (5,90 Euro). „Ein fluffiges Vergnügen" steht drunter – das können wir unterschreiben. Die Waffel mit heißen Kirschen (4,90 Euro) ist innen ebenso fluffig und außen kross. Unsere Auswahl an hausgemachten Pralinen (1,10 Euro pro Stück), Squares (1,70 Euro) und Cannulicchi (2,90 Euro pro Stück) hingegen, überzeugt uns nicht. Alles ist furchtbar süß, keine Kombination überrascht mit interessantem oder ausbalanciertem Geschmack. Zucker pur – das hat nichts mit modernem Pralinenhandwerk zu tun. Studienhalber nehmen wir brav einen Bissen von jedem Teilchen und lassen den Rest liegen. LL

Veganes Angebot: Milchersatz | **Perfekt für ...** eine Waffelpause beim Shoppingtrip | **Das Besondere:** 2 in 1 – Café und Chocolaterie | **Ambiente:** Touristisch, gemütlich | **Kuchen/Waffeln:** Waffeln

AMBIENTE ●●●●○ **SERVICE** ●●●●○
KÜCHE ●●●○○ **PREIS-LEISTUNG** ●●●○○

€ Mönckebergstraße 7 (Altstadt), Telefon 040 79029341, Mo-Sa 10–19 Uhr, EC-Karte, VISA, Mastercard, Amex; Hauptbahnhof alle Bahnlinien; myflane.de

FOTO: CAFE NEO

Café Backwahn

Ein Hauch von Orient

Im Café Backwahn unweit der Uni wird an jedem Tag der Woche nicht nur ein solides Frühstück angeboten, es gibt auch jede Menge Steckdosen und ein freies WLAN. Kein Wunder, dass hier so einige auch ihren Stammplatz zum Arbeiten gefunden haben. Die Inneneinrichtung ist leicht szenig mit einem Hauch von Orient – der Service sympathisch. Es gibt zahlreiche Frühstücksvariationen (bis 17 Uhr), „Super Bowls" und „Power Boosting Broten". Meine drei Rühreier (9,50 Euro), getoppt mit Avocado und leider nur zwei Scheiben Speck, sind nicht sehr gut gewürzt, daher gibt es einen ordentlichen Schwung aus dem Salz- und Pfefferstreuer. Das dazu gereichte Vollkornbrot hat niemand in einer Art von Backwahn produziert, sondern ist abgepackter Natur. Der Kaffee ist okay, bleibt aber auch nicht nachhaltig im Gedächtnis. Wer das Frühstück einfach nur mit der Arbeit verbinden will, der ist im Café Backwahn gut aufgehoben. MH

Veganes Angebot: Müsli | **Perfekt für ...** ein Frühstück neben der Arbeit am Laptop | **Das Besondere:** Das Frühstück „Menemen", außerdem vier verschiedene „Super Bowls" und zwei „Power Boosting Brote" | **Ambiente** Szenig-orientalisch | **Kuchen/Waffeln:** Beides

AMBIENTE ●●●○○ **SERVICE** ●●●●○
KÜCHE ●●●○○ **PREIS-LEISTUNG** ●●●○○

€ Grindelallee 148 (Rotherbaum), Telefon 040 4106141, Mo-Fr 8–19, Sa-So 10–19 Uhr, EC-Karte, VISA, Mastercard; Grindelhof Bus 4, Bus 5; cafebackwahn.de

Die Villa

Balzac und Apfelstrudel

Mitten im alten Ortskern von Volksdorf befindet sich die Ohlendorff'sche Villa mit imposanter Auffahrt. Sie ist im Besitz einer gemeinnützigen Stiftung. Seit 2014 ist hier ein Wiener Kaffeehaus beheimatet. Wer gerade nicht in die österreichische Hauptstadt reisen kann, aber dennoch Lust auf schmackhafte wienerische Backwaren und Kaffeespezialitäten hat, ist hier genau richtig. Wir nehmen in der ebenso imposanten wie gemütlichen Bibliothek Platz und bestellen Apfelstrudel (4,50 Euro) und Engadiner Apfeltorte (4,50 Euro). Unser Blick fällt auf die Klassiker von Goethes „Faust" über Balzac bis zu Dostojewskijs „Schuld und Sühne". Blättern und Lesen erlaubt. Der Apfelstrudel überzeugt mit einem hauchdünnen, knusprigen Teig mit reichhaltiger, perfekt abgeschmeckter Füllung. Dazu mundet eine heiße Schokolade mit Sahnehaube (4,20 Euro). Die Engadiner Apfeltorte kommt mit karamellisierten Walnüssen und einem Hauch Honig daher. Versorgt mit einem guten Cappuccino (3,90 Euro), kann man hier entspannt einen langen Nachmittag verbringen, wie es auch viele andere Gäste mit intensiven Gesprächen tun. Ein kultivierter Ort zum Verweilen. NB

Veganes Angebot: Vorhanden | **Perfekt für ...** literarische Entdeckungen bei Kaffee und Kuchen | **Das Besondere:** Gut ausgestattete Bibliothek | **Ambiente:** Herrschaftlich, „Great Gatsby"-Style in den Walddörfern | **Kaffeesorten:** Darboven | **Kuchen/Waffeln:** Alles selbst gemacht – Empfehlung: Apfelstrudel

AMBIENTE ●●●●● **SERVICE** ●●●●●
KÜCHE ●●●●● **PREIS-LEISTUNG** ●●●●○

€ Im Alten Dorfe 28 (Volksdorf), Telefon 040 6032558, Di-So 10–18 Uhr, EC-Karte, VISA, Mastercard; Volksdorf U1; villa-volksdorf.de

Erste Liebe Bar

Frühstück unter Bäumen am Fleet

Die Erste Liebe Bar hat neben dem einladenden Namen einen weiteren Vorteil: ihren Standort. Hamburgs Fleetinsel ist bestückt mit großen Bäumen und bietet einen Blick aufs Fleet. So sitzen die Gäste gern vor der Bar oder genießen den Ausblick am Panoramafenster. Zwischen viel Holz und in lebendiger Atmosphäre können wir zwischen Toast mit Avocado oder Frischkäse (8 Euro), selbst gemachtem Granola mit Früchten auf Joghurt (8,50 Euro), Panini, Bircher Müsli oder Croissant wählen. Fällt nicht ganz leicht, das bemühte, aber etwas ungeduldige Personal muss etwas warten. Granola und Cappuccino (3,50 Euro) sind unauffällig, aber lecker, der frisch gepresste Karotten-Apfel-Ingwer-Saft mit Schaumkrone ist gar außergewöhnlich gut. Nur der Toast irritiert. Kaum geröstet und sehr dick, ist das weder ein gegrilltes Sandwich noch eine ofenfrische Stulle. Wir bleiben etwas ratlos zurück. LG

Veganes Angebot: Kuchen, Frühstück | **Perfekt für ...** Zeitungslesen unter Bäumen mit Blick aufs Fleet | **Das Besondere:** Selbst gebackener Kuchen | **Ambiente** Stylish, modern, Schwarz zu Holz | **Kuchen/Waffeln:** Kuchen

AMBIENTE ●●●●○ SERVICE ●●●●○
KÜCHE ●●●●○ PREIS-LEISTUNG ●●●○○

€ Michaelisbrücke 3 (Neustadt), Telefon 040 36901808, Mo-Mi 8–18, Do-Fr 8-20, Sa 9.30–18 Uhr, EC-Karte, VISA, Mastercard, Amex; Stadthausbrücke S1, S2, S3; ersteliebebar.com

Hanseatic Coffee Roasters

Lecker Pralinen in Bahrenfeld

Im Bahrenfelder Business-Zentrum, dessen Gebäude früher einmal eine preußischen Kaserne waren, ist der Sitz der Rösterei Hanseatic Coffee Roasters. Es rumort im Großraum-Café, denn das letzte hier verbliebende Röstgerät verrichtet gleich vorn im Raum noch brav seine Arbeit. Für die weiteren Maschinen wurde erst im letzten Jahr eine eigene kleine Fabrik vor den Toren Hamburgs erbaut. Man darf also getrost sagen: Der Laden brummt. Im Café herrscht geschäftiges Treiben. Um die Mittagszeit kommen Kenner auf Flammkuchen (8,90 Euro) oder eine Focaccia (7,90 Euro) vorbei. Ansonsten wird hier hervorragender Kaffee (Batch Brew, Kännchen 3,80 Euro) serviert. Aber auch die hauseigenen Pralinen (1,20 Euro) und der leckere Kuchen (3,50 Euro) sind für uns einen Besuch wert. Es gibt trotz der großen Location nicht allzu viele Plätze. Dafür thronen wir auf großen, wuchtigen Leder-Fauteuils. Es ist ziemlich hellhörig. Die Geheimnisse, die wir heute austauschen wollen, behalten wir lieber für uns. CO

Veganes Angebot: Hafermilch | **Perfekt für ...** den kleinen Hunger mit Lust auf Kaffee | **Das Besondere:** Eigene Kaffeeröstung | **Ambiente** Urig | **Kuchen/Waffeln:** Käsekuchen!!!

AMBIENTE ●●●●○ SERVICE ●●●●●
KÜCHE ●●●●● PREIS-LEISTUNG ●●●●●

€ Luruper Chaussee 125 Haus 6 (Bahrenfeld), Telefon 040 8908430, Mo-Do 8–18, Fr 8–16 Uhr, EC-Karte; Trabrennbahn Bahrenfeld Bus 3, Bus X3; hanseatic-coffee.com

Hugsandplugs

New Work und Fresh Food

Es ist unser erster Besuch in einem New Work Café. Das heißt konkret: Ins Hugsandplugs kommen die Leute in erster Linie, um zu arbeiten. Genau das haben wir auch vor. Mit unseren Laptops im Gepäck steuern wir also einen der zahlreichen Fensterplätze an, deren Tische mit Steckdosen ausgestattet sind. Unseren Chai Tea Latte (mit Hafermilch, 3,80 Euro) und Smoothie Berry Blast (6,50 Euro) sowie das Stück Lemon-Pound (3,50 Euro) und Zitronen Cheesecake (4,20 Euro) bestellen wir an der Theke. Wir hätten unsere Bestellung auch über einen QR-Code aufgeben und anschließend direkt via PayPal bezahlen können, erklärt uns eine der superfreundlichen Servicekräfte. Neben Kuchen, Heißgetränken, Smoothies und Kuchen bietet das Hugsandplugs aber auch frische Bowls, Salate und Sandwiches an. Wir genießen unsere Getränke und Kuchenstücke mit Blick auf die Lange Reihe – so lässt es sich gut arbeiten. Wir kommen gern wieder. KS

Veganes Angebot: Hafermilch, Kuchen, Käse | **Perfekt für ...** Arbeiten mit süßen und frischen Speisen und Getränken | **Das Besondere:** Specialty Coffee von G.C. Breiger | **Ambiente:** Stylish, gemütlich | **Kuchen/Waffeln:** Zitronen-Cheesecake

AMBIENTE ●●●●● SERVICE ●●●●●
KÜCHE ●●●●○ PREIS-LEISTUNG ●●●●●

NEU! € Lange Reihe 102 (St. Georg), Telefon 040 63867699, Mo-Fr 8.30–19, Sa 9.30–18 Uhr, EC-Karte; Lohmühlenstraße U1; hugsandplugs.com

Café-Office statt Homeoffice:
Im Hugsandplugs lässt sich bestens arbeiten

La Paninoteca

Echt italienisch

Sitzt man in La Paninoteca unweit des Thalia Theaters, fühlt man sich wie in einer italienischen Cafeteria. Tassen klirren und Stimmengewirr erfüllt den Raum. Am langen Tresen sitzen Gäste unterschiedlichen Alters bei Aperol und Cappuccino, an den kleinen Marmortischen genießen Mönckebergstraße-Bummler eine Pinsa und an der großen Fensterfront tippen Büromitarbeitende in ihre Laptops, während sie an einem Espresso nippen. Wir sitzen genau dazwischen und machen ein bisschen was von allem. Wir stoßen mit einer italienischen Limo (3,50 Euro) und einem alkoholfreien San Bitter Spritz (6,50 Euro) auf unsere Mittagspause an. Die übersichtliche Karte beinhaltet eine Auswahl an Paninis, Crostones und Pinsas sowie ein kleines Frühstücksangebot und den Hinweis auf das täglich wechselnde Angebot der Kuchenvitrine. Unsere Auswahl fällt auf das Crostone Antipasto, geröstetes Sauerteigbrot mit Avocado, Rucola und halb getrocknete Tomaten (8,50 Euro), und die Pinsa Nera mit Avocado, halb getrockneten Tomaten, Pistazienpesto und Rucola (8,50 Euro). Dass wir die Pinsa mit Büffelmozzarella bestellt haben, vergisst nicht nur der nette Mitarbeiter an der Bar, sondern auch wir bis zum letzten Bissen, denn der Pinsa hat es an nichts gefehlt. Der Teig ist luftig und gleichzeitig bissfest und das Pistazienpesto schön würzig. Auch das Crostone überzeugt uns mit der Mischung aus krossem Brot und weichem Antipasti-Gemüse. Da wir nach den beiden Gerichten noch nicht ganz satt sind, teilen wir uns noch eine Pinsa Margherita (8,50 Euro), die mit Pestocrema, Kräutersalat und Büffelmozzarella noch besser schmeckt, als die schwarze, vegane

FOTO: LIZA HOLIARCHUK

Variante. Als Abschluss trinken wir zwei Cappuccini mit Hafermilch (3,50 Euro) und packen uns ein Sfogliatelle Napoletane, eine mit Vanillecreme gefüllte Blätterteigtasche, für den Nachmittag ein, wenn wir wieder an unserem echt deutschen Schreibtisch sitzen und von den Dolce-Vita-Vibes im La Paninoteca träumen. AVL

Veganes Angebot: Crostone und Pinsa | **Perfekt für ...** Lunchtime mit Dolce-Vita-Vibes | **Das Besondere:** Das Gefühl, man sitzt in Italien | **Ambiente** Hohe Decken, schicke Wandfarbe, tolle Atmosphäre | **Kuchen/ Waffeln** Täglich frischer Kuchen, Schokocroissants und Sfogliatelle

AMBIENTE ●●●●● SERVICE ●●●●●
KÜCHE ●●●●● PREIS-LEISTUNG ●●●●●

NEU! Alstertor 21 (Altstadt), Telefon 040 79410222, Mo-Fr 9–19, Sa 10–19 Uhr, EC-Karte, Visa, Mastercard, Barzahlung; Jungfernstieg alle Bahnlinien; la-paninoteca.com

Ima Vegan

Raffiniert vegan

„Dieser Teller ist ein Kunstwerk", entfährt es mir, als die Kellnerin das Frühstück bringt. Neben der bewährten Tomate-Mozzarella-Kombination finden sich, liebevoll angerichtet, grünes Pesto, Chorizo und kleine Käseviertel. Ungewöhnlich, noch immer: Alles hier ist vegan. Bäckerin Ina Fischer arbeitete schon bei Willi's Cakes, nun hat sie den niedlichen Laden in der Eimsbüttler Lappenbergsallee übernommen und als rein pflanzlich ausgerichtetes Café wiedereröffnet. Sanfte Pastellfarben, schlichtes Mobiliar, gut gelauntes Personal – hier lässt es sich aushalten. Wir blicken auf

FOTO: IMA VEGAN

Das Ima Vegan hat im ehemaligen Willi's Cake eröffnet

die gläsernen Backstube, in der Torten, Cookies und Macarons entstehen – aber wir wollen ja frühstücken. Die Sojaghurt-Bowl mit Früchten und Granola (8,20 Euro) ist wundervoll, aber satt macht vor allem das Single-Frühstück (13,80 Euro), das mit oben erwähnten Köstlichkeiten kommt. Besonders gelungen: der würzige Cashewkäse und die Rote-Bete-Creme mit ihren subtilen Zimt- und Orangen-Noten. JP

Veganes Angebot: Alles | **Perfekt für ...** ein noch warmes Franzbrötchen mit Hafer-Cappuccino | **Das Besondere:** Vegan | **Ambiente:** Gemütlich | **Kuchen/Waffeln:** Alles selbst gemacht

AMBIENTE ●●●●○ SERVICE ●●●●●
KÜCHE ●●●●● PREIS-LEISTUNG ●●●●●

NEU! €€ Lappenbergsallee 36 (Eimsbüttel), Telefon 040 71636373, Mi-Fr 9–17, Sa-So 10–17 Uhr, EC-Karte, VISA; Osterstraße U2; imavegan.de

Little Amsterdam

Eppendorfs Gemeinschaftsgarten

Der Traum vom eigenen Garten blieb bisher unerfüllt? Das Little Amsterdam am Isebekkanal kann das private grüne Fleckchen zwar nicht ersetzen, aber idyllisches Feeling kommt im Schutz der Hecken und Bäume mit Kanalgeplätscher und Entengeschnatter ebenso auf. In Eppendorfs Gemeinschaftsgarten entspannen Besucher unterm Baldachin, im offenen Glashäuschen mit Blick aufs Wasser oder auf den Stufen der breiten Steintreppe mit Sitzkissen und Sonne im Gesicht. Je nach Gemüt und Tageszeit gibt's Sprizz, Kaffee und Kuchen oder Pommes. Wir entscheiden uns für leckeren Elbgold-Cappuccino (3,50 Euro), supersaftigen Apfelkuchen und Carrot Cake (je 3,50 Euro). Danach haben wir noch Platz für die Basilikum-Pommes, allerdings bräuchten diese heute 30 Minuten Wartezeit – die Fritteuse ist noch nicht in Betrieb. Das schaffen wir leider nicht und trösten uns deshalb mit leckerer Basilikum-Limonade (3,50 Euro). LL

Veganes Angebot: Milchersatz | **Perfekt für ...** Kuchen und Sprizz in der Sonne | **Das Besondere:** Lage am Kanal | **Ambiente:** Szenig | **Kaffeesorten:** Elbgold | **Kuchen/Waffeln:** Hausgemachte Kuchen

AMBIENTE ●●●●● SERVICE ●●●●●
KÜCHE ●●●●○ PREIS-LEISTUNG ●●●●●

€ Klosterallee 69 (Harvestehude), Mo-Do 14–22, Fr-So 13–23 Uhr, EC-Karte; Klosterstern U1; instagram.com/littleamsterdamhh

Ein ehemaliges Klohäuschen am Dreieck Eppendorf-Hoheluft-Harvestehude beherbergt eines der schönsten Außencafés

Lokma by Glow

Ganz viel Süßes

Das Lokma ist nicht selbsterklärend. Passanten kommen neugierig herein und fragen, was es hier so gibt. Die stete Antwort des jungen Mannes hinter der Theke ist: „Also, Herzhaftes haben wir nicht." Okay, Süßes soll es also heute sein. Wir ordern also Lokmas, die kleinen frittierten Teigbällchen aus dem arabisch-türkischen Raum mit Schokolade gefüllt (sechs Stück für 6,90 Euro). Sie werden garniert mit Toppings aus einer Auswahl aus Streuseln, Schokolade, Sirup, Früchten soweit das Auge über den Tresen reicht (ein Zusatztopping zu je 1 Euro). Die Alternative zu Lokmas sind kleine Pancakes (zwölf Stück für 6,50 Euro), die wir uns natürlich nicht entgehen lassen wollen. Sie kommen frisch zubreitet aus der Küche und schmecken wie damals bei Mutti. Das Lokma ist ein Paradies für Kinder und waschechte Naschkatzen. Liebhaber des besagten Herzhaften setzen im Lokma vielleicht bei einem Kaffee (2,30 Euro) eine Runde aus. CO

Veganes Angebot: Nicht vorhanden | **Perfekt für ...** einen Besuch mit Kindern | **Das Besondere:** Hausgemachte türkische Teigbällchen | **Ambiente:** Szenig, modern, aber etwas kühl | **Kuchen/Waffeln:** Hausgemachte kleine Pancakes

AMBIENTE ●●●●○ SERVICE ●●●●○
KÜCHE ●●●●○ PREIS-LEISTUNG ●●●●○

NEU! € Hoheluftchaussee 103 (Hoheluft-West), Mo-Do 15–23, Fr-Sa 15–24, So 14–23 Uhr, EC-Karte; Eppendorfer Weg (Ost) Bus 5; lokma-by-glow.eatbu.com

Lu Soufflé

Auf Teigwolke 7

Die Japaner kommen ja bekanntlich oft auf verrückte Ideen – das gilt auch fürs Essen, vom giftigen Kugelfisch bis zu quadratischer Wassermelone. Den neuesten Trend aus Japan gibt es im Lu Soufflé, einem kleinen Laden in der Neustadt: Soufflé-Pancakes. Dabei handelt es sich um eine Mischung aus Pfannkuchen und Soufflés. Bei der aufwendigen Herstellung zuzuschauen, ist ein kleines Erlebnis. Für den Teig wird für jede Bestellung Eiweiß frisch aufgeschlagen, mit dem Spritzbeutel auf vorgeheizte Platten aufgetragen und so gebacken. Herauskommen luftig-leichte Teigwolken, die aussehen wie kleine Kunstwerke, bei jeder Bewegung lustig wackeln und im Mund förmlich zergehen. Für den besonderen Kick sorgen verschiedene Toppings aus süßen Cremes und frischen Früchten. Wir entscheiden uns für „Salted Caramel" (10,20 Euro) von der Monatskarte sowie den Klassiker „Choco Crumble" mit Schokoladencreme, Sahne, Brownie-Stückchen und Obst (9,80) – und schweben spontan auf Teigwolke 7. NW

Veganes Angebot: Nein | **Perfekt für ...** Japan-Fans mit süßem Zahn | **Das Besondere:** Japanische Pancakes | **Ambiente:** Stylish, modern, japanisch | **Kuchen/Waffeln:** Nein, dafür Pancakes

AMBIENTE ●●●●○ SERVICE ●●●●○
KÜCHE ●●●●○ PREIS-LEISTUNG ●●●●○

NEU! € Kurze Mühren 6 (Altstadt), Mi-Sa 12–19, So 14–19 Uhr, EC-Karte, VISA, Mastercard, Amex; Hauptbahnhof alle Bahnlinien; facebook.com/LuSouffle

Becking Kaffee

Kaffee-Nerds meet Lunch-Crowd

Der Weg zur Becking Kaffeemanufaktur? Eigentlich immer der Nase nach! Die Rösterei in Hamburg-Bahrenfeld riecht man schon von Weitem. Direkt daran angeschlossen ist das Café, von dem aus wir durch große Glasfenster einen freien Blick auf die Arbeiten in der Kaffeerösterei haben. Und während dort die Bohnen in einem durchsichtigen Rohr umherwirbeln,

FOTO: SOPHIA HERZOG

Bei Becking gibt es nicht nur beste Bohnen, sondern auch Kuchen, Snacks und ein cooles Ambiente

probieren wir den Manufakturkaffee direkt selbst – und das zu wirklich sehr fairen Preisen (Becher Café Crema 1,90 Euro, Latte macchiato mit Hafermilch 2,10 Euro). Dazu gibt es eine kleine Kuchenauswahl, süßes Gebäck und auch herzhafte Paninis. Ebenso ein täglich wechselnder Mittagstisch, der anscheinend beliebt ist, denn ab 12 Uhr ist es schlagartig voll mit mittagshungrigen Gästen. Insgesamt ist der große Raum des Cafés eher funktional als gemütlich eingerichtet, wir befinden uns eben auch direkt in beziehungsweise neben einer Produktionsstätte. An den Wänden reihen sich große Regale mit den vielen verschiedenen Becking-Kaffeesorten, aber auch Tees, Schokolade und Gewürze. Wer also nicht unbedingt ewig gemütlich verweilen will, dafür aber sehr guten Kaffee direkt aus der Rösterei genießen möchte, ist hier genau richtig. AM

Veganes Angebot: Milchersatz | **Perfekt für ...** Kaffee-Nerds | **Das Besondere:** Eigene Kaffeeröstung, viele Demeter-zertifizierte Produkte | **Ambiente:** Rösterei-Flair | **Kaffeesorten:** Verschiedene Bohnen aus eigener Herstellung | **Kuchen/Waffeln:** Selbst gemacht

AMBIENTE ●●●○○ **SERVICE** ●●●●○
KÜCHE ●●●○○ **PREIS-LEISTUNG** ●●●●●

€ Leverkusenstraße 31 (Bahrenfeld), Telefon 040 8519283, Mo-Fr 8–19 Uhr, EC-Karte, VISA, Mastercard; S Diebsteich (Ostseite) Bus 180; becking-kaffee.de

Milch Feinkost

Ja, es ist offen!

Ist das Café überhaupt geöffnet? Die Spiegelfolie an der breiten Fensterfront des ehemaligen Feinkostladens lässt es nicht erahnen. Ein herzliches Willkommen fühlt sich anders an, denken wir noch. Aber vielleicht müssen Cafés im Portugiesenviertel sich auch ganz entschieden von lärmenden Landungsbrücken-Touris abgrenzen, die sonst den Laden stürmen würden. Wer weiß. Eher cool als herzlich ist dann auch das Lokal selbst. Der schicke Tresen mit den blauen Kacheln steht monolithisch im Raum, moderne Kunst hängt an den Wänden, es wäre locker noch Platz für mehr Tische, aber hier siegt genau wie auf den gut designten Packungen der hauseigenen Bohnen stylisher Minimalismus. So cool distanziert wie das Interieur ist der Barista dann aber nicht. Freundlich führt er uns durch die Karte und serviert Milchkaffee und ziemlich salzigen Käsetoast mit

FOTO: BECKING KAFFEE

Tomaten und Rucola auch gerne am Platz. Viel Auswahl gibt es nicht. Anscheinend kommt man eher für schlichten Kaffeebesuch als für ein ausgiebiges Frühstück hierher. Die Zeit für den hausgemachten Käsekuchen haben wir uns aber gerne genommen. Mit feister Karamellsoße ist er die ideale Ergänzung zum herben Americano. Und ein heißer Tipp für die Erkältungssaison: Der Ingwerorangentee ist eine Wucht. Eigentlich schade, dass das so viele verpassen, die am „Milch" vorbeischlendern und denken, es ist geschlossen. FT

Veganes Angebot: Milchalternativen / **Perfekt für ...** einen Flat White zu trinken und Touristen zu gucken / **Das Besondere:** Super selbst gerösteter Kaffee – auch zum Mitnehmen | **Ambiente:** Artsy | **Kaffeesorten:** Robusta | **Kuchen/Waffeln:** Hausgemachter Käsekuchen im Glas

AMBIENTE ●●●○○ **SERVICE** ●●●●●
KÜCHE ●●●●○ **PREIS-LEISTUNG** ●●●●○

€€ Ditmar-Koel-Straße 22 (Neustadt), Telefon 040 20949035, Mo-Fr 9–15 Uhr, EC-Karte, VISA, Mastercard; Landungsbrücken S1, S2,S3; instagram.com/milchfeinkost

Mutterland Stammhaus

Perfekte Stärkung vor der Reise

Quirlig ist das Mutterland-Stammhaus am Hamburger Hauptbahnhof. Immer was los im offenen Speisesaal mit beleuchteter Bar und Empore. Auf zwei Stockwerken finden sich Feinkostladen, eigene Chocolaterie und Bäckerei, im Restaurant wirbelt der Service in weißem Hemd und schwarzer Schürze und nimmt die Bestellung für „Strammer Max" (11,90 Euro), den kalt gepressten Juice namens „Evergreen" (0,25 l 5,90 Euro) und Cappuccino (4 Euro) auf. Bei unserer Entscheidung hilft, dass die Brioche für die Frühstücks-Burger nicht geliefert wurden. Aber „Max" überzeugt uns mit leicht geröstetem Sauerteigbrot und Spiegelei, das auf luftgetrocknetem Bio-Schinken zerfließt und mit Frischkäse getoppt wird. Der Saft aus Apfel, Gurke, Fenchel, Spinat und Zitrone erfrischt, der Cappuccino ist schokoladig-cremig. Dazu gibt's eine Zugabe. Ein Zitronen-Brownie, schlotzig, wie es sein soll – und anderswo selten ist. LG

Veganes Angebot: Bircher Müsli, Schoko-Pfannkuchen | **Perfekt für ...** herzhaft essen vor oder nach einer Reise | **Das Besondere:** Eigene Bäckerei, Produkte aus über 200 deutschen Manufakturen, eigene Chocolaterie, Feinkostladen, „Mutterland Go" und Co-Working-Bereich im 1. Stock mit Lunch Option | **Ambiente** Modern, offen, gesellig, gemütlich | **Kaffeesorten:** 100 % Arabica Hausmischung | **Kuchen/Waffeln:** Vieles selbst gemacht, Empfehlung Süss: Zitronen-Brownie, Eierpfannkuchen, Herzhaft: Strammer Max

AMBIENTE ●●●●● **SERVICE** ●●●●●
KÜCHE ●●●●● **PREIS-LEISTUNG** ●●●●○

€€ Kirchenallee 19 (St. Georg), Telefon 040 471135011, Mo-Fr 9–12, Sa-So 9–15 Uhr, EC-Karte, VISA, Mastercard; Hauptbahnhof alle Bahnlinien; mutterland.de

Pancake Panda

Solides Pancakes-Vergnügen in Eimsbüttel

In der Müggenkampstraße in Eimsbüttel gibt's seit Sommer 2022 das Pancake Panda. Der Name spricht für sich. Es gibt die in den USA so beliebten Pancakes, die in fünf verschiedenen Varianten zum Preis von 10 bis 13 Euro angeboten werden. Offeriert werden diese als original Buttermilch-Pancakes und auf dem Teller landen dabei immer drei der fluffigen Pfannkuchen. Ich lasse mir diese heute als „American Breakfast" (12,90 Euro) mit Spiegelei, Bacon und einem ordentlichen Schuss Ahornsirup schmecken. Die Qualität ist gut und die Portion macht satt. Aber auch drei belegte Bauernbrote, Stullen genannt, gibt es zu entdecken. Eine der Varianten sogar vegan belegt, mit Hummus aus Roter Bete, Avocado und Süßkartoffel (7,90 Euro). Zudem sind French Toast, Salate und sogar das

Pancake Panda bringt Farbe auf den Tisch

in Nordafrika und Israel beliebte Shakshuka (9,90 Euro), ein orientalisch gewürztes Tomaten-Paprika-Ragout mit Bio-Spiegeleiern, zu haben. Wer nun denkt, hier lässt sich nur morgens und vormittags frühstücken, der irrt. Denn im kleinen Gastraum des Pancake Panda ist täglich den ganzen Tag bis 17 Uhr Frühstück garantiert. Hervorzuheben sind die Bio-Produkte, die oft als Option zu den Gerichten angeboten werden. Leider ist der Empfang an diesem Tag nicht wirklich herzlich und ich fühle mich eher als störenden Faktor, während die Bedienung vorbereitende Arbeiten für das Tagesgeschäft tätigt und nebenbei lange und laut telefoniert. Ebenso sind die Tische noch vom Vorabend vollgekrümelt. Vielleicht sollte das Pancake Panda erst um 10 Uhr öffnen, damit noch Zeit bleibt, um den Gästen ein schönes Frühstückserlebnis zu bieten. MH

Veganes Angebot: Belegtes Bauernbrot (Stulle) | **Perfekt für...** für ein Frühstück am späten Nachmittag | **Das Besondere:** Bio-Eier und -Speck | **Ambiente:** Szenig, aber leider auch etwas schmuddelig | **Kuchen/Waffeln:** Pancakes

AMBIENTE ●●○○○ **SERVICE** ●●●○○
KÜCHE ●●●○○ **PREIS-LEISTUNG** ●●●○○

NEU! € Müggenkampstraße 34 (Eimsbüttel), Telefon 040 33395555, Mo-So 9–17 Uhr, EC-Karte, VISA, Mastercard; Lutterothstraße U2; pancakepanda.de

Peaberries Kaffeerösterei

Auf gute Nachbarschaft

Von der quirligen Langen Reihe kommend, fühlen wir uns in dem kleinen Café in der Gurlittstraße beinahe wie in einer Kleinstadt. Die Einrichtung ist zwischen geachteltem Bartresen und monströser Holzgiraffe bemerkenswert unfancy, die Atmosphäre herzlich. Unsere freundliche Barista nimmt sich viel Zeit, um mit ihren Gästen den letzten Urlaub nachzubesprechen, den anstehenden Jobwechsel oder den Stress mit dem Schreibaby – man ist per Du. Bei der Bestellung reicht meist ein „Wie immer?" aus. Viele nehmen noch ein Päckchen Kaffee für zu Hause mit. Die Preise sind für Metropol-Verhältnisse echt fair: 1,90 Euro für den Kaffee des Tages!

FOTO: PANCAKE PANDA

Avocado
zum Anbeißen
Avocado Bagel
ONLINE
vorbestellen
shop.jb.de
Junge
Die Bäckerei.

Neben den beeindruckenden 14 verschiedenen heimgerösteten Bohnen und ein paar unerwarteten Süßigkeiten ist das Angebot des Peaberries allerdings auch eher … provinziell: fertig belegte Bagels mit müdem Salat und fader Avocado (Vegan Bagel, 4,90 Euro) oder Muffins, die verdächtig nach Tiefkühlware aussehen und unspektakuläre Croissants. Dagegen sind die Fertig-Smoothies vom schwedischen Hersteller Froosh schon ein richtiges Highlight. Aber vielleicht sehnen sich die Leute in St. Georg zwischen all den Hipster-Läden einfach nach so einer Oase des Uncoolen. FT

Veganes Angebot: Milchalternativen, vegane Bagels | **Perfekt für …** Kaffee und Plausch nach dem Wocheneinkauf | **Das Besondere:** Eigene Kaffeeröstung | **Ambiente:** Unkompliziert | **Kaffeesorten:** 14 unterschiedliche Bohnen, selbst geröstet | **Kuchen/Waffeln:** Italienisches Nougat

AMBIENTE ●●●○○ SERVICE ●○○○○
KÜCHE ●●●○○ PREIS-LEISTUNG ●●●○○

€ Gurlittstraße 46 (St. Georg), Telefon 040 3988740, Mo-Fr 8–16, Sa 9–14 Uhr, EC-Karte, VISA, Mastercard, Amex; Gurlittstraße Bus 6, Bus 17, Bus 18; peaberries-kaffeeroesterei.com

Public Coffee Roasters

Nordisch schlicht, schokoladig köstlich

Große Fenster, durch die man auf Straßen hinausblickt und zum Träumen verführt wird, werden für immer ein Pluspunkt jedes Cafés bleiben. An diesem Vormittag gibt es wenig Aufregendes zu sehen. Drinnen tippen die Gäste von Public Coffee Roasters Eimsbüttel in ihre Laptops, die Kaffeemühle brummt. Der Laden in der Lappenbergsallee ist die jüngste von drei Filialen der Hamburger Kaffeerösterei, die, das sei verraten, wirklich großartigen Espresso produziert. Zwei Röstungen stehen zur Auswahl: hell und fruchtig oder dunkel und schokoladig. Die Einrichtung ist nordisch schlicht, der Service freundlich. Wir empfehlen die deftig-veganen Avocado-Stullen mit getrockneten Tomaten und reichlich Rucola auf geröstetem Brot (5,60 Euro). Danach ein Croissant – und dann kann man eigentlich schon den nächsten Espresso bestellen. JP

Veganes Angebot: Brot, Croissant und Milchersatz | **Perfekt für…** einen großen Cappuccino am Fenster | **Das Besondere:** Eine junge Hamburger Rösterei, die ihren Kaffee auf einem Hausboot auf der Elbe vor der Insel Entenwerder röstet. | **Ambiente:** Modern, minimalistisch | **Kaffeesorten:** Verschiedene Kaffeesorten | **Kuchen/Waffeln:** Selbst gemachte Kuchen

AMBIENTE ●●●●○ SERVICE ●●●●○
KÜCHE ●●●●● PREIS-LEISTUNG ●●●●○

€ Lappenbergsallee 43 (Eimsbüttel), Mo-Fr 8.30–18, Sa-So 9.30–18 Uhr, EC-Karte, VISA; Sartoriusstraße Bus 4; publiccoffeeroasters.com/unsere-cafes

The Morgenmuffel

Das Auge bruncht hier mit

Eine Reservierung ist nicht möglich. So stehen wir in einer langen Schlange williger Wartender vorm Café und werfen sehnsuchtsvolle Blicke durch die großen Fenster auf die Teller der anderen Gäste. Während unserer 50-minütigen Wartezeit wünschte ich mir einen Kaffee-Service für uns Wartende. Versprochen: Das Warten lohnt sich! Am Kopfe der Schlange angekommen, werden wir freundlich empfangen und durch die stilistisch unterschiedlichen, wunderschön gestalteten Räume an unseren Tisch im hintersten Raum geführt. Unser Tisch ist trotz Hochbetrieb sauber und es liegen Besteck und Speisekarten bereit. Die durchweg aufmerksamen und präsenten, dabei keineswegs aufdringlichen Bedienungen sind angenehm professionell. Der Caffè Latte mit Hafermilch (4,60 Euro) ist wohltemperiert, die frischen Säfte „Morgenstund“ und „Multivitamin“ (je 5,50 Euro) kicken uns mit ihrer Ingwernote aus dem Morgenmuffel-Modus heraus. Nach angemessener Zeit wird unser Essen, das genau so liebevoll komponiert und optisch ansprechend wie die Gasträume ist, serviert: toll abgeschmecktes Shakshuka (12 Euro), hoch getürmtes Club Sandwich mit leckeren, Rosmarin-gewürzten Pommes (16 Euro) und Avocado-Stullen mit raffinierten Dips (12 Euro), bei denen auf Wunsch – ohne zu zögern – die Spiegeleier gegen pochierte Eier getauscht werden. MK

Veganes Angebot: Salat, veganes Shakshuka, Fava, Porridge; Kokos,- Mandel- und Hafermilch | **Perfekt für …** einen stylishen boozy Brunch | **Das Besondere:** Mehrere Räume auf zwei Ebenen, jeder Raum hat seinen eigenen Charakter | **Ambiente:** Sehr stylish und hell | **Kaffeesorten:** Keine Informationen | **Kuchen/Waffeln:** Fluffige Pancakes, Waffeln mit Cheddar und Hähnchenkeule

AMBIENTE ●●●●● SERVICE ●●●●●
KÜCHE ●●●●● PREIS-LEISTUNG ●●●●○

NEU! €€ Eppendorfer Landstraße 144 (Eppendorf), Mi-So 9–21 Uhr, EC-Karte, VISA, Mastercard, Amex; Kellinghusenstraße U1, U3; instagram.com/morgenmuffelhamburg

The Special Connection

Spezialitätenkaffee und Soulfood

The Special Connection verspricht Specialty Coffee, Soulfood und Liebe. „Schön, dass du da bist!“ Ist dann auch der erste Satz, mit dem wir in dem kleinen Café am Fischmarkt begrüßt werden. Wir fühlen uns ehrlich willkommen. Hier ist vieles hausgemacht – zum Beispiel das Fruchtkompott, die Nusscreme oder der Sirup für den Signature Earl Grey Latte (4,70 Euro). Wir bestellen die Vegan Paradise Sauerteigstulle (9,90 Euro) und das „Good morning, my dear“-Haferporridge (9,50 Euro). Das Menü variiert nach Jah-

The Morgenmuffel: Der Name ist hier ganz sicher nicht Programm, denn hier geht für alle Gäste auch früh am Tag die Sonne auf

FOTO: MORGENMUFFEL

reszeit und diesmal ist die Stulle mit Kürbis, Süßkartoffel, Pilzen und selbst gemachtem Senfkaviar belegt. Das Porridge kommt in einem tiefen Teller mit einem Zwetschgen-Birnen-Kompott, Bio-Granola und der hauseigenen Haselnuss-Praliné. Alle Zutaten scheinen mit Bedacht ausgewählt. Man setzt auf Bio-Qualität und fairen Kaffeehandel. The Special Connection ist die richtige Anlaufstelle für alle Filterkaffee-Fans, die gern auch Neues probieren wollen. Denn hier kommt jeden Monat eine andere Bohnensorte zum Einsatz. Wer besonders experimentierfreudig ist, sollte auf jeden Fall den Black Forest Coffee (4,90 Euro) probieren. Filterkaffee trifft auf Heiße Schokolade und Kirsche. Das Resultat: Schwarzwälder Kirschtorte in einer Tasse. Zum Schluss setzen wir uns mit unseren Flat Whites (3,80 Euro + 0,30 Euro Hafermilch-Aufschlag) raus auf die Terrasse. Wir genießen den Blick auf den Hafen und ziehen unser Fazit. The Special Connection verspricht mit seinem Namen nicht zu viel. Hier geht es um die gegenseitige Wertschätzung und die ganz besondere Beziehung zu den Produkten. KD

Veganes Angebot: Kuchen, Hafermilch, Haferporridge, Pancakes, Stullen | **Perfekt für ...** einen Cappuccino auf der Terrasse mit Blick auf den Hafen | **Das Besondere:** Eigener Earl-Grey-Sirup, eigene Haselnuss-Praliné, lokale Milch vom Milchhof Reitbrook, Bio-Mehl für die Kuchen | **Ambiente:** Minimalistisch, stylish | **Kaffeesorten:** Nobile Espresso Bohnen von Elbgold, wechselnde Filterkaffeebohnen, Main Lane | **Kuchen/Waffeln:** Selbst gemachte Kuchen, hauseigener Käsekuchen

AMBIENTE ●●●●○ SERVICE ●●●●●
KÜCHE ●●●●○ PREIS-LEISTUNG ●●●●○

€ Fischmarkt 11 (Altona), Telefon 040 67997444, Mo-Di und Do-Fr 10–16, Sa-So 9–17 Uhr, EC-Karte, VISA, Mastercard; Königstraße S1, S3; the-special-connection.de

Von der Motte

Fast Slow Food

In der idyllischen Mottenburger Twiete ist das Café Von der Motte beheimatet und tischt allerlei Frühstücksklassiker auf. Wir haben einen Tisch reserviert, denn vor allem am Wochenende ist die Motte gut besucht. Dass wir einen Hund dabeihaben, ist zum Glück kein Problem. Der Gastraum ist nicht besonders groß, aber gemütlich mit tiefen Fenstern und Büchern an den Wänden. Durch die vielen Menschen ist es laut und wuselig und leider mangelt es an guter Lüftung – als wir wieder zu Hause sind, riechen unsere Klamotten stark nach Pancakes, Bacon und Küche. Doch das, was uns aus der Küche aufgetischt wird, schmeckt. Wir bestellen Rührei mit Champignons und Baguette (11,40 Euro) und Rührei mit Bacon und Schwarzbrot (10,90 Euro). Das Besondere: Die Eier kommen vom Motte Hühnerhof, ein Nachbarschaftsprojekt mit Hühnern und Bienen. Anschließend teilen wir uns noch eine Portion Pancakes mit exotischen Früchten, Mangopüree und Ahornsirup (8,90 Euro). Große Portion mit fluffigen Pancakes – schmeckt! AVL

Veganes Angebot: English Breakfast, Pancakes, Mittagsgerichte | **Perfekt für ...** Katerfrühstück und Familienbesuche | **Das Besondere:** Die Eier von den Motte-Hühnern | **Ambiente:** Gemütlich, am Wochenende voll | **Kaffee** Keine Information | **Kuchen/Waffeln** Große Auswahl an hausgebackenem Kuchen

AMBIENTE ●●●○○ SERVICE ●●●●○
KÜCHE ●●●●○ PREIS-LEISTUNG ●●●●○

Mottenburger Twiete 14 (Ottensen), Telefon 040 57240962, Di-So 10–18 Uhr, EC-Karte, Mastercard, Barzahlung; Altona alle S-Bahnlinien; vondermotte.de

TIPPS DER REDAKTION

Gut gebrüht!

Geht's um Kaffee, ist Hamburg voll im Geschäft. Hat schließlich Tradition in der Stadt mit den imposanten Speichern unten am Hafen. Wo es die besten Bohnen, die feinste Crema und noch dazu leckeres Gebäck gibt? Hier!

Röstmeister und „Kaffeebrewda" Erik Brockholz gibt sein Wissen über die Bohne gern weiter

Becking Kaffee

Ist schon ein bisschen her, dass Wilhelm Becking entschied, sich der Bohne und dem heißen Genuss zu widmen. Bereits seit 1928 werden in der Rösterei im Stadtteil Bahrenfeld feinste Bohnen geröstet, gemahlen und als aromatischer Kaffee behutsam verpackt. Bei Becking Kaffee wird Tradition immer noch großgeschrieben. Im schönen Kontorhaus in der Leverkusenstraße können Besucher den Röstmeistern sogar bei der Arbeit zuschauen. Neben den eigenen Kaffeespezialitäten gibt es im angrenzenden Café auch lecker belegte Brötchen, Kuchen und einen Mittagstisch mit wechselnden Tagesgerichten, Salat, Burger und auch mal Pizza.

Leverkusenstraße 31 (Bahrenfeld); Diebsteich S21; becking-kaffee.de

Carroux Café

Es muss nicht immer der ganz große Laden sein: In seinem kleinen Geschäft in Blankenese röstet Inhaber Ulrich Carroux seit 1998 sorgfältig ausgewählte Kaffeebohnen. Der Grundgedanke ist dabei Nachhaltigkeit. Carroux hatte sich schon lange vor der „Third Wave"-Bewegung feinsten und fairen Espresso gewünscht und entschieden, kurzerhand seine eigene Rösterei an den Start zu bringen. Seitdem gibt es bei ihm fair gehandelten, guten Kaffee ohne viel Schnickschnack – und stets nur in kleinen Mengen hergestellt. Über einen Onlineshop werden die Produkte aus dem Westen Hamburgs mittlerweile deutschlandweit an Restaurants, Cafés und Feinkosthändler geliefert, im Blankeneser Stammhaus kann er auch direkt vor Ort verkostet werden.

Elbchaussee 583 (Blankenese); Blankenese S1; carroux.de

Coffeum

Die geschmackliche Vielfalt, die Kaffee zu bieten hat, fasziniert Kaffeesommelier Ulrich Marsau seit langer Zeit. Er röstet in der Rösterei Coffeum mitten in der Hamburger Altstadt schon seit über 20 Jahren täglich frisch und hat mit etwa 40 verschiedenen Sorten ein beeindruckendes Sortiment am Start. Deshalb findet im Familienbetrieb in der Altstadt auch jeder den für sich richtigen Kaffee. Beratung wird ebenfalls großgeschrieben. Weil Ulrich Marsau sich Zeit für seine Kunden nimmt, um die richtige Bohne für den individuellen Geschmack zu finden. Zudem sind für ihn Qualität, Transparenz und Nachhaltigkeit beim Kaffeebohnen-Anbau sehr wichtig.

Steinstraße 19a (Altstadt); Steinstraße U1; die-roesterei.com

Deathpresso

Kaffee kann auch kultig. Natürlich vor allem in der Nähe des Kiezes. Denn hier folgt ja eh alles dem Motto: „Schlafen kannste, wenn du tot bist". Die hauseigene und gleichnamige Espressomarke „Deathpresso" kann ebenso wie weitere Kaffeesorten im Café in der Schanze probiert oder mit nach Hause genommen werden. Und es wird ein sozialer, nachhaltiger Ansatz verfolgt. Denn der „Alles wird gut"-Kaffee unterstützt das Projekt „Flores del Café", das Frauen in Nicaragua Landbesitz ermöglichen will. Neben viel Koffein warten am Grünen Jäger auch Kuchen, Zubehör und Merch mit dem kultigen Logo – einem dampfenden Totenschädel – auf Gäste.

Beim Grünen Jäger 24 (St. Pauli); Feldstraße U3; deathpresso.de

Kaffeebrewda

Wer Kaffee nicht nur gerne trinkt, sondern auch mehr über das braune Gold wissen möchte, ist bei Kaffeebrewda genau richtig. Die Kaffee-Experten aus der Speicherstadt geben ihr Wissen rund um die Kaffeebohne nur zu gern in Seminaren weiter. Immer sonntags lernen Kaffeefans in kleinen Gruppen mit maximal vier Teilnehmern, wie sie das Herz in den Milchschaum zaubern können – die Frühaufsteher sind dabei schon um 9.30 Uhr am Start, Langschläfer bevorzugen das Barista-Seminar um 14 Uhr. Bei dem erfahrenen Röstmeister Erik Brockholz und seinem Team gibt es außerdem das nötige Zubehör für die gewünschte Zubereitung des beliebten Heißgetränks.

Auf dem Sande 1 (HafenCity); Auf dem Sande Bus 6; kaffeebrewda.com

Kaffeerösterei Burg

In der Kaffeerösterei Burg in Eppendorf braucht guter Kaffee ordentlich Zeit: 30 Minuten für 30 Kilo. Geröstet wird dabei noch heute mit einem traditionellen Trommelröster aus den 1950er-Jahren. Beheimatet ist die Rösterei Burg am Eppendorfer Weg mit seinen vielen kleinen Läden. Dort findet man neben Kaffee schöne Dinge wie Tee- und Kaffeekannen, Marmeladen, Süßigkeiten, Kaffeedosen sowie vieles andere Neue und Nostalgische. In der Speicherstadt betreibt die Rösterei zudem noch ein hauseigenes Kaffeemuseum mit fast 9000 Ausstellungsstücken rund um das Thema Kaffee. Ein Augenschmaus.

Eppendorfer Weg 252 (Hoheluft-Ost); Eppendorfer Weg Bus 5; kaffeeroesterei-burg.de

Mount Hagen

Guter Kaffee ist auch eine Sache der Erfahrung. Schon vor mehr als 30 Jahren hat sich

FOTO: VIVIENNE BADE

das Hamburger Unternehmen Wertform auf die Herstellung von Bio-Kaffee spezialisiert und deckt mit seiner Marke Mount Hagen alle Kaffeevorlieben ab. Hier finden Fans der Bohne von Single-Origins über Kaffeekompositionen bis hin zu Espressi, Instants oder auch Getreidekaffees so ziemlich alles, was ihre Herzen und Gaumen begehren. Hinter allem verbirgt sich nicht nur perfekter Genuss, sondern auch das Versprechen, nur ökologisch angebaute Kaffees in den Ursprungsländern zu Fairtrade-Preisen zu beziehen.

mounthagen.de

Public Coffee Roasters

Die Public Coffee Roasters sind eine der Top-Adressen für Fans der Bohne. Bei ihnen dreht sich alles um hochwertigen Kaffee, der fair gehandelt und für jeden zugänglich sein soll – dafür steht das Wort „Public" im Namen. Geliefert wird dieser von verschiedenen Kleinimporteuren, die im direkten Kontakt mit Kleinfarmern in den Ursprungsländern wie Brasilien, Guatemala oder Äthiopien stehen. Anschließend werden die Bohnen auf dem Hausboot auf der Elbe schonend geröstet. In den dazugehörigen drei Hamburger Cafés gibt es sowohl süße als auch deftige Leckereien zum Kaffee. Der Cheesecake, die Avocad-Stullen und die knackigen Salate sind einen Besuch wert.

Wexstraße 28 (Neustadt); Sartoriusstraße Bus 4; publiccoffeeroasters.com

Speicherstadt Kaffeerösterei

Wer in der Speicherstadt unterwegs ist und Lust auf ein Heißgetränk hat, sollte die Kaffeerösterei ansteuern. Und darf sich auf ein aromatisch-duftendes Erlebnis freuen. Denn unmittelbar im Gastraum befinden sich die Röstanlagen, an denen man den Experten sogar bei ihrer Arbeit zusehen darf. Verarbeitet werden hier nur Bohnen mit herausragender Qualität. Und bei denen wird ganz genau auf die Herkunft geachtet. Der soziale Gedanke spielt in dem Betrieb eine große Rolle. So unterstützt die Rösterei verschiedene soziale Projekte, wie Orang Utan Coffee für bessere Lebensbedingungen der Kaffeebauern und regionale Projekte wie BG Baskets Hamburg oder leethub St. Pauli e. V.

Kehrwieder 5 (HafenCity); Am Sandtorkai Bus 2; speicherstadt-kaffee.de

The Roastery by Hanseatic Coffee Company

Auch im Stadtteil Bahrenfeld gibt es eine Anlaufstelle für Anhänger guten Kaffees. Seine hochwertigen und fair gehandelten Kaffeebohnen bezieht The Roastery der Hanseatic Coffee Company von kleinen Familienplantagen in Südamerika, Afrika und Indonesien. Daraus entsteht dann aromatischer Kaffee, der in allen Spielarten auf den Tisch kommt. Und dort gern mit saftiger Quiche, frischen Waffeln oder belegten Brötchen genossen werden darf. Wer lieber zu Hause genießen will, kann sich in Bahrenfeld mit hauseigenen Röstungen und jeder Menge Zubehör eindecken.

Wichmannstraße 4 (Bahrenfeld); Trabrennbahn Bahrenfeld Bus 3, Bus X3; hanseatic-coffee.com

So wurde **getestet**

Mehr als 750 Restaurants und Gastro-Tipps für Hamburg und das Umland wurden von mehr als 90 Testern geprüft. Hier erfahren Sie mehr über unsere Kriterien, die Testsieger-Auswahl und die Symbole, die Ihnen im Heft begegnen

WER?

Essen kann jeder – kritisch und unabhängig darüber schreiben nicht. Deshalb haben wir unsere Testern sorgfältig ausgewählt. Neben unseren Redakteurinnen und Redakteuren waren Journalisten und Gastrokenner aus unserem Netzwerk im Einsatz. Hinzu kommen 29 VIP-Tester, die jeweils als Pate und Patin einer Rubrik bis zu drei Restaurants getestet haben. Auch hier galt: Kein Besuch war angekündigt, die Tester blieben unerkannt, und gezahlt wurde selbst.

WIE?

Anonym, kritisch, unabhängig: Nach diesen Leitmotiven wurden die Restaurants über Monate von uns getestet. Basis der Bewertung waren Kriterien wie etwa Qualität und Anrichtung des Essens, Service, Atmosphäre und Preis-Leistungs-Verhältnis.

Lange Tests: Knapp 450 Restaurants wurden seit der letzten Ausgabe (Juli 2022) besucht und ausführlich getestet.

Kurzgebraten: Diese Lokale haben wir kurz und knapp unter die Lupe genommen.

WAS?

Alle Restaurants in und um Hamburg aufzuführen, ist schier unmöglich – und unnötig, finden wir. Bei der Auswahl haben wir auf einen bunten Mix aus Klassikern, Geheimtipps und Neueröffnungen geachtet – und darauf, Restaurants aus allen Teilen Hamburgs und dem Umland zu testen. Wir haben uns nämlich auch im Umkreis von Pinneberg, Bergedorf, Harburg und Lüneburg umgesehen – und erstmals auch in der Lübecker Bucht als Hamburgs heimlicher „Vorort".

TESTSIEGER UND HANSEPERLE

Jede Rubrik hat ihren Testsieger, der nach den unten stehenden Kriterien auf ganzer Linie überzeugt hat. Hier passt alles zusammen: Geschmack, Atmosphäre, Preis und Konzept. Zur Hanseperle gekürte Restaurants sind besonders herzlich, köstlich, gemütlich – oder eben: typisch Hamburg. Hanseperlen werden seit Jahren geliebt, sind besonders knackige Neulinge oder gelten als Geheimtipp unter Kennern.

€ Hauptgerichte für 5–15 Euro
€€ Hauptgerichte für 10–20 Euro
€€€ Hauptgerichte für 15–25 Euro
€€€€ Hauptgerichte ab 25 Euro

PREISSPANNE

Die Eurozeichen von eins bis vier verraten auf den ersten Blick, in welcher Preisklasse ein Restaurant spielt. Ob es auch seinen Preis wert ist? Das verraten wir im Text.

●●●●●

PUNKTEBEWERTUNG

Für einen schnellen Überblick haben wir den Restaurants Punkte von 1 bis 5 (eine glatte Eins) verliehen. Bewertet haben wir nach folgenden Kriterien: Ambiente – grauenhaft, so lala, komfortabel, überzeugend, spektakulär. Service – miserabel, durchwachsen, in Ordnung, kompetent, einwandfrei. Küche – kann nichts, geht so, solide, kreativ, hohe Kunst. Preis-Leistung – unangemessen, grenzwertig, akzeptabel, gut, sehr gut.

NEU!

NEUERÖFFNUNGEN

Jedes Jahr sprießen neue Restaurants in Hamburgs Gastrolandschaft. Neueröffnungen (ab August 2022) haben wir markiert.

PIKTOGRAMME

Ist das Restaurant barrierefrei, darf mein Hund mit und wo sind Kinder gern gesehene Gäste? Einfach den Piktogrammen folgen.

Grüner Stern
Diese Restaurants wurden vom Guide Michelin für ihre Nachhaltigkeit mit dem grünen Stern ausgezeichnet

Außensitzplätze
Wenn das Hamburger Wetter mitspielt, kann man hier lauschige Abende verbringen

Barrierefrei
In diesen Restaurants ist der Eingang ebenerdig

Freier WLAN-Zugang
Für Instagrammer und Arbeitswütige: Hier gibt es eine freie Leitung in die Online-Welt

Kinderhochstuhl
Diese Restaurants sind auf kleine Gäste eingestellt und haben Hochstühle parat

Hundefreundlich
Fiffi, Waldi und Rex müssen nicht draußen bleiben. Wer sich benimmt, ist hier gern gesehen

750 Restaurants

In und um Hamburg kocht die Welt. Es gibt nichts, was es nicht gibt. Geile Gewürze aus dem Orient, prima Pasta vom Stiefel, super Sushi aus Japan und immer wieder gern gutbürgerlich. Wir wollen alles, wir testen alles. Wollen wissen, wo die Besten am Herd stehen, wo der Service auf Zack ist und in welchen Läden gilt: lieber draußen bleiben. Und jetzt ran an die Gabeln. Hier kommen unsere Tester zu Wort. Guten Appetit!

DIE JURY

Christian Sroka
Head of Marketing
Heimathafen Hotels

Eliane Neubert
Köchin und
Foodstylistin, elliKOCHT

Anke Harnack
a.ha. solutions by Anke
Harnack; Moderatorin,
Coach, Trainerin

Stevan Paul
Foodjournalist und
Kochbuchautor

Gerd Rindchen
Wein- und Genussexperte

Koral Elci
Geschäftsführer
Kitchen Guerilla

Denise Wachter
Stern | Redakteurin für
Genuss & Kulinarik!

Jens Sroka
Geschäftsführer
Heimathafen Hotels

Stefanie von Carlsburg
Unternehmens-
kommunikation HASPA

FOTOS: JULIA SCHUMACHER, BERTOLD FABRICIUS, JULIAN KEYSER, DANIELA HAUG, SEREN DAL, ROMANUS FUHRMANN, ANDREA THODE

Hamburgs Gastropreis
Genuss-Michel 2023

Es gibt gute Köchinnen und Köche in unserer Stadt. Jede Menge. Wir wollen aber die Sahne, die Haube, die Creme. Wir suchen die Besten, die sich Hamburgs wichtigsten Gastropreis verdient haben. Und hier sind sie: die Preisträger des Genuss-Michel 2023. Gekürt werden der beste Newcomer sowie das Restaurant und – erstmals – die Bar des Jahres. Plus die Auszeichnung fürs Lebenswerk und unser Nachhaltigkeitspreis „Nachschlag". Achtung: Unsere hochkarätig besetzte Fachjury hat immer recht!

Restaurant des Jahres
Die Nominierten

AM KAI

Die Atmosphäre im Restaurant ist sehr elegant und einladend, perfekt für ein romantisches Abendessen. Was hier aufgetischt wird, ist nicht nur erstklassig, sondern auch modern und kreativ. Die Portionen sind großzügig, und die Präsentation der Gerichte ist wunderschön. Die Weinkarte bietet eine breite Auswahl an sehr guten Weinen, die perfekt zu jedem Gericht passen. Der Service ist äußerst aufmerksam und sehr freundlich. Wer ein besonderes Erlebnis sucht, ist hier definitiv richtig. Steht ab sofort auf meiner Liste für besondere Anlässe! **Seite 270** / DAYAN KODUA, VIP-TESTERIN

THE DINING ROOM

Wer schon im Buckingham Palace oder für Donald Trumps Mar a Lago gekocht hat, weiß, was die Reichen, Berühmten und Schönen gern essen. Nun sind wir weder reich noch berühmt – aber was Küchenchef Daniel Thompson im opulenten ovalen Speisesaal des The Dining Room im Fünf-Sterne-Hotel The Fraser Suites in der Altstadt auf die Teller zaubert, versetzt selbst uns in Erstaunen. In diesem Ritz-Ambiente würde es niemanden wundern, wenn plötzlich der „Große Gatsby" am Nebentisch kundig veredelte Hochpreis-Viktualien wie Kaviar Osietra Malossol, Tomahawk-Steaks oder Long Island Lobster verputzen würde. **Seite 338**

/ PETER UND SILVIE WAGNER, TESTER

+++ **Mehr zur Preisverleihung und allen Nominierten unter**

Der erdbeerfressende Drache: Thorsten Gillert (l.) und sein Team konnten die Jury ohne Ausnahme überzeugen

GENUSS MICHEL 2023
Hamburger Gastropreis
Genuss Guide · SZENE Hamburg
Restaurant des Jahres

FOTO: JULIA SCHUMACHER

Ich habe lange nicht so etwas Spannendes erlebt.

ANKE HARNACK

Thorsten Gillert auf dem Gipfel seiner Schaffenskraft: Die aktuelle Küche ist besser denn je. Es gibt zurzeit in Hamburg kein spannenderes Restaurant.

STEVAN PAUL

Eine brillante Küche mit höchstem Preis-Genuss-Verhältnis.

GERD RINDCHEN

Einer der besten und kreativsten Köche der Stadt.

JENS UND CHRISTIAN SROKA

Der Preisträger

DER ERDBEERFRESSENDE DRACHE

Der erdbeerfressende Drache? Geiler Name schon mal. Dass sich hinter dem das beste Restaurant Hamburgs im Jahr 2023 verbirgt, macht die Sache jetzt rund. Was Inhaber Thorsten Gillert mit seinem Team kulinarisch auf die Schiene bringt, lässt unsere Tester und Juroren jubilieren. Am neuen Standort an der Alster erwartet die Gäste ein sichelförmiger Gastraum, eine offene Küche und eine Lektion in Tapas-Kunst. Gekocht wird zeitgemäß regional und zumeist saisonal, vor allem aber handwerklich auf höchstem Niveau. Auf den ersten Blick überraschende Kombis funktionieren auf den herrlich gestalteten Tellern, da grüßen Pfifferlinge die Melone oder Kalb trifft Rote Bete. Gillert und seine engagierte Truppe haben so einen progressiven Gastro-Hotspot mit internationalem Anspruch und szenigem Ambiente geschaffen, der die Räume der ehemaligen Guten Botschaft rockt. Da gratulieren wir gern: Restaurant des Jahres. Glückwunsch zur Nummer eins in Hamburg. Verdient! **Seite 298**

/ AND

Bester Newcomer

Die Nominierten

DER PLAYER

Modernes und einzigartiges Konzept – nach dem Essen haben wir im ersten Stock noch geflippert und Tischtennis gespielt, das hat sehr viel Spaß gebracht! Das Essen: einfach fantastisch! Die irischen Austern habe ich noch nie besser gegessen – fein abgestimmt, süßlich, säuerlich und leicht scharf mit krossen Mini-Zwiebelringen. Ganz zu schweigen von der Krönung, dem Toothfish. Der Service: außergewöhnlich gut und mit richtig viel Spaß und Leidenschaft dabei! Eine verdiente Nominierung! **Seite 300**

/ STEFANIE VON CARLSBURG, JURORIN

THE BLESS

The Bless interpretiert die Geschichte Indochinas auf die hippe Art. Seinen Gästen verspricht es glückliche Stunden. Dafür lassen die in Berlin bereits erfolgreichen Betreiber Kronleuchter in güldenen Käfigen von der Decke baumeln und uns auf samtigblau bezogenen Sitzmöbeln Platz nehmen. Eine ausladende Bar macht Lust auf gut gemixte Drinks. Die gibt's hier reichlich, sogar auf die Speisen abgestimmte Rezepturen. Auf den Tellern: fulminante Gerichte und eine geniale Allianz der Geschmäcker. **Seite 192**

/ MATTHIAS ONKEN, TESTER

Der Preisträger

REICHLICH RESTAURANT

Wo früher das zuletzt in die Jahre gekommene Hopi beheimatet war, tischt seit Kurzem Patron Clemens Reich auf. Er hat den Gastraum an der Oberstraße in eine herrliche Wohlfühloase mit Tiroler Flair verwandelt. In seinem Restaurant namens Reichlich kommen alpine Köstlichkeiten auf die Teller. Klassiker wie Cordon bleu oder die Maishendlkeule werden modern und beschwingt mediterran interpretiert. Auch das handgebackene Schüttelbrot lässt unsere Tester in höchsten Tönen schwärmen. Sie feiern ein glückvolles, in sich stimmiges Genusserlebnis. Das Küchenteam ist jung, der Service ist auf Zack und Harvestehude erfreut sich an einem neuen Spot für spannende und zugleich in der Tradition verwurzelte Kulinarik. Was bei unserer Jury nicht viele Diskussionen zulässt. Hier wird auf Anhieb aber mal so richtig abgeliefert. Das Reichlich ist unser bester Newcomer 2023 in Hamburg. Chapeau! Und weiter so! **Seite 327** / AND

Haben mit viel Herzblut, einem wohl durchdachten Konzept und großartiger österreichischer Küche unsere Juroren überzeugt: Sophia und Clemens Reich

FOTO: JULIA SCHUMACHER

Bar-Ikone
Uwe Christiansen

FOTO: JULIA SCHUMACHER

GENUSS MICHEL 2023
Hamburger Gastropreis
Genuss GUIDE · SZENE HAMBURG
Bar des Jahres

Bar des Jahres Christiansen's

SHAKE IT, UWE!

Geht's um richtig geschüttelt oder gerührt, ist Uwe Christiansen am Start. Er betreibt das Christiansen's nicht weit vom Park Fiction. Der Laden gehört seit einem Vierteljahrhundert zu den Leuchttürmen unter Hamburgs Cocktailbars. Seine Barkeeper-Ausbildung absolvierte der Gastro-Profi in Kapstadt, anschließend war er in international renommierten Häusern und auf Kreuzfahrtschiffen als Barchef engagiert. Später lebte Uwe Christiansen lange direkt an der Reeperbahn. Heute mixt er nicht nur Klassiker und kreative Kompositionen auf St. Pauli, sondern hilft auch anderen Gastronomen bei ihren Start-ups, gibt Schulungen und sitzt in diversen Fachjurys im Bereich der Gastronomie. Zudem entwickelt er eigene Drinks. Zum Beispiel einen eigenen, von Udo Lindenberg inspirierten Eierlikör, den Kiez Korn und einen St.Pauli-Killer-Likör. **Seite 412** / AND

Ehrenpreis Lebenswerk

SUMAN KUMAR

Ende der 1970er kehrt ein junger Mann seiner Heimat den Rücken und verlässt die indische Provinz Punjab. Der Weg führt nach Hamburg. Nach St. Georg. Er arbeitet als Tellerwäscher, später als Küchenhilfe und wird schließlich Koch. Seinen Traum verliert er nie aus den Augen: ein eigenes Restaurant. Die Chance kommt 1992, als auf der Langen Reihe eine Location frei wird. Hier eröffnet Suman Kumar sein Casa di Roma. Nicht ahnend, dass er einmal eines der besten Fine-Dining-Häuser der Stadt führen wird. Der Start ist nicht leicht. Qualität und gute Weine sind Schlüssel zum Erfolg. Heute, mehr als 30 Jahre später, ist das Casa di Roma nicht wegzudenken aus Hamburgs Gastroszene. Nicht nur Promis wie Freddy Quinn, Ina Müller oder Manni Kaltz gehen in dem gediegenen und zugleich gemütlichen Restaurant ein und aus. Die mit Liebe, Hingabe und Finesse gekochten Leckereien begeistern auch Hamburger Top-Köche und eigentlich jeden, der es authentisch italienisch mag. Ganz zu schweigen von der Batterie an grandiosen Tropfen, die von jeher ein besonderes Steckenpferd von Suman Kumar sind. Warum ein Mann mit indischen Wurzeln italienisch kocht? „Ich war immer ein großer Fan der italienischen Küche, schon als ich noch in Indien gelebt habe", sagt Suman Kumar. Seine Motivation? Er koche eben gern und gehe gern essen. Punkt. In den mehr als 30 Jahren setzt Kumar als Küchenchef stets auf ein starkes Team. Einige seiner Mitarbeiter sind schon seit mehr als 20 Jahren an der Langen Reihe beschäftigt. Er habe Ideen, koche neue Gerichte vor. „Danach probieren wir das gemeinsam", sagt er. Das Produkt steht im Mittelpunkt. Ein Anspruch, der das Leben unseres Preisträgers ausfüllt. Jeden Tag um sieben Uhr hoch, um mit Fisch-, Gemüse- und Fleischhändlern zu sprechen und abzuklopfen, was möglich ist, so sieht der Alltag eines erfolgreichen Gastronomen aus. Für ihn habe schon immer festgestanden, dass der Kunde König sei, nur dann komme er immer wieder. Ein Credo, das Suman Kumar bis heute pflegt. Auch wenn Sohn Ricky so langsam die Zügel übernimmt, ist der Seniorchef noch immer präsent. Ein Gastronom mit Herz. Mit Liebe für seinen Beruf, der weit mehr ist als ein Job. Und einer, der eine Festung konstant herausragender Kulinarik gebaut hat. Sein Lebenswerk. **Seite 116** / AND

FOTO: JULIA SCHUMACHER

Nachhaltigkeitspreis „Nachschlag“

FOTO: LICHTBILDSTUDIO

NACHSCHLAG – DER HAMBURGER GASTROPREIS FÜR NACHHALTIGKEIT – Genuss GUIDE – SZENE HAMBURG – 2023

MR. NACHHALTIG

Thomas Sampl ist so etwas wie der Inbegriff von Nachhaltigkeit in der Hamburger Gastroszene. Der gebürtige Gütersloher erfüllte sich 2018 einen Traum, als er im Oberhafenquartier seine Hobenköök, eine Kombination aus Markthalle, Catering und Restaurant eröffnete. Bei ihm kommen fast ausschließlich regionale und saisonale Produkte in die Töpfe und Pfannen. Sampl kennt eigentlich jeden seiner Lieferanten persönlich. Wertschätzung lebt er nicht nur vor, wenn es um den Gast geht, er zeigt sie auch gegenüber dem Produkt. Der Koch legt großen Wert darauf, dass nichts weggeschmissen wird. Seine Haltung vermittelt er in Bildungsprojekten oder bei nachhaltigen Genussabenden. An seinem neuen Standort, der Hobenköök auf Gut Karlshöhe, findet das Konzept eine Fortsetzung. Auch das nachhaltige Netzwerk der Regionalwert AG wächst stetig. **Seite 322** / AND

UNSERE **Testsieger**

Klar gibt's in Hamburg jede Menge tolle Restaurants. Aber nur wenige schaffen es bei uns an die Spitze. Hier kommen die Sieger in unseren 20 Rubriken. Sie haben unsere Tester begeistert, glücklich und satt gemacht. Wir sagen: Herzlichen Glückwunsch. Das habt ihr euch verdient!

FOTOS: JULIA SCHUMACHER

THE GREEK | GRIECHENLAND

Göttlich köstlich: Das Team um Michalis Josing (o.) zeigt die wahre Kunst der griechischen Küche

Seite 172

MAQUIS | VEGGIE & VEGAN

Verwöhnen die Gäste mit fleischloser Bistro-Küche auf hohem Niveau: Inhaber Christian Piwitt und Küchenchef Johan Lindloff

Seite 256

DIM SUM HAUS | ASIEN

Diana und Dennis Kwong begeistern mit grandioser Pekingente und kantonesischen Teigtaschen

Seite 184

THEO'S | FLEISCH

Im Einsatz für Fleisch in Vollendung: Küchendirektor Peter Sikorra (2. v. r.) mit seinem Team
Seite 282

PETIT BONHEUR | FRANKREICH

Das große „Kleine Glück": Küchenchef David Rohlfing (l.) und Inhaber Ergün Uysal
Seite 142

PIRI PIRI | PORTUGAL

Die portugiesische Zukunft Hamburgs: Mohamed Dhia, Ana Rita Lucas Gomez, Patric Da Silva und Julia Haß (v. l.)
Seite 162

DER ERDBEERFRESSENDE DRACHE | SZENE-LÄDEN

Thorsten Gillert (links) hat seinem erdbeerfressenden Drachen samt gut gelauntem Team an der Alster eine neue Höhle geschaffen
Seite 298

GOA | INDIEN

Gurbir Singh (von links) begeistert mit moderner indischer Fusionsküche und einem herzlichen Familienbetrieb: Rajesh Singh, Dalbir Singh und Handeef Singh **Seite 226**

AM KAI | FISCH
Garanten für schöne Abende: Restaurantleiter Sebastian Stylianou (v. l.), Eventmanagerin Natascha Mataruga, Inhaber Enzo Caressa und Küchenchef Jacob Schmidt **Seite 270**

FIEN TU HUUS | OSTSEE
Tischen in Pelzerhaken genial regional auf: Sina und Mario Büsch **Seite 441**

THE DINING ROOM | GOURMET
Bei ihnen fühlen sich die Gäste wie der große Gatsby: Daniel Thompson, Alberto Costa, Tim-Christopher W. Harris, Nena Richards und Alaa Shammo **Seite 338**

CASA DI ROMA | ITALIEN
Vier Siege in Folge – das gab's in 36 Ausgaben noch nie! Suman Kumar weiß, wie er seine Gäste verwöhnen kann **Seite 116**

VLET KITCHEN & BAR | INTER-NATIONAL
Food & Beverage Director Marco Buße macht sich schon mal zum Anstoßen bereit **Seite 236**

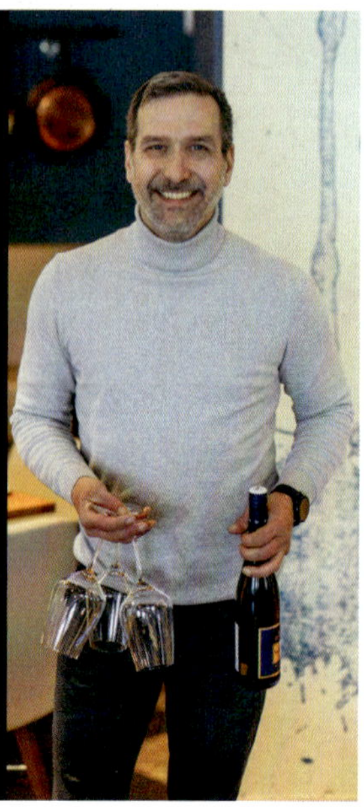

BRÜDIGAMS | HEIMATKÜCHE
Laura Gsellmann und Marco Krüger heben Service und Küche auf ein neues Niveau **Seite 316**

FOTO: BJÖRN SEIFERT (O.R.)

Mit S-Cashback Geld zurück bei 10.000 Partnern. Vor Ort und online!
Entdecke das leckerste Konto der Stadt!

SCHÖNES LEBEN AUF DEM LANDE | IM NORDEN
Laden zur gepflegten Landpartie: Fabian Sommer, Joaquim Pedrosa, Andreas Krämer und Felix Stacklies (von links) **Seite 366**

GUTSKÜCHE WULKSFELDE | IM OSTEN
Vom Hof auf den Teller: Fleisch ist bei Matthias Gförer nur die Beilage **Seite 374**

PORTOMARIN | SPANIEN
Mit feinster iberischer Küche haben es Patricia Pérez y Hilker und Jesús A. Díaz Sindín mal wieder aufs Siegertreppchen geschafft **Seite 152**

SALIBA | ORIENT
Magische Gastgeber: Alexander Mudjadidi (v. l.), Hanna Saliba und Wadie Saliba zelebrieren die orientalischen Küche
Seite 214

WYNDBERG | LÜNEBURG
Perfektionieren Ästhetik und Genuss: Junior Souschef Bengt Warnck, Inhaber Christopher Weckler und Barchef Marius Buss **Seite 398**

SCHARF | IM SÜDEN
Verpassen der deutschen Küche das Wow: Louisa de Carvalho Gärtner und Sven Oliver Scharf **Seite 384**

oohh!

GENUSS
REISE

7.–11. Februar 2024
HAMBURG MESSE

Kulinarisch die Welt bereisen mit der GenussReise

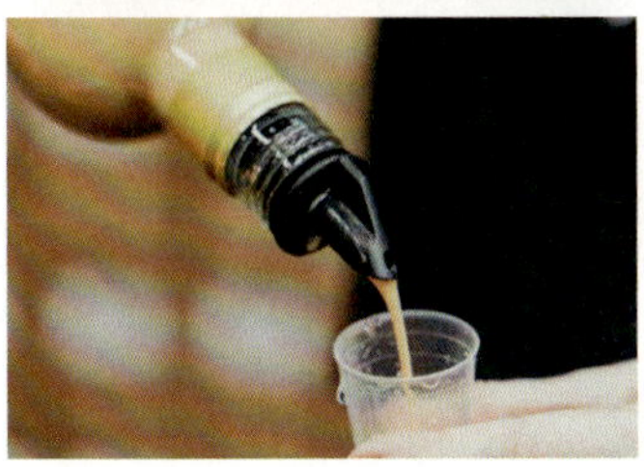

Essen ist eine wundervolle Möglichkeit, mit einem fremden Land in Kontakt zu kommen. Wer im Februar kulinarisch die Welt entdecken möchte, muss nicht direkt ins Flugzeug steigen: Auf der GenussReise, die im Rahmen der REISEN & CARAVANING Hamburg stattfindet, dreht sich zwischen dem 7. und 11. Februar 2024 alles um Köstlichkeiten aus der ganzen Welt.

Auf der GenussReise erleben die Besucherinnen und Besucher, wie gut Deutschland, aber auch ferne Länder schmecken. Natürlich gibt es auch Weine, Gin und weitere Spirituosen zum Verkosten und Kaufen. Zudem spielen die Themen gesunde Ernährung und bewusstes Genießen auf der Messe eine wichtige Rolle. Und weil auch der fitteste Messebesucher und die fitteste Messebesucherin mal eine Pause einlegen und sich stärken möchte, bieten Gastronominnen und Gastronomen sowie Foodtruck-Besitzerinnen und -Besitzer Essen für den großen und kleinen Hunger an. Das Angebot umfasst klassisches Streetfood, aber auch Leckereien für den süßen Zahn.

Von Hirschsalami bis hin zu kreativen Knödeln

Im Februar 2023 feierte die GenussReise Premiere, fand somit erstmals in Hamburg statt – und wurde super angenommen. Rund 102.000 Besucherinnen und Besucher kamen auf die REISEN & CARAVANING Hamburg und schlenderten durch die Hallen, in denen sich alles um Urlaub, Caravaning, Outdoor, Kulinarik und vieles mehr drehte. Christoph Schrader ist Gründer und Inhaber der Firma Knödelfein und verkaufte in seinem Foodtruck Knödel mit verschiedenen Füllungen. An seinem Stand ging ein Knödel nach dem nächsten über den Tresen. „Es war pickepackevoll", sagt Schrader. „Wir merken, die Menschen haben Lust auf neues Essen und wollen sich neue Inspirationen für die Küche holen. Und da waren wir mit unseren Knödeln vorne dabei." Am Stand Almburschen von Giorgios Masmanidis und seinen Kolleginnen und Kollegen wurde den Besucherinnen und Besuchern die Essenskultur aus Österreich nähergebracht: „Wir hatten richtig Spaß beim Verkaufen unserer Produkte. Die Kunden waren sehr zuvorkommend und nett. Wir werden auf jeden Fall wiederkommen – und vielleicht das nächste Mal mit einem größeren Stand."

Sonderkonditionen für Ausstellerinnen und Aussteller

Wer Lust hat, bei der nächsten GenussReise dabei zu sein, kann sich bereits für 2024 anmelden. Mit Verweis auf SZENE HAMBURG erhalten Interessierte ein spezielles Angebot. Weitere Informationen gibt es auf **www.genussreisehamburg.de**

Weißer Heilbutt auf zweierlei Risotto und – im Frühjahr – natürlich auch mit frischem Spargel: italienische Küche auf höchstem Niveau im Casa di Roma

Italien

Mamma Mia, haben wir Appetit. Auf Tagliatelle, Tartufo und tolle Pizza. Italienische Restaurants gibt's in Hamburg wie Sand am Elbstrand. Wir wissen, wo so richtig mit Liebe gekocht wird. Oh Pasta mio!

Al Volo

Viel Tempo, wenig Pfiff

Reservieren kann man in diesem trubeligen Lokal im Stadtteil Hoheluft nur als größere Gruppe. Trotzdem bekommen wir den letzten freien Tisch, allerdings nur mit Barhockern ohne Lehnen. Kaum haben wir die Speisekarte aufgeschlagen, werden wir auch schon nach unseren Getränkewünschen gefragt. Hier ist Tempo angesagt. Davon zeugen auch die ständig rein- und rauseilenden Fahrer diverser Auslieferungsdienste. Gemütlich ist etwas anderes. Wir beginnen mit typisch süditalienischen Vorspeisen. Leider sind die frittierten Teigtaschen Focaccine fritte mit Rosmarinsalz (4,90 Euro) nicht so fluffig, wie man sie aus Italien kennt, sondern hart und trocken. Auch die Arancini (5,90 Euro), sizilianische Reisbällchen, die normalerweise mit Fleischragout und Tomate gefüllt sind, können uns nicht so recht überzeugen. Außer Käse und Erbsen haben sie wenig zu bieten. Von den überall präsenten Großbildschirmen wird man aufgefordert, das Lokal positiv zu bewerten. Mal sehen, ob die Pizza dazu beitragen kann. Der Pizza del Paese mit viel zu trocken geratener Salsiccia und extrem milden Peperoni (14,50 Euro) fehlt leider ebenso der Pfiff wie der Pizza Ortolana (13,50 Euro), die mit extrem klein geschnittenem Gemüse belegt ist. Knoblauch, Kräuter, Oliven und Chili spielen im Al Volo leider keine große Rolle. Der toskanische Rotwein Morellino di Scansano (0,2 L 7,50 Euro) jedoch ist eine runde Sache. Ebenso wie der Espresso (2,00 Euro) zum Abschluss. HK

AMBIENTE ●●●○○ SERVICE ●●●○○
KÜCHE ●●●○○ PREIS-LEISTUNG ●●●○○

€€ Eppendorfer Weg 211 (Hoheluft-West), Telefon 040 43275924, Mo-So 12-23 Uhr, EC-Karte, VISA, Mastercard, Amex; Eppendorfer Weg (Ost) Bus 5, Bus X35; alvolo.de

Angelo

Gemischte Gefühle auf italienisch

Unweit des Wandsbeker Markts liegt das italienische Ristorante Angelo. Wir betreten einen großen, Terrakotta-gefliesten Raum, werden allerdings in einen kleineren Teil auf die andere Seite des Restaurants geführt. Hier blicken wir nun direkt auf einen Hausdurchgang. Die Aussicht könnte besser sein. Aber wir sind ja zum Essen hier und los geht's auch schon mit Vitello tonnato (10,50 Euro). Der Klassiker. Die Erwartungen sind zugegebenermaßen hoch und können auch nicht wirklich erfüllt werden. Die Soße schmeckt, aber das Fleisch wirkt wie aus der Großpackung. Kapern sind nicht zu sehen. Weiter geht es mit Calamari in Tomatensoße mit Rosmarinkartoffeln für 18 Euro. Diesmal fehlen die Kapern nicht und fügen sich gut in die würzige, aber auch etwas zu salzige Soße ein. Das Rinderfilet in Gorgonzolasoße (23,50 Euro) ist hingegen das Highlight des Abends. Das Steak ist auf den Punkt gebraten und wer sahnig-cremige Soßen liebt, kommt hier in den siebten Himmel. Dazu gibt es einen soliden Haus-Rosé zu einem fairen Preis. Wir sind satt, doch es muss noch ein Tiramisu (6,50 Euro) her. Das ist ohne Amaretto- oder Kaffeenote aber eher langweilig. Insgesamt erleben wir eine Achterbahnfahrt: Fisch okay, das Rinderfilet ausgezeichnet, Vor- und Nachspeise so lala. So lala ist auch die Atmosphäre, die durch das geräuschvolle Stühle hin- und herrücken des zwar sehr freundlichen und aufmerksamen, aber auch ein bisschen zu energischen Kellners, oft unruhig wirkt. Am Ende sind wir beim Verlassen leider nicht so entspannt, wie wir uns das vorher vorgestellt haben. ACM

AMBIENTE ●●○○○ SERVICE ●●●●○
KÜCHE ●●●○○ PREIS-LEISTUNG ●●●○○

€€€ Wandsbeker Marktstraße 170 (Wandsbek), Telefon 040 6529544, Mo-Sa 12-23 Uhr, EC-Karte, VISA, Mastercard; Wandsbek-Markt U1; ristoranteangelo.eatbu.com

Anleger 1870

Romantik-Bombe für die Seele

Der am ganzen Leib vor Aufregung zitternde junge Mann mit dem Rosenstrauß im Häuschen nebenan ist der beste Beweis dafür, dass es in Uhlenhorst von Herbst bis Frühjahr nichts Romantischeres geben kann als die voll verglasten Separees des Italo-Fine-Diners Anleger 1870. Wo im Sommer eine der schönsten Terrassen direkt am Alster-Wasser den Blick auf den Sonnenuntergang hinter der Schwanenwikbrücke gewährt, sorgen im Rest des Jahres acht beheizte Glaskuben für Intimität mit zwei bis acht Sitzplätzen. Kaum hat uns der flinke Service eine bezahlbare Flasche fruchtigen Pinot Grigio (31,50 Euro) samt Ciabatta und Orangenbutter gebracht, trifft endlich die Angebetete beim bangen Nachbarn ein – wenn da nicht mal um die Hand angehalten wird. Erst mal das zartrosa Vitello tonnato und meinen Antipasti-Teller (je 19,50 Euro) genießen. Letzterer ist üppig bestückt mit Tatar vom Lachs und von der Paprika, Caprese-Spieß, Aubergine, gratiniertem Ziegenkäse und Vitello. Alles superfein, bis auf einen unkaubaren Kürbis-Chip, und fast so raffiniert komponiert wie die nach einem Päuschen folgende Maispoulardenbrust mit Tomatenpesto-Füllung auf Ingwer-Möhren und Steinpilzrisotto (33,90 Euro), gegen die meine Penne mit zarten Rinderfiletspitzen und leider wenig Trüffelsoße (27,90 Euro) doch ein wenig abstinken. Angesichts des jungen Glücks nebenan, das gerade Arm in Arm Herz-Luftballons die steile Treppe zur Straße hochträgt, beschließen wir, demnächst noch ein drittes Mal zu heiraten. Am liebsten im Glashaus. PESI

AMBIENTE ●●●●● SERVICE ●●●●○
KÜCHE ●●●●○ PREIS-LEISTUNG ●●●●○

€€€€ Hartwicusstraße 7 (Uhlenhorst), Telefon 040 41346991, Mo-So 12-23.30 Uhr, EC-Karte, VISA, Mastercard; Mundsburger Brücke Bus 6, Bus 17; anleger1870.com

FOTO: JULIA SCHUMACHER

TESTSIEGER 2023/2024

Casa di Roma

Italienische Champions League

Ein italienisches Dessert-Gedicht: weiße Schoko-Panna cotta mit Rhabarber-Sorbet

Suman Kumar steht an einem der Tische. Der Seniorchef des Casa di Roma unterhält sich mit Gästen, während Sohn Ricky auf die Leiter krabbelt, um ein vermutlich leckeres Tröpfchen aus dem obersten Regal zu ziehen. Lange können wir das Schauspiel nicht beobachten, denn wir werden flugs zu unserem kunstvoll eingedeckten Tisch geleitet. Es beginnt eine Lektion in gepflegter Gastlichkeit in gehobenem, nicht abgehobenem Ambiente. Der nicht mehr ganz junge Kellner wird uns den ganzen Abend umsorgen, ohne aufdringlich zu wirken. Und manchmal in dieses herrliche, von uns geliebte Hamburger Du abgleiten. Wir mögen das. Und wählen von der riesigen herangetragenen Tafel ein Dreierlei an Vorspeisen (22,50 Euro). Die fein angerichtete Komposition von Krabbenfleisch und Avocado haut uns geschmacklich vom Hocker. Tolle Würze. Klasse Kombi. So noch nie gegessen. Daneben Burrata mit Datteltomaten – herrlich cremig. Grandios auch Vitello tonnato, ein italienischer Kalb-Klassiker, der oft verhunzt wird, aber hier traumhaft abgeschmeckt vor uns landet. Nach diesem gelungenen Auftaktakkord kann ich kaum meine hausgemachten Tagliatelle nebst fein gehobelter Trüffel erwarten. Und nein, die Pasta enttäuscht nicht. Zum Reinlegen lecker. Auf der anderen Seite des Tisches begeistern herrlich zarte und saftige Entenbrust, Pfefferzwetschgen und wunderbar würziges Kartoffelpüree (29,90 Euro). Immer wieder taucht unser Lieblingskellner auf, fragt flüsternd nach unseren Wünschen. Meine Begleitung möchte ihn am liebsten einpacken und mitnehmen. Derweil neigt sich die Flasche vom vernünftigen Montepulciano (39 Euro) dem Ende entgegen. Wir gönnen uns noch einen Tusch mit Mascarpone à la Champions League. Und sind für die Zukunft Teil der ohnehin schon großen Fan-Schar des Casa di Roma. Brillanter Abend. AND

AMBIENTE ●●●●● SERVICE ●●●●●
KÜCHE ●●●●● PREIS-LEISTUNG ●●●●●

€€€ Lange Reihe 76 (St. Georg), Telefon 040 2803043, Di-So 11.30–24 Uhr, EC-Karte, VISA, Mastercard, Amex; Gurlittstraße Bus 6, Bus 17, Bus 18; casadiroma.de

FOTOS: JULIA SCHUMACHER

Niemand hält den
Testsieg länger als er:
Inhaber Suman Kumar

Im Cantinetta sind nicht nur die Gerichte fantastisch

Boccone

Gastgeber aus Leidenschaft

Das Boccone am Blankeneser Klingenberg ist ein authentisches Restaurant, in dem mit Herzblut ambitionierte italienische Küche serviert wird. Am Abend unseres Besuchs ist ordentlich was los. Der Geräuschpegel ist hoch und die Stimmung bestens. Auf den roten Polsterbänken sitzend, genießen wir das sehr stimmige Ambiente, überschäumende Lebensfreude inklusive. Von der Tafel wählen wir Avocado mit Flusskrebsen (21 Euro) sowie einen exzellenten und reichhaltigen lauwarmen Meeresfrüchtesalat (22 Euro). Dazu trinken wir einen halben Liter Montepulciano (12 Euro). Süffig und gut. Hier lockt eine sehr gut sortierte Weinkarte. Unsere Bandnudeln mit Trüffel (25,50 Euro) sind fast preisverdächtig. Perfekte Konsistenz, nicht ölig, nicht sahnig, nicht zu aufdringlich – sämig und aromatisch, soweit wunderbar. Das Quäntchen Salz zu viel verhindert hier die Höchstnote, was aber auch ein einmaliger Ausrutscher sein kann – wir sind ansonsten begeistert. Auch vom Lammrücken (33 Euro) – butterzartes, perfekt gebratenes Fleisch, dazu eine kleine Variation aus herrlich bissfestem Gemüse und schmackhaftem Kartoffelgratin. Zum Dessert genießen wir köstliche Mascarponecreme mit einem großzügigen Aufgebot an Beeren (11 Euro), ein zartes Soufflé Chocolat (9 Euro) sowie das Dessert della Casa (12 Euro), einen leckeren Streifzug durch die umfangreiche Dessertkarte. Danach seufzen wir zufrieden und sind uns sicher, diesem sympathischen Original mit seinen so herzlichen Servicemitarbeitern bald wieder einen Besuch abzustatten. KN

AMBIENTE ●●●●○ SERVICE ●●●●○
KÜCHE ●●●●○ PREIS-LEISTUNG ●●●●○

€€€€ Am Klingenberg 34 (Blankenese), Telefon 040 87009707, Mo 18–24, Mi-Sa 18–24, So 12–15, 18–24 Uhr, EC-Karte, VISA, Mastercard; Blankeneese S1, S11; boccone-blankenese.de

Cantinetta

Ein Hauptgewinn

Was für eine Lage: HafenCity, Speicherstadt, Brooksfleet. Großartig! Also rein ins Cantinetta Ristorante & Bar. Bereits der Empfang des jungen Serviceteams ist sehr sympathisch, wir fühlen uns sofort willkommen. Der erste Blick ins Restaurant überzeugt uns. Edles Ambiente, bei dem Erdtöne dominieren und Designelemente Farbe ins Spiel bringen. Dazu Pendelleuchten an den hohen Decken, die an Sonnenschirme erinnern. Was zählt, ist aber ja bekanntlich auf dem Teller. Wir starten mit einem alkoholfreien Prisecco (0,1 l 7 Euro). Herrlich frisch und fruchtig. Dazu werden zwei verschiedene Brotsorten, Olivenöl und eine Trüffelpaste gereicht. Köstlich. Das Focaccia ist so leicht und luftig, dass wir gar nicht aufhören wollen zu essen. Dass die Jakobsmuscheln auf der Karte an diesem Abend bereits aus sind, überbringt uns der superfreundliche Service so sympathisch, dass wir ihm nichts übelnehmen können. Seine Ersatz-Empfehlung, die Entenbrust mit marinierten Kirschen und Kürbiscreme (18,50 Euro), überzeugt uns ebenso wie der geflämmte Lachs auf geschmorten sizilianischen roten Zwiebeln (18,50 Euro). Als Hauptgericht wählen wir das sautierte Lammfilet und geschmorte Lammhaxe mit gebackenen Kartoffeln, Artischocken und Primitivo Jus (36,50 Euro). Das Fleisch ist so, wie es sein soll: rosé gebraten und superzart. Die Kartoffeln besonders und anders, als man sie kennt. Die Jus köstlich. Die Weinempfehlung, ein offener Roséwein von Markus Pfaffmann aus der Pfalz, rundet den Geschmack ideal ab. Ein Volltreffer. Auch die al dente zubereitete Pasta mit Maronen und Pecorino (22,50 Euro) ist geschmacklich fantastisch. Wir scheinen hier heute Abend den Hauptgewinn gezogen zu haben. Dessen sind wir uns sicher, als wir als Dessert mit dem Amalfi Cheesecake eine frisch-fruchtige Komposition aus Amalfi-Zitrone, Frischkäse, Lemon Curd und Schokolade (12,50 Euro) bekommen. MS

AMBIENTE ●●●●○ SERVICE ●●●●●
KÜCHE ●●●●● PREIS-LEISTUNG ●●●●○

€€€€ Pickhuben 3 (HafenCity), Telefon 040 638589900, Öffnungszeiten online prüfen, EC-Karte, VISA, Mastercard, Amex; Bei St. Annen, Bus 6; ristorante-cantinetta.de

Come Prima

Sicherer Hafen

Der Name ist hier Programm: Das Come Prima (deutsch: wie früher) im Eppendorfer Weg ist ein klassisches italienisches Restaurant, wie es sie vor einigen Jahren noch viel häufiger gegeben hat. Weiße Tischdecken, eine Dekoration mit Weinflaschen, Terrakottagefäße und Obststillleben, dazu Musik von italienischen Liedermachern, sorgen für gediegene Atmosphäre und Lust auf Dolce Vita. Mit hauchdünn geschnittenem Carpaccio (15,50 Euro) und Lachstatar (15,50 Euro) ist man in so einem Lokal immer auf der richtigen Seite. Unserem Lachstatar mit Avocado hätte allerdings etwas mehr Zitrone gut getan. Wir teilen uns eine Portion hausgemachte Ravioli in Butter und Salbei (14,50 Euro) und bereuen es nicht. Der frische, dünne Nudelteig harmoniert bestens mit der rustikal abgeschmeckten Salbeibutter und der Ricotta-Spinat-Füllung. Die Calamaretti alla Livornese (26,50 Euro), also in Tomaten-Kapern-Soße, sind zwar gut, aber angesichts des stolzen Preises ist die Portion doch recht knapp bemessen. Die rosa gebratenen Lammkoteletts vom Grill mit Bohnen, Möhren und Ofenkartoffeln (28,50 Euro) hingegen lassen nichts zu wünschen übrig. Dazu passt ein Rubesco (0,75 l 26,50 Euro), ein vollmundiger Rotwein aus Umbrien. Ein typisch sardisches Dessert mit Frischkäse und Honig im Teigmantel (7,50 Euro) rundet den Abend ab. In Zeiten, wo ein klassischer Italiener nach dem anderen durch Kettenrestaurants mit dubiosem „Comfort Food" ersetzt wird, kann man froh sein, dass es Orte wie das Come Prima noch gibt. NB

AMBIENTE ●●●●○ SERVICE ●●●●○
KÜCHE ●●●●○ PREIS-LEISTUNG ●●●●●

€€€€ Eppendorfer Weg 210 (Hoheluft-Ost), Telefon 040 4202599, Mo-Sa 17.30–22.30 Uhr, EC-Karte; Eppendorfer Weg (Ost) Bus 5, Bus X35; come-prima.de

VIP-TESTER
Hubert Neubacher

Cucina d'Elisa

Gediegener Italiener mit gutem Niveau

Es ist 18 Uhr. Das Restaurant ist noch relativ leer. Die Tische sind schlicht, aber schön eingedeckt, die Kerzen an. Nach der freundlichen Begrüßung dürfen wir uns einen Tisch aussuchen. Aperol Sprizz und Campari stehen zügig vor uns, während wir die Vorspeisen aussuchen. Die Calamaretti vom Grill mit Blattsalat (17,90 Uhr) sind sehr lecker, gut gegrillt. Und eine gute Portion. Auch

FOTO: CANTINETTA

Burrata al Forno im Parmaschinken-Mantel (15,90 Euro), heiß und frisch aus dem Ofen serviert, kann überzeugen. Vor uns steht mittlerweile ein Primitivo (8,90 Euro), zu dem als Hauptgang Saltimbocca alla romana (26,90 Euro) kommt. Auf den Punkt, lecker, mit grünen Bohnen und Röstkartoffeln. Auch die Pasta mit Kalbsragout und Crème fraîche (18,50 Euro) hält dieses hohe Niveau. Der Service schwächelt ein wenig, trotz leerer Gläser gibt's keine Nachfrage. Auch beim Abräumen werden wir nicht nach weiteren Getränkewünschen gefragt. Die Bitte um eine Weinkarte läuft ins Leere. Wir wenden uns dem Dessert zu. Tartufo nero mit hausgemachter Karamellsoße (6,90 Euro) bietet tolles Eis, Karamellsoße ist jedoch nicht auf dem Teller zu finden. Gibt aber eine Entschuldigung. Das Tiramisu auf dem anderen Teller ist sehr gut. Fazit: Das Essen hier ist wunderbar, der Service an diesem Tag grad mal bemüht. Wir würden uns etwas mehr Aufmerksamkeit wünschen, wenn wir wiederkommen.

AMBIENTE ●●●●○ SERVICE ●●●○○
KÜCHE ●●●●● PREIS-LEISTUNG ●●●●○

€€€€ Rothenbaumchaussee 101 (Rotherbaum), Telefon 040 451072, Mo-So 11.30–15, 17.30–23 Uhr, EC-Karte, VISA, Mastercard, Amex; Hallerstraße U1; cucinadelisa.de

Cuneo

Klassiker auf St. Pauli

Der Eingang mit dem weißen Neon-Schriftzug, das rasselnde analoge Telefon, die rotbraunen Wände – das Cuneo mitten auf der Davidstraße auf Sankt Pauli ist pure Tradition. Doch die allein macht noch kein Lokal zu einem guten Restaurant. Mal schauen, ob heute alles stimmt. Wir sitzen gemütlich und dicht gedrängt, die Atmosphäre ist lebhaft, der Service flink und freundlich, die Karte übersichtlich. Sie besteht fast nur aus Klassikern und die sind wunderbar schlicht. Ein paar Antipasti, ein paar Pasta-Gerichte, Fleisch, Dessert – fertig. Das Rote Bete Carpaccio würzen wir zwar besser noch leicht nach, aber das Vitello tonnato ist so rund abgeschmeckt und das Fleisch etwas dicker als gewohnt geschnitten, dass bei uns keine Wünsche offen bleiben. Aus der Pastakarte wählen wir die Pappardelle verde alla Cicillo (18 Euro), hausgemachte grüne Pappardelle mit Pilzen und Salsiccia. Würzig, süffig, wohltuend. Genauso die Ravioli mit Spinatfüllung im Tomatensugo (17,50 Euro). Statt Fleisch- oder Fischgang entscheiden wir uns noch für eine Kindheitserinnerung: Tortellini alla panna (16,50 Euro) mit Fleischfüllung in Rahmsoße mit Speck. Das Gericht ist so reichhaltig, dass es eine Wonne ist. Ein Traum aus Kohlenhydraten, dem Fett der eingekochten Sahne und dem kräftigen Speck. Tiramisu (8 Euro) haben wir zwar schon ausdruckskräftiger gegessen, aber gehen trotzdem sehr glücklich heim. Endlich mal wieder ein im besten Sinne einfaches und schlichtes Essen. Mit Liebe zubereitet. BC

AMBIENTE ●●●●○ SERVICE ●●●●●
KÜCHE ●●●●○ PREIS-LEISTUNG ●●●●○

€€€ Davidstraße 11 (St. Pauli), Telefon 040 312580, Mo-Di 17–24, Do-Sa 17–24 Uhr, EC-Karte, VISA, Mastercard; Reeperbahn S1, S2, S3, S21, S31; cuneo1905.de

DaCaio

Echtes Italien ohne Flugscham

Gerade in Zeiten von Flugscham und CO_2-Vermeidung gewinnen die Hotspots an Bedeutung, an denen die Cuisine fremder Länder derart perfekt gekocht wird, dass man sich die Reise sparen kann. Wer zum Beispiel in dem urban-kosmopolitischen Schick des Nobel-Italieners DaCaio, Hauptrestaurant im Hotel The George in St. Georg, gegessen hat, braucht nicht mehr nach Verona, Ascona, Rom oder Neapel zu reisen. Die wieselflinke, hoch aufmerksame Kellnerschaft erobert in Sekundenschnelle jedes Gästeherz mit seinem

Dal Fabbro bringt italienisches Flair nach Hoheluft

witzigen, aber nie ins vorstadtitalienerhafte abrutschenden Charme. Die Speisekarte zieht den Löffel einmal quer durch Italiens Fine Dining, wo man ja längst überall auch Tataki-Thunfisch mit Wok-Gemüse (37 Euro) speisen kann. Nicht nur als Tester freuen wir uns denn auch über die gemischten Vorspeise- und Dessert-Teller (24/12 Euro) zum Teilen, hat man damit doch bereits sieben typische Italo-Klassiker probiert. Wenn uns jemals ein Außerirdischer fragt, wie Carpaccio, Vitello tonnato, Calamaretti, Prosciutto, Burrata, Tiramisu und Panna cotta schmecken, schicken wir ihn ins DaCaio, wo er bei den vier Nachtisch-Miniaturen auch die Blaupausen von Mousse au Chocolat und Crème brûlée kosten darf. Bis auf das süße Ende begleitet uns ein vollfruchtiger apulischer Greco di Tufo (42 Euro) passend durch die komplette italienische Speisenfolge von Antipasti bis Secondo piatto. Als Primo teilen wir uns eine der besten Trüffel-Tagliatelle aus dem Parmesanlaib (24 Euro; 30 als Doppelportion), die wir je in Hamburg gegessen haben. Das trifft auch auf mein perfekt gegrilltes Kalbskotelett mit knackigem Salat in Senfvinaigrette (36 Euro) zu – noch mehr aber auf das dralle Kabeljaufilet (32 Euro), das mit Safranchip, Nuss-Beurre, Spinat, Risotto aus Topinamburwürfelchen und reichlich sauteuren Original Piemonteser Haselnüssen fast schon auf Sterneniveau gekocht ist. Zu Grappa und Espresso locken im Sommer die Außenplätze an der Langen Reihe und vor allem die famose Alsterblick-Terrasse „Campari Lounge". Applauso, was für ein Ristorante! PESI

AMBIENTE ●●●●● SERVICE ●●●●●
KÜCHE ●●●●● PREIS-LEISTUNG ●●●●○

€€€€ Barcastraße 3 (Hohenfelde), Telefon 040 2800300, Mo-So 12–1 Uhr, EC-Karte, VISA, Mastercard, Amex; AK St. Georg Bus 6, Bus 17; thegeorge-hotel.de

Da Enzo

Italienische Kochkunst in Nienstedten

In Nienstedtens Herz speist man bereits seit vielen Jahren hervorragend italienisch. Das ehemalige Il Sole heißt nun nach seinem neuen Betreiber Da Enzo. Man sitzt gemütlich im hübschen, freundlichen Raum. Der Service ist sehr freundlich und charmant, zaubert neben dem weißen Martini (11 Euro) auch einen alkoholfreien Apéritif (5,50 Euro) auf den Tisch. Leider stehen diese Gläser auch noch zum Dessert auf dem Tisch und es bleibt für uns unklar, ob wir das Peroni (0,3 l 4 Euro) aus der Flasche oder dem Wasserglas trinken sollen. Die sehr gut portionierten Antipasti Misto (21,50 Euro) bescheren einen exzellenten Auftakt, ebenso wie die Avocado mit Flusskrebsen (16,50 Euro) und werden in Windeseile serviert. In wahre Verzückung gerät unsere Tochter bei den Tagliatelle al Tartufo (29,50 Euro). Im Parmesankörbchen und in cremiger Soße serviert, spielen die geschmackvollen Trüffel eine Hauptrolle, ohne aufdringlich zu sein. Das Doradenfilet mit Zucchini (26,50 Euro) ist exzellent gewürzt und gebraten. Leider nur sind die Beilagen, Karotten und Kartoffeln, hier ebenso kalt wie bei meinem wunderbaren Saltimbocca al romana (24,50 Euro). Dazu gibt es ein Glas vollmundigen Schneiders Grauburgunder (0,2 l 8,50 Euro). Die übersichtliche Weinkarte offeriert Flaschenweine auch unter 40 Euro. Die Desserts gefallen allesamt: die Mascarponecreme mit Himbeeren und Blaubeeren (9,50 Euro) hat genau die richtige Konsistenz, das Tiramisu (8,50 Euro) genau die richtige Feuchte. Dem Schokosoufflée (9 Euro) hätte eine Minute Garzeit weniger zum flüssigen Kern verholfen, geschmacklich gibt es trotzdem volle Punktzahl. Fazit: Die Küche versteht ihr Handwerk. Der Service ist einnehmend nett, hier wünsche ich mir nur in der Praxis noch ein paar Feinjustierungen. KN

AMBIENTE ●●●●○ SERVICE ●●●○○
KÜCHE ●●●●○ PREIS-LEISTUNG ●●●○○

€€€€ Nienstedtener Straße 24 (Nienstedten), Telefon 040 82310336, Mo-Fr 12–15, 18–22, Sa 17–22 Uhr, EC-Karte, VISA, Mastercard; Hochkamp S1; enzo-restaurant.de

VIP-TESTER
Hubert Neubacher

Dal Fabbro

Herrlich italienisches Flair

Wir werden direkt beim Betreten des Lokals mit einem fröhlichen Buona sera begrüßt. Der Gastraum ist mit Hochtischen und normalen Tischen ausgestattet. Wir dürfen uns einen Platz aussuchen, lassen uns erst mal zwei Negroni schmecken. Leckere, gute Mischung. Die Speisenkarte gibt es digital via QR-Code und auf Papier. Als Rotwein wird uns ein Montefalco Rosso (0,15 l 8,80 Euro) empfohlen, der uns prima mundet. Also ran an die Vorspeisen. Als da wären leckere Austernpilze vom Grill auf grünem Spargel (16,50 Euro) und die Antipasti dello chef (22,50 Euro). Es kommt ein großer Teller mit super Auswahl. Nach leckerem Vitello, gegrilltem Gemüse, Oliven und Carpaccio sind wir schon gut satt. Das ist fast schon ein Hauptgericht. Aber es kommen ja noch die Rote-Bete-Gnocchi mit Gorgonzola und Walnüssen (16,50 Euro) – die gefüllten Gnocchi sind auf den Punkt und zusammen mit der cremigen Soße ein Gedicht. Auf der anderen Seite Kalbsrücken mit Trüffelsoße, grünem Spargel und getrüffelten Kartoffeln (40,50 Euro). Das Fleisch ist auf den Punkt. Sehr gut. Alle Speisen sind ansehnlich angerichtet. Und werden zügig serviert. Auch der zweite empfohlene Rotwein, ein Montepulciano (0,15 l 8,30), ein kräftiger Tropfen, überzeugt. Als Dessert genießen wir hausgemachtes Zimtparfait mit Rotweinpflaumen (9,50 Euro) und Schoko-Cake mit Mango Sorbet (10,50 Euro). Alles hübsch angerichtet und fein. Fazit: Ein richtig gelungener Besuch bei einem Italiener, toller Service, Preis-Leistung stimmt. Gern wieder!

AMBIENTE ●●●●○ SERVICE ●●●●○
KÜCHE ●●●●● PREIS-LEISTUNG ●●●●●

€€€ Eppendorfer Weg 176 (Hoheluft-West), Telefon 040 87098849, Mo-Sa 18–22 Uhr, EC-Karte, VISA, Mastercard, Paypal; Hoheluftbrücke U3; dalfabbrowinebar.de

Da Michele

Vielleicht die beste Pizza der Stadt

Hamburg hat viele Adressen für gute neapolitanische Pizza. Die L'Antica Pizzeria da Michele in Ottensen bringt es aber noch mal auf ein ganz neues Level. Laut Falstaff-Voting vom 25. Oktober 2022 gehört das Da Michele deutschlandweit zu den beliebtesten Pizzerien. Das wollen wir selbst erleben. Wir sitzen in der Mitte des Raumes an einem kleinen, runden Marmortisch. Um uns

FOTO: MARC SILL

herum sind Pärchen, kleine Freundesgruppen und Familien. Hier ist es belebt. Trotz der Musik und der angeregten Gespräche an den anderen Tischen können wir uns aber noch immer unterhalten. Der Service ist fix und bringt schnell die Karte. Neben den beliebten Pizzen gibt es auch die klassischen Pasta-Gerichte. Wir tun uns bei der verlockenden Auswahl mit der Bestellung schwer und entscheiden uns nach langem Überlegen für das Carpaccio di Bresaola (9,90 Euro), die Pizza Margherita (10 Euro) mit Burrata (4 Euro) und die Linguine Aglio e Olio (9 Euro) mit Scampi (5,50 Euro). Wir müssen nicht lang warten: Schon kurz darauf landen die riesigen Portionen auf unserem kleinen Tisch. Die Pizza passt nicht mal auf den großen Teller, auf dem sie serviert wird, und ragt über ihn hinaus. Der Rand ist außen knusprig und innen weich – so wie es sich gehört. Auch überzeugt uns die Pasta, die im Scampi-Sud gekocht wurde. Ein feiner Abschluss ist da an diesem Abend das Tiramisu. Wir teilen uns das herrlich cremige Dessert nach den ordentlichen Portionen und genießen den deutlichen Geschmack vom Amaretto. Im L'Antica Pizzeria da Michele wird an nichts gespart. Hier gibt es die perfektionierten italienischen Klassiker. Vor allem ist sie die richtige Adresse für den großen Hunger. Und ja, es ist zumindest die wohl beste Pizza der Stadt, die hier serviert wird. KD

AMBIENTE ●●●●○ SERVICE ●●●●○
KÜCHE ●●●●● PREIS-LEISTUNG ●●●●●

€€ Bahrenfelder Str. 179-181 (Ottensen), Telefon 040 64661906, Mo-Mi 11.30–14.30 und 17–23, Do-Fr 11.30–14.30 und 17–2, Sa 12–2, So 12–23 Uhr, EC-Karte, VISA, Mastercard, Paypal; Hohenesch Bus 2, Bus 16; damichele-hamburg.de

Edmondo

Big Italy im Schalterraum

Braucht Hamburg mit seinen unzähligen „Edel-Italienern" noch so eine Mega-Trattoria wie das Edmondo in den Neustadt-Schalterräumen der ehemaligen „Die Bank"? Unbedingt, meinen wir begeistert nach dem Besuch der nach Berlin und München dritten deutschen Filiale der Big Mamma Group. Deren Design-Team Studio Kiki hat den lichten, einst dunklen Saal der Bank in einen genial ausgeleuchteten und farbenfrohen Hotspot verwandelt, dessen Gästeschar so international durchmischt ist wie die Mamma-Filialliste (Paris, London, Monaco, Madrid). Selbst das Personal spricht lieber Italienisch oder Englisch. Man versüßt uns die kurze Wartezeit auf den Tisch (Online-Reservierung ist Pflicht) mit einem trockenen Prosecco aufs Haus an dem von innen leuchtenden Marmortresen unter der Riesen-Silberkugel der Bar. Da kann man auch mal schnell einen Schoppen trinken und sich eine krosse Neapel-Pizza teilen. Big Mammas Gastro-Imperium pflegt enge Kontakte zu Hunderten Slowfood-Kleinerzeugern in Italien und wirbt mit deren Produktqualität, dem autochthonen Köcheteam unter Chef Edoardo Bernini und einer Speisekarte mit vielen Überraschungen. Wie zum Beispiel die fluffig-krosse Focaccia zu spanisch inspirierten Vitello-tonnato-Kroketten und dem Vorspeisenteller mit grandiosen Bufala-Bällchen und der besten Mortadella unseres Lebens (5/14/13 Euro). Zum frischen Schulthauser Pinot Blanco (42 Euro; spannende Weinkarte) teilen wir uns in Ermangelung einer Fisch-Option bei den wenigen Hauptgerichten (19–35 Euro) zwei Primi Piatti: Die mit Rind und Kalb fein gefüllten kleinen Teigtaschen des Pling Ring schwimmen in einer

Das neu eröffnete Edmondo serviert Trüffelpizza und Pasta im ehemaligen Die Bank

VIP TESTER

Hubert Neubacher
Inhaber Barkassen-Meyer
Getestet: Cucina D'elisa, Dal Fabbro Ristorante & Enoteca

Als VIP-Tester ... habe ich die schöne Gelegenheit, neue, mir bis dato unbekannte Restaurants in Hamburg kennenlernen zu dürfen – jedes Mal wieder eine große Freude.

Mein Lieblingsrestaurant ist ... das Il Buco in St. Georg – Erika hat in ihrem langjährigen Angestellten Mariusz Swiatlak und seinen Partnern würdige Nachfolger für ihr gemütliches Restaurant gefunden.

Mein Feierabendbier trinke ich am liebsten ... auf dem Weg nach Hause in der Alsterperle oder im Cafe Spund.

Wenn der Mittagshunger kommt, dann ... gibt es gerne mal ein Fischbrötchen hier auf den Landungsbrücken, am liebsten Matjes.

Ein Gastro-Geheimtipp in Hamburg ist auf jeden Fall ... für mich immer noch das Gennos in Hamburg-Hamm, quasi direkt bei mir zu Hause um die Ecke.

Typisch Hamburg ist, ... sich ab und an ein paar Austern oder frischen Fisch mit einem Glas Weißwein im Fischereihafen Restaurant zu gönnen.

Für einen Ausflug aufs Land geht es ... auf das Gut Karlshöhe in das neue Restaurant der Hobenköök von Thomas Sampl.

Nachts noch Hunger? Dann geht's ins ... Lucullus auf der Reeperbahn auf eine Curry-Wurst oder notfalls zur Tankstelle an der Ecke.

Zum Frühstück gehe ich am liebsten ins ... Watergate – meine „Nachbarn" an der Landungsbrücke 8 – möglichst auf dem Oberdeck. Die bieten eine gute und leckere Auswahl. Ich mache aber auch gern vor der Arbeit einen kurzen Zwischenstopp beim ALEX auf der Jan-Fedder-Promenade.

FOTOS: STEPHAN BESTMANN (O.), JOANN PAI (U.)

Auch wenn die großen Pizzen im Farina meets Mehl satt machen: Das Bruschetta vorweg lohnt!

Weltklasse Schmorbratensoße, während das bei den Mafaldine mit Trüffel-Mascarpone auf der Karte unerwähnte künstliche Trüffelaroma unsere gestählten Testermägen spürbar bis in den nächsten Morgen beschäftigt (20/23 Euro). Vielleicht war's aber auch der Preisschock über 0,2 l Macarini Barolo (24 Euro). Oder die kalorienbejahenden Dolci: aromenschwache, aber üppige Pistazieneis-Profiterole und eins der besten Tiramisus der Stadt (12/8,50 Euro). Wer will da noch nach NYC-Litte Italy, wenn er die große Stiefel-Oper vor der Haustüre hat? PESI

AMBIENTE ●●●●● SERVICE ●●●●○
KÜCHE ●●●●○ PREIS-LEISTUNG ●●●●○

NEU! Hohe Bleichen 17 (Neustadt), Mo-Do 12–14 und 17.30–21.30, Fr-Sa 11.45–14.30 und 17.30–22, So 11.45–14.30 und 17.30–21.30 Uhr, EC-Karte, VISA, Mastercard, Amex; Jungfernstieg alle Bahnlinien; bigsquadra.com

Da Franco

Freundliches Mittelmaß

Shoppen! Das ist unsere erste Assoziation beim Betreten des Wandsbek Quarree. Im Stadtteil-Einkaufszentrum reiht sich Geschäft an Geschäft. Hier hat auch das Ristori da Franco seinen Platz gefunden. Wir finden unseren nahe des offenen Eingangs – und könnten gleich wieder einkaufen. Das Restaurant bietet im eigenen Shop „Italienische Kulinarik für Zuhause" an. Da kommt Appetit auf! Aus der einladenden, offen einsehbaren Küche bekommen wir danach allerdings soliden Durchschnitt für den kleinen Geldbeutel geboten. Bei den Vorspeisen (Tomatensuppe/6,50 Euro und Gebackene Auberginen/11,90 Euro) und Desserts (Tiramisu und Tartufo Eis für jeweils 6,90 Euro) sticht nur die komplett pürierte Suppe mit Sahne und angenehm scharfem Nachgeschmack etwas heraus. Dafür baden die tomatigen Auberginen in zu viel Öl und die Nachtische schmecken wie vorgefertigt aus dem Kühlfach. Beim Hauptgang punkten die Spaghetti Carbonara (11,90 Euro) – al dente, mit fein angeröstetem Speck und einer guten Konsistenz des gesamten Gerichts. Leider verschenkt die Gemüsepizza Dell'Orto (11,90 Euro) ihr riesiges Potenzial! Großartig fluffiger Teig (laut Eigenwerbung traditionell zubereitet inklusive 48 Stunden Ruhezeit) und weich gebackenes frisches Gemüse werden kontrastiert durch keine Tomatensoße und nahezu keine Gewürze. Der viel zu gummiartige, geschmacklose Fior di Latte Mozzarella fällt leider als gedachter Geschmacksträger aus. Eine maue Angelegenheit. Immerhin: Das Serviceteam ist zu Scherzen aufgelegt und sehr kinderfreundlich. Der Knirps am Nebentisch bekommt zum Abschied gar eine Tüte Gummibärchen geschenkt. Und der hintere Teil des Lokals mit Zugang zur Terrasse ist viel gemütlicher. Um mehr konsumfreudige Quarree-Besucher zu einem Besuch zu verleiten, muss das Ristori da Franco aber zumindest bei der Pizza deutlich würziger werden. MISCH

AMBIENTE ●●●○○ SERVICE ●●●●○
KÜCHE ●●●○○ PREIS-LEISTUNG ●●●○○

€€ Quarree 10 (Wandsbek), Telefon 040 6524031, Mo-Sa 11–20 Uhr, EC-Karte, VISA, Mastercard, Amex; Wandsbek-Markt U1; ristoridafranco.com

De Marco

Toller Service, prima Pasta

Die kleine, liebevoll gestaltetet Vineria e Culinaria punktet mit charmantem Service und hervorragendem Essen. Die Vorspeisenvariation für zwei Personen (24 Euro) enthält Schinken, Käse und Mortadella höchster Qualität von kleinen, handwerklichen Produzenten, Rindertatar mit Balsamico und Parmesan, ein aromatisches, hauseingelegtes Artischockenherz, Paprika und köstliche Auberginenspaghetti. Auf dem Nachbarteller liegt auf einem Bett aus wildem Rucola tolles zartes Wolfsbarschcarpaccio mit fermentiertem rotem Pfeffer und gebeizter Kräuterlachs unter einem etwas zu süßlichen Honig-Senfdressing. Unbedingt probieren sollte man hier die unvergleichlichen, hausgemachten, mit Bergkäse gefüllten Focaccie Croccante (10,50 Euro), gern on top mit Tiroler Bergspeck (13,50 Euro). Empfehlenswert sind auch die Pastagerichte von der saisonal wechselnden Karte wie Penne all'Arrabiata (10,50 Euro) oder Tagliatelle al Sugo di Carne mit würzigem Kalbshaxenragú (17,50 Euro). Eine beeindruckende Hausspezialität ist das à la minute bereitete Risotto ai Funghi mit Bio-Demeter-Edelpilzen, Kräutern und Parmesan (23,50 Euro). Mittags lockt noch jeweils ein Fleisch- und Fischgericht für 16 bis18 Euro, abends kosten Dorade mit Oliven, Pinienkernen Zitronensoße und Kapern 26 Euro, Saltimbocca alla romana 23,50 Euro und Tagliata di Manzo auf wildem Rucola mit Parmesan angemessene 29 Euro. Das in Verbindung mit der kenntnisreich und liebevoll zusammengestellten, fair kalkulierten Weinauswahl macht die Einkehr hier zu einem der erfreulichsten Anlaufpunkte in der City. GR

AMBIENTE ●●●●● SERVICE ●●●●●
KÜCHE ●●●●● PREIS-LEISTUNG ●●●●●

NEU! €€€ Rathausstraße 12 (Altstadt), Telefon 040 37612761, Di-Fr 11.45–23, Sa 13–23 Uhr, EC-Karte, VISA, Mastercard, Amex; Rathaus U3; demarco-vineria.com

Farina meets Mehl

Gute Laune meets perfekte Pizza

Es ist voll an diesem Abend im Farina meets Mehl. Alle Plätze sind belegt, die Stimmung ist gut in dem sehr edel und stylish eingerichteten Laden. An unseren Plätzen direkt vor der gläsernen Küche sehen wir die Pizzen im 90-Sekunden-Takt den Ofen verlassen und bekommen Appetit. Wir starten mit Burrata auf Wildkräutersalat (13,50 Euro) und Antipasti (10,90 Euro). Der Service erklärt leidenschaftlich die servierten Vorspeisen – wir sind begeistert, dass man sich trotz des bumsvollen Ladens so gelassen Zeit für uns nimmt. Das leicht angebratene Gemüse, das mit selbst gebackenem Brot serviert wird, ist fein gewürzt und aromatisch. Die Wildkräuter werden von gerösteten Pinienkernen und feinem Olivenöl begleitet und sind zusammen mit der Burrata ein echtes Highlight. Die Wahl der Pizzen ist nicht einfach, wir entscheiden uns für „Trüffel & Pilze" (19,50 Euro), „Birne und Gorgonzola" (13,90 Euro) und die „Bresaola" mit Rinderschinken (17,90 Euro). Alle sind großzügig belegt, der Rand fluffig, der Boden dünn. Wir teilen kreuz und quer und können nur mit kleinem Abstand die Trüffel-Pilz-Pizza zum Sieger küren. Denn auf ihr thront in der Mitte ebenfalls eine Burrata, die sich beim Einschneiden sanft über die Pizza ergießt. Der Service lässt sich nicht lumpen und plaudert uns vergnügt ins Dessert: Der Affogato (Espresso mit Vanilleeis 6,50 Euro) ist die kleine Sünde wert. Der Frangelico (4 Euro) als Absacker ist ein runder Abschluss, dass der Tequila Patron trotz Abratens mit Zitrone bestellt wird, sorgt für einen

FOTO: MARC SILL

unterhaltsamen Schlagabtausch – noch lustiger wird der, als wir zum Zahlen versuchen, unsere in zwei Teile zerbrochene Debitkarte zu verheimlichen. Was folgt ist ein ehrgeiziger Versuch des Chefs persönlich, den Zweiteiler zur Zahlung zu überreden – erfolgreich. Fazit: Ein Laden mit Style, leckerer Pizza, tollen Drinks und einem umwerfenden Service! ILO

AMBIENTE ●●●●○ SERVICE ●●●●●
KÜCHE ●●●●○ PREIS-LEISTUNG ●●●●○

€€ Gaußstraße 190 (Ottensen), Telefon 0162 8663600, Di-So 17–22.30, So 14–22 Uhr, EC-Karte; S Ottensen Bus 2; farina.pizza

Farinelli da Franco

Der Italo-Popstar

Namensgeber Farinelli gilt als erster internationaler Popstar. Er ist in die Geschichte als das vielleicht größte Stimm- und Gesangswunder eingegangen, das je gelebt hat. Eine Art Popstar ist auch das Ristorante Farinelli da Franco, denn es zählt seit rund zwei Jahrzehnten zu den wohl populärsten Italienern in Uhlenhorst. Auch nachdem Franco seinem Sohn Fabio die Leitung des Lokals übertragen hat. Am frühen Abend können wir noch einen zentralen Zweiertisch auswählen und prosten mit dem Prosecco aus Treviso (6,50 Euro) dem „Paten" Franco zu, der uns genießerisch mit seiner Zigarre von einem großen Foto grüßt. Als Vorspeise teilen wir uns Pinsa Romana mit Mozzarella und Salami (14,50 Euro) – eine trendige Art Pizza, die erst nach dem Backen belegt und auf einem Holzbrett serviert wird. Italienische Lebenslust auf knusprig-luftigem Teig, die ein Zeichen setzt für die Meisterschaft, mit der im Farinelli Pizzen gebacken werden. Als Hauptgericht wähle ich Saltimbocca alla romana (19,50 Euro). Das Kalbfleisch kommt in einem für mich übermäßigen, dunklen Bratenfond. Mir etwas zu salzig. Als Nachbesserung bringt Fabio eine hellere, weniger kräftige Soßenvariation, die schon besser mundet, auch wenn mir das typische Salbei-Aroma fehlt. Richtig glücklich ist meine Begleitung mit ihrem Steinbuttfilet mit schwarzem Trüffel (29,50 Euro) auch nicht. Zu viel schwere Sahnesoße überdeckt den Geschmack der beiden gegrillten Fischfilets. Schön ist die am Tisch gehobelte Trüffel. Dennoch stimmt das Preis-Leistungs-Verhältnis für uns nicht. Versöhnlich stimmen die angemessenen Weinpreise. Erfrischender Abschluss: Panna cotta (6,50 Euro) und der Grappa aufs Haus. Wir werden sicher bald wieder in dieses fröhlich-lebendige Lokal kommen – um die bewährten Pizzen oder die vorzügliche Pasta zu genießen. TK

AMBIENTE ●●●●○ SERVICE ●●●●○
KÜCHE ●●●○○ PREIS-LEISTUNG ●●●○○

€€€ Hofweg 68 (Uhlenhorst), Telefon 040 22693136, Mo-Fr 12–15, 18–22.30, Sa 12–22.30, So 14–22 Uhr, EC-Karte, VISA, Mastercard; Zimmerstraße Bus 6, Bus 17; farinelli-da-franco.com

Gallo Nero

Kreativ und gut

Der Sizilianer Corrado Falco ist ein kundiger Aufspürer erstklassiger italienischer Lebensmittel, die er großenteils selbst importiert und in seinem Restaurant Gallo Nero von fähigen Köchen zu adäquat guten Gerichten verarbeiten lässt. Ob Olivenöl, Pasta, Tomatensoßen, Käse, Fleisch oder Hülsenfrüchte: Das meiste stammt von kleinen, biologisch arbeitenden Handwerksbetrieben. So werden schon vermeintlich einfache Gerichte wie die Minestrone di Verdure e Fagioli, Gemüsesuppe mit Borlotti-Bohnen und kaltgepresstem Olivenöl (9,80 Euro), oder die Sizilianische Kichererbsensuppe mit Knoblauch-Crostini (8,90 Euro) zu kleinen Köstlichkeiten. Auch Klassiker wie die Penne Rigate all'arrabiata mit pikanter Knoblauch-Tomatensoße (12,50 Euro) oder die abruzzesischen Spaghetti all aglio, olio e peperoncino (11,90 Euro) geraten hier perfekt und beglückend. Sowohl der aufwendig bereitete Wolfsbarsch in einer sizilianischen Salzkruste als auch die empfehlenswerte ausgelöste Dorade mit Datteltomaten und den hoch aromatischen Taggiasche-Oliven kosten jeweils knapp 30 Euro – das ist okay. Ein traditioneller Signature Dish des Hauses ist die Tagliata vom Piemontesischen Fassone-Rind auf Rucolasalat mit Datteltomaten (35 Euro). Seit jeher teuer ist die Weinkarte: 14,90 für 0,1 Liter Franciacorta Rosé-Sekt ist schon sehr Rondeelteich-mäßig kalkuliert. Da hält man sich besser an die Flaschenweinkarte, die ab 44 Euro einige sehr ordentliche Gewächse bietet. Am besten den aufmerksamen Service befragen, der kennt sich ganz gut aus. GR

AMBIENTE ●●●●● SERVICE ●●●●●
KÜCHE ●●●●● PREIS-LEISTUNG ●●●●○

€€€€ Sierichstraße 46 (Winterhude), Telefon 040 27092229, Mo-Sa 11.30–24, So 13–22 Uhr, EC-Karte, VISA, Mastercard; Gertigstraße Bus 6, Bus 17; gallo-nero.net

Gallo Bianco

Eine runde Sache

Schwarz-Weiß-Fotografien an den Wänden, dunkle Holzmöbel, weiße Tischdecken, Stoffservietten – das Gallo Bianco ist modern, aufgeräumt und trotzdem gemütlich! Aufgeräumt sind auch die Teller: Die Burrata kommt mit zwei gegrillten Tomatenhälften und etwas Balsamico (15,50 Euro). Die warmen, aromatischen Tomaten zu der kalten Burrata sind ein gelungener Kontrast. Sehr schlicht, sehr elegant, sehr lecker. Die Zeit bis zur Hauptspeise überbrücken wir mit dem Gruß aus der Küche: Vitello-tonnato-Dip mit Ciabatta. Kurz bereuen wir, nicht Vitello tonnato als Vorspeise genommen zu haben, da kommt das Hauptgericht: Tagliolini in cremiger Soße mit frischen Trüffeln (21,50 Euro) und gegrilltes Lachsfilet mit mediterranem Gemüse (29,50 Euro). Die

Elegant: Das I Vigneri ist die zweite Dependance von Gallo-Nero-Chef Corrado Falco

Pasta ist perfekt al dente und schmeckt herrlich unaufdringlich und gleichzeitig intensiv nach Trüffel – ein gelungener Balanceakt. Beim Lachs läuft das Gemüse fast dem Fisch den Rang ab: knackig, frisch und intensiv in der Farbe. Die Gerichte kommen ohne viel Chichi aus, überzeugen mit hochwertigen Zutaten und Fokus auf das Wesentliche. Die Portionen wirken übersichtlich, dennoch ist am Ende kein Platz mehr für Dessert. Und so trinken wir noch ein Glas von den offenen Weinen – übrigens zu sehr fairen Preisen. Das Gallo Bianco zeigt, dass sich Gemütlichkeit und Geradlinigkeit perfekt verbinden lassen. Dazu trägt unter anderem auch der Service bei. ACM

AMBIENTE ●●●●● SERVICE ●●●●○
KÜCHE ●●●●● PREIS-LEISTUNG ●●●●○

€€€ Himmelstraße 18 (Winterhude), Telefon 040 55440899, Mo-Do 17–23, Fr-Sa 17–24, So 17–23 Uhr, EC-Karte, VISA, Mastercard, Amex; Lattenkampstieg Bus 16; restaurant-gallobianco.de

I Vigneri Osteria Enoteca

Eleganter Italiener

Corrado Falco, bekannt aus dem Gallo Nero, unterhält auch eine Dependance in der Innenstadt: Das elegante I Vigneri in einem prachtvollen Kontorhaus. Die Karte basiert auf vielfach selbst importierten Produkten aus Italien, wechselt saisonal und wird flankiert von tagesaktuellen Empfehlungen. Das Lokal bietet trotz gehobener Preise einen fairen Gegenwert fürs Geld, denn die Qualität des Essens ist ausgezeichnet. Eine schöne Vorspeise ist das Quarteto di Antipasti I Vigneri (19,90 Euro). Es vereint cremige, echte Burrata mit Datteltomaten und Cantabrico-Sardellen, perfekt bereitetes Vitello tonnato, feines mediterranes Thunfisch-Carpaccio mit den weltbesten Kapern von der Insel Pantelleria, und Carpaccio vom Fassone-Rind mit einem Hauch gehobelter Trüffel. Bei den Hauptgerichten begeistert der Skrei vom Grill mit sizilianischen Datteltomaten, Salina-Kapern und Oliven: qualitativ hervorragender Fisch, auf den Punkt saftig gegart, die aromensatten sizilianischen Datteltomaten in Verbindung mit Kapern und Oliven nur sanft angeschmort (32,50 Euro) – perfekt! Der Meeresfrüchte-Eintopf von der Tageskarte mit viel edlem Fisch und Schalentieren (32,80 Euro) basiert auf einem kraftvoll einreduzierten, kräuterig-würzigen Fond und schmeckt ebenfalls hervorragend. Auch die Paccheri-Nudeln mit Mini-Oktopus in leicht-scharfer Tomatensoße (19,90 Euro) überzeugen vollends. Die gute Weinkarte zeugt vom Faible des Hausherrn für unbekanntere Gewächse und ist traditionell eher sportlich kalkuliert. GR

AMBIENTE ●●●●● SERVICE ●●●●○
KÜCHE ●●●●● PREIS-LEISTUNG ●●●●○

€€€€ Große Bäckerstraße 13 (Altstadt), Telefon 040 38670850, Mo-Fr 11.30–15 und 18–23, Sa 15–23 Uhr, EC-Karte, VISA, Mastercard, Amex; Jungfernstieg alle Bahnlinien; ivigneri.de

Il Cantuccio

Bravo, Padrone!

Wenn man sich seelisch auf die recht sportlichen Preise für Nahrung und Wein eingestellt hat, kann man im eleganten Eppendorfer Il Cantuccio eine hervorragende, teilweise brillante, sehr authentische italienische Küche mit Leib und Seele genießen. Besonders empfehlenswert und Ausdruck des Könnens von Meisterkoch und Padrone Strato Cotugno sind die Vorspeisenvariationen „Festival Cantuccio“: Für 34,50 Euro pro Nase gibt es dann dann fünf bis sechs aktuelle, saisonal wechselnde und auf den jeweils besten frischen Marktprodukten basierende Vorspeisen. Da kann dann beispielsweise zweierlei Tatar von Thunfisch und Wildlachs dabei sein, die hervorragenden mit Ricotta gefüllten frittierten Zucchiniblüten, zarte Baby-Oktopusse mit Cherry-Tomaten, Oliven und Kapern, klassisches Rindercarpaccio mit Fontinakäse und frisch gehobeltem Trüffel oder in der Saison auch mal eine aromatische Bretonische Artischocke mit Oliven und Kapern. Die anschließenden Mini-Rigatoni mit aromatischen Vesuvtomaten und Burrata (16,50 Euro) und Linguini mit Oliven, Seeteufel und Kapern (22,50 Euro) erweisen sich als eine sehr gute Wahl. Doch auch bei Fisch und Fleisch macht sich bemerkbar, dass hier nur beste Produkte eingekauft und entspre-

FOTO: MARC SILL

chend kalkuliert werden: Für ein Kabeljaufilet mit Tomatensoße, Oliven und Kapern werden 37,50 Euro fällig, beim Lamm-Tagliata mit Pecorino-Käse-Soße sind es 38,50 Euro. Aber das ist eigentlich nebensächlich: In der Regel wird man hier mit den tollen Vorspeisen und einer Pasta hinterher rundum glücklich. Kleiner Geheimtipp am Rande: Mittags wird's günstiger! GR

AMBIENTE ●●●●● SERVICE ●●●●●
KÜCHE ●●●●● PREIS-LEISTUNG ●●●●○

€€€€ Eppendorfer Landstraße 36 (Eppendorf), Telefon 040 69691495, Mi-Fr 12–15, 18– 24, Sa-So 13– 24 Uhr, EC-Karte, VISA, Mastercard; Kellinghusenstraße U1, U3; il-cantuccio.de

Il Sardo da Lorenzo

Der Neue für Pasta-Fans

Am Il Sardo da Lorenzo geht grad kaum ein Weg vorbei. Kein Scheibenwischer in Eppendorf, hinter dem der Flyer des gerade erst eröffneten italienischen Restaurants nicht klemmt. Richtige PR-Kampagne. Wir wollen wissen, ob die Küche da mithalten kann und nehmen die paar Stufen in das angenehm ausgeleuchtete Kellerlokal. Nachdem wir es uns auf der roten Bank gemütlich gemacht haben, werden wir sogleich umsorgt. Dass die zauberhaft bemühte Kellnerin nur des Italienischen mächtig ist, quittieren wir mit einem Lächeln. Spricht hoffentlich für einen authentischen Abend. Also ran an die als Vorspeise georderten frittierten Calamari. Gut gewürzt, knusprig, ordentlich was auf dem Teller. Allerdings für uns preislich mit den aufgerufenen 26 Euro dennoch etwas happig. Das gilt auch für die vier (!) Scheiben Mozzarella und drei Scheiben Tomate auf Rauke (12,50 Euro). Aber gut, wir sind bereit, uns versöhnen zu lassen. Zum Beispiel mit hausgemachten Taglioni nebst frisch gehobelter Trüffel (31 Euro). Die kommen schön präsentiert mit knusprigem Parmesanchip. Und schmecken, wie sie schmecken sollen. Kein industrielles Trüffelöl als Booster, klasse Aroma. Ein Fest für den Pasta-Fan. Die Dorade (22 Euro) auf der anderen Seite des Tisches ist ein amtliches Tier. Und innen noch glasig, außen gut gebräunt. Geschmacklich hat mein Gegenüber nichts auszusetzen. Wir wundern uns allerdings über die zum Fisch gereichten, gebratenen Kartoffeln. Die haben scheinbar überhaupt kein Gewürz gesehen. Und bleiben komplett liegen. Als wir den soliden Primitivo (28 Euro) geleert haben, machen wir uns auf in die Eppendorfer Nacht. Die Küche des Il Sardo hat uns nicht enttäuscht. Luft nach oben bleibt. Bei den Preisen eher nach unten. AND

AMBIENTE ●●●○○ SERVICE ●●●●○
KÜCHE ●●●●○ PREIS-LEISTUNG ●●●○○

NEU! €€€ Eppendorfer Weg 280 (Hoheluft-Ost), Telefon 040 30748428, Di-Fr Di 12–15 und 17.30–23, Sa-So 12–23 Uhr, EC-Karte, VISA, Mastercard, Amex; Eppendorfer Baum U3; il-sardo.de

Il Buco

Romantische Höhle

Il Buco bedeutet zwar Loch auf italienisch, doch ist das Kellerrestaurant am Hansaplatz eher eine kleine Höhle. Von der gemütlichen Sorte, wie die aus Kindertagen, mit Kuscheldecken und Taschenlampe. Das warme Licht spenden Kerzen und kuschelig wird's schon ob der Nähe zum Nachbarn – einer von 30 Personen, wenn der Laden voll besetzt ist. Und das passiert nicht selten. Der Service scheint sich aufrichtig über unseren Besuch zu freuen und bringt flink süffigen Grauburgunder (5,90 Euro) und die Vorspeise. Die Entscheidung gegen die gemischte Antipastiplatte zahlt sich aus. Am Nebentisch sieht diese zwar sehr verlockend aus, allerdings wäre uns dann eine der besten italienischen Vorspeisen entgangen, die wir je hatten: nussiger, butterzarter und 18 Monate am Knochen gereifter Prosciutto di Parma mit warmen Maronen im Honigsud (13,50 Euro). Danach geht es gut weiter, mit hausgemachter Pasta. Die Fettuccine mit Pfifferlingen und Guanciale (17,50 Euro) werden in zerlassener Butter mit Zwiebeln serviert, die ordentlich mit frischen Kräutern, Knoblauch und etwas Chili abgeschmeckt ist – fantastisch! Aber auch die Mezzelune mit zartem Kalbsfleisch in Salbeibutter (18,50 Euro) macht die Begleitung glücklich. Wir haben einen neuen Lieblingsitaliener! Nächstes Mal führen wir unsere Männer in die romantische Höhle aus. LL

AMBIENTE ●●●●● SERVICE ●●●●●
KÜCHE ●●●●● PREIS-LEISTUNG ●●●●●

€€€ Zimmerpforte 5 (St. Georg), Telefon 040 247310, Mo-Do 12–23, Fr 12–24, Sa 14–24, So 14–23 Uhr, EC-Karte, VISA, Mastercard; Hauptbahnhof alle Bahnlinien; facebook.com/ilbucostgeorg

Il Siciliano

Vom ersten Happen an Genuss

Schräg gegenüber der Laeiszhalle hat sich trotz Verzichts auf großes Tamtam rucki, zucki ein ganz feiner kulinarischer Top-Spot etabliert. Il Siciliano heißt das Ristorante in modernem, nicht überdrehtem Wohlfühl-Ambiente. Große Schwarz-Weiß-Fotos schmücken die Wände, von der Decke baumeln Kugellampen im Vintage-Design. Patron Turi hat sich seinen lang geträumten Traum vom eigenen Lokal erfüllt. Geboren in Syrien, kulinarisch gereift auf Sizilien, angekommen in Hamburg: Turi ist ebenso leidenschaftlicher Koch wie Gastgeber. „Mangiare con Amici", Essen mit Freunden, lautet sein Motto. Kein Wunder, dass der Laden brummt. Was er sein sympathisches Team auftischen lässt, ist à la bonne heure. Das schmecken wir beim ersten Happen von der Antipasti-Platte (17,50 Euro). Ein dekoratives Gedicht mit Caprese, Vitello tonnato, überbackenem Grillgemüse. Im Anschluss fällt die Entscheidung schwer, verlockend ist das Angebot an Pizza und Pasta (verlegen wir auf eine

Il Buco setzt auf gute Weine und feine Italo-Küche

Rückkehr zum Lunch) sowie Evergreens wie Saltimbocca. Wir wählen Pesce misto alla griglia (27,50 Euro) uns bereuen nichts: Calamaretti, Gambas, Lachs und Wolfsbarsch drappieren sich auf den Punkt gegart an einem knackigen Bouquet aus Salat und Tomaten. Dazu trinken wir Saftschorlen von „Das Geld hängt an den Bäumen", der sozialsten Saftmanufaktur der Stadt. Auch für Weine hat Turi ein Händchen. Das Gesamtkonzept spricht dafür, dass Turis gastronomischer Lebensweg eine Entdeckungsreise war, auf der seine Sinne stets gut funktionierten. MO

AMBIENTE ●●●●○ SERVICE ●●●●●
KÜCHE ●●●●○ PREIS-LEISTUNG ●●●●○

€€€ Johannes-Brahms-Platz 11 (Neustadt), Telefon 040 35016420, Mo-Fr 12–15, 17.30–23, Sa 17–24, So 12–23 Uhr, EC-Karte, VISA, Mastercard, Amex; Messehallen U2; ilsiciliano.de

L'Europeo

Genuss mit Wermutstropfen

Nach knapp zehn Jahren mal wieder ins L'Europeo, Groß Flottbeks best versteckter Italiener an der A7. Das Ristorante wartet seit mehr als 45 Jahren hinter einer Hecke mit einer der teuersten Küchen abseits der Sterne-Tempel auf. Die SUV-Parade vor der Tür gibt Hinweise aufs Publikum: durch die Bank solvent, mitunter prominent, in der Mehrheit seniorig und mit Padrone Antonio „Toni" Cotugno ganz überwiegend dicke. Der referiert sein Angebot mangels Karte in schlichtem, zeitlosem Ambiente am Tisch – ohne Preisinfo und so ausufernd, dass wir lachen müssen. Der Chef reagiert humorvoll. Toni ist ein knuffiger Typ, der uns leider nicht weiter umsorgt. Damit lässt die Qualität des Services nach. Die

FOTO: MARC SILL

der Speisen erweist sich hingegen als durchgängig exzellent. „Cucina Tipica“ ist das Motto, also einfache, auf hohem Niveau zubereitete italienische Küche. So wie die mit Ricotta-Füllung frittierten Zucchini-Blüten (18,50 Euro) und die in Olivenöl marinierten rohen Fischfilets (28,50 Euro), eine Art Italo-Sashimi. Für den, der's mag, eine wunderbare Delikatesse: gebratene Kalbsinnereien (Bries, Nieren, Leber für 33,50 Euro). Ebenso fantastisch schmecken Straccetti, kurz gebratene Rindfleischstreifen mit Rosmarin und Knobi (35,50 Euro) und Livorneser Seeteufel mit Tomaten, Oliven und Kapern (44,50 Euro). Die Beilagen reichen von Brokkoli, angeschmortem Salat über Linsen bis zu Püree und knusprigen Kartoffelspalten. Wir schwelgen in geschmacklicher Vielfalt. Der Wermutstropfen sind die gewürfelt anmutende Rechnung und deren Bezahlung – hier ist nur Bares Wahres. Das ist nicht zeitgemäß und nicht akzeptabel. MO

AMBIENTE ●●●●○ SERVICE ●●●○○
KÜCHE ●●●●● PREIS-LEISTUNG ●●●○○

€€€€ Osdorfer Weg 27 (Groß Flottbek), Telefon 040 8992138, Mo-Di 18–23, Do-Fr 18–23, Sa-So 12.30–14.30, 18–23 Uhr, nur Barzahlung; Osdorfer Weg Bus 16; leuropeo.de

La Cicchetteria

Venedig ist halt teuer

Ist das schon Postkonstruktivismus? Oder ist nur noch niemandem aufgefallen, dass eine Cicchetteria ohne echte Cicchetti auf der Karte eine fast so abgefahrene Restaurant-Idee ist wie eine Pizzeria ohne Pizza? Nun, im Schanzenviertel finden sich allerlei schräge Gastrokonzepte. Cicchetti sind die kreativ belegten Brothäppchen in den Bars Venedigs. Die gibt es in Hamburgs mitten in der Pandemie eröffneter Cicchetteria zwar nicht, dafür aber weitgehend genießbare, zum Teil auch sehr fein zubereitete, eher größere als kleinere Häppchen bis hinauf zu Pasta-Gerichten und Rinderfilet mit Trüffeln. Wir sitzen unten im kleineren Gastraum mit Blick auf den Schanzen-Wildwechsel und spülen erst mal die einzigen echten Cicchetti – vier delikate Bruschetta-Scheiben mit zweierlei Tomate, Oliventatar und Hühnchen-Creme – mit einem Lillet Wild Berry (7,50 Euro) und einem Negroni Bianco (9,50 Euro) herunter. Der Pinot-Grigio-Halbliter riecht nach Petroleum. Geht zurück, dafür bringt der freundlich-ambitionierte Service zwei mit 9,40 Euro arg überteuerte Gläser mit einem guten Lugana zu einer Schüssel wässrig schmeckender Tomaten samt einer zu harten Burrata (12,50 Euro) und meine großartig gewürzten veganen Polpette aus Sonnenblumenhack mit schmackiger Tomatensugo, die allein einen Besuch wert wären (9,90 Euro). Die Küchen-Kurve geht weiter steil nach oben mit krossen Pulpo-Schwänzchen auf Trüffelmajo (14,90 Euro) mit Knusper-Kartoffelwürfel und einem Pfännchen mit saftigen, aber etwas mickrigen Gambas mit ein wenig Knoblauch in Olivenöl (13,50 Euro). Wir sind irgendwie noch nicht ganz satt, nehmen als Dessert dennoch nicht Spaghetti Carbonara, sondern das angenehm unsüße, sahnige Tiramisu und ein aromastarkes Pistazienparfait (je 7,50 Euro) zum supercremata Espresso (2,20 Euro). Am Ende haben wir 120 Euro auf der Uhr. Keine Überraschung: Venedig ist halt ein teures Pflaster. PESI

AMBIENTE ●●●○○ SERVICE ●●●●○
KÜCHE ●●●○○ PREIS-LEISTUNG ●●●○○

€€ Schulterblatt 62 (Sternschanze), Telefon 0175 6877017, Mo-Do 12–23, Fr-Sa 12–2 Uhr, EC-Karte, VISA, Mastercard; Sternschanze S11, S21, S31, U3; lacicchetteria.de

La Locanda

Italiener an der Ecke

Das La Locanda ist seit 2013 in der Neustadt beheimatet, seitdem hat sich dort nicht viel verändert. Warum auch? Der Laden wirkt wie die Blaupause dessen, was man sich hierzulande unter einem typisch italienischen Restaurant vorstellt: gemütliche Enge, schummriges Licht, karierte Tischdecken, Weinregal und Toskana-Impressionen an der Wand. Und so erwartet uns beim Blick in die Karte auch exakt das, was wir uns eben so vorgestellt haben. Als Vorspeise zum Beispiel Burrata mit gegrillten Tomaten (11,50 Euro) oder Salsiccia auf weißen Bohnen (11,50 Euro). An der Art und Weise, wie die Speisen angerichtet sind, hat sich augenscheinlich auch lange nichts getan. Etwas fantasielos dämmern die Zutaten nebeneinander her, als hätten sie sich wie ein altes Ehepaar über die Zeiten eben so aneinander gewöhnt, ohne besondere Lust dabei zu empfinden. Pizza und Pasta geht ja immer, denken wir, und wollen wissen, was die Sparten Carne e Pesce zu bieten haben. Das Saltimbocca alla Romana (19,50 Euro) liegt etwas blass und träge neben den müden Kartoffeln. Das Thunfischsteak im Sesammantel hingegen ist perfekt gegart (23 Euro), allerdings hat sich das Grillgemüse darunter kaum wahrnehmbar verkrochen. Der begleitende Gavi di Gavi (Flasche 27,50 Euro) klingt verheißungsvoll, bleibt aber ebenfalls etwas hinter den Erwartungen zurück. Womöglich sollte man beim klassischen Italiener auch bei den Steckenpferden bleiben: die Pastagerichte sowie die knusprigen Pizzen aus dem Steinofen, die an den Tischen um uns herum serviert werden, sehen allesamt glücklich aus in oder auf ihren Tellern – und die Familien, Paare oder Freunde davor äußerst zufrieden. Was soll's, noch einen Espresso und eine hervorragende Torta della Nonna al Limone (6,90 Euro), und beim nächsten Mal dann Pappardelle und Pizza Parma auf der Terrasse. JFK

AMBIENTE ●●●○○ SERVICE ●●●○○
KÜCHE ●●●○○ PREIS-LEISTUNG ●●●○○

€€€ Wexstraße 29 (Neustadt), Telefon 040 33441786, Mo-Fr 11.30–22.30, Sa-So 16–22.30 Uhr, EC-Karte, VISA, Mastercard; Stadthausbrücke S1, S21, S31; lalocanda-hamburg.de

La Terrazza

Perfetto! Punto.

Weniger als die Höchstnote lässt sich nach unserem Besuch im La Terrazza einfach nicht vergeben. Ein Geheimtipp ist das von außen unscheinbare Lokal mit der vorgelagerten, namensgebenden Terrasse in einem Industriegebiet im Stadtteil Niendorf schon lange nicht mehr. Unter Hamburgs Gastronomen und Feinschmeckern haben die aromenreiche Küche von Koch Vassilios Fadidis, die familiäre und freundliche Bewirtung unter der Leitung von Besitzerin Daliah Isabella Occhipinti und die Gesangseinlagen der Belegschaft längst Kultstatus erlangt. Und das zu Recht, denn der Geschmack überzeugt auf ganzer Linie. Schon der Gruß aus der kleinen Küche mit frischem Ciabatta und Pesto könnte besser nicht sein und führt zu vielen „Ohs" und „Ahs", die wir mit Rotwein und Aperitif landestypisch verputzen. Die Begeisterung hält auch bei allen Vorspeisen an. Zusammen mit Freunden lassen wir uns Bruschetta, Pizza Pane und Focaccia di Recco schmecken. Einfache Gerichte, die den Abend frisch und duftend einläuten und von denen jeder genüsslich bei den anderen probiert. Auch bei unseren Hauptgängen bleibt von Spaghetti al Limone (14 Euro), Pizza Quattro Formaggi (15 Euro), Cannelloni Spinachi Ricotta (18 Euro) und Rigatoni al Ragu di Manzo (20 Euro) kein Happen übrig. Für ein fein abgestimmtes Dessert ist aber immer noch Platz, daher gibt es zum Kaffee Zabaione Limoncello (7 Euro), Tiramisu (6 Euro) und Dolce al Cioccolato (8 Euro). Von Anfang bis Ende ist nicht nur das fantastische Essen typisch italienisch, sondern auch die positive Energie im Gastraum. Für uns ist La Terrazza „numero uno" in der Stadt. KB

AMBIENTE ●●●●○ SERVICE ●●●●●
KÜCHE ●●●●● PREIS-LEISTUNG ●●●●●

€€€ Adlerhorst 18 (Niendorf), Telefon 040 56009241, Di-Sa 17.30–22, So 13–21 Uhr, EC-Karte, VISA, Mastercard, Paypal; Schippelsweg U2; laterrazza-hamburg.de

Mama Trattoria

Pizza und Pasta für die ganze Familie

In unmittelbarer Nähe vom S-Bahnhof Wellingsbüttel befindet sich eines der sieben Mama Trattoria Restaurants in Hamburg. Hier gibt es die ganze Bandbreite italienischer Küchenklassiker: Antipasti, Pizza und Pasta in der Casual-Dining-Variante, also zwanglos und in der Regel schnell serviert. Das spiegelt sich auch bei unserem Besuch an einem Samstagabend wieder. Schnell sind wir an unserem reservierten Tisch platziert, der Hund bekommt direkt einen großen Napf Wasser und in Windeseile steht ein Korb mit Brot und Olivenöl auf dem Tisch. Das Brot könnte zugegebenermaßen etwas frischer und fluffiger sein. Die Bedienung ist sehr jung und etwas unsicher, das macht sie aber durch Aufmerksamkeit und Freundlichkeit mehr als wett. Ich wähle als Vorspeise die Burrata mit geschmorten Kirschtomaten, Olivenöl und Chili (9,70 Euro). Die Qualität der Speise ist gut und insbesondere das Topping mit Chiliflocken finde ich im interessant. Leider ist die Burrata auf der Karte als lauwarm angepriesen, meine wird allerdings kalt serviert. Mein nächster Gang, die allseits beliebten Spaghetti Carbonara (12,70 Euro), wird in einer deutschen Variante mit Sahne zubereitet gereicht. Nun ja, ich hätte die Karte genauer lesen sollen, denn da steht das auch geschrieben. Hier würde ich mir trotzdem mehr echte Liebe zur italienischen Küche wünschen. Was soll's? Besonders für Familien mit mehreren Kindern ist das unkomplizierte Restaurant fraglos bestens geeignet. MH

AMBIENTE ●●●●○ SERVICE ●●●●○
KÜCHE ●●●●○ PREIS-LEISTUNG ●●●●○

€€ Wellingsbüttler Weg 119 (Wellingsbüttel), Telefon 040 50798555, Mo-Di 12–21.30, Mi-Sa 12–22, So 12–21.30 Uhr, EC-Karte, VISA, Mastercard; Wellingsbüttel S1, S11; mama.eu

Mimos Trattoria Italia

Ehrlicher Italiener mitten im Kiez

Nach über 25 Jahren kann die kleine Trattoria Mimo in St. Pauli problemlos als Institution bezeichnet werden. Dass es der Laden in der Seilerstraße in manche Reiseführer geschafft hat und

Aromenreiche Küche, freundliche Bewirtung und Gesangseinlagen: Das La Terrazza genießt Kultstatus

FOTO: MARC SILL

Die Seele der Trattoria Italia auf St. Pauli: Wirt Mimo

nicht mehr ganz der Geheimtipp ist, der er lange Zeit war, zeigt sich an der bunten Mischung aus Anwohnenden und Touristen, die bereits um 18 Uhr jeden einzelnen Tisch besetzen. Der hohe Tomatenverbrauch des Ladens spiegelt sich an der Decke wider. Die Lampenschirme sind aus in der Küche gesammelten Konservendosen gebastelt, in der auf engstem Raum ehrliche italienische Gerichte gekocht werden. Mit dem Hauswein (0,5 l 13,50 Euro), einem Trebbiano, machen wir alles richtig und auch die Klassiker Bruschetta (6,50 Euro), Caprese (12,50 Euro) und weitere Antipasti machen Lust auf den Hauptgang. Heute selbst gemachte Trüffel-Ravioli (18,50 Euro) und hervorragende Gamberoni alla Griglia (22,50 Euro), die uns kurz vom Kiez in die Toskana beamen. Wer sehr großen Hunger hat, sollte allerdings nicht auf Vor- und Nachspeise verzichten, so wie der stämmige Mann am Nebentisch, der beim Aufstehen seine Partnerin fragt: „Wo gehen wir jetzt essen?“ Hätte er noch das Soufflée al Pistacchio (7,50 Euro) bestellt, wäre er mit Sicherheit genauso glücklich nach Hause gegangen wie wir. OMA

AMBIENTE ●●●●○ SERVICE ●●●●○
KÜCHE ●●●●○ PREIS-LEISTUNG ●●●●○

€€€ Seilerstraße 59 (St. Pauli), Telefon 040 312988, Mo-So 15-1 Uhr, EC-Karte, VISA, Mastercard; Reeperbahn S1, S2, S3; mimos-trattoria.de

No. 26

Unspektakulärer Italiener in Top-Lage

Das Restaurant 26 ist unter besagter Hausnummer am Mittelweg zu finden. Uns gefällt sofort die sehr gemütliche Atmosphäre, wir freuen uns zusätzlich über den schönen Fensterplatz mit Blick ins lebendige und zugleich noble Viertel Rotherbaum. Unsere Wahl zum Warmwerden fällt auf ein Glas würzigen und zugleich sehr leckeren Primitivo Merlot (7,90 Euro) sowie einen Aperol Spritz (10,50 Euro), dazu wird uns knuspriges Brot serviert. Der Service ist von Anfang an zwar freundlich, aber alles in allem unverbindlich bis unmotiviert. Typische Vorspeisen-

FOTO: MARC SILL

Klassiker wie Burrata mit warmer Aubergine, Rindercarpaccio mit frischen Trüffeln und Vitello tonnato hält eine überschaubare Speisekarte für uns bereit. Wir starten mit pikantem Thuna Tatar mit Avocado (16,50 Euro), das gern noch schärfer hätte ausfallen können und mit dem lauwarmen Linsensalat mit gebratenen Calamaretti (17,90 Euro), der sich als Highlight des Abends herausstellt! Aus den wenigen Fisch- und etwas mehr Fleischgerichten, den besonders klingenden Pizzasorten (bis 21 Uhr) und Pasta entscheiden wir uns für Ravioli mit Hummerfüllung und Scampi (26 Euro) sowie Kalbsleber mit Butter-Salbei-Soße (26 Euro) mit leider zu spät eintreffenden Beilagen. Nach unseren soliden Hauptgängen sind wir rundum gesättigt und können uns das zu Recht empfohlene, sehr reichhaltige und leckere Tiramisu nur noch teilen (8,50 Euro). FC

AMBIENTE ●●●●● SERVICE ●●●
KÜCHE ●●●●● PREIS-LEISTUNG ●●●

€€€ Mittelweg 26 (Rotherbaum), Telefon 040 41468908, Mo 12–22.30, Mi-Do 12–22.30, Fr 12–23, Sa 10–23, So 10–22 Uhr, EC-Karte, VISA, Mastercard, Amex; Böttgerstraße Bus 16; restaurant26.com

Osteria Da Vino

Zu Gast bei Freunden

Kein Zweifel, man kennt sich hier. „Na, seid ihr wieder zurück?“, begrüßt die Bedienung die Gäste am Nebentisch. „Wie immer?“, fragt er das Paar zu deren linken. Als wir an einem Montag um kurz vor 18 Uhr die Osteria Da Vino betreten, sind wir die einzigen Gäste, doch eine halbe Stunde später sind alle Tische besetzt – und die meisten scheinen Stammgäste zu sein. Aber kein Wunder, es ist auch einfach nett hier, in dem modern und stilvoll eingerichteten Restaurant mit dem hübschen Außenbereich. Nach der herzlichen Begrüßung gibt es Brot mit Aioli sowie Oliven. Typische italienische Klassiker sind auf der Karte ebenso zu finden wie die eine oder andere Besonderheit. Wir starten mit einer Vorspeise von der stilecht auf einer Tafel präsentierten Tageskarte: eine herzhafte Kürbissuppe mit gebratenem Speck (9,90 Euro). Weiter geht es mit Lachsfilet (20,90 Euro) in einer prickelnden Tomaten-Prosecco-Soße beziehungsweise gegrilltem Rumpsteak (23,90 Euro). Beides wird mit Salat, Kartoffeln und frischem Gemüse serviert und ist auf den Punkt gegart. Das Kind hat derweil nicht nur Freundschaft mit dem Hund am Nebentisch, sondern auch mit dem Koch geschlossen. Also gönnen wir uns noch einen Nachtisch. Dass Crème brûlée (6,90 Euro) eigentlich aus der französischen Küche kommt, ist uns heute egal – denn sie ist wirklich ein Gedicht. Schön vanillig, mit einer perfekten Karamellkruste. Als die Bedienung das Kind am Ende mit Namen verabschiedet, ist klar: Wir kommen bestimmt wieder. NW

AMBIENTE ●●●● SERVICE ●●●●
KÜCHE ●●●● PREIS-LEISTUNG ●●●

€€€ Heidlohstraße 20 (Schnelsen), Telefon 040 5592696, Mo-Fr 12–15, 17.30–22, Sa 17.30–22.30, So 12–22 Uhr, EC-Karte, VISA, Mastercard, Amex; Sellhopsweg (Albertinen-Haus) Bus 5, Bus 191, Bus 195; osteria-da-vino.info

Feinste Kochkunst in der Osteria da Francesco: Unser Autor kann nicht mehr aufhören zu schwärmen

Osteria da Francesco

Italienisches Verwöhnaroma

Respekt vor Francesco Delvecchio: Seiner Leidenschaft, seinem Teamgeist und Überlebenswillen sind bald zehn Jahre italienisches Verwöhnaroma an der Milchstraße zu verdanken. So lange schon ist sein Kraftakt zur Rettung der legendären Osteria Due her, die 2014 an der Badestraße einem Neubau weichen musste. Unter seinem guten Namen tischt er verlässlich feinste Kochkunst aus der seit jeher von Jochen Kempf geführten Küche auf. Die Modernisierung des Restaurants 2022 macht schon das Ambiente, mit designten Stühlen, samtigen Bänken, bespiegelten Wänden, insbesondere im gedämpften Abendlicht zum Genuss. Auf Wiener Geflecht sitzend, möchte man die Karte hoch und runter bestellen. Spätestens bei Fisch und Fleisch zeigt sich preislich, dass wir hier mit der Pöseldorfer Schickeria speisen. Geizen ist nicht. Na, dann gönnen wir uns doch einen klassischen Auftakt: zart gegartes Vitello tonnato (22 Euro) mit feiner Thunfisch-Kapern-Note, dazu ein sagenhaft dünn geschnittenes Rindercarpaccio mit Cipriani-Mayo (21 Euro). Besser geht's nicht. Und das gilt ohne Punktabzug auch für den Pasta-Klassiker Cacio e Pepe. Schmuseweiche Filetspitzen vom Kalb in pfeffriger Pecorino-Soße (29 Euro). Das genial knusprig gebratene Kalbsbries auf Püree nebst gegrilltem Lauch und pikantem Leberknödelchen (38 Euro) ist das mit Abstand beste Hamburgs. Einziger Makel: Es ist im Nu verputzt. Aus der Weinkarte erweist sich der Nero D'Avola (Flasche 39 Euro) als passende Wahl. Der Wunsch eines Affogato mit Schokoeis unter Espresso erfüllt der tadellose Service zur Krönung mit einer Selbstverständlichkeit, dass man für Francescos Osteria einfach nur schwärmen kann. Respekt für dieses gastronomisches Meisterwerk, Francesco! MO

AMBIENTE ●●●●● SERVICE ●●●●●
KÜCHE ●●●●● PREIS-LEISTUNG ●●●●

€€€€ Milchstraße 3-4 (Rotherbaum), Telefon 040 25304380, Mo-Sa 12–23, So 12–22 Uhr, EC-Karte, VISA, Mastercard, Amex; Böttgerstraße Bus 19; osteria-da-francesco.de

Osteria Liguria

Im besten Alter

Der Hinterhof ist von steintristen Garagen und Parkplätzen gesäumt. Und das Gebäude selbst ist auch kein pittoresker, Efeu-umflorter Bau in typisch italienischer Architektur, sondern auf den ersten Blick ein ungemütlicher Zweckbau. Exakt so verhält es sich mit der Osteria Liguria in Niendorf – und dennoch ist das Restaurant eines der liebevollst betriebenen, die ich in letzter Zeit sah. Das fängt schon bei der Speisekarte an, die gar keine Speisekarte ist, sondern eine herrlich zusammenkopierte Art Informationszeitung auf rosa Papier, ähnlich der legendären italienischen Sport-

FOTO: MARC SILL

Weltkulturerbe in Eppendorf: Pizza Napoletana in der Pizzamacher Trattoria

tageszeitung „La Gazzetta dello Sport". Neben den Gerichten finden wir erstaunliche Rezepte („Kaninchen ligurisch", „Kastanienmehl"). Dazwischen werden in Artikeln die wichtigen Fragen geklärt: Ist die Jeans italienisch? Warum sagt man „Ciao" und wann „Mille grazie", oder heißt es „Grazie mille"? Zudem Lobpreisungen der norditalienischen Region Ligurien und ansteckend individuelle Bilder von mutmaßlich der Betreiberfamilie oder Freunden oder durch die Speisung gut gelaunte Menschen. Die Osteria Liguria gibt es jetzt bereits seit mehr als 40 Jahren, in denen offenbar die Sonne den Schatten besiegte. Ich begrüße alle Abwendungen von formatierter Servicewelt und freue mich über die echten Blumen und echten Kerzen überall. Gleich die schwer angepriesene legendäre Aioli probieren – und natürlich allerfeinst finden. Wie nun beinahe alles, was wir ordern: Das Vitello tonnato (12,50 Euro) ist wunderbar, das Saltimbocca alla romana (24,50 Euro) noch wunderbarer, der rote Hauswein (9 Euro) erstaunlich, das Tiramisu (6,50 Euro) mit Liebe gemacht. Nur die Scampi-Spaghetti sind etwas zu gewöhnlich, aber das kreiden wir eher uns an, denn wer bestellt schon so eine wenig herausfordernde Speise. Da waren wir wohl verwirrt, denn alle Nudelgerichte mit Tomatensoße braucht niemand zu ordern, die macht man ja eh ständig zu Hause – hätten wir doch lieber die Sardellen probiert. 70 Kilo legt der Chef des Hauses jedes Jahr selbst ein. Es ist alles in der Liguria erzählenswert. Ich rate stark zu einem Besuch (und zu Gesprächen mit den Charmebolzen am Tresen oder Tisch): Nicht nur der Genusssinn wird es Ihnen danken. GK

AMBIENTE ●○○○○ SERVICE ●●●●●
KÜCHE ●●●●● PREIS-LEISTUNG ●●●●○

€€€ Kollaustraße 125 (Niendorf), Telefon 040 582569, Mo 17–22, Mi-Sa 17–22, So 13–21 Uhr, EC-Karte; Niendorfer Straße Bus 5; osterialiguria.de

Piccolo Amore

Mamma Liguria

Das Piccolo Amore müsste eigentlich Grande Amore heißen. Denn es ist die ganz große Liebe zu Italien, mit der Padrona Barbara ihr Ladenrestaurant an der Elbchaussee betreibt. In Regalen aus Obstkisten stapeln sich die Leckereien bis unter die Decke: melonengroße Cedri-Zitronen, kugelrunde Auberginen, diverse Pasta, Öle, Mehle, Weine. Auch Selbstgemachtes, die erste Aceto-Balsamico-di-Modena-Kugel zum Reiben – klarer Fall von Dolce Vita auf norddeutsch. Dazwischen stehen kleine weiß gedeckte Tische, ein großer Kronleuchter illuminiert alles verdient edel. Barbara, kulinarisch sozialisiert von lokalen Mammas in Ligurien, macht Service wie Küche allein. Und das ausgesprochen gut: Die Antipasto Mare, White Tiger Garnele auf Carpaccio Cedro an Fenchel-Orangen-Salat (20 Euro), und Antipasto Piccolo Amore (22 Euro) feiern die Vielfalt. Säuerliches Carpaccio von der Cedri-Zitrone versteht sich bestens mit einer süßen Passionsfrucht. Die Spaghetti Aglio e Olio mit Peperoni (9,90 Euro) zeigen beeindruckend, was man aus wenig Zutaten machen kann. Ravioli-Artischockenherzen in Orangencreme mit gerösteten Pinienkernen (16 Euro) begeistern mit Bitternoten. Das hausgemachte Brot verdankt seine Luftigkeit speziellen Mehlsorten, wie uns Barbara beim Nachordern verrät. Als Digestivo empfiehlt sich ein Spaziergang durch die mediterranen Gässchen des Blankeneser Treppenviertels. Büschen Ligurien ist immer. MG

AMBIENTE ●●●●● SERVICE ●●●●●
KÜCHE ●●●●● PREIS-LEISTUNG ●●●●●

€€ Elbchaussee 587 (Blankenese), Telefon 040 82294447, Di 11–15.30, Mi-Do 11–15.30, 18–21, Fr 11–15.30, Sa 12–15.30 Uhr, EC-Karte, VISA, Mastercard; Auguste-Baur-Straße Bus 488, Bus 588; piccoloamore.de

Pizzamacher Trattoria

Weltkulturerbe in Eppendorf

„Wie unser Name bereits verrät, wir machen Pizza. Und keineswegs irgendeine!" So steht es auf der Website der Pizzamacher, und so stimmt es auch. In dem Eppendorfer Lokal hat man sich auf eine Pizza spezialisiert, die seit 2017 UNESCO-Weltkulturerbe ist: Pizza Napoletana. Schön dick muss deren Teig sein, schön saftig auch. Damit das gelingt, lassen die Pizzamacher den Teig drei Tage ruhen, bevor er mit Zutaten belegt wird, die größtenteils aus Italien stammen. Im schnörkellosen Trattoria-Ambiente – schwarze Tische und Stühle, ein paar Italienbilder an den Wänden, eine mit Zeitungsausschnitten beklebte Bar, das war's eigentlich – entscheiden wir uns für die Pizza Favorita mit San Marzano Tomaten, Fior di Latte Mozzarella, Parmaschinken, Parmesan und Rucola (16,90 Euro), Sylvester Stallone mit Roastbeef, Cherrytomaten, Scamorza Affumicata, Rucola und Salsa Verde (17,90 Euro) sowie eine Portion Arancini (frittierte Risottobällchen, gefüllt mit pikanter 'Nduja-Wurst und Parmesan-Blättern; 5,50 Euro) und einen Insalata Mista (10,50 Euro) für nebenher. Und tatsächlich: Ein bisschen Neapel steckt schon drin in diesem Essen, vor allem im Pizzateig. Allerdings ist das Fleisch eher okay als Spitze, hat nicht allzu viel Eigengeschmack. Die Bällchen sind aus ähnlichen Gründen mehr solide als besonders erwähnenswert. Aber darum geht es hier ja auch nicht vordergründig. Hier geht es um traditionelles Pizzahandwerk. Und das verstehen die Pizzamacher allemal. EBH

AMBIENTE ●●○○○ SERVICE ●●●●○
KÜCHE ●●●○○ PREIS-LEISTUNG ●●●○○

€€ Eppendorfer Weg 244 (Hoheluft-Ost), Telefon 040 50090550, Mo-Do 12–23, Fr-Sa 12–24, So 12–23 Uhr, EC-Karte, VISA, Mastercard, Amex; Eppendorfer Baum U3; pizzamachertrattoria.com

Pittarello

Bravo, was ein Genuss!

Seit 2015 führen Carlo Pittarello und sein Sohn Dario diesen kleinen Italiener in Winterhude. Das Ambiente ist ungemein charmant, ohne Schnickschnack. Die kleine, aber feine Speisekarte bietet Spezialitäten aus dem Piemont. Neben einer großen Palette Vorspeisen können wir als Hauptgang aus jeweils sechs Gerichten mit Pasta oder Fleisch und Fisch auswählen. Wir starten mit Carpaccio Classico (19,50 Euro) und Baby-Leaf-Salat nebst Gamberoni und Avocado (16,50 Euro). Beides wunderbar leicht mit feinem Kräuteröl angemacht, der Salat angenehm mit dem Dressing durchzogen und zusammen mit den Avocado-Scheiben eine interessante Variation. Das Carpaccio aus hauchdünn geschnittenem Rinderfilet ist wirklich einladend angerichtet und durch die frisch gehobelten Wintertrüffel ein Geschmackserlebnis! Ist das noch zu toppen? Allerdings. Denn

FOTO: MARC SILL

Hochkarätige Weine, feine Küche und ein exzellenter Service: Poletto Winebar

die Kalbsleber in Butter und Salbei (22 Euro), gebraten mit Röstzwiebeln und Kartoffelpüree, ist einfach Spitzenklasse. Mein spontanes Urteil: beste Leber ever. Das runde ich ab mit zwei Gläsern Barbera d'Alba Sovrana (0,15 l 8,90 Euro), einem intensiven rubinroten Wein aus dem Piemont. Auch die Tagliatelle al Tartufo (28,90 Euro) meiner Begleitung wecken Begeisterung. Die Nudeln auf den Punkt, die Soße leicht, aber cremig und die am Tisch gehobelten Trüffel reichlich und frisch. Dazu ein Glas Vermentino (0,15 l 7,60 Euro), der seinen Preis wert ist. Zwar etwas säurehaltig, aber dafür ausdrucksstark und passend zum dominanten Hauptgang mit Trüffel. Zum Abschluss noch ein Affogato (7 Euro) – der beste, den ich je genießen durfte. Fazit: Perfekter Abend voller Genüsse. Hier ist alles mit Liebe frisch zubereitet. Ein neues Lieblingslokal? Es sieht ganz danach aus! TK

AMBIENTE ●●●●○ SERVICE ●●●●●
KÜCHE ●●●●● PREIS-LEISTUNG ●●●●○

€€€ Mühlenkamp 8 (Winterhude), Telefon 040 69456969, Di-Fr 12–15, 17–23, Sa-So 17–23 Uhr, EC-Karte, VISA, Mastercard, Amex; Gertigstraße Bus 6, Bus 17; ristorante-pittarello.de

Poletto Winebar

Mehr als eine Weinbar

Der Name Poletto hat in Hamburg einen guten Klang. Cornelia Poletto hielt bis 2010 einen Michelin-Stern im gleichnamigen Restaurant. Dabei wird zuweilen vergessen, dass die Promi-Köchin das Lokal zusammen mit ihrem damaligen Mann Remigio Poletto führte. Der gründete im Jahr 2009 zusammen mit Luigi Francia die Poletto Winebar: ein gemütliches Restaurant, dass mehr als nur hochklassige Weine zu bieten hat. Wir sitzen auf bequemen Hockern unweit der gut besetzten Bar. Wir bekommen vorweg in Miesmuschelsud gegarte Artischocke und Gambas an Burrata mit Pistaziencreme (19,90 Euro) – edle Vorspeisen, nicht ganz so raffiniert zubereitet wie erhofft. Dafür schmeckt der Weißwein. Der Roero Arneis aus dem Piemont ist hervorragend, hat aber seinen Preis: 13,50 Euro für das 0,15 l-Glas. Als Hauptgang kommen perfekt gekochte, intensive Linguine aus der Region Basilicata mit Tomatensoße und Ricotta (15,90 Euro) und ein ganzer Loup de Mer vom Grill mit Wildkräutersalat (29,90 Euro). Ein feiner Fisch, angenehm minimalistisch zubereitet. Der Service ist exzellente: zurückhaltend, aber aufmerksam und dabei immer gut gelaunt. JP

AMBIENTE ●●●●● SERVICE ●●●●●
KÜCHE ●●●●○ PREIS-LEISTUNG ●●●○○

€€€€ Eppendorfer Weg 287 (Hoheluft-Ost), Telefon 040 38644700, Mo-Fr 12–23, Sa-So 17–23 Uhr, EC-Karte, VISA, Mastercard; Christuskirche U2; poletto-winebar.de

Porticello

Kleine Tür zu großer Küche

In Sicht- und Laufweite der Elbphilharmonie erwarten wir eher einen Touristenfänger-Italiener mit mittlerer Küche. Aber weit gefehlt! Vorweg gibt es eine großzügige Menge an hausgemachten Antipasti (13,90 Euro), die liebevoll angerichtet sind und geschmacklich halten, was das Äußere verspricht. Außerdem genießen wir sehr feine Entenleber in Balsamicosoße (14,50 Euro). Wir folgen der Weinempfehlung des Wirts und bestellen einen Rocca Rubia, einen sizilianischen Rotwein, der zu einem sehr fair kalkulierten Preis (36,50 Euro) angeboten wird, zu den Hauptgerichten. Und mit denen geht's erst richtig los: Die hausgemachten schwarzen Tagliolini mit Jakobsmuscheln und Scampi in Safransoße (22,50 Euro) sehen toll aus und schmecken fein! Der Steinbutt in Butter und Salbei (28,50 Euro) ist ein weiterer optischer Kracher und auf den Punkt zubereitet. Herrlich! Ein eisgekühlter Limoncetta di Sorrento aufs Haus rundet den Abend ab. KL

AMBIENTE ●●●○○ SERVICE ●●●○○
KÜCHE ●●●●○ PREIS-LEISTUNG ●●●○○

€€€€ Kajen 12 (Altstadt), Telefon 040 30066273, Mo-Fr 12–24, Sa 16–24 Uhr, EC-Karte, VISA, Mastercard; Stadthausbrücke S1, S2, S3; ristorante-porticello.de

Portolino

Alstervergnügen

Mini-Beben bei Hamburgs Edel-Italienern: Claudio Spinsanti zieht mangels Pachtverlängerung mit seinem Portonovo in die Milchstraßen-Räume der müde gekochten Anna Sgroi. Seine Restaurant-Ikone mit Top-Adresse Alsterufer 2 heißt jetzt Portolino und wird nun geführt von zwei langjährigen Mitarbeitern. Sonst hat sich an diesem Gastro-Hotspot wenig verändert. Bei unserem Test sitzen wir witterungsbedingt nicht auf der Mega-Wasser-Terrasse, sondern drinnen, mit nicht minder tollem Königsblick in dem voll verglasten Gastraum. Der sorgt für ganzjähriges Alstervergnügen. Auch kulinarisch. Ohne Ruhetag und ganztags mit nur kurzer 16-Uhr-Pause nach den deutlich preiswerteren Mittagsgerichten (12,50–21,50 Euro) wird gehoben italo-mediterran aufgekocht. Das Vitello tonnato der Co-Testerin überzeugt mit butterzartem rosa Kalbsrücken und einer kapernsäuerlichen Fischcreme, während mein Vorspeisenteller allein schon für uns beide gereicht hätte (18,90/22,90 Euro): Einzig der Krabbensalat ist trotz Mayo-Overkill fad, dafür punkten die marinierten BBQ-Veggies ebenso wie die Riesen-Gamba, der Sepia und die Miniaturen der Vorspeisen Wachtel auf Linsensalat, Burrata auf Grilltomate und Vitello (19/16,90 Euro). Von den Primi Piatti (19,90-25,90 Euro) hätten uns einzig die Trüffel-Tagliatelle interessiert, die aber, wie der flink-freundliche Service in der Küche nachfragt, mit etwas künstlichem Trüffelöl gekocht sind. Mögen wir nicht, umso mehr aber die perfekt innen rohe Riesen-Tranche von Tataki-artigem Thunfisch in Sesamkruste mit Pak Choi und raffinierter Balsamico-Sojasoße und mein leider etwas übergartes gefülltes Perlhuhn-Suprême auf superfeinem Pilzgemüse und Morchelsoße – beides mit 42 Euro und 35,90 Euro gefühlt je einen Fünfer zu teuer. Immerhin sind die Weine ab 8 Euro (0,2 l) mit vielen Flaschen unter 40 Euro erschwinglich. Wir teilen uns zum Abschied ein klassisch-festes Tiramisu (12 Euro) und kommen garantiert zum Sommer-Alstervergnügen auf die Terrasse wieder. PESI

AMBIENTE ●●●●○ SERVICE ●●●●●
KÜCHE ●●●●○ PREIS-LEISTUNG ●●●●○

NEU! €€€€ Alsterufer 2 (Rotherbaum), Telefon 040 71408900, Mo-So 11–23 Uhr, EC-Karte, VISA, Mastercard, Amex; Dammtor S11, S21, S31; portolino.de

FOTO: MARC SILL

DaCaio
RESTAURANT+BAR
Barcastraße 3 · 22087 Hamburg · T +49 40 2800 30 1808 · dacaio@thegeorge-hotel.de · www.thegeorge-hotel.de

Portonovo

Milchstraße statt Alsterwasser

Zum Weinen genial war die gehobene Italo-Cuisine im nah am Wasser gebauten Portonovo nie. Doch auch nach dem Umzug des Kernteams um Padron Claudio Spinsanti vom Alsterufer in Anna Sgrois gediegene Gasträume am Rotherbaum wird noch immer sehr fein aufgekocht. Obwohl wir kurz nach der Eröffnung testen, funktioniert fast alles wie am Schnürchen. Kein Wunder, arbeitet die Mannschaft doch seit Jahren fest verzahnt. Auf dem Tisch mit Terrassenblick wartet ein Schälchen entsteinte Oliven auf uns. Ich picke die edlen Mini-Taggiascas heraus. Mittags könnten wir für 29,50 Euro den Drei-Gang-Lunch ordern, abends reicht das nicht mal für ein Fisch- oder Fleisch-Hauptgericht wie den fantastischen Steinbutt auf Babyspinat mit Trüffeln drüber und drunter in der Soße (38,90 Euro) meiner Co-Testerin. Vorher teilen wir uns zu einem Schluck aus der Flasche Jermann Pinot Grigio (47,50 Euro; riesige Auswahl aus Spinsantis Weinhandel) den opulenten Vorspeisenteller (21,90 Euro) mit Garnele auf Mangotatar, Melonen-Schinken, Caprese, Wachtel auf Linsensalat, Sepia mit Wakame, Krabbencocktail und Vitello – eines delikater als das andere. Meine mit cremig-knackigem Spargel-Ricotta gefüllten Crespelle auf Spinat-Spiegel sind ebenso ein Traum wie das als großes Tortenstück servierte, angenehm unsüße Tiramisu (21,90/12,90 Euro), das wir uns zum krönenden Abschluss teilen. Noch ein Kurzer aufs Haus? Grazie mille! PESI

AMBIENTE ●●●● SERVICE ●●●●●
KÜCHE ●●●● PREIS-LEISTUNG ●●●●

NEU! €€€€ Milchstraße 7 (Rotherbaum), Telefon 040 41356616, Mo-So 12-22.30, EC-Karte, VISA, Mastercard, Amex; Alsterchaussee Bus 19; ristorante-portonovo.de

Russano's

Italo-Kleinod an der Waitze

Die Waitzstraße am S-Bahnhof Othmarschen ist gastronomisch kein einfaches Pflaster. Ein, zwei etablierte Cafés, jeweils ebenso viele Kneipen und Restaurants, eines davon das Block House. In Jahr eins der Pandemie ist das Russano's hinzugekommen. Und es läuft. Betreiber sind italienische Brüder, die einschlägige Erfahrung mitbrachten. Die Pizzeria ist winzig, der Lieferservice dominiert das Geschäft. Eine Handvoll hohe Tische bietet kaum 20 Gästen Platz. Dazwischen wuseln Patron Giovanni und sein Kollege, der die Bestellungen ausfährt. Zu ordern gibt's Pizza, Pasta, Salat. Wer im Ristorante isst, kann zudem eines der Tagesgerichte genießen. Probieren wir also mal die Pappardelle mit Hirschragout (16,50 Euro). Die Nudeln kommen al dente, das zarte Fleisch ist in einer spicy Soße gegart. Sehr lecker. Wie auch die Tagliatelle al Salmone (15,50 Euro) mit Fisch in einer cremigen Tomatensoße. Eine Bank sind die Pizzen, die Preise bewegen sich zwischen 9,50 und 16,50 Euro – der Lage angemessen. Die Zubereitung erfolgt neapolitanisch mit dünnem Boden, knusprigem Rand und großzügigem Belag. Die Küche hat alle klassischen Varianten im Programm. Eigene Kreationen? Null Problemo. Uns überzeugen die Napoli und die Bianca mit Birne, Gorgonzola, Rosmarin. Das Weinangebot ist so klein wie fein. Die Buddel Primitivo aus Apulien (28,50 Euro) erweist sich als solide Wahl. MO

AMBIENTE ●●●● SERVICE ●●●●
KÜCHE ●●●● PREIS-LEISTUNG ●●●●

€€ Waitzstraße 23 (Groß Flottbek), Telefon 040 89726661, Mo-Do 11.30–21.30, Fr-Sa 11.30–22, So 17–21.30 Uhr, EC-Karte, VISA, Mastercard; Othmarschen S1; russano.de

Im Spaccaforno kommen die Pizzaiolo aus Neapel – das Ergebnis kann sich sehen und schmecken lassen

Spaccaforno

Die echte neapolitanische Pizza

„Nervös? Für dich ein bisschen mehr, Paul!" entscheidet Gastgeber Cosmin mit Blick auf meine zwei charmanten Begleiterinnen und schenkt zwinkernd noch einen Schwupp vom Regaleali Wein (Fl. 29 Euro) nach. Meinen Namen hat er aus dem Reservierungsbuch, das zeugt von Aufmerksamkeit und Reservierung ist geboten im Spaccaforno: Die Dependance am Poelchaukamp war an diesem Dienstagabend ausgebucht, jetzt sitzen wir im Stammhaus an der Börsenbrücke, ein dritter Laden findet sich in Fuhlsbüttel. Läuft also für Hamburgs wahrscheinlich beste neapolitanische Pizzeria. Das zumindest flüsterte mir Domenico Gentile zu, Kochbuchautor und Vorsitzender der Deutschland-Jury von „50 Top Pizza", dem weltweiten Onlineführer für die echte Pizza Neapolitana. Fünf deutsche Pizzerien aus Fürth, Berlin, München finden sich dort derzeit: „In Hamburg werden die meisten Läden nicht von Leuten aus Neapel betrieben und es fehlt an Authentizität", erklärt Gentile. Im Spaccaforno kommen die Pizzaïolo aus Neapel und sie nehmen ihren Job ernst: Neapolitanische Pizza ist seit 2017 UNESCO Weltkulturerbe. Wir probieren die Verace Pizza Napoletana, die Margherita (9,80 Euro): Der 28 Stunden gereifte Teig wird von Hand geformt, das lässt sich in den offenen Küchen der Spaccoforno-Pizzerien gut beobachten. Bestrichen mit einer Soße aus San Marzano-Tomaten, belegt mit Fior di latte (Kuhmilch-)Mozzarella und herbem Basilikum, geht die Pizza bei 390 Grad für nur 3 Minuten in den Ofen. Superwürzig die La Vera (11,50 Euro) mit Kapern, Oregano und Anchovis. Insgesamt 18 Pizzen listet die Karte, eine Überraschung ist die Capricciosa, mit Artischocken, Schinken, Salami und Pilzen (15,50 Euro), die als bianca serviert wird: ohne Tomatensoße und doch saftig. Ob es hier die beste Napoletana der Stadt gibt, vermag ich nicht zu sagen, wir genossen die guten Pizzen im herrlich rummeligen Laden, zwischen Mehlsäcken, Bar und Regalen voller Köstlichkeiten. STEVAN PAUL

AMBIENTE ●●● SERVICE ●●●●●
KÜCHE ●●●●● PREIS-LEISTUNG ●●●●

€€ Börsenbrücke 4 (Altstadt), Telefon 040 38904207, Mo–Fr 12–21, Sa 13.30–22 Uhr, EC-Karte, VISA, Mastercard; U Rödingsmarkt (Großer Burstah) Bus 3, Bus X35, U3; spaccoforno.de

The Pasta Club

Pasta Club mit familiärem Charme

Da meine Begleitung sich verspätet, habe ich bei selbst gebackenem Brot und Oliven Zeit, mich in dem kleinen kalabrischen Restaurant umzusehen. Eng, aber gemütlich ist der neue Pasta Club in Hoheluft-West mit seinen knapp 30 Plätzen und den aus alten Küchengeräten gebastelten Lampen. Als wir zu zweit sind, studieren wir bei einem Rosato Mio (6,50 Euro) die Karte. Der Besitzer des ehemaligen Pesce e Pesce hat eine kleine Fischauswahl mit in die Neueröffnung genommen.

FOTO: MARC SILL

Doch wir sind neugierig auf die namengebende, angeblich hausgemachte Pasta. Ein illustrierter Guide stellt die Nudelsorten vor, die mit verschiedenen italienischen Soßen kombiniert werden können. Der Koch empfiehlt, welche Sorte am besten zu welcher Soße passt. Und auf die Frage nach einem passenden Weißwein kommt der Inhaber mit einer persönlichen Empfehlung zum Probieren an den Tisch. Der Grillo (0,2 l 8 Euro) ist fruchtig und lecker. Wir starten mit Antipasti, die umstandslos vegetarisch serviert werden. Das marinierte Gemüse ist individuell abgestimmt gewürzt und lässt sich hervorragend teilen. Die Spaghetti mit Trüffel (14,50 Euro) und die Tagliatelle mit Scampi in Tomatensoße (15,50 Euro) werden anschließend in der offenen Küche frisch zubereitet und hübsch angerichtet. Nachtisch steht nicht in der Karte, aber gibt es auf Nachfrage: Crema catalana (5,90 Euro) mit Orangennote.

CSW

AMBIENTE ●●●●○ SERVICE ●●●●○
KÜCHE ●●●●○ PREIS-LEISTUNG ●●●●○

€€€ Eppendorfer Weg 221 (Hoheluft-West), Telefon 040 78050547, Mo-So 12–23.30 Uhr, EC-Karte, VISA, Mastercard; Eppendorfer Weg (Ost) Bus 5, Bus X35; pesce-e-pesce.com

Trattoria Anna e Luciano

Schwimmende Nudeln

Eher unscheinbar liegt die Trattoria in der Barmbeker Wohngegend. Ohne Reservierung werden wir unter der Woche abends an den zweitschlechtesten Tisch gesetzt, die anderen stünden nicht zur Verfügung. Stunden später, die Gruppe der Anwesenden ist auf nur vier weitere angewachsen, stellt sich das als reine Behauptung heraus. Wir lächeln sie weg. Unter den Vorspeisen lockt Tonno Crudo (14,90 Euro), doch der großartige rohe Thunfisch wird unter einer zähen braunen Soßendecke erstickt. Beim Hauptgang Tagliatelle mit Wintertrüffel (22,90 Euro) kann beim Italiener eigentlich nichts schiefgehen, denken wir. Der Trüffelgeschmack setzt sich zwar wunderbar durch, doch schwimmen die Nudeln im Fett, und das machen sie leider in einem Zustand, der auf den gängigen Garstufen noch vor al dente käme. Nachdem wir uns die Desserts haben aufsagen lassen, weil sie nicht auf der Karte stehen, entscheiden wir uns für die zwei Tartufo-Sorten Zitrone und Schokolade, um dann einige Minuten später zu hören, dass beide leider heute doch nicht geliefert wurden. Aber vielleicht sind sie auch jenen Gästen vorbehalten, die den Weg an die freien Tische hätten finden sollen? Die Alternativen Cassata (5,90 Euro) und Tiramisu (6,20 Euro) sind Mittelmaß. Italo-Ohrwürmer erklingen zu sämtlichen Gängen, in dezenter Lautstärke. Offenbar ist die Qualität der Gerichte nicht gemeinsam mit den Preisen gestiegen. Was an diesem Abend jedoch zunimmt, ist die Freundlichkeit. Vor allem nachdem wir das teure Trüffel-Gericht bestellen.

DEF

AMBIENTE ●●●○○ SERVICE ●●●○○
KÜCHE ●●●○○ PREIS-LEISTUNG ●○○○○

NEU! €€€€ Hellbrookstraße 47 (Barmbek), Telefon 040 61189376, Di-Sa 18–24 Uhr, EC-Karte; Hellbrookstraße Bus 7, Bus 177

Trattoria Brunello

Nachbarschaftsitaliener mit Anspruch

Schon von Weitem kann ich erkennen, dass im Brunello ein reges Treiben herrscht. Befreundete Pärchen werden auf der großzügig angelegten Terrasse zu ihrem Tisch gebracht, der Vater mit zwei kleinen Kindern trägt große Pizzakartons aus dem Restaurant. Das Personal ist sehr aufmerksam – wir sind schnell platziert, der Hund bekommt eine Schüssel mit Wasser und ruck, zuck stehen eine Flasche Wasser, zwei Aperitivo und ein Korb mit Brot und Olivenöl

Die Trattoria Brunello überzeugt mit solider Küche zu fairen Preisen

FOTO: MARC SILL

auf dem Tisch. Als Vorspeise wähle ich Salsiccia del Brunello (11,50 Euro), eine würzige Fenchelbratwurst, die auf getrüffeltem Kartoffelpüree serviert wird und die eine heimelige, süditalienische Stimmung in mir aufkommen lässt. Sehr bodenständig und ein toller Auftakt. Als Hauptgericht lasse ich mir das Risotto Siciliana (21,60 Euro) mit Garnelen und einem Topping aus Pistazien und Limonenschale, die dem Essen eine tolle Säure verleiht, schmecken. Die Portionen sind von der Größe her ausgewogen. Wer auf kompetenten Service, authentische italienische Speisen zu einem sehr guten Preis-Leistungs-Verhältnis Wert legt, ist hier richtig. MH

AMBIENTE ●●●●○ SERVICE ●●●●●
KÜCHE ●●●●○ PREIS-LEISTUNG ●●●●○

€€€ Stormarnplatz 8 (Poppenbüttel), Telefon 040 61187753, Mo-Fr 12–23, Sa 16–23, So 12–23 Uhr, EC-Karte, VISA, Mastercard, Amex; Poppenbüttel S1, Bus 8; trattoria-brunello.de

In der Trattoria Calabria geht es familiär und gemütlich zu

Trattoria Calabria

So geht Pasta!

Die Trattoria Calabria liegt an der stark befahrenen Gärtnerstraße, aber im Inneren wird es schnell gemütlich. Die kleine Gaststube ist sehr eng bestuhlt. Zwangsläufig entstehen kleine Gespräche mit den Platznachbarn. Es herrscht reges Kommen und Gehen von Anwohnern, die sich die Pizza mit nach Hause nehmen. Wir bestellen auf Anraten des Kellners nur einen Antipasti-Teller (16,90 Euro) als Vorspeise für zwei. Sympathischer Hinweis. So riesig ist die Portion dann zwar nicht, doch mit den Pasta-Hauptgängen werden wir satt. Auf dem Teller finden sich gegrilltes Gemüse, Vitello tonnato, Knoblauch-Oliven und mehr. So wird es in Italien auch gemacht. Lediglich das Carpaccio auf Rucola könnte etwas mehr Pep vertragen. Kein Problem, stehen doch Olivenöl und Pfeffermühle auf den Tischchen. Die Spaghetti Aglio e Olio (10,90 Euro) und die Pappardelle al Cime di Rapa (17,50 Euro) sind wirklich hausgemacht und al dente. Der rote Hauswein (0,5 l für 10,90 Euro), ein Montepulciano, ist ein ehrlicher Geselle. Nur anstelle des Nestlé-Wassers (0,75 l für 5,50 Euro) würden wir Leitungswasser bevorzugen. Danach fragen wir nächstes Mal. DS

AMBIENTE ●●●○○ SERVICE ●●●●○
KÜCHE ●●●●○ PREIS-LEISTUNG ●●●●○

HANSEPERLE 2022 €€ Gärtnerstraße 76 (Hoheluft-West), Telefon 040 69081378, Di-Sa 17–24, So 16–23 Uhr, EC-Karte, VISA, Mastercard; Kottwitzstraße Bus 20, Bus 25

Trattoria Salento

Liebevoll und lecker

Die Region Salento gilt als Absatz des italienischen Stiefels. Die gleichnamige Trattoria von Anja und Mirco Gottardo finden wir dort, wo das Herz Eimsbüttels schlägt. Und sind sofort begeistert vom liebevoll und urig eingerichteten Restaurant zwischen all den aus dem Boden schießenden Hipster-Läden rund um die Osterstraße. Brot und Wasser landen schnell auf der rot-weiß karierten Tischdecke. Empfehlungen brauchen wir nicht, die Speisekarte kann der freundliche Kellner wieder mitnehmen. Die große Tafel mit den Tagesgerichten hat uns sofort überzeugt. Und so steht kurz darauf der gemischte Vorspeisenteller für zwei Personen (18 Euro) vor uns. Wir lassen uns die Komposition von prima gewürzten Champignons, Aubergine, Paprika, Büffelmozza und frisch gehobeltem Parmesan schmecken. Passt alles. Dazu gibt's eine Flasche von angenehm samtigen Paiara Rosso für faire 20 Euro. Dann heißt es ran an die handgemachten Nudeln. Die Linguine (17 Euro) kommen auf den Punkt gekocht als gut abgeschmeckte Variante mit Miesmuscheln, auf meiner Seite muss es einfach die frische Pasta aus dem Parmesan-Laib nebst Trüffel (24 Euro) sein. Ein Gedicht. Da versteht jemand sein Handwerk. Alles ist bodenständig, aber fein angerichtet. Nix mit Chichi. Die Portionen stimmen, die Atmosphäre sowieso. Der Service? Unaufgeregt, aber auf Zack. Fazit: Wer mitten in Eimsbüttel richtig gut italienisch essen möchte, ist in der Trattoria Salento prima aufgehoben. AND

AMBIENTE ●●●○○ SERVICE ●●●○○
KÜCHE ●●●●○ PREIS-LEISTUNG ●●○○○

€€€ Osterstraße 52 (Eimsbüttel), Telefon 040 28514005, Mo-Sa 18–24 Uhr, EC-Karte, VISA, Mastercard; Osterstraße U2; trattoriasalento.de

Villari

Alles nur Kulisse

Die verlodderte Kapelle des Klinikums Nord in Langenhorn hat ein Investor 2016 in ein Ristorante verwandelt. Tolle Kulisse. Die hohen Decken machen den sakralen Raum nicht gemütlich, aber besonders. Besonders verläuft auch unser Erstbesuch. Nur drei Tage die Woche öffnet das Villari fürs Abendmahl. Spärliche fünf Tische sind besetzt. „Drei No-Shows, zwei Absagen", erklärt der Kellner, Typ Obelix. Der hält große Stücke auf sich. Anstelle des klassischen Negroni überredet er zur Blanco-Variante (16,50 Euro!): „Meine Erfindung." Anfänglich nehmen wir seine Kommentare humorvoll („Sind Sie denn Hamburger? Den Wolfsbarsch servieren wir im Ganzen!"). Als er uns über seine nicht enden wollenden Monologe am Nachbartisch zu versorgen vergisst, kippt die Stimmung. Die flehentliche Bitte um eine Getränkekarte schlägt er mit der Begründung aus, sie werde „gerade überarbeitet". Heißt: Der Laden lässt den Gast zu Angeboten und Preisen im Unklaren. Die erste „Empfehlung" unseres neuen Freunds, eine 2014er Magnum Primitivo, halten wir irrtümlich für den nächsten Joke. Na gut, sie gäbe es „zur Not auch kleiner". Den Preis nuschelt er auf Nachfrage: 98 Euro. Die alternativ georderten zwei Gläser Primitivo (à 9,50 Euro) mahnen wir nach längst verputzter Vorspeise an. Obelix verspricht Wiedergutmachung. Die sieht so aus: Statt den Vino zu spendieren, berechnet er die zweite Buddel Sprudel zwei Euro teurer als die erste. Die Kulinarik gerät da zur Nebensache, zeigt Ups and Downs: Die Pizza Salsiccia für sportliche 21,90 Euro gelingt ordentlich, das Vitello tonnato (17,90 Euro) müht sich zur Zwei minus, besagter Fisch (28,50 Euro) kommt saftig mit Olivenöl, Zitrone, Kräutern, aber zu salzig aus dem Ofen. Das Saltimbocca (27,50 Euro) inszeniert die Küche als wenig filigrane Rouládchen, deren Salznote gar die des Salbeis überlagert. Herr, erbarme dich dieses gastronomischen Himmelfahrtskommandos. MO

AMBIENTE ●●●○○ SERVICE ●○○○○
KÜCHE ●●○○○ PREIS-LEISTUNG ●●○○○

€€€€ Henny-Schütz-Allee 7 (Langenhorn), Telefon 040 52572552, Do-Sa 18–22 Uhr, EC-Karte, VISA, Mastercard; Klinikum Nord (Ochsenzoll) Bus 292; villari-restaurant.de

FOTO: MARC SILL

TIPPS DER REDAKTION

Brillant belegt

Pizzerias gibt es in Hamburg wie Sand am Meer. Und fast genauso viel Lieblinge haben wir. Ein paar haben wir schon in dieser Rubrik Italien ausführlich getestet. Hier sind zehn weitere

380 Grad Pizza

Mitten im Altonaer Kiez werden richtig gute Pizzen mit Leidenschaft, Aufmerksamkeit, Humor und Ambiente vereint. Und die Pizza selbst verbindet dünnen, knusprigen Pizzaboden mit frischesten Zutaten für den Belag – von traditionell bis ausgefallen.

€€ Paul-Nevermann-Platz 1 (Altona-Nord), Di-So 17–23 Uhr; EC-Karte, VISA, Mastercard, Amex; Altona alle S-Bahnlinien; 380grad-pizzabar.de

Die Pizzabäckerin

Immer der Nase nach! Besonders wenn die Türen von Nicole Harms' Pizzeria geöffnet sind, ist der Duft von frisch gebackener Pizza nicht zu verfehlen. Bei „Die Pizzabäckerin“ ruht der Teig mindestens 24 Stunden, ehe er mit hochwertiger Tomatensoße bestrichen und im Ofen gebacken wird. Drin ist es absolut muckelig: Im Gastraum neben der offenen Küche finden bis zu neun Personen Platz. Vorgebackene Pizzen gibt es auch für zu Hause. Drei bis vier Minuten in den Ofen – fertig!

€ Eppendorfer Weg 127 (Eimsbüttel), Di–Mi 12–19, Do–Sa 12–20 Uhr, nur Barzahlung; Goebenstraße Bus 20, Bus 25; die-pizzabackerin.business.site

Die Pizzeria

Eine Pizza, während man den Sommer im Haynspark genießt oder nach Feierabend ein wenig Dolce Vita benötigt: Die Pizzeria im Norden Eppendorfs ist dafür perfekt. Das kleine Restaurant besticht mit einer ebenso kleinen Speisekarte: Es gibt nur Pasta und Pizza. Letztere wird so gebacken, wie sie sein sollte. Dünner, knuspriger Teig, fruchtige Tomatensoße und die richtige Menge an Käse. Dazu kommt je nach Gusto Gemüse, Fisch und Fleisch.

€€, Eppendorfer Landstraße 165 (Eppendorf); Mo-So 12-23 Uhr; EC-Karte, Visa; Schubackstraße Bus 114, Bus 392; diepizzeria.eu

Jill

Im Jill in den Schanzenhöfen werden die Teiglinge mit frischen Zutaten in Bio-Qualität belegt und anschließend für 60 bis 90 Sekunden bei rund 480 Grad im handgefertigten Ofen aus Neapel gebacken. So entstehen im Rande große Blasen, die nachher ganz besonders knusprig sind. Damit niemand auf dem Trockenen sitzt, gibt es neben regionalen Softdrinks auch Wein und eine große Auswahl an Gin.

€ Bartelsstraße 12 (Sternschanze), Mo–Mi 12–22, Do 12–22.30, Fr–Sa 12–23, So 12–22 Uhr, EC-Karte; Sternschanze S 11, S21, S31, U3; jill.hamburg

Pizzamacherei

Weil jeder seine Pizza irgendwie anders mag, geht es in der Pizzamacherei ganz unkompliziert zu. Da wird jede Pizza auf Wunsch zubereitet. Der Pizzateig ist natürlich hausgemacht, genauso wie die Sugo. Veganen Käse gibt es auf Wunsch gratis. Eine absolute Empfehlung sind die Saison-Pizzen, bei denen man sich getrost auf das Händchen der Pizzamacher verlassen darf: bei Pizza mit Granatapfel-Soße, gebackenen Äpfeln, Haselnüssen und Brokkoli-Pesto oder einer mit Pflaumenchutney, Bergkäse, Frühlingszwiebeln und Radieschen schlagen die Herzen aller Experimentierfreudigen höher.

€ Eimsbütteler Chaussee 84 (Eimsbüttel), Mi–So 13–21 Uhr, EC-Karte, VISA, Mastercard; Christuskirche U2; pizzamacherei.com

Pizza Social Club

Wer östlich der Alster Lust auf die italienische Köstlichkeit hat, ist beim Pizza Social Club gut aufgehoben. Für den perfekten Genuss sorgt in dem hippen Restaurant ein Gasofen, in dem die Pizzen ihren besonderen Geschmack bekommen. Im Pizza Social Club gibt es außerdem Pizzabrot mit italienischem Aufschnitt, Burrata und Salate. Süßes Special im Pizza Club: die Nutella-Pizza und der Limonmisu – ein Dessert, ähnlich wie ein Tiramisu aber mit hausgemachtem Limoncello!

Mühlenkamp 29 (Winterhude), Mo–So 12–23 Uhr, EC-Karte, VISA, Mastercard; Gertigstraße Bus 6, Bus 17; pizzasocialclub.de

Der Name verspricht nicht zu viel: In der Teigfabrik kommt leckere Pizza auf den Tisch

FOTO: TEIGFABRIK

Tazzi Pizza

Auch Tazzi Pizza wagt sich an die Königsdisziplin: neapolitanischen Pizza. Im Minutentakt werden Pizzen in den Holzofen geschoben. Statt spektakulärer Kombinationen gibt es – bis auf wenige Ausnahmen – die Klassiker. Ist die Wahl getroffen, geht es blitzschnell: Für nur 90 Sekunden werden die Pizzen gebacken, bis sie die typischen, leicht angebrannten Luftbläschen bekommen. In Eimsbüttel hat Anfang 2023 Tazzi Pezzo eröffnet. Im Kiosk-Ambiente können einzelne Stücke Pizza probiert werden. Dazu gibt es Aperol und Italo-Disko-Tunes.

€ Rendsburger Straße 14 (St. Pauli), Mo–Fr 17–23 Uhr, Sa–So 13–23 Uhr, EC-Karte, VISA, Mastercard, Amex; St. Pauli U3; tazzipizza.com

Teigfabrik

Es ist auf jeden Fall der schönste Biergarten Ottensens. Doch weil Hamburg nun mal nicht Italien ist, lässt sich die großartige Pizza der Teigfabrik hier nicht das ganze Jahr genießen. Macht nichts, es gibt einen beheizten Wintergarten, ein hippes Restaurant und eine gut bestückte Bar. Und die Pizza schmeckt sommers wie winters – ob selbst zusammengestellt oder eine der ausgefallenen Spezialpizzen. Außergewöhnlich auch: Burrata, die Königin der Mozzarellas, ist Aushängeschild der Teigfabrik Ottensen und wird hier in vielen Variationen neu interpretiert serviert.

€€ Bahrenfelder Straße 53 (Ottensen), Mo–So 17–23 Uhr, EC-Karte; Altona alle S-Bahnlinien; teigfabrik.hamburg

Turtur

Früher gab es am Wilhelmsburger Veringkanal nur im Sommer Pizza. Im Winter verwandelten sich die Räumlichkeiten in einen Club, der Feierwütige bis in die Morgenstunden tanzen ließ. Nach langem Umbau kehrte das Turtur Anfang 2023 als reine Pizzeria zurück. Seitdem gibt es dort eine große Auswahl an veganen und vegetarischen Pizzen, aber auch Varianten mit Fleisch und Fisch. Jeden Mittwoch findet ein Tischtennisturnier statt.

€ Am Veringhof 13 (Wilhelmsburg) Mi–Fr 16–23 Uhr, Sa–So 14–23 Uhr, EC-Karte; Mannesallee Bus 13, Bus 151, Bus 152, Bus 156; turtur-pizzeria.de

ZweiPunktNull

Im modern-stylishen Ambiente werden hier herrlich leckere neapolitanische Pizzen gezaubert. Die dünne Pizza mit fluffigem Rand gibt es in verschiedenen Variationen belegt: darunter die cremige mit vier Käsesorten, saftig-kross mit Bacon, Champignons und Oliven oder klassisch als Margherita in vegetarischer oder sogar veganer Ausführung.

Friedensallee 20 (Ottensen), Mo–Fr 17–22, Sa–So 16–22 Uhr, EC-Karte, VISA, Mastercard; Hohenesch Bus 2, Bus 16; instagram.com/pizza_zweipunktnull

Do-Sa 18–23 Uhr, EC-Karte, VISA, Mastercard, Amex; Steinstraße U1; pane-e-tulipani.eu

Pastalozzi

In der fast rein portugiesischen Nachbarschaft sticht das italienische Pastalozzi heraus. Im Portugiesenviertel in der Neustadt werden an Holztischen auf buntgemusterten Fliesen Klassiker der Landesküche serviert. Zu italienischem Schlager gibt es Crespelle, italienische Crêpes, Lasagne und Limoncello.

€€ Reimarusstraße 10 (Neustadt), Telefon 040 31791709, Mo, Mi-Do 17–22, Fr-So 12–22 Uhr, EC-Karte; Landungsbrücken S1, S2, S3, U3; pastalozzi-hamburg.de

Piazza Romana

Ein Besuch in dem Restaurant Piazza Romana des Fünf-Sterne-Hotels Grand Elysée fühlt sich eher nach USA als nach Hamburg an. Auf der Speisekarte geht es hingegen italienisch zu. Dem Gast wird die ganze Aufmerksamkeit geschenkt, Beratung und Service werden großgeschrieben.

€€€ Rothenbaumchaussee 10 (Rotherbaum), Telefon 040 414120, Mi-So 12–14.30 und 18–22 Uhr, EC-Karte, VISA, Mastercard, Amex; Dammtor (Messe/CCH) S11, S 21, S 31, Bus 5, Bus 19; grand-elysee.com

San Michele

Franco kocht seit über 40 Jahren in Hamburg. Der gebürtige Sizilianer lässt den Gast seine Liebe zur Kulinarik in jedem Gericht spüren und füllt jede Ecke seines Lokals auf der Uhlenhorst mit seiner Präsenz. Seinen Empfehlungen, egal ob bei den italienischen Klassikern, sizilianischen Geheimtipps oder beim Wein, kann man vertrauen.

€€€€ Kanalstraße 22 (Uhlenhorst), Telefon 040 371127, Mo-Fr 12–22.30, Sa 16.30–22.30, So 16.30–21 Uhr, EC-Karte, VISA, Mastercard; Zimmerstraße Bus 6, Bus 17; san-michele.de

Spezzagrano

Hier wird Pizza mit viel Leidenschaft gebacken. Neben Fior-di-latte-Käse und fruchtiger Tomatensoße landen kreativ kombinierte Zutaten auf dem Teig. Hausgemachte Wurst mit Pilzen oder Spanferkel mit Kartoffeln? Nur zwei der vielen Kombinationen im Spezzagrano. Panuozzo, gefülltes Pizzabrot und Fritto, Pizza-Kissen, machen den kulinarischen Abend perfekt!

€€ Fuhlsbüttler Straße 300 (Barmbek), Telefon 040 53009595, Mo-So 12 - 22 Uhr, EC-Karte, VISA, Mastercard; Alte Wöhr (Stadtpark) S1, S11, Neue Wöhr Bus 7, Bus 172; instagram.com/spezzagrano_hh

That's Amore

Unaufgeregt, schlicht, preisgünstig: Das That's Amore kann sich über viele Stammgäste freuen. Das liegt an den guten Pasta- und Pizza-Gerichten, dem dezenten, aber gemütlichen Ambiente, dem freundlichen Service und den günstigen Preisen.

€ Weidenstieg 24 (Eimsbüttel), Telefon 040 18980327, Di-Sa 16.30–23, So 16.30–22 Uhr, EC-Karte, VISA, Mastercard, Amex; Christuskirche U2; thatsamorehamburg.de

Trattoria Centro Lire

In der Trattoria Centro Lire gilt das Motto Qualität statt Quantität. Auf der übersichtlichen Speisekarte stehen Klassiker der italienischen Küche, die durch eine handgeschriebene Karte mit saisonalen Gerichten ergänzt wird. Dunkelgrüne Wände, schlichtes Interieur und gedeckte Lichtquellen sorgen bereits seit 2006 für ein gemütliches Ambiente.

€€ Karolinenstraße 12 (St. Pauli), Telefon 040 41359177, Mo-Sa 18–22 Uhr, nur Barzahlung; Messehallen U2; trattoriacentolire.de

Trattoria Roma Sparita

Rot-weiß-karierte Tischdecken, dunkle Holzvertäfelung, Eros Ramazotti aus der Anlage und Deko mit Rom-Bezug verwandeln die Trattoria Roma Sparita in Ottensens Lohbuschstraße zu einem Bilderbuch-Italiener. Neben Pizza, die auch gern mal von den Bewohnern des Stadtteils abgeholt wird, glänzt das Küchenteam mit Pasta-Variationen und Al forno-Gerichten.

€€ Lobuschstraße 24 (Ottensen), Telefon 040 25777495, Mo-Sa 17–23 Uhr, EC-Karte, VISA, Mastercard; Altona alle S-Bahnlinien; roma-sparita.de

KURZ GEBRATEN

Alle Tests in voller Länge auf
genussguide-hamburg.com

Das Erdgeschoss

Das Bistro in Barmbek-Nord erscheint vom Namen und vom Äußeren sehr bescheiden, doch auf den Tellern der Gäste landen kulinarische Highlights. Pizza in zwei verschiedenen Größen, Salate und Antipasti, diverse Desserts und Kuchen lassen keine Wünsche offen. Kreative Extrawünsche werden von dem freundlichen Service und der Küche gerne in die Tat umgesetzt.

€€ Alte Wöhr 13a (Barmbek), Telefon 040 66874097, Di-Sa 15–23, So 15–22 Uhr, EC-Karte; Alte Wöhr S1, S11, Bus 7, Bus 23

Don A Roma

Das Restaurants in Blankenese setzt beim Ambiente auf New-York-Style der 1930er. Waldgrün flirtet mit Schwarz und Gold, die Beleuchtung ist gedämpft. Es gibt einen Barbereich mit Piano. Pizza mit veganem Käse, Pasta aus der hauseigenen Fabrica, Live-Musik und gute Drinks locken ein buntes Publikum an.

€€ Erik-Blumenfeld-Platz 27B (Blankenese), Telefon 040 226392830, Di-Do 11–23, Fr-Sa 11-2, So 11–23 Uhr, EC-Karte, VISA, Mastercard; Blankenese S1; donaroma.de

Il Gambero

Das Il Gambero empfängt seine Gäste in einer ehemaligen Villa am Anfang der Elbchaussee. Die Betreiber Luigi Coluccia und Mario Della Negra zelebrieren die italienische Lebenskunst seit 2016 mit herzerwärmenden, sinnlichen Gerichten.

€€€ Elbchaussee 94 (Ottensen), Telefon 040 38079985, Di-Fr 12–15 und 18–23, Sa 18–23, So 12–22 Uhr, EC-Karte, VISA, Mastercard; Fischers Allee Bus 15; il-gambero.com

Il Locale

Das Il Locale lockt mit einem Mix aus traditioneller und moderner Küche in familiärer Atmosphäre. Neben Pizza mit veganem Teig, hausgemachter Pasta und klassischen italienischen Desserts gibt es eine Schiefertafel voller Tagesempfehlungen – alles natürlich in handwerklich richtig guter Qualität.

€€€ Große Brunnenstraße 41 (Ottensen), Telefon 040 39893689, Di-Fr 17–23, Sa 16–23, So 16–22.30 Uhr, EC-Karte, VISA, Master-card; Altona alle S-Bahnlinien; il-locale.de

Il Tramonto

Das italienische Restaurant Il Tramonto, zu Deutsch „Sonnenuntergang", präsentiert sich im Herzen Lokstedts beim Empfang einladend und freundlich. Die Inneneinrichtung ist gleichermaßen modern, geschmackvoll und ansehnlich – wie auch die Präsentation der Speisen. Die Preise der Vor- und Hauptspeisen sind genau wie die Immobilienpreise im citynahen Lokstedt recht hoch.

€€€€ Grelckstraße 13 (Lokstedt), Telefon 040 54007509, Mo-So 12–23 Uhr, EC-Karte, VISA, Mastercard, Amex; Behrmannplatz Bus 22, Bus 281; il-tramonto.de

Il Cortile

Hell erleuchtet lädt das Il Cortile seine Gäste ein, an großen Holztischen und weich gepolsterten Bänken im ehemaligen Pferdestall Platz zu nehmen. Während man im Inneren gemütlich umgeben von Weinregalen sitzt, findet man sich auf der Terrasse zwischen Weinreben wieder.

€€€ Theodorstraße 41Z (Bahrenfeld), Telefon 040 88167216, Mo-Mi 11.30–16, Do-Fr 11.30–21, Sa 17.30–21 Uhr, EC-Karte; August-Kirch-Straße Bus 3; il-cortile.de

L'incontro da Cosimo

Das Restaurant ist eine Eimsbütteler Institution, deren Tiramisu der Ruf vorauseilt, eines der besten der Stadt zu sein. In gemütlichem Ambiente bekommt man Klassiker mit raffinierten Kombinationen wie Scaloppine alla milanese mit feinem Kürbis- und Kartoffelstampf.

€€ Weidenallee 25 (Eimsbüttel), Telefon 040 4300246, Di-Fr 12–15, 18–23, Sa 18–23, So 18–21 Uhr, EC-Karte, VISA, Mastercard, Amex; Christuskirche U2; lincontrodacosimo.de

La Panetteria

Schummrige Gemütlichkeit gehört zum Konzept. Man kennt sich, viele Stammgäste kommen vorbeit. Eine Karte gibt es nicht, dafür eine große Tafel über der Küche. Die Hauptrolle spielt Pasta, die jede Woche anders auf den Tellern landet.

€€€€ Osdorfer Landstraße 4 (Bahrenfeld), Telefon 040 89064802, Mo 12–15 und 18–23, Mi-Fr 12–15, 18–23, Sa 18–23, So 17–23 Uhr, EC-Karte, VISA, Mastercard, Amex; Groß Flottbeker Straße Bus 186; ristorante-panetteria.de

Nevio

Das Schöne an Nevio ist die gute Stimmung: Stammgäste werden überschwänglich persönlich begrüßt, Hunde und Babys sind genauso willkommen wie Teenagerinnen beim Mädelsabend. Im ehemaligen Lucacelli trifft sich Eppendorf zum Genießen leckerer Pizza, süditalienischer Klassiker oder einem Glas Wein nach Feierabend.

€€€ Eppendorfer Landstraße 95 (Eppendorf), Telefon 040 88185944, Mo-So 11.30–24 Uhr, EC-Karte, VISA, Mastercard; Eppendorfer Marktplatz Bus 20, Bus 114; nevio-hamburg.de

Palazzo Ristorante

Die Atmosphäre im Palazzo erinnert an eine südeuropäische Metropole. Das dunkle Rot der Wände sorgt für Gemütlichkeit und passt perfekt zu den gleichfarbigen Speisekarten. Darauf zu finden sind zahlreiche italienische Klassiker sowie eine große Auswahl an Weinen. Im Sommer lockt eine große Terrasse.

€€€€ Rothenbaumchaussee 185 (Harvestehude), Telefon 040 4102277, Mo-Fr 12–15 und 18–23, Sa 18–23 Uhr, EC-Karte, VISA, Mastercard; Hallerstraße U1; ristorante-palazzo.com

Pane e Tulipani

Im Pane e Tulipani direkt neben dem Kunstverein empfängt Wirt Lillo seine Gäste in einem eleganten Lokal mit hohen Decken und köstlichen Gerichten. Das kunstaffine Klientel wählt auf der übersichtlichen Karte zwischen italienischen Gerichten – gern mit asiatischem Twist verfeinert.

€€€€ Klosterwall 23 (Hammerbrook), Telefon 040 80601688, Mo-Mi 18.30–23,

Pizza, Pasta und Drinks und Live-Musik: Don A Roma

FOTO: MARC SILL

Ein französischer
Abend ohne
Crêpe Suzette?
Unvorstellbar!
Im Petit Bonheur
längst Legende

Frankreich

Wir wissen nicht, wie Gott in Frankreich gern essen würde. Aber wo die französische Küche in Hamburg ihre leckeren Dependancen hat, können wir verraten. Haute Cuisine? C'est bon!

Bistro Carmagnole

Richtig gute Bistro-Küche

Lässig wie seit der Eröffnung präsentiert sich das Bistro Carmagnole im Schanzenviertel. Ohne rechtzeitige Reservierung hat man keine Chance mehr auf einen freien Tisch. Wie vielerorts werden auch hier inzwischen zwei Services pro Abend angeboten. Wir bekommen einen Platz mit Blick auf die Juliusstraße, Street Life inklusive. Die Atmosphäre in den liebevoll im französischen Bistro-Stil eingerichteten Räumen pendelt zwischen entspannt und lebendig, die Musik im Hintergrund ist dezent und trotz der vielen Menschen, die in den beiden Gasträumen tafeln, können wir uns gut unterhalten. Die Abendkarte überzeugt mit ihrer kleinen und feinen Auswahl französischer Bistro-Klassiker, die teilweise neu interpretiert werden. Die Vorspeise nennt sich Couteaux en persillade. Das sind Schwertmuscheln in aromatischem, mit viel Petersilie und Knoblauch gewürztem Sud und mit knusprigen Panko-Bröseln bestreut (14,50 Euro). Wunderbar zart. Das vegane Tatar aus Roter Bete, Aubergine, Champignons und – man höre und staune – Tofu entzückt uns mit seinem dichten, intensiven Aroma, der Algen-Kaviar darauf ist das i-Tüpfelchen und die feinen, mit Rosmarinsalz bestreuten Pommes knuspern sich gut dazu (27 Euro). Der Service ist aufmerksam, locker und charmant, ganz so, wie es sich für ein französisches Bistro gehört. Die Weinberatung kompetent zu nennen wäre eine Untertreibung. Die vom Sommelier vorgeschlagenen Weine überzeugen geschmacklich und begleiten die Speisen aufs Beste. ANNE-KATRIN WEBER

AMBIENTE ●●●●○ SERVICE ●●●●●
KÜCHE ●●●●○ PREIS-LEISTUNG ●●●●○

€€€€ Juliusstraße 18 (Sternschanze), Telefon 040 40186115, Di-Sa 18–22 Uhr, EC-Karte, VISA, Mastercard, Amex, Paypal; Sternschanze S11, S21, S31, U3; carmagnole.kr

Bistro Tati

Grand plaisir in der Bellealliancestraße

Wohlig-warme Soulmusik empfängt uns im Bistro Tati in der schönen Bellealliancestraße in Eimsbüttel. In dem französischen Restaurant wären auch Chansons nett gewesen, aber Frankreich kommt hier dafür in unaufgeregtem Ambiente auf den Tisch. Bei schummerigem Licht entscheiden wir uns auf der gemütlichen Empore für eine Galette Bergère (14,50 Euro) und das Coq au Vin (19,50 Euro). Der Pfannkuchen mit Ziegenkäse, Schwarzwälder Schinken, karamellisierten Walnüssen und Salatbouquet ist schlicht noch leckerer als er sich liest. Und das französische Nationalgericht mit Hähnchen in Rotweinsoße und Karotten, Kartoffeln, Blumenkohl, Kohlrabi, Petersilie und Zuckerschoten im Tongefäß scheint besondere Hingabe erfahren zu haben. Weil sich auf einem herzhaften französischen Pfannkuchen allein kein Abendessen aufbauen lässt, soll das Crêpe caramel au beurre salé (5 Euro) nicht fehlen – eine weise Entscheidung, wie der Genuss des buttrigen Salzkaramell-Pfannkuchens beweist. Mit alkoholfreiem Paulaner Weizen (4,50 Euro) und einer Flasche St. Michaelis Mineralwasser (6 Euro) verteilt sich alles leicht, sodass noch Platz ist für Plateau Fromage (13 Euro): vier Sorten Käse, unter anderem Ziege und Camembert, mit frischem Brot, Butter und Feigensenf. Das rundet den französischen Abend par excellence ab. Nächstes Mal kommen wir aber abseits unserer alkoholfreien Tage. Kulinarische Ausflüge nach Frankreich bereiten mit Crémant und Rotwein eben einfach noch mehr Gaumenfreude. FD

AMBIENTE ●●●●○ SERVICE ●●●●○
KÜCHE ●●●●○ PREIS-LEISTUNG ●●●●●

€€ Bellealliancestraße 35 (Eimsbüttel), Telefon 040 18017611, Mo-Do 17–24, Fr-Sa 17–1 Uhr, EC-Karte; Christuskirche U2; bistro-tati.de

Brasserie Flum

Französisches Flair am Dammtor

Mit gehobener Küche in nobler Atmosphäre lockt die Brasserie Flum im Grand Elysée Hotel nahe des Dammtor-Bahnhofs. In der Brasserie hat man sich auf gediegenes Publikum eingestellt. Und so trägt das Servicepersonal hier auch selbstverständlich Anzug. Auf der Karte stehen fast ausschließlich französische Klassiker: Das Tatar vom geräucherten Lachs (15 Euro) zergeht zwar wirklich zart auf der Zunge und auch bei der französischen Zwiebelsuppe (7 Euro) klappt's geschmacklich bestens – auch wenn wir die dazugehörigen Croûtons vermissen. Der Service in der Brasserie Flum ist wirklich auf Zack. Kaum ist das Weinglas leer, ist freundliches Personal zur Stelle, um vom Côtes du Rhône (38 Euro) nachzuschenken. Der passt übrigens hervorragend zu Fleisch und Fisch. Der Bachsaibling aus der Butterpfanne mit Möhren und Kartoffeln (27 Euro) ist auf den Punkt gebraten und schwimmt in der richtigen Menge Schnittlauch-Butter, das Steak Frites mit Salat (28 Euro) liegt dagegen eher unspektakulär auf dem Teller und bleibt uns nicht länger in Erinnerung. Bei den gehobenen Preisen wäre das allerdings wünschenswert. Für alle, die jemanden beeindrucken möchten, gibt's in der Brasserie auch die Plateau Royal: Ab 56 Euro pro Person wird ein Mix aus Hummer, Austern, Garnelen und Co. mit viel Tamtam auf frischem Eis serviert. ABA

AMBIENTE ●●●●● SERVICE ●●●●○
KÜCHE ●●●○○ PREIS-LEISTUNG ●●●○○

€€€€ Rothenbaumchaussee 10 (Rotherbaum), Telefon 040 41412723, Mo-So 12–23 Uhr, EC-Karte, VISA, Mastercard, Amex; Dammtor S11, S21, S31, Bus 19; grand-elysee.com

FOTO: JULIA SCHUMACHER

Die Macher des „Kleinen Glücks": Küchenchef David Rohlfing und Inhaber Ergün Uysal haben Feuer

FOTOS: JULIA SCHUMACHER

Genuss GUIDE
DER SZENE HAMBURG
TESTSIEGER
2023/2024

Petit Bonheur

Très français am Großneumarkt

Schon mal in einem Restaurant ein ganz privates Butterschälchen bekommen? Dieses Privileg lässt sich seit 2015 am Großneumarkt genießen – wie so manch anderes feines Detail. Das Petit Bonheur in der Neustadt ist so französisch, dass wir uns fast wundern, warum hier drinnen niemand filterlose Zigaretten zum Pastis raucht. Die klassische Pariser Bistro-Einrichtung harmoniert perfekt mit der dunkelroten Wandfarbe. Jeder Tisch hat seinen eigenen Champagnerkübel, geziert von einer kleinen Trikolore. Zur aufgeschäumten Butter wird ein einzelnes Stückchen hausgemachtes Baguette serviert, das alle paar Minuten per Zange nachgelegt wird. Hier lässt es sich auch gut Französisch lernen: „Coquilles Saint-Jacques" sind nichts anderes als Jakobsmuscheln (Stück 7 Euro), die hier mit Haselnuss-Krokant und Tonkabohnen-Schmand serviert werden – köstlich! Zwischendurch wird unsere Aufmerksamkeit auf die stilechten Servierwagen gelenkt, auf denen Käse und Drinks transportiert werden. Es gibt sogar einen eigenen Flambierwagen für Crêpe Suzette. Der freundliche Service ist zuweilen fast schon zu beflissen, auf uns wirkt es eher amüsant, dass gleich drei Personen den Weg zur Toilette weisen. Die gebratene Dorade (35 Euro) kommt mit würzigem Erbsen-Minze-Püree und, besonders raffiniert, einer fruchtigen Mirabellen-Schnaps-Soße. Angesichts der hohen Qualität ein fairer Preis. Patron Ergün Uysal hofft schon auf den ersten Michelin-Stern – für uns vorstellbar. JP

AMBIENTE ●●●●● SERVICE ●●●●●
KÜCHE ●●●●● PREIS-LEISTUNG ●●●●●

€€€€ Hütten 85-86 (Neustadt), Telefon 040 33441526, Mo-Fr 12–23, Sa 17–23 Uhr, EC-Karte, VISA, Mastercard; St. Pauli U3, Museum für Hamburgische Geschichte Bus 112; petitbonheur-restaurant.de

Boudin Noir: Blutwurst mit Kartoffelpüree, Sauerkraut und Cassis-Jus

VIP-TESTER
Stevan Paul

Brasserie Tortue

Ein Fest der Lebensfreude

In der Mitte des Raumes arbeitet eine siebenköpfige Brigade in der hell erleuchteten, offenen Küche, dem Herzstück des Restaurants. Junge Männer und Frauen in klassisch eleganten Uniformen kochen konzentriert, jeder Handgriff sitzt, ein Schauspiel. Die stilvolle Design-Brasserie in der Beletage des Tortue Hotels ist bis auf den letzten der 130 Plätze belegt. Gläser klingen, Lachen, alle reden durcheinander, es ist ein Fest, Musik braucht es hier keine. Vorfreude. Die Karte listet viele Klassiker und als ich meinen Löffel in die Hummerschaumsuppe (19 Euro) tauche, weiß ich, hier sitze ich richtig: Sie ist konzentriert, dicht und tief, cremig und vollmundig warm – hat genau jene leicht bitteren Röstnoten, die typisch sind, die es braucht! Die Krustentier-Ravioli darin ist samtig und fleischig gefüllt, die Farce modern gewürzt mit Noten von Zitronengras und Limette – eventuell eine gelungene Reminiszenz ans gegenüberliegende asiatische Restaurant des Hotels. Die duftende Zwiebelsuppe (14 Euro) meiner Begleiterin überrascht mit Leichtigkeit und frischen Weißweinaromen, dazu ein röscher Brotstick mit geschmolzenem Bergkäse. Das Boeuf Bourguignon (38 Euro) ist der König unter den französischen Schmorfleischgerichten und der Klassiker kommt hier in Bestform auf den Tisch. Eine tiefe, dunkel-glänzende Jus umschmeichelt das mürb-zarte, saftige Rindfleisch, das deutlich in Rotwein eingelegt war, es ist perfekt. Dazu ein fluffiges Kartoffelpüree, mit Rottiseur-Senf subtil gerundet – und ein kleines Wunder: auf meine Frage nach einem offenen Roten zum würzigen Gericht, empfiehlt uns der superfreundliche, angenehm aufmerksame Servicemitarbeiter ein Glas vom 2015 Margaux Du Château Margaux. Weil ich glaube, mich verhört zu haben, denn das ist ein Spitzenjahrgang eines Weltklasseweins, bitte ich darum, mir die Flasche zu zeigen. Und ich weiß nicht, wer, warum diesen großen Wein an diesem Abend geöffnet hat, ich bekomme jedoch ein gutes Glas für unglaublich günstige 25 Euro eingeschenkt und genieße dankbar diesen besonderen Glücksfall an Großzügigkeit. Das Schicht-Dessert ist ein Träumchen an frischem Rhabarber-Kompott mit Bourbon Vanilleeis, hausgemachtem Eierlikör und knusprig gebrannten Mandeln (13 Euro). Wir genießen dazu Hamburgs neuen Trend-Drink – der Espresso Martini (16 Euro) aus der Bar des Restaurants bestätigt abschließend den Gesamteindruck: In dieser gastfreundlichen Brasserie sind bestes Handwerk, Klassik und weltgewandte Lebensfreude zu Hause.

AMBIENTE ●●●●● SERVICE ●●●●●
KÜCHE ●●●●● PREIS-LEISTUNG ●●●●●

€€€€ Stadthausbrücke 10 (Neustadt), Telefon 040 33441400, Mo-Fr 12–22, Sa-So 14–22 Uhr, EC-Karte, VISA, Mastercard, Amex; Stadthausbrücke S1, S2, S3, Axel-Springer-Platz Bus 3; tortue.de

VIP-TESTER
Stevan Paul

Café des Artistes

Gemischte französische Gefühle

Es wird einem schon ganz französisch zumute, wenn man nur auf das von Platanen gerahmte Café des Artistes am Fuße des Gerhart-Hauptmann-Platzes zugeht. Drinnen marokkanische Fliesen, Jugendstil-Lampen und geschwungene Stühle mit Lederbezug, typisch eng gestellt die kleinen Bistrotische. Darauf einen feinen Pastis Berger Blanc (3,50 Euro). Auch die Karte liest

Das Café des Artistes im Thalia Theater ist seine Bühne: Inhaber Thomas Pinçon

VIP TESTER

Stevan Paul
Foodjournalist und Kochbuchautor

Getestet: Brasserie Tortue und Café des Artistes sowie zahlreiche weitere in anderen Kategorien

Mein Lieblingsrestaurant ist ... das Nil – immer verlässlich, dabei immer noch überraschend.

Meinen Feierabend-Wein trinke ich ... am liebsten im Witwenball. Da kann man nämlich gleich zum Abendessen sitzen bleiben!

Wenn der Mittagshunger kommt, dann ... geht's ins Zipang: authentischer japanischer Lunch zum besten Preis-Leistungs-Verhältnis.

Ein Gastro-Geheimtipp in Hamburg ist auf jeden Fall ... die exzellente Bar im Restaurant Jing Jing, die auch nach Küchenschluss noch geöffnet hat!

Typisch Hamburg ist ... Beständigkeit, gerade auch in der Gastro.

Für einen Ausflug aufs Land geht es ... ins Waldrestaurant Zum Pilz am Rantzauer Forst (Barmstedt) – ganz alte Schule und: deftig, deftig, deftig!

Nachts noch Hunger? Dann geht's ins ... Köz Urfa (nahe Bahnhof Altona), lebensrettende Kebap-Spezialitäten (Ayran dazu!) bis 3 Uhr nachts.

Die schönste Aussicht beim Essen gibt's ... im Sommer bei Salt & Silver am Meer (St. Peter-Ording) – acht Meter über dem Meer!

FOTOS: VIVI D ANGELO (O.), MARC SILL (U.)

sich wie ein kleines Best-of aus Frankreich, mit Klassikern und Spezialitäten wie der Andouillette, einer Wurst gänzlich aus kunstvoll gewickeltem Schweinedarm, die unter Connaisseurs hoch beliebt ist. Der Renner sind hier aber die guten Fritten mit scharfem Merguez Rindertatar L'Original (23,90 Euro). Der ist spitze, das Rezept adaptierte Thomas Pinçon, der langjährige Chef des nahen Café Paris, als vor fünf Jahren sein neues Restaurant im Thalia Theater eröffnete. Der cremig-pointiert gewürzte Tatar ist zu Recht ein Klassiker. Meine Bauernpastete zum kleinem Salat mit Preiselbeeren (12,90 Euro) ist nicht hausgemacht, erfahre ich auf Nachfrage. Stört nicht, hier gilt: besser gut gekauft als selbst vermasselt. Die bretonische Fischsuppe (10,90 Euro, mit Einlage 16,50 Euro) ist dann leider betrüblich. Eine Farbe wie fettreduzierter Milchkaffee, flach im Geschmack mit beständig sich steigernder, unangenehmer Schärfe. Mein Fehler, was bestelle ich auch Fischsuppe in einem Restaurant, das ansonsten nicht einen Fisch auf der Karte hat. Die Einlage besteht entsprechend aus irritierend kantengleich geschnittenen Würfeln aus Weißfischfleisch. Zumindest die gereichte Aioli schmeckt zu den Pommes, die ich von meiner Begleitung stibitze. Ich bin enttäuscht, der freundlich zugewandte Service staunt, schenkt ein Lächeln und den guten offenen Weißwein aus der Gascogne nach. Weil wir so nicht auseinandergehen können, bestelle ich noch Crêpe Bretonne (8,50 Euro), hauchdünn gebraten und zart, die Crème de Caramel au beurre salé ist eine stimulierende Freude, das Walnuss-Eis ist wieder gut gekauft. Die Theatergäste müssen dann mal langsam los, zufriedene Gesichter an allen Tischen. Wir gehen auch, hinaus in einen leider so gar nicht französischen, kühlen Abend.

AMBIENTE ●●●●○ SERVICE ●●●●○
KÜCHE ●●●●○ PREIS-LEISTUNG ●●●●○

€€€ Gerhart-Hauptmann-Platz 70 (Altstadt), Telefon 040 30375088, Mo-So 12–23 Uhr, EC-Karte, VISA, Mastercard; Rathaus U3; cafedesartistes.de

Carls Brasserie

Im Glanz der Elphi

Eines der Hamburger Restaurants mit dem spektakulärsten Ausblick liegt direkt am Fluss. An der Carls Brasserie fließt die Elbe vorbei, nebenan glitzert und leuchtet die Elbphilharmonie. Wir bedauern ein wenig, dass der große luftige Raum etwas sehr zugebaut ist. Dabei ist doch gerade eine Brasserie sonst so schön lebhaft, offen und schwungvoll. An Schwung mangelt es unserer Kellnerin nicht. Selten erleben wir so viel Spaß im Service begleitet von vielen Lachern. Unser Abend beginnt mit einer Variation von gelber und roter Bete mit Ziegenkäse und einem veganen Tatar aus Auberginen (16,50 Euro). Beides solide. Die Weißkraut-Samtsuppe legt eine Schippe drauf und überzeugt mit fülliger Würze, dichter Konsistenz und süßlichen Weißkohlstücken. Rote Bete und Suppe sind Bestandteil des Vier-Gänge Menüs für 69 Euro. Das zum Menü zählende Bœuf Bourguignon ist perfekt geschmort und wird von einer intensiven Soße und kleinen Perlzwiebeln begleitet. Das Schnittlauch-Kartoffelpüree ist gut und wird von zwei der Länge nach halbierten und geschmorten Karotten begleitet. Spannend wird es beim vegetarischen Hauptgang, den wir von der Karte bestellen. Die Bandnudeln mit Wintertrüffel und Deichkäse (29,50) duften intensiv. Eigentlich schon fast zu intensiv. Wurde für die Soße eine Trüffelpaste auf Basis anderer Pilze verwendet, die mit Trüffelaroma aufgemotzt wurde? Der Service bestreitet das energisch. Also Trüffelöl? Ja, das könne sein. In der Crème brûlée (10,50 Euro) finden sich viele sichtbare Vanille-Samen, der Geschmack ist jedoch etwas zu zahm. Die Passionsfrucht-Creme mit Kokoseis und abgeflämmtem Baiser ist dagegen richtig klasse: Sie überzeugt mit gutem Fruchtgeschmack und perfekter Eiskonsistenz.

Am Ende haben wir mit einem Aperitif und einem Glas Wein 170 Euro auf der Rechnung und überlegen, ob wohl der Glanz der Elbphilharmonie mitgezahlt wird. Verantwortet wird das gastronomische Konzept übrigens von Ex-Sternekoch Thomas Martin sein, der verantwortet. AR

AMBIENTE ●●●○○ SERVICE ●●●●○
KÜCHE ●●●●○ PREIS-LEISTUNG ●●●●○

€€€€ Am Kaiserkai 69 (HafenCity), Telefon 040 300322400, Mo-So 12–15, 16.30–23 Uhr, EC-Karte, VISA, Mastercard; Überseequartier U4; carls-brasserie.de

Chez l'ami

Ziemlich teure Freunde

„Wenn ihr zum Josef geht, nehmt's gnügend a Geld mit", warnten uns vor Jahrzehnten österreichische Freunde vor einem Besuch in Viehhausers Sterne-Tempel Le Canard. Eine Warnung, die wir aktuell wiederholen wollen. Wer seinen Fuß in das schummrig-romantische Nobel-Bistro Chez l'ami im Tortue-Hotel in der Neustadt setzen will, sollte ein angemessenes Kreditkartenlimit mitbringen. Selbst kritische Gourmets werden sich mit der französischen Hochküche dieses Mini-Restaurants und seinem herzlich hoch kompetenten Service rasch anfreunden – sogar der Tatar wird vor dem Gast frisch gewolft. Eine genussvolle, aber auch ziemlich teure Freundschaft, die bei zwölf Euro für Mineralwasser beginnt. Andererseits können wir uns kaum erinnern, wann wir das letzte Mal eine so großartige Vorspeisen-Jakobsmuschel auf buttrigem Erbsen-Püree mit Kaviarhaube und göttlicher Schnittlauchöl-Beurre (38 Euro) erleben durften, neben der mein nicht minder vollkommenes Pulpo-Carpaccio mit Limettenmayo, geflämmter Avocado und Chorizo-Knusper (32 Euro) fast ein bisschen blass wird. Das Seeteufel-Kotelette (49,50 Euro/300 Gramm) kommt wie mein polnisches 300-Gramm-Wolowina-Filet (69 Euro) auf den Punkt gegart und mega-saftig. Immerhin ist das opulente Gedeck (Röstbrot, Schaumbutter; Salat mit Estragon-Mandarinen-Vinaigrette) ebenso inklusive wie haufenweise Beilagen: krosse Pommes allumettes, Gnocchi, Grillspargel, Estragon-Bernaise, Chimichurri, Beurre Blanc und Brösel-Blumenkohl. Alles derart perfekt, dass kein Dessert mehr Platz findet. Am Nebentisch wird eifrig französischer Spitzenwein degustiert, doch uns bleibt der letzte Schluck Keller Kähner GG (0,75 l 175 Euro) von der eigens angeforderten Hotelkarte angesichts der Rechnung im Halse stecken. Top-Genuss ohne Stern, aber zum Mondpreis von 350 Euro. PESI

AMBIENTE ●●●●○ SERVICE ●●●●●
KÜCHE ●●●●● PREIS-LEISTUNG ●●○○○

TESTSIEGER 2022 €€€€ Stadthausbrücke 10 (Neustadt), Telefon 040 607744844, Di-Sa 18–22 Uhr, EC-Karte, VISA, Mastercard, Amex; Stadthausbrücke S1, S2, S3; tortue.de

Le Plat du Jour

Exzellente französische Bistro-Küche

In Zeiten von Veränderungen entwickeln Werte wie Tradition, Qualität und Verlässlichkeit ihren eigenen besonderen Charme. Genau dafür und für exzellente französische Bistro-Küche steht das Le Plat du Jour, einen Steinwurf vom Rathaus entfernt. Die wunderbare geräumige Außenterrasse in – zumindest am Wochenende – fast verkehrsberuhigter Lage erspart uns die recht enge Bistro-Bestuhlung im Innenbereich, die etwas aus der Zeit gefallen anmutet. Ein Eindruck, der für die Küche des Hauses nicht gilt. Ein Karte voller Klassiker und wohlklingende Tagesempfehlungen können zu einem Drei-Gänge-Menü für sehr akzeptable 48 Euro kombiniert werden. Wir werden zuvorkommend beraten vom Service des Hauses und im Laufe des Abends zwölf Gerichte genießen, zum Beispiel Foie gras-Terrine, Linsen auf Lachstatar, Salat mit Wildgarnelen, Entrecôte und Thunfischsteak. Besonders begeistern uns der Flusskrebs-Avocado-Salat, die gefüllte Hähnchenkeule und das Mousse au Chocolat – alles ist hervorragend abgestimmt und gleichzeitig fein und unaufdringlich. Einzig dem Grand-Marnier-Parfait würde man etwas mehr von der geschmacklichen Klarheit und der cremigen Konsistenz der Crème brûlée wünschen. Aber das ist jetzt Jammern auf ganz schön hohem Niveau. Das hält auch die sorgfältig zusammengestellte Weinkarte des Hauses: Sie bietet französische Bistro-Klassiker und überrascht vor allem durch eine ausgesprochen faire Preiskalkulation. Uns begleitet an diesem Abend eine Flasche Sancerre aus dem Hause Thomas et Fils (46 Euro) und erheben am Ende zufrieden das Glas Richtung Küche mit einem Dank für Verlässlichkeit und Tradition – vor allem aber für einen kulinarisch sehr gelungenen Abschluss des Tages. AR

AMBIENTE ●●●○○ SERVICE ●●●●●
KÜCHE ●●●●● PREIS-LEISTUNG ●●●●○

€€€€ Dornbusch 4 (Altstadt), Telefon 040 321414, Mo-So 12–22 Uhr, EC-Karte, VISA, Mastercard, Amex; Rathaus U3; le-plat-du-jour.de

Marseille

Ein Hauch von Frankreich

Das Restaurant Marseille liegt direkt an der Großen Elbstraße und hat sich den Charme früherer Zeiten erhalten. Etwas unscheinbar, aber dennoch besonders. Als wir durch die alten Türen reinkommen, umweht uns ein Hauch von Frankreich mitten in Hamburg. Wir werden freundlich begrüßt und zu unserem Tisch geleitet. Das Restaurant besteht aus zwei Räumen, alles ist einfach und rustikal gehalten. Für uns charmant und gemütlich. Unsere ersten Getränke kommen zügig. Die Karte ist sehr übersichtlich. Es gibt elf Gerichte und drei Nachtische. Wir bestellen einmal Tatar (19,90 Euro), Entrecôte (35 Euro), Pasta mit Trüffel und Scampi (26,50 Euro) und gegrillten Thunfisch (35 Euro). Das Tatar ist im Geschmack sehr ausgewogen und perfekt kombiniert mit den Blattsalaten und dem Zitronen-Balsamico-Dressing. Dazu gibt's hausgemachtes Tomaten-Karottenbrot, das wirklich famos ist. Das Entrecôte hat tolle Qualität, kommt mit frischen Pommes und einem kleinen Beilagensalat. Das Fleisch ist auf den Punkt gegart. Wirklich

Das Le Plat du Jour versprüht schon von außen französischen Charme

FOTO: MARC SILL

Tolle Zutaten hervorragend zubereitet: Die Klassiker im Marseille sehen dazu auch noch gut aus

FOTO: MARC SILL

sehr schmackhaft. Die Pasta bekommt mittels Parmesansoße und Trüffeln einen besonderen Kick. Auch das Thunfischsteak ist punktgenau gegrillt und die Bratkartoffeln außen kross und innen saftig. Alles ist toll angerichtet. Die Kellnerin ist stets aufmerksam ohne dabei aufdringlich zu wirken. Die klassische Crème brûlée (11,50 Euro) wird mit einem Rhabarbersorbet und Obst serviert. Insgesamt tolle Zutaten, hervorragend zubereitet und stilvoll angerichtet. Jeden Cent wert. HE

AMBIENTE ●●●●○ SERVICE ●●●●●
KÜCHE ●●●●● PREIS-LEISTUNG ●●●●○

€€€€ Große Elbstraße 164 (Altona-Altstadt), Telefon 040 41307221, Di-Do 12–23, Fr-Sa 12–24 Uhr, EC-Karte, VISA, Mastercard, Amex; Königstraße S1, S2, S3, Große Elbstraße Bus 111; restaurant-marseille.de

Zur Traube

Kult-Weinstube mit gehobener Küche

Auf die Wiedereröffnung der Traube unter neuer Leitung hatten Freunde der über 100 Jahre alten Weinstube bereits seit Monaten hingefiebert. Die erfahrenen Gastronomen Kristian Haas im Service und Theres Neuhaus in der Küche scheinen sich in der historischen Einrichtung mit besonderen Details wie expressionistischen Schnitzfiguren sehr wohlzufühlen. Hier trifft ambitionierte, neudeutsch-französische Küche auf exzellent ausgewählte Weine. Wir merken sofort, dass man sich auf Kristian Haas' unaufdringlich vorgetragene Weintipps blind verlassen kann. So starten wir mit einem gut gereiften Crémant aus dem Burgund (0,1 l 9 Euro) zur deftigen Schweinerillette mit Cornichons (8 Euro). Zu dem in Kürbiskernöl marinierten Salat von Radicchio, Chicorée und Hokkaidokürbis mit Gorgonzola Dolce (11 Euro) passt die nächste Weinempfehlung, ein Sauvignon Blanc vom Weingut Stefan Sander aus dem Rheingau (0,1 l 6,50), sehr gut. Das ansprechende Carpaccio von der Rinderzunge mit Salsa Verde und Eigelbbröseln (13 Euro) hingegen harmoniert bestens mit einem beerenbetonten, pfälzischen Frühburgunder (0,1 l 6 Euro). Zum butterweich geschmorten Ochsenschwanzragout auf Safranrisotto (21 Euro) empfiehlt Kristian Haas dann einen gehaltvollen Bordeaux vom Château Puy-gueraud (0,1 l 9 Euro). Die gebratenen Knurrhahnfilets (28 Euro) mit gebräunter Polenta und separat gereichter Ratatouille vertragen einen kräftigen Chardonnay Barrique vom Weingut Franz Türk (8 Euro) aus dem österreichischen Kremstal. Und warum nicht Portwein zum Dessert? Eine gute Begleitung sowohl zum Topfenknödel mit Schokofüllung auf Zwetschgenröster (10 Euro) als auch zum Brownie von der Valrhona-Schokolade mit Kürbiskernen (5,50 Euro). Ein überaus gelungener Abend, bei dem feines Essen und sorgfältig ausgesuchte Weine gleichermaßen überzeugen. Wir kommen wieder. HK

AMBIENTE ●●●●● SERVICE ●●●●●
KÜCHE ●●●●● PREIS-LEISTUNG ●●●●●

NEU! €€€€ Karl-Theodor-Straße 4 (Ottensen), Telefon 040 66977172, Mo 17–22, Do 17–22, Fr-Sa 15–23, So 12–22 Uhr, EC-Karte, VISA, Mastercard, Amex; Altona alle S-Bahnlinien, Bahrenfelder Straße Bus 1, Bus 250; traube-hamburg.com

Ti Breizh

Name sperrig, Essen rund

Die Altstadt beherbergt das einzige bretonische Restaurant in Hamburg. Und eine Crêperie ist wohl das typischste aller bretonischen Restaurants. Wir freuen uns auf Galettes, eine Art Pfannkuchen aus reinem Buchweizenmehl. Und auf klassische, dünne Crêpes in französischer Atmosphäre. Es werden am Sonntagnachmittag keine Reservierungen angenommen, also stellen wir uns gern ein Viertelstündchen an, um einen Tisch zu bekommen. Um dann mit einer sehr feinen Fischsuppe mit Käse und Croûtons (7 Euro) für die Wartezeit entschädigt zu werden. Im Ti Breizh wird viel Wert darauf gelegt, authentische, bretonische Produkte zu verwenden, wenn es darum geht die schier unglaubliche Auswahl an Galettes zuzubereiten. Etwa mit Kochschinken, Spiegelei und Emmentaler (8,10 Euro) oder gebratenem Speck, Champignons, und Zwiebelkonfitüre (9,60 Euro). Wir finden das köstlichst. Alles lecker und serviert von sehr netten und zuvorkommenden französischen Austauschstudenten. Beim Nachtisch geht's hoch her. An den Nachbartischen freuen sich die Kinder lautstark über ihre Crêpes mit Nutella, karamellisierten Äpfeln oder Marmelade. Wir uns auch, denn der mit Calvados flambierte Crêpe mit Äpfeln (8,40 Euro) muss einfach probiert werden! Preis und Leistung passen ebenso wie die prima Qualität der Produkte und der freundliche Service. KL

AMBIENTE ●●●○○ SERVICE ●●●○○
KÜCHE ●●●○○ PREIS-LEISTUNG ●●●●●

€€ Deichstraße 39 (Altstadt), Telefon 040 37517815, Mo-So 12–22 Uhr, EC-Karte, VISA, Mastercard; Stadthausbrücke S1, S2, S3; tibreizh.de

KURZ GEBRATEN

Alle Tests in voller Länge auf genussguide-hamburg.com

Brasserie La Provence

Rendezvous geplant? Ein Besuch in der Brasserie La Provence sei zu diesem Anlass unbedingt empfohlen. Die Franzosen kennen sich schließlich aus mit Verführung – und mit gutem Essen sowieso. Kerzenschein, Chansons und Kunst an den roten Wänden kreieren die passende Atmosphäre, während mit Bouillabaisse, Moules Frites und Crème brûlée die Liebe durch den Magen direkt ins Herz schießt.

€€€ Eulenstraße 42 (Ottensen), Telefon 040 30603407, Di-Sa 18 Uhr–open end, EC-Karte; Altona alle S-Bahnlinien; brasserielaprovence.org

Café Paris

Kündigt sich Besuch von außerhalb an, kann man diesen mit einer Frühstücksreservierung im Café Paris beeindrucken. Die Jugendstil-Architektur mit Deckenmalereien, bodentiefen Fenstern und gefliesten Wänden bringt französisches Flair in die Hamburger Altstadt. Hier schmecken natürlich auch Tartare Campagnard, bretonische Fischsuppe oder die Weinbergschnecken aus dem Ofen.

€€€€ Rathausstraße 4 (Altstadt), Telefon 040 32527777, Mo-Sa 9–24, So 9.30–24 Uhr, EC-Karte, VISA, Mastercard, Amex; Rathaus U3; cafeparis.net

Goldene Gans

Das Restaurant befindet sich in einem hübschen Gründerzeithaus und versprüht auch von innen mit Dielenböden, Stuck und rustikalem Holzmobiliar einen ganz besonderen Charme. Serviert wird gehobene Bistro-Küche. Unter die französischen Gerichte mischt sich auch mal ein Wiener Schnitzel oder ein asiatisch anmutendes Thunfischsteak.

€€€€ Rothestraße 70 (Ottensen), Telefon 040 39909878, Mo-Fr 12–23, Sa-So 17.30–23 Uhr, EC-Karte, VISA, Mastercard; Altona alle S-Bahnlinien; goldene-gans.eu

Dass die Franzosen was von Verführung verstehen, beweist die Brasserie La Provence

La Crème de la Crêpe

Erst süß, dann herzhaft – zwischen Galette und Crêpe wählen zu müssen, wäre hier nämlich eine Zumutung. Empfehlung: Galette mit Ziegenkäse, Walnuss, Bayonne-Schinken und karamellisierten Zwiebeln vorweg und hinterher Crêpe mit Karamell und gesalzener Butter. Dazu gibt's Hamburgs beste Cidre-Auswahl.

€€ Erzbergerstraße 14 (Ottensen), Telefon 040 18071896, Mi-Do 18–22 und Fr 12–14.30, 18–22, Sa 12.30–22, So 13–18 Uhr, EC-Karte; Altona alle S-Bahnlinien; lacremehamburg.de

Monsieur Rémi

Monsieur Rémi heißt eigentlich Rémy Yameogo und hat die Bretagne mit in seine Wahlheimat Eimsbüttel gebracht. Seine Crêpes und Galettes breitet er in 50 Variationen zu, die alle auch vegan bestellt werden können. Tipp: Als Vorspeise lohnt sich eine von Rémys kräftigen Suppen, die bretonische Zwiebelsuppe zum Beispiel. Zu trinken gibt's selbstverständlich Cidre, den Rémy aus dem Nordwesten Frankreichs importiert.

€ Osterstraße 83 (Eimsbüttel), Telefon 040 43274213, Mo-Sa 12–21 Uhr, EC-Karte; Osterstraße U2; monsieurremi.de

P'Ti Breizh Crêperie

Die schwimmende Ponton-Terrasse am Nikolaifleet sorgt für Frankreichurlaub-Feeling zwischen Hamburger Kontorhäusern. Dazu serviert das Personal mit blau-weißen Querstreifen und französischem Akzent. Aus den Flaschen fließt Cidre und auf den Tellern landet der bretonische Klassiker schlechthin: süßer Crêpe – und seine herzhafte Schwester, die Galette.

€ Ölmühle 30 (St. Pauli), Telefon 040 82312600, Mi-Fr 17–22, Sa-So 12–22 Uhr, EC-Karte; Feldstraße U3, Bus 17; ptibreizh.de

FOTO: MARC SILL

ANZEIGE

TORTUE
HAMBURG

WIE PARIS IN HAMBURG.

Gelegen zwischen Neuer Wall, Stadthausbrücke und Jungfernstieg entführt das **TORTUE HAMBURG** seine Gäste mit vielfältiger Kulinarik in drei Restaurants und fünf Bars in die französische Lebensart des Savoir-vivre - die beneidenswerte Kunst, das Leben zu genießen.

Die **brasserie** begeistert uns mit dem besten Frühstück der Stadt und fantastischer Küche, hanseatisch, weltoffen und dabei stets très français! Hoch exklusiv und ein bisschen wie in Paris wird es im **chez l'ami**, dem kleinsten Restaurant Hamburgs mit nur 26 Plätzen, dunklen Vorhängen und Kerzenschein. Ihr habt Lust auf exquisite Sushi-Kreationen? Nehmt im Wintergarten des **JIN GUI** Platz und lasst Euch verwöhnen. Geheimtipp: Die Mirror Chamber versteckt hinter dem Bartresen für private Veranstaltungen.

Nach einem Bummel am Neuen Wall genießt es sich am besten mit einem Glas Champagner und hausgemachten Tartines im **petite TORTUE** und wer am Ende des Tages durstig bleibt, ist selbst Schuld: hausgemachte Drinks in der **bar noir** und vier weiteren Etablissements sorgen für die liquide Erfüllung. Kurzum - französischer, genüsslicher und wunderbarer geht es kaum.

Hamburgs schönster Innenhof bezaubert im Sommer mit französischem Lebensgefühl - im Winter findet sich hier der petit Noël, ein kleiner Weihnachtsmarkt mit hausgemachten kulinarischen Highlights. Lieben wir!

NEW: TORTUE COLLECTION

Wir alle lieben Hotel Merchandise - je stylischer, desto besser. Das **TORTUE** begeistert uns mit schicken Schildkröten-Gläsern. MUST HAVE! Zu finden an der Rezeption oder im atelier TORTUE.

Tapetenwechsel auf französisch? Entdeckt jetzt die Welt des TORTUE:

GEHEIMTIPP:
Die besten Événements feiert Ihr in den vier individuell designten salons - von Château bis Côte d'Azur-Feeling ist alles dabei - oder in den Private Dining Räumlichkeiten der Restaurants. Ob Lifestyle Event, Birthday-Party oder Business Meeting: hier wird es très chic!

Allein schon das längst legendäre „Ceviche Atlantico“ lockt die Gäste ins Portomarin

Spanien

Nein, die können nicht nur frittieren. Die Schmorgerichte aus dem windumtosten Norden erwärmen Herz und Seele. Und wenn es ums Meer geht, sind die Spanier in der Küche eh unschlagbar. Viva!

Amaranto

Theater der guten Laune

Als wir das Amaranto – Tapas & Vino im lauschigen Uhlenhorst besuchen, brummt der Laden. Die mit viel geschmackvoll-gemütlichem Interieur ausgestatteten Räume sind in warmes Licht getaucht, überall wird geredet und gelacht, im Hintergrund läuft entspannte Musik in genau der richtigen Lautstärke, die überaus freundlichen Servicekräfte eilen hin und her. Hier bilden die Gäste und ihre Gastgeber eine herzliche Gemeinschaft. Auffällig ist, dass die Servicekräfte keinen Tischen zugeordnet zu sein scheinen und das Timing trotzdem perfekt ist. So sieht Hingabe aus! Auch sind wir darüber erstaunt, wie gut man sich bei dem Trubel unterhalten kann, die vielen kleinen gemütlichen Ecken machen das Amaranto für uns zur Top-Dating-Adresse. Wir genießen an die-sem Abend viele herrliche Dinge: Der gegrillte Oktopusarm (16,50 Euro) ist schön mürbe, die Lammkoteletts mit Joghurt-Minz-Dip (8,50 Euro) würzig, die herzhaften Krebsfleischkroketten (7,50 Euro) samtig cremig im Inneren. Gern lassen wir uns einen Lopez Rioja (7,60 Euro) empfehlen und zu zwei Cava Rosé (7,50 Euro) überreden. Natürlich wird auch Aioli mit Thymianbrot gereicht und diese Aioli ist die beste, die wir je aßen. Wir verlassen das Amaranto mit dem Gefühl, einen gut gelaunten Abend erlebt zu haben. Und die Rechnung fällt nicht so hoch aus, wie wir erwartet haben. BIE

AMBIENTE ●●●●● SERVICE ●●●●●
KÜCHE ●●●●○ PREIS-LEISTUNG ●●●●●

€€€ Winterhuder Weg 146 (Uhlenhorst), Telefon 040 22691111, Mo-Sa 18–24 Uhr, EC-Karte, VISA, Mastercard, Amex; Hans-Henny-Jahnn-Weg Bus 6, Bus 17, Bus 25; amaranto.de

Café Altamira

Tagestempel mit Tradition

Wie es wohl vor der letzten Jahrtausendwende dort ausgesehen hat, als das Café Altamira im damaligen Niemandsland zwischen Ottensen und Bahrenfeld eröffnete, vermag ich nicht zu sagen. Aber auch als später Zugezogene ist mir die lebhafte Tapas-Bar schon lange bekannt. Ehemals noch umgeben von einer Art innerstädtischem Industriegebiet, hat sich die Umgebung in den letzten Jahren rasant verändert. Ein wenig wie ein altehrwürdiger Tapas-Tempel thront das Altamira über dem noch jungen Kreisverkehr, an dessen Ausfallstraßen sich nun Cafés, Bars und Destillen scharen. Die korbgeflochtene mediterrane Einrichtung und der Wintergarten haben die Jahrzehnte unverändert überdauert, die Karte mit über 70 verschiedenen Tapas hingegen hat einige abwechslungsreiche Überraschungen zu bieten. Wem die Klassiker schon zur Genüge bekannt sind, sollte nicht zögern, die eher untypischen Kreationen zu kosten. Zum Beispiel mit Spinat, Walnüssen und Backpflaumen gefüllte Tomaten auf Roquefortsoße (5,70 Euro) oder knusprige Kartoffeln in – Roquefortsoße (4,90 Euro). What for Roquefort? Weil der Schafsmilchkäse mit seiner kräftigen Würze überraschend gut harmoniert. Für Abwechslung und Frische sorgen das gegrillte Filet von der Dorade in Limonen-Koriander-Vinaigrette (7,40 Euro) und Empanadas mit gegrilltem Gemüse (5,60 Euro). Um den Kreisverkehr herum dreht sich die Welt weiter mit neuen Szene-Läden, S-Bahn-Haltestelle und Pop-ups – das Altamira bleibt wie es ist: eine zuverlässige Adresse für jeden Anlass. JFK

AMBIENTE ●●●○○ SERVICE ●●●●○
KÜCHE ●●●●○ PREIS-LEISTUNG ●●●●○

€€ Thomasstraße 4 (Bahrenfeld), Telefon 040 85371600, Mo-Do 18–24, Fr-So 17–24 Uhr, EC-Karte, VISA, Mastercard; Altona S-Bahnlinien; cafealtamira.de

Casa Ricardo

Spanische Entdeckung

Mal im Ernst: Wo bekommt man denn heute noch ein Hauptgericht für unter 20 Euro und wird auch noch glücklich schlemmend satt davon? Spoiler: hier! Schon nach der Vorspeise wird es eng im Bauch, denn wir haben ja davor schon das hausgebackene Brot mit der Alioli in Lichtgeschwindigkeit inhaliert. Der Pulpa a Feira (12,50 Euro) ist ein Gedicht. Frisch, lecker zubereitet, mit Kartoffeln im Sud schwimmend, wunderbar. Auch so was Schlichtes wie das Grillgemüse (9,80 Euro) muss erwähnt werden – wegen der gebackenen Esskastanien darin. Wo gibt es so was schon? Die Fischplatte mit den vier versprochenen Fischsorten hat dazu dann noch eine Riesengarnele und ein Tintenfischchen mit an Bord, frisch. Kross gebacken, toll. Auch sehr zu empfehlen sind die Muscheln in Tomatensoße in einer so großen Pfanne, dass sie als Hauptgericht durchgehen könnten (12,50 Euro). Die Einrichtung ist rustikal, fühlt sich fast wie Ikea an, aber wir sitzen schön. Der freundliche spanische Kellner ist noch von der alten Schule, er erscheint tatsächlich mehrmals am Tisch, um zu fragen, ob weiterhin alles in Ordnung sei. Liebhaber der spanischen Küche und von gepflegten Fischgerichten sind hier an der richtigen Adresse. CO

AMBIENTE ●●●●○ SERVICE ●●●●●
KÜCHE ●●●●● PREIS-LEISTUNG ●●●●●

€€ Rambachstraße 7 (Neustadt), Telefon 040 314172, Mo 15–24, Mi-Sa 15–24, So 12–24 Uhr, EC-Karte, VISA, Mastercard; Landungsbrücken S1, S2, S3; casaricardo.de

FOTO: JULIA SCHUMACHER

Genuss GUIDE
DER SZENE HAMBURG
TESTSIEGER
2023/2024

VIP-TESTERIN
Inka Schneider

Portomarin

Gehobener Genuss, spanische Tradition

Adel verpflichtet – ein guter Ruf aber auch. Und so ist die Erwartungshaltung groß, als wir einen Tisch im Portomarin reservieren. Das intime Restaurant mitten in Winterhude hat sich in den 23 Jahren seines Bestehens jede Menge Lorbeeren verdient. Die Kritiken der Gäste sind überschwänglich, Falstaff und Guide Michelin empfehlen das kleine Lokal in höchsten Tönen, der Genuss-Guide hat es bereits mehrfach als besten Spanier Hamburgs zum Testsieger gekürt. Es ist voll bei unserem Besuch, was auch daran liegen mag, dass das Portomarin jetzt wochenlang geschlossen hatte und die vielen Stammgäste sehnsüchtig auf einen Platz warten mussten, während sich das engagierte Inhaber-Paar Jesús Antonio Díaz Sindín und Patricia Pérez y Hilker kulinarisch in Peru, der besten Küche Südamerikas, inspirieren lassen und Weingüter in ihrer Heimat Spanien besucht haben. Die frischen Ideen und Impulse lassen sie nun in die Gerichte einfließen. Wir entscheiden uns auf der kleinen Karte für die Jakobsmuscheln im kräftigen Fenchelsud mit Mango (19 Euro) und das frische Lachs-Sashimi in Limetten-Paprika-Soße (19,50 Euro). Als Zwischengang eine köstliche Bärlauchsuppe auf Topinambur-Creme (9,50 Euro). Der Kick sind hier die Chorizo mit ihrem rauchigen Geschmack und einer guten Schärfe. Zum Hauptgang ein perfekt gewürztes Entrecôte vom Grill mit Pilzen, Süßkartoffel und Chimichurri (34 Euro) und der halbrohe Thunfisch mit Trampo Mallorquin (33 Euro). Alles hervorragend! Die klassische Crema Mallorquina (10,50) rundet das rundum gelungene Dinner ab. Hervorzuheben ist neben der Qualität der Speisen der sehr persönliche Service. Inhaberin Patricia begrüßt persönlich und Patron und Sommelier Jesús gibt kompetente Weinempfehlungen. Der Wein ist sein Lebensthema. Portomarín ist übrigens sein Heimatort in Galicien. Ein Pilgerort auf dem Jakobsweg. Aber so weit muss man ja gar nicht gehen. Das seligmachende Portomarin in Winterhude liegt nah.

AMBIENTE ●●●●● SERVICE ●●●●●
KÜCHE ●●●●● PREIS-LEISTUNG ●●●●●

€€€€ Dorotheenstraße 180 (Winterhude), Telefon 040 33441400, Di-Sa 18–22 Uhr, EC-Karte, VISA, Mastercard; Sierichstraße U3; portomarin.de

Zarter geht nicht: Hochrippe „Chuletón" vom zehnjährigen Savannenrind aus der Extremadura

FOTOS: JULIA SCHUMACHER

Patricia Pérez y Hilker und Jesús A. Díaz Sindín servieren im Portomarín feinste iberische Küche

Christoffer's Singin' Tapas

Spanische Leckereien und Live-Musik

Genuss GUIDE HANSEPERLE

Spanische Tapas schmecken nicht nur im Urlaub im beliebtesten Reiseland der Deutschen, sondern auch in dem unscheinbaren Restaurant des singenden Wirtes Edwin Michael Christoffer. Das Interieur mit rustikalen Möbeln und viel Deko wirkt wie aus einer mallorquinischen Bar nach Hamburg gebeamt, sehr authentisch. Auf den Tischen liegen neben den Weingläsern und Kerzen ein paar Bleistifte und Zettel mit einer Übersicht aller Tapas. Es sind etwa fünf pro Kategorie, preislich zwischen 3,20 und 7 Euro und mit einem Hinweis auf „vegan" und „vegetarisch". Die hilfsbereite Bedienung gibt Tipps bei der Auswahl der Weine und der besten Reihenfolge der kleinen Schälchen, die ab jetzt nach und nach auf unserem Tisch landen. Vom Starter mit Brot und Aioli (3,20 Euro) über das spanische Kartoffel-Omelette namens Tortilla Española (3,50 Euro), Pan con Tomato (5,20 Euro), marinierte Paprika (3,40 Euro), rote Chili-Zwiebeln (3,40 Euro) bis zum heißen Weichkäse aus Kuhmilch (5,20 Euro) sind alle Gerichte gut abgeschmeckt und machen Lust auf Spanien. Etwa jede Stunde schnappt sich der Chef das Mikro an seinem kleinen Pult und schmettert nach einer kurzen Ansage Klassiker wie „Wonderful World". Diese Auftritte sorgen für eine familiäre Stimmung und machen den Besuch zu mehr als nur einem leckeren Essen. Sogar die Chefin lässt es sich nicht nehmen, sich nach unserem Wohlbefinden zu erkundigen. Und so gibt es als finalen Deckel für uns zum Espresso auch noch eine leckere Crema catalana (3,80 Euro). Geschmacklich alles eine runde Sache, nur die Deko auf den Tapas wirkt ebenso altbacken wie die Website. Da könnte in beiden Fällen etwas nachgebessert werden, denn Orangenviertel und Granatapfelkerne müssen nicht in fast allen Schälchen zu finden sein.

KB

AMBIENTE ●●●●○ SERVICE ●●●●○
KÜCHE ●●●●○ PREIS-LEISTUNG ●●●●○

€€ Lesserstraße 205 (Wandsbek), Telefon 040 69644371, Di-Sa 18–24 Uhr, EC-Karte, VISA, Mastercard; Wandsbek-Gartenstadt U1, U3; singintapas.com

VIP-TESTERIN
Inka Schneider

Claudio's

Lizenz zum Grillen

Essen schmeckt besser, wenn man es teilt. Diese Philosophie hat sich die spanische Küche zu eigen gemacht und Tapas erfunden. Wer die mag und auch noch ein Faible für Fleisch hat, ist im Claudio's bestens aufgehoben. Das moderne Restaurant bietet eine große Auswahl. Es liegt zentral im Karoviertel, zwischen Marktstraße und Messe und ist bei Ausstellern und Besuchern beliebt. Oben gibt es Tische für größere Gruppen, unten sitzt man gut zu zweit oder zu viert. Wenn es voll ist, geht es durchaus laut zu. Auffällig gleich beim Eintreten: der große Reifeschrank. Dry-Age-Steaks hängen hier ab, sogar das teure japanische Kobe, für dessen Verkauf Claudio Carlin Williams als einer der wenigen Gastronomen in Hamburg zertifiziert ist. Obwohl wir normalerweise nicht viel Fleisch essen, probieren wir an diesem Abend – Premiere! – das 200 Gramm schwere australische Wagyu Entrecôte (60 Euro). Es kommt in

Mit außergewöhnlichen Gerichten und besten Zutaten schafft es das Claudio's immer wieder zu begeistern

VIP TESTERIN

Inka Schneider

NDR DAS! | TV-Moderatorin und Journalistin

Getestet: Claudio's, Portomarin

Mein Lieblingsrestaurant ist ... und bleibt: die Brücke in der Isestraße. Der Besitzer hat gewechselt – der charmante Marco Grams übernimmt – die Wohnzimmer-Atmosphäre bleibt, auch weil hier jeder jeden kennt.

Meinen Kaffee trinke ich am liebsten ... bei Toni im Favorita, weil er nirgends italienischer schmeckt. Toni hat übrigens erweitert. Er bietet jetzt auch kleine Pasta-Gerichte und Antipasti an.

Wenn der Mittagshunger kommt, dann ... gerne in die Marsbar in Eppendorf. Auf der unkomplizierten Karte ist für jeden etwas dabei.

Typisch Hamburg ist ... die Institution im Hafen: das Fischereihafen Restaurant. Das klassische Ambiente mit weißen Stoffservietten und Silberbesteck, der formvollendete, freundliche Service, das immer hervorragende Essen und der Kowalke-Family-Spirit – perfekt!

Für einen Ausflug aufs Land geht es ... ins Restaurant Engel, auf einem Fähranleger an der Elbe. „Ist doch noch Stadt" werden jetzt Insider sagen, mir aber reicht's für das „Ich fahr mal raus"-Feeling.

Nachts noch Hunger? Dann ab ins ... Cuneo auf der Davidstraße. Seit 1905 ziemlich unverändert und von Franca in vierter Generation sehr persönlich geführt. Die Cucina hat bis Mitternacht geöffnet.

Die schönste Aussicht beim Essen gibt's ... im Tim's am Fischmarkt – würde man nicht auf Hafenkräne, sondern auf Wolkenkratzer von hier schauen, würde man denken, man sei in New York. Very Cosmo.

FOTOS: MARC SILL (U.), NDR (O.)

Streifen tranchiert an den Tisch, gut zum Teilen. Mir ist das marmorierte Fleisch allerdings zu fett, aber das muss es sein, erklärt uns die freundliche Frau des Chefs. Vorweg probieren wir uns quer durch die Tapas-Karte. Der dünn geschnittene, 36 Monate alte Ibérico Bellota Schinken (20,50 Euro) ist köstlich, das Avocadotatar mit Calamaretti, Mango, blanchiertem Ei und Trüffel (15,90 Euro), der gegrillte Oktopus (14,60 Euro), der gebeizte Saibling von der Tageskarte und die Papas Claudio (15,50 Euro) sind gut, aber ohne Wow-Effekt. Nachdem das Claudio's letztes Jahr Testsieger wurde, habe ich mehr erwartet. Den Abschluss versüßen uns eine Tortita de Chocolate (11 Euro) nach einem Rezept aus Santiago de Compostela und die klassische Crema catalana (8,90 Euro). Im Sommer, wenn Claudio draußen den Grill auf der großen Terrasse anwirft, komme ich mit Verstärkung wieder. Dann teilen wir uns das 700 Gramm schwere Tomahawk Steak.

AMBIENTE ●●●●○ SERVICE ●●●●●
KÜCHE ●●●●● PREIS-LEISTUNG ●●●●●

TESTSIEGER 2022 €€€ Tschaikowskyplatz 2 (St. Pauli), Telefon 040 35004422, Di-Do 17–23, Fr-Sa 17–24, So 17–23 Uhr, EC-Karte, VISA, Mastercard, Amex; Messehallen U2; claudios.hamburg

La Catalana

Geschmack gut, Portionen mau

Klein, aber oho! Wer kennt den Spruch nicht? Das La Catalana hat ihn perfektioniert. Wer das mit landestypisch gestalteten kleinen Räumen eingerichtete, schnuckelige Restaurant an der S-Bahn-Station Holstenstraße besucht, sollte ausschließlich zum Genießen kommen. Nicht unbedingt zum satt werden. Brot und Aioli (jeweils zwei Euro) zum Auftakt sind lecker. Leider gibt's von der Aioli nur einen kleinen Klecks und die vier weich-krossen Scheiben Brot sind sehr klein. Weiter geht es mit gefüllten Tomaten mit Spinat und Walnüssen (8,50 Euro) sowie Ziegenkäse mit Nüssen und Honig plus einem kleinen Schnitzer Süßkartoffel (8,50 Euro). Der Ziegenkäse ist wunderbar glasiert, innen überragend cremig und die Größe okay. Die zwei kleinen halben Tomaten sind mit vier Bissen weg. Und wir hätten sie uns warm statt kalt gewünscht, auch wenn der Geschmack stimmt. Die in Korb- und Tintenfischform geflochtenen Tintenfischringe (8 Euro) gehen geschmacklich ebenso klar wie die aus Versehen gebrachten und mit Spinat gefüllten Empanadas (8 Euro). Wir wollten eigentlich Garnelen als Füllung. Der Fleischgang mit Datteln im Speckmantel, gefüllt mit Manchego-Käse (8 Euro) sowie Rindfleischbällchen andalusischer Art (8 Euro) ist dann ein Hochgenuss. Aber wieder ein kurzer. Fünf Mini-Dattelchen und vier kleine Bällchen, da helfen auch die geniale Oliven-Paprikasoße bei den Bällchen und die krassgute Käse-Idee bei den Datteln nicht. Das ist uns zu wenig für den Preis. Die flambierte Crema catalana (7 Euro) mit Orange- und Vanillegeschmack in der kalten Variante versöhnt uns etwas. Trotzdem: Wer so überragende Tapas macht wie das La Catalana, der darf gern einen Tick mehr davon auf die Teller packen. MISCH

AMBIENTE ●●●●○ SERVICE ●●●●○
KÜCHE ●●●●● PREIS-LEISTUNG ●●●●○

€€ Holstenstraße 200 (Altona-Nord), Telefon 040 76489624, Mi-Fr 17–23, Sa 17–24, So 13–20 Uhr, nur Barzahlung; Holstenstraße S11, S21, S31, Holstenstraße Bus 115, Bus 180, Bus 183; restaurante-lacatalana.de

La Pata Negra

Iberische Schweinereien

Donnerstagabend, Uhlenhorst: Warm leuchten die Lichter des Pata Negra ins Dunkel. Mit dem Blick auf eine Vitrine, in der die Empfehlungen des Tages um die Wette strahlen, beginnt die gastronomische Reise durch Spanien. Ein kleiner Gruß aus der Küche – Mini-Cracker mit einer winzigen Scheibe Salami – ist schneller serviert, als wir es uns auf unseren hohen Barhockern gemütlich machen können. Wir starten mit der Spezialität des Hauses, dem Pata Negra, Schinken vom freilaufenden Schwein (18,50 Euro). „Nicht das Fett abschneiden", warnt Jimmy, Patrón des Hauses. Und einen Teufel werden wir tun. Der Schinken ist hauchzart und außergewöhnlich aromatisch. Dazu ein Weißbrot mit kräftiger Kruste und zarter Krume und ein roter Portia Tempranillo (8,50 Euro) – que viva España! Der Hauptgang lässt nicht lange auf sich warten. Zarte und in Rotwein geschmorte Bäckchen vom iberischen Schwein, mit Kräuterkartoffeln und Pimientos de Padrón (24,50 Euro) verzaubern unsere Gaumen. Ebenfalls von großer Raffinesse: ein in Balsamico-Honig mariniertes Lachsfilet im Sesamöl-Mantel mit rosa Pfeffer an Gemüse-Couscous (24,50 Euro). Zum Nachtisch genießen wir eine köstliche, wenn auch etwas kleine Portion Crema catalana (8 Euro) sowie eine Spanische Mandeltorte des Jakobswegs mit Licor 43 Creme (8 Euro). Und schmelzen dahin wie Frauen beim Anblick von Julio Iglesias. La Pata Negra, das war großartig! FD

AMBIENTE ●●●● SERVICE ●●●●●
KÜCHE ●●●● PREIS-LEISTUNG ●●●●

€€€ Hofweg 45 (Uhlenhorst), Telefon 040 20952910, Mi-So 18–23 Uhr, EC-Karte; Zimmerstraße Bus 6, Bus 17; la-patanegra.de

Le Golden Igel

Gastfreundschaft pur

Das kleine Tapas-Restaurant in der Neustadt liegt etwas abseits und versteckt. Wir finden es. Und werden sehr herzlich empfangen. Hier sitzen Nachbarn neben Studenten zum abendlichen Plausch bei mediterranen Häppchen und Wein. Selbst die Hunde der Gäste sind namentlich bekannt und werden mit einem herzhaften Snack begrüßt. Unser Appetit wächst, wir wollen gleich starten. Doch etwas dauert es, da die junge Bedienung die Vorspeise vergisst und das Ciabatta mit Aioli (3,90 Euro) und die eingelegten grünen Oliven (3,70 Euro) erst auf Nachfrage mit den ersten Tapas bringt. Dafür sind die gratinierten Ziegenkäsetaler mit Honig und Thymian (6,90 Euro) sowie die Albondigas, Rinderhackfleischbällchen in Tomatensoße (7,60 Euro), warm und gut gewürzt. Auch die Pimientos de Padrón und die Tortilla mit Käsekern gehen in unserer kleinen Runde gut weg. Nur die karamellisierten Kirschtomaten auf Rucola mit gehobeltem Parmesan (7,20 Euro) sowie die Möhrenstifte in süßer Balsamico-Marinade (6 Euro) sind doch etwas sehr süß geraten und finden nicht so viel Anklang. Zu später Stunde werden noch kleine Zugaben aus der Küche verteilt, bevor Lebensmittel weggeschmissen werden müssen. Der Koch erzählt die Geschichte, wie der große Holzadler, der Golden Eagle und damit auch augenzwinkernder Namensgeber des Lokals, nach seiner Karriere als Filmrequisite in Tarantinos „Inglourious Basterds" seinen Weg nach Hamburg gefunden hat. Und zum Abschluss gibt es noch wahlweise einen Frucht- oder Lakritzlikör aufs Haus. CSW

AMBIENTE ●●●● SERVICE ●●●
KÜCHE ●●●● PREIS-LEISTUNG ●●●●

HANSEPERLE 2022 €€ Neustädter Straße 49 (Neustadt), Telefon 040 30706336, Do-So 17.30–23 Uhr, EC-Karte, VISA, Mastercard, Amex; Gänsemarkt U2, Johannes-Brahms-Platz Bus 3, Bus X35; legoldenigel.de

Marbella

Unser neuer Lieblingsspanier

Das Marbella in Winterhude ist an diesem Mittwoch gut gefüllt. Vielsagend. Das Ambiente des Souterrain-Lokals ist zurückhaltend-modern und gepflegt. Zum Start probieren wir die Tapas-Variation (28,50 Euro) für zwei Personen. Es kommen sechs Schälchen auf einem großen Holzbrett. Der Manchego mit gerösteten Kürbiskernen auf einer Scheibe Rote Bete und Salat ist eine effektvolle Kombination. Die Albondigas in Tomatensoße sind fluffig und intensiv reduziert. Die Datteln im Speckmantel mit einer gerösteten Mandel in der Mitte sind endlich einmal nicht übermäßig salzig und trocken, toll. Knoblauch-Garnelen auf Avocado-Creme sind eine nette Idee. Und so geht es weiter. Hier wird die spanische Küche nicht neu erfunden. Dafür kommen die klassischen Gerichte perfekt abgestimmt an den Tisch. Als Hauptgang wage ich eine Bouillabaisse (14,50 Euro). Das Risiko ist groß, dass diese mediterrane Fischsuppe eine überwürzte Resterampe wird. Nicht im Marbella! Große, frische Stücke Fisch und Meeresfrüchte schwimmen einer intensiven, köstlichen Reduktion. Und trotzdem schiele ich zum Teller meiner Begleitung. Ihre Baby-Calmar-Tuben mit Salat (20,50 Euro) sind hervorragend auf den Punkt gegrillt. Wir vermissen höchstens ein wenig Beilage. Die Weinkarte bietet die großen spanischen Winzer und einige handverlesene Direktimporte. Uns entpuppt sich die 2016er Monastrell-Syrah-Cuvée aus Jumilla (38,50 Euro) von Casa Castillo als begeisternde Wein-Begleitung. Das liegt auch an der Form der hauseigenen Gläser. Für die meisten spanischen Rotweine sind die in der Gastronomie üblichen Bordeaux-Gläser nicht geeignet. Perfektion im Detail. DS

AMBIENTE ●●●● SERVICE ●●●●●
KÜCHE ●●●●● PREIS-LEISTUNG ●●●●●

€€€ Dorotheenstraße 104 (Winterhude), Telefon 040 275757, Di–Sa 17.30–22.30 Uhr, EC-Karte, VISA, Mastercard; Sierichstraße U3, Dorotheenstraße Bus 25; restaurant-marbella.de

Hier kocht der Chef selbst: Phil Vargas vom Le Golden Igel

FOTO: MARC SILL

Klassisches Gericht perfekt abgestimmt: Unser Autor hat sich ins Marbella verliebt

Pasalo bien

Spanisch vom Feinsten

Ich bin zugegebenermaßen etwas irritiert, als ich an einem Samstagabend vor dem spanischen Restaurant Pasalo Bien in Winterhude stehe. Den Vorgarten ziert ein künstlicher Stier, an dem eine spanische und deutsche Fahne drapiert sind. In mir machen sich wildeste Ballermann-Assoziationen breit. Aber das soll es an diesem Abend auch schon mit kritischen Anwandlungen gewesen sein. Der nicht gerade kleine Gastraum ist bis auf den letzten Platz gefüllt und ich verspüre direkt eine heimelige Atmosphäre. Die Stimmung ist ausgelassen, aber nicht laut oder unangenehm. Gut, dass ich vorher reserviert habe. Die Tische sind elegant mit weißen Tischdecken und Stoffservietten eingedeckt. Die Bedienungen schwirren umher, nie hektisch, aber immer aufmerksam. Unsere Getränke und Gerichte stehen schnell auf dem Tisch. Hier greift ein Rädchen ins andere. Mein Kotelett vom Iberico Schwein (23,50 Euro) mit Gemüse, Rosmarinkartoffeln und Portwein-Zimt-Soße ist perfekt angerichtet und zart gebraten. Meine Begleitung wählt vier Tapas-Varianten (6,90 bis 12,50 Euro) mit Fisch, Fleisch und in einer vegetarischen Variante. Die sind so groß wie lecker und so darf ich hier noch etwas nachhelfen, damit auch alle Teller geleert werden. Ein normal hungriger Mensch dürfte auch mit zwei bis drei Tapas auskommen. Zum Abschluss eines perfekten Abends gibt es als Digestif noch den beliebten mallorquinischen Kräuterlikör Hierbas aufs Haus. Pasalo bien, denn das bedeutet viel Spaß. MH

AMBIENTE ●●●●○ SERVICE ●●●●●
KÜCHE ●●●●● PREIS-LEISTUNG ●●●●○

€€€ Barmbeker Straße 70-72 (Winterhude), Telefon 040 87603466, Mo-So 17-23 Uhr, EC-Karte, VISA, Mastercard; Borgweg U3; pasalo-bien.de

FOTO: MARC SILL

Taperia bei Javi

Ein Stück Spanien in Bahrenfeld

Wir stehen vor einer großen Lagerhalle in Bahrenfeld und glauben zunächst, dass wir falsch sind. Nachdem wir den spanischen Spezialitäten-Supermarkt Calpesa betreten, sind wir uns aber recht schnell sicher, dass hier irgendwo das gesuchte Restaurant versteckt sein muss, denn im Eingang werden wir von einem Bullen aus Plastik, der in den Farben der spanischen Flagge bemalt ist, begrüßt. Und dann ist sie da die Taperia bei Javi. Aus Musikboxen ertönt spanische Musik und vom Personal werden wir freundlich mit einem „Hola. Bienvenidos" begrüßt. Also ran an die leckeren Kleinigkeiten. Erst mal bestellen wir Gambas al ajilo, also Garnelen in Knoblauch-Weißweinsoße (9,90 Euro). Toll. Gefolgt von Pimientos de Padrón (6,20 Euro), dem Klassiker Datteln im Speckmantel (5,90 Euro) und – dem heutigen Special – Ziegenkäse mit Honig und Apfel (7,50 Euro). Dazu trinken wir den soliden Hauswein (6,50 Euro). Ausnahmslos schmeckt uns alles hervorragend gut. Wir fühlen uns während unserer Mittagspause in der Taperia bei Javi als seien wir in Spanien. Um noch einmal dem Alltag zu entfliehen und die superleckeren Tapas zu genießen, kommen wir sehr gern wieder! KS

AMBIENTE ●●●●○ SERVICE ●●●○○
KÜCHE ●●●●● PREIS-LEISTUNG ●●●○○

€ Schützenstraße 91 (Bahrenfeld), Telefon 040 85400999, Mo-Fr 10–18, Sa 9.30–14.30 Uhr, EC-Karte; Diebsteich Bus 113, 115, 180, 183

♿ 🐾

Die Flottbeker Schmiede setzt auf Abwechslung: Die Küche bringt immer wieder einen neuen Twist in die Tapas

Tapas y Más

Tapas mit Satt-Garantie

Jeder drei. Die stellen wir für alle in die Mitte. Unser Motto, wenn wir mit Freunden Tapas essen gehen, wird im Tapas y Más nicht funktionieren. Aus mehreren Gründen. Erstens können wir uns nicht entscheiden, weil die Auswahl so groß und verführerisch ist. Und zweitens: die Portionen! Die braunen Schüsselchen sind so ordentlich gefüllt mit den tollen und leckeren Kreationen, dass jeder schon nach zweien pappsatt ist. Aber der Reihe nach: Das Tapas y Más ist ein süßes kleines Lokal, ein paar Stufen runter, gelegen im tiefsten Herzen der Schanze. Hübsch iberisch eingerichtet, wir fühlen uns sofort wohl. Von vegetarisch über Fisch bis Fleisch ist alles möglich. Prima, auch für Kids, sind die Serrano-Kroketten (5,90 Euro). Auch der Brotsalat mit gegrilltem Gemüse und Chorizo (5,90 Euro) funktioniert. Wir stellen uns einfach aus der abwechslungsreichen Karte zusammen, was uns glücklich macht. Darunter die Königin der spanischen Küche: Paella vom Profi (39 Euro für zwei Personen). Das Preis-Leistungs-Verhältnis empfinden wir als sensationell. Und dann kommt die Verzweiflung darüber, wie wir es denn nun mit der Dessertkarte handhaben. Ignorieren wollen wir sie auf keinen Fall. Also nur einmal Flan – mit zwei Löffeln. CO

AMBIENTE ●●●●○ SERVICE ●●●●●
KÜCHE ●●●●● PREIS-LEISTUNG ●●●●●

€€€ Schanzenstraße 72 (Sternschanze), Telefon 040 43182040, Mo-Fr 15–23, Sa-So 13–23 Uhr, EC-Karte, VISA, Mastercard; Sternschanze S11, S21, S31, U3; tapasymas.eatbu.com

Zur Flottbeker Schmiede

Idyllisch Tapas essen

Die Tapas-Bar Zur Flottbeker Schmiede liegt ganz im Westen in Nienstedten. Hier ist es idyllisch und seelenruhig. Wir lassen das Großstadtleben für einen Abend hinter uns. Kaum eingetreten, werden wir von allen Mitarbeitern herzlich begrüßt. Es ist urig, gemütlich und ganz im Landhausstil gehalten. Die Karte ist kompakt, deckt aber alles ab: Fleisch, Fisch, Meeresfrüchte und Gemüse. Wir stoßen mit dem Hauswein an. Ein leckerer, vollmundiger Rotwein. Dann die gewohnte Portion Brot mit Aioli. Die Küche überlegt sich immer wieder neue Variationen und schenkt der Aioli ihren eigenen Touch. Heute trifft die Knoblauchcreme auf Avocado. Wir entscheiden uns für die Calamaris Fritos (12 Euro), die wilden Gambas in einer Knoblauchsoße (19,50 Euro), das Seehechtfilet im Backteig (13 Euro) und den Blattspinat mit Trüffel-Parmesan-Schaum (9,90 Euro). Oliven (6 Euro) dürfen auch nicht fehlen. Die Calamaris sind knusprig ummantelt und schön zart. Die Gambas saftig und gut gewürzt. Auch den Blattspinat finden wir interessant: Er überzeugt mit intensivem Trüffel- und Parmesangeschmack, so wie es auf der Karte angeteasert wurde. Platz für ein Dessert haben wir kaum, doch widerstehen können wir nicht. Gebrannte Milch-Vanille-Creme (9,50 Euro) mit einer Zuckerkruste soll es sein. Unglaublich cremig, nicht zu süß und mit einer feinen Mandelnote. Ein schöner Abschluss für diesen iberischen Abend. KD

AMBIENTE ●●●●○ SERVICE ●●●●○
KÜCHE ●●●●○ PREIS-LEISTUNG ●●●●○

€€€ Baron-Voght-Straße 79 (Nienstedten), Telefon 040 20918236, Di-Sa 18–23, So 18–22 Uhr, EC-Karte, VISA, Mastercard; Klein Flottbek S1, S11, Baron-Voght-Straße Bus 21, Bus 115; zurflottbekerschmiede.de

FOTO: MARC SILL

KURZ GEBRATEN

Alle Tests in voller Länge auf **genussguide-hamburg.com**

Aqui España

Fußläufig vom U-Bahnhof Dehnhaide entfernt, befindet sich das spanische Restaurant Aqui España. Beim Betreten fällt direkt das grelle Leuchtschild in den Landesfarben Rot und Gelb auf, im Gastraum dröhnt einem spanische Folkloremusik entgegen. Auf den Tisch kommen hier verschiedene Tapas-Varianten wie kleine gebratene Tintenfische und hausgemachte Kroketten mit Spinat.

€€ Weidestraße 49 (Barmbek), Telefon 040 2991954, Mo-Sa 17–23, So 12–20 Uhr, EC-Karte, VISA, Mastercard; Dehnhaide U3; aqui-espana-hamburg.de

Barcelona Tapas

Im Barcelona Tapas gegenüber vom Altonaer Rathaus können Tapas-Liebhaber auf ihre Kosten kommen. Ein besonderer Augen- und Gaumenschmaus: der gebratene Thunfisch, angerichtet mit gebratener Paprika auf einer leichten Kartoffel-Meerrettich-Mousse. Die Tapas sind nicht ganz günstig. Aber kleine Twists in der Zubereitung sowie die Art, die Tapas anzurichten, machen sie zu Meisterwerken.

€€€ Max-Brauer-Allee 12 (Altona-Altstadt), Telefon 040 38083635, Mo-Fr 15–24, Sa 17–24 Uhr, EC-Karte, VISA, Mastercard; Königstraße S1, S2, S3; barcelonatapas.de

Dalí Bar

Die Dalí Bar hat im September 2021 im Portugiesenviertel eröffnet. Das Ambiente der Tapas-Bar ist schön: dunkle Wände und Decken, ein wandfüllendes Porträt des großen Meisters, das Mobiliar stylish. Zu den Highlights aus der umfangreichen Speisekarte zählen die Lammkoteletts mit Knoblauch und Petersilie, die frittierten Sardellen und die Calamares.

€€ Reimarusstraße 17 (Neustadt), Telefon 040 31792030, Mo-Do 16–23, Fr-Sa 16–24, So 16–23 Uhr, EC-Karte, VISA, Mastercard, Amex; Landungsbrücken S1, S2, S3; dalibar.de

El Iberico

Die Karte des spanischen Restaurants El Iberico in Ottensen ist weitgehend überraschungsfrei. Dafür übertrifft die ausgesprochen kräftig schmeckende Aioli alle Erwartungen. Für die Tapas in amtlichen Portionen würde zwar niemand sein Viertel verlassen, aber als anständige Abendmahlzeit mit Freunden, die keine Gourmet-Ansprüche haben, ist sie bestens geeignet. Ein prima Feierabendspanier!

€€€ Friedensallee 34a (Ottensen), Telefon 040 25768984, Di-So 17–23 Uhr, EC-Karte; Altona alle S-Bahnlinien; el-iberico.com

El Toro

Das ist Spanien: ein springender Stier über dem Eingang, drinnen herzliche Gastfreundschaft und eine angenehme Atmosphäre. Das spanische Restaurant El Toro ist eine Institution in Hamburg. Schließlich wird hier bereits seit 1982 spanische Küche serviert. Das Essen könnte authentischer nicht sein: Klassische Tapas wie Artischocke mit Meersalz und Manchego aus Kastilien sorgen für Urlaubsfeeling.

€€€ Kleiner Schäferkamp 21 (Rotherbaum), Telefon 040 459551, Mo-Sa 18–23 Uhr, EC-Karte; Schlump U2; el-toro.de

La Paz

Obwohl Kemal Üres das La Paz in Eimsbüttel bereits vor über 25 Jahren eröffnet hat, ist hier so gar nichts angestaubt. Das Studentenkneipenflair der 90er ist inzwischen einem modernen und stilvollen Design gewichen. Ob handgerollte Datteln in Serrano-Schinken oder gegrillter Fetakäse: Alle Tapas werden mit einem modernen Twist serviert, sind perfekt zubereitet und toll angerichtet.

€€ Heußweg 49 (Eimsbüttel), Telefon 040 409857, Mo-Do 17–23, Fr-Sa 17–1, So 17–23 Uhr, EC-Karte, VISA, Mastercard, Amex; Osterstraße U2; lapaz-hamburg.de

Madrigal

Mosaiklampen werfen bunte Lichtakzente, im Hintergrund läuft „Buena Vista Social Club“: Das Madrigal ist ein wunderbarer, schummriger Unterschlupf. Die Tapas sind kein großes Hexenwerk, überzeugen aber durch frische Zutaten und die richtige Würze an den richtigen Stellen. Besonders im Gedächtnis bleiben sämtliche sämigen, ziemlich gehaltvollen Soßen, die sich genussvoll mit Weißbrot auftunken lassen.

€€ Semperstraße 4 (Winterhude), Telefon 040 27075838, Mo-So 16–24 Uhr, EC-Karte, VISA, Mastercard, Amex; Goldbekplatz Bus 6, Bus 17; madrigal-hamburg.de

Mareas

Das Mareas liegt in ruhiger Umgebung zwischen Sternschanze und Eimsbüttel. Auch von innen ist die Tapas-Bar unaufgeregt und dennoch einladend, urig und gemütlich. Die Speisekarte ist vielfältig: Es gibt etwa gegarte Pellkartoffeln mit Paprikasoße und geschmacksintensive Chorizo in Rotwein. Wer Lust auf einen schnörkellosen Abend hat, kann im Mareas ein entspanntes Essen mit köstlichen Tapas verbringen.

€€ Bellealliancestraße 44 (Eimsbüttel), Telefon 040 23518311, Mo-Do 17–22, Fr-Sa 16–23 Uhr, nur Barzahlung; Christuskirche U2; facebook.comtapasbar.mareas

Das La Paz hat sich längst vom Kneipen-ambiente verabschiedet

Pan con Tomate

In der HafenCity befindet sich das Tapas-Restaurant Pan con Tomate, das mit dem Zusatz „by Matteo Ferrantino“ wirbt. Ferrantino ist das kulinarische Mastermind des Sternerestaurants. Der Name ist Programm: Das klassische Pan con tomate besteht aus einem aus Spanien importierten, sehr knusprigem Weißbrot mit einem Klecks Tomatenpulpe mit mediterranen Kräutern – das schmeckt himmlisch!

€€ Am Sandtorkai 50 (HafenCity), Telefon 040 36945873, Di-Sa 17–24 Uhr, EC-Karte, VISA, Mastercard; Am Sandtorkai Bus 2; pancontomate.de

Picasso

Eines vorweg: Das kleine Restaurant Picasso mit spanischer und argentinischer Küche ist sehr beliebt, eine rechtzeitige Reservierung sei daher dringend empfohlen. Einige Stammgäste treffen sich hier, man kennt sich und begrüßt sich herzlich. Die Auswahl der Speisekarte ist groß und sehr ansprechend. Aufs Haus gibt es Oliven, Aioli und ein sehr leckeres Brot – auf Wunsch auch glutenfrei.

€€€ Rathausstraße 14 (Altstadt), Telefon 040 326548, Mo-Do 17–23, Fr-Sa 16–23 Uhr, EC-Karte, VISA, Mastercard; Rathaus U3; picasso-hamburgo.de

XIV Heilige

Das Restaurant XIV Heilige vereint im Namen die Hausnummer am Hansaplatz und die Ankündigung, man habe die 14 besten Tapas-Rezepte aus ganz Spanien nach Hamburg gebracht. Zu den heiligen Speisen zählen Kartoffelomelett, Rinderbällchen in pikanter Soße und frittierte Sardellen. Der Service und die Präsentation der Speisen sind ansprechend, aber nicht anbetungswürdig. Ein Spanier für die Nachbarschaft.

€€ Hansaplatz 14 (St. Georg), Telefon 040 64566925, Mo-Do 11–23, Fr-So 11–23.30 Uhr, EC-Karte, VISA; Hauptbahnhof alle Bahnlinien; xiv-heilige.com

Polvo à Lagareiro
im wohl modernsten
portugiesischen
Restaurant der Stadt:
Piri Piri

Portugal

Grandiose Griller kommen aus dem Land zwischen der milden Algarve und dem rauen Atlantik im Nordwesten. In Hamburg habe einige ihre Anker gesetzt, nicht nur im Portugiesenviertel. Bom apetite!

Bairro Alto

Auf 'ne Paella am Schulterblatt

Das Bairro Alto verspricht seinen Gästen eine atmosphärische Alltagsflucht in den gleichnamigen Lissaboner Stadtteil. Dabei müssen wir nicht reisen – oft geht's im Schanzenviertel ähnlich quirlig zu. Da ist der Teufel los und an warmen Tagen nutzt der Portugiese schräg gegenüber der Roten Flora am Schulterblatt jeden freien Quadratmeter Bürgersteig zur Außenbewirtung. Das üppige Platzangebot lockt viele spontane Besucher. Wir entscheiden uns nach kurzer Besichtigung des mediterran designten Gastraums fürs Gewusel vor der Tür. Das Speisenangebot ist Abbild hierzulande etablierter iberischer Küche. Jede Menge Klassiker – von Tapas bis Paella. Solche Standards legen meist schonungslos Zeugnis über die Qualität eines Hauses ab. Also her damit! Frittierte Boquerones und gegrillte Chorizo (je 7,90 Euro) zerschlagen die Chance auf einen Knüllerabend. Der zackige Service tischt eher Durchschnitt auf. Die traditionelle Reispfanne reißt es leider nicht raus: Der veganen Paella (16,50 Euro) fehlt der besondere Dreh, die Variante mit Fisch und Meeresfrüchten (18,50 Euro) hat einen Moment zu viel Hitze abbekommen. Der Paprikareis, vor allem die drei Miesmuscheln und zwei Riesengarnelen schmecken trocken. Vermutlich das Ergebnis des Schanzen-Tourismus, der die Küche mit seinem hohen Durchsatz hart rannimmt. Inmitten des Trubels entspannt ein Schluck des offenen Vinho Verde, das Glas für 6,50 Euro. MO

AMBIENTE ●●●○○ SERVICE ●●●○○
KÜCHE ●●●○○ PREIS-LEISTUNG ●●●○○

€€€ Schulterblatt 58a (Sternschanze), Telefon 040 43098505, Di-Do 15–24, Fr-Sa 11.30–1, So 11.30–24 Uhr, EC-Karte, VISA, Mastercard; Sternschanze S11, 21, 31, U3; bairro-alto.de

Casa del Sabor

Herzlich, authentisch und gut

Welch Glück, dass das Portugiesenviertel immer eine kulinarische Auszeit parat hält. Wir treten unseren Besuch im Casa del Sabor an. Einem Restaurant für spanische und portugiesische Köstlichkeiten, nur wenige Meter von den Landungsbrücken entfernt. Im gemütlichen, rustikal eingerichteten Lokal herrscht reges Treiben. Der Kellner jongliert mit Gläsern und Schälchen. Und führt uns freundlich an unseren Tisch. Und dann geht's auch schon los. Wir bestellen eine Variation von Tapas, die wenig später in den typischen Tonschälchen vor uns stehen. Darunter aromatische Champignons mit Knoblauch, Lorbeer und angenehmem Biss (5,90 Euro), ganz klassisch Datteln im knusprigen Speckmantel (6,80 Euro) und pikante Rinderhackbällchen in fruchtiger, leicht säuerlicher Tomatensoße (6,90 Euro). Alles schmackhaft, jedoch mehr typisch als inspiriert. Der panierte Schafskäse mit Preiselbeeren (6,90 Euro) ist cremig mild mit leichter Schafsnote, könnte aber mehr Pfiff vertragen und krosser sein. Was die Portugiesen und Spanier ganz besonders gut können, ist Fisch. Also landen herrlich knusprige und milde Bacaladilla mit frischer Zitrone (7,20 Euro) auf unserem Tisch, die uns gedanklich ans Meer versetzen. Und so schwelgen wir noch ein wenig in unserem Fernweh, bis unsere Desserts serviert werden. Die Crema catalana (5,90 Euro), die samt knackiger Karamellschicht daherkommt, und der Flan (5,90 Euro), eine Art Pudding mit Karamellsoße, sind ein süßer, leckerer Abschluss eines herzlichen Abends. KG

AMBIENTE ●●●○○ SERVICE ●●●●○
KÜCHE ●●●●○ PREIS-LEISTUNG ●●●●○

€€ Reimarusstraße 9 (Neustadt), Telefon 040 31768873, Di-Fr 17–23, Sa 12–23, So 12–22 Uhr, EC-Karte; Landungsbrücken S1, S2, S3, U3, Rambachstraße Bus 2, Bus 111; casa-del-sabor.de

La Sepia

Gereifter Klassiker – mit Stil, ohne Pathos

Genuss Guide der Szene Hamburg HANSEPERLE

Gastronomisch war die Schanze in den 90ern noch ziemlich überschaubar. Spot am Schulterblatt, immer voll, immer offen: das La Sepia, Hamburgs ultimativer Portugiese. Frischfisch aus der Vitrine à la Plancha, literweise offener Hauswein, vorweg die vor Knobi strotzende Aioli zum dickscheibigen Weißbrot … Hach! Vor Jahren zog der Laden um, Betreiber wechselten, bewegte Zeiten. Am Neuen Pferdemarkt hat sich das La Sepia berappelt. Der Dip, die offene Küche und Kellner Valdi erinnern an die wilden Nächte. Das Ambiente wirkt erwachsener, stilvoller. Das Restaurant ist gereift – ohne Patina. Geblieben ist das imposante Angebot frischer Produkte aus dem Meer. Zu den französischen Austern vorweg (à 5 Euro) serviert Valdi weißen Port mit Tonic (8,50 Euro). Der kommt so gut wie der rote Hauswein (Glas 5,50 Euro) zur Cataplana de peixe e marisco (28,50 Euro). Der kugelige Kupfertopf kommt – auch diese Zeremonie ist Tradition – zischend heiß auf den Tisch und ist üppig gefüllt mit weißen und roten Fischfilets, Sepia, Gamba und Drillingen. Der Fisch ist angegrillt, der Rest gegart im pikanten Gemüsesud. Spitze. Der Sepia à la Casa (21,50 Euro) hält das Niveau. Gegessen wird auf zwei Ebenen, bei gutem Wetter auf der großzügigen Terrasse. Abends flackern Kerzen, der mit geübter Hand kuratierte Sound ist ein schöner Kontrapunkt zum Treiben an und zwischen den voll besetzten Tischen. So lässt sich ohne Pathos Bestes von einst im Hier und Jetzt genießen. MO

AMBIENTE ●●●●● SERVICE ●●●●●
KÜCHE ●●●●● PREIS-LEISTUNG ●●●●●

€€€ Neuer Pferdemarkt 16 (St. Pauli), Telefon 040 4322484, Mo-So 12–23 Uhr, EC-Karte, VISA, Mastercard; Neuer Pferdemarkt Bus 3; la-sepia.de

FOTO: JULIA SCHUMACHER

Genuss GUIDE
DER SZENE HAMBURG
TESTSIEGER
2023/2024

Piri Piri

Die schöne Zukunft

Auf dem Weg ins Piri Piri kommen wir durch die Juliusstraße, wo sich vor Jahrzehnten das beste portugiesische Restaurant Hamburgs befand, das Casa Maria. Wehmut – so gut wird es nie mehr. Nach dem Besuch im Piri Piri ist uns das aber egal, denn wir wissen: Das war gestern, das Piri Piri ist heute – und morgen. Denn das Restaurant am Schulterblatt ist der modernste Portugiese Hamburgs: schöne bequeme Sessel, eine offene Küche und ein kleiner Shop im Hinterraum lassen die klassische portugiesische Rustikalität vergessen. Zudem gibt es neben einer sehr guten Weinauswahl auch mindestens ebenso gute Cocktails – hier wird nicht nur gegessen, hier wird gelebt. Wobei sich das Essen ebenfalls unbedingt lohnt: Wir nehmen einen Salat mit den besten gegrillten Fischen, die ich seit Langem hatte (22,50 Euro), sowie die überbackenen Kartoffeln (12,50 Euro), eine Riesenportion und sehr lecker. Dazu einen Maciera Sour (13 Euro), einen sehr frischen Cocktail mit dem portugiesischen Brandy Maciera, sowie Ginja E Gin (13 Euro): portugiesischer Kirschlikör mit Gin – großartig. Das Ceviche (12 Euro) als Vorspeise ist ebenfalls sehr lecker, auch wenn meine peruanische Begleiterin meint: „Eigentlich gehört auf Ceviche kein Öl." Da hat sie natürlich recht. Aber das ist nur ein winziges Genöle in einem Meer von Freude: Wäre das Piri Piri die Zukunft, lebten wir alle demnächst im Glück. *PL*

AMBIENTE ●●●●● SERVICE ●●●●●
KÜCHE ●●●●● PREIS-LEISTUNG ●●●●●

€€€ Schulterblatt 63 (Sternschanze), Telefon 0174 1854726, Mo-Fr 17 Uhr–open end, Sa-So 12–open end, EC-Karte; Sternschanze S11, S21, S31, U3; piripirihamburg.de

Mit einer Küche auf hohem Niveau und viel Lebensfreude mischen Ana Gomes, Karim Karp und Maria Lucas Gomes die portugiesische Gastrsozene in Hamburg auf. Saúde!

FOTOS: JULIA SCHUMACHER

Gehört zur portugiesischen Küche wie die Elphi zu Hamburg: Amêijoas à Bulhão Pato

VIP-TESTER
Jan Nebendahl

Nau

Der Geschmack Portugals

Wo, wenn nicht im Hamburger Portugiesenviertel, kann man dem kulinarischen Geschmack von Portugal begegnen? Das Nau liegt genau in der Mitte dieses Viertels und ist umgeben von einer Vielzahl Restaurants, von denen die meisten portugiesische Küche anbieten. Beim Betreten des Nau stehen wir sofort mitten im Speiseraum des Restaurants. Wie häufig in Portugal ist es ein bisschen zu hell. Der Kellner, selbst kein Portugiese, begrüßt uns freundlich und dirigiert uns zu einem Tisch direkt am Fenster. Als Begrüßung werden frisches Brot und Aioli gereicht. Das Restaurant ist modern eingerichtet und mit Bildern aus Porto geschmückt. Die Atmosphäre ist locker und entspannt. Die Karte ist vielseitig und hat für jeden Geschmack etwas. Als Vorspeise wählen wir Gambas Diabo (15,70 Euro) und Venusmuscheln (19,50 Euro). Als Getränk entscheiden wir uns für einen Weißwein aus der Algarve (0,75 l 27,20 Euro), der perfekt gekühlt mit einem Weinkühler an den Tisch gebracht wird. Zum Start ordern wir Oliven (3,10 Euro). Dann kommen auch schon die Vorspeisen und wir sind verzückt. Die Gambas werden kochend heiß serviert, sind kräftig gewürzt und schmecken klasse. Auch die Venusmuscheln werden heiß serviert und sind wirklich lecker. Als Hauptgericht ordern wir einen Bacalhau a Carlos (21,40 Euro) und das Rinderfilet Porto (29,90 Euro). Die Zubereitungsform des Bacalhau a Carlos mit frischen Tomaten und Paprika, eingerahmt in Kartoffelchips ist gelungen. Das Steak ist ordentlich, aber keine kulinarische Überraschung. Kommt nicht ganz an die überzeugenden Vorspeisen ran. Aber grundsätzlich alles gut. Pappsatt verzichten wir auf einen Nachtisch. Fazit: ordentliche portugiesische Küche. Von der Atmosphäre uns ein bisschen zu hell und steril.

AMBIENTE ●●●○○ SERVICE ●●●●○
KÜCHE ●●●●○ PREIS-LEISTUNG ●●●●○

TESTSIEGER 2022 €€€ Ditmar-Koel-Straße 13 (Neustadt), Telefon 040 31784850, Mo-So 15.30–24 Uhr, EC-Karte, VISA, Mastercard, Amex; Landungsbrücken S1, S2, S3, U3; nau.hamburg
♿ 🐾

O Atlantico

Rustikal, authentisch und lecker

An einem Montagabend zieht es mich an einen für mich bis dato weißen Fleck der Hamburger Gastronomieszene. Im Zentrum von Wilhelmsburg besuche ich das portugiesische Lokal O Atlantico, das von vielen anderen Bars und Restaurants umgeben ist. Oft wird gesagt, dass sich Wilhelmsburg in den letzten Jahren kulinarisch gemausert hat, das will ich heute mit eigenen Augen sehen. Ich bin überrascht, denn der Gastraum ist zur Hälfte gefüllt, was für einen Montagabend nicht zwingend die Norm ist. Im Inneren ist es wirklich sehr rustikal. Wenn es draußen wärmer wäre, würde sich bei mir direkt Urlaubsstimmung breitmachen. Die Bedienung wirkt anfänglich sehr reserviert, fast schon abweisend – taut aber mit der Zeit auf. Im Gegensatz zu meinen Füßen, denn im O Atlantico ist es schon ein bisschen fußkalt. Auf den Tisch kommen portugiesische Leckereien und so teile ich mir für den Start mit meiner Begleitung einen gemischten Tapas-Teller (14,50 Euro) mit Gemüse- und Fisch-Variationen. Ein

Bei der Cataplana im Nau wird der Seeteufel von ansehnlichen Gambas getoppt

VIP TESTER

Dr. Jan Nebendahl
Facharzt für Plastische Chirurgie
Getestet: Nau

Mein Lieblingsrestaurant ist ... die La Panetteria in der Osdorfer Landstraße 4. Ich liebe die italienische Küche und ich liebe dieses Restaurant. Inhabergeführt, immer bis auf den letzten Platz voll und für mich mit die beste italienische Küche Hamburgs.

Meinen Feierabend genieße ich am liebsten ... im Hygge. Hier gibt es neben einer hochwertigen Küche eine Bar mit einer spannenden Auswahl von Weinen, Long Drinks und Cocktails.

Wenn der Mittagshunger kommt, dann ... geht's zum Business-Lunch ins Fontenay. Zum fairen Preis gibt es ein abwechslungsreiches Zwei-Gänge-Menü mit Wasser und Kaffee.

Ein Gastro-Geheimtipp in Hamburg ist auf jeden Fall ... das Russanos in der Waitzstraße. Dieser kleine Italiener mit nur wenigen Plätzen erinnert mehr an ein Bistro als an ein Restaurant.

Typisch Hamburg ist ... Fischbrötchen frühstücken auf dem Fischmarkt.

Die schönste Aussicht beim Essen gibt's ... im Clouds Heaven's Bar & Kitchen über den Dächern St. Paulis. Nirgendwo in Hamburg habe ich ein stärkeres Gefühl, in einer Großstadt zu leben, wie in diesem Restaurant. Fast von jedem Fenster aus hat man eine grandiose Aussicht auf Hamburg – besonders der Blick auf Elbe und Hafen begeistert mich. Aber ich bin auch von der Küche fasziniert.

Zum Frühstück gehe ich am liebsten in ... die Zuckermonarchie auf St. Pauli – einer dieser Läden, die einem sofort ein Lächeln ins Gesicht zaubern in Vorfreude auf all die großartigen, meist süßen Speisen. Zu empfehlen ist auch der Afternoon-Tea.

FOTOS: JULIA SCHUMACHER (U.), MARTIN ZITZLAFF (O.)

Caramba Especial

Rambachstr. 4
20459 Hamburg

Tel.: 040 / 70 38 39 99
Mail: info@carambaespecial.com

Öffnungszeiten
täglich von 17:00 – 01:00 Uhr
(Küche bis 22:00 Uhr)

super Start und zusammen mit dem dargereichten Brot sind wir schon recht gut gesättigt, als das Highlight des heutigen Abends auf den Tisch kommt: die gemischte Platte für zwei mit gegrillten Garnelen, Tintenfisch und Kraken (32 Euro). Ein Hochgenuss! Dazu nur ein bisschen Zitrone und Salz und fertig. Die Beilage aus Blumenkohl, Kartoffeln und Möhren müsste eigentlich gar nicht sein. Ein wunderbarer Abend. MH

AMBIENTE ●●●○○ SERVICE ●●●○○
KÜCHE ●●●●○ PREIS-LEISTUNG ●●●●●

HANSEPERLE 2022 €€ Veringstraße 26 (Wilhelmsburg), Telefon 040 75662727, Mo-So 12–24 Uhr, nur Barzahlung; Mannesallee Bus 13, Bus 156; facebook.com/RestaurantAtlantico

Olá Lisboa

Mehr Tourist, weniger Gast

Nirgendwo in Hamburg kommt man Lissabon, Tejo und Atlantik näher als im Portugiesenviertel. In der Neustadt, rund um die Ditmar-Koel-Straße, bildet sich die wunderbare Küche Portugals ab. So auch im Olá Lisboa, einem der traditionsreichsten Plätze des Viertels. Hier geht es trubelig zu, vor allem Touristen schieben sich in hoher Schlagzahl in den geräumigen Laden, wo sie von einer kleinen Armee an hilfsbereiten Händen an die Plätze geleitet und bedient werden. Rekordverdächtige fünf Kellner kümmern sich in anderthalb Stunden um uns, während an den Nebentischen Souvenirs betrachtet werden und für die Lieben zu Hause Instagram bestückt wird. Und das Essen? Passt! Als Vorspeise wählen wir aus der Tapas-Karte Ziegenkäse im Speckmantel (7,90 Euro) – ein perfekt zubereiteter Einstieg in den Abend. Zum Rotwein (0,25 l 4,90 Euro) und Bier (0,4 l 4,50 Euro) gönnen wir uns die Fleisch- und Fischplatte vom Grill (45 Euro). Unter anderem Rind, Lamm, Pute, Schwein, Lachs, Tintenfisch und Gambas finden den Weg zu uns, manches ist etwas trocken (Lamm), anderes wiederum bemerkenswert gut (Lachs). Aber, aber: Der portugiesische Charme springt in dieser gut geölten Maschine Olá Lisboa nicht über. Wir fühlen uns nicht wie Gäste in Lissabon, sondern wie Touristen in Hamburg. Schade. MF

AMBIENTE ●●●○○ SERVICE ●●●○○
KÜCHE ●●●○○ PREIS-LEISTUNG ●●●○○

€€€ Ditmar-Koel-Straße 18 (Neustadt), Telefon 040 33396250, Mo-Do 11.30–24, Fr-Sa 11.30–1, So 11.30–24 Uhr, EC-Karte, VISA, Mastercard, Amex; Landungsbrücken S1,S2,S3, U3; ola-lisboa.de

Taparia Mar Salgado

Eine Ode an die Lebensfreude

Das Mar Salgado liegt mitten im Hamburger Portugiesenviertel. Und es ist mehr als nur ein weiterer Portugiese. Es ist Portugal pur. Allein die

Portugiesische Petiscos und Hauswein aus Tassen: Tasquinha Galego

Atmosphäre katapultiert einen in die Bars und Restaurants mitten in Portugal. Es ist laut, turbulent, lebensfroh – so wie man es aus seinen Urlauben kennt und liebt. Es sind auffällig viele portugiesische Gäste da, was durchaus auch seine Aussagekraft hat. Zwischen den engen Tischen bedienen fast schlafwandlerisch die ultranetten Kellner, die einem fast jeden Wunsch von den Augen ablesen. Wasser für den Hund, Empfehlungen – hier fühlt man sich sofort willkommen und wohl. Wir sind heute Abend eigentlich für die Tapas gekommen, können aber dann doch nicht den Hauptgerichten widerstehen. Vorweg gibt es also sehr leckere frittierte Sardinen (5,90 Euro), Champignons in Knoblauch (5,20 Euro), die für unseren Geschmack etwas mehr Salz und Knoblauch verdient hätten, etwas zu feste Fleischbällchen in einer wunderbar fruchtigen Tomatensoße (4,90 Euro) und ein ordentlicher Ziegenkäse im Speckmantel im Bierteig gebacken (5,90 Euro). Als Hauptspeise bekommen wir ein Steak nach Portugal-Art (19,90 Euro) sowie eine gegrillte Dorade (16,90 Euro). Das Fleisch kommt in einem Tontopf mit Schinken und Spiegelei – und darüber selbst gemachte Chips. Geschmacklich ist alles in Ordnung, das Fleisch sehr zart, nur muss man beim Essen etwas geschickt sein, damit nicht zu viel daneben geht. Der Fisch ist etwas zu lange gegrillt und darum an einigen Stellen etwas zu trocken. Geschmacklich aber ist er gut gewürzt, das Beilagen-Gemüse und die Salzkartoffeln auf den Punkt. Als Nachtisch gönnen wir uns noch eine Crème brûlée (4,50 Euro) – nicht zu süß, aber auch nichts Berauschendes. Versüßt hat uns an diesem Abend auf jeden Fall der ausgesprochen nette und aufmerksame Service. JAS

AMBIENTE ●●●○○ SERVICE ●●●●●
KÜCHE ●●●○○ PREIS-LEISTUNG ●●●○○

€€ Reimarusstraße 4 (Neustadt), Telefon 040 80007062, Mo 12–23, Mi-So 12–23 Uhr, EC-Karte, VISA, Mastercard; Landungsbrücken S1, S2, S3, U3; mar-salgado.com

Tasquinha Galego

Einfach portugiesisch

Den denkmalgeschützten, runden Turm, in dem die Tasquinha Galego untergebracht ist, hat wohl jeder Hamburger schon einmal gesehen. Direkt zwischen Baumwall und Landungsbrücken ist einer der urigsten Portugiesen Hamburgs beheimatet. Wir werden mit originellem, trockenem Humor begrüßt. Die Servicekräfte haben immer einen lockeren Spruch auf Lager – das macht Spaß. Wir finden auf der Speisekarte wirklich alles, was uns auch in einem Portugalurlaub serviert werden würde. Etwa die Merenda Tradicional (45,90 Euro für zwei Personen), eine kleine Mahlzeit, die die portugiesischen Landarbeiter früher zwischen Mittagessen und Abendessen zu sich nahmen. Wir genießen sie als Vorspeise. Maisbrot, Wurst und Schinken, Käse, ein wenig Suppe. Lecker! Und dann ein paar Petiscos: Punheta de bacalhau (7,50 Euro), Stockfischstreifen in Olivenöl. Gambas in Knoblauch (9,50 Euro) und Pulpo (11,50 Euro) – alles lecker, aber nicht spektakulär. Wer es eher fleischig mag, für den gibt es auch eher ungewöhnliche Kleinigkeiten wie Geflügelmägen in Tomaten-Weißweinsoße oder frittiertes Schweinefleisch mit Speck. Eigentlich ist jetzt schon kein Platz mehr für ein Hauptgericht, aber wir freuen uns auf die gemischte Fischplatte Spezial (25,50 Euro), die sehr gut gewürzt, aber für uns ein wenig zu lange gebraten kommt. Der Pulpo nach Lagreirio Art (23,90 Euro) ist kaum gewürzt, aber sehr gut gebraten. Der gute portugiesische Vinho Branco (1 l 19,50 Euro) wird, wie es wohl auch früher bei den portugiesischen Landarbeitern üblich war, in hellen Keramikschalen serviert – auf Wunsch gibt es aber auch Gläser. Wir sind satt. Und hatten insgesamt einen guten Abend. KL

AMBIENTE ●●●○○ SERVICE ●●●○○
KÜCHE ●●●○○ PREIS-LEISTUNG ●●●○○

€€€€ Vorsetzen 70 (Neustadt), Telefon 040 35629360, Mo 17–23, Mi 17–23, Fr 17–23, Sa 15–23, So 15–22 Uhr, EC-Karte, VISA, Mastercard; Baumwall U3; galego.de

FOTO: JULIA SCHUMACHER

KURZ GEBRATEN

Alle Tests in voller Länge auf
genussguide-hamburg.com

A Casa do Benfica

Das A Casa do Benfica ist der Prototyp portugiesischer Eckkneipen-Kultur – mit rustikaler Einrichtung und einer lebensfrohen Stimmung. Hier treffen sich Stammgäste, Touristen und Portugiesen mit Kind und Kegel und genießen das portugiesische Pendant zu den spanischen Tapas, die Petiscos. Viele Hauptgerichte kommen oft landestypisch aus dem Tontopf, die Portionen sind groß. Unbedingt Hunger mitbringen!

€€€ Rambachstraße 10 (Neustadt), Telefon 040 373183, Mo-Di 12.30–23, Do-So 12.30–23 Uhr, EC-Karte, VISA, Mastercard; Landungsbrücken S1, S2, S3, U3; restaurante-a-casa-do-benfica.business.site

Café Ribatejo

Das südländische Feeling im Ribatejo wissen in Ottensen viele auch unter der Woche zu schätzen – in dem ehemaligen Kohlelager mit dem Kopfsteinpflaster und den Holzbalken ist es immer voll, eine Reservierung darum empfehlenswert. Kein Wunder, denn den Tapas eilt der gute Ruf voraus. Schließlich hat sich das Ribatejo in den vergangenen 20 Jahren einen Namen gemacht. Die Stimmung ist immer fröhlich, der Service auf Zack und die Produkte von bester Qualität. In Ottensen längst eine portugiesische Institution.

€€€ Bahrenfelder Straße 56 (Ottensen), Telefon 040 41287911, Mo-Do 12–23, Fr-Sa 12–24, So 11–23 Uhr, EC-Karte, VISA; Altona alle S-Bahnlinien; ribatejo.de

Caramba Especial

Der Besuch in dem Restaurant im Portugiesenviertel ist definitiv eine feurige Angelegenheit. In der offenen Küche jonglieren die Köche mit brennenden Pfannen und zaubern herrlich aromatische Gerichte auf den Teller. Das freut scheinbar vor allem Hamburg-Touristen, die beim Bummel durchs Portugiesenviertel hier gelandet sind. Serviert werden ausschließlich Menüs in drei oder vier Gängen, wahlweise vegetarisch. Achtung Autofahrer: Es gibt immer viel Schnaps aufs Haus.

€€ Rambachstraße 4 (Neustadt), Telefon 040 70383999, Mo-So 17–1 Uhr, EC-Karte, VISA, Mastercard, Amex; Landungsbrücken S1, S2, S3; carambaespecial.com

O Farol

Durch die hohen Glasfassaden steckt man gefühlt mittendrin im Trubel der Neustadt. Die Besucherströme ziehen draußen am O Farol (Leuchtturm) vorbei und innen die Teller mit portugiesischen Speisen. Im Minutentakt werden gebratene Sardinen, gefüllte Tontöpfe oder Tapas-Teller aus der Küche getragen. Schließlich brummt der Laden mit der urigen Einrichtung seit mehr als 20 Jahren. Wer es lebhaft mag, wird hier einen echten portugiesischen Abend erleben.

€€€ Ditmar-Koel-Straße 12 (Neustadt), Telefon 040 31993760, Mo 18–23.30, Di-So 12–23.30 Uhr, EC-Karte, VISA, Mastercard; Landungsbrücken S1, S2, S3, U3; o-farol.eatbu.com

Porto

Das Porto gibt es bereits seit 1984 und gilt als Geburtsstätte des Portugiesenviertels: Damals war es das erste portugiesische Restaurant, dem viele weitere folgen sollten. Der Service ist ausgezeichnet, das Essen solide und ohne Chichi. Bodenständige, traditionelle Küche wird serviert, spielt hier aber nicht die Hauptrolle. Vielmehr geht es um das portugiesische Lebensgefühl. Besonders schön ist es an lauen Abenden: Dann umgibt die Gäste auf den Außenplätzen tatsächlich südländisches Flair zwischen Gründerzeithäusern in Hafennähe.

€€€ Ditmar-Koel-Straße 15 (Neustadt), Telefon 040 3178480, Mo-So 11.30–24 Uhr, EC-Karte, VISA, Mastercard, Amex; Landungsbrücken S1, S2, S3, U3; porto.hamburg

Vasco da Gama

Hier wird aufgetischt, was sicher auch dem namensgebenden Seefahrer geschmeckt hätte: frische Gambas, Tintenfisch, Sardellen oder Fischsuppe etwa. Auf der Terrasse am Gehweg können bis zu 30 Personen den Blick auf die Lange Reihe genießen. Drinnen schaffen dunkle Holzverkleidung und maritime Details ein Ambiente wie im Schiffsbauch – gemütlich!

€€€ Lange Reihe 67 (St. Georg), Telefon 040 2803305, Mo-So 11.30–23 Uhr, EC-Karte, VISA, Mastercard; Hauptbahnhof alle Bahnlinien; vasco-da-gama-hamburg.de

Zur Alten Flöte

Hier zählt der zweite Eindruck. Altmodische Möbel, rote und orange Wände, gefliester Boden mögen zunächst irritieren, doch die überholte Einrichtung rührt von einer langjährigen Tradition. Seit 1661 gibt es die Gaststätte in St. Georg, seit mehr als zehn Jahren ist hier das portugiesische Lokal zu Hause und überzeugt mit typischen Petiscos und deftigen Spezialitäten. Die Atmosphäre ist so nett, dass es sich hier auch herrlich versacken lässt.

€€ Koppel 6 (St. Georg), Telefon 040 25328737, Mo-Fr 12–15 und 17–23, Sa 17–23 Uhr, EC-Karte, VISA, Mastercard; Hauptbahnhof alle Bahnlinien; portugiese-hamburg.de

Uriges, rustikales Ambiente im Café Ribatejo

FOTO: CAFE RIBATEJO

Viva las Tapas

Mehr als nur Vorspeise: Tapas. Die mediterranen Leckereien in kleinen Schüsselchen am besten in die Mitte vom Tisch und alle probieren alles – herrlich unkompliziert

Tolles Ambiente und leckere Tapas im La Pata Negra

Barcelona Tapas

Dieses Restaurant hat Klasse. Ein modernes Interieur, hoch professionelles Servicepersonal und Rotwein aus riesigen, bauchigen Gläsern, aus denen der Wein gleich noch einen Hauch dekadenter schmeckt. Die Tapas-Auswahl beinhaltet alle Klassiker der spanischen Küche. Jedes Gericht wird aufwendig angerichtet, mit kreativen Soßen und Schäumchen verziert sowie mit Stil serviert.

€€€ Max Brauer Allee 12 (Altona); Mo-Fr 12–24, Sa 17–24 Uhr; EC-Karte, Mastercard, VISA; Königstraße S1, S2, S3; barcelonatapas.de

Café Altamira

Das Café Altamira platzt abends meist aus allen Nähten. Doch auch wenn auf der Terrasse und im Biergarten die Plätze schon gut belegt sind, eröffnet sich im Innenraum noch ein großräumiger und heller Wintergarten. Der hat schon ein paar Jahre auf dem Buckel, bildet aber eine gemütliche rustikale Kulisse. Fast wie eine andalusische Taverne. Über 70 Tapas stehen auf der Karte.

€€ Thomasstraße 4 (Bahrenfeld); Mo-Do 18–24, Fr-So 17–24 Uhr; EC-Karte, Mastercard, VISA; S Ottensen Bus 2; cafealtamira.de

El Pulpo

Selbst an einem Montag ist das El Pulpo meist rappelvoll. Das hat einen Grund: Denn montags ist in dem portugiesischen Restaurant, das auch spanische Küche anbietet, Tapas-Tag: Tapas endlos für aktuell 24 Euro. Der Laden brummt, der Service bleibt dabei immer freundlich, aufmerksam und sympathisch. Das Restaurant wird seit 1994 von José de Cintra Moreira betrieben.

€€€ Wandsbeker Zollstraße 25-29 (Wandsbek); Mi-Mo 12–22 Uhr; EC-Karte; Wendemuthstraße Bus 8, Bus 9, Bus 116; elpulpo.de

La Pata Negra

La Pata Negra heißt ins Deutsche übersetzt „das schwarze Bein" und ist ein Hinweis auf die iberischen Schweine, die in der Regel schwarze Haut und Hufe haben. Inhaber Jimmy Yassa Campos hat eine leckere Auswahl an Tapas und spanische Weine der Spitzenklasse. Ein Muss ist die „plato mixto" mit Wurst- und Schinkenspezialitäten der iberischen Halbinsel, die zusammen mit einer typischen Tortilla serviert werden.

€€€ Hofweg 45 (Uhlenhorst); Mi-So 18–23 Uhr; EC-Karte; Averhoffstraße Bus 6, Bus 17; la-patanegra.de

La Paz

Obwohl Kemal Üres das La Paz in Eimsbüttel bereits vor über 25 Jahren eröffnet hat, ist hier so gar nichts angestaubt. Schließlich hat der Gastronom die Corona-Pause 2020 genutzt und sein Restaurant von Grund auf modernisiert. Die Atmosphäre ist lebhaft, der Service gut gelaunt und auf Zack. Die Tapas werden mit einem modernen Twist serviert, zum Beispiel das Pà Amb Tomaquet, ein katalanisches Gericht, das einst als Arme-Leute-Essen galt. Im La Paz wird das geröstete Brot mit Tomaten, Knoblauch, Olivenöl und Basilikum mit Iberico-Schinken gepimpt.

€€ Heußweg 49 (Eimsbüttel); Di-Do 17–24, Fr-Sa 17-2 Uhr; Amex, EC-Karte, Mastercard, VISA; Osterstraße U2; lapaz-hamburg.de

Le Golden Igel

Bei unserer Hanseperle 2022/ 23 in der Kategorie „Spanien" dürfen es sich Gäste so richtig gut gehen lassen. Die Speisekarte liest sich wie ein Gedicht: Gambas in Knobi-Limetten-Sherry, Rinderhackbällchen in fruchtig-pikanter Tomatensoße, spanischer Kartoffelsalat und süß-säuerliches Huhn in Sherrysoße mit kandiertem Apfel. Lecker! Insgesamt bietet das Le golden Igel-Team mehr als 20 hausgemachte Tapas mit Fleisch und Fisch sowie vegetarische und vegane Varianten an.

€€ Neustädter Straße 49 (Neustadt); Do-So 17.30–23 Uhr; Amex, EC-Karte, Mastercard, VISA; Johannes-Brahms-Platz Bus 3, Bsu X35; legoldenigel.de

Pan con Tomate

In direkter Nachbarschaft zum Zwei-Sterne-Restaurant bianc befindet sich in der HafenCity das Tapas-Restaurant pan con tomate, das mit dem Zusatz „by Matteo Ferrantino" wirbt. Ferrantino ist der kulinarische Mastermind des Sternerestaurants. Das verspricht Tapas auf hohem Niveau – und das zu überraschend günstigen Preisen. Der Service ist sehr aufmerksam, die Atmosphäre locker und perfekt für einen Feierabend-Snack geeignet.

€€ Am Sandtorkai 50 (HafenCity); Di-Sa 17–24 Uhr; EC-Karte, Mastercard, VISA; Baumwall U3; pancontomate.de

Portomarin

Jesús A. Díaz Sandín und Patricia Pérez y Hilker liefern seit mehr als zwanzig Jahren ab: Der Guide Michelin handelt das Winterhuder Restaurant schon ewig als große Empfehlung und Pressestimmen feiern das Lokal als einen der besten Spanier des Landes. Kein Wunder, dass das Portomarin auch schon mehrfach Testsieger bei uns wurde. Viele der verwendeten Produkte kommen aus Jesús' Heimat Galicien. Damit zaubert die Küche eine moderne Interpretation auf Topniveau. An der Tapas-Variation führt vor dem Hauptgang kein Weg vorbei. Ein Muss sind die fantastischen, mit Marzipan gefüllten Datteln.

€€€€ Dorotheenstraße 180 (Winterhude); Di-Sa 18–22 Uhr; EC-Karte, Mastercard, VISA; Sierichstraße U3; portomarin.de

Tapas y Más

Am Kreisel Schanzenstraße Ecke Lagerstraße gelegen, biegen sich reichlich Außenplätze um die Tapas y Más-Fassade. Das Lokal ist rustikal gestaltet: dunkelbraun geflieste Gasträume mit Weinregalen und spanischen Landaufnahmen. Draußen: Bierbänke und -tische. Das Essen: superlecker. Die Vorspeisen sind ordentlich und frisch. Und wer nach einem Haufen Tapas noch nicht genug hat, dem sei die Paella empfohlen – kunterbunt und detailverliebt angerichtet.

€€€€ Schanzenstraße 72 (Sternschanze); Mo-Fr 15–23; Sa-So 13–23 Uhr; EC-Karte, Mastercard, VISA; Sternschanze S11, S21, S31, U3; tapasymas.eatbu.com

Zur Flottbeker Schmiede

In einer ehemaligen Schmiede Tapas essen? Das geht weit im Westen der Stadt. In urigem Ambiente mit viel Holz und altem Backstein wird eine große Auswahl an iberischen Köstlichkeiten serviert. Neben viel Fisch und Meeresfrüchten bereitet das Küchenteam auch würzige Chourizo, Lammkarree und Black Angus Entrecôte sowie zahlreiche vegetarische Häppchen zu. Zum Abschuss gibt es eine Auswahl an süßen Köstlichkeiten wie Schokokuchen oder gebrannte Milch-Vanillecreme.

€€€ Baron-Voght-Straße 79 (Nienstedten) Di-Sa 18–23, So 18–22 Uhr; EC-Karte, Mastercard, VISA; Klein Flottbek S1, S11, Baron-Voght-Straße Bus 21, Bus 115; zurflottbekerschmiede.de

FOTO: MARC SILL

NAU

Ditmar-Koel-Str. 13
20459 Hamburg

Fon 040 31 78 48 50
Fax 040 31 78 48 48
hallo@nau.hamburg
nau.hamburg

ÖFFNUNGSZEITEN
Täglich von 15.30 – 24.00 Uhr

Allein der Anblick triggert die Sehnsucht nach Griechenland: Der Oktopus vom Grill mit gelber Linsen-Creme kann im The Greek aber auch geschmacklich noch einen draufsetzen

Griechenland

Stifado, Feta und feinstes Meeresgetier – Griechenland kann so viel mehr als den klassischen Grillteller. Die Zeiten der Fleischberge und fettigen Pommes sind schon lange vorbei. Geblieben sind herzliche Bewirtung und tolle Kulinarik vom Mittelmeer

Athen Pallas

Solide griechische Kost

Der Grieche ist ein wahres Urgestein und gehört seit Jahrzehnten zu den erfolgreichen gastronomischen Betrieben im Hamburger Westen. Wir starten mit einem Ouzo und einem großen Krombacher (4,20 Euro), dazu gibt es eine große Flasche griechisches Mineralwasser (0,7 l 6,90 Euro). Die Karte ist sehr groß und offeriert alles, was man sich üblicherweise erhofft. Das Taramas (7 Euro) ist exzellent, die frittierten Auberginenscheiben mit Tsatsiki (9,50 Euro) sind schmackhaft, nur der gebratene Schafskäse mit Tomaten, Zwiebeln und Paprika (8,90 Euro) kann uns nicht überzeugen. Hier wären ein paar Gewürze und ein paar Minuten mehr im Ofen gewinnbringend gewesen. Unsere Hauptspeisen wählen wir allesamt mit Pommes – eine gute Wahl, sie haben exakt den richtigen Crunch. Absolut überzeugend ist das Schweinefilet in Sahne-Metaxasoße mit Paprika (19,90 Euro), jeder möchte etwas von dieser leckeren Soße abhaben. Ebenfalls volle Punktzahl erhält das Gyros (15,50 Euro), kross, aber eben nicht zu trocken und gleichzeitig auch nicht wabbelig, überzeugt es mit Geschmack und guter Konsistenz. Das Bifteki (17 Euro) ist perfekt portioniert. Eine reelle Chance, den Teller leer zu essen, ohne hinterher vom Stuhl zu fallen. Dafür gibt es die volle Punktzahl! Die Akustik des Raums ist bei zwei großen Gruppentischen schon sehr gewöhnungsbedürftig. In Sachen Gemütlichkeit ist das Athen Pallas kein Sieger. Aber der Service ist sehr freundlich. Es gibt zu Beginn und am Ende einen Ouzo aufs Haus und es wird niemand enttäuscht sein, der solide griechische Kost erwartet. KN

AMBIENTE ●●○○○ SERVICE ●●●●○
KÜCHE ●●●●○ PREIS-LEISTUNG ●●●●○

€€€ Rissener Landstraße 1 (Blankenese), Telefon 040 865790, Mo-Sa 17–23.30, So 12–22 Uhr, EC-Karte, VISA, Mastercard; Krähenhorst Bus 189; athenpallas.de

Christos

Satt und zufrieden

Wir sind früh. Nur ein Gast. Eine Physiognomie wie Friedrich Merz. Dieser gut gekleidete Herr wird uns in den kommenden Minuten zeigen, wie schnell eine Flasche Rotwein erledigt werden kann. Wir bleiben bei Bier. Vom Fass gibt's bei Christos Krombacher. Nun aber ran an die Mezedes. Für diese kleinen Portionen zum Teilen ist das Restaurant am Kanal bekannt. Die Auswahl ist groß. Fisch, Fleisch, feines Zeug für Veggies – alles am Start. Die einzige Kellnerin müssen wir aus ihrem angeregten und herzlichen Schnack mit neu eingetroffenen Gästen winken. Hat ordentlich was von Nachbarschaft hier. Auf die Frage nach den in der Karte aufgeführten frittierten Kartoffeln gibt's eine überraschende Antwort. „Sind die von McCain." Alles klar. Von Hand schnibbeln ist hier also nicht mehr. Wir üben uns in Verzicht, wählen stattdessen zwecks Sättigung lieber den gebackenen Feta (7,80 Euro). Der dürfte ob seiner schieren Passform auch aus industrieller Produktion kommen, schmeckt aber trotzdem. Das gilt auch für die vier gegrillten Garnelen (9,70 Euro), die sensationell gewürzt und fürs Unproblematische aus der Haut schlürfen vorbereitet sind. Grandiose Grillaromen bringen auch die zwei kleinen Hähnchenspieße (4,80 Euro) mit. Highlight unseres Törns durch die griechische Kulinarik? Ganz klar die butterweichen Baby-Calamari (10,20 Euro), bei denen das Sharing-Prinzip an Grenzen stößt. Ich will alle! Den beim Griechen ums Eck selbstverständlichen Ouzo aufs Haus sehen wir heute nicht. Besser so. Als wir das mit viel dunklem Holz eingerichtete Restaurant verlassen, sind wir satt und zufrieden. AND

AMBIENTE ●●●○○ SERVICE ●●●○○
KÜCHE ●●●●○ PREIS-LEISTUNG ●●●●○

€€ Osterstraße 2 (Eimsbüttel), Telefon 040 43092657, Mi-So 17–24 Uhr, EC-Karte, VISA, Mastercard; Osterstraße U2; restaurant-christos.com

VIP-TESTERIN
Anke Harnack

Dionysos

Geteilte Speise, doppelte Freude

„Mmmmh ..." – „Oh ..." – „Uh ..." So klingt es ein ums andere Mal an diesem Abend. „Mmmmh, die Tarama ist sehr guuut." „Oh: Der Oktopus! Astrein gegrillt!" „Uh ... Nimm die Zucchinibällchen und viel Joghurt dazu." Das Dionysos im Eppendorfer Weg ist für seine kretischen Mezedes zu Recht berühmt! Auf unserem Tisch drängen sich zehn (übrigens sehr schöne) Teller, Schalen und Pfännchen. Und ich kann mich nicht entscheiden, welche Speise die beste ist: Der Feta aus der Pfanne (8,90 Euro) durch und durch tomatig, die Souvlaki (10,90 Euro) butterzart, das Pita-Brot (2,50 Euro) das Gegenteil von langweilig. Unter uns: Normalerweise behalte ich gern die Hoheit über mein Essen, bin kein großer Fan von geteilten Tellern. Hier bei Eleni und Michalis Josing liegt allerdings gerade darin das Geheimnis eines wiederholungswürdigen Abends: Die gemeinsame (!) Freude an vielfältigen Kleinigkeiten, die allesamt von frischen Kräutern geküsst zu sein scheinen. Und auch sonst können wir nur Pluspunkte vergeben: Der Service herzlich, aber nicht aufdringlich. Die Atmosphäre leger und nicht zu temperamentvoll. Das Zeitmanagement der Küche perfekt. Nur unser fünfjähriger Sohn verweigert an diesem Abend knallhart seine Mitwirkung: Die hausgemachten Pommes (5,50 Euro) und das Eis des Tages mit Mascarpone (7,90 Euro) will er partout nicht mit uns teilen. Verlassen wir uns also auf sein Urteil: „Mmmmmmh."

AMBIENTE ●●●●● SERVICE ●●●●●
KÜCHE ●●●●● PREIS-LEISTUNG ●●●●●

€€€€ Eppendorfer Weg 67 (Eimsbüttel), Telefon 040 498800, Mo-Sa 17.30–23 Uhr, EC-Karte, VISA, Mastercard; Christuskirche U2; dionysos-hamburg.de

FOTO: JULIA SCHUMACHER

Genuss GUIDE
DER SZENE HAMBURG
TESTSIEGER
2023/2024

VIP-TESTERIN
Anke Harnack

The Greek

Göttlich köstlich

Trüber könnte dieser Abend in der Neustadt nicht sein: Schietwetter vom Feinsten. Wir sind die einzigen, die von den Landungsbrücken unterm Hochbahnviadukt Richtung Vorsetzen eilen: die Kapuzen tief im Gesicht. Da fällt aus einem „Wirtshaus" Licht auf den Gehsteig und verspricht gesellige Stunden in imposanter Atmosphäre: The Greek. Das Credo hier: „Wine and food created by Gods." Klingt nach Demut und charmantem Größenwahn zugleich. Mit Tsatsiki, Taramosalata, Fava und Kafteri (16 Euro) eröffnen wir den Abend. Chef Michalis Josing kümmert sich segensreich um uns und empfiehlt Rinderfilet-Carpaccio mit geräuchertem Metsovonekäse (19 Euro) sowie Rote Bete mit Ziegenkäse und Hummus (12 Euro). Beides fabelhaft. Unser Sohn wird mit Kritharoto (Reisnudeln) in einer der besten Tomatensoßen ever beglückt (18 Euro). Mein Chicken Tagliata (25 Euro) schmeckt köstlich, aber die wahre Kunst des Hauses offenbart sich auf dem Teller des Gatten: Lammkoteletts, wie sie rosiger, buttriger und kräuteriger nicht sein könnten. Wir vertrauen auf Josings Weinempfehlung: Auch das definitiv kein Fehler. Mit ihm und seinem Team haben die griechischen Götter hier hervorragendes Bodenpersonal installiert. Als wir uns nach den himmlischen Desserts, etwa der Eis-Variation (9 Euro), auf den Heimweg begeben, können steife Brise und Regen von vorn unserer guten Laune nichts mehr anhaben.

AMBIENTE ●●●●● SERVICE ●●●●●
KÜCHE ●●●●● PREIS-LEISTUNG ●●●●●

€€€€ Vorsetzen 53 (Neustadt), Telefon 040 31807370, Di-Fr 12–15 und 17–22, Sa-So 14–22 Uhr, EC-Karte, VISA, Mastercard; Baumwall (Elbphilharmonie) U3; thegreek.hamburg
♿

Auch so geht Griechisch: Maishähnchen mit Babymöhren, Kartoffelpüree und Zitronen-Olivenöl

FOTOS: JULIA SCHUMACHER

Wer glaubt, die griechische Küche hat nur Gyros und Souvlaki zu bieten, wird von Szenekoch Michalis Josing eines Besseren belehrt

Das Essen im – gemeinhin als „Edel-Grieche" bekannten – Kouros überzeugt

Kouros

Konservativ statt rockig

Das Kouros liegt in Wurfweite der Alster in St. Georg und wird gern als Edel-Grieche bezeichnet. Das weckt Erwartungen, die das etablierte Restaurant an unserem Testabend nur bedingt erfüllt. Wir sitzen nahe der Theke vor den Toiletten und riechen Klostein. Der Kellner wirkt gestresst und streitet mit seiner Kollegin. Unsere Getränkebestellung bleibt erst mal auf der Strecke. Die asymmetrische Raumarchitektur erzeugt in Kombi mit den dicht gestellten Tischen ungemütliche Enge. Mehr nervig als beindruckend: die überbetonte Nähe der Betreiber zu Udo Lindenberg, der bekanntlich ein paar Schritte weiter im Hotel Atlantic wohnt. Mehrere Likörelle hat er dem Lokal als Wandschmuck vermacht, zum Dank ist der „Udonysos Panikteller" (24,80 Euro) nach ihm benannt. Zart gebratene Filets vom Kabeljau und Lachs krönt eine Wildgarnele, dazu gibt's einen Klecks Selleriepüree und würzigen Spinat. Die Safransoße ist stimmig abgeschmeckt, das Design des Gerichts aber eher konservativ statt rockig. Als prima Wahl erweist sich die großzügige Portion gratinierter Ziegenkäse in einer Vinaigrette aus Waldbeeren (9,90 Euro). Auch die Krustentiersuppe (7,80 Euro) ist ihren Preis absolut wert. Die Fischrogen-Creme Tarama (5,60 Euro) besteht den Vergleich mit der Zubereitung dieses Klassikers bei unserem Stammgriechen. Als er uns den Ouzo zur Rechnung mit einem Schuss Wasser auf Eis im Weinglas serviert, hat sich der Kellner eingekriegt. Da kommen auch wir nachsichtiger drauf und ziehen durchs nächtliche Quartier von dannen. MO

AMBIENTE ●●○○○ SERVICE ●●○○○
KÜCHE ●●●○○ PREIS-LEISTUNG ●●●●○

€€€ An der Alster 28 (St. Georg), Telefon 040 244540, Mo-Sa 18–24 Uhr, EC-Karte; AK St. Georg Bus 6, Bus 17, Bus 18; kouros-restaurant.de

Olympiade

Starkes Essen, nette Menschen

Ausverkauftes Haus. Proppenvoll präsentiert sich die Olympiade bei unserem Eintritt. Erste Notiz an uns: den Lesern dringend eine Reservierung empfehlen. Wir haben eine und nehmen Platz im schlicht in weiß gehaltenen Restaurant. Noch vor unserem ersten Gang verdunkelt sich der recht warme Raum, „Happy Birthday to you" ertönt aus den Boxen und unter großem Applaus der Gäste werden zwei Wunderkerzen an den Nebentisch gebracht. Spätestens mit der Vorspeise sind auch wir bestens angekommen. Die Muscheln in pikanter Thymian-Tomatensoße (9,90 Euro) sind ihrer Schale bereits entledigt worden. Hier gilt der Dreiklang: salzig, nussig, würzig! Sehr gut also – genau wie die sämige Tomatensuppe, die wie hausgemacht schmeckt (4,90 Euro). Auch der Hauptgang überzeugt vollends. Das zarte Lammfilet, bestehend aus drei großen Stücken (25,90 Euro), ist herrlich pfeffrig gewürzt und wird von Zwiebeln, viel Tsatsiki und schön bissfestem Tomatenreis flankiert. Das mit frischem Käse überbackene Gyros Spezial in wiederum sehr sämiger Metaxasoße ist qualitativ top (17,90 Euro), die Pommes sind knusprig. Zu beiden Gerichten wird jeweils ein frischer Salat mit einem sehr fruchtigen Dressing gereicht. Gold für die Olympiade also? Nicht ganz. Der Nachtisch enttäuscht. Das warme Schokoladensoufflé mit etwas Schokoladensoße (6,90 Euro) kommt ohne jede sonst übliche Beigabe wie Sahne oder Vanilleeis. Meine gebackenen Bananen (5,90 Euro) hingegen schwimmen in einem zu süßen Honigsee mit Mandelsplittern. Da wäre weniger mehr gewesen. Wir sind dennoch hochzufrieden. Dieses beliebte Restaurant lebt nicht nur von seinem guten Ruf. Sondern von viel Qualität. MISCH

AMBIENTE ●●●○○ SERVICE ●●●●○
KÜCHE ●●●●○ PREIS-LEISTUNG ●●●●○

€€€ Rugenbarg 18 (Osdorf), Telefon 040 8007050, Di-So 12–23 Uhr, EC-Karte; Langelohstraße (Nord) Bus 21; restaurant-olympiade.de

Olympisches Feuer

Die Hütte brennt

Fix was los im Olympischen Feuer an einem gewöhnlichen Montagabend. Im hippen Schanzenviertel behauptet sich dieses eher altbackene griechische Restaurant mit voll besetzter Souveränität. Jung und Alt, Groß und Klein versammeln sich neben uns an den abgeschrabbelten Tischen, um sich an den altbekannten Klassikern von Gyros über Tsatsiki bis zum Souvlaki ein paar Gramm mehr auf die Hüften zu trainieren. Besonders gut gelingt uns das mit dem Saganaki – warm panierter, saftiger Schafskäse neben einer zum Glück verschwindend kleinen Salatdekoration (8 Euro). Denn wer will beim Griechen schon frisches Gemüse sehen? Es gibt tolle Schmorgerichte mit Rindfleisch und dicken Bohnen (14,50 Euro) und überhaupt überbackt der Koch im Olympischen Feuer gern. Das Moussaka gibt es als vegetarische Variante als Gemüsepfanne mit Käse (15 Euro) und für Veganer – auch recht lecker – mit Kartoffelpüree überbacken. Zu den Getränken: griechischer Wein! Was Musik in unseren Ohren ist, ist es als Gaumenschmaus hingegen nicht ganz so. Der Panselinos (28 Euro) schmeckt eher nach sehr simplen Hauswein, aber einen Versuch war's wert. Schöne Nachtisch-Idee, weil so einfach: griechischer Joghurt mit Honig und Walnüssen (5,50 Euro). Und damit wäre das Tagesziel an Kalorien dann auch erreicht. Vorsichtig ausgedrückt. CO

AMBIENTE ●●●○○ SERVICE ●●●○○
KÜCHE ●●●○○ PREIS-LEISTUNG ●●●●○

€€ Schulterblatt 36 (Sternschanze), Telefon 040 435597, Mo-Do 11.30–23, Fr-Sa 11.30–24, So 11.30–23 Uhr, EC-Karte, VISA, Mastercard; Sternschanze S11, S21, S31, U3; olympisches-feuer.de

FOTO: MARC SILL

Oniro

Her mit den Meze

Schon in der Begrifflichkeit seiner Vorspeisen zeigt das Oniro, das es sich in seiner kulinarischen Ausrichtung nicht auf Griechenland beschränkt. Und die Karte der Meze und Tapas umfasst stattliche 35 Gerichte. Der gesalzene Fischrogen Tarama (5,50 Euro), der gratinierte Ziegenkäse auf Babyspinat und mit Feigensenf (7,90 Euro), die griechische Bauernwurst Loukaniko mit Chili-Dip (6,50 Euro) und die geschmorte Kaninchenkeule Kouneli in Knoblauch-Tomaten-Weinsoße (9,90 Euro) sind allesamt hervorragend zubereitet und bieten eine Vielzahl differenzierter Aromen. Das Oniro weiß aber auch jene Erwartungen zu bedienen, die typischerweise an griechische Restaurants geknüpft sind: mit gut zubereitetem Fleisch in großen Portionen und frittierter Kartoffelbeilage ohne Schnickschnack. Der Bacchus-Teller (19,90 Euro) mit Souvlaki, Gyros, Schweinesteak, Hacksteak und Röstkartoffeln verkörpert diesen Gedanken in seiner reinsten Form. Allerdings hätten wir von dem Testsieger des Vorjahres an dieser Stelle vielleicht etwas mehr Pfiff erwartet. Das Lammfleisch Kokinisto mit grünen Bohnen aus dem Ofen (18,90 Euro) geht eher in diese Richtung, die Pfanne ist gefüllt mit Bohnen, einer herzhaft gekochten Soße und reichlich zartem Fleisch. Das selbst gemachte Halva (4,90) haut uns nicht vom Hocker, das aber auf höchstem Niveau. Wenn wir in das Oniro gehen, dann vor allem wegen der Meze. BIE

AMBIENTE ●●●●● **SERVICE** ●●●●○
KÜCHE ●●●●○ **PREIS-LEISTUNG** ●●●●●

Testsieger 2022 €€ Lattenkamp 29 (Winterhude), Telefon 040 512660, Di-Sa 17–23, So 12–23 Uhr, EC-Karte, VISA, Mastercard, Amex; Lattenkamp U1; oniro.hamburg.de

Parea

Toller Grieche ohne Folklore

Genuss Guide – Der Szene Hamburg – HANSEPERLE

Ein klassischer Grieche ist das Parea nicht. Das weitläufige, modern eingerichtete Restaurant in Eimsbüttel kommt ohne Ouzo, laute Musik und sonstige Folklore aus. Es ist ein Ort für Paare und Stammgäste, die in unaufgeregter Atmosphäre zeitgemäß interpretierte Mezedes genießen und sich ungestört unterhalten möchten. Der Service ist herzlich und aufmerksam, ohne aufdringlich zu wirken. Wir fühlen uns sofort willkommen. Bereitgestellte Malbücher, Stifte, Kinderbesteck und Tripptrapp geben auch unserer kleinen Begleitung das Gefühl, ein gern gesehener Gast zu sein. Aus der umfassenden Speisekarte wählen wir sechs griechische Tapas, die wir mit einem Rosé (0,2 l 7,90 Euro) begleiten. Köstlich das geschmorte Rindfleisch (11,90 Euro), das sich mit einer würzig-zimtigen Tomatensoße verbunden hat und auf der Zunge zergeht. Die milde Burratina mit Mandelkrokant und Rosenblattgelee (10,50 Euro) beschert, abgesehen von ihrer butterweichen Konsistenz, einen interessanten Kontrast. Die veganen, panierten Zucchini (8,90 Euro) sind hauchdünn geschnitten und werden zusammen mit veganer Aioli serviert. Beides lecker, aber in der Kombi einen Tick zu mächtig. Dass das griechische Ecklokal alle Vorlieben beim Essen gleichberechtigt berücksichtigt, ist eine tolle Geste. So fühlt sich niemand dazu genötigt, das Servicepersonal mit Extrawünschen zu behelligen oder hungrig zu bleiben. Ein Vorbild für alle, die das veränderte Gästeverhalten ernst nehmen. JS

AMBIENTE ●●●●○ **SERVICE** ●●●●●
KÜCHE ●●●●○ **PREIS-LEISTUNG** ●●●●○

€€€ Luruper Weg 38 (Eimsbüttel), Telefon 040 35961283, Di-So 17–23 Uhr, EC-Karte; Lutterothstraße U2; parea-hamburg.de

Moderne griechische Gerichte stilvoll angerichtet: Parea

VIP TESTERIN

Anke Harnack
Moderatorin, Trainerin, Coach
Getestet: Dionysos, The Greek

Als VIP-Testerin ... habe ich schon so manche kulinarische Entdeckung gemacht, die mich ins Schwärmen brachte.

Mein Lieblingsrestaurant ist ... für immer und ewig das Fischereihafen Restaurant!

Meinen Feierabendwein trinke ich ... am liebsten zu Hause im Schaukelstuhl.

Wenn der Mittagshunger kommt, ... dann gibt's eine große Auswahl in den Stadthöfen, eine feine Auswahl im NOM am Zeughausmarkt und eine raffinierte Auswahl in Elma Speisekneipe in Altona.

Typisch Hamburg ist, ... dass ein Fischbrötchen auf die Hand hier als vollwertiger Businesslunch durchgeht.

Für einen Ausflug aufs Land ... geht es mit Fahrrad und Picknickkorb (befüllt mit abenteuerlichen Sandwichkreationen, wachsweichen Eiern, fermentiertem Gemüse und Heidelbeermuffins) in den Klövensteen.

Nachts noch Hunger? Dann geht's zum Lucullus auf den Kiez. Oder auf eine Leberwurststulle an den heimischen Kühlschrank ...

Die schönste Aussicht beim Essen gibt's ... an Brücke 10 (beste Chance auf freie Sicht: bei Nieselregen und wenn kein Bundesland Ferien hat).

FOTO: MARC SILL (U.), ANGELA PFEIF (O.)

Rosmarin

Gyros mit Erdbeereis

Der Schokokuchen mit Nüssen und Keksen, den ich nie gegessen habe! So könnte die Überschrift über diesem Artikel lauten. Wir wollen das Dessert bestellen, da bietet uns der Kellner stattdessen schwungvoll „ein Eis aufs Haus“ an. Wir nehmen an und spekulieren flüsternd herum: Sind wir als Restauranttester aufgeflogen? Sind die Nachspeisen alle? Es folgt eine große 08/15-Erdbeereiskugel für jeden von uns. Die Erklärung: „Kriegt außer beim Mittagstisch jeder Gast, der ein Hauptgericht bestellt.“ Nett, aber unser eigentlicher Dessertwunsch ist damit Geschichte. Schon bei den Vorspeisen – einer Standardtomatensuppe (5,90 Euro) und einem etwas überteuerten kalten Vorspeisenteller mit einem kleinen Meeresfrüchtesalat als einzigem Höhepunkt (14,50 Euro) – ist es ähnlich. Erst fragt mich der Keller, ob ich nicht einen warmen Vorspeisenteller möchte. Ich bejahe, er bringt versehentlich die kalte Version. Freundlich sind sie hier im Rosmarin, aber etwas verpeilt. Der Hauptgang bietet aber ein Aha-Erlebnis. Die mit Käse überbackene Gyrospfanne (14,50 Euro) mit zu krossem Gyros und etwas zu unangenehmem Nachgeschmack samt handgemachten Pommes in Chipsform ist es nicht. Aber die Lammhaxe mit Rosmarinkartoffeln (15,50 Euro) rockt! Das weiche Fleisch fällt zart von der Haxe, die Kartoffeln besitzen eine Top-Konsistenz, die, tomatige, würzige Soße mit Rosmarin will ich am Ende vor Lust daran komplett auslöffeln. Eine Entdeckung ist dieses unscheinbar gelegene Restaurant nicht. Zumindest ich würde für die Lammhaxe und zur Befriedigung meiner Neugier auf den Schokokekskuchen aber noch einen Besuch wagen.

MISCH

AMBIENTE ●●●○○ SERVICE ●●●○○
KÜCHE ●●●○○ PREIS-LEISTUNG ●●●○○

€€ Trettaustraße 16 (Wilhelmsburg), Telefon 040 759852, Mo-So 12–23 Uhr, EC-Karte; Trettaustraße Bus 154; restaurant-rosmarin-hamburg.de

Samos

(K)ein klassischer Grieche

Keine Säulen aus Gips, kein Plastik-Efeu, kein „Akropolis“-Teller. Das Samos an der Osterstraße in Eimsbüttel gibt sich moderner und klarer als das, was wir unter einem typischen „Griechen“ verstehten. Der große, lichte Raum ist an diesem Dienstag schon gut gefüllt, nur mit Glück bekommen wir noch zwei Plätze. Aus der Karte wählen wir die Riesenbohnen namens Gigantes (7,90 Euro) in Tomatensoße und einen Linsensalat (6,90 Euro). Beides ist solide, der Linsensalat frisch mit Lauchzwiebeln und Tomaten abgeschmeckt. Das Moussaka (17,90 Euro) kommt quadratisch wie ein Kuchenstück, selbst die Béchamelsoße obenauf ist schnittfest und hält die Form. Erstaunlich. Geschmacklich hinterlässt das Gericht keinen bleibenden Eindruck, macht aber satt. Das Gyros wählen wir in ein einer Metaxa-Soße (11,90 Euro), die für uns aber vor allem tomatig ist. Den Weinbrand können wir nicht schmecken. Positiv ist, dass von den Grill-Klassikern jeweils auch eine kleine Portion gewählt werden kann. Deren Menge reicht vollkommen aus und ist auch zeitgemäßer als ein großer Pommes-Fleisch-Berg. Unser heutiger Besuch kann uns nicht begeistern, im Sommer an der belebten Osterstraße zu sitzen macht hier trotzdem Spaß. Das wissen wir noch aus der Erinnerung.

BC

AMBIENTE ●●●○○ SERVICE ●●●○○
KÜCHE ●●○○○ PREIS-LEISTUNG ●●●○○

€€ Osterstraße 150 (Eimsbüttel), Telefon 040 404442, Mo-Sa 12–22.30, So 14–22.30 Uhr, EC-Karte, VISA, Mastercard; Osterstraße U2; tavernasamos.de

Mit den saftigen Lammkoteletts lässt sich im Zimt & Koriander nie etwas falsch machen

FOTO: MARC SILL

Taverna Elia

Satt, aber nicht glücklich

Die Taverna Elia an der Friedensallee ist ein typischer Grieche um die Ecke. Am Abend unseres Besuchs ist das Lokal sehr voll, der reservierte Tisch noch nicht frei und wir stehen etwas gedrängt, um auf selbigen zu warten, bemüht, nicht im Weg zu sein. Viel Platz bietet das Lokal nicht und so sind wir froh, als wir unseren Tisch in Nähe der Küchendurchreiche einnehmen dürfen und mit den Karten gleich einen Ouzo aufs Haus bekommen. Die Speisekarte bietet alles, was man hierzulande von einem Griechen erwartet. Die Vorspeisen sind solide. Wir lassen uns panierte Auberginen und Zucchini (7,80 Euro), Taramasalata (4,90 Euro) und Schafskäsekrotetten (6,50 Euro) schmecken. Tsatsiki überzeugt uns hier nicht so recht, da fehlt ein frischer Kick und die knackige Gurke. Begleitet wird alles von einem süffigen Bergedorfer Pils (0,5 l 4,90 Euro) und einem leckeren alkoholfreien Benediktiner Weizenbier (0,5 l 4,70 Euro). Beim Gyros (14 Euro) überzeugen uns dann vor allem die krossen Pommes, der Mix-Teller Gyros-Souvlaki-Suzuki (16 Euro) ist in Ordnung. Beim Mix-Teller Gyros mit Bifteki (16 Euro) ist letzteres leider gar nicht durch – für uns ein echtes No-Go. Der Service ist an diesem Abend freundlich, aber leider überfordert. Fazit: Wir wurden zu fairem Preis satt. Glücklich sind wir an diesem Abend leider nicht geworden. KN

AMBIENTE ●●○○○ SERVICE ●●●○○
KÜCHE ●●○○○ PREIS-LEISTUNG ●●●○○

€€ Friedensallee 57 (Ottensen), Telefon 040 3901143, Di-Sa 17–23, So 13–23 Uhr, EC-Karte; Daimlerstraße Bus 16; tavernaelia.de

Taverna Kamiros

Masse statt Klasse

Die Taverna Kamiros in Barmbek liegt im Zentrum des Kreuzungsbereichs von Fuhlsbüttler Straße und der Barmbeker-Ring-Brücke am Ring 2 – eine gewisse Lautstärke muss also auf der Außenterrasse mit einkalkuliert werden, aber wir sitzen heute zum Glück im Inneren der Taverne. Aber was heißt hier eigentlich Glück? Wenn ich an eine Taverne denke, habe ich da so ein gewisses Bild von Gemütlichkeit vor Augen. Im Kamiros ist das Oberlicht grell und die Wände zum Teil holzvertäfelt. Hier wird leider keine Taverne, sondern die Athener Hauptbahnhofshalle von 1982 imitiert. Aber die griechische Gastfreundschaft bekommt man hier von Anfang bis Ende – ruck, zuck stehen zwei Ouzo und zwei Bier auf dem Tisch. Ich beobachte die umstehenden Tische, die alle komplett belegt sind und an denen es sich die Gäste gut gehen lassen. Das Kamiros scheint eine gewisse Anziehungskraft zu haben, die sich mir nicht erschließt, und auch die guten Noten auf verschiedenen Internetplattformen zeugen davon. Mein Hauptgang, die gemischte Grillplatte „Ikaros“ (18,90 Euro) mit Lammhüfte, Gyros und Kalbsleber, die zusammen mit Salat, Tsatsiki und Kartoffeln serviert werden, ist solide. Das Fleisch ist mir ein bisschen zu sehr gewürzt, dafür ist die Leber schön zart und lecker. Alles in allem kann ich dem guten Ruf der Taverna Kamiros nicht allzu viel abgewinnen, aber die beiden letzten Ouzos, die zusammen mit der Rechnung serviert werden, runden den Abend versöhnlich ab. MH

AMBIENTE ●●○○○ SERVICE ●●●●○
KÜCHE ●●●○○ PREIS-LEISTUNG ●●●○○

€€€ Fuhlsbüttler Straße 256 (Barmbek), Telefon 040 617683, Mo-Sa 16.30–24, So 12–23 Uhr, EC-Karte, VISA, Mastercard, Apple Pay; Alte Wöhr S1, S11; taverna-kamiros.de

Taverna Kronos

Familiär und solide

Die Taverna Kronos in Schnelsen entführt seine Gäste kulinarisch ans Mittelmeer. An einem Mittwochabend sind noch viele Tische frei, eine Reservierung wäre nicht nötig gewesen. Das Lokal ist hell, modern und eher schlicht eingerichtet. Wie Stammgäste neben uns feststellen, gibt es offenbar gerade erst neues Mobiliar. Was uns selbst beim Blick in die Speisekarte direkt auffällt: Trotz reichlicher Auswahl finden sich dort keinerlei Ofengerichte. Auf Nachfrage sagt uns der Kellner, dass die von den Gästen wohl nicht so angenommen werden. Nun gut, wir entscheiden uns für eine gemischte Vorspeisenplatte mit kalten „Mezedes“ (18,90 Euro), die sich prima zu zweit teilen lässt. Auf einem Teller werden verschiedenes Gemüse, Saganaki (gebackener Feta), Auberginenpüree, Tsatsiki, Tamaras (Fischrogencreme) sowie Fetakäsecreme drapiert, dazu gibt es Brot. Das Tsatsiki schmeckt ein wenig fad, das Brot ist etwas trocken. Ansonsten sind wir zufrieden. Beim Hauptgang fällt die Wahl auf Schweine-Souvlaki mit Reis und Salat (15,90 Euro) sowie Stifado – ein klassisches griechisches Gericht mit Rindfleisch und Jungzwiebeln in Tomaten-Weinsoße (16,90 Euro). Das Schweinefleisch ist sehr zart, auch das Rind zergeht auf der Zunge. Köstlich! Besonders positiv fällt uns die Gastfreundschaft auf: Der Service ist freundlich und schnell, es gibt Ouzo aufs Haus. Zum Abschied ein freundliches Händeschütteln. Dafür, dass sich das Restaurant selbst zur gehobenen Küche zählt, hätten wir allerdings noch ein wenig mehr erwartet. MHÖ

AMBIENTE ●●●●○ SERVICE ●●●●●
KÜCHE ●●●●○ PREIS-LEISTUNG ●●●○○

€€€ Holsteiner Chaussee 177 (Schnelsen), Telefon 040 55009337, Di-Fr 17–23.30, Sa 16–23.30, So 12–23 Uhr, EC-Karte Mastercard, VISA; Eidelstedter Brook Bus 21, Bus 183; taverna-kronos.de

Vezos

Wenn die Etagere schon fast reicht

An griechischen Restaurants herrscht in Hamburg ja wahrlich kein Mangel. Umso erfreulicher, bei der Vielzahl die richtige Wahl für ein gemütliches Samstagabend-Dinner getroffen zu haben: das Vezos in Wandsbek. Bei angenehm gedämpftem Licht, griechischer Folklore-Musik und inmitten der Einrichtung aus braunem Holz und Weinflaschen studieren wir die überschaubare, aber vielfältige Karte und entscheiden uns schnell für Pikilia, den kalten Vorspeisenteller für zwei Personen (15 Euro). Auf der Etagere kommen neun Schälchen daher, ein Inhalt leckerer als der andere, etwa Kalamata-Oliven, Kabeljaurogen-Creme Taramas, gegrillte Sardellen, eingelegte Rote Bete, milder Schafskäse in Olivenöl und Oregano und dicke weiße Bohnen Gigantes. Kombiniert mit frischem Brot könnte dies fast schon reichen. Deshalb fällt die Wahl danach nur noch auf Lachanika, lecker gewürztes mediterranes Grillgemüse mit Tsatsiki (8 Euro) – auf der einen Seite des Tisches. Auf der anderen landet dagegen der Mixed Grill 2, Hacksteak, Lammfilet und Gyros (18 Euro), irrtümlicherweise mit gerösteten Kartoffelscheiben. Der ursprünglich bestellte Tomatenreis wird anstandslos nachgeliefert. Erfreulich. In Summe ist die Portion amtlich, aber nicht übertrieben, das auf den Punkt gegarte Fleisch saftig und schmackhaft gewürzt. Zeit zum Verdauen bleibt, denn bis zum Bezahlen vergeht (leider etwas zu) viel Zeit. Dafür gibt's den obligatorischen Ouzo aufs Haus, „Kalinichta" geht also leicht über die Lippen. Neuer Lieblingsgrieche in Wandsbek? Gefunden. FD

AMBIENTE ●●●●○ SERVICE ●●●○○
KÜCHE ●●●●○ PREIS-LEISTUNG ●●●●○

€€€ Walddörferstraße 49 (Wandsbek), Telefon 040 68268112, Di-Sa 16–23, So 12–22 Uhr, EC-Karte; Gladowstraße Bus 8, Bus 16; vezos.de

Zimt & Koriander

Licht und Schatten

Im Herzen Eimsbüttels liegt das Zimt & Koriander. Ein kleines griechisches Bar-Restaurant ganz ohne Gyros und Pommes. Hier werden Mezedes geboten. Viele Kleinigkeiten, die man sich am besten teilt. Die Beschreibungen auf der Schiefertafel sind schlicht. Es gibt „Kartoffeln" (4,20 Euro) oder „Tomate Gurke Salat" (5,50 Euro). Doch die Wahrheit liegt auf dem Teller und es schmeckt alles köstlich. Die Rote Bete (4,20 Euro) ist fein gewürzt, die beiden Lammkoteletts (8,60 Euro) sind saftig, der Oktopus (8,30 Euro) auf den Punkt gegrillt, denn sonst schmeckt er nach Gummi. Das Tischgespräch dreht sich um persönliche Vorlieben und welches Gericht das allerbeste war. Herrlich. Suchten wir das Haar in der Suppe, könnten wir kritisieren, dass die zarten Kalbsleberstücke (8,30 Euro) in Butter regelrecht schwimmen. Oder dass Eimsbütteler Leitungswasser besser wäre als Nestlé-Wasserflaschen, die Hunderte Kilometer transportiert werden müssen. Apropos Getränke: Hier ist noch Luft nach oben. Auf die Frage nach den Weinen antwortet die freundliche Servicekraft tatsächlich „rot, weiß und rosé". Schon, aber welche, fragen wir. Und das Drama nimmt seinen Lauf. Ob es denn auch einen griechischen Rotwein gebe. Ja, gibt es. Und was für einer das sei? Kurze Pause, dann die Antwort: „Aus Griechenland". Liebes Team vom Zimt & Koriander: Es gibt Weinregionen und gerade in Griechenland mehr autochthone Rebsorten als anderswo und selbst wenn man das nicht weiß, könnte man doch einfach die Flasche an den Tisch bringen und den interessierten Gast selbst lesen lassen. Der Wein (Glas 7,90 Euro) wäre gut gewesen, aber die Flasche war schon zu lange offen und leider oxidiert. Wir kommen wieder, aber nur zum Essen. DS

AMBIENTE ●●○○○ SERVICE ●●○○○
KÜCHE ●●●●● PREIS-LEISTUNG ●●●●○

Hanseperle 2022 €€ Eppendorfer Weg 79 (Eimsbüttel), Telefon 040 82313070, Mo-Mi 12–15 und 17.30–23, Do-Fr 12–15 und 17.30–1, Sa 17.30–1 Uhr, nur Barzahlung; Christuskirche U2; zimtundkoriander.business.site

KURZ GEBRATEN

Alle Tests in voller Länge auf genussguide-hamburg.com

Irodion

Das griechische Restaurant ist sehr gemütlich eingerichtet. Der Biergarten ist im Winter ein Wintergarten. Geht es um Vorspeisen, punktet die Küche mit modern interpretierten Klassikern wie Ziegenkäse mit Gemüse und – ganz bodenständig – Bohnensuppe. Dazu gibt's hausgemachtes Brot. Bei den Hauptgängen fehlt nichts, was im griechischen Restaurant erwartet wird. Vor allem das Gyros begeistert.

€€ Ohlsdorfer Straße 1 (Winterhude), Telefon 040 461201, Mo-Sa 12–23, So 12–22 Uhr, EC-Karte; Hudtwalckerstraße U1; irodion-hamburg.com

Kalliopea

Das Kalliopea ist ein Grieche im Herzen von Barmbek. Es befindet sich zwischen der Fuhle und dem Stadtpark. Die Einrichtung ist einfach gehalten, beim Faktor Gemütlichkeit ist noch etwas Luft nach oben. Das Essen hingegen ist hervorragend. Und vor allem authentisch. Fängt an beim auf den Punkt gegrillten Oktopus, geht weiter bei würzigem Bohnenmus und endet bei den klassischen Grilltellern. Anschließender Ouzo aufs Haus? Na klar!

€€ Neue Wöhr 14 (Barmbek), Telefon 040 6310596, Mo 17–23, Mi-So 17–23 Uhr, EC-Karte, VISA, Mastercard, Amex; Alte Wöhr (Stadtpark) S1, S11; kalliopea.de

Minas

Im Restaurant Minas gibt's klassische griechische Küche, geschmackvoll angerichtet und mit Herzlichkeit serviert. Das Ambiente ist eher zurückhaltend, auf zu viel Gedöns wird hier verzichtet. Auf den Tisch kommen Köstlichkeiten aus dem Meer und von der Weide, die gut sortierte Weinkarte unterstreicht den gehobenen Anspruch des Restaurants in Wandsbek. Und die wirklich grandiose Baklava ist ein echter Tipp.

€€€ Friedrich-Ebert-Damm 91 (Wandsbek), Telefon 040 27865598, Di-Fr 17.30–23, Sa 17–23, So 10–21 Uhr, EC-Karte, Amex; Stephanstraße Bus 171, Bus 271; restaurant-minas.de

Noah's Taverna

Noah's Taverna am Großneumarkt wird als Familienbetrieb von Tomas Tanzi geführt. Aufgetischt werden Klassiker der mediterranen Küche wie Tintenfisch und Lammhaxe. Alles gut gemacht und bodenständig präsentiert. Gyros etwa kann auch als Flatrate-Portion geordert werden. Für alle, denen es nicht genug Fleisch sein kann. Und zum süßen Abschluss unbedingt ran an den griechischen Joghurt.

€€ Großneumarkt 12 (Neustadt), Telefon 040 63607829, Mo-Fr 11.30–15 und 16.30 Uhr–open end, Sa-So 17 Uhr–open end, EC-Karte, VISA, Mastercard; Stadthausbrücke S1, S2, S3, Bus 17; noahs-taverna.de

Pinakas

Im Pinakas tischt Wirt Georgios schon lange griechische Mezedes auf. Im Restaurant im Grindelhof herrscht eine heimelige, nachbarschaftliche Atmosphäre. Auf den Tellern und Platten landen Dauerbrenner der mediterranen Küche. Schnörkellose und leckere Hausmannskost, wie sie auch in den Küchen der Ägäis zubereitet wird. Von Zucchinipuffer über frittierten Schafkäse bis hin zu deftigen Fleischgerichten bleibt kein Wunsch unerfüllt.

€€ Grindelhof 64 (Rotherbaum), Telefon 040 18102375, Di-So 17–24 Uhr, EC-Karte, VISA, Mastercard; Grindelhof Bus 4, Bus 5; restaurant-pinakas.de

Taverna Plaka

Hinter dem dicken Vorhang der Taverna Plaka erwartet den Besucher rustikale Gastlichkeit in der Sternschanze. Schummriges Licht und leise griechische Klänge aus den Boxen schaffen eine gemütliche Atmosphäre. Serviert wird, was erwartet werden kann. Von Gyros über Souvlaki bis hin zu den üblichen Grilltellern. Wer lieber auf Fleisch verzichtet, muss sich allerdings mit wenig Angebot begnügen. Aber ein toller Ort für einen romantischen Abend.

€€ Schanzenstraße 25 (Sternschanze), Telefon 040 437719, Mo-So 17–24 Uhr, nur Barzahlung; Sternschanze S11, S21, S31, U3; tavernaplaka.hamburg

Xenios bei Themi

Dieses Restaurant ist ein Klassiker in Eimsbüttel. Xenios bei Themi hat schon unzählige Dates, Weihnachtsfeiern und gemütliche Treffen von Freunden gesehen. Der Service ist auf Zack, die Karte bietet alles, was die griechische Küche bereithält. Natürlich auch als Flaggschiff den Xenios-Teller mit allerlei verschiedenem Fleisch. Die Qualität ist top, die Portionen sind groß. Wer bei Xenios noch ein Dessert schafft, der muss wirklich Appetit haben.

€€€ Osterstraße 46 (Eimsbüttel), Telefon 040 400383, Mo-Fr 16–23.30, Sa-So 12–23.30 Uhr, EC-Karte, VISA, Mastercard, Amex; Osterstraße U2; bei-themi.de

Griechische gute Laune: In Noah's Taverna umsorgt Inhaber Tomas Tanzi die Gäste gern selbst

FOTO: MARC SILL

Das Meisterstück im ältesten Chinarestaurant der Stadt: Die Pekingente des Dim Sum Haus ist legendär

Asien

Die leckere Schüssel mit Ramen. Unglaubliche Udon-Nudeln. Mal ganz zu schweigen von Sushi, abwechslungsreichen Dim Sum und neu interpretierter Ente, gern mit etlichen Köstlichkeiten. Irgendwie ist die asiatische Küche längst der (heimliche) Star, oder?

CHINA

Copper House

Touristenfalle mit Kantinenatmosphäre

Das Copper House an der Davidstraße liegt ideal, um einen Kiezabend zu beginnen und eignet sich auch für Gruppen. Große, tief hängende Lampen schaffen es leider nicht, dem hell möblierten, sehr großen und hohen Raum die Kantinenatmosphäre zu nehmen. Wir lassen uns vom freundlichen Service kurz das Konzept erklären: entweder Live-Cooking für 32,90 Euro pro Person inklusive Büfett oder Essen à la carte. Am Abend unseres Besuchs sind noch beide Varianten an einem Tisch zulässig – künftig soll eine Variante pro Tisch gewählt werden. Während mein Mann sich fürs Büfett entscheidet, wählen unsere Tochter und ich à la carte und starten mit je zwei größeren Frühlingsrollen (4,90 Euro) und leckeren Gyoza (7,90 Euro). Das Sushi vom Büfett löst keine Begeisterung aus. Meine „kaiserlich zubereiteten Hühnerwürfel auf Sichuan-Art" (17,90 Euro), auf der Karte mit zwei Chilis als besonders scharf markiert, erweisen sich als überhaupt nicht scharf, aber schmackhaft. Das „panierte Panko-Hähnchen mit Gemüse und süß-saurer Sauce" (17,90 Euro) enttäuscht – es ist im Wesentlichen ein in Streifen geschnittenes Schnitzel auf wirklich fadem grünen Gemüse. Schade. Alle Gerichte von der Karte finden sich auch auf dem Büfett – bei uns teilweise nur noch in Resten und in einigen Fällen nicht mehr heiß. Das Live-Cooking, bei dem man sich die Zutaten selbst zusammenstellen kann, ist ganz nett – aber an unserem Abend ist vieles versalzen. Sicherlich finden viele Touristen den Weg ins Copper House. Uns kann es an diesem Abend leider nicht überzeugen. KN

AMBIENTE ●●○○○ SERVICE ●●●○○
KÜCHE ●●○○○ PREIS-LEISTUNG ●●○○○

€€€ Davidstraße 37 (St. Pauli), Telefon 040 75662011, Di-Do 12–23, Fr-Sa 12–23.30, So 12–23 Uhr, EC-Karte, VISA, Mastercard; Davidstraße Bus 112, Bus 2, Bus 16; copperhouse.de

Herr He

Viele Körbchen und Tellerchen

Herr He ist seit Jahren ein Garant für exzellente, authentisch wirkende chinesische Küche. Ich habe in dem Restaurant hinterm Ohnsorg-Theater schon wundervoll knusprige Ente und exzellenten gebackenen Wolfsbarsch gegessen, sehr schlonzige, würzige Auberginen oder einfach nur leckeres gemischtes Gemüse. Seit einiger Zeit gibt es aber auch eine umfangreiche Karte mit Dim Sum, kleinen Gerichten, die in China sehr beliebt sind. Dazu gehören diverse Rollen, Teigtaschen sowie gedämpfte gefüllte Brötchen, und nachdem wir sehen, wie die Nebentische unter unzähligen Körbchen und Tellerchen verschwinden, wollen wir das ebenfalls probieren. Die gedämpften Hühnerfüße (6,60 Euro) sind uns ein wenig zu authentisch, aber wir bestellen Xo Lo Bask Guo (6,50 Euro), gedämpfter Rettichkuchen mit Fleisch und Krabben – der beweist, das auch chinesische Spezialitäten langweilig sein können. Natürlich probieren wir diverse Teigtaschen, alle zart und leicht würzig, aber im Gedächtnis bleibt uns nur Siu Maai (6,50 Euro), gedämpfte Teigtaschen mit pikantem Hühnerfleisch und Krabben. Dafür lernen wir: Die Portiönchen machen erstaunlich schnell erstaunlich satt. Als wir am Schluss Lao Sha Bao (4,50 Euro) übrig haben, süße gedämpfte Brötchen mit Eierpaste, freuen wir uns vor allem über den Anblick – sie sehen aus wie kleine Schweine. Echt süß! Übrigens auch geschmacklich. PL

AMBIENTE ●●●○○ SERVICE ●●●○○
KÜCHE ●●●●○ PREIS-LEISTUNG ●●●●○

€€ Ernst-Merck-Straße 10 (St. Georg), Telefon 040 243526, Mo-Do 12–15.30 und 17.30–22.30, Fr-So 12–22.30 Uhr, EC-Karte, VISA, Mastercard, Amex; Hauptbahnhof alle Bahnlinien; herrhe.metro.biz

Ming Dynastie

Unverfälscht chinesisch

Leider gibt es in Hamburg kein Chinatown. Doch wer auf der Suche nach unverfälschter chinesischer Küche ist, kann in Wandsbek fündig werden. Das Familienrestaurant Ming Dynastie gehört hier schon seit vielen Jahren zu den besten Adressen. Es zieht eine bunte Mischung asiatischer und europäischer Gäste an. Von der eher gutbürgerlich-traditionellen Einrichtung sollte man sich nicht abschrecken lassen, denn das Lokal überzeugt durch die hohe Qualität der Speisen. Wir starten mit einer Auswahl an Dim Sum-Gerichten (5,80 bis 6,80 Euro), die alle frisch zubereitet und daher nach und nach an den Tisch gebracht werden. Egal ob Garnelen, Schwein oder vegetarisch – die in Bambuskörbchen servierten gedämpften Teigtaschen sind hier ein absolutes Muss. Derart positiv eingestimmt, ordern wir verschiedene Hauptgerichte, darunter gebratenes Lammfleisch mit Kreuzkümmel und Koriander (21,50 Euro) und Meeresfrüchte im Tontopf (18,50 Euro), beides Spezialitäten des Hauses. Beiden Gerichten merkt man an, dass die Küche sie auf den Punkt frisch zubereitet hat. Anders als in vielen anderen Chinarestaurants wird hier mit Gewürzen, Kräutern oder Chili nicht gespart. Wer scharf bestellt, bekommt es auch. Als ideale Begleitung zu den markant abgeschmeckten Gerichten erweist sich das Tsingtao-Bier (0,33 l 5 Euro). Die freundliche Bedienung rät uns, die gebackenen Sesambällchen mit Lotuspastenfüllung (6,50 Euro) zu probieren. Ein aromatischer Abschluss, der weitaus weniger süß ausfällt als erwartet. HK

AMBIENTE ●●●●○ SERVICE ●●●●●
KÜCHE ●●●●● PREIS-LEISTUNG ●●●●●

€€ Wandsbeker Königstraße 21 (Wandsbek), Telefon 040 69219912, Di-Fr 12–15, 17–22, Sa-So 12–22 Uhr, EC-Karte, VISA, Mastercard; Wandsbek-Markt U1; ming-dynastie.com

FOTO: JULIA SCHUMACHER

Genuss GUIDE
DER SZENE HAMBURG
TESTSIEGER
2023/2024

Dim Sum Haus

Fernöstliche Hamburgensie

Namensgeber: hausgemachte Dim Sum. Die kantonesischen Teigtaschen gibt es hier in unzähligen Variationen

Das Dim Sum Haus neben dem Schauspielhaus hat's zur fernöstlichen Hamburgensie gebracht: ältester Chinese der Stadt, Hotspot bekannter Leute plus solcher, die es werden wollen. Und überhaupt: eines der besten Restaurants in Town. Die 1964 eröffnete Institution vis-à-vis vom Hauptbahnhof führen Mary-Ann und Dennis Kwong in dritter Familiengeneration. Wer lange nicht da war, stellt nach Erklimmen der Stiege in den ersten Stock fest: Das Interieur (goldrote Drachentapete, dunkle Glanzholztische, orange Lampions) ist moderner geworden. Der Service ist international besetzt, kompetent, aber: very busy – leider zulasten der Präsenz an unserem Tisch. Der steht im hinteren, fensterlosen Bereich. Einen Platz im vorderen Teil hatten wir uns bei der Reservierung zu wünschen vergessen. Anfängerfehler, für den die Hausabfüllung des Pfälzer Sauvignon Blanc (0,7 l 29 Euro) entschädigt. Wie die Küche, die eins-a performt. Zu viert teilen wir uns eine Pekingente (70 Euro), die meisterhaft tranchiert platt wie 'ne Flunder mit perfekter Knusper-Haut und Fladen zum Einwickeln der Fleischstückchen mit Rohkost und würzig-süßer Hoisin-Sauce serviert wird. Dazu passen Algenspinat und wilder Brokkoli als Vitaminspritze. Der köstliche Vogel ist aber kein Grund, auf ein Dim-Sum-Tasting (ab 7,50 Euro) zu verzichten. In besserer Qualität haben wir die gedämpften kantonesischen Tapas noch nicht gegessen. Garpunkt, Konsistenz, Aroma sind einfach unübertroffen. Die Auswahl ist enorm und selbst Exotisches wie marinierte Hühnerfüße appetitlich bebildert. MO

AMBIENTE ●●●●● SERVICE ●●●●●
KÜCHE ●●●●● PREIS-LEISTUNG ●●●●●

€€€€ Kirchenallee 37 (St. Georg), Telefon 040 2802312, Mo-Fr 12–15 und 17.30–23, Sa-So 13–23 Uhr, EC-Karte, VISA, Mastercard, Amex; Hauptbahnhof alle Bahnlinien; dimsumhaus.com

FOTOS JULIA SCHUMACHER

Heute führt Dennis Kwong das Dim Sum Haus in dritter Generation, doch Mama Diana ist noch immer „der wichtigste Mensch" im Restaurant

Batu Noodle Society

Chinesische Nudelkultur, ganz eigen

Schaut man in den Sommerabendhimmel über der ehemaligen Bar Rossi am Schanzenviertel, leuchten verheißungsvoll rote Lampions den Weg in Hamburgs neuen Nudel-Hotspot Batu – der will erst mal gefunden werden (es ist der zurückhaltend beschilderte Hauseingang rechts). Das Treppenhaus ist, Speakeasy-Style, spärlich illuminiert – oben öffnet sich ein heller Raum mit offener Küche und Terrasse. Der Mix aus Chinarestaurant-Folklore, Shabby Chic und Design kommt an: Das Batu ist kurz nach seiner stillen Eröffnung gut besucht. Der Service ist superfreundlich und auf Zack, Erfrischungsbier und schon kommt auch der Haus-Rosé (30 Euro) der Drunken Oyster Bar im Erdgeschoss, dazu Smashed Cucumber Salad (6,50 Euro): kühle persische Gurken baden in Sojasoße und schwarzem Essig (6,50 Euro). Der gebeizte und geflämmte Lachs (14,50 Euro) mit zweierlei Kaviar ist von überragender Güte, die zeigt, wo hier der Anspruch liegt. Unserer Bitte nach Menü-Form wird direkt entsprochen, als „Zwischengang" also vegane Pak-Choi-Mushroom- und Chicken-Dumplings (5 Stück 7,50 Euro), ein samtiges Vergnügen mit frischen Kräutern, Sesam und hauseigenem Chili-Öl. Zu den Gesellschaftern des Noodle-Joints gehören unter anderem die Besitzer des Dim Sum Haus an der Kirchenallee, sie holten den chinesischen Dumpling-Meister aus dem Ruhestand, dessen Kunst wir hier genießen. Für das kulinarische Gesamtkonzept zeichnet Marcel Stut verantwortlich, viele Jahre Rezeptentwickler für die Zeitschrift „Essen & Trinken" . Er erzählt uns augenzwinkernd, er habe Lust gehabt „auf Ramen ohne Brühe". Beim pointierten Szechuan Beef Ragu (15 Euro) und dem großartigen Ginger Beef (16,50 Euro) sind es dann auch die feinen Eiernudeln, die dicken Weizennudeln, die mehr als nur Basic sind. Täglich frisch hergestellt, liegt ihr Geheimnis in der Mischung aus chinesischer Nudelkultur und italienischem Know-how: ein Anteil Weizengrieß macht den unvergleichlichen Biss der Batu-Signature-Nudeln. Das mag jetzt nicht authentisch chinesisch sein, wie auch die Toppings aus Kräutern und Grünzeug eher der vietnamesischen Küche zuzuordnen sind – aber hej, es schmeckt famos. Einfach Batu eben. STEVAN PAUL

AMBIENTE ●●●●● SERVICE ●●●●●
KÜCHE ●●●●● PREIS-LEISTUNG ●●●●●

NEU! €€ Eimsbütteler Straße 1 (Altona-Nord), Di-So 18–24 Uhr (Küche bis 22.30), EC-Karte, VISA, Mastercard; Alsenplatz Bus 25, Bus 20, Holstenstraße S11, S21, S31; batu.global

Half the Sky

Chinesische Küche mit Style

Große Fensterfront. Ein paar gediegene Lampenschirme. Und bunte Lampen, die für den Asia-Touch sorgen. Wir sind im schicken Half the Sky, das 2020 am Platz der Arbeiterinnen in der Mitte Altona seine Türen geöffnet hat. Und seitdem als eine der Referenzen gilt, wenn es um gehobene chinesische Küche jenseits der riesigen Imbiss-Flotte in Hamburg geht. Das Team ist auf Zack, ohne dabei wuselig zu wirken. Dauert nicht lange, da steht das Frischgezapfte (0,4 l 4,90 Euro) vor uns. Natürlich ein Holsten, Ehrensache. Wurde schließlich mal ums Eck gebraut. Als Vorspeise lassen wir uns den Dim Sum Mix (8,50 Euro) kommen. Und haben mächtig Spaß mit den kleinen, über Dampf gegarten Teigtäschchen, die mit Reis,

VIP TESTER

Tom Till

Geschäftsführer Thalia Theater

Getestet: Yoshi, Zipang

Mein Lieblingsrestaurant ist ... das Daruma am Stadtdeich, das speziellste japanische Restaurant unter den fünf getesteten, ist uns ans Herz gewachsen. Hiroshi San und seine Frau zaubern mit großer Ruhe und in eigentümlichem Ambiete Köstlichstes auf den Tisch.

Meinen Feierabendwein trinke ich am liebsten ... im Café des Artistes im Thalia. Gastgeber Thomas Pinçon überrascht immer wieder mit spannenden neuen Weinen.

Wenn der Mittagshunger kommt, dann ... geht's ins Saliba in den Alsterarkaden, denn die syrische Küche ist leicht.

Ein Gastro-Geheimtipp in Hamburg ist auf jeden Fall... die Osteria Positano am Ende der Isestraße, seit Jahren unser Lieblingsitaliener.

Typisch Hamburg ist ...
Hummer Pedersen beim Fischmarkt – gerne auch mit Gästen aus dem Süden.

Für einen Ausflug aufs Land geht es ... auf die Lindenterrasse ins Louis C. Jacob in Nienstedten.

Nachts noch Hunger? Dann geht's ... nach Hause, denn späte Kalorien verkneife ich mir seit einigen Jahren.

Die schönste Aussicht beim Essen gibt's ... bei Bobby Reich an der Außenalster.

Nicht nur, wenn es um Dumplings geht, ist er ein wahrer Meister: Batu-Koch Han

FOTOS: MARC SILL (U.), PRIVAT (O.)

Garnelen und leckeren Kräutern gefüllt sind. Guter Start. Gleich mal mit dem Klassiker nachlegen. Ich wähle die geröstete Ente auf Shiitake-Pilzen. Und bin ein wenig ernüchtert. Ganz schön dröge, der Vogel. Und die Kruste wirkt, als habe das Tier noch etwas lange im Wärmeofen gelegen, bevor es den Teller sehen durfte. Die Soße hingegen ist ein Gedicht und wird mit Wonne und Reis verspeist. Gegenüber geht's vegan zu. Das Mapo Tofu nach Sichuan-Style (16,90 Euro) kommt mit einer würzigen Soße, die als scharf angepriesen wird. Aber aushaltbar. Mein Gegenüber ist allerdings wenig begeistert ob der Konsistenz des Tofu, der ziemlich labberig ist. Besser ergeht Nummer drei an unserem Tisch. Mit den schön kross in Panade servierten Riesengarnelen (24,90 Euro), die mit ein wenig Grün appetitlich angerichtet sind. Der dazu gereichte süßsaure Dip ist wenig spektakulär, da muss die Soße meiner Ente einspringen, um den Reis zu pimpen. Fazit: feines Ambiente, toller Service, an diesem Abend maximal eine solide Küche. AND

AMBIENTE ●●●● SERVICE ●●●●
KÜCHE ●●● PREIS-LEISTUNG ●●●

€€€ Platz der Arbeiterinnen 1 (Altona-Nord), Telefon 040 21072288, Mo-So 12–23 Uhr, EC-Karte, VISA, Mastercard, Amex; Hamburg-Altona alle S-Bahnlinien; halfthesky.de

Ni Hao

Authentische chinesische Küche

Es ist für uns immer ein gutes Zeichen, wenn wir bei Betreten eines Restaurants gleich mehrere Gäste entdecken, die aus dem Land der jeweiligen Küche zu kommen scheinen. So wie im Ni Hao an diesem Abend. Winkekatzen und den üblichen China-Kitsch suchen wir in dem 1994 eröffneten Restaurant vergebens, stattdessen wirkt alles recht gehoben. Weiße Tischtücher, frische Blume, Kerzenlicht und angewärmte Teller, in der Ecke steht ein schwarzer Flügel. Das Essen – authentische chinesische Küche – wird auf einem Servierwagen an den Tisch gebracht und es geht gut los: Die aromatische Soße zu den hausgemachten gebackenen Teigtaschen mit Hühnerfleisch (7,70 Euro) ist ein echter Knaller. Die Herstellung dauere Wochen, verrät uns die Bedienung, weil Chefkoch Julian Chen dafür irgendwelche kleinen Fische trocknen, rösten und mahlen muss. Als Hauptgang wählen wir zwei Klassiker: Hühnerwürfel auf Sichuan-Art mit Cashewnüssen und Chilisoße (18,90 Euro) sowie Hühnerfilet mit Gemüse in gelber Currysoße (18,90 Euro). Das Fleisch ist superzart, das Gemüse knackig und frisch. Beide Gerichte sind gut gewürzt, aber nicht zu scharf für den europäischen Gaumen. Auch die gebackene Ananas und Banane mit Eis (je 7 Euro) zum Nachtisch schmecken vorzüglich und das i-Tüpfelchen bildet mein fruchtiger Virgin Geisha mit Erdbeerpüree (6,50 Euro). So gut haben wir lange nicht chinesisch gegessen. NW

AMBIENTE ●●●● SERVICE ●●●●
KÜCHE ●●●●● PREIS-LEISTUNG ●●●●

€€€ Wandsbeker Zollstraße 25-29 (Wandsbek), Telefon 040 6520888, Di-So 12–22.30 Uhr, EC-Karte, VISA, Mastercard, Amex; Wendemuthstraße Bus 8, Bus 116; ni-hao.de

Yu Garden

Vertraut – und ähnlich anders

Früh prägte die chinesische Küche in der BRD kulinarische Horizonte, spätestens in den 1980er-Jahren gehörte „das Chinarestaurant" zum internationalen Geschirr der Republik – und war damals schon ein Zugeständnis, angefangen mit der süßsauren Soße, die in Ermanglung echter Pflaumensoße ersatzweise aus Tomatenmark, Essig und Zucker angerührt wurde. Anstelle vieler kleiner Köstlichkeiten servierte man große Einzelportionen und zur Verbesserung der Kommunikation wurde ein Zahlensystem eingeführt, dass vielerorts die Speisekarten ordnete und gleich machte.

Wir wissen wenig über „die echte chinesische Küche“, die es als Allgemeinplatz nicht geben kann: Der drittgrößte Staat der Welt verfügt zwischen Subarktis und Subtropen über 18 Klimaregionen, die allein prägen unzählige Regionalküchen. Im Yu Garden verrät die Karte eine modern interpretierte Nähe zur Regionalküche der Partnerstadt Schanghai sowie der Sichuan-, Peking- und Kanton-Küche. Gelistet ist damit auch der klassische Kanon aus Wan-Tan-Suppe, Ente und Schweinebauch – Gerichte, die das Yu Garden im Vorjahr zum Testsieger Asien machten. Wir genießen fabelhafte Dim Sum mit knackigen Garnelen (8,90 Euro) und saftigem Ochsenschwanz (11,90 Euro) und fluffige Brötchen mit Schwein in Aspik (7,90 Euro). Und wir erfreuen uns am besonderen Ambiente: Die Anlage begeistert mit chinesischer Architektur, einem Feng-Shui-Garten, dem traditionellen Teehaus mit dem gemütlichen Restaurant. Der eingespielte Service ist auf Zack: Kaum sind wir mit den Vorspeisen fertig, da kommt schon der perfekt gebratene Wolfsbarsch mit Pilzgemüse (25,90 Euro). Die große Schale mit vollmundiger Chili-Fischsoße hilft dem Fisch noch zusätzlich aufs Fahrrad. Ich habe Bratreis mit Huhn und Gemüse (17,90 Euro) bestellt, um herauszufinden, wie so ein Mittagsklassiker im eleganten Restaurant schmeckt: frischer, bunter – und vorsichtig gewürzt, ich greife zur Fischsoße. Nächstes Mal probiere ich die Ente. Oder das Überraschungsmenü! STEVAN PAUL

AMBIENTE ●●●●● SERVICE ●●●○○
KÜCHE ●●●●○ PREIS-LEISTUNG ●●●●○

TESTSIEGER 2022 €€€ Feldbrunnenstraße 67 (Rotherbaum), Telefon 040 37502020, Di-So 12–23 Uhr, EC-Karte, VISA, Mastercard, Amex; Hallerstraße U1, Museum am Rothenbaum Bus 114; yugarden.hamburg

FUSION

Ai Yeu Ai

Wer liebt wen

Wenn im Karoviertel ein neues Restaurant eröffnet, das Social-Media-Marketing versteht, bleiben die hungrigen Gäste mit gezücktem Smartphone nicht lange aus. Das beweist das im August 2022 eröffnete Ai Yeu Ai. Hier werden Fusion Comfort Food and Drinks serviert. Das Ai Yeu Ai nimmt keine Reservierungen an, stattdessen gehen wir einfach rein und haben freie Platzwahl. Im Laufe des Abends wird aber noch jeder Tisch belegt. Wir starten unseren Abend mit Cocktails: French Earl mit Gin, Crémant und Earl Grey (11 Euro) und Yuzu Bitch: Vodka, japanische Yuzu-Frucht und Soda (9 Euro). Beide kommen in eleganten Kristallgläsern mit Dekoblüten und sind ein Traum für jeden Instagramkanal. Kein Wunder, dass auf jedem Tisch das Handy liegt. Beide Drinks sind perfekt gemixt. Als Vorspeise wählen wir Lá Lốt Bites, drei mit Pulled Honey Chicken, gepickeltem Gemüse und Wasabi Crunch gefüllte Betelblätter (7,50 Euro) und Truffle Lime Spinach, Babyspinat mit Limettendressing, Trüffel, Sesam und Sojakresse (8 Euro). Beide Starter hauen uns um. Die Bites sind eine Mischung aus herbem Betelblatt, frisch-saurem Dressing und süßem Fleisch. Von dem Spinat, merken meine Begleitung und ich an, könnten wir eine ganze Schüssel essen. Frischer Spinat, Trüffel, Limette – simpel, aber dennoch vielschichtig und unglaublich lecker. Zum Hauptgang entscheiden wir uns für Sticky Rice mit Crispy Silk Tofu & Mushrooms (14 Euro) und Rice on Fire mit Bulgogi Beef (16 Euro). Große Portionen mit frischen Zutaten landen vor uns. Auch hier schmeckt alles hervorragend, wenn auch nicht so raffiniert wie bei den Vorspeisen. Zum Abschluss gönnen wir uns zwei weitere Drinks: Grapefruit Gin Tonic (9 Euro) und Rose Mary (Wermut, Tonic, Rosmarin und Grapefruit, 9 Euro). Auch hier werden uns wieder zwei Getränke serviert, die jeden Food-Stylisten erblassen lassen. Am Ende wollen wir dann noch wissen, was der Name bedeutet: Wer liebt wen. Die Menschen, die hier zusammenkommen, lieben auf jeden Fall gutes Essen und gute Getränke – und posten diese Liebe auch gerne auf Social Media. AVL

AMBIENTE ●●●●○ SERVICE ●●●●○
KÜCHE ●●●●● PREIS-LEISTUNG ●●●●●

NEU! €€ Karolinenstraße 16 (St. Pauli), Mo-Sa 12–22 Uhr, EC-Karte, PayPal; Messehallen U2

Nicht nur instagram-tauglich, sondern auch ausgesprochen lecker: die Gerichte im Ai Yeu Ai

VIP-TESTERIN
Stefanie von Carlsburg

East

Cooles Ambiente vorm Kiezbummel

Das East als beliebter Ausgangspunkt für den anschließenden Kiez-Bummel zieht nach wie vor ein buntes Publikum an. Moderne Kunst, Lichtinstallationen und die hohen Decken der ehemaligen Eisengießerei schaffen eine besondere, aber auch etwas lichtarme Atmosphäre. Wer gutes Sushi und ausgezeichnetes Fleisch in einem coolen Ambiente mag, ist hier genau richtig. Uns überzeugen zunächst die abwechslungsreichen Vorspeisen. Zum Start empfehlen wir das schön fruchtige Orenji (6,50 Euro), eine geschmacklich überraschend gute Kombi aus Süßkartoffelsalat mit Maracuja. Auch das Ceviche (17 Euro) von der Dorade ist hervorragend, das Fischfleisch fest, dennoch saftig. Wer lieber Fleisch mag, dem sei das Beef Tatar ans Herz gelegt (19,50 Euro). Das kommt zart und sehr gut gewürzt mit japanischer Mayonnaise und Ponzu. Wir legen nach mit Spicy Tuna Rolls (19 Euro) aus Tuna Tatar und Surf and Turf Rolls (18 Euro). Und die Tempura-Garnele passt sehr gut zum Beef Tatar mit Trüffelcreme und krossen gerösteten Zwiebeln. Grill-Fans haben hier die Wahl zwischen Steaks vom Southbend oder dem japanischen Robata auf offenem Feuer. Wir wählen das Hot Minced Ribeye vom japanischen Grill mit Basilikum, Bohnen und Tomaten, das leider etwas zäh daherkommt und in Teriyaki ertränkt ist, dazu gibt's etwas intensiv aromatisierte Trüffel-Parmesan-Pommes (9,50 Euro). Die ganze Zeit steht uns ein ausgesprochen freundlicher und kompetenter Service zur Seite, der sich auch bei Kaffee gut auskennt. Extrapunkt dafür.

AMBIENTE ●●●○○ SERVICE ●●●●●
KÜCHE ●●●●○ PREIS-LEISTUNG ●●●●○

€€€€ Simon-von-Utrecht Straße 31 (St. Pauli), Telefon 040 309930, Mo-So 17–22 Uhr, EC-Karte, VISA, Mastercard, Amex; St. Pauli U3; east-Hamburg.de

FOTO: ALICE VON DER LADEN

Im East stimmt nicht nur das Ambiente

Ginkoi

Japan und Vietnam verliebt

Zuhause ist nicht der Ort, an dem du lebst. Zuhause ist, wo dein Herz zur Ruhe kommt. Das ist bei Ginkoi, im Herzen Ottensens, nicht nur der Willkommensspruch, sondern auch die Wahrheit. Sobald wir durch die Tür des japanisch-vietnamesischen Restaurants treten, umgibt uns ein Gefühl der Ruhe und des Wohlbefindens. Wir werden mit einem sehr warmen Lächeln begrüßt. Der Hauptfokus dieser Seafood Bar liegt auf der Geschichte und Freundschaft zwischen Japan und Vietnam. Und freundschaftlich geht auch der Service mit uns um – wir fühlen uns sofort wohl. Als die grandios angerichteten Speisen kommen, wissen wir: Das wird außergewöhnlich. Durch die Mischung aus japanischer und vietnamesischer Küche entsteht hier geschmacklich etwas ganz Besonderes. Als Vorspeisen wählen wir die Salmon Rolls (7,90 Euro) und die Tom Kha Gai Suppe (6 Euro). Mit Abstand die beste Version dieser Suppe, die ich je hatte. Auch die Spring Gambas (18,90 Euro), serviert mit Trüffel und Babyspinat auf Ramen in einer cremigen Käsesoße, und das Summer Massaman mit Ente (17,90 Euro) begeistern uns als Hauptspeisen. Das Curry kommt farbenfroh mit einer perfekt gewürzten roten Kokossoße, frischem Gemüse und einer extrem knusprigen Ente – optisch ein Hammer und geschmacklich ein Volltreffer. Ich genieße zufrieden und freue mich über eine anständige Portion, die

FOTO: MARC SILL

mich garantiert nicht hungrig hinterlassen wird. Die Gambas machen auch mein Gegenüber auf der Stelle glücklich. Das Ganze passt perfekt zusammen mit den frischen, hausgemachten Limonaden, bei denen wir aus sechs verschiedenen Mischungen wählen können. Tipp: Unbedingt die Gebackene Banane (5,50 Euro) mit Honig und Vanilleeis probieren! Sie ist kreativ angerichtet und rundet den Abend perfekt ab. Fazit: Eine besonders leckere Mahlzeit ist das eine, wenn es dazu aber noch einen so freundlichen und aufmerksamen Service wie im Ginkoi gibt, macht das den Abend zu etwas ganz Besonderem. LUL

AMBIENTE ●●●●● SERVICE ●●●●●
KÜCHE ●●●●● PREIS-LEISTUNG ●●●●●

€€€ Bahrenfelder Straße 67 (Ottensen), Telefon 040 88175475, Mo–Sa 12–15 und 17–22, So 17–22 Uhr, EC-Karte, VISA, Mastercard; Altona alle S-Bahnlinien; ginkoi-hamburg.de

Green Papaya

Solide Asia-Alternative

Wo seit 2018 das Green Papaya asiatisch auftischt, war einst mein Paradies. Als Kind verbrachte ich Stunden in Eimsbüttels größtem Spielzeuggeschäft hier an der Ecke Osterstraße und Schopstraße. In den 80ern war das, als dieser Stadtteil noch Arbeiterviertel war und gastronomisch außer dem Griechen nebenan nicht viel ging. Heute sieht man vor Restaurants und Cafés kaum Land. Dann mal rein ins Green Papaya. Geht's um Bandbreite beim Angebot, macht die Karte des bodenständig mit viel Holz eingerichteten Restaurants keine Gefangenen. Curry gelb und rot, Suppen, Steak, Salate und Frühlingsrollen – alles am Start. Plus volles Programm Sushi. Das Warsteiner vom Fass steht zügig auf dem Tisch, obwohl der Service an diesem warmen Mittag gut zu tun hat. Vor allem draußen vorm Laden geht's zur Sache, so ziemlich jeder der Korbstühle ist besetzt. Wir ordern die vietnamesischen Frühlingsrollen (6 Euro), die uns fast die Zähne ziehen. So zäh sind die Teile. Unschöner Start. Wollen wir mal hoffen, dass das rote Curry (12,90 Euro) mehr kann. Kommt wie bestellt mit Ente, hat gute Würze. Nicht zu scharf, nichts zu meckern. Das Tier ist kross, wie versprochen. Solider Mittagstisch, der auch preislich fair daherkommt. Atmosphärisch muss man das Gewusel der Osterstraße mögen, lauschig geht es im Green Papaya nicht zu. Das Team ist fraglos auf Zack, wir müssen auf nichts lange warten. Fazit: für die Mittagspause eine prima Alternative. Nur auf die Frühlingsrollen verzichten wir nächstes Mal. AND

AMBIENTE ●●●○○ SERVICE ●●●●○
KÜCHE ●●●○○ PREIS-LEISTUNG ●●●○○

€€ Osterstraße 173 (Eimsbüttel), Telefon 040 46005740, Mo–So 12–23 Uhr, EC-Karte, VISA, Mastercard; Lutterothstraße U2; greenpapayaosterstrasse.com

Das Ja An begeistert schon allein mit einem außergewöhnlich stylishen Interieur

Ja An

Einfach glücklich

Das Krombacher-Leuchtschild weist uns den Weg zum Ja An am Klopstockplatz neben dem Altonaer Rathaus. Von überschaubarer Größe, angenehm illuminiert und asiatisch freundlich eingerichtet, fühlt man sich im Ja An sofort wohl. Die Speisekarte ist sehr umfangreich, Sushi, Currys, Bowls – hier findet jeder sein Glück. Die Küche ist an diesem Abend so blitzschnell, dass unsere Getränke gleichzeitig mit den Vorspeisen ankommen – das Krombacher (0,5 l 4,30 Euro) ist herrlich kalt und frisch und die Vorspeisen allesamt köstlich: Die Portion Edamame (6,50 Euro) wird anderswo auf vier verteilt, die Indochine Dumplings mit Garnelen (6,50 Euro) munden ebenso wie die Kokossuppe mit Huhn (6,50 Euro), das Ebi Tempura (6,90 Euro) und das Yakitori Chicken (6,90 Euro). Letzteres fällt etwas aus dem Rahmen, da es anders serviert wird, als wir es kennen – keine Lauch-Hühnchen-Stücke am Spieß, sondern zwei geplättete Hähnchenstücke mit köstlicher Soße. Das Sushi bestellen wir erst nach den Vorspeisen – um etwas Zeit zu gewinnen. Kurz: neben der Qualität des Fisches, muss vor allem der Reis perfekt gewürzt und von richtiger Konsistenz und Temperatur sein. All dies gelingt im Ja An hervorragend: Das Sushi ist köstlich und hält dem Vergleich mit den führenden Lokalen der Stadt stand. Die Fried Ebi Makis (6,30 Euro) haben genau den richtigen Crunch, die Salmon Skin Roll (9,50 Euro) ist anbetungswürdig. Und auch die Maki mit Lachs (5,30 Euro) begeistern mit zartem Fisch und frischem Geschmack ebenso wie die Nigiris mit Sake (5,50 Euro) und Maguro (5,90 Euro). Schöner Abend. Eine absolute Empfehlung: hohe Qualität zu bezahlbaren Preisen, dabei aufmerksam-freundlicher Service und schönes Ambiente. Wir sind glücklich. KN

AMBIENTE ●●●●○ SERVICE ●●●●○
KÜCHE ●●●●○ PREIS-LEISTUNG ●●●●○

€€ Klopstockplatz 3 (Ottensen), Telefon 040 52901973, Mo–Fr 11.30–22.30, Sa 12–23, So 12–22 Uhr, EC-Karte, VISA, Mastercard; Rathaus Altona Bus 2, Bus 12; jaan-hamburg.de

FOTO: MARC SILL

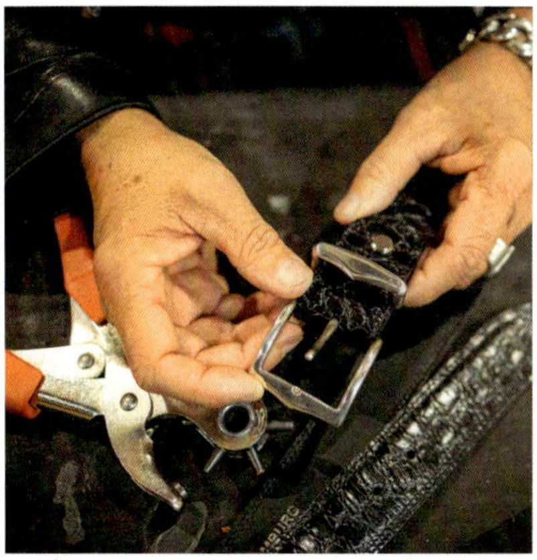

VIP TESTERIN

Ulrike Lorenz
Geschäftsführung Fabrik
Getestet: Kim's Kitchen, Mo Restaurant

Mein Lieblingsrestaurant ist ... das Quan Do.

Mein Feierabendbier trinke ich ... am liebsten kalt.

Wenn der Mittagshunger kommt, dann ... gibt's Porridge.

Ein Gastro-Geheimtipp in Hamburg ist auf jeden Fall ... Kim's Kitchen.

Typisch Hamburg ist ... Labskaus.

Für einen Ausflug aufs Land geht's ... an die Ostsee.

Die schönste Aussicht beim Essen gibt's ... auf der Brücke 10.

Zum Frühstück gehe ich am liebsten ins ... Paledo.

Kofookoo yam'cha

Asia-Klassiker zum sehr fairen Preis

An asiatischer Gastronomie mangelt es der City nicht. Das Kofookoo gehört zu den Adressen, bei denen es sich lohnt, sie auf dem Zettel zu haben. Als Lunch-Location zum einen, die wir gern ansteuern. Als abendlichen Treff zur All-you-can-eat-Sause andererseits. Das Konzept ist ganz schön 90er, hier unweit der Mö, aber dennoch der letzte Schrei. Wer in der Gruppe Sushi, Dim Sum, Gyoza und mehr zum fairen Flatrate-Tarif von 29,90 beziehungsweise 32,90 Euro am Wochenende futtern will, sollte rechtzeitig reservieren. Entspannter geht's mittags zu. Zur Begrüßung gibt's ein Tablet in die Hand. Damit wird bestellt, alle Hauptgerichte liegen unwesentlich über 10 Euro. Unsere digitale Order tischt der junge Service im Nu auf. Die Lachs Teriyaki Bowl kommt mit Reis, Pak Choi und einem sagenhaft großen, köstlich gegrillten Stück Fisch. Spendabel, spendabel. Sofort korrigiert wird der ein wenig knapp bemessene Klecks süßer Chilisoße zu den veganen Frühlingsröllchen. Einwandfrei, weil würzig abgeschmeckt und appetitlich angerichtet erweist sich die Tori Ramen mit Huhn. Die solide Qualität dieser klassischen Gerichte zeigt, dass es die Gastgeber gut mit einem meinen. Auch, wenn die persönliche Bindung wegen der Tablet-Kommunikation etwas kurz gerät. Vorrangiges Ziel ist hier eben Effizienz und das wird erreicht. MO

AMBIENTE ●●●○○ SERVICE ●●●○○
KÜCHE ●●●●○ PREIS-LEISTUNG ●●●●●

€€ Gerhart-Hauptmann-Platz 48a (Altstadt), Telefon 040 20911868, Mo-Sa 11.45–23, So 12–23 Uhr, EC-Karte, VISA, Mastercard; Gerhart-Hauptmann-Platz Bus 3, Bus 5, Bus 19; yamcha.kofookoo.de

The Bless

Geniale Allianz der Geschmäcker

Indochina – so wurde einst das südostasiatische Festland betitelt. Vietnam, Kambodscha und Laos. Länder, die unter französischer Kolonialherrschaft standen. Und ihrer Esskultur europäische Einflüsse verpasst bekamen. Das im früheren Imara in Hoheluft eröffnete The Bless interpretiert die Geschichte auf die hippe Art. Seinen Gästen verspricht es glückliche Stunden. Dafür lassen die in Berlin bereits erfolgreichen Betreiber Kronleuchter in güldenen Käfigen von der Decke baumeln und uns auf samtig-blau bezogenen Sitzmöbeln Platz nehmen. Eine ausladende Bar macht Lust auf gut gemixte Drinks. Die gibt's hier reichlich, sogar auf die Speisen abgestimmte Rezepturen. Vorweg lässt sich prima teilen, wir probieren den Mix-Teller (18 Euro). Ein fulminanter Auftakt. Tempura-Aubergine mit Riceflake-Panade, Garnelen-Tacos, Fried Chicken und dergleichen mehr. Lecker geht's weiter: Das Lachsfilet ist enorm. Enorm groß, enorm pointiert gebraten. Was auf der Magazin-artigen Karte ungewöhnlich klingt („Salmon de la Nuit", 20 Euro), erweist sich zum Fisch als geniale Geschmacks-Allianz: Sepia-Nudeln, Pak Choi, Tomaten-Kokos-Curry. Preislich mit 26 Euro angemessen kalkuliert, kulinarisch klasse komponiert kommt das „Café au Lamb" daher. Die Karrees muckeln an Auberginen-Püree, Bohnen, geflämmtem Mais und Kaffee-Schaum. Bombe! Nach unserer verzückten Rückmeldung umsorgt uns der Service sogleich noch freundlicher als er das ohnehin schon tat. MO

AMBIENTE ●●●●● SERVICE ●●●●○
KÜCHE ●●●●● PREIS-LEISTUNG ●●●●●

NEU! €€ Eppendorfer Weg 186 (Hoheluft-West), Mo-So 12–24 Uhr, EC-Karte, VISA, Mastercard, Amex; Gärtnerstraße Bus 25, Bus 20; Hoheluftbrücke U3; bless-restaurants.com

Die indochinesische Küche hip interpretiert: The Bless

VIP-TESTERIN
Ulrike Lorenz

Mo Restaurant

Bitte „Butter bei die Fische"!

Für ein entspanntes Sonntagabendessen ist das Mo in Hamburg-Eppendorf nicht die richtige Wahl. Hier geht es durch das To-go-Geschäft ziemlich unruhig her. Die laute Musik tut ihr Übriges. Der Service ist dementsprechend beschäftigt, aber immerhin bemüht. Die Küche ist offen einsehbar. Thunfisch und Lachs sehen in der Glasvitrine frisch und nach Sashimi-Qualität aus. Das sind gute Aussichten. Bis wir die Speisekarte bekommen, dauert es wegen der Liefer-Bestellungen etwas. Dann endlich sind wir dran, allerdings hat es der Kellner eilig und wenig Zeit, unsere Fragen zu beantworten. Immerhin gibt es vom ausgezeichneten Südpfälzer Weingut Diehl den angenehm trinkbaren Riesling (0,2 l 6,50 Euro), dessen Preis akzeptabel ist. Vorspeise und beide Hauptgänge kommen insgesamt auf einer Platte. Das macht was her und sieht, so zusammen serviert, erst mal

FOTO: BLESS (U.), PRIVAT (O.)

nach genug Essen aus. Tatsächlich kann dann aber auch das effektvoll eingesetzte Trockeneis nicht über die einzelnen zu kleinen Portionen hinweg nebeln. Meine Thunfisch Avocado Vorspeise (14,50 Euro) ist zu spicy, aber trotzdem lecker. Meine Begleitung und ich schauen uns verwundert an, ob zum Hauptgang, dem Sashimi-Duo-Set (17,50 Euro), noch was nachkommt. Nein. Die Qualität ist zwar sehr gut, aber die Menge für uns zu übersichtlich. Auch das Sushi-Set namens Love Story für stolze 25,90 Euro macht uns leider nicht satt. Fazit: Viel dekorative Präsentation, aber leider zu wenig „Butter bei die Fische".

AMBIENTE ●●○○○ SERVICE ●●●○○
KÜCHE ●●●○○ PREIS-LEISTUNG ●●○○○

NEU! €€€€ Eppendorfer Marktplatz 12 (Eppendorf), Telefon 01625338755, Mo-Sa 17–22, So 13–21 Uhr, EC-Karte, VISA, Mastercard; Eppendorfer Marktplatz Bus 20, Bus 22, Bus 25, Bus 114; mo-restaurant.de

Nakama

Asia-Rundreise mit 88 Winke-Katzen

Freundlich kommt von Freund, japanisch Nakama. Und so freundlich wie in dieser cross-asiatischen Fusion-Oase sind wir schon lange nicht mehr bedient worden. Und begrüßt: von den 88 Winke-Katzen an der Rückwand des reduziert, aber eng möblierten Lokals – eine Anspielung auf die „Wallfahrt der 88 Tempel" der Shingon-Buddhisten auf der Insel Honshu. Trotz Full House und gewaltigem Lärmpegel stehen ruck, zuck mein Dragon-Tail Opener mit Yuzu und Ginger Beer (10,50 Euro) sowie gegenüber der alkfreie vollfruchtige Hibiskus-Cooler (6,50 Euro) auf dem recht kleinen Tisch, eingedeckt mit Soja-Kännchen und dem Werkzeug, das man für diese aromabetonte Fusionsküche aus japanischer (Stäbchen) und vietnamesischer (Gabel, Löffel) Kulinarik braucht. Damit rücken wir meinem schwerelos zarten, kurzflambierten Tuna Aburi und dem von etwas (je 12 Euro) zu Leibe. Die acht kreativen „Surf & Turf"-Rolls (16,50 Euro) von der veritablen Sushi-Auswahl zu einem Gläschen Pfälzer Sauvignon Blanc (5,50 Euro) sind kundig gefertigt und werden von einem Scheibchen mürb-zart geflämmtem Rinderfilet gekrönt. Die frittierten Garnelenschwänzchen taugen als Knusper-Zugabe. Während mein vollmundig Teriyaki-marinierter Süßwasser-Aal mit Nori- und Gurkenstreifen auf kaltem Reis als Japan-Nationalgericht Unagi Kabayaki (21,90 Euro) eine Top-Figur macht, verbrennen wir uns die Mündchen an den völlig überschärften Nudeln unter den butterweichen Tuna-Tranchen des zweiten Hauptgangs, schicken „Maguro & Soba" (20 Euro) sofort in die Küche zurück und nehmen gern die gemeinsam mit der entschärften, jetzt korrekt gewürzten sehr feinen Komposition überbrachten Entschuldigungen der Köche an. Ebenso gern wie die zwei Yuzu-Molke-Calpicos aufs Haus zum geteilten Mikro-Dessert Coconut Mousse (6,50 Euro). Das Abschieds-Winke-winke von Kätzchen und Service erwidern wir begeistert. PESI

FOTO: MARC SILL

Asiatische Fusionsküche kommt im Quan36too auf den Teller

AMBIENTE ●●●○○ SERVICE ●●●●●
KÜCHE ●●●●○ PREIS-LEISTUNG ●●●●○

€€€ Willy-Brandt-Straße 51 (Altstadt), Telefon 040 49205111, Mo-Do 11.30–15 und 17.30–22, Fr 11.30–15 und 17.30–23, Sa 17–23 Uhr, EC-Karte; Meßberg U1, Brandstwiete Bus 4, Bus 6; nakama-hamburg.de

Quan36too

Cross-Asia auf hohem Niveau

36 steht in der vietnamesischen Zahlenmystik für großes Glück. Das haben wir heute leider nicht. Im Quan36too, dem geräumigsten aller Cross-Asia-Läden in der Altstadt, gibt es neben der Standard- und der Sushi-Karte auch eine formidable, in Hamburg selten gesehene Auswahl urtypischer Gerichte aus Vietnam, die uns vor dem Test vor Freude schmatzen lassen: Geschmortes Rinder Bò Kho, Grünlippenmuscheln und sogar entbeinte Hühnerfüße. Leider ist heute Dienstag und erfahren vom liebenswert-flinken Service, dass es diese Leckereien nur Donnerstag bis Samstag gibt. Egal, auch die normale Speisenkollektion ist vielversprechend. Bei zwei DIY-Limonaden mit Jasmin-Eistee und Butterfly Pea Tea aus den blauen Anchan-Blättern (je 4,20 Euro) blicken wir uns staunend um. Der Shabby Chic des zweistöckigen Lokals direkt neben der Spitalerstraße mit seinen witzig-originalen Asia-Plakaten und dem liebevoll zusammengewürfelten Grundschul-Mobiliar beamt uns direkt in coole Locations zwischen Sydney, Shenzhen und Seattle. Als Vorspeise dippen wir knusprige Garnelen in Chili-Mayo (5,90 Euro), mega schmackige Austernpilz-Pancakes in Soja-Limette (5,50 Euro) und naschen vom reichhaltigen Mangosalat mit Röstzwiebeln und asiatisch mariniertem Kohlrabi (5,90 Euro). Alles Tippitoppi, und mit dem Vietnam-Gedeck (Stäbchen, Gabel, Löffel) ebenso unfallfrei essbar wie der etwas blass aromatisierte Bratreis mit Huhn (16,90 Euro) und mein formidables Ga Chien (15,90 Euro): knackiges Gemüse in süffiger Honig-Hoisin-Sauce mit sensationell saftigem Hühnertopping. Wie Asia-Ente, nur bekömmlicher. Und die Hühnerfüße essen wir dann halt beim nächsten Mal. Am Donnerstag. PESI

AMBIENTE ●●●●○ SERVICE ●●●●●
KÜCHE ●●●●○ PREIS-LEISTUNG ●●●●○

€€ Kurze Mühren 6 (Altstadt), Telefon 040 76754110, Mo-Sa 11.30–23, So 13–22 Uhr, EC-Karte, VISA, Mastercard; Hauptbahnhof alle Bahnlinien; quan36toohamburg.de

Ume no Hana

Einfach, stylish, verheißungsvoll

Das Ume no Hana auf St. Pauli steht für die neue Art einfacher, stylisher asiatischer Streetfood-Restaurants, in denen die meist jungen Betreiber nach Originalrezepten ihrer eingewanderten Familien kochen. Übersetzt heißt der Laden Pflaumenblüte, Symbol des Frühlings. Verheißungsvolle Düfte umgeben den Gast schon beim Betreten. Es riecht nach Ramen, der deftigen Nudelsuppe. Die basiert auf einer Brühe, die beim stundenlangen Einkochen ihre Aromen freisetzt. Sie macht den japanischen Teil des Angebots aus und vereint sich mit ihrem vietnamesischen Pendant, dem Nationalgericht Pho. Das gibt's in Vietnam in jeder Straßenküche in x Variationen. Beide Suppen sind hier von hervorragender Güte – perfekt als leichter, dennoch sättigender Lunch. Wir sind erstmals abends im voll besetzten Gastraum, dessen Wände mit Ausschnitten asiatischer Magazine tapeziert sind. Wir probieren Gyoza Chicken (5,90 Euro) – japanische Dumplings – und Nom Xoai, pikanten Mangosalat (7,90 Euro). Dass die freundlich-zackige Crew die Vorspeisen fast zeitgleich mit den Hauptgerichten auftischt, kennen wir schon. So genießen wir die Appetizer mit leicht scharfem Udon Curry (13,90 Euro) und Vit Sot Xoai – Entenbrust in Kokosmilch mit Mango (15,90 Euro). Die Kinderfrage nach Gemüsereis mit Huhn beantwortet die Küche mit einer Lecker-Schmecker-Schale (7 Euro), die knapp die Bestnote verpasst („8 von 10, Papa"). MO

AMBIENTE ●●●●○ SERVICE ●●●●○
KÜCHE ●●●●○ PREIS-LEISTUNG ●●●●●

€€ Thadenstraße 15 (St. Pauli), Telefon 040 43092979, Mo-So 12–22.30 Uhr, nur Barzahlung; Feldstraße U3, Paulinenstraße Bus 17

JAPAN

Daruma

Schlichte Authentizität

Seit fast 40 Jahren bietet das Daruma im Oberhafen japanische Küche, wie sie so authentisch andernorts in Hamburg kaum zu finden ist. Inhaber Hiroshi Ishibashi kocht inmitten des beeindruckend nebensächlich eingerichteten Gastraums, mit seinem schlichten Sperrholz-Style mehr als in die Jahre gekommen. Gattin Keiko begrüßt, bedient, verabschiedet mit herrlichem Singsang die Gäste. Und weist toujours Spontanbesucher ab. Das Lokal in Tradition Tokioter Izakayas – Sake-Kneipen mit Küche – ist jeden Abend ausgebucht. Das liegt außer an der einzigartigen Atmosphäre am verdammt guten Essen zu fairen Preisen. Ein Muss ist die Sashimi-Platte (20 Euro) mit fünf Fischarten von Lachs bis Loup de Mer. Von den Vorspeisen in Tapasgröße (etwa 5–10 Euro) empfiehlt sich eine Probier-Auswahl. Uns beglücken Shirasu Orashi, getrocknete Mini-Fische auf mariniertem Rettich, Kimchi auf Naturtofu und Maguro Natto, fermentierte Sojabohnen mit rohem Thunfisch erster Güte. Knusprig, variantenreich gefüllt kommt ein halbes Dutzend Wan Tan auf Salat (14 Euro). Von der Tageskarte erweist sich der gebratene Aal (30 Euro) als Sensationswahl. Perfekt auf der Haut geröstet, Bratoromen verbinden sich mit einer süßlich-pikanten Sojasoße. Auf Nachfrage lässt sich der Meister nur entlocken, er bereite sie „mit Sojasoße und Süße" zu. Ah ja. „Rest wird nicht verraten", ruft er uns vom Gasherd zu und grinst. Von der Handvoll Weinen ist Jacob Schneiders Riesling (Flasche 28 Euro) eine Bank. Später lassen wir uns ein Holzschälchen Sake einschenken und in dessen Trinkritual einweisen. Was für ein super Abend! MO

AMBIENTE ●●●○○ SERVICE ●●●●●
KÜCHE ●●●●● PREIS-LEISTUNG ●●●●●

HANSEPERLE 2022 €€€ Stadtdeich 1 (Hammerbrook), Telefon 040 326632, Di-Sa 18.30–22.30 Uhr, EC-Karte, VISA, Mastercard; Meßberg U1, Bus X3

VIP TESTERIN

Stefanie von Carlsburg

Haspa | Leiterin Unternehmenskommunikation

Getestet: East, Sala Thai

Mein Lieblingsrestaurant ist ... das Portomarin, weil man hier richtig gutes spanisches Essen in Kombination mit einem tollen Service bekommt.

Meinen Feierabenddrink genehige ich mir am liebsten ... im Botanic District – die Bar serviert einfach die besten Cocktails und das Ambiente erinnert mich immer ein bisschen an London.

Wenn der Mittagshunger kommt, dann ... gehe ich gern ins Ti Breizh in der Deichstraße – ich liebe bretonische Crêpes.

Ein Gastro-Geheimtipp in Hamburg ist auf jeden Fall ... das Echtasien – einfach das leckerste Sushi der Stadt.

Typisch Hamburg ist ... klar – das Fischereihafen Restaurant.

Für einen Ausflug aufs Land geht es ... ins Schönes Leben auf dem Lande.

Nachts noch Hunger? Dann geht's ins ... Lucullus auf der Reeperbahn.

Die schönste Aussicht beim Essen gibt's ... im Carl's – rechts die Elphi und geradeaus die vorbeifahrenden Pötte.

Zum Frühstück ... bleibe ich am liebsten zu Hause.

Im Ume no Hana vereinen sich herrlich unkompliziert die japanische und die vietnamesische Küche

FOTOS: MARC SILL (U.), ROMANUS FUHRMANN (O.)

Echtasien

Dieses Sushi macht selig

Das Restaurant an der Blankeneser Landstraße ist eine Bank, immer bestens gebucht und dies aus gutem Grund. Ich kenne Menschen, die nachts von echtasien-Sushi träumen. Mein Vorsatz: auch den anderen Speisen außerhalb der Sushi-Karte eine Chance zu geben, zum Beispiel dem gebratenen Rindfleisch mit Chili Basilikum, Zuckerschoten und Paprika. Wir studieren bei einem heißen Sake (8,50 Euro) die Karte, bevor die freundliche Bedienung unsere Bestellung aufnimmt. Die Misosuppe ist köstlich, das Tori Teriyaki Chicken (9,50 Euro) auf den Punkt – die Soße macht süchtig! Und die Tempura Garnelen (14 Euro) haben Crunch und Biss, herrlich! Vorsätze sind dafür da, gebrochen zu werden und so werde ich für mein persönliches Scheitern mit selig-machendem Sushi belohnt. Die Sunshine-Platte für zwei Personen (70 Euro) inkludiert einen Avocado-Salat mit kurz angebratenem Lachs- und Thunfisch-Sashimi. Allein dieser Salat lohnt die Bestellung! Und dann kommt das Sushi: Wir haben uns für die Crunchy-Eel- und die Sweet-Dreams-Rolle mit Fried Ebi entschieden. Welche genauso verzücken wie die Makis. Wenn ich nur noch ein einziges Mal Sushi essen dürfte – es wäre genau dieses. Bei allem Lob müssen wir auch leise Kritik üben: Der Service ist an diesem Abend zwar sehr freundlich, jedoch leider nicht ganz so auf Zack wie gewohnt. So werden alle Vorspeisen – auch die Suppe – gleichzeitig serviert. Und unserem Wunsch, den Vorhang am Eingang doch bitte zu schließen, da es im unteren Bereich sehr schnell auskühlt, wenn jemand das Restaurant betritt, wird leider nicht entsprochen. Am Nachbartisch gab es das gebratene Rindfleisch. Sah sehr lecker aus. Und duftete himmlisch. Vielleicht nächstes Mal.

KN

AMBIENTE ●●●●○ SERVICE ●●●○○
KÜCHE ●●●●● PREIS-LEISTUNG ●●●●○

€€€ Blankeneser Landstraße 1 (Blankenese), Telefon 040 180 11 932, Mo-Sa 12–15 und 17.30–22.30, So 16–22.30 Uhr, EC-Karte, VISA, Mastercard; Blankenese S1, S11; echtasien.de

Ginza Japanese Kitchen

Klein, fein und oho

Fast übersieht man das kleine, im Souterrain gelegene japanische Restaurant unweit der Spitalerstraße. Die paar Stufen, die es vom Gehweg hinab geht, sind jedoch keineswegs metaphorisch zu sehen, denn: Was uns erwartet, spielt eindeutig in höheren Rängen mit! Wir nehmen Platz an einem der wenigen Tische in dem kleinen Raum (Reservieren empfiehlt sich!). Schon beim Lesen der Karte läuft uns das Wasser im Mund zusammen. Die Auswahl ist groß: Sushi, Ramen, Udon und sogar Steak … Wir bleiben bei Sushi, starten allerdings mit klassischen Gyoza. Wir sind überrascht, wie die fein gewürzte Füllung förmlich im Mund zerfällt und lecken uns gierig die Stäbchen nach mehr ... Und das bekommen wir. Die Scallop Rolls mit Surimi, Avocado, Gurke, roten Zwiebeln und flambierten Jakobsmuscheln auf cremiger Nussbutter sowie geschäumter Trüffel Ponzu (12 Euro) sind unser Highlight. Bei allen Sushi-Variationen spielt Reis eine herrlich untergeordnete Rolle. Andere, weitaus interessantere Zutaten stehen stets im Fokus – wie flambiertes Rindfleisch mit Trüffeln (Steak Roll 13 Euro), Garnelen und Thunfisch mit einem Klecks Sauerrahm auf Teriyaki-Soße (Mama Roll 9 Euro) oder der frische Schnittlauch mit Lachs bei der klassischen Boston Roll (12 Euro). Das macht uns auf eine so angenehme Weise satt, dass wir noch mit der Dessertkarte liebäugeln, die die Wettkampferfolge des Patissiers erwähnt. Okay, das wollen wir probieren! Und so endet der Abend mit Zartbitter-Schokomousse dazu Himbeertrüffel und Macarons auf Baiser-Crumble (9 Euro). Und in der Tat: Da steht neben Sushi-Kompetenz auch ein wirklich leidenschaftlicher Patissier in der Küche des Ginza! Zufrieden verabschieden wir uns vom freundlichen, zurückhaltenden Service, der genau wie alles andere, das Essen für sich hat sprechen lassen. ACM

AMBIENTE ●●●●○ SERVICE ●●●○○
KÜCHE ●●●●● PREIS-LEISTUNG ●●●●●

NEU! €€€ Lilienstr. 32 (Altstadt), Telefon 040 20908302, Mo-Sa 11.30–23 Uhr, EC-Karte, VISA, Mastercard, Amex; Hauptbahnhof alle Bahnlinien; ginza-hamburg.eatbu.com

Izakaya by Dokuwa

Little Tokio im Karoviertel

Direkt gegenüber der Messehallen in der Karolinenstraße liegt dieser quirlige kleine Laden. In Japan werden diese Bars Tachinomi genannt. Sie sind bekannt für gute Drinks und leckere Kleinigkeiten. Dokuwa hat es geschafft, das Ganze unglaublich authentisch umzusetzen. Die Stimmung ist gut, die Musik laut und die Bar gut gefüllt. Wir entscheiden uns für einen der überdachten Stehtische direkt vor dem Laden und beobachten das bunte Treiben. In der ersten Runde wählen wir einen Bloody Tokyo aus Tomatensaft, Tabasco und Shochu (8 Euro) und einen Fuku Shogun Premium Sake (8 Euro) von der auf Papierkarten an die Wand geschriebenen Karte. Zu essen bestellen wir Lachs Sashimi mit Limone und Ponzu (15 Euro), geflämmte und gegrillte Shime Saba Makrele mit Yuzupfeffer (13 Euro) und Deepfried Agedashi Tofu mit Frühlingslauch (11 Euro). Der Fisch hat eine tolle Qualität und ist fantastisch frisch, ummantelt mit japanischen Aromen. Beim Tofu setzt sich die Frische fort. Wir feiern die sehr weiche Konsistenz mit feinen Röstaromen in einem würzigen Sud. Die Schälchen machen Lust auf mehr und wir bestellen gleich noch Deepfried Karaage Chili Hähnchen mit Koriander und Chili-Öl (14 Euro) und Veganes Fried Karaage Chicken mit Teriyaki-Soße (13 Euro). Beides schmeckt hervorragend, das Hähnchen ist wirklich scharf. Wir fühlen uns nach Tokio versetzt. Wir sind glücklich. Für jeden, der schon mal in Japan war, ist diese Bar ein absolutes Muss! JD

AMBIENTE ●●●●○ SERVICE ●●●●●
PREIS-LEISTUNG ●●●●○

NEU! €€€ Karolinenstraße 18 (St. Pauli), Di-Do 18–23, Fr-Sa 18–1 Uhr, EC-Karte, VISA, Mastercard, KEINE Barzahlung; Messehallen U2; dokuwa-communications.com

Kaiyō

Details und Potenzial

Seit meiner Lehrzeit als Koch begeistert und begleitet mich die japanische Küche, ich liebe die minimalistische Leichtigkeit, in der aber jedes Detail durchdacht und von äußerster Wichtigkeit ist. Im neuen Restaurant Kaiyō sorgt gleich zu Beginn des Abends die Sushi-Auswahl mit acht Nigiri und sechs Maki (40 Euro) für eine gute Visitenkarte: Korn an Korn sitzt locker der subtil gesäuerte Reis, tadellos frisch der Fisch, der Sojasoßen-Hausblend ist von komplexer Tiefe. Mit Aal Unagi und fettem Thunfisch Otoro finden sich zudem zwei eher seltene Häppchen auf der Platte. Wir staunen auch, wie hübsch sich die dezent gesetzten japanischen Noten im gekachelten Interior der gemütlichen Austernstube von 1760 einfügen. Der Service ist von herzlicher Freundlichkeit und serviert herbsüße Apero-Cocktails, mit Yuzu Sake oder Roku Gin und Crémant (11 Euro) zu unauffälligen Gyōza-Teigtaschen (9 Euro) und Chicken-Karaage (12 Euro), die hier nicht in Panko-Panierung, sondern in zartem Tempura-Teig knusprig gebacken sind. Der Klassiker Horenso Gom Ae mag nicht gänzlich überzeugen, zu kompakt gepresst ist der kalt marinierte Spinat zur gelungenen Sesamsoße (9 Euro). Wir gönnen uns eine kleine Flasche vom feinherb-blumigen Dassai 45 Sake (300 ml, 48 Euro), kühl im Weinglas serviert, begleitet er gelungenen Miso Black Cod (33 Euro): Der Fisch ist saftig gegrillt, mit der typisch würzigen Karamell-Süße. Der Avocado-Reis dazu ist eher trocken, die gegrillte Aubergine nicht ganz durch. Meine Miso-Ramen wären gelungen, mit saftigen Schweinbauchscheiben, feinen Nudeln, knackigem Menma-Sprossen und wachsweichem Ajitsuke Tamago-Ei – wäre da nicht der Berg von Deko-Chilifäden der die feine Brühe gnadenlos verschärft. Diese Details schleifen sich sicher noch ein, das Kaiyō zeigt kurz

Im historischen Ambiente von Cöllns Austernstube ist jetzt das Kaiyō beheimatet

FOTO: JUAN MOLINA

nach Eröffnung schon großes Potenzial. Der Innenstadtlage mag es geschuldet sein, dass auch abends alles in Lunch-Geschwindigkeit serviert wird und wir schon nach einer guten Stunde wieder auf der Straße stehen – gut, dass die Le Lion Bar nur ein paar Schritte entfernt liegt. STEVAN PAUL

AMBIENTE ●●●●● SERVICE ●●●●●
KÜCHE ●●●●○ PREIS-LEISTUNG ●●●●○

NEU! €€€€ Brodschrangen 1-5 (Altstadt), Telefon 040 49206115, Mo-Sa 12-22.30 Uhr, EC-Karte, VISA, Mastercard; Rathaus U3, Domstraße Bus 16, Bus 17; instagram.com/kaiyo_japanese_cuisine

Ramen: Im Kokomo Noodle Club darf geschlürft werden

Kokomo Noodle Club

Willkommen im Schlürf-Club

Links Burger, rechts Ramen. Die Restaurants Grilly Idol und Kokomo Noodle Club in der Clemens-Schultz-Straße auf St. Pauli gehören zusammen und lassen zwischen deftig-amerikanisch und japanisch-asiatisch wählen. Wir sind heute im japanischen Teil unterwegs und freuen uns über sehr gute, saftige Gyozas mit Schweinefüllung (6,90 Euro). Die frischen Frühlingszwiebeln und die knusprigen Röstzwiebeln sorgen für eine schöne Abwechslung unterschiedlicher Konsistenzen. Die „Abura Tantan" Soba-Nudeln (13,90 Euro) sind fleischig-fest und werden von einer herrlich würzigen Soße mit Schweinefleisch umgeben. Fettig und zufrieden machend. Etwas leichter und nicht weniger gut sind die „Coco Loco"-Ramen Nudeln (12,90) im Kokos-Chili-Fond mit frittiertem Rosenkohl und Kimchi. Der abschließende Cheesecake mit Hokkaido-Kürbis (6,90 Euro) kommt über ein „solide" leider nicht hinaus und ist geschmacklich nicht von einem herkömmlichen Käsekuchen zu unterscheiden. Wer kurzfristig kommen möchte, findet vorn auf den hohen Bartischen immer einen Platz – wer lieber reserviert, kann im hinteren Bereich an normalen Tischen sitzen. BC

AMBIENTE ●●●○○ SERVICE ●●●●○
KÜCHE ●●●●○ PREIS-LEISTUNG ●●●●○

€€ Clemens-Schultz-Straße 41 (St. Pauli), Telefon 040 52155970, Mo-Fr 12-14.30 und 17.30-22, Sa-So 14-22 Uhr, EC-Karte, VISA, Mastercard; Reeperbahn S1, S2, S3; kokomo-ramen.de

Misaki Sushi

Sushi vom Meister

Wer in Winterhude amtliche Rohfischröllchen essen will, kommt an dem verglasten Eckrestaurant mit Sommergarten kaum vorbei. Kein Wunder, ist der Koch und Inhaber Bijaya Gurung doch gelernter Sushi-Meister, der die kritischen Zutaten wie Lachs, Tuna, Aal, Dorade, Hamachi oder Hummerkrabbe jeden Tag frisch einkauft und mit japanischer Maximalsorgfalt in Nigri, Maki, Inside Out Rolls oder reisfreie Sashimi verwandelt. Wir kamen schon bei um die Ecke wohnenden Freunden in den Genuss des mit 109 Euro teuersten Kartenpostens: Das „misaki Boat II" zum Abholen im Restaurant ist ein ellenlanges Holzbootmodell mit circa 60 feinsten Fischhäppchen drauf. Nach der geteilten knusprigen Chicken-Gyoza-Vorspeise mit pikantem Dip (7,50 Euro) überlasse ich das Sushi heute der Co-Testerin, gönne mir aber ein Unagi-Nigri (3,50 Euro). Gurungs Flagship: Der Aal wird getrocknet, geräuchert, süßsalzig mariniert, gebraten und kommt erst dann auf das Reisbätzchen. Genial – wie auch die kundig mit dünner Reisschicht geformten acht Lachs Avocado Rolls oder die sechs mächtigen Tiger Shrimp Rolls mit Tempura Garnelen, Avocado, gegartem Thunfisch-Tatar und Gurke, von denen uns zu Beginn eines als Küchengruß gebracht worden war (7,50/9,50 Euro). Ganz großes Rohfischkino. Unsere Asahi- und Tiger-Asia-Biere (3,50 Euro; kleine, aber günstige Weinauswahl) begleiten auch den Beweis, dass man im Misaki jenseits von Sushi großartig essen kann: Das Cashew Chicken (13,50 Euro) mit knackigen Gemüsen, saftigem Keulenfleisch und süffiger Dunkelsoße, eines von neun warmen Hauptgerichten, gehört zu meinen fünf besten Asia-Tellern der letzten Monate. Darauf einen Fingerhut warmen Sake vom Chef! PESI

AMBIENTE ●●●○○ SERVICE ●●●●○
KÜCHE ●●●●○ PREIS-LEISTUNG ●●●●●

€€ Dorotheenstraße 142 (Winterhude), Telefon 040 226 13 596, Di-Fr 12-15 und 18-23, Sa-So 14-23 Uhr, EC-Karte, VISA, Mastercard, Amex; Dorotheenstraße Bus 25; misakisushi.de

Momo Ramen

Hip und lecker

Ein Besuch bei Momo Ramen in der Margaretenstraße will gut geplant sein. Der Ramen-Laden ist besonders gegen Abend stets komplett reserviert. Wir haben an einem Freitagnachmittag spontan Glück und ergattern einen Tisch im Hinterzimmer des hippen Restaurants. Zwischen Geschäftsleuten und lässig gekleideten Touristen bestellen wir erst mal eine richtig leckere Yuzu-Limonade (4,80 Euro) und den Momo-Made Iced Tea (4,20 Euro). Dazu gibt es als Vorspeise vegetarische Gyoza (6,30 Euro) und zwei kleine Bao-Buns mit Tofu (8,30 Euro), die fast schon als vollwertige Mahlzeit durchgehen könnten. Beim eigentlichen Highlight, der Ramen mit täglich frischen, hausgemachten Nudeln, haben wir die Qual der Wahl aus über 20 verschiedenen Sorten und entscheiden uns für die Momo-Style Spicy Miso (16,40 Euro) und die Tantanmen Ramen (13,30 Euro). Vor allem das pikante Chicken-Hack in den Tantanmen Ramen macht die Brühe verdammt gut, aber auch an der Spicy Miso gibt es wirklich nichts auszusetzen. Wem das optische Erlebnis wichtig ist kommt bei Momo Ramen auf jeden Fall auf seine Kosten: Alle Gerichte sind wirklich liebevoll angerichtet und passen zur hip inszenierten Kulisse. Zum langen Verweilen lädt die Atmosphäre des Ladens allerdings nicht ein. ABA

AMBIENTE ●●●●○ SERVICE ●●●○○
KÜCHE ●●●●○ PREIS-LEISTUNG ●●●●○

€€ Margaretenstraße 58 (Eimsbüttel), Telefon 040 46869185, Mo-So 12-22 Uhr, EC-Karte, VISA, Mastercard, Amex; Sternschanze S11, S21, S31, U2; momo-ramen.de

Nomi

Hygge auf japanisch

So stellen wir uns ein typisch japanisches Gasthaus vor: dunkle Holzvertäfelung und schummrige Beleuchtung, modernistische Sitzmöbel und dezent platzierte Deko-Elemente. Das überwiegend junge Publikum im Nomi weiß das zu schätzen. Das behaglich eingerichtete Lokal am Zeughausmarkt, zwischen Reeperbahn und Neustadt gelegen, bietet eine umfangreiche Auswahl japanischer Speisen, auch jenseits von Sushi und Sashimi. Wir starten mit Yaki Nasu (10 Euro),

FOTO: MARC SILL

butterweich gegrillten Auberginen, denen zart schmelzende Bonitoflocken einen angenehm maritimen Pep verleihen. Der Agedashi Tofu (7 Euro) in einer würzigen Brühe mit Ingwer und Lauchzwiebeln wärmt an kalten Tagen so richtig durch. Bei den ordentlich frittierten Wasabi Jumbo Prawns (16,50 Euro) dominiert leider, wie auch bei den Hauptgerichten, ein gewisser Hang der Küche, viele Speisen mit Mayonnaisesoßen zu servieren. Ob Chili-, Trüffel-, Wasabi-, Cocktail- oder spicy Mayonnaise – die japanische Küche hält so viele andere Würzsoßen bereit, dass diese Wiederholung eigentlich nicht sein müsste. In der auch optisch sehr ansprechenden Flamed Scallop Roll (14,50 Euro) mit Jakobsmuschel und der Soft Shell Roll (15 Euro) mit Butterkrebs und Avocado verbinden sich unterschiedlichste Geschmacksnuancen zu einem harmonischen Ganzen. Gern hätten wir zu den Gerichten eine Auswahl grüner Tees bestellt. Das Nomi setzt jedoch vorwiegend auf selbst gemachte Softdrinks, Cocktails und Longdrinks. Ein frisches Asahi Bier (0,3 l 3,70 Euro) vom Fass war aber ebenso passend. HK

AMBIENTE ●●●● SERVICE ●●●
KÜCHE ●●●● PREIS-LEISTUNG ●●●●

€€€ Zeughausmarkt 21 (Neustadt), Telefon 040 45028999, Mo-Fr 11.30–22, Sa-So 12–22 Uhr, EC-Karte, VISA, Mastercard; Michaeliskirche, Bus 16, Bus 17; nomi-hamburg.de

Takumi Ramen-Station

Hip, lässig, lecker

Die Takumi Ramen-Station erfreut schon seit 2018 Fans der japanischen Nudelsuppen in Ottensen. In der Sternschanze gibt es nun eine zweite Filiale, die sich gut ins Stadtviertel einfügt. Das Ambiente ist hip und cool, die Wände zieren bunte Bilder, gerahmte japanische Schriftzüge und eine Fototapete mit goldenen Ginseng-Blättern. Ansonsten ist das Lokal eher einfach gehalten, wir bekommen Speisekarten in Plastikfolien gereicht. Die Wahl fällt bei der beeindruckenden Auswahl an Ramen nicht leicht. Nach ausgiebiger Beratung von dem sehr freundlichen und kompetenten Service entscheiden wir uns für zwei Spezialitäten des Hauses mit extra lang eingekochter Brühe: Die Nouko Ramen (14,80 Euro) und die Karaage Mala Nouko (18,50 Euro) als pikant-scharfe Variante. Die Nudelsuppen werden jeweils mit Hähnchenhack, Ei, Porree, Schnittlauch, roten Zwiebelringen, Baby-Pak Choi und einem Nori-Algenblatt gereicht. Das Lokal ist gut besucht und relativ laut und eng, trotzdem kommen die Speisen schnell auf den Tisch. Die Ramen haben einen intensiven, vollmundigen Geschmack. Auch die Beilagen können sich sehen lassen: Die gemischten Gyoza (gefüllte Teigtaschen mit Hähnchen und Gemüse, 6 Stück für 5,80 Euro) und die Tori no Karaage (mariniertes und frittiertes Hähnchenfleisch, 6,80 Euro) sind definitiv eine Empfehlung. Als Dessert probieren wir noch den gedämpften japanischen Käsekuchen (3,90 Euro), der sehr fluffig und leicht daherkommt. Die Takumi Ramen-Station ist definitiv eine gute Anlaufstelle, um gemeinsam mit Freunden zu schlemmen und anschließend noch weiterzuziehen. MHÖ

AMBIENTE ●●● SERVICE ●●●●●
KÜCHE ●●●● PREIS-LEISTUNG ●●●●

NEU! €€ Schulterblatt 114 (Eimsbüttel), Mi-So 12–22 Uhr, EC-Karte Mastercard VISA; Sternschanze S11, S21, S31, U3; takumi-hamburg.com

Jetzt hat auch Alsterdorf eine Izakaya: Im Yuzu darf geteilt werden

Tokio Sushi

Ran an die Röllchen

Klassisches Sushi und Sashimi ist manchmal gar nicht mehr so einfach zu finden. Zwar gibt es viele meist filialisierte Anbieter, aber hier finden sich häufig auf Ertragsoptimierung getrimmte Kreationen mit Frischkäse, Huhn, süßlichen Soßen, Mayonnaisen mit fiesem Trüffelöl oder banalen Gurken und Möhren. Dagegen hält tapfer ein Klassiker. Das Tokio Sushi in der Osterstraße. Sushi-Maître und Inhaber Arun Gauchan steht seit Dezennien persönlich am Schneidebrett und schwingt kunstvoll das Messer. Klassische Fisch- und Seafood-Bereitungen dominieren. Neben Lachs und Thunfisch gibt es auch noch anderes leckeres Meeresgetier. Bei den Nigiris (2,50–3,30 Euro pro Stück) ruhen auf den perfekt gesäuerten Reisröllchen unter anderem Zander mit Sesam, Tintenfisch mit Teriyaki und Sesam, aromensatter Butterfisch oder würziger Aal. Die Maki-Abteilung wartet mit Spicy Shake mit Lachs, Chilisoße und Lauchzwiebeln (6,60 Euro), Arjun Maki mit Thunfisch, Porree und Chili (6,60 Euro) oder Ebi Maki mit Garnele auf, bei den je acht Special Rolls locken Kreationen wie Mango Flow mit Avocado, Garnelen, eingelegtem Rettich und scharfem Kim-Chi-Dressing mit Sesamöl und Limonensaft (8,50 Euro). Da alles frisch zubereitet wird, werden auch Sonderwünsche, wie beispielsweise alles etwas pikanter zuzubereiten, gern berücksichtigt. Im puristisch möblierten Lokal gibt es mit dem Bio-Riesling von Lukas Kesselring (Flasche 20 Euro) und dem neuseeländischen Old Coach Sauvignon (Flasche 22 Euro) auch die passenden Gewächse dazu – und für den, der gutes Sushi gerne daheim genießt, natürlich auch einen freundlichen Lieferservice. GR

AMBIENTE ●●● SERVICE ●●●●
KÜCHE ●●●●● PREIS-LEISTUNG ●●●●

€€ Osterstraße167 (Eimsbüttel), Telefon 040 44465433, Mo-Fr 12–22.30, Sa-So 15–22.30 Uhr, EC-Karte, VISA, Mastercard; Osterstraße U2; tokiosushi.de

FOTO: LISA PAWLOWSKI-NEUBER

Yuzu

Japanisch zum Teilen

Das Konzept der Izakaya ist noch neu, aber bereits in verschiedenen Hamburger Stadtteilen vertreten. Seit März 2023 beherbergt nun auch Alsterdorf eine japanische Kneipe, die kleine Portionen asiatischer Köstlichkeiten zum Teilen anbietet. Eigentlich liegt bei Izakayas der Fokus auf den Getränken, doch im Yuzu steht das Essen im Vordergrund. Auf der Karte finden sich Gyozas, Wantan, verschiedene Salate, Fleischspieße und zahlreiche andere Kleinigkeiten, die im Tapas-Style nach und nach serviert und von allen am Tisch geteilt werden. Wir können uns kaum entscheiden und wählen vorweg zwei hausgemachte Limonaden, eine mit Yuzu-Zitronen, Limetten, Minze und Ginger Ale, die andere mit Gurke, Ingwer und Minz (je 5,90 Euro). Ein hübsches Kristallglas mit einem Turm aus gefrorenen Zitronenscheibe landet kurze Zeit später vor uns. Schmeckt erfrischend, sieht klasse aus, doch die Menge an Zitrone, die hier nur als Deko genutzt wird, ist vielleicht doch ein wenig übertrieben. Aber wir sind ja zum Essen und Genießen hier. Nach und nach landen Red Oil Wantan (5,90 Euro), Goma Green Power (Baby-Spinat mit Sesam-Dressing, 4,90 Euro), Gyozas mit Gemüse (5,90 Euro), Tori Karrage (frittierte Hähnchenstücke in knusprigem Teigmantel, 5,90 Euro), Wasabi Gambas (10,90 Euro), Lachs Ceviche (7,90 Euro), Roastbeef-Spieße (7,50 Euro) und Tori Momo Tare (Hähnchenspieße mit Yakitori-Soße, 5,50 Euro) vor uns und wir kommen gar nicht hinterher mit dem Mhhs und Ahhs. Das Sesam-Dressing schmeckt herrlich cremig und passt perfekt zu dem frischen Spinat, der Lachs schwimmt in einem süßsauren Sud und ist verfeinert mit einer Tomaten-Salsa und frischer Kresse. Die Tori Momo Tare sind butterweich und harmonieren mit der würzigen Soja-Ingwer-Soße. Die Red Oil Wantan sind mir ein wenig zu ölig und die Füllung der Gyoza ein wenig öde. Aber, so erklärt uns der nette Servicemitarbeiter: Die Speisekarte ist noch nicht in Stein gemeißelt. Die ersten Wochen werden als Testphase genutzt, um herauszufinden, was den Gästen am besten schmeckt. Wir kommen dann einfach in ein paar Wochen noch mal wieder, schauen, ob immer noch eine ganze Zitrone als Deko genutzt wird und probieren die anderen japanischen Tapas. AVL

AMBIENTE ●●●●● SERVICE ●●●●○
KÜCHE ●●●●○ PREIS-LEISTUNG ●●●●○

NEU! €€ Alsterdorfer Straße 262 (Alsterdorf), Telefon 040 84600766, Di-So 17–23 Uhr, EC-Karte, Visa, Mastercard; Carl-Cohn-Straße Bus 19; Alsterdorf U1; yuzu-hamburg.de

VIP-TESTER
Tom Till

Yoshi

Perfekte Lunch-Experience

Kann man ein japanisches Restaurant auch beim Lunch beurteilen? In Ermangelung von Abendterminen treffen wir uns mittags bei Yoshi in der vierten Etage des Alsterhauses, ganz hinten in einer stillen, exklusiven, hellen Ecke mit Terrasse und Stadtblick. Man legt hier Wert auf Kaiseki, also zusammen das Menü zu genießen. Und auf ganz frische Zutaten, wie jeder gute Japaner. Wir entscheiden uns für den Yoshi Bento Erlebnis Mix (28,50 Euro) und das Lunch Menü Wagyu Yakiniku Kagoshima (27 Euro), beides mit Misosuppe, Salat und Reis. Dazu grünen Sencha-Tee (8,50 Euro), der vor unseren Augen perfekt gebrüht wird. Und wir genehmigen uns einen heißen Sake Ozeki Atsukan (7,80 Euro). Die Misosuppe zum Beginn ist klar und kräftig, herrlich der Eierstich. Beim Salatgang danach begeistert das Dressing und die hauchdünne geschnittene eingelegte Karotte als Topping. Die Bento-Box ist nicht überladen, aber exquisit sortiert: zwei Sushi-Rolls, Teriyaki-Lachs an grünem Salat, Tempura (Garnele und Gemüse), eingelegte Gurke, etwas Thunfischsalat und Reis. Alles von überragender Produktqualität und perfekt zubereitet. Hervorzuheben ist der Lachs, ganz leichte Abstriche hingegen beim Tempura, das etwas zu lang in der Fritteuse lag. Beim zweiten Lunch-Menü gibt es nichts zu mäkeln: Das dünn geschnittene Wagyu-Rind mit 40 Prozent Fettanteil ist schlicht hervorragend und residiert auf gebratenem Gemüse in stimmiger Konsistenz. Der Service ist superschnell, kompetent und charmant, sodass wir trotz begrenzter Zeit noch ein Dessert wagen: Oguara Matcha Eis mit Früchten (8 Euro) – wunderbar herb, mit fast schon rahmartiger Note, ein gelungener Abschluss eines hervorragenden Mittagessens. Bevor wir das Yoshi wieder gen Büro verlassen, noch ein Blick auf die Karte: Das Menü lacht uns an. Wir kommen wieder, abends!

AMBIENTE ●●●●● SERVICE ●●●●●
KÜCHE ●●●●● PREIS-LEISTUNG ●●●●

€€€€ Jungfernstieg 16-20 (Neustadt), Telefon 040 36099999, Mo-Sa 12–22 Uhr, EC-Karte, VISA, Mastercard, Amex, Paypal; Jungfernstieg alle Bahnlinien; yoshi-hamburg.de

VIP-TESTER
Tom Till

Zipang

Sonnenaufgang zwischen den Welten

Hier verneigen sich das Reich der aufgehenden Sonne (jap.: Zipang) mit der Hansestadt in liebevoller Verbundenheit, und es geht nichts „Lost in Translation". Chefkoch Toshiharu Minami kombiniert in modern-puristischem Ambiente japanische Klassiker mit dem Feinsten der westlichen Küche. Wir nehmen das Sechs-Gänge-Menü (79 Euro) ohne die optionale Fusion-Weinbegleitung aus Champagner, Wein und Sake (47 Euro). Wir wählen stattdessen aus der bemerkenswerten Sake-Auswahl (14 Sorten) ein abgestimmtes Probeset aus drei Sorten (16,50 Euro). Zunächst aber ein Cocktail. Yuzu Spritzer (7,90 Euro) und Samurai Rock (8,50 Euro), beide auf Sake-Basis, stimmen in den Abend ein. Nach dem originellen Gruß aus der Küche im Bambuskistchen eröffnet „Japanischer kleiner Garten" mit Trüffel sowie Hokkaido Kürbis Creme Suppe den Reigen. Das zu kleinen Schwämmchen vulkanisierte Matchapulver erinnert mit den Trüffelscheiben tatsächlich an einen japanischen Garten. Im anschließenden Vorspeisenkorb befinden sich Edamame, geschmorte Lachshaut, frittiertes Hähnchen japanischer Art, eingelegter Thunfisch, Lamm an Teriyaki-Soße und zart im Gaumen zerfließender Schweinebauch. So verschieden und doch so wunderbar. Im Fischgang kommt St. Petersfisch warm eingebettet im Dashi-Tomatensugo mit Ume-Topping. Dieser wie auch alle anderen Gänge sind, wie im Fine Dining üblich, auch optisch kleine Kunstwerke. Wobei klein sich auch auf die Quantität des Dargebotenen bezieht und das ist ein bisschen schade. Der rundum perfekte japanische Service macht dieses kleine Manko aber wett, denn er ist während des gesamten Abends auf eine bestechende Art extrem sorgfältig, aufmerksam und charmant. Zum Hauptgang Kalbsfilet mit japanischem Bergpfeffer an einer Cidre-Sauce – darauf muss man erst einmal kommen und es mundet perfekt. Dessert Nummer eins ist ein selbst gemachtes Matcha-Sorbet: intensiv ohne Strenge, gefolgt vom zweiten Dessert, einer Yuzu Mousse an Caramel Sauce, die der bekannten japanischen Frucht alle Ehre macht und den Menü-Reigen sehr gelungen abrundet. Zufrieden denken wir: was für ein gelungener Ritt zwischen den Welten, aber dann kommt noch was: schwarze Sesam Macarons zum Abschied: Wow! Arigato!

AMBIENTE ●●●●● SERVICE ●●●●●
KÜCHE ●●●●● PREIS-LEISTUNG ●●●●

€€€€ Eppendorfer Weg 171 (Hoheluft), Telefon 040 43280032, Mo 12–15, 18.30–22, Mi-Sa 12–14.30, 18.30–22, So 18.30–22 Uhr, EC-Karte, VISA, Mastercard, Amex, Paypal; Mansteinstraße Bus 181; zipang.de

KOREA

Anh Em | Chingu

Koreanisch unter Freunden

Das zwischen Kunsthalle und Spitalerstraße auf einer Ecke gelegene Anh Em | Chingu bietet original koreanisches Streetfood in entspannter Atmosphäre. Asiatische Deko-Gegenstände, geschmackvolles Geschirr, Grünpflanzen und kleine Blumen auf den Tischen wirken einladend. Hier treffen sich nicht nur Hamburger, sondern auch ausländische Gäste aus den umliegenden Hotels. Chingu bedeutet Freund, und wie bei Freunden werden wir auch von dem jungen Restaurantteam bedient. Neugierig auf die Hausversion des koreanischen Klassikers Fried Chicken, bestellen wir sechs Chicken Bites (8 Euro) mit den beiden Soßen Spicy Chili und Honey Butter Garlic, die sich zu dem knusprig ausgebackenen Huhn als gute Wahl herausstellen. Eine Portion scharf eingelegtes Kimchi (4,50 Euro) regt die Geschmacksnerven an. Die Hauptgerichte können kommen. Das koreanische Nationalgericht Bibimbap (10,90 Euro) mit Rindfleisch, Gemüse, Ei, Reis und Paprikapaste kommt tadellos zubereitet und im Steintopf zischend auf den Tisch. Ein wenig mehr Fusion bietet dann der saftige Black Wasabi Burger (9,90 Euro) im schwarzen Brötchen mit Avocado, Rettich und frisch gerös-

Japanische Küche auf hohem Niveau: Yoshi

FOTO: MARC SILL

teten Zwiebeln. Üppig fällt die Portion Süßkartoffel-Pommes (5,50 Euro) aus. Gern hätten wir dazu koreanisches Bier probiert. Doch das Somaek Bier ist leider aus. Daher bleibt es beim perlig gezapften Carlsberg (0,3 l 3,50 Euro). Als Dessert gönnen wir uns noch eine Kugel Sesam-Eis mit angenehm verhaltener Süße (2,50 Euro). HK

AMBIENTE ●●●●○ SERVICE ●●●●○
KÜCHE ●●●●○ PREIS-LEISTUNG ●●●●●

€ Kurze Mühren 13 (Altstadt), Telefon 040 76754463, Mo-Do 12-21.30, Fr-Sa 11.30-22, So 13-21.30 Uhr, EC-Karte, VISA, Mastercard; Hauptbahnhof alle Bahnlinien; anhemhamburg.de

Hanmi

Koreanisch für Liebhaber

Wer hier essen will, sollte dringend reservieren! Meine Begleitung und ich haben Pech. Wir sind davon ausgegangen, dass bei der Größe des Restaurants ein Tisch für zwei auf jeden Fall frei sein wird. Das Hanmi ist sehr beliebt, auch bei der koreanischen Community. Alle Plätze sind belegt. Zum Glück macht das Team kurzfristig doch noch was möglich. Leider mit einem Wermutstropfen: Der Tischgrill an unserem Platz funktioniert nicht: „Aber wir können für euch in der Küche grillen", versichert uns der Service. Wir schlagen die Speisekarte auf und verstehen erst einmal nichts. Kein Problem, flugs gibt es eine Speed-Einführung in die koreanische Küche. Also ran an die Köstlichkeiten. Wir bestellen leckere Kimchi-Pfannkuchen (8,60 Euro), gegrilltes Bulgogi, das mit Reis und etlichen Schüsselchen mit Salaten kommt (20,10 Euro). Dazu ordern wir einen koreanischen Glasnudelsalat namens Djabtsche mit Tofu (17,80 Euro) und den Feuertopf Bibimbap (17,80 Euro), der noch blubbert vor Hitze als er auf den Tisch gestellt wird. Wir könnten glatt noch mehr bestellen, so spannend klingt die Speisekarte im Hanmi. Geschmacklich sind die Gericht alle auf den Punkt. Sind die Schüsselchen mit Salaten leer, dürfen wir kostenlos nachordern. Das machen wir gleich zweimal, der Gurkensalat und das Rettich-Kimchi haben es uns angetan. Das nächste Mal reservieren wir und braten unser Fleisch auf dem Tischgrill dann wieder selbst. Die Zubereitung ist hier der halbe Spaß. DSW

AMBIENTE ●●●●○ SERVICE ●●●●●
KÜCHE ●●●●○ PREIS-LEISTUNG ●●●●○

€€€ Kleine Seilerstraße 1 (St. Pauli), Telefon 040 78010777, Di-So 11.30-15 und 17.30-23 Uhr, EC-Karte, VISA, Mastercard, Amex; St. Pauli U3; hanmi.de

Kimchi Guys

Koreanische Köstlichkeiten

Altona hat kulinarischen Zuwachs bekommen: Die Kimchi Guys gibt es seit Neuestem nicht nur in den Stadthöfen, sondern auch in Ottensen. Nicht nur das namensgebende Kimchi (3 Euro), ein scharfer, fermentierter Kohlsalat, schafft genau die richtige Balance zwischen bissfest und weich sowie scharf, aber nicht schmerzhaft. In moderner, lässiger Atmosphäre mit sichtbarem Beton und weichem Licht servieren die Kimchi Guys koreanische Spezialitäten. Das geht schon bei den Getränken los – an dieser Stelle eine Empfehlung für die hausgemachten Limonaden (4,50 Euro) und die fruchtigen Cocktails mit Soju, einer koreanischen Reisspirituose (8,50 Euro). Zum Kimchi passt als Vorspeise zum Beispiel Veggie Mandu (4,50 Euro), gemüsegefüllte, knusprig-frittierte Teigtaschen – nicht in einem Stück in den Mund nehmen, sie sind kochend heiß und schmecken himmlisch würzig. Zum Hauptgang gibt es unter anderem Tteobokki (9,50 Euro), gummiartige, sehr nahrhafte Reiskuchen, die hier in einer ordentlich scharfen Suppe mit gekochtem Ei serviert werden. Der gelbe Rettich dazu ist eine überraschende, frisch-säuerliche Abwechslung. Der Gewinner des Abends ist allerdings definitiv der Klassiker Bibimbap mit knusprig-weichem

Hamburgs erstes laotisches Restaurant: Kim's Kitchens

Tofu (11,50 Euro), eine Reis-Bowl mit reichlich frischem Gemüse. Dass man hier ausgezeichnet essen kann, hat sich schon herumgesprochen – selbst unter der Woche lohnt es sich, abends zu reservieren. KF

AMBIENTE ●●●●● SERVICE ●●●●●
KÜCHE ●●●●● PREIS-LEISTUNG ●●●●●

NEU! € Bahrenfelder Straße 182 (Ottensen), Telefon 040 73434044, Mo-Sa 12–15 und 17–21 Uhr, EC-Karte, VISA, Mastercard; Hohenesch Bus 2, Bus 16; kimchiguys.de

San Restaurant

Authentische Süchtigmacher

Wohl auch dem weltweiten K-Pop-Boom ist das zunehmende Angebot koreanischer Streetfood-Küche in Hamburg zu verdanken. Was aus Seoul kommt, einer der am schnellsten wachsenden Metropolen der Erde, funktioniert auch international. Das San Restaurant in St. Georg gehört zu den Spots mit wirklich authentischen Gerichten. Das kleine Lokal an der Koppel bietet zwei muggelige Gasträume – einen zur Straße, einen nach hinten raus. Meist sind beide sehr gut besucht. Unter den häufig studentischen Gästen sind viele Asiaten. Wer spontan vorbeikommt, sollte ruhig einen Moment auf den nächsten freien Tisch warten. Das dauert oft nicht lange und lohnt sich. Schon für das Gimbap (8,50 Euro), in Seetang gewickeltes Gemüse, Ei und „Fischfrikadelle" sowie das Seuh Mandu (5,50 Euro), die mit Garnelen gefüllten Teigtaschen. Beides wird in Sojasoße getunkt. Eines der Trendgerichte der Saison darf hier nicht fehlen: Korean Fried Chicken (12,50 Euro). Die Hühnchenstücke werden nach zweimaligem Frittieren in einer süßlichen Chili-Sojasoße gebadet und mit Sesam bestreut serviert. Mit Stäbchen ist der gekonnt zubereitete Süchtigmacher gar nicht mal so easy in den Mund zu balancieren. Eomug Udong (11,50 Euro) ist etwas für Leute, die nicht auf Schärfe stehen: eine Brühe mit japanischen Weizennudeln, Gemüse und frittierter Fischrolle. Leckere Reis-Bowls (Bibimbap) und das traditionelle „Feuerfleisch" Bulgogi stehen ebenfalls auf der kompakten Karte. Das kleine aufmerksame Team ist flott und lässt die Küche mit einer kleinen Portion Kimchi grüßen. MO

AMBIENTE ●●●○○ SERVICE ●●●●○
KÜCHE ●●●●○ PREIS-LEISTUNG ●●●●●

€ Koppel 76 (St. Georg), Telefon 040 30858885, Di-Sa 12–15 und 17.30–21.30, So 16–21.30 Uhr, nur Barzahlung; Lohmühlenstraße U1, Gurlittstraße Bus 6, Bus 17

Seoul 1988

Zwischen K-Pop und Kimchi

Hier ist was los! Auf der Videoleinwand des voll besetzten Restaurants läuft bunt choreografierter K-Pop, zwischen Familienfotos und Kinoplakaten wartet eine vintage Spielkonsole auf Gäste, die südkoreanische Münzen in der Tasche haben. Die mit Holz gemachten Nachbildungen von Ladeneingängen verkleideten Wände des Gastraumes suggerieren, man säße in einer belebten Gasse des Olympiasommers 1988 in Seoul. Wir sind wegen K-Drama hier, so der Genre-unabhängige Sammelbegriff für TV-Serien aus Südkorea, die sich mit aufwendigen Bildern, neuen Geschichten und frischen Gesichtern weltweit wachsender Beliebtheit erfreuen. Ob Romantik oder Horror, gegessen wird oft und gern, K-Dramen machen Appetit auf koreanische Küche, auf scharf fermentiertes Kimchi, frittierte Hähnchen und das Nationalheiligtum Bibimbap. Die bunt belegte Reis-Bowl ist an diesem frühen Abend ausverkauft, wir verdächtigen den Strom der Lieferservice-Fahrer, die in hoher Schlagzahl Bestellungen aus dem Laden tragen. Zum kalten Bier genießen wir Wagenrad-große Lauch-Pfannkuchen mit Meeresfrüchten (12 Euro), saftig, knusprig, grandios. Die zartfrittierten Gemüse Teigtaschen (8 Euro) begleiten Schälchen mit feurigen Gurken und Mais-Salat mit Mayonnaise. Beim frittierten Chicken Halb Halb (21 Euro) folgen wir der Empfehlung, diese zu teilen: Die Portionen sind groß, die krossen Hähnchenteile in Back-Teig und süß-scharfer Soße machen locker zwei Leute glücklich. Der Eintopf Chamchi Kimchi Jjigae (14 Euro) zeigt dann, wie gut hier auch jenseits der Klassiker gekocht wird: im Topf eine süffige Brühe mit Thunfisch, Tofu und feiner Kimchi-Schärfe. Großes Kino! An Nebentischen brutzeln derweil Gemüse, Rind und Schweinebauch auf Tischgrills. Und wo es brutzelt, raucht es auch, das geht zu ungunsten des Raumklimas. Wer also im weiteren Verlauf des Abends noch die Liebe seines Lebens im Klub kennenlernen will, sollte einen Zwischenstopp einplanen und sich zu Hause umziehen. Wer dagegen in Vorbereitung auf ein zünftiges K-Dramen-Binge-Watching einfach nur gute koreanische Küche genießen möchte, macht hier alles richtig. STEVAN PAUL

AMBIENTE ●●●○○ SERVICE ●●●●○
KÜCHE ●●●●● PREIS-LEISTUNG ●●●●○

€€ Müggenkampstraße 86 (Eimsbüttel), Telefon 040 21065353, Di-Fr 17–22, Sa 12–22 Uhr, EC-Karte, VISA, Mastercard; Högenstraße Bus 4; 1988seoul.com

Yong Korean

Mit Schweinebauch in die Nacht

Wer das Yong Korean am Schulterblatt abends betritt, könnte denken, dass es sich eher um eine Bar handelt als um ein koreanisches Restaurant: hohe Decken, ein stilisierter roter Drachen als Tapete, pink hinterleuchteter Tresen und Sonnenschirme mit asiatischem Design, die als Lampenschirme fungieren. Doch beim Blick in die Karten, die das junge Personal bringt, wird schnell klar: Hier gibt es nicht nur Drinks, sondern vor allem deftiges koreanisches Essen. Das unterstreichen schon die Mandu, vier Teigtaschen mit Gemüse und Tofu (6,30 Euro), und die Kimchi Jeon (7,50 Euro), kleine Pfannkuchen mit Kimchi und Frühlingszwiebeln. Beides wird begleitet von einer pikanten Soja-Sesam-Soße und schmeckt zum Auftakt – nur die Pfannkuchen sind eine Idee zu fettig geraten. Mit Kim Sam Bok Dop Bab (14,50 Euro) und Dak Ggas Dop Bab (14,50 Euro) geht es gehaltvoll weiter. Der gebratene Schwei-

FOTO: MARC SILL

nebauch mit Kimchi auf Reis profitiert von der würzigen Marinade und erweist sich als gute Wahl. Die panierte Hähnchenbrust hingegen verliert durch die süß-scharfe Soße, die zu schwer und zugleich zu wenig für die Dimension des Gerichts ist. Ein Highlight sind die vier Banchan, die Gemüsebeilagen: Rettich, Kimchi, Sojasprossen, eingelegte Gurke. Die Mochi-Reiskuchen (5,90 Euro), gefüllt mit Adzuki-Bohnen und Kokosflocken, passen ins Bild: frittiert, lecker, aber nicht leicht. Hier gibt's zu einem fairen Preis-Leistungs-Verhältnis gute Grundlagen für einen Spaziergang im Schanzenviertel. FD

AMBIENTE ●●●●● SERVICE ●●●●○
KÜCHE ●●●○○ PREIS-LEISTUNG ●●●●●

€€ Schulterblatt 92 (Sternschanze), Telefon 040 4304458, Mo-Do 12-23Fr 12-24, Sa 13-24, So 13-23 Uhr, EC-Karte; Sternschanze S11, S21, S31, U3; yong-korean.de

Yorisa

Wonnevoll koreanisch

Das Spiegelei ist wichtig im koreanischen Restaurant Yorisa in Winterhude. In der angenehm übersichtlichen Speisekarte wird es uns ausdrücklich empfohlen, wenn wir ein Bibimbap classic (12,80 Euro) bestellen. „Erst die einzelnen Zutaten probieren, dann alles schön durchmischen", rät der Kellner, was wir natürlich machen. Das weckt nicht nur die kindliche Freude, mit seinen Stäbchen endlich einmal ungeniert im Essen matschen zu dürfen, sondern ist ein ausgezeichneter Tipp, weil sich der Reis, das würzige, zarte Rindfleisch, Gewürze und Gemüse mit dem Bio-Ei als Bindemittel zu einem harmonischen Ganzen verbinden. In dieser Schüssel scheint wirklich alles ganz genau aufeinander abgestimmt zu sein. Das gleiche können wir auch über die angenehme Jazzmusik sagen, die im Gastraum des winzigen Restaurants läuft, den entspannten Umgang mit den Gästen und über die Misosuppe (3,50 Euro), die man uns zur Vorspeise serviert hat. Frisch und würzig zugleich, dezent und wohltuend. Nicht zu heiß und nicht zu kalt. Schön knusprig und nicht zu fettig sind die Mandu, gebackene Teigtaschen mit hausgemachter Soße (3,90 Euro). Wo es die köstliche japanische Limo namens Yuzuka (3,80 Euro) zu kaufen gibt, die ihr außergewöhnlich intensives Aroma durch die Yuzu, die japanische Zitrone, bekommt, wollen wir noch wissen. „Nirgends hier im Handel", sagt der Kellner. Einer von vielen Gründen, wiederzukommen. MAN

AMBIENTE ●●●●○ SERVICE ●●●●●
KÜCHE ●●●●● PREIS-LEISTUNG ●●●●●

€€ Hudtwalckerstraße 28 (Winterhude), Telefon 0152 24866413, Di-Fr 12-15.30, 17-20.30, Sa 13.30-16, 17-20.30 Uhr, EC-Karte, VISA, Mastercard, Amex; Hudtwalckerstraße U1; yorisa.de

LAOS

VIP-TESTERIN
Ulrike Lorenz

Kim's Kitchen

Überraschender Geheimtipp

Wir wollen in Kim's Kitchen in Eimsbüttel. Unser Versuch, online einen Tisch zu bestellen, gestaltet sich als schwierig. Als wir am Sonnabendmittag das Lokal im Stellinger Weg in Eimsbüttel betreten, wissen wir auch warum. Hier werden laotische Gerichte in Hamburgs einzigem laotischen Restaurant vor allem to go verkauft. Das kleine Bistro gleicht einer offenen Wohnküche und wir fühlen uns augenblicklich wie zu Besuch bei alten Bekannten. Koch und Besitzerin heißen uns unaufgeregt willkommen. Wir nehmen an einem der zwei niedrigen Holztische Platz und sitzen neben zwei anderen Gästen, mit denen wir schnell ins Gespräch kommen. Das Interieur erinnert an unsere eigene Laosreise vor ein paar Jahren und unseren Besuch in Luang Prabang. Insgesamt gibt es in Kim's Kitchen acht Sitzplätze und die Atmosphäre ist unkompliziert vertraut. Bis unser Essen kommt, stöbern wir in der kleinen, gut sortierten Bibliothek, die zur gemütlichen Stimmung beiträgt. Wir starten mit Ingwer-Orangen-Tee (3,90 Euro) und nehmen als Vorspeise Larb, den traditionellen laotischen Salat mit Tofu (14,90 Euro), der hervorragend erfrischend schmeckt und für Leute, die es sehr scharf mögen genau das Richtige ist. Meine Begleitung hat als Hauptgericht Lao Rindfleisch mit Reis (16,90 Euro). Ein wunderbares Gulasch laotischer Art in rotem Curry mit Limette und Kaffir-Blättern. Für mich gibt es Khao Seuy Mung Sing Reisbandnudelsuppe (11,90 Euro) mit Rinderhackfleisch, die nichts mit der vietnamesischen Variante Pho gemein hat, sondern ebenso geschmackvoll durch laotische Gewürze überzeugen kann. So ausgezeichnet und authentisch kann Essen in einem asiatischen Bistro sein.

AMBIENTE ●●●●● SERVICE ●●●●●
KÜCHE ●●●●● PREIS-LEISTUNG ●●●●●

€€ Stellinger Weg 20 (Eimsbüttel), Telefon 0152 33580028, Di-Sa 12-15, 17.30-22, So 15-21.30 Uhr, EC-Karte; Lutterothstraße U2; kims-kitchen.de

Feurig-scharfe Gerichte werden im Jing Jing serviert

THAILAND

Charm Thai Street Kitchen

Thai-Küche in Eimsbüttel

Bunt blinkt und leuchtet es an der Osterstraße kurz vorm Kaifu-Ufer: draußen die Lichterketten, drinnen die vielen lampignonartigen Lampen in unterschiedlichsten Farben. Hier, im Charm Thai Street Kitchen in Eimsbüttel, gibt es typische thailändische und südostasiatische Gerichte. Die schier unendliche Zahl an Gerichten überfordert uns etwas. Wenn man genauer liest, versteht man jedoch das Prinzip dahinter: viele Speisen sind bis auf die Fleischart (Rind, Huhn, Lamm oder Ente) fast identisch. Und unsere Frage, was der Unterschied zwischen gelbem und rotem Curry sei, antwortet der überaus freundliche Service erfrischend ehrlich: „Die Farbe!" Unterschiede in der Schärfe habe man nivelliert. Die Thom Kha Pak-Suppe mit Gemüse (4,50 Euro) begeistert mit ihrem tiefen Kokos-Zitronengras-Aroma. Die frittierten Hühnchen-Frikadellen sind ebenfalls vom Zitronengras dominiert. Das Omelett mit Schweinefleisch (12,50 Euro) ist eher unauffällig, das Rindfleisch mit Gemüse und süßlich-(sehr)-scharfer Soße (17,50 Euro) erinnert uns etwas stark an ein beliebiges chinesisches Restaurant. Das Pad Thai (12,50) ist guter Standard, aber etwas süßlich geraten. Unser Fazit: Für einen kurzfristigen Besuch in Ordnung.

BC

AMBIENTE ●●●○○ **SERVICE** ●●●●○
KÜCHE ●●●○○ **PREIS-LEISTUNG** ●●●○○

€€ Osterstraße 4 (Eimsbüttel), Telefon 040 43179175, Di-Fr 11–16 und 17–22, Sa 11–22, So 12–22 Uhr, EC-Karte, VISA, Mastercard; Kaiser-Friedrich-Ufer Bus 4; charm-thai.de

Jing Jing

Scharfe Wahrheiten aus Thailand

„Ich hör hier immer nur mimimi!", spöttelt meine Chili-liebende Begleiterin und kuckt streng. Aber echt ma, hui ist das scharf! Ich atme stoßweise durch den Mund, die Nase ist längst frei, die Ohren knacken. Mein Problem ist aber nicht die authentische Schärfe der thailändischen Köstlichkeiten allein – ich kann leider nicht aufhören, so gut ist das. Der Name ist Programm: Jing Jing, das bedeutet in Thai: really, seriously, ich sage die Wahrheit! Das ist die Philosophie der Gastronomen Vena Steinkönig und Valentin Broer, schon mit Momo Ramen gelang es ihnen, echte japanische Nudelkultur nach Hamburg zu bringen. Jetzt also Thailand, seit 20 Jahren bereisen Steinkönig und Broer regelmäßig das Land. Das Interior für das Jing Jing ließen sie aus Bangkok einschiffen, schufen daraus ein elegantes, junges Thai-Restaurant – ohne jeden Folklore-Kitsch. Hier gelingt der Entwurf einer modernen Local Thai Food Küche im Sharing-Format, kleine Gerichte, aufgeräumt serviert vom freundlichen Service, der sich seiner Aufgabe als Fremdenführer durch die Menükarte durchaus bewusst ist und geduldig Fragen beantwortet. Und ja, das duftende gebratene Hähnchenhack mit heiligem Basilikum (15,60 Euro), vor dem ich hechelnd sitze, ist tatsächlich nur mild-scharf. Bestätigen kann ich das nach einem Biss von der hausgemachten, auf Holzkohle gerillten Bratwurst mit Zitronengras Sai Ua (14,60 Euro). Die ist scharf. Ich lösche mit Klebreis und herausragenden Drinks von der Bar. Grandios, wie gut Cocktails im Zusammenspiel mit Thai-Küche funktionieren. Mich begeistert Kate Most (13 Euro) auf Rum-Basis mit Apfelsaft und Koriandergrün – fantastisch zu den zarten Tranchen vom roh gereiften Hamachi-Fisch (16,60 Euro) im milden (!) zitrusfrischen Kokosnuss-Sud. Die Begleitung seufzt wohlwollend über einem Hive Five (13 Euro) aus Passionsfrucht und Gin mit einem süßsalzigen Rand aus Honig und schwarzem Sesam. Dazu ein knackfrischer Papaya-Salat (9,60 Euro) mit Möhren, Limette, Erdnüssen. Zum cremig-würzigen Massaman-Kokos-Curry (18,80 Euro) shazame ich schon wieder die fröhlich-entspannte Playlist die hier läuft. Wir können nicht aufhören und bestellen noch mal. Ist scharf? Macht nix!

STEVAN PAUL

AMBIENTE ●●●●● **SERVICE** ●●●●○
KÜCHE ●●●●● **PREIS-LEISTUNG** ●●●●○

NEU! €€€ Waterloohain 7 (Eimsbüttel), Di-Sa 18–22.30; Bar open end, EC-Karte, VISA, Mastercard; Alsenplatz Bus 20, Bus 25; jing-jing.de

VIP-TESTERIN
Stefanie von Carlsburg

Sala Thai

Thailändisches Menü de luxe

Wer Lust auf thailändisch hat, kommt am Sala Thai nicht vorbei. Um die facettenreiche Küche genießen zu können, empfiehlt sich eines der drei Menüs. Mit vielen kleinen Gerichten aus verschiedenen Fleischsorten und Aromen ebenso wie eine vegetarische Variante. Wir entscheiden uns für das Menü Sala Thai (59,90 Euro), bestehend aus sieben Gängen, zu denen eine Schüssel Reis gereicht wird. Sehr aromatisch mit Zitronengras und Thai-Basilikum ist zum Start die Tom Ka Gai Suppe. Auch die folgenden Garnelen-Saté-Spieße sind zart und gut gewürzt. Exzellent ist das rote Kokosmilch-Curry mit Ente und getrockneten Früchten, eine Kombi, die ich sehr empfehlen kann. Das gilt auch für das Schweinefleisch süß-sauer. Einzig der pikante Glasnudelsalat mit Garnelen und Schweinefleisch ist, ohne Vorwarnung, leider etwas zu scharf. Einen frischen, leichten Abschluss bilden Mango, Papaya und Ananas als Dessert. Das Preis-Leistungs-Verhältnis ist bei diesem Menü unschlagbar. Und auch der Service ist besonders zuvorkommend und freundlich. Das gibt einen weiteren Pluspunkt. Das von meiner Begleitung georderte gebratene Hühnerfleisch mit Cashewnüssen von der Karte (21,90 Euro) ist übrigens ebenfalls lecker, reicht aber nicht an mein Menü heran.

AMBIENTE ●●●●○ **SERVICE** ●●●●●
KÜCHE ●●●●○ **PREIS-LEISTUNG** ●●●●○

€€€€ Am Kaiserkai 1 (HafenCity), Telefon 040 323909, Mo-So 12–23 Uhr, EC-Karte, VISA, Mastercard; Überseequartier U4; salathai.de

TIBET

Tibet Restaurant

Momos und mehr

Hübsch fernöstlich ist es im Restaurant Tibet an der Sülldorfer Landstraße und das Lächeln des aufmerksamen Service entspannt den gestressten Großstädter umgehend. Das Tibet ist heute gut besucht, aber dank der zwei getrennten Gasträume nicht laut und auch nicht zu wuselig. Wir arbeiten uns durch die umfangreiche Speisekarte, die sehr viele Gerichte für Vegetarier bietet. Und entscheiden uns für die gemischten Vorspeisen für zwei Personen (18,60 Euro) und für vegetarischen Momos (5,90 Euro). Die gemischten Vorspeisen

FOTO: MARC SILL

bieten unter anderem würzige Kartoffeln nach Himalaya-Art, sehr leckeren Spinat mit Sesam, eingelegten Rettich, knusprige Frühlingsrollen und sehr zarte Hühnerspieße. Momos, gedämpfte oder gebratene gefüllte Teigtaschen, erinnern an die japanischen Gyoza, die allerdings frittiert serviert werden. Sie gelten als Hauptspeise aller Tibeter. Als Vorspeise überzeugen sie und auch als Hauptspeise, gefüllt mit Hühnchenfleisch (15,90 Euro), sind sie geschmacklich top. Aber für einen überzeugenden Hauptgang fehlt uns hier neben den gereichten Soßen noch etwas dazu. Geschmacklicher Sieger des Abends ist das Hühnerbrustfilet in Honig-Sojasoße mit frischem Gemüse, Zitronengras, Ingwer, Knoblauch und Koriander (15,30 Euro). Der süßliche Geschmack gibt dem Essen etwas Außergewöhnliches. Bei der Bestellung des Rindfleischs in Kokosmilch mit frischem Gemüse (15,30 Euro) zögern wir ob der zwei abgebildeten Chili mit unserer Antwort auf die Frage, wie scharf es sein solle – man will sich ja nicht blamieren. Kommt dann aber für den europäischen Gaumen gut essbar. Angerichtet wird auf hübschen Warmhalte-Stövchen. Das Auge ist begeistert von Vielfalt und Farben auf dem Tisch. Fazit: liebevoll zubereitetes Essen in entspanntem Ambiente zu fairen Preisen. KN

AMBIENTE ●●●●○ SERVICE ●●●●○
KÜCHE ●●●○○ PREIS-LEISTUNG ●●●●○

€€€ Sülldorfer Landstraße 230 (Sülldorf), Telefon 040 86693761, Di-Fr 17–22.30, Sa-So 12–15 und 17–22.30 Uhr, EC-Karte, VISA, Mastercard; Sülldorf S1; tibet-restaurant.de

VIETNAM

Aivy Cà Phê

Außergewöhnlich vietnamesisch

Außergewöhnlich ist bei diesem Mini-Restaurant in Jenfeld vor allem das Konzept: Der vietnamesische Familienbetrieb hat nämlich nur am Wochenende geöffnet und selbst dann muss man noch aufpassen, das unscheinbare Häuschen nicht zu übersehen. Wer den Weg zum Aivy Cà Phê jedoch findet, wird mit unaufgesetzt freundlichem Service und frischer Qualität belohnt, die man mit jedem Bissen herausschmeckt. Selbst bei dem gewohnten Geschmackserlebnis der Sommerrollen (zwei Stück, 3,90 Euro) stellt sich noch ein Aha-Erlebnis ein. Als Hauptspeisen nehmen wir zwei Suppen, beide in der Jumbo-Ausführung (je 12,50 Euro): Die Bun Bo Hue vereint gekonnt die unterschiedlichen Aromen, bei der Pho Bo fehlt die allerletzte Geschmacksintensität bei der Brühe, um aus einem gut ein sehr gut zu machen. Und weil es so gut schmeckt, plündern wir auch noch fast den Rest der kleinen Karte und nehmen uns Banh Mi Thit Bo Xa (5,80 Euro) und Banh Mi Xa Xiu (4,80 Euro) als Baguettes für später mit – eine richtige Wahl. MF

AMBIENTE ●●●○○ SERVICE ●●●○○
KÜCHE ●●●○○ PREIS-LEISTUNG ●●●○○

€ Jenfelder Allee 55 (Jenfeld), Telefon 0176 37000370, Sa-So 10–18 Uhr, EC-Karte, VISA, Mastercard, Amex; Kuehnstraße Bus 11, Bus 29; aivycaphe.business.site

Bich Ngoc

Juwel asiatischer Kochkunst

In Hamburg hat wohl jeder seinen Stamm-Asiaten. Und weil wir von allen Küchen dieses Kontinents die vietnamesische am meisten schätzen, genießen wir sie am liebsten im Sommer draußen auf dem Spadenteichplatz und sonst unter Montgolfier-Lampen in dem Séparée des Bich Ngoc mit seinem Wandgemälde einer landestypischen Straßenszene. Bich Ngoc ist ein vietnamesischer Frauenvorname und bedeutet „türkisfarbener Edelstein" – und auch das hier kredenzte Essen ist ein kleines Juwel asiatischer Kochkunst. Trotz der günstigen Preise für unsere Vorspeisen, wie die resch frittierten Nem-Rollen mit pikantem Fischsoßen-Dip, ebenso reichlich gefüllt wie die Sommerrollen mit Mango und Erdnusssoße und mindestens so schmackhaft wie der lauwarm servierte Glasnudelsalat Nom Mien Tom mit Garnelen bratfrisch aus dem Wok (je 4,90/7,90 Euro). Alles gerade noch auf der guten Seite der Schärfe, gemildert von kühlem Saigon-Bier (3,50) und den Hausmacher-Limos mit Lychee oder Himbeer-Minze (4,60 Euro). Als Hauptgericht ordern wir von der Sushi-Karte die acht großen Tiger Rainbow Rolls mit Garnelentempura (13,50 Euro). Die schmecken ordentlich, sind aber für Stäbchen nicht straff genug gewickelt, also ähnlich wie mein Bao Bun „Gua Bao Burger Style" (12,90 Euro): der schmeckt mit zartem Huhn und knackig gepickeltem Gemüse samt beigelegter Süßkartoffelpommes zwar supi, lässt sich wegen des wabbelig gedämpften Hefebrötchens aber nicht „Burger Style", sondern nur mit Besteck essen. Egal, wir sind nach den als „Orangenkuchen" annoncierten Klebreisbällchen mit Bohnenmusfüllung (4,90 Euro) und dem Vietnam-Hot-Drip-Kaffee (3,90 Euro) als Dessert im siebten Asiahimmel und kommen – logo – ganz bald wieder. PESI

AMBIENTE ●●●○○ SERVICE ●●●●○
KÜCHE ●●●●○ PREIS-LEISTUNG ●●●●○

€ Spadenteich 5 (St. Georg), Telefon 040 28003800, Mo-Fr 11.30–15, 17.30–21.15, Sa-So 12–21.15 Uhr, EC-Karte, VISA, Mastercard, Amex; Hauptbahnhof alle Bahnlinien; bich-ngoc-hamburg.de

Ham An

Vietnam kann Vorspeise

Wir haben Lust auf einen entspannten Abend mit solidem vietnamesischem Essen. Und checken das neu eröffnete Ham An, direkt an der U-Bahn-Station Hudtwalckerstraße in Winterhude. Als wir eintreten, ist schon ordentlich was los. Das Ham An scheint sich bereits eine kleine Fangemeinde erkocht zu haben. Wir werden von sehr netten Servicekräften freundlich empfangen und uns wird schnell klar, dass es hier ziemlich hip zugeht. Vom Stuhl bis zur Bar ist alles in Grün getaucht. Passt prima zum in Gold und Schwarz gehaltenen Design der Open Bar. Wir starten in den Abend mit einem außergewöhnlich schmeckenden Lychee Spritz (7,50 Euro). Ein toller Aperitif. Empfehlung! Als Vorspeisen lassen wir uns Cánh ên triangle (7,90 Euro) kommen. Leckere Teigtaschen, gefüllt mit Hähnchen, Garnele und Gemüse. Auch Tôm chiên côm (8,50 Euro) überzeugt uns. Die Riesengarnelen in einem Reisflake-Mantel, serviert mit einem frischen Himbeer-Dip, sind sehr empfehlenswert. Nach einer solch leckeren und außergewöhnlich angerichteten Vorspeise ist die Vorfreude auf den Hauptgang groß. Leider werden wir hier etwas enttäuscht. Unser Dâu xào sa ót (13,90 Euro), das ist Tofu mit Zitronengras, Gemüse, einer Hoisin-Soße, Sambal Olek, Koriander und Reis, unterscheidet sich geschmacklich nicht sehr vom gleichnamigen Gericht im Asia-Schnellimbiss um die Ecke. Dort allerdings wird es für einige Euro weniger aufge-

Frischer geht's kaum: Leider hat das Aivy Cà Phê nur am Wochenende geöffnet

FOTO: AIVY CÀ PHÊ

tischt. Wir gehen trotzdem nicht unzufrieden. Alles in allem ein netter Laden. LUL

AMBIENTE ●●●○○ SERVICE ●●●●●
KÜCHE ●●●○○ PREIS-LEISTUNG ●●●○○

NEU! €€ Hudtwalckerstraße 16 (Winterhude), Telefon 040 73168826, Mo-Do 12–22, Fr-Sa 12–23, So 13–21 Uhr, EC-Karte, Paypal; Hudtwalckerstraße U1

Mău Vietnamese Cuisine

Wo das Auge mitfeiert

Wie schön, der muggelige Tisch in der Ecke ist noch frei. Glück gehabt. Schließlich haben wir wieder mal verpennt, zu reservieren. Im unweit des Eppendorfer Markts vietnamesisch auftischenden MẬU kann das böse enden. Das kleine Restaurant in der Martinistraße hat sich seit der Eröffnung im Herbst 2018 nämlich einen prima Ruf erarbeitet. Zwischen alten Kofferradios und anderen Nostalgie-Hinguckern, die an eine wirtschaftlich schwierige Zeit im Nordvietnam der 80er erinnern, gönnen wir uns zum Tiger (0,3 l 4 Euro) vom Fass erst mal eine ausführliche Beratung. Macht schließlich ordentlich was her, die Speisekarte. Ich lande beim Roten Curry, das sowohl mit auf verschiedene Art gegartem Getier als auch als Veggie-Variante geordert werden kann. Für mich soll's die Entenbrust (19 Euro) sein. Die kommt auf den Punkt gebraten und grandios gewürzt. Die Kokoscreme ist angenehm zurückhaltend und nicht zu dominant. Auf der anderen Seite des Tisches geht es derweil vegetarisch zu, Dâu Xào Nâm (16 Euro) nennt sich die Kreation, die gebratenen Tofu mit Morcheln, Möhren und Frühlingszwiebeln kombiniert. Auch hier ist alles sauber abgeschmeckt und rund. Das Auge feiert mit, Präsentation und Farbenspiel machen wirklich Freude. Portionen und Preise passen ebenfalls. Fazit: Tadellose Performance. AND

AMBIENTE ●●●●○ SERVICE ●●●●○
KÜCHE ●●●●● PREIS-LEISTUNG ●●●●○

€€ Martinistraße 14 (Eppendorf), Telefon 040 32860288, So-Do 12–23, Fr-Sa 12–24 Uhr, EC-Karte; Eppendorfer Marktplatz Bus 20; mau-restaurant.de

Viet Quán

Gönn dir das ganze Paket

Erster Gedanke im Viet Quán in Wandsbek: Asia-Interieur-Paket komplett mit Bambussträuchern, dauerblühendem Kunststoff-Kirschbaum und viel Holz in dezenten Farben. Zweiter: Hui, ganz schön große Fototapete. Darauf ein enger Gang mit Holzverschlägen und Tauen, die in einer Seilwinde enden. Das Bild setzt sich als Netz aus echten Tauen in einer Vertiefung in der Decke fort. Wir rätseln, ob es ein unterirdischer Stollen aus dem Vietnamkrieg oder eine traditionelle Seilfabrik ist, als schon der Service kommt. Der kann uns bei der Fototapete inhaltlich nicht weiterhelfen, dafür bei den Speisen. Wir nehmen Goi Cuon, Sommerrollen mit Garnelen (4,90 Euro), Van Than Chien, gebackene Teigtaschen mit Hühnerbrust und Garnelen (5,50 Euro), und Goi Xokai Mangosalat (5,50 Euro). Die Sommerrollen sind frisch minzig, die einzelnen Zutaten der Teigtaschen wie Sesamöl und Lauchzwiebeln schmecken gut raus. Der Mangosalat ist etwas lieblos. Es geht weiter mit My Xao, gebratenen Nudeln mit Rind (10,50 Euro), die mild und lecker sind. Das Bo Xao Xa Ot, gebratenes Rindhüftsteak mit Zitronengras (10.90 Euro), bringt umso mehr Schärfe ins Spiel. Wem es nach Showtime ist, kann Karaoke-Räume für bis zu 15 Freunde mieten. Wer trotzdem schlecht gelaunt ist, findet Linderung auf einer der Wandtafeln mit stimmungserhellenden Weisheiten von „Schenke Liebe" über „Tanze, als würde keiner zusehen" bis zum bewährten „Lebe dein Leben". MG

AMBIENTE ●●●○○ SERVICE ●●●●○
KÜCHE ●●●●○ PREIS-LEISTUNG ●●●●○

€€ Wandsbeker Zollstraße 5 (Wandsbek), Telefon 040 65726268, Mo-Fr 11.30–15.30, 17.30–22.30, Sa 12.30–23.30, So 13–22.30 Uhr, EC-Karte, VISA, Mastercard, Amex; Wendemuthstraße Bus 8, Bus 9, Bus 116; vietquan-hamburg.de

Im Vous ist nicht nur das Ambiente stylish, auch die Gerichte kommen klar designt daher

FOTO: MARC SILL

Vous

Tiger Prawns und Techno

Wir sehen schwarz, als wir das vietnamesische Restaurant Vous in Winterhude betreten. Aber das ist in diesem Fall sehr stylish. Der clean eingerichtete Raum mit dazu passenden Techno-Beats hat etwas von einem Nachtclub. Wirkt wie ein Hotspot für hippe Großstadt-Kids, mehr Berlin als Hamburg. Darauf erst mal einen Cocktail. Mein Osaka Spring mit Jinzu Gin infused Hibiskus, Cranberry und Minze (11,50 Euro) kommt elegant daher, geschmückt mit uns unbekannten Knospen. „Jasminblüten", bemerkt einer der Kellner lässig im Vorbeigehen. „Kann man essen." Okay. Die leicht bittere Note passt gut zur Frische des Getränks, sonst eine eher strohige Angelegenheit. Die asiatischen Tapas versprechen und halten mehr. Ein Mangosalat (5,90 Euro), der so fresh und fruity ist, wie die Speisekarte verspricht, knackiges, blanchiertes Gemüse mit Erdnuss-Soße (5,80 Euro), eine ziemlich scharfe Portion Kimchi Princess (4,20 Euro), würzige White Pearls mit Tiger-Prawn und Wasserkastanie (6,90 Euro). Die Avocado-Stücke in Tempuramantel (5,80 Euro) und Sommerrollen mit Kurkuma-Hähnchen-Filet (6,50 Euro) finden wir eher unspektakulär. Der gegrillte und handfiletierte Lachs in Austern Pfeffersoße (13,80 Euro) hingegen begeistert durch seine Konsistenz. Aus der halb offenen Küche zischt es. Hier scheint man zu wissen, wie man etwas genau richtig knusprig anbrät. Das betrifft auch die Tiger-Prawns (7,40 Euro) und die Frühlingsrollen (6,30 Euro). Alles köstlich, doch der Nachtisch ist das Highlight: Holy Moly (6,90 Euro), ein vietnamesischer Bananenkuchen, sieht aus wie gebratene Ente und schmeckt kombiniert mit Schokosoße, gerösteten Erdnüssen und schwarzem Johannisbeersorbet sagenhaft gut. MAN

AMBIENTE ●●●●○ SERVICE ●●●●○
KÜCHE ●●●●○ PREIS-LEISTUNG ●●●●●

€€ Gertigstraße 7 (Winterhude), Telefon 040 36901488, Mo-Fr 12–15 und 17.30–22.30, Sa-So 17.30–22.30 Uhr, nur Barzahlung; Gertigstraße Bus 6, Bus 17, Bus 25; vousrestaurant.com

KURZ GEBRATEN

Akari

In einer ehemaligen Eckkneipe ist das Restaurant Akari seit 25 Jahren zu Hause. Hier gibt es nur wenige Tische. Reservieren ist ein Muss. Das Restaurant macht seinem Namen alle Ehre. Denn Akari bedeutet übersetzt so viel wie warmes Licht. Es ist gemütlich, familiär mit hellem Ambiente. Hier bekommt man die klassischen japanischen Gerichte: perfektioniert und zu zivilen Preisen.

€€€ Papenhuder Straße 67 (Uhlenhorst), Telefon 040 2200803, Mo-Sa 18–22 Uhr, EC-Karte, VISA, Mastercard; Mundsburger Brücke Bus 6, Bus 17, Bus 18; restaurant-akari.de

An Khang Quan

„An Khang" bedeutet Zufriedenheit, Sicherheit und ein Leben in Frieden. Hauptanliegen des Inhabers: Der Gast soll sich wohlfühlen und den Alltagsstress vergessen. Das Restaurant an der Hoheluftchaussee ist schick, traditionell vietnamesisch eingerichtet. Passend zu den Gerichten gibt es eine ausgewählte Weinkarte.

€€€ Hoheluftchaussee 86 (Hoheluft-West), Telefon 040 63948624, Di-Fr 18–23, Sa-So 12–23 Uhr, EC-Karte, VISA, Mastercard; Eppendorfer Weg (Ost) Bus 5, Bus X35; ankhang.de

Anici

Alle, die vietnamesisches Essen mögen, könnten das Anici lieben. In der kleinen familiengeführten Eatery im Herzen Eimsbüttels ist alles ziemlich genau so, wie man es sich eben vorstellt. Man sitzt auf Hockern, an der Decke hängen Lampions. Die Karte ist klein, aber hat alles, was es braucht. Frische Sommerrollen mit Garnelen und knackigem Gemüse, Phở Bò mit geschmackvollem Sud.

€ Emilienstraße 22-24 (Eimsbüttel), Telefon 040 82312500, Mo-Fr 12–22, Sa-So 13–22 Uhr, EC-Karte, VISA, Mastercard, Amex; Osterstraße U2; anici.de

Cam On

Für das Eimsbüttler Restaurant steht Dankbarkeit im Vordergrund. Nicht ohne Grund heißt es Cam On („Danke" auf Vietnamesisch). Es wurde gegründet, um Freunde und Familie zu sich „nach Hause" zum Essen einzuladen. Die anzutreffende Atmosphäre: wohlig warm und herzlich. Hier kann man in gemütlicher Runde traditionelle Nationalgerichte schlemmen oder hippe vietnamesisches Streetfood probieren.

€ Eppendorfer Weg 73 (Eimsbüttel), Telefon 040 55289797, Mo-So 11.30–22 Uhr, nur Barzahlung; Christuskirche U2, Bus 25; cam-on.org

Das Maiglückchen lädt zu einer Reise durch die Küchen Asiens

Coast by East

Im Coast by East gibt es nicht nur einen schönen Ausblick auf den Grasbrookhafen, sondern auch asiatische Küche auf höchstem Niveau. Der Service ist charmant und hat den besten Riecher, wenn es um Speiseempfehlungen geht. Sushi gibt es in jeder Form: Maki, Sashimi oder California Rolls. Jedoch punktet es viel mehr mit seinen warmen Fleisch- und Fischgerichten.

€€€€ Großer Grasbrook 14 (HafenCity), Telefon 040 30993230, Mo-Di 17–24, Mi-Sa 12–24, So 17–24 Uhr, EC-Karte, VISA, Mastercard, Amex; Überseequartier U4; coast-hamburg.de

Flying Market

Das Flying Market in Ottensen beamt seine Gäste auf einen vietnamesischen Markt: laut, bunt, immer was los. Es ist ein Ort, wo frische Zutaten täglich eingekauft werden und wo man die besten Gerichte findet. Die Spezialität des Hauses sind die Flying Noodles – Nudeln, die über dem Teller schweben.

€€ Eulenstraße 38 (Ottensen), Telefon 040 84600904, Mo-So 12–22.30 Uhr, EC-Karte; Altona S1, S3, S31; flying-market.de

Gong

Das Gong am Mittelweg serviert ein All-you-can-eat-Buffet: eine Vielfalt an Sushi-Kreationen, warme und kalte Vorspeisen und Hauptgerichte. Wer auf westliche California Rolls steht, kann sich an der breiten Auswahl erfreuen. Für den kleineren Hunger gibt es auch ein Menü mit Poké Bowls, Currys oder Finger-Food-Platten. Es ist der richtige Ort für den großen Appetit.

€€ Mittelweg 172 (Rotherbaum), Telefon 040 68876798, Mi-So 17.30–23 Uhr, EC-Karte, VISA, Mastercard; Dammtor S11, S21, S31; gong-restaurant.de

Han Yang

Seit über 40 Jahren steht das Restaurant in Niendorf für die raffinierte Vielfalt der chinesischen Küche – ob Buffet oder à la carte, Dim Sum, Mapo Doufu oder gebackene Ente. Die Inneneinrichtung ist etwas in die Jahre gekommen, das macht das Han Yang aber umso uriger und gemütlicher. Tipp: Unbedingt vorher reservieren.

€€ Zum Markt 1 (Niendorf), Telefon 040 5523715; Di 12–14.30, 18-22, Mi 12–14.30, Do-Sa 12–14.30, 18-22 Uhr, So 12–21 Uhr (Küchenpause 15–16.30 Uhr); Niendorf Markt U2; han-yang.de

Kampai Sushi Bar

Wer das kleine Ladenlokal auf St. Pauli, das gerade mal zehn Gästen Platz bietet, betritt, dem schlägt danach die sprichwörtliche japanische Höflichkeit der zweiköpfigen Belegschaft entgegen. Das leckere Sushi auf dem Tisch mit traditioneller Musik im Hintergrund, flankiert von Bastmatten und landestypischen Motiven – gefühlt ist hier mehr Tokio als Hamburger Berg.

€€ Hamburger Berg 25 (St. Pauli), Telefon 040 32318484, Mi-Sa 18–22 Uhr, nur Barzahlung; Reeperbahn S1, S2, S3; kampai-hamburg.de

Kimchi

Beim koreanischen Restaurant in Eimsbüttel ist es im besten Sinne des Wortes „rustikal". Gemütlichkeit geht vor indirekter Beleuchtung, Qualität vor fancy angerichteten Tellerchen. Wer im Kimchi isst, kommt nur mit großer Mühe an den Tischgrillgerichten vorbei.

€€ Heußweg 10 (Eimsbüttel), Telefon 040 493871, Mo 17–23, Di-Fr 12–15, 17–23, Sa-So 12–23 Uhr, nur Barzahlung; Osterstraße U2; kimchi-hamburg.de

Kini

Koreanisches Essen, mal vegan. Das Kini macht dies möglich. Statt Korean Fried Chicken gibt es Fried Cauliflower „wings" und Kimchi ohne Fischsoße. Die Karte besteht aus lauter kleinen Anjus (koreanische Tapas), die perfekt zum Teilen sind. Bibimbap und Kimbap fehlen auch nicht.

€€ Susannenstraße 15 (Sternschanze), Telefon 040 4300220, Mo-Do 12–23, Fr-Sa 12–23.30, So 14–23 Uhr, EC-Karte, VISA, Mastercard, Amex; Sternschanze S11, S21, S31, U3; kini-korean.de

Le Cochinchine

Das Restaurant in Hoheluft hat sich seine Lieblingsgerichte aus Vietnam rausgesucht und daraus seine Speisekarte kreiert. Die gewohnten Klassiker sind dabei: Phở, Bún und Gỏi cuốn (Sommerrollen). Es hält aber auch außergewöhnlichere Gerichte bereit. Bánh Xèo oder auch Crêpe Vietnamienne genannt, wird aus Reismehl gemacht und mit Schweinefleisch, Garnelen und Zwiebeln gefüllt.

FOTO: MARC SILL

€€€€ Eppendorfer Weg 278 (Hoheluft-Ost), Telefon 040 98761816, Mo-Sa 11.30–23, So 13–22 Uhr, EC-Karte; Klosterstern U1; lecochinchine.de

Lô Restaurant

Gleich hinter dem Holthusenbad liegt das asiatische Restaurant Lô. Seit 2019 verwöhnt es die Eppendorfer mit Sushi und anderen asiatischen Gerichten. Besonders reizvoll sind die Lô-Style-Sushi-Angebote mit hauseigenen Spezialsoßen. Spannende Kombinationen wie zum Beispiel gebackenes Hühnchen mit Fadennudeln oder gegrillter Aal mit Gänseleberpastete.

€€ Goernestraße 19 (Eppendorf), Telefon 040 74393968, Mo-So 12–23 Uhr, EC-Karte, VISA, Mastercard; Kellinghusenstraße U1; lorestaurant.de

Maiglückchen

Das Maiglückchen in der HafenCity lädt zu einem Ausflug in die fernöstliche Kultur ein. Stopps: verschiedene Regionen Chinas und Japans. Nach Peking geht es mit dem Enten Menü. Nach Hongkong mit den hausgemachten Dim Sums. Nach Shanghai mit den gedämpfte Teigtaschen mit Schweinefleisch und Schweinebrühe. Und nach Japan mit Sushi-Rollen und Tataki.

€€€ Großer Grasbrook 9 (HafenCity), Telefon 040 50031288, Mo-Fr 12–15 und 17–22, Sa-So 13–22 Uhr, EC-Karte, VISA, Mastercard; Überseequartier U4; maiglueckchen.de

Man Wah

Das Man Wah ist eine Kiezlegende. Das Restaurant am Spielbudenplatz ist stets bumsvoll. Am bekanntesten sind sie für ihre Dim Sum: kleine kantonesische Gerichte zum Teilen. Und damit das Teilen noch besser klappt, gibt es runde Mamortische im Laden. Das Interieur ist der Gegenentwurf zum Fernost-Fertigteil-Gedöns deutscher Süßsauer-Chinesen der 80er-Jahre.

€€ Spielbudenplatz 18 (St. Pauli), Telefon 040 3192511, Mo-Do 12–22, Fr-Sa 12–23, So 12–22 Uhr, EC-Karte, VISA, Mastercard, Amex; St. Pauli U3; manwah.foodpearl.com

Matsumi

Das Matsumi ist das älteste japanische Restaurant Hamburgs. Gekocht wird ausschließlich nach traditionellen japanischen Rezepten. Tradition, Authentizität und Handarbeit behaupten sich hier als starkes Statement.

€€€€ Colonnaden 96 (Neustadt), Telefon 040 343125, Di-Sa 18.30–22 Uhr, EC-Karte, VISA, Mastercard, Amex; Stephansplatz (Oper) U1; matsumi.de

Momo Buns

Hier gibt es Comfort Food mit viel Sriracha-Soße, Gochujang oder Wasabi-Mayo. Momo Buns springt von japanisch zu koreanisch zu vietnamesisch. Und auf der Reise trifft das Asiatische auf die amerikanische Fast-Food-Kultur. Auf der Karte: Bánh Mì Burger, Kimchi Fries und Mac & Cheese.

€€ Margaretenstraße 58 (Eimsbüttel), Telefon 040 46869185, Mo-So 16–22 Uhr, EC-Karte, VISA, Mastercard; Sternschanze S21, S31; momo-buns.de

Ngan Tinh

Vietnam in der Altstadt: Das Ngan Tinh versteckt sich im Obergeschoss im historischen Levantehaus an der Mö. Die Inhaber sind in den 80er-Jahren nach Deutschland ausgewandert und stammen von einer „berühmten Kochfamilie" in Vietnam. Das Restaurant bewährt sich sowohl bei Vietnamesen als auch Vietnam-Kennern.

€€ Mönckebergstraße 7 (Altstadt), Telefon 040 30386693, Mo-So 11.30–21 Uhr, EC-Karte, VISA, Mastercard, Amex; Hauptbahnhof alle Bahnlinien; ngantinhrestaurant.de

KURZ GEBRATEN

Nomad

Hamburg hat mit dem Nomad einen neuen coolen Ort dazugewonnen. Es ist nicht nur ein Restaurant, sondern auch eine Bar und eine Lounge. Cross-asiatische Fusionsküche ist der Schwerpunkt. Mit offener Showküche, ambitionierter Karte und japanischem Sushi-Meister ein Lokal mit gehobener asiatischer Gastronomie.

€€€€ Alsterufer 1 (Rotherbaum), Telefon 040 84609002, Mo-Fr 12–14.30 und 18–23, Sa 18–open end, EC-Karte, VISA, Mastercard, Amex; Dammtor S11, S21, S31; nomad-restaurant.de

O-Ren Ishii

Das O-Ren-Ishii versteht sich als Street Cuisine. Es hat vier wechselnde Gerichte pro Woche plus ein Tagesgericht. Ein perfekter Ort für die Mittagspause, wobei es zu den traditionellen Zeiten (zwischen 12.30 und 14.30 Uhr) bumsvoll ist. Schade, dass es nur bis 18 Uhr geöffnet hat.

€€ Kleine Reichenstraße 18 (Altstadt), Telefon 0151 40030003, Mo-Fr 11–18 Uhr, EC-Karte; Meßberg U1; o-ren-ishii.com

Ponzu

Mit Sushi kennt Sarita Gurung sich aus: Jahrelang hat er bei Stefan Henssler und im East Hotel in der Küche gestanden. 2018 beschloss er, eigene Wege zu gehen, und eröffnete an der Südspitze des Niendorfer Tibarg das nach einer Würzsoße benannte Asia-Restaurant Ponzu. Sushi ist hier ein Muss.

€€ Tibarg 16 (Niendorf), Telefon 040 81972461, Di-Do 12–15 und 17–22, Fr 12–15, und 17–22.30, Sa 15–22.30 Uhr, So 15–22 Uhr, EC-Karte, VISA, Mastercard, Amex; Niendorf Markt U2; ponzu.de

Qur Thai Drei Jai

Im thailändischen Restaurant in Schnelsen begrüßt einen eine Inhaberfamilie. Ambiente: authentisch, gemütlich, familiär. Portionen: üppig, gut gemeint, lecker. Ein Plus: Den Schärfegrad darf man sich sogar auswählen. Mild, pikant oder eher ganz mutig scharf? Die Karte vom Qur Thai Drei Jai ist äußerst breit gefächert. Von Som Tam (Papayasalat), frittierten Vorspeisen, Tom Kha Gai Suppen bis hin zu Pad Thais.

€€ Oldesloher Straße 33 (Schnelsen), Telefon 040 57148736, Di-Fr 12–15 und 17–23, Sa-So 13–23 Uhr, EC-Karte; Oldesloher Straße Bus 5, Bus 191; qurthaidreijai.de

Raw like Sushi & More

In diesem schicken asiatischen Restaurant in Eppendorf mit Schwerpunkt japanische Küche ist das „& More“ nach Raw Like Sushi ein wertvoller Hinweis darauf, dass hier auch jenseits von kaltem Rohfisch hochfeine Asia-Delikatessen angeboten werden. Und vegane und vegetarische Sushi-Begeisterte dürfen sich über die riesige Auswahl freuen.

€€ Martinistraße 5 (Eppendorf), Telefon 040 476731, Mo-So 18–23 Uhr, EC-Karte; Kellinghusenstraße U1, U3; raw-like-sushi.de

Ricebrothers

In dem vietnamesischen Restaurant in der Schanze geht es modern und stylish-jung zu: Sessel, Barhocker und Hochtische. Viel Deko, Kreidegraffitis und Sprüche an den Wänden. Wer es laut und belebt mag, ist bei den Ricebrothers gut aufgehoben. Das beliebte Restaurant ist für seine Phở-Suppen bekannt: heiß mit kräftiger Brühe und reichlich Einlage.

€€ Schulterblatt 35 (Sternschanze), Telefon 040 37504888, Mo-So 12–23 Uhr, EC-Karte, VISA, Mastercard; Sternschanze S11, S21, S31, U3; ricebrothers.de

Saigon Café

Das Restaurant an der Fuhlsbüttler Straße in Barmbek ist immer gut besucht. Selbst in der Woche ist tagsüber jede Menge los. Schließlich gibt es frisches, leckeres Essen. Im Saigon Café darf man dem Koch vertrauen. Vieles ist hausgemacht. Perfekt für eine entspannte Mittagspause zwischendurch sowie für einen gemütlichen Abend mit Freunden.

€€ Fuhlsbüttler Straße 128 (Barmbek), Telefon 040 69795446, Mo, Mi-Sa 11.30–21.30, So 15–21 Uhr, nur Barzahlung; Barmbek U3; saigoncafe.de

Tyo Tyo

Das Restaurant Tyo Tyo in Winterhude beeindruckt schon beim Eintreten. Es ist groß, modern und sehr fein eingerichtet. Ein gelungener Mix aus asiatisch, europäisch-modern, elegant und trotz der Größe gemütlich und sehr edel. Das Tyo Tyo ist ein deutlich gehobenes Asian-Fusion- und Sushi-Restaurant und es ist nicht wirklich günstig. Für Qualität zahlt man gern: Essen und der Service sind den Preis absolut wert.

€€€€ Barmbeker Straße 2 (Winterhude), Telefon 040 600600444, Mo-So 17–23 Uhr, EC-Karte; Jarrestraße (Kampnagel) Bus17; tyo-tyo.de

Das Matsumi ist das älteste japanische Restaurant der Stadt

Vo Restaurant & Bar

Das panasiatische Vo liegt im Souterrain, mit Blick auf die schöne Ecke zwischen Lehmweg und Eppendorfer Baum. Schneller und aufmerksamer Service, frische Zutaten, viel Geschmack. Manche Gerichte auf der Abendkarte wie die Phở oder das Udon Curry kriegt man sogar vergünstigt zum Mittag unter der Woche. Das Vo bietet höchste Restaurant-Qualität zu Imbisspreisen.

€ Lehmweg 49 (Hoheluft-Ost), Telefon 040 30753211, Mo-Fr 12–16, 17.30–22, Sa-So 13–22 Uhr, EC-Karte, VISA, Mastercard; Eppendorfer Baum U3; vorestaurant.com

XeÔm Eatery

Das XeÔm Eatery im Karoviertel befördert uns nach Südostasien. Auf der Karte finden sich bekannte und beliebte Phở-Suppen und Bún-Gerichte. Außerdem gibt es auch den traditionellen Reis-Porridge und die etwas ausgefalleneren Crispy-Noodles. Dazu passt am besten ein Tiger Beer oder eine typische Limetten-Limonade Dá Chanh.

€ Karolinenstraße 25 (St. Pauli), Telefon 040 18138263, Mo-So 12–22 Uhr, nur Barzahlung; Messehallen U2; facebook.com/people/Xe%C3%94m-Eatery/100063592238260/?locale=de_DE

Xich Lo

Von Weitem begrüßt das Xich Lo mit bunten Lichtern vor dem Eingang. Das vietnamesisch-japanisch Fusion-Restaurant in Winterhude ist trotz der großen Räumlichkeiten durchaus behaglich: fröhliche, satte Farben, ein paar dekorative landestypische Gegenstände hier und da, ohne allzu verspielt zu sein. Zwischen typischen vietnamesischen Gerichten wie Bún und Phở versteckt sich Gyoza, Edamame und Udon.

€€ Barmbeker Straße 165-167 (Winterhude), Telefon 040 20201741, Mo 12–22, Mi-So 12–22 Uhr, EC-Karte, VISA, Mastercard, Amex; Sierichstraße U3; xichlo.de

FOTO: MARC SILL

Auch mit dem Fisch-Curry zeigt das Saliba die feine syrische Küche

Orient

Libanesische Leckereien, feinste Falafel, Linsen und Lamm in Minze – im Orient geht kulinarisch für uns die Sonne auf. Schon die Düfte lassen uns das Wasser im Mund zusammenlaufen. Und diese Gewürze. Ein Traum aus Tausendundeiner Nacht

Bahar

Überraschung am Ende der Welt

Das Bahar ist das abgelegenste Restaurant Hamburgs, zumindest gefühlt. Zwar sind es nur rund 600 Meter von der S-Bahn-Station Rothenburgsort bis zu dem afghanisch-persischen Restaurant, aber wer auf der Insel (!) zwischen der Braunen und der Grünen Brücke steht, hat das Gefühl, in einer Parallelwelt zu sein: links ein „Omnibushandel" (!!), rechts winzige Bürogebäude – und dazwischen, zumindest am ausgestorbenen Sonntagabend, massenhaft Parkplätze. Ein Restaurant in dieser Gegend riecht nach schneller Pleite, zumal es keinen Mittagstisch gibt, aber wie uns einer der umwerfend freundlichen Betreiber erzählt, gibt es das Bahar bereits seit drei Jahren. Der Grund dafür könnte das Essen sein: Wir bestellen vorab Mast O'Mussir (3.50 Euro), einen Tsatsikiähnlichen Knoblauchjoghurt, und Kashke Bademjan (4,90 Euro), ein exquisites Auberginenpüree. Danach gibt es Tschenjeh Soltani (17,90 Euro), ein Lammfilet- und ein Lammhackspieß auf Safranreis mit gegrillten Tomaten sowie das fantastisch würzige Ghormeh Sabzi (10,50 Euro), Lammfleisch in persischer Kräutersoße mit getrockneten Limetten. Alles großartig. Danach noch ein Safraneis (4 Euro) – ebenfalls sehr gut. Das Bahar bietet das vielleicht beste Preis-Leistungs-Verhältnis Hamburgs, es liefert im engeren Umkreis sogar nach Hause, und allen, die nicht am Ende der Welt wohnen, sei gesagt: Es ist den Weg wert. PL

AMBIENTE ●●●○○ SERVICE ●●●●●
KÜCHE ●●●●○ PREIS-LEISTUNG ●●●●●

€€ Ausschläger Billdeich 52 (Rothenburgsort), Telefon 040 34867877, Mo 12–21, Mi-Fr 12–21, Sa 14–22 Uhr, EC-Karte; Bullenhuser Damm (Ost) Bus 130; bahar-restaurant.de

Baris

Hausmannskost vom Bosporus

Traditionelle anatolische Spezialitäten in zwangloser Atmosphäre – wer danach sucht, ist im Restaurant Baris auf der Uhlenhorst bestens aufgehoben. In dem gemütlichen Gastraum mit holzvertäfelter Decke, dunklem Holzmobiliar, bunten Lämpchen, Bosporus-Brücken-Bild und nachbarschaftlichem Flair fällt die Wahl schnell auf Karisik Meze Tabagi, den gemischten Vorspeisenteller (15,50 Euro), der unter anderem mit schmackhafter Sucuk-Wurst, Auberginen, Schafskäse und frittierten Calamari einen charakteristischen Auftakt bildet. Und das eingespielte Team weiß, wo es hinzugreifen hat. Denn kaum zehn Minuten später stehen außer der wunderbar herzhaften Knoblauch-Tomatenpaste mit Walnüssen und Olivenöl (6 Euro) schon die zwei Hauptgerichte auf dem Tisch: Adana Kebap (14,50 Euro) und Urfa Kebap (22,50 Euro). Der gegrillte Rinderhackspieß ist so pikant gewürzt wie er es sein sollte und kommt ohne große Kohlearomen daher. Letzteres ist auch bei den zwei Lammfilet-Spießen der Fall, deren guter Eigengeschmack durch die gerösteten Brotwürfel auf Joghurt-Knoblauchsoße passend flankiert wird. Fluffiger Bulgur und Reis als Beilagen runden die Fleischgerichte perfekt ab. Der Wille zum Nachtisch ist da – Platz aber nicht. So begnügen wir uns mit Raki aufs Haus. Standesgemäß für ein leckeres Essen in einem unprätentiösen Restaurant, das seinen Job gleichermaßen routiniert und überzeugend erledigt. Görüşürüz! FD

AMBIENTE ●●●●○ SERVICE ●●●●○
KÜCHE ●●●●○ PREIS-LEISTUNG ●●●●○

€€€ Lerchenfeld 48 (Uhlenhorst), Telefon 4940 2299055, Di-So 16–24 Uhr, EC-Karte, VISA, Mastercard; Mundsburg U3; restaurantbaris.metro.biz

Bona'me

Hi-Tech orientalisch

Mitten in der Altstadt, umgeben von traditionsreichen Gebäuden, liegt das Bona'me. Die Hamburger Filiale ist einer von acht Standorten in Deutschland – also schon eine kleine Systemgastronomie der kurdisch-türkischen Küche mit orientalischen Einflüssen. Speisekarte? Fehlanzeige. Hier wird per Handy und QR-Code aus den 1001 Köstlichkeiten gewählt – nur bestellen geht nicht. Dafür müssen wir aufstehen und zu einem der überdimensionierten Tablets gehen. Und versuchen, die Gerichte wiederzufinden, die wir ausgesucht haben. Wenn ein Pieper brummt und vibriert, springt man schnell wieder auf und holt die Gerichte am Tresen ab. Ach, auf unserem Tisch fehlt Salz und Pfeffer – also noch mal zum Tresen. Ein freundlicher Koch füllt mir aus seinen eigenen Beständen Salz und Pfeffer in kleine Schüsselchen – nette, persönliche Geste. Wir schauen uns um und sind angetan von der orientalisch anmutenden Einrichtung, der stimmigen Beleuchtung und der Vielfalt der Sitzmöglichkeiten. Das Essen selbst wird schnell und optisch ansprechend zubereitet. Wir testen Falafel'i Salata (11,90 Euro) und mächtiges Beyti Tavuklu (12,90 Euro). Auch das Manti Chili-Cheese, Teigtaschen mit Hackfleisch, Peperoni und Chili-Cheese-Soße (12,90 Euro) ist lecker. Vegetarische Gerichte werden mit einem grünen Punkt gekennzeichnet, schärfere Gerichte mit einem kleinen roten Punkt. Die Weinauswahl ist eher unspektakulär, und türkisches Bier gibt es leider nicht. Dafür sei erwähnt, dass man im Bona'me auch frühstücken kann. Werden wir bestimmt in Kürze ausprobieren. KL

AMBIENTE ●●●●○ SERVICE ●●●●○
KÜCHE ●●●○○ PREIS-LEISTUNG ●●●●○

€€€ Burchardstraße 17 (Altstadt), Telefon 040 32870170, Mo-Fr 10–23, Sa-So 9–23 Uhr, EC-Karte, VISA, Mastercard, Amex; Jakobikirchhof (Mö) Bus 6, Bus 17, Bus 37; bona-me.de

FOTO: JULIA SCHUMACHER

Mit dem neuen Kifak Inta Séparée haben Wadie Saliba (v. l.), Hanna Saliba und Alexander Mudjadidi im Saliba einen weiteren Wohlfühlort mit magischer Atmosphäre geschaffen

Farbenfrohe Mazza: Die „Karawane der Köstlichkeiten" ist im Saliba ein Muss

Genuss GUIDE DER SZENE HAMBURG
TESTSIEGER 2023/2024

VIP-TESTER
Frehn Hawel

Saliba

Zu Recht ein Klassiker!

Meinen allerersten Berührungspunkt mit syrischer Küche hatte ich Ende der 90er-Jahre, als bei firmeninternen Feierlichkeiten meines Arbeitgebers Karsten Jahnke häufig Mezze-Kreationen aus dem Hause Saliba kredenzt wurden. Syrisches Essen ist für mich seither mit positiven Ereignissen verknüpft. Gute Grundlage, um zu überprüfen, ob die Magie der orientalischen Küche auch ohne äußeren feierlichen Rahmen im Restaurant in den Alsterarkaden verfängt. Spoiler: Tut sie. Der Trubel der nahen Innenstadt scheint sehr weit weg, sobald man über die Wendeltreppe den heimelig illuminierten Speisesaal erreicht und an einem der liebevoll dekorierten Tische Platz nimmt. Als Vorspeise stimmt die Mazza (23 Euro) mit ihren acht kleinen vegetarischen Kostproben hervorragend auf die geschmackliche Finesse der orientalischen Küche ein und macht Lust auf mehr. Für den Hauptgang wählen wir Maakloube, Auberginen-Zimt-Pimentreis mit Cashew-, Pinien- und Grantapfelkernen, Mandeln, Datteln und Rosinen mit verschiedenem Gemüse, das in den Varianten vegetarisch, vegan oder mit mariniertem Lammfilet angeboten wird. Die vegetarische Version (25 Euro) mit frischer Joghurt-Minz-Soße ist sehr fein zwischen orientalischer Süße und knackiger Frische abgestimmt, wird allerdings von der Empfehlung des Servicepersonals, Fatajel bi Rumman, Lammfilet auf Granatapfelsoße (31 Euro) mit Gemüse der Saison und Basmati-Reis, locker in den Schatten gestellt. Das Lamm zergeht auf der Zunge, im Zusammenspiel der Süße der Granatapfelsoße und dem frischen Gemüse genieße ich nicht weniger als ein absolutes Gedicht. Auch das Schaourma (27 Euro), in der Saliba-Mischung aus sieben Gewürzen marinierte butterzarte Maispoularde, die mit köstlichem Hummus kommt, spielt mit nuancierter Schärfe die Trümpfe der orientalischen Küche voll aus. Zum Abschluss ist (leider) nur noch Platz für ein kleines Halva (2,80 Euro) aus geröstetem und gepresstem Sesam mit Pistazien, das gemeinsam mit einem arabischem Mokka mit Kardamom (4,50 Euro) den Abschluss eines gelungenen kulinarischen Abends bildet. Für alle, die sich fragen, warum das Saliba seit 1985 als kulinarische Institution der Hansestadt gilt, kann die Empfehlung nur lauten: hingehen und selbst erleben.

AMBIENTE ●●●●● SERVICE ●●●●●
KÜCHE ●●●●● PREIS-LEISTUNG ●●●●●

Testsieger 2022 €€€€ Neuer Wall 13 (Neustadt), Telefon 040 345021, Mo-So 11–22 Uhr, EC-Karte, VISA, Mastercard; Jungfernstieg alle Bahnlinien; saliba.de

FOTOS: JULIA SCHUMACHER

VIP-TESTER
Frehn Hawel

Fardi

Feinste syrische Küche

Um die volle Blüte syrischer Gastfreundschaft zu erleben, muss man in Hamburg nicht weiter als ins Restaurant Fardi nach Uhlenhorst fahren: Schon der angenehm beleuchtete Speiseaal wirkt trotz seiner imposanten Größe und der hohen Decken heimelig und der ausgesprochen nette Empfang des Servicepersonals vermittelt uns das Gefühl, hier willkommen zu sein. Der erste kleine Schreck, dass sich das Speisenangebot heute ausschließlich auf das fünfgängige Damaszener Menü in fleischhaltiger (46,90 Euro) und vegetarischer Ausführung (41,90 Euro) beschränkt, entpuppt sich schnell als Glücksfall, denn so kann sich die Idee der „Syrian Haute Cuisine", die kulinarische Tradition und Moderne vereinen soll, voll entfalten. Die zwölf Mezze-Schälchen mit Tabbouleh, Hummus, Salatvariationen mit Roter Bete, Orangen-Zimt und Kichererbsen sind im Nu geleert, als mit Falafel und Lammwürstchen oder in der vegetarischen Version mit pikanter Gemüse-Kräuterpastete schon der zweite Gang ansteht. Der nicht nur ebenso hervorragend mundet, sondern mengenmäßig so gestaltet ist, dass man keine Sorge vor den weiteren Gängen mehr haben muss. Das Wolfsbarsch-Filet auf Sesam-Limonensoße und die mit Bulgur gefüllten Zucchini stellen den ersten von zwei Hauptgängen dar, zwischen denen sich bewusst Zeit gelassen wird. Und das ist gut so! Die syrische Küche ist so voller feiner Geschmackserlebnisse, dass man sich in Ruhe darauf einlassen sollte. Die umsichtige Weinberatung ist erstklassig und der auf der üppigen Weinkarte vermisste Grauburgunder wird mit einem libanesischen Blanc De Blancs 2018 (8 Euro) mehr als wettgemacht. Als zweiter Hauptgang bringen uns das zarte Lammfilet auf Schafskäse und der raffiniert komponierte Auberginen-Zimtreis-Auflauf mit Datteln und Nüssen und frischer Joghurt-Minz-Soße ins Schwärmen. Beim Servieren der Nachspeise entflammt die Begeisterung erneut: Besonders das hausgemachte Zimteis ist ein Gedicht. Beim Mokka mit Kardamon zum Abschluss fällt uns auf, dass wir die letzten Gäste sind. Toller Abend.

AMBIENTE ●●●●● SERVICE ●●●●●
KÜCHE ●●●●● PREIS-LEISTUNG ●●●●●

€€€€ Hofweg 72 (Uhlenhorst), Telefon 040 36027440, Di-Do 18–24, Fr-So 17–24 Uhr, EC-Karte, VISA, Mastercard; Zimmerstraße Bus 6, Bus 17; fardi-hamburg.de

Köz Urfa

Freiheit, Gleichheit, Brüderlichkeit

Ich liebe Hamburg auch, weil es sich, wohnst du westlich der Alster, wie eine Kleinstadt anfühlt – alles ist locker mit dem Rad zu erreichen. Doch manchmal sehne ich mich nach dem aufgeregten Summen großer Städte, nach Paris, London, Hongkong. Dann gehe ich ins Köz Urfa, wo es ist wie in einer echten Metropole. In den beiden großen Gasträumen ist das Publikum so bunt wie sonst wohl nur bei Ikea: Jung und Alt, Freunde und Familien, Nachbarn und Reisende vom Bahnhof Altona nebenan, Ethnien aller Art. Nur die Reichen aus den Elbvororten scheint die gelebte Gleichheit nicht anzuziehen. Die Atmosphäre ist entspannt, auch wenn Kinder krakeelen, von denen es hier Massen gibt. Und der Service ist passend lässig – aufmerksam und zugleich so nett, als wärst du ein Bruder. Ich habe schon alles probiert – Kebabs, Pide, gegrillte Dorade. Meine Tochter liebt die Linsensuppe. Alles lecker. Mein Freund Michi isst hier am liebsten Yogurtlu Kebab, Hackfleisch mit Joghurtsoße, aber an diesem Abend nehmen wir die Köz-Urfa-Platte (41 Euro für zwei Personen) und dazu Ayran (0,5 l 3,80). Alkohol gibt es nicht. Wir bekommen Lammkoteletts, scharfe Hackspieße, gegrilltes Fleisch, Döner, gegrillte Tomaten, zwei Sorten Reis und viel Salat – ein üppiges Fest! Ich könnte es beschreiben. Aber wozu? Es ist wie eine Grillparty, bei der alles stimmt: Du kannst essen, was du willst und so viel du magst, alles ist gut, und um dich herum haben alle gute Laune. Das ist die Freiheit, wie es sie nur in Metropolen gibt. PL

AMBIENTE ●●●●● SERVICE ●●●●●
KÜCHE ●●●● PREIS-LEISTUNG ●●●●●

€€€ Paul-Nevermann-Platz 2 (Altona-Nord), Telefon 040 30035826, Mo-So 8–3 Uhr, EC-Karte; Altona alle S-Bahnlinien; kozurfa.de

L'Amira

Prinzessin auf der Kichererbse

Exotische Lebensmittelläden, prall gefüllte Obst- und Gemüsestände – der Weg zum L'Amira (Die Prinzessin) am Steindamm macht Lust auf die vielseitige syrische Küche. Die Vorfreude ist berechtigt. Die Karte ist authentisch, die Räumlichkeiten sind großzügig. Wände, Decken und Böden sind mit Gitterelementen, Glasarbeiten und Mosaiken in traditionellen geometrischen Mustern verkleidet. Besonders schön: die unzähligen Lampen an der Decke. Weniger schön: Nach den leckeren Vorspeisen, der Mazza-Platte mit verschiedenen Gemüsen und Pasten (13,90 Euro) und Schawarma Arabi, einer gerösteten Teigtasche mit mariniertem Hähnchen gefüllt (10,90 Euro), müssen wir bei der Hälfte des Hauptgangs das Besteck strecken. Weil satt. Schade, denn das Kebab bil Karaz, Lammhackspieße auf Granatapfel-Kirsch-Ingwer-Soße mit Gemüse und Safranreis (21,90 Euro) und der Schawarma Teller, mariniertes Hähnchenfleisch vom Grill auf Safranreis mit Salat, Knoblauchcreme und scharfem Pita Brot (17,90 Euro), sind superlecker. Der Service reagiert hilfsbereit. Reste einpacken? Kein Problem. Als wir nicht so recht wissen, was mit den Kardamomkapseln im vom Haus kredenzten Tee zu tun ist, weist uns der Kellner souverän ein. Alkohol gibt es nicht, aber spannende Säfte und Tees wie Holunderblütensaft-Schorle (3,90 Euro) oder Granatapfel-Limette-Schorle (3,90 Euro). Wer unkompliziert und lecker satt werden möchte, ist hier genau richtig. Wir besuchen die Prinzessin auf jeden Fall wieder. Vielleicht zum Sonntagsbrunch zwischen 10 und 13 Uhr. MG

AMBIENTE ●●●●● SERVICE ●●●●●
KÜCHE ●●●●● PREIS-LEISTUNG ●●●●●

€€€ Steindamm 58 (St. Georg), Telefon 040 36942187, Mo-So 9–2 Uhr, EC-Karte, VISA, Mastercard, Amex; Hauptbahnhof, alle Bahnlinien; lamira-steindamm.de

Syrian Haute Cuisine beglückt die Gäste im Fardi

FOTO: MARC SILL

Im LunaSel werden gekonnt orientalische und französische Küchenstile vereint

LunaSel

Kurztrip nach Paris-Barbès

FOTO: MARC SILL

Wer Lust auf einen Abstecher nach Paris hat, kann die Sehnsucht mit einem Besuch im LunaSel stillen. Vorteil: Die Anreise ist hier wesentlich günstiger. Denn das kleine Bistro, das orientalische und französische Küche vereint, liegt im Herzen von Ottensen. In dem Teil, wo es sich an Sommerabenden ohnehin ein bisschen wie Klein Paris anfühlt. Bei unserem Besuch nehmen wir im hinteren Teil des schlauchartigen, rustikalen Gastraums Platz. Die Gäste sitzen dicht an dicht, es wird wild geschnattert, aus den Boxen tönen französische Chansons – wir fühlen uns sofort wohl. Wir starten mit den gemischten Mezze für zwei Personen mit Garnelen, Muscheln, Datteln und Lammspießen. Köstlich, aber mit seinen 18,90 Euro vielleicht eine Spur zu teuer. Die aufmerksame Kellnerin fragt uns, ob wir bereit für den Hauptgang wären. Sind wir! Auf unserem Tisch landen Hamshuka – Beef-Lammhack-Ragout (16,90 Euro) – sowie Kalbs-Kürbis-Tajine (19,50 Euro) mit Kichererbsen, Datteln und Ras el-Hanout, eine nordafrikanische Gewürzmischung, die hier in vielen Gerichten zu finden ist. Und plötzlich ist es wirklich so, als säßen wir in einer kleinen Brasserie im interkulturellen Pariser Viertel Barbès. Klassisch französisch werden wir dann beim Dessert mit Profiterole und Crème brûlée. Dass die Crème ein bisschen zu fest ist und tatsächlich nur ein verlorenes Mini-Windbeutelchen auf dem Teller landet, sorgt am Ende für kleine Abzüge in der B-Note. KGR

AMBIENTE ●●●●○ SERVICE ●●●●○
KÜCHE ●●●●○ PREIS-LEISTUNG ●●●○○

€€ Bahrenfelder Straße 86 (Ottensen), Telefon 040 38634061, Mo-Sa 12-24 Uhr, EC-Karte, VISA, Mastercard; Altona alle S-Bahnlinien; lunasel.eatbu.com

Mansaaf

Im Wohnzimmer von Mahmod

Mansaaf ist ein traditionelles arabisches Gericht, das bei Familienfeiern auf den Tisch kommt. Passenderweise fühlen wir uns in dem gleichnamigen Restaurant in Hoheluft-Ost als seien wir im Wohnzimmer von Inhaber Mahmod Abdalla gelandet. Die Atmosphäre in dem kleinen palästinensischen Lokal ist familiär und herzlich. Wir bekommen einen Platz direkt neben der Vitrine und blicken schmachtend auf die Mazza darin. Je nach Saison können Gäste zwischen bis zu 15 Variationen wählen, die in kleinen Schälchen und mit Pita serviert werden. Wir entscheiden uns für das Vierer-Set (8,50 Euro) und bekommen spritzige Zitronen-Kartoffeln, cremigen Humus, geräuchertes Auberginenpüree mit Tahina sowie Petersilie mit Tomate, Hirse und Zitrone. Wir könnten den ganzen Abend so weiter snacken, aber wir wollen ja noch die Hauptspeisen probieren. Der Blick in die offene Küche schürt die Erwartungen. In den Regalen stehen Gläser voll mit orientalischen Gewürzen, darunter ein riesiger Strauß Koriander und allerhand Behälter mit frischem Gemüse. Der Koch zaubert uns daraus Couscous-Hähnchen mit Gemüse in pikanter Orangenblüten-Tomatensoße (16,50 Euro) und Lahem Mischwieh, das sind Lammwürstchen, Hähnchenspieß, Lammspieß und Lammkotelett mit Humus, Salat und Basmatireis (19,50 Euro). Die Aromenvielfalt ist umwerfend, die Portionen sind noch größer als sie klingen – und trotzdem fragt man uns am Ende, ob wir satt sind oder noch Nachschlag möchten. Heute passt nichts mehr rein, aber wir kommen wieder! NW

AMBIENTE ●●●● SERVICE ●●●●●
KÜCHE ●●●●● PREIS-LEISTUNG ●●●●●

€€€ Eppendorfer Weg 208 (Hoheluft-Ost), Telefon 040 88149816, Di-So 17–23 Uhr, EC-Karte, VISA, Mastercard, Amex; Hoheluftbrücke U3, Bus 5, Bus X35; mansaaf.de

Molana Alreza

Persischer Geheimtipp

Genuss Guide – Hanseperle

Das Tor zur Welt steht kulinarisch nirgends weiter offen als in St. Georg. Rund um den Steindamm gibt es arabische Süßigkeiten, afghanische Backwaren, Grundnahrungsmittel aus der Subsahara – und etliche dazu passende Restaurants. Das Molana Alreza passt hier hervorragend hin. Ein Teil der Tische befindet sich auf Podesten, denn dort wird auf Kissen gesessen statt auf Stühlen, aber das so selbstverständlich, dass klar ist: Hier treffen sich keine Gastro-Touristen, sondern hier trifft sich ein Teil von Hamburgs persischer Gemeinschaft – der größten in Deutschland. Das Essen wirkt entsprechend wie sehr gute Hausmannskost. Wir nehmen vorab einen Vorspeisenteller (10 Euro) mit verschiedenen Pasten: Joghurt, Spinat und zwei Auberginen-Varianten. Alles schön würzig und trotz einer leichten Exotik recht heimelig. Danach kommen geschmorte Lammkeule (11 Euro), die superzart ist, und zwei gegrillte Lammhackspieße (10,50 Euro), wunderbar knusprig, jeweils mit Reis und erstaunlich üppig. Dessert muss trotzdem sein, also Safraneis (4 Euro) und Rosenwassereis (4 Euro). Süß! Wer arabische Küchlein mag, wird es lieben. Am Ende zahlen wir inklusive Getränke für zwei Personen weniger als 50 Euro, haben sehr gut gegessen und uns zudem über den netten Service gefreut. Wer glaubt, Essengehen funktioniert nur noch mit tiefen Taschen, kennt die Nebenstraßen des Steindamm nicht. PL

AMBIENTE ●●●● SERVICE ●●●●
KÜCHE ●●●● PREIS-LEISTUNG ●●●●●

€ Danziger Str. 14 (St. Georg), Telefon 040 244552, Mo-So 12–22 Uhr, EC-Karte; Böckmannstraße Bus 16, Lohmühlenstraße U1; molana-alreza.business.site

Koch Gamal Ibrahim sorgt im Mansaaf für ordentlich Feuer in der Küche

VIP TESTER

Frehn Hawel

Head of Communications, Karsten Jahnke Konzertdirektion GmbH, Pressesprecher, Reeperbahn Festival

Getestet: Fardi, Saliba

Als VIP-Tester ... entdecke ich mit größtem Vergnügen Hamburgs kulinarische Perlen.

Mein Lieblingsrestaurant ist ... das Maharani mit indisch-ayurvedischer Küche.

Mein Feierabendbier ... trinke ich am liebsten im Hadley's am Schlump, weil das Ambiente sowohl drinnen im gemütlichen Speisesaal als auch draußen auf der lauschigen Terrasse im Innenhof einmalig ist.

Wenn der Mittagshunger kommt, dann ... geht's meistens zu Mr. Kebab im Herzen der Schanze, weil die familiäre Atmosphäre dort sofort entspannt und die vegetarischen Gerichte und Salate täglich für gelungene Abwechslung sorgen. Wenn etwas mehr Zeit zur Verfügung ist, radle ich in die Weidenkantine, deren Mittagstisch-Auswahl mich immer wieder begeistert!

Ein Gastro-Geheimtipp in Hamburg ist ... auf jeden Fall nach wie vor das Bistro Carmagnole, weil hier französische Küche und Ambiente so stimmig sind, dass man direkt nach dem Essen an die Bar wechseln und gleich den gesamten Abend hier verbringen möchte.

Typisch Hamburg ... ist das Fischereihafen Restaurant – mehr Institution geht schlicht nicht.

Nachts noch Hunger? Dann geht's in ... die Kleine Pause im Herzen der Wohlwillstraße. Ein langjähriges und liebenswertes Original.

Die schönste Aussicht beim Essen ... gibt's im Entenwerder 1 – bei Sonnenschein am Anleger sitzen und auf die Elbe gucken: Ein Kurzurlaub in Fahrrad-Reichweite!

FOTOS: MARC SILL (U.), NINA HAWEL (O.)

L'Orient

Die libanesische Bank

Puh, noch ordentlich Gewusel draußen auf der Osterstraße. Hektik à la Eimsbüttel. Als wir die Glastür zum L'Orient passieren, erfasst uns eine angenehme Ruhe. Fein gedeckte Tische, ein paar Blümchen und dezent eingesetzte Beleuchtung. An Mazza (13,90 Euro) kommen wir zum Einstieg nicht vorbei. Sechs Schälchen mit den libanesischen Vorspeisen landen in der Mitte, gepimpt mit herrlich knuspriger und innen saftiger Falafel (10,50 Euro). Die tunken wir in samtigen Hummus, kombinieren sie mit dem klasse abgeschmeckten Tabouleh und lassen uns den prima angemachten, knackigen Salat schmecken, der von Granatapfelkernen und Erdbeeren getoppt wird. Allmählich leert sich die Flasche des im Barrique gereiften Rotweins aus dem libanesischen Vallee de la Bakaa (0,75 l 39 Euro). Da kommt das Lahmeh bel Looz (34,90 Euro) gerade recht. Das Lammkarree unter Mandelkruste ist schick drapiert, zart wie Butter und am Knochen noch herrlich saftig. Harmoniert prima mit dem Hauch von Basilikum in der Soße, dazu gibt's göttliche Harissa-Kartoffeln. Auf der anderen Seite des Tisches, wo Maklubeh (17,90 Euro) geordert wurde, ist ebenfalls genüssliches Grinsen angesagt. Der von Aubergine gekrönte Zimtreis nebst Datteln, Mandeln, Nüssen und Joghurt-Zimt-Soße rockt den Gaumen. Aromenvielfalt der arabischen Küche pur. Das Dessert, ein zimtiges Eis nebst kleinem Küchlein, gibt's als Gruß aus der Küche. Wie nett. Das L'Orient ist und bleibt eine Bank. AND

AMBIENTE ●●●●○ SERVICE ●●●●●
KÜCHE ●●●●● PREIS-LEISTUNG ●●●●○

€€€ Osterstraße 146 (Eimsbüttel), Telefon 040 43281651, EC-Karte, VISA, Mastercard, Amex; Lutterothstraße U2; restaurant-lorient.de

Qasr

Persisches Familienrestaurant

Hierher kommen iranische Großfamilien vom Enkel bis zur Oma. Aber auch neugierige Europäer. Das Ambiente im wuseligen Lokal Qasr wird bestimmt von klaren geometrischen Elementen, opulenten Kronleuchtern und von hinten beleuchteten Großdias mit Gebäuden aus dem Iran. Viel zu gucken und viel auszuwählen aus der umfangreichen Karte. Vorweg entscheiden wir uns für eine Portion Schafskäse mit fleischigen grünen Oliven (4,90 Euro) sowie Mirzaghassemi (5,50 Euro), cremiges Auberginenpüree mit Ei, Tomate und Knoblauch, das lauwarm serviert wird. Eine große Platte mit rohen Zwiebeln, Radieschen, etwas Schafskäse, Minze und Petersilie wird ungefragt serviert, ebenso jede Menge Fladenbrot. Das Qasr ist auf Grill- und Schmorgerichte spezialisiert. Wir entscheiden uns für Djudjeh Soltani (17,90 Euro), gegrillte Hähnchenbrust in Safran-Zitronensoße, kombiniert mit einem Lammhackspieß und Grilltomaten. Zu allen Grillgerichten gibt es eine Riesenportion Basmati-Safranreis. So auch zum Shishlik (24,90 Euro), einer großzügig bemessenen Portion von sechs scharf gegrillten, saftigen Lammkoteletts mit Zitrusfruchtnote. Bier- und Weintrinker seien darauf hingewiesen, dass es keinerlei alkoholische Getränke gibt. Gelegenheit also, einmal das überaus erfrischende persische Nationalgetränk Dough (0,4 l 3,50 Euro) zu probieren, das aus Joghurt, frischer Minze, Salz und Wasser besteht. Es gibt feinere persische Restaurants in Hamburg. Aber wer echte Atmosphäre sucht, ist hier genau richtig. HK

AMBIENTE ●●●○○ SERVICE ●●●●○
KÜCHE ●●●●○ PREIS-LEISTUNG ●●●●○

€€€ Lübecker Straße 119 (Hohenfelde), Telefon +040 28460810, Mo-So 13–23 Uhr, EC-Karte, VISA, Mastercard; Wartenau U1, Bus 16; qasr-hamburg.de

Parissa's

Persien liegt in Winterhude

Ohne Reservierung geht hier gar nichts, so beliebt ist der Perser an der Sierichstraße. Nach mehreren Anläufen haben wir endlich einen liebevoll eingedeckten Tisch bekommen. Der überaus freundliche Betreiber Mehrdad versorgt uns noch mit einem Zusatzlämpchen und großen Lupen, damit wir die Speisekarten im schummrigen Licht des Kellerlokals besser entziffern können. Als Gruß aus der Küche bekommen wir eine fein ausbalancierte Suppe aus zweierlei Linsen. Wir folgen dem Ratschlag des Wirts, nur eine Vorspeise zu bestellen, und ordern Kashk-e Bademjan (14,90 Euro), ein mit vielen Kräutern, Knoblauch und Joghurt abgeschmecktes Auberginenmus. Ein gelungener Auftakt, ebenso wie Zeytun Parvarde (8,90 Euro), köstlich eingelegte Oliven mit Walnuss, Granatapfel und Bergkräutern. Derart eingestimmt, freuen wir uns bereits auf die Hauptgerichte. Das Kababe Torsch (27,90 Euro), ein perfekt gebratenes Lammfilet mit persischen Kräutern und fruchtiger Marinade, kommt wie alle Grillgerichte mit Basmati-Safranreis und Pistazien auf den Tisch. Die Rindfleischwürfel Khoresht-e Gheymeh Bademjan (20,90 Euro) in Auberginen-Tomatensoße sind mit Loomi, einer aromatischen schwarzen Zitrone, die geradezu süchtig machen kann, gewürzt. Der gehaltvolle Blaue Zweigelt aus Niederösterreich (0,75 l 27,90 Euro) wird am Tisch in eine schwanenförmigen Karaffe dekantiert und erweist sich als perfekter Begleiter durch den ganzen Abend. Eine kleine Dessertauswahl gibt es sogar aufs Haus. Dazu mundet uns ein Kashmar-Likör aus persischen Feigen (3 Euro). NB

AMBIENTE ●●●● SERVICE ●●●●●
KÜCHE ●●●●● PREIS-LEISTUNG ●●●●

€€€€ Sierichstraße 94 (Winterhude), Telefon 040 63918515, Mi-Fr 17–24, Sa-So 14–24 Uhr, EC-Karte, VISA, Mastercard; Maria-Louisen-Straße, Bus 19; parissas.de

Teheran

Kein Jubelperser

Wer sich wie das Teheran in St. Georg selbst zu den „besten und bekanntesten persischen Restaurants Deutschlands" zählt, hängt die Latte ziemlich hoch. Ums vorwegzunehmen: Eine Genickstarre bekommen wir angesichts der angeblich haushohen Küchenleistung diesmal nicht. In dem außen schmucken, innen eher simpel anmutenden ehemaligen Zollhäuschen mit seinem zauberhaften Sommer-Biergarten finden vor allem Fleischfreunde ein großes Angebot. Vegetarische Hauptgerichte basieren primär auf dem Weglassen von Fleisch. Wir staunen über die gewaltige Vorspeisenplatte (18,90 Euro), die uns der ein wenig frostige Service samt hauchdünnem Lavash-Fladenbrot bringt. Die acht fleischfreien Kostbarkeiten entpuppen sich als drei kaum gewürzte, nur marginal unterschiedliche Joghurtcremes, knackige Khiar-Gürkchen, Shirazi-Tomatensalat sowie Knobi-Spinat und zwei feine Auberginen-Cremes mit BBQ-Aroma und Minze. Als Hauptgericht teilen wir uns einen trist dekorierten Lammteller namens Tschelo-Kabap Tschendje (16,90 Euro) und das eigentlich beste aller persischen Hühnergerichte – Walnuss-Fesendjan (13,90 Euro). Das Babyschaf-Filet ist schön zart, der Rest besteht aus einer angekokelten Grilltomate und trockenem Reis, der oben offenbar mit Kurkuma statt teurem Safran gelb gefärbt ist. Der Hühnerschmortopf besticht sonst durch die Frische von saurer Granatapfelmelasse und dem Zauber von 1001 Gewürzen. Hier ist es ein dunkler, ölverschmierter Brei. Wir verlassen, entzaubert von derart liebloser Orientküche, Irans Hamburger Botschaft. PESI

AMBIENTE ●● SERVICE ●●●
KÜCHE ●● PREIS-LEISTUNG ●●●

€€ Adenauerallee 70 (St. Georg), Telefon 040 28008992, Mo-So 12–23 Uhr, EC-Karte, VISA, Mastercard; Hauptbahnhof Süd U1; restaurant-teheran.de

Im Parissa's isst das Auge immer mit

TIPPS DER

Döner

Krosses Fleisch, buntes Gemüse, eine ordentliche Portion Soße und knuspriges Fladenbrot: Döner ist bei Groß und Klein gleichermaßen beliebt

Batman

Es tut uns leid, aber in diesem Imbiss in St. Georg steht nicht Bruce Wayne am Tresen. Bei dem Namen handelt es sich um eine Hommage an die Stadt Batman im Südosten der Türkei, die Heimatstadt der Inhaber. Im Innenraum finden sich dementsprechend Bilder aus Batman und Hamburg. Ein gute Mischung! Ebenfalls gut gemischt sind die hausgemachten Soßen, die den Dönerladen am Steindamm zwischen zahlreichen anderen Imbissen hervorstechen lässt.

Steindamm 58 (St. Georg); Mo-So 9–24 Uhr; Hauptbahnhof alle Bahnlinien

Big Food

Nichts für den kleinen Hunger: Bei Big Food auf dem Schulterblatt ist der Name wirklich Programm. Für solide Preise gibt es hier ordentliche Portionen des – so sagt man – besten Döners in Hamburg. Fans des Döner-Ladens sind sich einig, dass es keinen zweiten gibt, der das Fleisch so saftig und gleichzeitig knusprig zubereitet.

Schulterblatt 13 (Sternschanze); So-Do 11–24, Fr-Sa 11–3 Uhr; Neuer Pferdemarkt Bus 3

Döner Queen

Wahrhaft königlichen Döner gibt es bei Döner Queen in Winterhude: Zwischen zwei Fleischsorten, verschiedenen Gemüsen und Salaten und acht Soßen kann man sich dort seinen Lieblingsdöner zusammenstellen. Richtig gut: Alle Gerichte gibt es auch vegan! Wer vor Ort isst, bekommt einen Tee aufs Haus!

Jarrestraße 57 (Winterhude); Mo-So 10–24 Uhr; Großheidestraße Bus 17, Bus 172

Döner-Treff

Funktioniert überall auf der Welt: Einfach nachsehen, wo die Massen hinströmen. Wenn es um Döner geht, ist das in Harburg der Mehmet Kaya

FOTO: GENUSS-GUIDE

So muss der perfekte Döner aussehen

Döner-Treff. Seit 2000 ist hier immer ordentlich was los. Den Döner gibt es als Box, Teller oder Dürüm zu sehr fairen Preisen.

Am Centrumshaus 5 (Harburg); Mo-So 10–23 Uhr; Harburg Rathaus S3, S31

Dubara

Ihren guten Ruf haben sich die Betreiber in 17 Jahren hart erarbeitet. Hier gibt es nicht nur leckeren Döner, sondern auch ein sagenhaft nettes Team und ein schönes Ambiente zum Verweilen. Besonders lecker ist die hausgemachte Dubara-Soße: fruchtig und ein bisschen scharf!

Schloßmühlendamm 2 (Harburg); Mo-Do 11–1, Fr-Sa 12–2, So 12–1 Uhr; Harburg Rathaus S3, S31

Mr. Kebab

Auf der Speisekarte hat man die Qual der Wahl, denn nicht nur der Döner mit knackig eingelegtem Gemüse ist sehr gut, auch die Köfte oder griechische Mousaka schmecken hervorragend. Außerdem gibt es samstags Frühstück, dann landet Menemen (Rührei nach türkischer Art) und Pişi (frittierte Hefeteigbällchen) auf dem Tisch.

Beim Grünen Jäger 1 (St. Pauli); Mo-Do 12–22, Fr 12–23, Sa 10–23 Uhr; Feldstraße U3, Bus 3, Bus 17

Safi Food

Für wenig Geld bekommt man hier ordentliche Portionen mit viel Gemüse und allem, was dazu gehört. Die halben oder ganzen Sandwiches kommen mit Hähnchen. Rindfleisch, Garnele oder Thunfisch daher. Aber auch die Auswahl an vegetarischen Sandwiches und Gerichten lockt viele hungrige Ost-Hamburger zu Safi Food.

Wandsbeker Chaussee 325 (Wandsbek); Mo-Sa 11-22, So 13–22 Uhr; Wandsbeker Chaussee S1, S11, U1

Sel Kebap's

Bei Döner merkt man schnell den Unterschied zwischen einem Sattmacher- und einem Genussessen. Bei Sel Kebap's in Eimsbüttels Gärtnerstraße gibt es definitiv nur Gerichte aus der zweiten Kategorie. Das liegt vor allem an dem hochwertigen Kalb- oder Hähnchenfleisch und den hausgemachten Soßen. Es gibt den Döner hier auch in vegetarischer Variante.

Gärtnerstraße 14 (Hoheluft-West); Mo-So 11–24 Uhr; Gärtnerstraße Bus 5, Bus 20, Bus 25, Bus 113, Bus 281

Tadim Urfa

Sich im Reiherstiegviertel als bester Döner zu behaupten, ist nicht leicht. Rund um das Tadim Urfa wimmelt es nämlich förmlich vor Konkurrenz. Das Geheimnis des kleinen Ladens ist tatsächlich ganz schlicht: knackige Gurken, süße Tomaten, saftiger Krautsalat, frisch gebackenes Brot und eine besondere Soße, die sich manche Kunden sogar ohne Döner mitnehmen: die mit Avocado.

Veringstraße 40 (Wilhelmsburg); Mo-So 7.30–0.30 Uhr; Mannesallee Bus 13

KURZ GEBRATEN

Alle Tests in voller Länge auf genussguide-hamburg.com

Von der Vorspeise bis zum Dessert bleibt das Beiti eine sichere Bank

Baba Azeitona

Zu den Azeitona-Imbissen in der Schanze und der Osterstraße hat sich im Juni 2021 das Baba Azeitona beim Grünen Jäger gesellt. Anders als in den beiden Azeitona-Imbissen ist die Speisekarte geprägt von Fisch und Fleisch. Dazwischen verstecken sich dennoch ein paar fleischlose Alternativen wie der Halloumi-Burger oder diverse Salatteller. Nicht fehlen dürfen die bunten Mazza-Teller.

€€ Beim Grünen Jäger 21 (St. Pauli), Telefon 040 18112547, Mo-Fr 12–23, Sa-So 12–2 Uhr, EC-Karte, VISA, Mastercard, Amex; Feldstraße U3; baba-azeitona.de

Beiti

Das Beiti ist eine kleine gastronomische Wohlfühloase. Feine Fliesenmosaike zieren die Wände ebenso wie allerhand offene Weinregale und von der Decke leuchten riesige Sterne. Die Speisekarte verspricht „unvergesslichen Augen- und Gaumenschmaus" wie Schawarma mit Hähnchenfleisch, Salat, Thymiankartoffeln und Hummus.

€€ Alsterdorfer Straße 76 (Winterhude), Telefon 040 69459970, Mo-Sa 17–23 Uhr, EC-Karte; Lattenkamp U1; beiti-hamburg.de

Békaa

Zwischen Fernsehturm und Grindelviertel befindet sich ein wenig versteckt eine Perle der libanesischen Küche Hamburgs. Das Békaa in Rotherbaum ist ein gemütliches Souterrainrestaurant, in dem man die Gerichte des Landes in kuscheliger Atmosphäre serviert bekommt. Hummus, Taboulé, Fleisch und Fisch – auf den Tellern wird's bunt.

€€ Rentzelstraße 50 (Rotherbaum), Telefon 040 454975, Mo-Sa 18–23 Uhr, EC-Karte, VISA, Mastercard, Amex; Grindelhof Bus 4, Bus 5; bekaa.de

Bistro L'Emir

Das L'Emir ist eine Art Definition von „klein, aber fein". Die Wände und Decke in Weiß und Zartrosa gehalten, baumelt ein schlicht schicker Kronleuchter über dem Hingucker aller L'Emir-Möbel: einem langen grünen Samtsofa. Auf den Tisch kommen kleine Portionen zum Teilen in hübsch angerichteten Schälchen. Im Hauptgang präsentieren sich Fisch und Fleisch. Zart, zarter, am zartesten!

€€€ Gertigstraße 23 (Winterhude), Telefon 040 18054740, Mo-Fr 12–22, Sa 17–22 Uhr, EC-Karte, VISA, Mastercard, Amex; Gertigstraße Bus 6, Bus 17; bistrolemir.de

Hala

Am Bahnhof Othmarschen gibt es im Hala libanesische Küche. Vielseitigkeit wird großgeschrieben: Mezze liefern eine bunte Auswahl und auch die Abendkarte verspricht „Märchenhaftes". Vom Hamburger Westen aus missioniert die Hala-Family mittlerweile auch am Grindel und in der City mit ihren gastronomischen Wohltaten.

€€€ Beselerplatz 11 (Groß Flottbek), Telefon 040 88167787, Mo 17–23, Di-Fr 12.30–15, 17–23, Sa 17–23 Uhr, EC-Karte, VISA, Mastercard; Othmarschen S1; restaurant-hala.deindex.phpelbvororte

Le Marrakech

Wer mal in Marokko war, der muss das Le Marrakech einfach lieben. Schon die mit Palmen und Lichterketten dekorierte Terrasse versetzt gedanklich sofort in den Innenhof eines Riads (Wohnhaus) zurück. Und die Innenräume erst! Inhaber Hans H. Többen hat die Lagerhalle in einen marokkanischen Basar verwandelt: Hunderte Lampen hängen von den Decken, Teppiche zieren die Wände und Dekoartikel verschönern die Regale und Mosaiktische. All das kann man käuflich erwerben, denn das Le Marrakech ist Restaurant und Möbelhaus in einem.

€€€ Gert-Marcus-Straße 10 (Groß Borstel), Telefon 040 88889895, Mi-Do 17–23, Fr 17–24, Sa 16–24 Uhr, EC-Karte; Nedderfeld Bus 5; le-marrakech.squarespace.com

Lokmam

Das Lokmam in der Schanze ist auf sympathische Weise vielfältig. Wer in die wuselige Menschenmenge eintauchen oder einen Topblick auf die riesige Küche genießen will, setzt sich an die Straße oder in den vorderen Innenbereich. Im hinteren Teil des Lokals dominiert dafür ein loungiges Gefühl. Dafür sorgen edel bezogene türkisfarbene Sitzbänke und massive Holztische.

€€ Susannenstraße 16 (Sternschanze), Telefon 040 4322527, Mo-Do 9–23, Fr-Sa 9–24, So 9–23 Uhr, EC-Karte, VISA, Mastercard; Bernstorffstraße Bus 3; lokmam.de

Mazza

Stylishe Kronleuchter, kräftige Wandfarben, viel dunkles Holz. Wow, schon das Ambiente des Mazza macht ordentlich was her. Das Restaurant gegenüber vom Jerusalem-Krankenhaus ist in einem wunderschön sanierten Altbau beheimatet. Wer die steile Treppe geschafft hat, taucht für ein paar Stunden in eine orientalische Welt ein. Hier sind Götter der Gewürze am Werk. Bessere libanesische Küche ist in Hamburg ganz sicher immer noch schwer zu finden. Und von Ambiente bis hin zum Service stimmt hier eh alles.

€€€ Moorkamp 5 (Eimsbüttel), Telefon 040 2841917, Mo-So 18–23 Uhr, EC-Karte, VISA, Mastercard; Schlump U2, U3; mazza-hamburg.com

Mitri Saliba

Das syrische Restaurant Mitri Saliba liegt unscheinbar zwischen den Bürogebäuden der Hamburger Altstadt. Tagsüber ist hier unweit der Mönckebergstraße einiges los. Das Restaurant schafft eine vertraute Atmosphäre, als würde man bei einem guten Freund in der Wohnung sitzen. Ein Freund, der wirklich sehr, sehr gut kochen kann! Eine kleine Perle in der Innenstadt, die einen Besuch lohnt.

€€ Gertrudenstraße 2 (Altstadt), Telefon 040 76793759, Mo-Fr 11.30–23, Sa 15–22 Uhr, EC-Karte; Mönckebergstraße U3; mitri-saliba.de

Morgenland

Im orientalischen Restaurant Morgenland in Barmbek sieht selbst die Kumpir hübsch aus – thronend auf einer taubenblauen Porzellanschüssel verbergen sich in der heiß dampfenden Kartoffel verschiedene Soßen und Toppings. Auch die weiteren Speisen, wie Mezze oder Hähnchenbrustfilet schmecken! Gegessen wird im Souterrainlokal, der Hinterraum verspricht schummrige Atmosphäre.

€ Pestalozzistraße 19 (Barmbek), Telefon 040 64568340, Mo-Fr 12–21, Sa 14–21, So 16–21 Uhr, nur Barzahlung; Barmbek U3, S1, S11; morgenland-restaurant.de

Zaytuna Restaurant

Unweit des Wandsbeker Marktplatzes, umgeben von 1-Euro-Shops und Döner-Läden, befindet sich eine echte Perle für syrisch-libanesische Küche: das Zaytuna. „The Taste Of Home" steht an der Tür, vom Koch bis zur Bedienung stammen hier alle aus Syrien. Überhaupt stimmt hier einfach alles: Das Ambiente ist toll, die orientalische Einrichtung geschmackvoll, der Service ist schnell und freundlich und das hübsch angerichtete Essen schmeckt vorzüglich.

€€ Wandsbeker Marktstraße 27 (Wandsbek), Telefon 040 68914101, Mo-So 11–23 Uhr, EC-Karte, VISA, Mastercard, Amex; Wandsbeker Chaussee S1, S11; zaytuna-restaurant-hamburg.eatbu.com

FOTO: MARC SILL

Von allem etwas: Wer die indische Küche kennenlernen möchte, ist mit dem Grand Thali Classic im Goa bestens aufgehoben

Indien

Heiß dampfendes Chicken Tikka, herrliche Lamm-Gerichte und jede Menge kulinarischer Spaß für alle, die es ohne Fleisch lieben. Das bietet die so farbenfrohe, verspielte indische Küche. Und Curry, immer wieder Curry. Zum Reinlegen

Ashoka

Lektion in indischer Küche

Genuss Guide HANSEPERLE

Schon zwei Mal schaffte es das Ashoka aufs Treppchen unserer Testsieger – und das hat Gründe. Chefkoch Jaspal offeriert in den gemütlichen Gasträumen vorwiegend die nordindische, mildwürzige Mughlai-Küche. Starten wollten wir mit dem knusprigen Papadam aus Linsenmehl mit Minzjoghurt und Chili-Tomatensoße (1,40 Euro) und dem Tandoori Garlic Naan, warmem Weizenfladenbrot mit Ghee und Knoblauch (3,50 Euro). Zum perfekten Follow-up wird die Mixed Starter Platte für zwei (17,90 Euro), auf der sich Chicken Pakora, knusprige Onion Bhaji (gebackene Zwiebelbällchen in Kichererbsenteig), sehr gute Lamb Seekh Kebabs und zartes Chicken Tikka aus dem Tandoori-Ofen mit drei aromatischen Chutneys tummeln. Erfreulich ist die Vielfalt an fleischlosen Gerichten, wie die köstliche Dal Soup mit roten Linsen und Kokosmilch (6,20 Euro) oder das Soya Kofta, Bällchen aus Gemüse und Cashewnüssen mit Currysoße, gehackten Mandeln und Pistazien (15,50 Euro). Ein tolles Angebot: Alle Hauptgerichte können mild, mittelscharf oder scharf geordert werden. Wir empfehlen die saftigen Riesengarnelen Jingha Green Masala mit fein gehacktem Spinat, Zwiebeln, Knoblauch, Ingwer, Chilis und Gewürzen (22 Euro) und das perfekt bereitete Lamb Buhna, saftige Lammfleischwürfel in Curry-Tomatensoße geschmort mit Zwiebeln, Koriander, Ingwer, Knoblauch und Chili (18,50 Euro). Gänzlich Inder-untypisch gibt es auch eine gute kleine Weinauswahl, sodass das Ashoka eine perfekte Adresse ist, um die indische Küche von ihren attraktivsten Seiten kennenzulernen. GR

AMBIENTE ●●●●○ SERVICE ●●●●●
KÜCHE ●●●●● PREIS-LEISTUNG ●●●●●

TESTSIEGER 2022 €€ Budapester Straße 25 (St. Pauli), Telefon 040 312834, Mo 17–23, Mi-So 17–23 Uhr, EC-Karte, Mastercard; Paulinenstraße Bus 17; ashoka.de

VIP-TESTERIN
Pernille Behnke

Ayu-Leela

Liebevolle Ayurveda-Kur

Voller Neugier begeben wir uns in das ayurvedisch-indische Restaurant Ayu-Leela an der eher unwirtlichen Ausfallstraße nahe der Mundsburg-Hochhäuser. Innen strömt uns neben indischen Gewürzen das herzliche Lächeln der Gastgeberin entgegen und wir fühlen uns in dem eher spartanisch gehaltenen, orangefarbenen Interieur sofort willkommen. Und wir erleben sogleich sehr zuvorkommenden und liebevollen Service und Herzlichkeit. Vorweg probieren wir Gemüse-Pakoras (5,90 Euro), die mit sehr feinem Teig ummantelt exzellent zum ebenfalls georderten Mango-Chutney schmecken. Bei der Hauptspeise fällt unsere Wahl auf Meghdhanu Korma (16,90 Euro), ein klassisches Korma sowie Arvi Kamal Mool (16,90 Euro), ein sämiges Gericht aus den Knollen der Arvi-Pflanze und der Wurzel der Lotuspflanze. Der Geschmack ist ein wenig ungewöhnlich, gefällt aber. Das Korma meiner Begleitung ist ebenfalls sehr schmackhaft zubereitet und schön präsentiert. Als süßen Abschluss bestellen wir Fried Banana (6,90 Euro) mit Cashew und Kokosmilch, eine echte Leckerei. Der Mango-Lassi (4,40 Euro) mit Kokosnussmilch mundet mir sogar besser als herkömmlich mit Joghurt. Insgesamt alles sehr liebevoll und mit hoher Qualität zubereitet, das Besondere des Abends bleibt jedoch der ausgesprochen aufmerksame Service.

AMBIENTE ●●●○○ SERVICE ●●●●●
KÜCHE ●●●●○ PREIS-LEISTUNG ●●●●○

HANSEPERLE 2022 €€ Mundsburger Damm 41 (Uhlenhorst), Telefon 040 2298109, Di-Fr 12–14, 18–22, Sa 17–22, So 12–22 Uhr, EC-Karte, Mastercard; Mundsburg, U3; ayuleela.de

VIP-TESTERIN
Pernille Behnke

Gandhi Bridge Kitchen

Indische Farbenvielfalt

Zu übersehen ist das indische Restaurant Gandhi Bridge Kitchen in der HafenCity nicht, denn der Innenraum ist in bunten Farben beleuchtet, leider ist der ansonsten stylish in dunklen Tönen gehaltene Gastraum nur spärlich besetzt. Die durchweg sehr aufmerksame Kellnerin bringt uns zuerst einen Mango-Lassi (5,90 Euro), der wie ein Cocktail geschmückt daherkommt und durch seine Cremigkeit besticht. Weiter geht's mit fritiertem Blumenkohl namens Gobi Pak (6,90 Euro) und einer Linsensuppe (6,90 Euro), beides wohlschmeckend, allerdings lässt die Suppe einen verliebten Koch vermuten. Im Hauptgang entscheiden wir uns für die Spezialität des Hauses, Gerichte vom Grill, serviert auf gusseiserner Pfanne. Meine Begleitung wählt Dal Fried, Butterlinsen mit Ingwer (15,90 Euro), ich probiere Vegetarisch Jafrezi, das Grillgemüse in Kokos-Tomaten-Soße mit Mandeln (15,90 Euro). Beides kommt dampfend und zischend heiß mit extra Reis an den Tisch. Die Gerichte überzeugen sowohl geschmacklich als auch optisch. Das Dessertangebot ist an diesem Abend auf zwei Alternativen beschränkt: Zitroneneis (7,90 Euro) oder heißer Brownie mit Vanilleeis (9,90 Euro). Der Brownie ist eher ein typisches Schokoküchlein, das herkömmlich mit flüssigem Kern serviert wird, hier aber ausgebacken mit cremigen Eis gereicht wird. Das Zitroneneis macht Freude. Es wird in einer ausgehöhlten gefrorenen Zitrone an den Tisch gebracht, was sehr appetitlich aussieht und ebenfalls den Gaumen freut.

AMBIENTE ●●●●○ SERVICE ●●●●○
KÜCHE ●●●○○ PREIS-LEISTUNG ●●●○○

€€ Am Kaiserkai 46 (HafenCity), Telefon 040 30069666, Mo, Mi-Do 15.30–23.30, Fr-So 12–23 Uhr, nur Barzahlung; Am Kaiserkai (Elbphilharmonie) Bus 2, Bus 111; gandhibridge.com

FOTO: JULIA SCHUMACHER

Genuss GUIDE
DER SZENE HAMBURG
TESTSIEGER
2023/2024

Goa

Don't worry, eat Curry

Nach dem Goa in Blankenese und einem Ableger in den Stadthöfen hat Gurbir Singh in der HafenCity unlängst sein drittes Restaurant eröffnet. Fusion-Küche steht hier auf dem Programm. Neben Klassikern gibt es auch neue Kreationen wie Masala-Tacos oder Trüffel-Cheese-Naan. Das passt zum modernen Look des Lokals: warmes Licht, farblich abgestimmte Samt-Stühle und kupferfarbenes Besteck, dazu ein leuchtender Schriftzug an der Wand: „Don't worry, eat Curry". Wir fühlen uns sofort wohl. Die gemischten Pakoras (8,90 Euro) und die vegetarischen Samosas (6,90 Euro) sind grundsolide, doch es ist der Hauptgang, der uns wirklich umhaut: Peshwari Kofta (16,90 Euro), das sind hausgemachte Kartoffelbällchen gefüllt mit Nüssen, Rosinen und Kokos in einer Tomaten-Curry-Soße. Fruchtig und süß, einfach anders. Auch von dem passenden Peshwari Naan (5,50 Euro) können wir gar nicht genug bekommen. Lediglich beim Nachtisch funktioniert der Fusion-Gedanke noch nicht ganz. Die laut Karte mit Schokolade gefüllten Chocolate Samosas (6,90 Euro) sind einfach bloß Teigtaschen mit Nutella. Dafür schmeckt das Kardamom-Eis hervorragend. Und für die Peshwari Kofta kommen wir auf jeden Fall wieder! Das Imperium von Gurbir Singh ist übrigens längst noch nicht fertig: 2024 will er im Überseequartier ein viertes Restaurant eröffnen. NW

AMBIENTE ●●●●● SERVICE ●●●●●
KÜCHE ●●●●● PREIS-LEISTUNG ●●●●●

€€€ Großer Grasbrook 9 (HafenCity), Telefon 040 2803043, Mo-So 12–22.30 Uhr, EC-Karte, VISA, Mastercard, Amex; Überseequartier, U4, Magellan-Terassen Bus 111, 602; goa-hamburg.de

Naan meets Burrata: Das Goa bringt einen experimentellen Twist in die indische Küche

FOTOS: JULIA SCHUMACHER

Gurbir Singh (links) begeistert in seinem dritten Goa mit moderner indischer Fusionsküche und einem herzlichen Familienbetrieb: Chefkoch Rajesh Singh, Dalbir Singh und Restaurantleiter Handeef Singh (von links)

Authentikka

Traditionelle Gerichte, modernes Design

Das Ecklokal im Zentrum von Winterhude hat die vergangenen Jahre einige Gastrokonzepte durchlebt. Nun ist das Gastronomenpaar Tarun und Sonja Rana dort eingezogen und hat gemeinsam mit einem Innendesignerinnen-Team ein einheitliches Konzept erarbeitet. Heute erstrahlt das 130 Quadratmeter große Restaurant in sanften Erdtönen und kräftigem Gelb, Holzelementen und vielen Kombinationen aus Altem und Modernem. Klassiker der indischen Küche, vom Streetfood über hausgemachtes Brot bis hin zu typischen Desserts werden angeboten. Als Vorspeise oder perfekt zum Teilen ist die Kategorie „small plates" auf der Speisekarte. Hier findet man ebenso viele vegetarische und vegane Gerichte wie fleischhaltige Optionen. Ich entscheide mich für das Cauliflower Popcorn, knusprige Blumenkohlstücke, die mit einer süß-scharfen Marinade und Sesamkörnern serviert werden. Die kleine Portion ist mehr als ausreichend als Vorspeise, erinnert mich an die koreanische Küche und schmeckt ganz hervorragend. Mein Gegenüber wählt knusprige Sardinen, die mit einem Limetten-Chili-Dip serviert werden und für uns ebenfalls nicht typisch für die indische Küche sind, aber Lust auf mehr machen. Dazu trinken wir alkoholfreien Hugo, der perfekt gemischt ist – nicht zu viel Holunderblütensirup! – und herrlich frisch schmeckt. Für den Hauptgang wähle ich auf Empfehlung von Inhaberin Sonja Rana Tofu Tikka Massala, das mit Schärfegrad zwei serviert wird. Bei anderen Gerichten, zum Beispiel bei dem Butter Chicken bei meiner Begleitung, fragt der Service nach dem gewünschten Schärfegrad. Als Beilagen teilen wir uns Garlic Naan, Tandoori Roti und Reis. Mein Massala könnte für meine Verhältnisse fast noch etwas schärfer sein, beinhaltet große Tofustücke, viel Gemüse und ist eine große Portion. Auch das Hähnchen auf der anderen Seite des Tisches schmeckt hervorragend, die cremige Soße ist ausreichend und lässt sich fantastisch mit dem Vollkornbrot aus dem Tandoori-Ofen dippen. Aufgrund der Portionsgrößen skippen wir heute das Dessert, aber beim nächsten Mal möchten wir auf jeden Fall noch Chai Crème brûlée und Firni, ein Pudding aus Reismehl und Mandeln, probieren. AVL

AMBIENTE ●●●●● SERVICE ●●●●●
KÜCHE ●●●●● PREIS-LEISTUNG ●●●●○

NEU! €€ Schinkelstraße 2 (Winterhude), Telefon 040 800 20771, Di-Fr 12–15, 17–22, Sa-So 12–22 Uhr, EC-Karte, Mastercard; Gertigstraße Bus 6, Bus 17; authentikka.de

Curry Lounge

Das Lounge-Desaster

Steindamm. Multikulturelles Pflaster. Wir mögen das. Zwischen arabischen, türkischen und vietnamesischen Restaurants versteckt sich die Curry Lounge. Unscheinbar von außen, begrüßt uns drinnen ein menschenhoher Buddha. Holztische, Blumen aus Plastik und rote Tischdecken – hippes Ambiente geht anders. Aber wir wollen ja vor allem gut essen. Der wenig empathische Kellner legt uns ungefragt die eingeschweißten Mittagsangebote hin. Wollen wir nicht. Wortlos holt er die echte Karte. Und trägt ein Glas roten Hausweins heran. Wir nippen und hoffen, dass das nicht die Messlatte für den Besuch hier sein wird. Das Besteck ist unvollständig, wir suchen uns Gabel und Messer vom anderen Tisch zusammen. Als Vorspeise gibt's Chicken Pakora (7,90 Euro). Labberig, null knusprig. Erinnert uns an die fiesen Nuggets aus dem bekannten Fast-Food-Laden. Den Minzdip kennen wir aus der Flasche. Convenience pur. Der dazu gereichte Salat ist blank, kein Öl, kein Dressing Wir beginnen, Böses zu ahnen. Und klauben unseren Optimismus irgend-

VIP TESTERIN

Pernille Behnke
Inhaberin Coaching Excellence
Getestet: Ghandi Bridge Kitchen, Goa HafenCity

Als VIP-Testerin ... lerne ich interessante neue Orte und Geschmäcker kennen, das ist eine große Bereicherung und Ehre für mich!

Mein Lieblingsrestaurant ist ... seit Jahren das Witwenball. Immer spannend, immer tolle Atmosphäre, beste Weine!

Meinen Feierabendwein trinke ich am liebsten im ... Vin Vin in der Schanzenstraße. Da kann man aufregende Naturweine testen und gleich für zu Hause mitnehmen.

Wenn der Mittagshunger kommt, dann ... gehe ich ins TA Vegan House auf eine knackige Bowl mit einem Green Juice.

Ein Gastro-Geheimtipp in Hamburg ist ... auf jeden Fall das neue Ændré in der Schlüterstraße.

Typisch Hamburg ist ... viel Wasser und Grün und dass es eine bunte Gastroszene für jeden Geschmack gibt!

Für einen Ausflug aufs Land geht es ... ins Alte Land, wo ich aufgewachsen bin. Am liebsten ein Picknick auf dem Deich mit Blick auf die großen Pötte.

Nachts noch Hunger? Dann geht's in ... die Brücke, denn dort gilt: Je später der Abend, desto besser die Stimmung!

Die schönste Aussicht beim Essen gibt's in ... Der Player auf die sensationelle große Bar und den DJ, der über allem schwebt.

Zum Frühstück gehe ich am liebsten ... ins Soul Cafe in der Eppendorfer Landstraße. Beste Golden Milk in Hamburg!

So ganz überzeugen kann das Gandhi in Eppendorf leider nicht

FOTOS: MARC SILL (U.), PRIVAT (O.)

wie zusammen. Gibt schließlich noch Chicken Tikka (17,90 Euro), angeblich aus dem Tandoor. Kommt dampfend auf Zwiebeln, dazu ein riesiger Berg Reis. Und eine kalte, nach nichts schmeckende Joghurtsoße. Ach herrje. Dazu wieder der Salat ohne alles. Immerhin ist das Huhn zart. Aber da endet die verzweifelte Suche nach Pluspunkten auch schon. Eine ältere Frau schleicht derweil um uns rum, wienert unmotiviert Tische. Wenn sie durch ist, fängt sie von vorn an. Bisschen surreal. Der trockene Reis bleibt liegen. Gleich neben dem traurigen Grünzeug. Nur gut, dass die Rosen auf den Tischen aus Plastik sind. Würden sonst wohl welken. Vor Scham. AND

AMBIENTE ●○○○○ **SERVICE** ●○○○○
KÜCHE ●●○○○ **PREIS-LEISTUNG** ●●○○○

€€ Steindamm 79 (St. Georg), Telefon 040 64884021, Mo-So 11-23 Uhr, EC-Karte, VISA, Mastercard, Amex; Lohmühlenstraße U1; curryloungehamburg.eatbu.com

Gandhi

Alles eher spärlich

Als wir das Gandhi in Eppendorf an einem Freitagabend betreten, sind gerade mal drei Tische besetzt und der hintere Gastraum ist nicht beleuchtet. Uns stimmt optimistisch, dass die Leser der „Bild" und des „Prinz" das Gandhi als „eines der besten indischen Restaurants in Hamburg" bezeichnen – so der gut sichtbare Aushang auf Augenhöhe in einer Vitrine. Die Einrichtung des Restaurants entspricht den Bildern von der Website: eine Mischung aus Holzmöbeln und warmen Rot- und Orangetönen sowie typisch indischen Bildern und Dekorationsartikeln. Obwohl das Gandhi direkt an einem der Verkehrsknotenpunkte in Eppendorf liegt, bekommt man im Inneren nichts von dem Verkehrslärm mit. Wir fühlen uns wohl und studieren die Speisekarte. Bei unserer Bestellung für drei Personen müssen wir von dem freundlichen Mitarbeiter leider erfahren, dass sowohl das vegane Gericht für unseren Sohn als auch das Tandoori-Gericht mit Lammlachs nicht verfügbar sind. Wir entscheiden uns stattdessen für Samundari Tandoori (22,90 Euro), im Tandoori gegartes Lachsfilet angerichtet auf frischen Gemüsevariationen. Leider ist der Lachs recht trocken und die Gemüsevariation besteht überwiegend aus Weißkohl. Immerhin schmeckt die dazu gereichte Soße sehr würzig. Auch das Safrani Mango Murgha (18,90 Euro), Hähnchenbrustfilet in einer Safran-Kurkuma-Soße, überzeugt nicht. Die Soße ist fad und die in der Karte vielversprechend klingende Garnitur aus Mandeln, Kardamom, Koriander, Kokosnuss-Raspeln, Safran und Mangofrucht scheint dem Pürierstab zum Opfer gefallen zu sein. Nichts davon ist auf und in dem Gericht erkennbar. Zudem verlieren sich die Gerichte auf den überdimensional großen, rechteckigen Tellern, die eher den Namen Platte verdienen, was auch optisch kein Leckerbissen ist. Unser Sohn ist mit seiner veganen Wahl (Chili Koftacurry, Gemüsefrikadellen in Masala-Chili-Soße für 17,50 Euro) geschmacklich sehr zufrieden. Und auch die veganen Vorspeisen (Palak Pakora, 10,90 Euro, und Indoori Pakori, 11,50 Euro), in Kichererbsenmehl gewendetes, frittiertes Gemüse mit Salatbeilage, schmecken uns allen sehr gut. Als wir gegen 20.30 Uhr die Rechnung verlangen, ist inzwischen nur noch ein weiterer Tisch besetzt und beim Verlassen des Restaurants müssen wir bei genauerem Hinschauen feststellen, dass die eingangs erwähnten Artikel bereits elf Jahre alt sind. Den Titel als eines der besten indischen Restaurants in Hamburg können wir nach unserem Besuch nicht mehr bestätigen. KSM

AMBIENTE ●●●●○ **SERVICE** ●●●○○
KÜCHE ●●○○○ **PREIS-LEISTUNG** ●●●○○

€€ Eppendorfer Landstraße 6 (Eppendorf), Telefon 040 46007886, Mo-Fr 11.30-23, Sa-So 12-23, EC-Karte; Eppendorfer Baum U3; gandhi-restaurant.de

Indian Temple

Leckere Thalis zum Mittagstisch

Hat der Kellner einen Clown gefrühstückt, oder ist der immer so gut drauf? Die Thalis werden im Indian Temple nicht auf einem runden Tablett serviert, sondern auf einem eckigen – „quadratisch, praktisch, gut“, sagt er. Und grinst. Welche drei Gerichte auf dem Thali landen, sei eine Überraschung. Aber wenn jemand zum Beispiel finde, dass „Koriander nach Seife schmeckt“, lasse die Küche den natürlich weg. Also her mit dem Non-Veg-Thali (11,90 Euro). Die Wartezeit verkürzen wir mit überraschend weichen Onion Bhaji (5,90 Euro) und gemischten Pakora (9,90 Euro), also in Kichererbsen frittiertem Fisch, Hähnchen, Garnelen und Gemüse. Dann kommt unser Thali. Wer die indische Küche kennenlernen möchte, der ist mit dieser bunten Platte, die es im Indian Temple nur zum Mittagstisch gibt, bestens bedient. Heute gibt es ein cremiges Chicken Makhani, Lamm mit Spinat und frischem Ingwer, und ein Veggie Curry, dazu Basmatireis und Salat. Schmeckt alles lecker, auch wenn das Curry etwas mehr Feuer hätte vertragen können. Das Lamb Korma (16,90 Euro) unseres Gegenübers ist dagegen etwas fad. Den Nachtisch erklärt der Kellner ausführlich: Gajar Halwa (6,90 Euro) ist ein süßer Pudding. Dafür werden geraspelte Karotten langsam mit Milch, Wasser, Zucker und Kardamom gekocht. Für den europäischen Gaumen gibt's noch eine Kugel Eis obendrauf. NW

AMBIENTE ●●●●○ SERVICE ●●●●○
KÜCHE ●●●○○ PREIS-LEISTUNG ●●●○○

€€ Fuhlsbüttler Straße 159 (Barmbek), Telefon 040 87099447, Di-Fr 11.30–22.30, Sa 16–22.30, So 16–22 Uhr, nur Barzahlung; Hellbrookstraße Bus 7, Bus 17, Bus 172, Bus 177; indian-temple.de

Mahajivan Grill & Bar

Indische Küche auf dem Kiez

Das Mahajivan ist das vierte indische Restaurant von Kathrin Guthmann. Das Konzept ist der Nähe zur Reeperbahn geschuldet: indische Restaurant-Bar für den Start in den Abend. Im hinteren Bereich gibt es normale Tische und eine Auswahl Stofftiere, vorn Barhocker an Hochtischen. Cool und lässig soll es wirken. Die Kellner tragen den üblichen St.-Pauli-Hoody. So sind sie von den Gästen kaum zu unterscheiden, aber sie machen sich bemerkbar. Leider auch durch eine langwierige Umbauaktion im Gastraum und durch ständige Änderung der Musik-Lautstärke. Gemütliche Gastlichkeit geht anders. Als Vorspeise ordern wir Knoblauch-Naan (3 Euro), die Brot-Version mit Käse (4 Euro) und einen gemischten Pakora Teller (6 Euro). Gut gelungen. Bei den Hauptgängen, wie haben Lamm Madras und Lamm Rogan (je 16 Euro), stellt sich die Schärfe-Frage. Die Skala reicht von 0 bis 6, wobei bereits 4 für indisch scharf steht. Bei Stufe 6 wird vorher eine Unterschrift gefordert. Ich wähle Stufe 1. Das ist Schärfe als würziges Element. Meine Begleitung sagt das Gleiche zu Stufe 2. Auf der Weinkarte findet sich indischer Wein von Sula, einem der Vorreiter des sehr jungen indischen Weinbaus. Der Sauvignon Blanc (6,50 Euro) ist den fruchtigen Vertretern aus der Neuen Welt zum Verwechseln ähnlich. Der Shiraz (6,50 Euro) hingegen fällt überraschend rauchig aus. Eine kleine Entdeckung. DS

AMBIENTE ●●●○○ SERVICE ●●○○○
KÜCHE ●●●●○ PREIS-LEISTUNG ●●●●●

€€ Hein-Hoyer-Straße 10 (St. Pauli), Telefon 040 31182226, Mi-So 12–24 Uhr, EC-Karte; Reeperbahn S1, S2, S3, Davidstraße Bus 16, Bus 111, Bus 112; maharaja-hamburg.de

Ein gut gelauntes Team und leckere indische Küche: das Mahajivan auf St. Pauli

Taj Mahal

Essen gut, Atmo mäßig

In direkter Nachbarschaft zum Flughafen liegt das typisch indische Restaurant Taj Mahal. Schon im Vorraum erwartet uns eine aromatische Auswahl an Gewürzen in kleinen Glasschalen. Wir treffen an diesem Sonntagabend auf mehr Gäste als gedacht. Der freundliche Kellner ist angenehm aufmerksam. In der Speisekarte werden wir schnell fündig. Wir entscheiden uns für ein fruchtiges Gericht mit Hühnerfleisch (14,90 Euro) und ein vegetarisches (14,50 Euro), beide mit Basmatireis. Es gibt eine große Auswahl an vegetarischen Gerichten. Unser Papadam (1,50 Euro) darf nicht fehlen, knusprig-würzig! Positiv überrascht werden wir von Stövchen und vorgewärmten Tellern. Trotz ähnlicher Optik unterscheiden sich die Hauptspeisen geschmacklich sehr von einander. Die Gerichte sind exotisch gewürzt und haben eine prima Schärfe. Als Abschluss testen wir ein Kulfieis mit frischer Mango (6,50 Euro), Tipp für alle, die es gerne sehr süß mögen. Fazit: leckeres Essen in einer Inneneinrichtung, die schon bessere Zeiten erlebt hat. Kein Wohlfühlfaktor. BK

AMBIENTE ●○○○○ SERVICE ●●●○○
KÜCHE ●●●●○ PREIS-LEISTUNG ●●●●○

€€ Langenhorner Chaussee 11 (Fuhlsbüttel), Telefon 040 53050550, Di-So 18–22 Uhr, EC-Karte, VISA, Mastercard; Fuhlsbüttel Nord U1

Tikka Biryani

Schlicht. Und gut!

Optisch macht das 2020 eröffnete Tikka Biryani nicht besonders viel her. Weiße Wände, dazu schlichte Holzmöbel. Die Musik ist leise, die Bedienung eher zurückhaltend. Dafür bietet die Speisekarte reichlich Auswahl. Wir starten mit einer ausgezeichneten Murgh Dal Shorba, einer Hühnersuppe mit gelben Linsen, Paprika, Koriander und Ingwer (4,90 Euro) – zum Niederknien. Dazu gibt es eine gut gewürzte, große Samosa, eine gefüllte Teigtasche mit Gemüse und Kartoffeln (4,90 Euro), und knusprige Peyaz Pakora, das sind Zwiebelringe in Kichererbsenmehl (4,50 Euro). Auch die fruchtige Hähnchenbrust mit Mango-Chili-Zimtsoße (16,90 Euro) kann überzeugen. Lediglich das Lamm Korma (15,90 Euro) unserer Begleitung wirkt etwas fad. Aber hey, es gibt ja noch Nachtisch. Im Stich zwischen Firni (Reismehl, Milch, Rosenwasser, Mandeln, Pistazien und Kokosnuss, 3,90 Euro) – und Amm Dahi (Joghurt, Milch, Mango und Rosinen, 3,90 Euro) liegt Ersteres leicht vorn. Wer einen so versierten Koch hat, braucht keine auffällige Deko. NW

AMBIENTE ●●○○○ SERVICE ●●●○○
KÜCHE ●●●●○ PREIS-LEISTUNG ●●●●○

€€ Methfesselstraße 67 (Eimsbüttel), Telefon 040 18075500, Mo-So 11.30–23 Uhr, EC-Karte, VISA, Mastercard, Amex; Sartoriusstraße Bus 4; tikkabiryani.de

FOTO: MARC SILL

Welcome India

Der nette Inder von nebenan

„The Real Taste of India“ und „Indisches Spezialitäten-Restaurant“ lauten die Untertitel des Welcome India. Gaumenkitzelnde Werbung – aber was ist das? Aus den Boxen begrüßt uns Wiener Kaffeehausmusik. Viel Klavier, noch mehr Streicher. Vielleicht genial ironisch, jedenfalls überraschend. Im Gegensatz zur landestypischen, nicht überladenen Einrichtung. Unser Kellner demonstriert gleich einnehmenden Humor und verlangt spaßig zehn Euro für eine längere Nutzung der Speisekarte. Wir bestellen lächelnd. Als Vorspeise Panir Pakora und einen Vegetarischen Pakora Mix (jeweils 7,20 Euro). Während beim indischen Paneer-Käse der krosse Teigmantel in perfekter Konsistenz brilliert, kuschelt sich die bei allen Bällchen stets identische Gemüsemischung im Mix in eine zu knusprig gebratene Kichererbsenmehl-Füllung. Die Lösung: Vom Gruß aus der Küche zuvor (Papadam) stehen noch die drei hervorragenden Dips Mango, Tamarin und Joghurt-Mint auf dem Tisch. Die Hauptspeisen lassen uns danach wahrlich vom wahren Geschmack Indiens träumen. Mein unter anderem mit Rosinen, Paprika, Zwiebeln und Kräutern durchsetztes Lamm-Biryani (18,90 Euro) ist reichhaltig, pikant, und wird durch eine herrlich offensive Joghurtsoße als Beigabe kontrastiert. Das Chicken Tikka Sizzler meiner Begleitung (ebenfalls 18,90 Euro) ist noch eine Klasse besser. 24 Stunden marinierte Hühnchenbrust in einer würzigen Safran-Ingwer-Marinade im Tandoor gegrillt. Zarteres und

Vorgesorgt: Die Hähnchenkeulen dürfen im Welcome India gern mit Händen gegessen werden

FOTO: MARC SILL

geschmackvolleres Fleisch dürfte auch die Konkurrenz nicht zu bieten haben. Da passt alles, eine Eins mit Sternchen! Beim Dessert ist das Cardamom Pista Twist – zwei Kugeln Pistazieneis mit Nüssen – gut. Die zu wässrigen Käsebällchen beim Rassgula-Mango-Eis eher na ja, die Kugel Mango-Eis mit Mango-Stücken fruchtiger Genuss par excellence. Mit jeweils 7,90 Euro sind diese kleinen Desserts nur etwas überteuert. Was nichts an unserer Empfehlung ändert. Wer im Welcome India das wahre kulinarische Indien sucht, kann wunderbare Schätze entdecken. MISCH

AMBIENTE ●●●●● SERVICE ●●●●●
KÜCHE ●●●●● PREIS-LEISTUNG ●●●●●

€€€ Kollaustraße 144 (Niendorf), Telefon 040 46646789, Mo-Fr 11-22.15, Sa-So 12-22.15 Uhr, EC-Karte, VISA, Mastercard, Paypal; Niendorfer Straße Bus 5; welcomeindia-restaurant.de

Zala

Indisch seit 1997

Zala ist laut Website die erfolgreichste indische Restaurantkette in Hamburg seit 1997. Das dunkle Holz der Sitzgruppen und Wandvertäfelungen ist mit gealtert, und das steht dem Laden gut. Geschwungene Schnitzereien ziehen sich durch bis unter die Tischplatten, da allerdings unter schützendem Glas. Darstellungen aus der indischen Mythologie an den Wänden und und florale Muster auf den Polsterbezügen sorgen für Gemütlichkeit. Damit es nicht zu entspannt wird, läuft indischer HipHop mit Technoelementen. Oder umgekehrt. Die Karte ist durchdacht, es gibt jede Menge Beilagen und Dips. Das Fleisch ist halal, das Grundcurry wird jeden Tag frisch zubereitet. Wir starten mit einem bunten Spezial Pakora Teller (13 Euro) mit dreierlei Chutneys und Mango-Lassi (4,90 Euro). Der Teigmantel der Pakoras aus Gemüse, Zwiebeln und Hähnchen ist knusprig und luftig zugleich. In Kombination mit dem täglich frisch gemachten Lassie eher Hauptgang als Vorspeise, was uns etwas bang den nächsten Gerichten entgegensehen lässt. Die Angst ist unbegründet. Das Lamm Muglai (23 Euro), edles Filet in milder Cashew-Joghurt-Soße, mit indischem Käse, Rosinen und Cashewnüssen und das Chicken Korma, Chickenfilet Stücke in milder Cashew-Joghurt-Soße, Rosinen und Cashewnüssen (17 Euro), sind so gelungen, dass wir hausgemachtes Chapati-Fladenbrot (3 Euro) nachbestellen, um alles bis auf den letzten Tropfen aufzutunken. MG

AMBIENTE ●●●●● SERVICE ●●●●●
KÜCHE ●●●●● PREIS-LEISTUNG ●●●●●

€€€ Rothenbaumchaussee 109 (Rotherbaum), Telefon 040 613927, Mo-So 12-22.30 Uhr, EC-Karte, VISA, Mastercard, Amex; Hallerstraße U1; zala.de

KURZ GEBRATEN

Alle Tests in voller Länge auf
genussguide-hamburg.com

Ashirwad

Das Ashirwad ist zwar kein schicker Inder, aber wer unkompliziert und authentisch essen möchte, ist hier bestens aufgehoben. Die Speisekarte ist umfangreich und bietet die Klassiker der indischen Küche, die vom Lieferservice im Minutentakt herausgetragen werden: von Geflügel und Lamm über vegetarische bis zu veganen Gerichten wird alles auch in den Stadtteil nach Haus geliefert.

€€€ Bahrenfelder Chaussee 25 (Bahrenfeld), Telefon 040 88152990, Mo-Fr 11-22.30, Sa 13-22.30, So 13-22 Uhr, EC-Karte; Bornkampsweg Bus 3; ashirwad.de

Maharani

In den Grindelhochhäusern versteckt sich eine indische Gastro-Perle. Allein das Ambiente macht gute Laune: Im Restaurant geht es farbenfroh zu und es duftet nach exotischen Gewürzen. Serviert wird indische Küche nach uralten, ayurvedischen Rezepten. Ein Paradies auch für Vegetarier und Veganer – das Angebot für sie ist umfangreich. Tipp: Unbedingt die hausgemachten Limonaden probieren. Namaste!

€€ Hallerstraße 1 (Harvestehude), Telefon 040 42949691, Mo-So 12-24 Uhr, EC-Karte; Hallerstraße U1; maharani-hamburg.de

Traditionelles indisches Streetfood: Svaadish

Panjaab

Im farbenfrohen Panjaab kommen die traditionellen Gerichte – auch vegan und vegetarisch – aus dem indischen Lehmofen. Alles wird frisch zubereitet, nichts ist unmöglich. Dem zuvorkommenden Service und der erfahrenen Küche sind keine Sonderwünsche fremd – ein Paradies für Gäste mit Unverträglichkeiten. Ein Muss ist das ofenfrische Naan!

€€ Grindelhof 39 (Rotherbaum), Telefon 040 41620995, Di-Sa 11.30-23, So 12-22.30 Uhr, EC-Karte; Grindelhof Bus 5; panjaab.de

Singh Indian Restaurant

Um gemütliches Ambiente geht es im Singh nicht, das große Restaurant im ersten Stock (Fahrstuhl: ja) hat da eher etwas von Halle oder Mensa. Hier geht es ums traditionelle indische Essen. Das heißt: Wenn der Service also sagt „extrem scharf", dann kocht der Koch es auch „extrem scharf". Das Naan-Fladenbrot wird im Singh zu einer ungekannten Wissenschaft erhoben und ist in allen erdenklichen Variationen – süß, herzhaft, weich, luftig – zu haben.

€ Steindamm 35 (St. Georg), Telefon 040 25328268, Mo-Fr 16-23, Sa 12-23, So 16-23 Uhr, EC-Karte, VISA; Böckmannstraße Bus 16; singhhamburg.de

Svaadish

Hier gibt es traditionelles indisches Streetfood, ohne Kitsch und Plüsch. Das Ambiente ist lässig-schick mit urbanen indischen Elementen. Es ist meistens rappelvoll, eine Reservierung ist empfehlenswert. Das Publikum ist divers, jeder findet seinen Platz: kleine Tische fürs Candle-Light-Dinner, lange Hochtische fürs Essen mit Freunden und in die Wand eingelassene Nischen mit viel Platz für Familien. Die Stimmung ist entspannt. So liest sich auch die Karte: Currys, Tikka-Spezialitäten, unterschiedliche Pav-Varianten – eine gute und unaufgeregte Auswahl.

€€ Poßmoorweg 6 (Winterhude), Telefon 040 27164967, Mo-So 11-23 Uhr, EC-Karte, VISA, Mastercard; Goldbekplatz Bus 6, Bus 17, Bus 25; svaadish.de

FOTO: MARC SILL

Wenn Fleisch, dann nachhaltig:
Im Vlet Kitchen & Bar kommt
das Karree vom Salzwiesenlamm
und wird im Kräutermantel
von cremiger Polenta begleitet

International

Hamburg ist Tor zur Welt. Und die Welt ist in Hamburg. Nicht nur zu Gast, sondern auch zu Hause. Kulinarisch bietet unsere Stadt so ziemlich alles, was auf dem Globus genossen wird. Eine Reise durch die Töpfe aller Herren Länder. Einsteigen, bitte

Baborrito

Mexikanischer Imbiss

Hippe, mexikanische Küche gibt's jetzt mitten im Grindel bei Baborrito. Der Imbiss direkt an der Grindelallee ist mit großen Zeichnungen an den Wänden liebevoll gestaltet: Und obwohl es hier trubelig zugeht und die hohen Tische nicht zum ewigen Verweilen einladen, halten wir es einige Zeit aus. Schuld daran sind natürlich die leckeren Gerichte. Von Burrito über Bowls bis hin zu Quesadillas ist hier nicht nur für Fleischliebhaber was dabei: Auch vegetarische und vegane Burritos werden hinter der Theke frisch gerollt. Wir entscheiden uns für die klassische Variante mit Hähnchen (11,90 Euro) und Quesadillas mit Chorizos (8,90 Euro). Beides wird frisch vor unseren Augen zubereitet und kommt für einen Imbiss wirklich liebevoll angerichtet auf den Teller. Geschmacklich gibt es bei den Hauptgerichten überhaupt nichts zu bemängeln, nur die Nachos mit Guacamole (8 Euro) sind so durchschnittlich, dass der Preis nicht wirklich gerechtfertigt ist. Unbedingt probieren sollte man dagegen die hausgemachten Limonaden (3,90 Euro), die in den verschiedensten bunten Farben mit hübscher Deko frisch gemixt werden. Was besonders positiv auffällt: Alle Mitarbeitenden im Laden sind nicht nur zur Kundschaft, sondern auch untereinander so freundlich, dass man am liebsten selbst mal hinter die Theke schlüpfen möchte, um mit anzupacken. ABA

AMBIENTE ●●●○○ SERVICE ●●●●●
KÜCHE ●●●○○ PREIS-LEISTUNG ●●●●○

NEU! € Grindelallee 83 (Rotherbaum), Telefon 0172 8716816, Mo-Fr 11–21, Sa-So 12–21 Uhr, EC-Karte; Schlump U2, U3; baborrito.com

Bistro Engelke

Mehr als nur ein Bistro

Das Engelke existiert seit nunmehr 17 Jahren und hat sich durchaus den Titel einer echten Institution am Eppendorfer Baum erarbeitet. Aber das Engelke ist weitaus mehr als nur ein Bistro mit einer sensationellen Karte, mediterraner Ausrichtung und saisonalen Produkten. Denn gleichzeitig werden auch Spezialitäten im Eingangsbereich verkauft. So werden auch die selbst gemachten Pasta-Kreationen angeboten, die selbstverständlich auch in allen Gerichten des Restaurants zum Einsatz kommen. Hinzugesellen sich Olivenöle, Weine, Salamis und viele andere Leckereien. Im oberen Teil des Ladenlokals stehen einige Bistrotische, an denen man mittags und abends die Gerichte der feinen Karte genießen kann – immer mal anders und saisonal gekonnt zusammengestellt. Ich entscheide mich heute Abend für das Wiener Schnitzel (24,90 Euro) mit lauwarmem Kartoffel-Gurkensalat, garniert mit Kapern, Sardellen und der obligatorischen Zitrone. Und das Schnitzel, zwei wirklich großen Scheiben, hält, was es verspricht – dünn geklopft, knusprig und voller Geschmack. Dazu mundet mir ein halber Liter Rotwein (17 Euro) vom südafrikanischen Weingut „Runner Duck" aus Stellenbosch. Während die Gäste neben mir am Tisch von der Pasta Bolognese schwärmen, gibt's für mich noch einen Gruß aus der Küche in Form von zwei liebevoll arrangierten Macarons. Ein wirklich toller Abschluss eines gelungenen Abends. MH

AMBIENTE ●●●●○ SERVICE ●●●●○
KÜCHE ●●●●○ PREIS-LEISTUNG ●●●●○

€€€ Eppendorfer Baum 20 (Harvestehude), Telefon 040 63945857, Mo-Sa 11–21 Uhr, EC-Karte; Eppendorfer Baum U3; engelke-hamburg.de

Bodega Lima

Scharfes Erlebnis auf St. Pauli

Genuss Guide – Hanseperle

Schwupp – da ergießt sich der erfrischende Chilcano (10 Euro), ein peruanischer Cocktail-Klassiker, durch eine unachtsame Bewegung über unseren Tisch, Stuhl und Boden. In der Bodega Lima auf St. Pauli ist unsere Aufmerksamkeit grad woanders. Zum Beispiel bei den bunten Masken an den Wänden, den Girlanden, Wandmalereien, Häkelblümchen und anderem Nippes. Aus der Küche des zweistöckigen Eckrestaurants tönt Cumbia, im Eingangsbereich deutscher HipHop. Bestellt wird auf Englisch oder Deutsch – je nachdem, welche Servicekraft man gerade erwischt hat. Die Tapas sind dank gelber Chili peruanisch scharf. Gelb sind auch die Causa Escabechada (12,50 Euro), ein kunstvoll aufgetürmtes Kartoffelgericht mit Escabeche-Soße. Wir genießen zudem Papitas Huanca (9,50 Euro), aromatisch-violette Kartoffeln in einer Schafskäsesoße, sowie Aji de Gallina (20 Euro), eine Art Hühnerfrikassee – allerdings viel cremiger – mit separat gereichtem Reis. Für eine willkommene Abwechslung sorgt die vegetarische Ceviche Nikkei (17 Euro) mit ihrer süßsäuerlichen Frische. Empfohlen werden zwei Teller pro Person, was in unserem Fall gut aufgeht. Inzwischen ist Mónica Orjeda, Seele der Bodega Lima, im Einsatz und bringt den Gästen neben uns gut gelaunt Schnaps in einem Weinballon. Wir lassen den Abend mit einer süßen Sünde ausklingen, ein in Milch und Kondensmilch getränkter Kuchen namens Tres Leches (6 Euro). Und rollen uns schließlich vergnügt aus dem Lokal auf die belebten Straßen von St. Pauli. JS

AMBIENTE ●●●●○ SERVICE ●●●●○
KÜCHE ●●●●○ PREIS-LEISTUNG ●●●○○

€€€ Glashüttenstraße 3 (St. Pauli), Telefon 0176 22559540, Di-Sa 18–22 Uhr, EC-Karte, VISA, Mastercard; Messehallen U2; bodegalima.de

FOTO: JULIA SCHUMACHER

Genuss GUIDE
DER SZENE HAMBURG
TESTSIEGER
2023/2024

Vlet Kitchen & Bar

Top-Adresse in der City

So geht moderne Küche: Süßkartoffelgnocchi mit Safranbutter und jungem Mangold

Zugegeben, wir sind erst mal skeptisch. Gute Restaurants gibt's für uns eher wenige in der Hamburger City. Also Touri-Nepp in Top-Lage? Weit gefehlt! Was wir im Vlet Kitchen & Bar erleben, hat einfach nur Klasse. Runter die Treppen an den Alsterarkaden und rein ins Wohlfühlambiente. Wow! Das relativ neu umgestaltete Restaurant macht sofort einen tollen Eindruck. Den Loungebereich finden wir so lässig und einladend, dass wir den sehr gelungenen White Russian als Aperitif dort einnehmen. Eine gut gelaunte und sympathische Servicekraft führt uns danach an unseren Tisch. Alle im Team scheinen hier gut drauf, super flink, kompetent und professionell zu sein. Sehen andere Gäste wohl auch so. Um uns herum nur zufriedene Gesichter. Auch das Essen überzeugt uns in allen Belangen. Auf den geschmacklich fein abgestimmten gratinierten Ziegenfrischkäse mit geräucherten Mandeln und Gelbe-Bete-Chutney (16,50 Euro) folgen ein Burger vom Holsteiner Wagyu-Rind (25,50 Euro) und ein Kabeljaufilet mit wildem Brokkoli und Pastinakenpüree (25,50 Euro). Fleisch und Fisch überzeugen uns vollends. Top gegart. Das Rinderpatty kommt medium gebraten und delikat abgeschmeckt, der Kabeljau mit krosser Haut, ansonsten zart, saftig und leicht glänzend. Ebenso gelungen sind die Beilagen, besonders hervorzuheben sind die hausgemachten Parmesan-Pommes zum Burger. Der Abend ist mittlerweile fortgeschritten, die Atmosphäre und das Ambiente sind aber so angenehm, das wir nicht gehen wollen, sondern uns stattdessen noch eine köstliche Zitronengras-Crème brûlée (12 Euro) und einen Espresso Martini auf der Terrasse gönnen. So sitzen wir mit Blick auf die Alster und das Rathaus und freuen uns einmal mehr, in Hamburg zu leben. MS

AMBIENTE ●●●●● SERVICE ●●●●●
KÜCHE ●●●●● PREIS-LEISTUNG ●●●●●

€€€ Jungfernstieg 7 (Neustadt), Telefon 040 35018990, Di-Fr 11–24, Sa-So 9–24 Uhr, EC-Karte, VISA, Mastercard, Amex; Jungfernstieg alle Bahnlinien; vlet-kitchen.de

FOTOS: JULIA SCHUMACHER

Holt schon mal die Gläser zum Anstoßen auf einen Testsieg: Food & Beverage Director Marco Buße

Auch nach dem Umzug stehen französische Klassiker auf der Karte des Casse-Croûte

Casse-Croûte

Vorspeisen zum Verlieben

Das zuvor in der Gänsemarkt-Passage beheimatete Restaurant und Bistro Casse-Croûte ging im August in den ehemaligen Räumen des indischen Restaurants Shalimar in der ABC-Straße neu an den Start. Für das Re-Opening wurde die Speisekarte überarbeitet. Neben der bekannten Mischung aus französischer und norddeutscher Küche mit Klassikern wie Wiener Schnitzel, Ente und Gans werden jetzt auch Meeresfrüchte-Platten, Muscheln, vegane und vegetarische Gerichte serviert. Die wunderbar ruhig gelegenen Außenplätze im Hof lassen wir bei einstelligen Temperaturen lieber links liegen. Drinnen wirkt alles im ersten Moment recht dunkel. Wir werden freundlich empfangen. Die zeitgemäße, stilsichere Einrichtung mit gekonnt ausgewählter Kunst im Raum und das lebhafte bunte Publikum hellen alles schnell auf. Wir starten zum sehr geschmackvollen und dennoch preiswerten Crémant de Loire (Glas 9 Euro) mit einem Thunfischtatar (19 Euro) und einer Gänsestopfleber-Terrine (26 Euro) in den Abend. Die Küche lässt üppige Portionen der Vorspeisen in exzellenter Qualität servieren. Wir sind begeistert. Insbesondere die Gänsestopfleber mit ihrem zarten Schmelz und dem fein süßlichen Geschmack, den wir auf Anregung des ohne aufgesetzten Charme agierenden Restaurantleiters mit Brioche und einem vollmundigen Glas Jurancon (6 Euro) kombinieren, lässt kulinarisch erahnen, wie Gott in Frankreich sich fühlen muss. Leider können die Hauptspeisen dieses hohe Niveau nicht ganz halten. Der geschmacklich einwandfreie Coq au vin blanc (28 Euro) kommt mit etwas zu viel Soße. Die „Soßenhaut" lässt erahnen, dass er einfach zu lange von der Küche an den Platz unterwegs war. Mutmaßlich kann die Abstimmung zwischen Küche und Service optimiert werden, denn selbiges Schicksal trifft das eher blass und blasenlos daherkommende Wiener Schnitzel (23 Euro) mit den leider nicht mehr krossen Bratkartoffeln. Unseren freundlichen Hinweis darauf beantwortet der souveräne Service mit einer charmanten Einladung zum Dessert. Die servierte Crème brûlée ist Spitzenklasse, schlicht und einfach perfekt. Wir verlassen das Casse-Croûte versöhnlich gestimmt. Wer auf der Suche besonderer französischer Kulinarik ist, ist hier gut aufgehoben. Auch wegen der hervorragenden Weinkarte des Hauses mit einer großen Auswahl zu moderaten Preisen. AR

AMBIENTE ●●●●● SERVICE ●●●●●
KÜCHE ●●●●● PREIS-LEISTUNG ●●●●●

€€€€ ABC-Straße 44-46 (Neustadt), Telefon 040 343373, Mo-Sa 12-23 Uhr, EC-Karte, VISA, Mastercard, Amex; Gänsemarkt U2; casse-croute.de

Country Kitchen

Ländlich speisen in Groß Flottbek

Das Country Kitchen ist gemütlich in Rot-Weiß-Tönen gehalten. Mit hölzernen Tischen und den Fenstern zur Reithalle des Norddeutschen und Flottbeker Reitvereins fühlt sich der Gast tatsächlich wie auf dem Land. Die vielfältige Karte bietet Klassiker der modernen Landküche und einige internationale Gerichte. Die Bruschetta (7,50 Euro) zum Start überzeugen leider nicht, da geschmacklich fad. Die Hauptgänge lassen uns den Auftakt jedoch umgehend vergessen. Das Wiener Schnitzel (24,90 Euro) ist exzellent – hauchdünn, zart, perfekt paniert und begleitet von krossen Pommes sowie einem knackigen Gurkensalat. Dazu schmeckt ein Köpi (0,3 l 3,80 Euro). Unsere Tochter ist begeistert von ihrer üppigen Portion Spaghetti mit Garnelen (19,90 Euro). Meinen gewünschten halben Hahn, ein gebackenes Mais-Hähnchen, gibt es heute leider nicht. Stattdessen empfiehlt unsere freundliche Bedienung eine halbe Ente (36,80 Euro). Kleines Manko: den Preis erfahren wir erst mit der Rechnung. Die sehr schmackhafte, etwas trockene Ente mit aromatischem Rotkohl, Kroketten und einer leckeren Soße mundet vorzüglich. Da wir alle unsere gut gefüllten Teller leer gegessen haben, werfen wir zwar einen verstohlenen Blick auf die verlockenden Angebote der Dessertkarte, müssen heute aber leider passen. Wir kommen aber gern wieder. Für gute Stimmung, freundlichen Service und leckeres Essen. Fein, so ein Ausflug aufs Land. KN

AMBIENTE ●●●●● SERVICE ●●●●●
KÜCHE ●●●●● PREIS-LEISTUNG ●●●●●

€€€ Hemmingstedter Weg 2 (Groß Flottbek), Telefon 040 85197778, Di-Sa 18-23, So 12-22 Uhr, EC-Karte; Bertha-Uhl-Kamp Bus 16; countrykitchen.de

Del Favero

Viel Show, zu wenig dahinter

Del Favero – der Name dieses großen Restaurants vis-à-vis des Alstertal-Einkaufszentrums in Poppenbüttel klingt nach klassischer italienischer Küche. Ein erster Blick auf die Speisekarte verrät jedoch, dass man hier versucht, es jedem Gast recht zu machen. Von Sushi und Sashimi bis hin zur Finkenwerder Scholle reicht das Angebot, dazu

FOTO: MARC SILL

Wurstspezialitäten und Burger. Auf der Suche nach Italienischem entscheiden wir uns zunächst für den Kürbisrisotto mit Black Tiger Garnelen (22,50 Euro). 20 Minuten benötigt so ein Gericht normalerweise. Was uns die leicht schnippische Kellnerin schon nach wenigen Minuten an den Tisch bringt, ist dann auch nur warm gehaltener Reis und kein kerniger Risotto. Enttäuschend auch der Black Pepper Tuna (31 Euro) vom Grill mit getrüffeltem Kartoffelschaum. Dem immerhin perfekt medium gegarten Fisch fehlt es an pikanter Würze, und auf dem total überladenen Teller dominiert der Kartoffelschaum, der kaum nach Trüffel schmeckt. Das Angus Filetsteak (34,50 Euro) mit Barolojus und Steinpilzen dagegen ist tadellos. Die offen ausgeschenkten Standardweine Rioja (0,2 l 9,80 Euro) und Sauvignon Blanc (0,2 l 8,90 Euro) sind solide, aber nicht herausragend. Eine mit viel Vanille aromatisierte Crème brulée (12,50 Euro) mit Himbeersorbet und Beerenfrüchten sorgt dann für einen versöhnlichen Abschluss. Auch der gute Espresso (3,50 Euro) kann nicht darüber hinwegtäuschen, dass im Del Favero überteuertes Mittelmaß mit schnell verpuffenden Show-Effekten dominiert. NB

AMBIENTE ●●●○○ SERVICE ●●●○○
KÜCHE ●●●○○ PREIS-LEISTUNG ●●○○○

€€€€ Heegbarg 28 (Poppenbüttel), Telefon 040 6061075, Mo-So 12–22 Uhr, EC-Karte, VISA, Mastercard; Poppenbüttel S1, S11, Alstertal-Einkaufszentrum Bus 24, Bus 174, Bus 176, Bus 178, Bus 276; delfavero.de

Ethio

Aromenreise mit Zufriedenheitsgarantie

Warme, sandgelbe Wände, farbenfrohe Bilder, frische Blumen – die Atmosphäre im Ethio macht uns sofort gute Laune. Und die hält zum Glück an, denn wir ergattern noch einen freien Tisch in dem äthiopischen Restaurant mitten in Ottensen. Auf die Reservierungsanfrage per Mail hatten wir leider keine Antwort erhalten. Jetzt wo wir sitzen, ist das schnell vergessen. Sowieso sind die Gedanken sofort mit unterschiedlichsten Aromen um uns herum beschäftigt. Das beginnt schon beim intensiv duftenden Tee sowie beim äthiopischen Bier. Auch die Vorspeise zeigt sich von ihrer würzigen Seite. Von den Sambussa Bemissir (5 Euro), den frittierten, mit Linsen gefüllten Teigtaschen, könnten wir definitiv noch mehr essen. Doch das Hauptgericht lässt nicht lange auf sich warten: Beyaynetu – eine vegetarisch-vegane Platte, serviert in einem großen bunten Korb, der fast den kompletten Tisch einnimmt (33 Euro für 2 Personen). Grundlage ist hier das typisch äthiopische Fladenbrot Injerra, auf dem verschiedene Gemüsevariationen wie Linsen, Kichererbsen, Bohnen oder Rote Bete angerichtet sind. Diese wickelt man in das Brot und isst sie – wie uns freundlich erklärt wird – traditionell mit den Händen. Und vielleicht liegt es auch an der Tatsache, wie man im Ethio isst, dass das, was wir hier essen, besonders aromatisch schmeckt – und dabei sehr zufrieden macht. Vielleicht liegt es aber auch einfach am schönen Ambiente oder dem netten Service. Oder auch einfach am leckeren Essen selbst. Wir sind auf jeden Fall sehr zufrieden, als wir gehen. AM

AMBIENTE ●●●●○ SERVICE ●●●●○
KÜCHE ●●●●● PREIS-LEISTUNG ●●●●●

HANSEPERLE 2022 €€ Rothestraße 38 (Ottensen), Telefon 0151 17600647, Di-So 17–23 Uhr, EC-Karte, VISA, Mastercard, Amex; Altona alle S-Bahnlinien, Bahrenfelder Straße Bus 1, Bus 250; ethiorestaurant.de

Frischeparadies

Kulinarischer Tagtraum

Es könnte ein kulinarischer Tagtraum sein. Nicht arbeiten müssen und stattdessen mittags zum Hafen fahren, eine köstliche Fischsuppe essen, Wein trinken, zufällig Bekannte treffen und dann leicht beduselt wieder nach Hause trödeln. Und heute wird er wahr. Im Bistro des Frischeparadieses an der Großen Elbstraße. Zwischen Wein, Champagner und in Sichtweite der hervorragenden Fischtheke sitzen wir an einem Bistrotisch und bestellen aus einer kleinen Karte. Es wird die hervorragende Bouillabaisse mit Seeteufel, Kabeljau und Jakobsmuschel mit Brot und Sauce Rouille. Alles an ihr ist fantastisch. Der intensive Sud, saftig und kross gebratener Fisch, die beste Jakobsmuschel seit sehr langer Zeit, nussig, knackig, fleischig. Und obendrein noch die kräftige Sauce Rouille. Wie es der Zufall will, treffen wir Bekannte, trinken guten Wein und wähnen uns auf einmal in Marseille. Der Traum endet mit einem Temperaturschock beim Rausgehen und leichter Enttäuschung beim Blick auf die braune Elbe statt glitzerndem Mittelmeer. Aber die Freude über so ein unkompliziertes und hervorragend zubereitetes Mittagessen überwiegt. BC

AMBIENTE ●●●●○ SERVICE ●●●●○
KÜCHE ●●●●● PREIS-LEISTUNG ●●●●●

€€€ Große Elbstraße 210 (Altona-Altstadt), Telefon 040 389080, Mo-Sa 12–16 Uhr, EC-Karte, VISA, Mastercard; Große Elbstraße Bus 111; frischeparadies.de

VIP-TESTERIN
Uschi Neuss

Helo

Willkommen in Brasilien

Wir sind spontan an einem Mittwochabend im Helo. Und sind neugierig auf brasilianische Küche. Beide Etagen sind voll besetzt. Unten geht es eher Bistro-ähnlich zu, oben mit Kronleuchtern und Stuckdecken etwas feudaler. Die Begrüßung ist herzlich, wir fühlen uns von der ersten Minute an wohl. Auch, weil hier alles international daherkommt. Wir hören engli-

VIP TESTERIN

Uschi Neuss
Geschäftsführerin Stage Entertainment Deutschland
Getestet: Helo, Hygge

Mein Lieblingsrestaurant ist ... das Il Cantuccio in Eppendorf. Tolle, abwechslungsreiche Küche, super Team, und wenn man im Sommer draußen sitzen kann, ist das kaum zu übertreffen.

Wenn der Mittagshunger kommt, dann ... heißt das bei mir eigentlich Frühstück. Aber rund ums Büro in der Kehrwieder gibt es eine Menge tolle Orte: Das I Vigneri (Große Bäckerstraße), das Brook (Bei den Mühren), einfach mal ein Eis am Dalmannkai oder ein belegtes Brötchen im Kolonialwarenladen in der Deichstraße.

Ein Gastro-Geheimtipp in Hamburg ist ... auf jeden Fall das Philipps in der Turnerstraße. Das gibt's zwar schon lang, aber ich hab's erst kürzlich entdeckt: intim, kreativ und lecker mit tollem Service.

Typisch Hamburg ist ... immer noch das Fischereihafen Restaurant.

Für einen Ausflug aufs Land ... geht es ans Meer nach Westerhever.

Nachts noch Hunger? Dann geht's ... ins Lokmam Köz in der Susannenstraße.

Die schönste Aussicht beim Essen gibt's ... auf der Lindenterrasse vom Louis C. Jacob am frühen Abend und im Clouds auf der Reeperbahn.

Zum Frühstück gehe ich am liebsten ... ins Funk-Eck auf der Rothenbaumchaussee, und das nicht nur, weil man den ganzen Tag frühstücken kann.

sche, französische und holländische Klänge an den Nachbartischen. Die Speisekarte macht neugierig, wir erkennen afrikanische neben brasilianischen Einflüssen. Der Service schafft eine entspannte Atmosphäre. Die als Vorspeise georderten Empadinhas (6 Euro) überzeugen schon mal. Setzt sich bei den Hauptgängen fort. Beim Franco com Cuscuz (13,90 Euro) ist das Huhn zart und lecker, was auch fürs Filet Mignon nebst Garnele (34,90 Euro) auf dem anderen Teller gilt. Die Qualität der Zutaten ist offenkundig. Die Gerichte sind appetitlich auf farbenfroher Keramik angerichtet, das Auge isst mit. Vegetarisches gibt es im Helo übrigens auch zu Genüge. Die Portionen sind für meinen Geschmack fast etwas zu groß. Leckeres Mousse de Limao (6,50 Euro) lassen wir uns als Dessert trotzdem nicht entgehen. Fazit: Das Helo ist ein Lokal, das wir empfehlen, wenn es unkompliziert, fröhlich und lecker zugehen soll. Die obere Etage eignet sich bestimmt prima für Feiern. Preis-Leistung ist hier zudem absolut angemessen.

AMBIENTE ●●●●○ SERVICE ●●●●●
KÜCHE ●●●●○ PREIS-LEISTUNG ●●●●●

€€€ Colonnaden 104 (Neustadt), Telefon 040 43098788, Mo-Fr 11.30–23, Sa 12–23, So 13–22 Uhr, EC-Karte, VISA, Mastercard; Stephansplatz U1; helorestaurant.de

Henny's

Schönes Haus, wenig Platz

Die weiße Jugendstil-Villa am Osterbekkanal hat eine lange Geschichte. Vor 140 Jahren als Badeanstalt errichtet, wurde daraus bald das Mühlenkamper Fährhaus – Prominente wie Hans Albers und Anthony Perkins gingen nach dem Krieg hier ein und aus. Seit 2015 versucht Danilo del Favero sein Glück als Gastronom auf der Uhlenhorst. Das Henny's, benannt nach dem großen Schriftsteller Hans Henny Jahnn, möchte nicht nur die gut Betuchten im Viertel anlocken. Draußen bittet ein Schild um angemessene Bekleidung, drinnen sorgen die mit dunklem Holz vertäfelten Wänden und die warme Beleuchtung für Behaglichkeit. Nur die laut aus den Boxen bollernde Musik will nicht recht dazu passen. Das Motto des Henny's könnte „Surf & Turf" sein, neben Steaks und Hamburger Klassikern steht jede Menge Fisch auf der Karte. Gleich zwei Seiten sind Sushi und den dazu passenden Startern gewidmet. Doch weder die Edamame-Bohnen noch die Kürbis-Ingwer-Suppe (10,90 Euro) überzeugen uns – an Öl und Salz wurde hier wahrlich nicht gespart. Glücklich machen uns unsere beiden Bento-Varianten (je 26 Euro), insbesondere die knusprigen Jam Rolls sind schmackhaft. Unser Fazit fällt gemischt aus. Denn es ist eng im Henny's, besonders auf den Plätzen direkt neben der Küche. Angenehm ist es nicht, wenn der Kellner mehrfach nur Zentimeter neben dem eigenen Kopf in den Gläserschrank greift. JP

AMBIENTE ●●●●○ SERVICE ●●●○○
KÜCHE ●●●●○ PREIS-LEISTUNG ●●●○○

TESTSIEGER 2022 €€€€ Hans-Henny-Jahnn-Weg 1 (Uhlenhorst), Telefon 040 20 76 99 04, Mo-So 12–22 Uhr, EC-Karte, VISA, Mastercard, Amex; Hans-Henny-Jahnn-Weg Bus 6, Bus 17, Bus 25; hennys-hamburg.de

VIP-TESTERIN
Uschi Neuss

Hygge

Gemütlicher Genuss pur

Auf Reservierung im Hygge verzichten wir, weil Kreditkartendetails hinterlegt werden sollten. Wir machen uns einfach auf den Weg in das beliebte Restaurant. No risk, no fun. Und werden mit dem Hinweis, dass die Küche und der Service ziemlich am Limit seien, sehr freundlich an die Bar geschickt. Der Barkeeper gibt sich gut gelaunt, wie übrigens die ganze junge und fähige Mannschaft. Wir fühlen uns wohl, beobachten Profis bei der Arbeit. Hygge bedeutet soviel wie gemütlich. Und so geht's hier auch zu. Ein herrlicher Kamin dominiert den Raum, jedes Detail spricht uns an. Wir bestaunen die Lounge-Ecke, den Hochtisch vor den Weinregalen, die Sessel vor dem Kamin, die Schafsfelle. Und genießen die atmosphärische Beleuchtung. Aber wir sind ja zum Essen hier. Als Vorspeise kommt gebeiztes Saiblingsfilet (22 Euro). Ein toller Auftakt, der den Boden für grandiose Hauptgänge bereitet. Sowohl beim leckeren Reh (39 Euro) als auch bei Dreierlei von der Ente (39 Euro) stimmt wirklich alles. Tipp: das hausgemachte Eis zum Abschluss probieren. Das ist gehobene Küche, die nicht abgehoben daherkommt. Portionsgrößen, Darbietung, und Tempo im Service sind perfekt. Rechtzeitig zur Digestiv-Auswahl wird der Sommelier auch noch unser Freund. Fazit: unbedingt hingehen. Das Hygge passt für den runden Geburtstag, ein Candle-Light-Dinner, für die Einladung der Eltern oder ein Geschäftsessen. Preislich nicht von Pappe, aber wir kommen wieder. Denn hier stimmt das Preis-Leistungs-Verhältnis absolut.

AMBIENTE ●●●●○ SERVICE ●●●●○
KÜCHE ●●●●● PREIS-LEISTUNG ●●●●●

RESTAURANT DES JAHRES 2021 €€€€ Baron-Voght-Straße 179 (Nienstedten), Telefon 040 82274160, Mo-So 16–22 Uhr, EC-Karte, VISA, Mastercard; Flottbeker Kirche Bus 16; hygge-hamburg.de

Karls Café & Weine

Äthiopisch-eritreisches Menü

Alles im Karls erinnert an ein Wohnzimmer. Die kleine Tür, durch die wir eintreten, die warme und herzliche Begrüßung und die bescheidene, aber

FOTO: STAGE ENTERTAINMENT/MORRIS MAC MATZEN

gemütliche Inneneinrichtung. Das Restaurant ist klein. Gerade einmal rund 25 Gäste können hier bewirtet werden. Reservieren: ein Muss. Zwar gibt es nicht viel Platz, dafür ist es umso gemütlicher. Wir sitzen zu zweit an einer langen Tischbank. Auf Tuchfühlung: Eine Vierer-Gruppe direkt neben uns. Die Sitzordnung lädt dazu ein, sich mit seinen fremden Tischnachbarn freundlich zu unterhalten. Wen lange Speisekarten überfordern, hat leichtes Spiel im Karls. Denn es gibt nur ein Menü auf der Karte mit traditionellem äthiopisch-eritreischem Essen, wahlweise vegan, vegetarisch oder mit Fleisch. Vorgesehen sind eine kleine Vorspeise, ein Hauptgang und Dessert mit Kaffee oder Tee und das für 24 Euro. Wir sind erstaunt über diesen wirklich fairen Preis. Der Abend startet mit kleinen Häppchen: ein Stück Brot mit rauchigem Paprika-Hüttenkäse, ein leicht-scharfer Linsen-Pasta-Salat und gekochte Kürbiswürfel. Traditionell wird mit Händen gegessen. Neben uns liegen zwar Gabel und Messer, doch die schieben wir weit von uns weg. Platz muss her, denn was folgt, ist eine große Platte in der Mitte unseres Tisches. Ein echter Hingucker. Auf dem Blechteller: ein leicht säuerliches Injera Fladenbrot aus glutenfreiem Teffmehl, gespickt mit diversen Soßen und Gemüse. Die Bedienung erklärt jede einzelne Komponente. Heute gibt es: Hummus, Linsen, Rote Bete, Karotten, Kartoffeln und Grünkohl. Ganz bunt und köstlich. Zwar ist der Hauptgang ein Eyecatcher, jedoch ist das Highlight des Abends das Dessert. Ein ganz schlicht angerichtetes Stück Schokokuchen. Supersaftig, superüppig, perfekt gepaart mit einem starken äthiopischen Kaffee. Der Abend endet nicht nur mit einem fabelhaften Nachtisch, sondern auch mit einem netten Gespräch. Der Chef höchstpersönlich kommt an den Tisch, erzählt uns lustige Anekdoten und verabschiedet uns schließlich sehr herzlich. KD

AMBIENTE ●●●●○ SERVICE ●●●●●
KÜCHE ●●●●○ PREIS-LEISTUNG ●●●●●

€€ Keplerstraße 17a (Ottensen), Telefon 0171 1247497, Di-Sa 17–22 Uhr, EC-Karte, VISA, Mastercard; Große Brunnenstraße Bus 1, Bus 250; karlscafeweine.de

Kitchens Restaurant & Bar

Reise nach Island

Mitten in der HafenCity im Hotel Pierdrei betreten wir das Kitchens durch die Hotellobby und sind schockverliebt in die liebevoll eingerichteten Räumlichkeiten. Hohe Decken. Hunderte von Bildern an den Wänden, sehr originelle und angenehme Beleuchtung. Die sehr freundliche und umsichtige Servicekraft erläutert uns das kulinarische Konzept des Küchenchefs. Von seinen Reisen bringt der spannende Gerichte mit, die er daheim seziert und wieder zusammensetzt. Diesmal ist Island dran. Also ran an Köttbullar (17 Euro), Tatar – geflämmt und geräuchert. Dazu gefrorene Kugeln von saurer Sahne und Fellchenkaviar. Eine nie gesehene, exzellente Art der Präsentation eines Tatars. Und dazu auch extrem lecker. Der Skrei (29 Euro) ist liebevoll und höchst dekorativ angerichtet. Wem Molke und Pastinake als Beilage gefallen, der kommt hier voll auf seine Kosten. Unter der Rubrik Kitchens Classics werden Evergreens vergangener Reisen angeboten – fein säuberlich getrennt nach Veggie und Nicht-Veggie. Käseliebhabern empfehlen wir Fagottini Bergkristall (22 Euro). Das sind mit Käse gefüllte Nudeln. Mit Eiweißkristallen im Käse – sehr käsig und sehr lecker. Die Arme vom Oktopus sind eine Reminiszenz an eine vergangene Portugal-Reise (29 Euro). Mit sieben Zutaten, die für gewöhnlich nicht in der Nähe von gegrilltem Oktopus zu finden sind, darunter Korianderschaum, Flocken von getrocknetem Gemüse, Sauerampfer und Falafel. Die Kombination, sowohl geschmacklich als auch optisch, macht das Gericht zu einem Highlight. Das bestellte Entrecôte (32 Euro) ist ausverkauft und wird daher ein Rumpsteak – schade, denn der Ersatz ist ein wenig bissfest und nicht ganz warm. Der souveräne und immer freundliche Servicemitarbeiter nimmt es zurück und serviert nun doch ein Entrecôte, an dem überhaupt nichts auszusetzen ist. Das Tiramisu (13 Euro) in Einzelteile zerlegt ist nicht jedermanns Sache, weil am Schluss die zerbröselten Krümel der Kekse doch etwas trocken sind. Optisch und geschmacklich aber über jeden Zweifel erhaben. Wir gehen satt, zufrieden und beeindruckt von den wirklich originellen Räumlichkeiten, den netten Servicemitarbeitern und dem guten Essen. KL

AMBIENTE ●●●●● SERVICE ●●●●●
KÜCHE ●●●●○ PREIS-LEISTUNG ●●●●○

€€€€ Am Sandtorkai 46 (HafenCity), Telefon 040 5582293718, Di-Sa 18–22.30 Uhr, EC-Karte, VISA, Mastercard, Amex; Singapurstraße Bus 6; kitchens-hamburg.de

Die Küche im Kitchens nimmt die Gäste mit auf eine Reise um die Welt – dieses Mal ging es nach Island

Kuchnia

Polnische Küche für die Seele

Wen es bereits bei dem Gedanken an ein Glas Wodka schüttelt, der hat möglicherweise schlicht noch keinen guten probiert. Ein idealer Ort, um der Sache auf den Grund zu gehen, sind polnische Küchen. Kuchnia meint im Polnischen Küche und man muss nicht bis nach Warschau fahren, um eine zu betreten. Auf St. Pauli schafft das kleine Lokal, das den Namen Kuchnia trägt, gemütliche osteuropäische Vibes mit Porzellanvasen auf Häkeldeckchen, gefliesten Wänden und bunt gefüllten Einmachgläsern. Auf die rustikalen Küchentische kommt polnische Hausmannskost. Wir stimmen uns ein mit Kuchnia Mule: hausgemachter Ingwerwodka meets Ginger Beer und Gurke (9,50 Euro). Dazu teilen wir Pfannenbrioche mit Sauerrahm, Kaviar und Kräutern (8 Euro). So simpel und so gut! Als Hauptgang führt kein Weg an der Spezialität des Hauses vorbei: Pierogi, geschwenkt in Butter mit Zwiebelschmelz (16 Euro). Auf einen Favoriten unter den drei Füllungen mit Hackfleisch, Kartoffel und Kraut mit Pilzen können wir uns nicht einigen. Alle sind würzig, saftig und schenken dem Magen, was nur mit Liebe gekochtes Essen zu geben vermag: Wärme, Wohlgefühl und echtes Glück. Die gleiche deftige Erfüllung verspricht das Bigos (13,50 Euro), ein Eintopf aus gedünstetem Sauerkraut mit verschiedenen Wurst- und Fleischsorten – und hält sie auch ein. Dazu lassen wir uns puren Wodka nachschenken (4 cl 6 Euro). Kein Schauer, kein Schütteln, nur ein warmes Gefühl, das den vollen Magen aufräumt, um Platz fürs Dessert zu schaffen: Waffel mit Salzbrezeleis (9,50 Euro). Und wieder: hundert Punkte! Dazu darf wahnsinnig milder Haselnusswodka (4 cl 5,50 Euro) nicht fehlen. Wir sind eindeutig betrunken, doch der Kater am nächsten Tag bleibt aus – noch so ein Zauber, den nur guter Wodka möglich macht. LL

AMBIENTE ●●●●○ SERVICE ●●●●○
KÜCHE ●●●●● PREIS-LEISTUNG ●●●●●

€€ Talstraße 87 (St. Pauli), Telefon 040 8226125, Mo-Fr 17–24, Sa 16–24, So 16–23 Uhr, EC-Karte; Reeperbahn S1, S2, S3; kuchnia-wodkabar.eatbu.com

FOTO: MARC SILL

Michael Otremba

Geschäftsführer Hamburg Tourismus GmbH

Getestet: Mangold, Santé

Als VIP-Tester ... achte ich vor allem auf den Gesamteindruck aus Service, Qualität des Essens und Ambiente.

Mein Lieblingsrestaurant ist ... das Hygge.

Meinen Feierabenddrink gönne ich mir am liebsten ... in der Bar im Vier Jahreszeiten.

Wenn der Mittagshunger kommt, dann ... bin ich gerne im Le Plat Du Jour.

Ein Gastro-Geheimtipp in Hamburg ist auf jeden Fall ... das Jing Jing.

Typisch Hamburg ist ... Fisch am Samstagmittag in der Großen Elbstraße.

Für einen Ausflug aufs Land geht es ... in den Wilkenshoff von Sebastian Junge.

Die schönste Aussicht beim Essen gibt's ... im Liberté – Hamburg pur.

Zum Frühstück gehe ich am liebsten in ... Hygge the Farm.

Lawaii Poké Bowl

Das Auge isst mit

Gleich zweimal gibt es das hawaiianische Restaurant in Hamburg: in der Klosterallee in Eppendorf und in der Eimsbütteler Lindenallee. Wir besuchen Laden Nummer zwei, nur wenige Schritte von der Bellealliancestraße entfernt, und werfen vorm Blick auf die Karte erst einmal einen auf die Einrichtung des kleinen Ladens: Flamingorosa an den Wänden, stylische Lampen an den Decken, das Publikum ist entsprechend jung und hip. Bestellt wird an der Theke, wobei wir auf selbst zusammengestellte Bowls verzichten und uns stattdessen auf zwei Klassiker konzentrieren: Pink Lawaii und Ka Moa (je 14,50 Euro), als Base einmal mit Sushi-, einmal mit Vollkornreis. Beim Ka Moa verbinden sich Mai-Poularde und Teriyaki-Marinade vorbildlich, das Auge isst bei dem Anblick aus Edamame-Bohnen, Blattspinat, Granatapfelkernen und vielem mehr begeistert mit. Pink Lawaii mit Atlantiklachs, Ponzu und Teriyaki-Marinade ist ein ebensolcher Hingucker, der auch den Geschmackstest besteht: herrlich frisch und bei den Aromen sinnvoll komponiert. Ein leichtes, sättigendes Essen, das nicht nur im Sommer bestens funktioniert. Nicht nur unter den Augen des Flamingos, sondern auch auf den Bierbänken. MF

AMBIENTE ●●●○○ SERVICE ●●●○○
KÜCHE ●●●○○ PREIS-LEISTUNG ●●●○○

€€ Lindenallee 48 (Eimsbüttel), Telefon 040 43214487, Mo-Fr 11.30–21, Sa-So 16–21 Uhr, EC-Karte, VISA, Mastercard, Amex; Christuskirche U2; lawaiipoke.de

Legler's

Französisch, modern, lecker

Am Hohenesch hat sich Max Legler mit einem kulinarischen Kleinod aufgemacht, Ottensens Gastroszene zu bereichern. Legler's nennt der versierte Koch seinen ersten eigenen Laden. Nach Stationen in Hamburger Spitzenküchen wie dem Le Canard und Landhaus Scherrer stand er im Witwenball und zuletzt im neuen Szeneladen Der Player um die Ecke am Herd. Dort traf er seinen heutigen Serviceleiter Jörg, den er einst in Hensslers Ono kennengelernt hatte. Schwups, waren sich die beiden einig. Bis auf Weiteres schmeißen sie zu zweit das „Modern Bistro" mit derzeit gut 20 Plätzen. Im Sommer kommt im Hof eine Terrasse hinzu. Der Chef kocht zeitgenössisch französisch. Und das verdammt lecker. Dafür ist sein Sashimi vom Streifenbarsch (18 Euro) mit köstlichem Dressing aus nussiger Butter und Verjus-Ponzu bester Beleg. Der Burrata (16 Euro) mit Radicchio, Roter Bete und Quitten-Vinaigrette hätte einen Tick früher aus der Kühlung gewollt. Nicht genug bekommen wir von den Spaghetti mit Miesmuscheln (24 Euro) in einem klasse Weißwein-Sud mit Jalapeño-Schärfe. Die Karte ist klein, wechselt regelmäßig. Seine Gerichte kreiert Legler mit regionalen Produkten nach Saison. Das Weinregal bestückt er mit Flaschen vom benachbarten Fachhandel Oxhoft, dem Spezialisten für gute Tropfen. MO

AMBIENTE ●●●●○ SERVICE ●●●●○
KÜCHE ●●●●○ PREIS-LEISTUNG ●●●●○

NEU! €€€ Hohenesch 55 (Ottensen), Telefon 040 75693846, Di-Sa 17.30–24 Uhr, EC-Karte, VISA, Mastercard; Altona alle S-Bahnlinien; leglers.de

Zuletzt kochte Max Legler im Witwenball. Jetzt tischt er im Legler's international mit Schwerpunkt Frankreich auf

FOTOS: CATRIN EICHINGER (O.), MAX LEGLER (U.)

Vom Studentenkneipenflair einfach nicht beirren lassen: Das Maa' deyo ist eines der spannendsten Restaurants der Stadt

Maa' deyo

Toller Trip auf dem Kiez

Mitten auf St. Pauli befindet sich eines der spannendsten Restaurants der Stadt. Das Maa' deyo sieht mit seiner bunten Deko und der uneinheitlichen Bestuhlung stellenweise zwar aus wie eine Studentenkneipe, ist aus gastronomischer Sicht aber absolut erwachsen. Cristián Orrelanus hat hier einen einzigartigen Küchenstil geschaffen: mit lateinamerikanischen Wurzeln, aber weltoffen. Mit kleinen Gerichten zum Teilen. Wir dippen das zwar etwas speckig-dichte, aber außen knusprige Maisbrot in eine sensationell seidige und vegane Soja-Aioli (3,50 Euro) und einen perfekt abgeschmeckten Auberginen-Dip (3,50 Euro). Danach geht es in zügigem Tempo direkt weiter. Das Spitzkohl-Viertel (12 Euro) mit fermentierter Ananas-Jalapeño-Marmelade, Mandeln und Erbsen-Guacamole gefällt uns mit seiner Schärfe, Süße und Knackigkeit. Die gerösteten Möhren (12,50 Euro) mit Honig, etwas dünner Fetacreme und Pinienkernen sind eher auf der gewöhnlicheren Seite. Aber dann folgen Kracher. Die mutig-süßen Bananen-Gnocchi (9,60 Euro) sind weich, aber knusprig angebraten und liegen in einer cremigen roten Currysoße mit Kokosnuss, Zitronengras und Ingwer. Himmlisch. Und das Geschmacksgewitter geht weiter: Mit weichem, schmelzendem und gleichzeitig knusprigem Schweinebauch (13,50 Euro) in einem würzigen Kardamom-Apfelkompott und einer Sauce béarnaise, die zusätzlich mit „Paella-Aromen" aufgepimpt wurde. Der Oktopus (16 Euro) kommt extra-knusprig gebraten und wird begleitet von säuerlichem Oliven-Chimichurri und frittierter Yuka-Wurzel. Letzter Donnerschlag: ein saftiges Mais-Küchlein mit fruchtigem Mangoragout und Popcorn-Sauce (10 Euro). Dieses Essen ist wie eine spannende Abenteuerreise. BC

AMBIENTE ●●●○○ SERVICE ●●●●●
KÜCHE ●●●●○ PREIS-LEISTUNG ●●●●○

€€€ Silbersacktwiete 6 (St. Pauli), Telefon 040 20918649, Di-Do 18–24, Fr-Sa 18–1 Uhr, EC-Karte, VISA, Mastercard; Reeperbahn S1, S2, S3; maadeyo.de

VIP-TESTER
Michael Otremba

Mangold

Nicht nur für Touristen

Das Mangold ist ein Restaurant, in dem man sich sehr willkommen fühlt. Und das liegt nicht nur daran, dass es im Gastwerk Hotel beheimatet ist und man sich dort exzellent auf den Bedarf von Gästen einzustellen weiß. Der industrielle Charme der roten Klinkersteine, ein Farb- und Lichtkonzept, die gemeinsam eine wohlige Stimmung kreieren, und ein toller Service, der zu jeder Zeit aufmerksam und zuvorkommend ist, lassen den Gast sehr schnell ankommen. Die Karte ist Ausdruck des eigenen Qualitätsanspruches und vermittelt durch eine übersichtliche Auswahl die Botschaft an den Gast, „wir wissen, was wir tun. Und was wir tun, können wir gut". Und tatsächlich ist Hummer à la Nage mit Kartoffelschnee, Wurzelgemüse, Hummerbisque und Tobiko Kaviar als Vorspeise geschmacklich sehr gut. Die Portion ist eher groß als klein, so dass bei mir durchaus die Frage aufkommt, ob ich mich mit der Wahl von Vor- und Hauptspeise übernommen habe. Das Rinderfilet mit Schwarzwurzel, Trüffeljus und Steckrüben-Möhrenstampf ist ebenfalls geschmacklich sehr überzeugend. Das Filet ist perfekt auf den Punkt gegart, allerdings unterstreicht der Steckrüben-Mohrenstampf durchaus das Gefühl der mengenmäßigen Überforderung. Zum Glück gibt es ja einen separaten Magen für Nachtisch, sodass das sehr gute, warme Schokoladentörtchen mit Sauerkirschkompott und Vanilleeis noch Platz findet. Das Mangold unterstreicht insgesamt, dass ein Hotel schon seit einiger Zeit nicht mehr nur ein wundervoller Ort für Gäste der Stadt sein kann, sondern genauso gut auch für Einheimische, die Spaß an gutem Essen und heimeliger Atmosphäre haben, ein Besuch wert ist.

AMBIENTE ●●●●● SERVICE ●●●●●
KÜCHE ●●●●● PREIS-LEISTUNG ●●●●●

€€€€ Beim Alten Gaswerk 3 (Bahrenfeld), Telefon 040 89062461, Mo-Fr 6.30–11, 12–14.30, 17.30–23, Sa 7–13, 17.30–23, So 7–13 Uhr, EC-Karte, VISA, Mastercard; Bornkampsweg Bus 3; gastwerk.com

Mexiko Strasse Taquería

Beste Tacos auf die Hand

Besteck bekäme man anscheinend nur auf Nachfrage, nörgelt mein Begleiter. Aber vermutlich hätten auch Messer und Gabel ihn hier nicht daran gehindert, sich die Finger mit Guacamole und Salsa einzuschmieren. Ein bisschen Sauerei gehört wohl dazu, wenn authentisch mexikanische Tacos serviert werden. Und ganz genau das passiert hier. Herausfordernd ist es aber nicht nur, die locker gefüllten Maisfladen zum Mund zu führen. Die erste Hürde besteht darin die spanischen Bezeichnungen Campechano, mit Rind und Chorizo, (3,60 Euro) oder Gobernador, mit Shrimps, (3,60 Euro) fehlerfrei aufzusagen. Unser äußerst humorbegabter Kellner gibt freundlich Nachhilfe und sieht über gravierende Fehler hinweg. Der kleine Spanischkurs wird dann auch reich belohnt: Die Tacos, die lässig auf Metalltabletts serviert werden, schmecken nach würzigem Fleisch, der Säure eingelegten Gemüses und der Schärfe feiner Jalapeños – und alle erstaunlich unterschiedlich. Trotzdem haben wir Probleme, nachzuvollziehen, welcher jetzt eigentlich welcher ist. Aber dass das vegane Crispy Chicken (3,40 Euro) um ein Haar als Polo Con Mole (3,60 Euro) durchgegangen wäre, spricht ja auch irgendwie für die veggiefreundliche Küche. Weil ich es etwas schärfer mag, bestelle ich für 40 Cent eine äußerst pikante Salsa Verde dazu. Und – puh – auch schnell noch eine hausgemachte Limonade (3,90 Euro) gegen das akute Gaumenbrennen. Ganz mild kommen dagegen die herrlich fettigen Churros daher, die – in gezuckerte Kondensmilch, Schoko- oder Karamellsoße getaucht – das perfekte Dessert für die Taco-Mahlzeit bilden. Was heißt bloß „Wir kommen wieder!" auf Spanisch? FT

AMBIENTE ●●●●○ SERVICE ●●●●○
KÜCHE ●●●●● PREIS-LEISTUNG ●●●●●

€€ Eppendorfer Weg 188 (Hoheluft-West), Di-Sa 17.30–22, So 16.30–21 Uhr, EC-Karte, VISA, Mastercard; Eppendorfer Weg (Ost) Bus 5, Bus 35X; mexikostrasse.com

FOTO: MARC SILL

Möstel Feine Kost & Bewirtung

Feine Kost und feine Tropfen

Im September 2022 hat das Restaurant Möstel Feine Kost & Bewirtung in Lemsahl-Mellingstedt seine Pforten geöffnet. Unter der gleichen Adresse befindet sich auch eine Weinhandlung. Von dort werden die feinen Tropfen für die feine Kost bezogen. Das Küchenkonzept lautet: kreativer, respektvoller Umgang mit den Ideen und Geschmäckern von anderswo. Zusammen mit saisonalen Produkten aus der Region ergibt das eine moderne Cross-over-Fusionsküche. Es gibt eine Speisekarte, aber empfohlen wird das Foodsharing-Menu ab zwei Personen (38 Euro p.P.). Dann kommt praktisch die ganze Speisekarte in Tapas-Format auf den Tisch, in unserem Fall zehn verschiedene kleine Gänge. Das macht Spaß, ist kommunikativ und großartig für Unentschlossene. Eingelegte Oliven mit Manchego, Edamame (frische Sojabohnen zum Zutzeln), Hummus mit Roter Bete, Hummerschaumsüppchen, Lachs Sashimi, Sprotten mit Kamille, pulled Pork Taco (auch vegetarisch), Hühnchen-Curry, junger Spinat mit Tahin und Röstzwiebeln, Schokoküchlein und Crème brûlée. Die Vielfalt, die sorgsame Zubereitung, der unaufdringliche und informierte Service, die netten Gespräche mit dem Koch und vor allem der feine, transparente Geschmack aller Gerichte lassen uns jubeln. Die perfekten Speisenbegleiter (Grüner Veltliner und Barbera d'Alba, je 0,2 l 7 Euro) runden das Erlebnis ab. Zu diesem Preis haben wir in Hamburg noch nicht besser gegessen. DS

FOTO: MÖSTEL

Fein und regional: Internationale Cross-over-Küche wird im Möstel Feine Kost & Bewirtung serviert

AMBIENTE ●●●○○ SERVICE ●●●●●
KÜCHE ●●●●● PREIS-LEISTUNG ●●●●●

NEU! €€€ Lemsahler Landstraße 195a (Lemsahl-Mellingstedt), Telefon 040 84892373, Di-Sa 16–22 Uhr, EC-Karte, VISA, Mastercard; Tannenhof Bus 176, 276; moestel-feinekost.de

Neumann's Bistro & Weinbar

Kleine und große Leckereien

Wer es ungezwungen mag, ist im Neumann's in der Langen Reihe genau richtig! Hier treffen sich Freunde, Nachbarn und Geschäftspartner auf einen leckeren Wein zum gemütlichen Schnack. Bei rund 50 offenen Weinen und über 100 Flaschenweinen findet jeder seinen Favoriten. Wir entdecken einen kleinen Fehler in der Weinkarte und bekommen ein Probierglas aufs Haus. Das ist mal ein freundlicher Service! Die Gerichte der Speisekarte sind unkompliziert. Flammkuchen, Brotzeiten und Salate & Bowls sowie Salami-, Schinken- und Käsespezialitäten stehen zur Auswahl, ergänzt um Fisch- und Fleischgerichte. Vorweg gibt es eine reichhaltige Brotauswahl mit einem köstlichen Olivenöl. Wir entscheiden uns für den gebackenen Ziegenkäse mit reichlich Pflaumen-Ingwer-Chutney (14,90 Euro) zum Cabernet Sauvignon Classic (4,70 Euro) und die Kartoffel-Wurzelsuppe mit Frischkäsenocken (7,20 Euro). Es folgen Neumann's Riesengarnelen (27,50 Euro), die uns etwas teuer erscheinen, aber mit dem Knoblauch-Kräuterbrot und gemischtem Salat ein leckeres Hauptgericht sind. Als Käsefan ist die gemischte Platte mit hausgemachtem Früchtesenf (15,50 Euro) eine gute Wahl. Der hausgemachte Apfelcrumble (8,90 Euro) rundet den Abend auf St. Georg gelungen ab. Übrigens: Wer seinen Lieblingswein gefunden hat, kann ihn direkt mitnehmen oder online bequem nach Hause bestellen. FC

AMBIENTE ●●●●○ SERVICE ●●●●○
KÜCHE ●●●●○ PREIS-LEISTUNG ●●●○○

€€€ Lange Reihe 101 (St. Georg), Telefon 040 60862209, Mo-Do 12–0.30, Fr-Sa 12–1, So 12–0.30 Uhr, EC-Karte, VISA, Mastercard, Amex; Gurlittstraße Bus 6, Bus 17, Bus 18; neumanns-bistro.de

Papaye

Weniger is(s)t mehr

Das Papaye in Dulsberg, direkt an der Grenze zu Wandsbek, ist nicht unbedingt der Ort, den wir uns für ein Candle-Light-Dinner ausgesucht hätten. Im schummrigen Gastraum herrscht eher Imbiss-Amosphäre, im Keller bei den Toiletten riecht es muffig-feucht. Wir sind aber auch nicht für die romantische Date Night hier, sondern um die (west-)afrikanische Küche – Schwerpunkt: ghanaisch – auszuprobieren, für die das Restaurant bekannt ist. Neben uns sind nur noch zwei weitere Gäste anwesend. Wir bestellen genau die gleichen zwei Vor- und Hauptspeisen wie der Nachbartisch, wie der freundliche Kellner belustigt feststellt. Wenigstens bei den Getränken wollen wir individuell sein und entscheiden uns für ein ausgefalleneres Mangobier (3,90 Euro). Dieses hat zwar nur noch wenig mit dem klassischen Hopfengetränk zu tun, schmeckt aber fruchtig und erfrischend anders – und ist nebenbei erwähnt auch noch in den Geschmacksrichtungen Ananas, Banane und Passionsfrucht erhältlich. Die Vorspeisen kommen zügig. Die Yam-Fritten (5,50 Euro) haben weniger Eigengeschmack als ihr westliches Pendant Pommes Frites, werden aber durch eine exzellente scharfe Soße (1,90 Euro), die herrlich nach Chilis duftet und spicy und salzig zugleich ist, aufgewertet. Das Kelewele (6,90 Euro) besteht aus würzig marinierten Kochbananen, getoppt von Erdnüssen. Obwohl die Bananen im Dämmerlicht sehr kross angebraten, ja, fast schon schwarz aussehen, schmecken sie nicht verbrannt. Knusprige Konsistenz trifft hier auf den typisch süßlichen Geschmack. Die Hauptgerichte erreichen uns, noch bevor wir unsere Vorspeisenteller leeren können. Hier zeigt sich nun langsam, dass wir – oder besser: unsere Mägen – nicht unbedingt mit den afrikanischen Küchen vertraut sind. Durch die mächtigen, fettigen Kochbananen hat bereits das Sättigungsgefühl eingesetzt. Die weiteren Kochbananen, die das Gericht Plantain Red (9,50 Euro) begleiten, können wir unmöglich aufessen. Der dazu gereichte Bohnenbrei ist dafür angenehm leicht, durch eine Vielzahl an Gewürzen gehen im Mund sämtliche Geschmacksknospen an. Auch beim Banku (9,50 Euro) müssen wir nach etwas mehr als der Hälfte passen. Der fermentierte Knödel aus Mais und Maniok schmeckt gar nicht so säuerlich, wie von der Bedienung vorgewarnt. Er wird in Okrasoße eingetaucht gegessen, die für unseren Geschmack jedoch zu glitschig ist. Ein Blick zum Nachbartisch zeigt: Auch hier wurde nicht alles geschafft. Wir machen es den anderen Gästen nach und lassen uns die Reste zum Mitnehmen einpacken. Und wissen fürs nächste Mal, dass im Papaye weniger mehr ist. SIS

AMBIENTE ●●●○○ SERVICE ●●●●○
KÜCHE ●●●●○ PREIS-LEISTUNG ●●●●●

€ Stormarner Straße 1 (Dulsberg), Telefon 040 50699541, Mo, Mi-Sa 17–22, So 13–22 Uhr, EC-Karte; Friedrichsberg S1, S11; papayekitchen.de

Patio

Qualität hat ihren Preis

In der ehemaligen Autowerkstatt für englische Klassiker am Poelchaukamp befindet sich heute ein luftiges, quirliges Lokal mit großem Barbereich und erfreulich guter Küche. Die Preise sind auf das solvente hanseatische Umfeld abgestimmt, aber das Essen ist durchweg ausgezeichnet und basiert auf besten Rohprodukten. Das Publikum ist teilweise ein bisschen Bling-Bling, gepimpte Lippen und optimierte Wimpern sind eher die Regel als die Ausnahme. Aber alle haben Spaß. Im Patio kann man sich vorzüglich von der abwechslungsreichen Tapas-Karte ernähren. Das perfekt gewürzte und appetitlich auf gerösteten Brotchips angerichtete Rindertatar brilliert mit einer aromenintensiven hausgemachten Trüffelmayonnaise, die zum Glück ohne chemisches Trüffelöl auskommt – das ist für 17,90 Euro sogar ein ziemlich fairer Deal. Klasse ist auch der hervorragend abgeschmeckte, gebackene Blumenkohl mit toller Tahini-Soße (11,90 Euro), dem man die syrisch-libanesischen Wurzeln des Küchenchefs deutlich anmerkt. Auch Chorizo mit Couscous und Minzjoghurt (13,90 Euro), Gambas al Ajillo (12,90 Euro), die diversen Sushi-Variationen und das fein abgestimmte Ceviche vom Tuna (16,90 Euro) sind eine sichere Bank. Das großartige 300 Gramm schwere Australische Dry Aged Rib Eye ist sicher eines der besten Steaks, das man aktuell in Hamburg genießen kann, aber es haut mit 45,90 Euro ganz gut ins Kontor. Beilagen wie die Amazing Fries (6,90 Euro) kosten noch mal ordentlich extra. Die Weinpreise fügen sich ebenfalls geschmeidig in die Umgebung ein, aber für um die 45 Euro gibt es ein paar ordentliche Tropfen wie den knackigen Pfälzer Sauvignon von Starwinzer Stephan Schwedhelm. Immerhin: Die des Abends gelegentlich fröhlich erschallende Live-Musik ist kostenlos. GR

AMBIENTE ●●●●● SERVICE ●●●●●
KÜCHE ●●●●● PREIS-LEISTUNG ●●●●○

€€€€ Poelchaukamp 33 (Winterhude), Telefon 040 41498842, Mo-Sa 16–1, So 11–23 Uhr, EC-Karte, VISA, Mastercard, Amex; Gertigstraße Bus 6, Bus 17, Bus 25; patio.hamburg

Kreative internationale Küche in der alten Fabrik: Pulvermühle

Pulvermühle

Kreativ, anspruchsvoll, lecker

Was man aus einem alten Fabrikgebäude doch so alles machen kann. Die Mixtur aus historischem Flair und modernem Lichtdesign gefällt uns beim Eintritt in die Pulvermühle im Bermudadreieck Lokstedt, Groß Borstel, Niendorf sofort exzellent. Trotz bei diesem Gebäude naturgemäß hoher Decken unterstützt das Ambiente die vorherrschende gesellige Gemütlichkeit. Vielfältig und positiv sind unsere Eindrücke. Passend zum Motto der Pulvermühle, die „die Vielfalt der modernen Küche" anpreist. Bei der Vorspeisenvariation für zwei Personen (19 Euro) erhalten wir sofort einen Einblick in die Umsetzung dieses Anspruchs. Die große Auswahl, unter anderem Aubergine, Zucchini, Schinken und Cherrytomaten, bietet auch Überraschendes. So ist der Mozzarella innen angenehm cremig, das Tatar ist mit leckeren Pfefferbällchen gewürzt. Im Hauptgang überzeugt das

FOTO: MARC SILL

Lachsforellenfilet mit Meerrettich-Petersilienkruste, Steckrüben-Apfel-Püree und Babyspinat sowohl kulinarisch als auch kreativ. Besonders die süß-säuerliche Note des Pürees ist besonders klasse. Die zum Rumpsteak (28,50 Euro) gewählten Beilagen Süßkartoffel-Gratin (5,50 Euro), Pikante Minz-Möhrchen (3,50 Euro) und Schmorzwiebeln (3,50 Euro) bekommt man auch nicht überall. Fazit hier: Beilagen Extraklasse. Steak leider nur durchschnittlich, da etwas zu trocken und zäh. Viel Kräuterbutter (1,50 Euro) schafft immerhin etwas Abhilfe. Die Dessert-Variation (12,50 Euro) mit warmen Walnuss-Brownies, Panna cotta mit Beerensoße, Tiramisu, Vanilleeis und Johannisbeeren sorgt dafür, das kleine Steak-Malheur genussvoll zu vergessen. Ihrem Motto, die Vielfalt der modernen Küche zu repräsentieren, wird die Pulvermühle somit insgesamt auf schmackhafte Art und Weise gerecht. Hingehen lohnt sich. MISCH

AMBIENTE ●●●●○ **SERVICE** ●●●●○
KÜCHE ●●●●○ **PREIS-LEISTUNG** ●●●●○

€€€€ Bei der Pulvermühle 1 (Niendorf), Telefon 040 22864948, Mo-Sa 17–23, So 12–23 Uhr, EC-Karte, VISA, Mastercard; Nedderfeld Bus 5; pulvermuehle.eu

VIP-TESTER
Michael Otremba

Santé!

Ein kulinarisches Kleinod

Das Santé gibt es seit etwas weniger als drei Jahren. Damit ist klar, dass das Team bereits die eine oder andere große Herausforderung zu meistern hatte. Und wer dieses etwas versteckt in einem denkmalgeschützten Pavillon im Herzen Eimsbüttels beheimatete Kleinod gefunden hat, der wünscht den Verantwortlichen auf jeden Fall, dass das Konzept aus orientalisch-saisonaler Küche, Mittagstisch und Eventlocation aufgeht und gut angenommen wird. Unsere Gerichte sind allesamt exzellent. Die Petersilienwurzel-Steinpilzsuppe mit Petersilienöl und Petersilienwurzel als Vorspeise (8,50 Euro) ist so gut, dass sie von der einen Tischseite nicht geteilt werden soll. Das ist nur deshalb zu verschmerzen, weil der Ofenkürbis mit Ziegenkäse und karamellisierten Kürbiskernen (12,50 Euro) ebenfalls so überzeugend ist. Also keine schlechte Stimmung. Und auch bei den Hauptspeisen zeigt sich der Fokus auf Qualität statt Quantität. Die gebratene Mais-Hähnchenbrust mit Blumenkohl und Vadouvan-Currysauce (26,50 Euro) ist geschmacklich ausgesprochen gut und von der Konsistenz her ebenso herausragend wie das Fjordforellenfilet (24 Euro) nebst Kartoffelpüree, Rote Bete und Zitronenschaum. Der Service ist extrem freundlich, zuvorkommend und herzlich. Und für uns bietet das Santé! gerade in Zeiten steigender Preise ein tolles Preis-Leistungs-Verhältnis.

AMBIENTE ●●●●○ **SERVICE** ●●●●●
KÜCHE ●●●●● **PREIS-LEISTUNG** ●●●●●

BESTER NEWCOMER 2020 €€€ Moorkamp 6 (Eimsbüttel), Telefon 040 228621300, Mo-Di 11.30–15, Mi-Sa 11.30–15 und 17–23 Uhr, EC-Karte, VISA, Mastercard; Christuskirche U2; restaurant-sante.net

Süllberg Alm

Der Berg ruft

Sternekoch Karlheinz Hauser hat nach 20 Jahren nicht nur seine Fine-Dining-Restaurants Seven Seas und Deck 7 im Blankeneser Süllberg-Schlösschen geschlossen. Für sein neues Wirkungsfeld im Fomel-Eins-Catering brauchte er offenbar auch die beliebte Almhütte – und nahm die Bretter einfach mit. Kein Problem, dachte sich der neue Schlossherr und hauptberufliche Getreidespeicher-Mogul Peter Rothe und ließ das Deck 7 kurzerhand zur neuen Süllberg Alm umbauen. Kulinarisch blicken Rothes Pächter – die Gastro-Fratellis Vazzano – freilich eher gen Süden. Allerdings stehen Speisen wie 20 Gramm Beluga di

Veneto Kaviar oder die Fine de Claire-Austern (99/4 Euro) nicht so klar in Verbindung mit der als Küchenvorbild ausgerufenen Genussregion Südtirol wie die Brotzeitbretter, die Steaks vom Simmentaler Rind oder die Veggie-Spinatschlutzkrapfen (15–22/39/19 Euro). Wir starten mit dem Häppchenteller (15 Euro), zupfen uns aber nur die feinen Scheibchen Tiroler Speck, Salami und Käse von den mit Kren und Feigensenf bestrichenen Schüttelbrot-Talern – so viel Anis in den Keksen mag nicht jeder. Auch die drei Scheiben Bruschetta meiner Co-Testerin bieten allenfalls Vorstadtitaliener-Niveau und sind mit 12 Euro völlig überpreist. Egal, denn ab dem nächsten Gang auf schönem Steinzeug wird gejodelt – unsere Begeisterung steigt von Bissen zu Bissen: Die Burrata mit intensiv schmeckenden Tomaten, Pesto und Pistazien fließt engelsgleich über den Gaumen, mein Tiroler Apfelsüppchen mit Speckstreifen und Fruchtstückchen wärmt die Testerseele und die „Goldfeder" entpuppt sich als saftspritzendes Maispoularden-Suprême auf knackigem Grillgemüse (17/9/29 Euro). Die Küche steigert sich bei meinem Hauptgericht und dem gesharten Dessert (27/19 Euro) sogar noch weiter: Die aufgeklappte Bachforelle mit Kartoffelcarpaccio-Hülle, Tomatenconcassée und samtiger Safran-Velouté allein wäre schon ein Grund, von Schwarzenbek bis nach Blankenese zu fahren. Auch die Panna cotta auf dem Nachtischteller ist tadellos, wird aber getoppt von dem wunderbar unsüßen Tiramisu mit haufenweise Siebträger-Espresso auf den Bisquits und vor allem von dem besten Kaiserschmarrn, den wir jemals in Norddeutschland zwischen die Beißerchen bekamen. So perfekt karamellisieren sie diese Mehlspeis' sonst nur beim Sacher in Wien. Klare Empfehlung also für alle Flachländler: Aufi aufs Süllbergi! PESI

AMBIENTE ●●●●○ SERVICE ●●●●○
KÜCHE ●●●●○ PREIS-LEISTUNG ●●●●○

NEU! €€€ Süllbergsterrasse 12 (Blankenese), Telefon 040 226345860, Mo-So 12–22.30 Uhr, EC-Karte, VISA, Mastercard, Amex, Apple Pay; Kahlkamp Bus 488; suellberg-gastronomie.de

Tarantella

Viel mehr Perfektion geht nicht

Das Tarantella ist in der Esplanade im selben Gebäude wie die Spielbank untergebracht, hat aber einen eigenen Eingang. Es gibt innen etwa 120 Sitzplätze und im Sommer noch mal 40 Plätze auf der Terrasse. Die Einrichtung ist sehr geschmackvoll und modern. Der Barbereich und die offene Küche sind echte Eyecatcher. Alles sehr gemütlich. Obwohl wir uns etwa 20 Minuten verspätet haben, werden wir freundlich zu unserem Platz geleitet. Als Vorspeise ordern wir Kürbissuppe (16 Euro), Sashimi (26 Euro) und drei Felsenaustern (19 Euro). Alles einfach perfekt. Die Kürbissuppe ist sehr fein abgeschmeckt, die Austern sind Topqualität. Das gilt auch für den Fisch. Dazu gibt's hausgemachtes Brot. Das als Hauptgang bestellte und am Tisch zu Ende gegarte Chateaubriand (64 Euro pro Person) ist ein Gedicht. Das 200 Gramm schwere Ochsenfilet (44 Euro) ist ebenfalls zart und auf den Punkt. Als Beilagen genießen wir leckeren Kartoffelstampf (7 Euro) und gebackenen Blumenkohl (9 Euro). Und erleben erneut Handwerkskunst in Vollendung. Der Service ist genauso grandios wie die Gerichte. Schnell und ohne hektisch zu wirken, jeder Handgriff sitzt. Das Team ist aufmerksam, ohne dabei aufdringlich zu sein. Im Tarantella wirkt alles wie durchkomponiert. Und stimmig. Auch auf den Tellern. Auf das Dessert müssen wir heute leider verzichten, weil wir satt sind. Dann eben nächstes Mal. Wer verstehen will, dass Kochen eine Kunst ist, sollte hier einkehren. AR

AMBIENTE ●●●●● SERVICE ●●●●●
KÜCHE ●●●●● PREIS-LEISTUNG ●●●●●

€€€€ Stephansplatz 10 (Neustadt), Telefon 040 65067790, Mo-Do 12–21, Fr 12–21.30, Sa 17–21.30 Uhr, EC-Karte, VISA, Mastercard, Amex; Stephansplatz (Oper/CCH), U1; tarantella.hamburg

Perfekte Küche: Tarantella

Tunici

Kroatische Küche kann mehr

Die Tunici Restaurants sind in Hamburg seit 1984 eine kleine Institution und es gibt inzwischen neun Stück über ganz Hamburg verteilt. Eines davon befindet sich in Hamburg-Rahlstedt und bietet, wie in allen Tunici Restaurants üblich, kroatische Gerichte vom Grill und weitere internationale Speisen an. Das Interior ist für mich etwas gewöhnungsbedürftig. Hier hat jemand versucht, alles, wofür Kroatien vermeintlich optisch steht, darzustellen und das wirkt ziemlich überfrachtet. Die Speisekarte ist fleischlastig und scheint für die heutige Zeit etwas aus der Mode. Als Vorspeise teile ich mir mit meiner Begleitung gebratene Champignons (8 Euro), die sehr mächtig sind, da sie in einer ordentlichen Menge industriell hergestellter Sauce béarnaise serviert werden. Als Hauptspeise kommt der „Tunici Teller" (22 Euro) auf den Tisch, der aus Rumpsteak, Schweinefilet und Putensteak sowie einer eher nicht selbst gemachten Pfefferrahmsoße, Kartoffelgratin und Djuwetschreis besteht. Alles leider eher langweilig, etwas zu trocken und geschmacklich optimierungsbedürftig. Positiv hervorheben möchte ich die nette und aufmerksame Bedienung und den obligatorischen Julischka, eine kroatische Likörspezialität, der zum Anfang und Ende des Besuchs „aufs Haus" serviert wurde. MH

AMBIENTE ●●○○○ SERVICE ●●●●○
KÜCHE ●●●○○ PREIS-LEISTUNG ●●●○○

€€€ Rahlstedter Bahnhofstraße 48 (Rahlstedt), Telefon 040 6771182, Di-Sa 16.30–22.30, So 12–21 Uhr, EC-Karte, VISA, Mastercard, Apple Pay; Rahlstedt RB81; tunici.de

FOTO: JULIA SCHUMACHER

Tim's

Solides Handwerk in coolem Ambiente

Anspruchsvolle Gerichte von Welt: Im ehemaligen La Vela ist jetzt das Tim's zu Hause

In Eppendorf und dem Grindelviertel hat sich Tim Lang in den vergangenen Jahren einen Namen gemacht. Zweimal Küchenfreunde, einmal Botanic District – was er mit seinem Team an den Start brachte, schreibt Erfolgsgeschichte. Als gekonnter Gastgeber schafft er mit einladenden Lokalen und gradliniger, moderner Speiseauswahl den smarten Rahmen für nachbarschaftliches Come-Together. Nun der Sprung an die Elbe. Am Fischmarkt hat Tim das Tim's im früheren La Vela eröffnet. Für ein weniger familiäres Publikum als in Eppendorf, wo man einander kennt. Geblieben ist ein Teil des italienischen Serviceteams. Das irritiert erst mal, weil ansonsten alles anders ist. Das Interieur: cooler, stylisher, gemütlicher. Die Küche tischt unter der Regie von Leo Witzke anspruchsvolle Gerichte von Welt mit regionaler Note auf. Zum Beispiel: gegrillter Pulpo auf einem Stampf aus Kartoffeln und Oliven, dazu Paprika und Salat vom Staudensellerie. Sehr exquisit, mit 28 Euro preislich direkt proportional zur Lage: Die großzügige Elbterrasse, der ausladende Gastraum wollen bezahlt werden. Handwerklich solide, im Gesamtauftritt im oberen Durchschnitt rangiert das Pluma vom Iberico-Rücken auf grünem Spargel (35 Euro). Das Melonen-Gazpacho mit Garnelenpraline (19 Euro) habe eingangs aber Erwartungen geweckt, die das Fleisch nicht gänzlich erfüllt habe, sagt mein Begleiter. In der Tat: Auch der Övelgönner Fischeintopf (22 Euro) machte als Entreé eine dem Hauptgang mindestens ebenbürtig gute Figur. MO

FOTO: SASKIA GIEBEL

AMBIENTE ●●●●○ SERVICE ●●●●○
KÜCHE ●●●●○ PREIS-LEISTUNG ●●●●○

€€€€ Große Elbstraße 27 (Altona-Altstadt), Telefon 04031171007, Mo-Sa 12–24, So 12–23 Uhr, EC-Karte, VISA, Mastercard, Amex; Fischauktionshalle Bus 111; tims-restaurant.de

Alle Tests in voller Länge auf genussguide-hamburg.com

KURZ GEBRATEN

Atelier F

Im Atelier F wird amerikanisch-französische Küche serviert. Die Atmosphäre ist – trotz der benachbarten Yves-Saint-Laurent- und Prada-Stores, die anderes vermuten lassen – ausgesprochen lässig. Ebenso lässig wie der amerikanische Way of Life sind die Burger und Steaks, die hier saftig und auf den Punkt aufgetischt werden. Tipp: Unbedingt Platz für den Apfel Crumble lassen – er wird hier buttrig fruchtig wie von Oma höchstpersönlich serviert!

€€€ Große Bleichen 31 (Neustadt), Telefon 040 35015215, Mo-Sa 12–22, So 12–21 Uhr, EC-Karte, VISA, Mastercard, Amex; Jungfernstieg alle Bahnlinien; atelierf.de

Bistro Elbe 27

Ein Blankeneser Klassiker für deftige Bistro-Küche und Grillspezialitäten. Zum frisch gezapften Ratsherrn werden Rinderroulade, Wiener Schnitzel und Trüffelburger in gemütlich-rustikalem Ambiente serviert. Auf Vorbestellung ist hier an jedem Tag Weihnachten: Mit Freunden und Familie kann man sich zum Gänseessen verabreden. Wer lieber fleischlos isst, dem sei die täglich wechselnde hausgemachte Pasta empfohlen.

€€€€ Blankeneser Landstraße 27 (Blankenese), Telefon 040 86628772, Mo-Sa 17–24, So 17–22.30 Uhr, EC-Karte, VISA, Mastercard, Amex; Blankenese S1; elbe27.de

Eppendorfer Insel

Die historischen Holzbalken des ehemaligen „Zur Alten Mühle" sind erhalten geblieben und verleihen dem kernsanierten Gebäude nostalgischen Charme. Ansonsten sind die Räumlichkeiten inzwischen hochmodern ausgestattet und auch in der Küche weht frischer Wind. Die leichten mediterranen Speisen schmecken mit Blick auf den Mühlenteich noch besser. Auf der idyllischen weitläufigen Terrasse am Wasser macht die Eppendorfer Insel ihrem Namen alle Ehre.

€€€ Eppendorfer Landstraße 176 (Eppendorf), Telefon 040 50090840, Di-Fr 16–24, Sa-So 12–24 Uhr, EC-Karte, VISA, Mastercard, Amex; Lattenkamp U1; eppendorfer-insel.de

Hansekai

Der perfekte Ort für Familienfeiern und Geburtstagspartys! Die beeindruckende Eventlocation am Wilhelmsburger Jaffe-Davids-Kanal hat einiges zu bieten: eine große Sonnenterrasse, Wasserblick und modernes Design im Industrie-Look mit hanseatisch-maritimem Flair. Im Restaurant kommen Burger, Nudeln und Salate auf den Tisch. Alles frisch, vornehmlich bio und aus der Region.

€€€ Jaffestraße 12 (Wilhelmsburg), Telefon 040 33396262, Mo-Do 11.30–15, 17–22, Fr-Sa 17–23, So 10–22 Uhr, EC-Karte, VISA, Mastercard; Rotenhäuser Straße Bus 13, Bus 152; hansekai.hamburg

Heritage

Ein gläserner Aufzug fährt hoch in den Gourmet-Himmel: Im neunten Stock des Nobelhotels Le Méridien liegt das Restaurant mit dem vielleicht besten Alsterblick in St. Georg. Top-Koch Rasmus Schulte-Rahde bringt Delikatessen von Sashimi-Thunfisch über Hummer und Jakobsmuschel bis Dry-Aged Beef auf den Tisch, die er in kreativen Menüs verarbeitet. Das junge sympathische Serviceteam setzt dem Heritage-Erlebnis die Krone auf.

€€€€ An der Alster 52 (St. Georg), Telefon 040 21001070, Di-Sa 18–22 Uhr, EC-Karte, VISA, Mastercard, Amex; Gurlittstraße Bus 6, Bus 17; heritage-hamburg.com

Holy Taco

Tortillas, Tacos, Enchiladas, Tostadas, Quesadillas: Wer noch nie begriffen hat, was die mexikanischen Steetfood-Klassiker unterscheidet, kann sich bei Holy Taco durchprobieren und lernen. Jeden Samstag gibt's beim Mexican Brunch außerdem südamerikanische Frühstücksgerichte zu entdecken. Chilaquiles zum Beispiel, ein Pfannengericht mit Spiegelei und Käse. Zum Anstoßen kommen selbstverständlich Margaritas ins Glas – und Hamburgs südamerikanische Schnaps-Interpretation: der Mexikaner.

€€ Reeperbahn 77 (St. Pauli), Telefon 0151 72048406, Di-Mi 18–22, Do 18–22.30, Fr 17–23, Sa 11–15, 17–23, So 17–21 Uhr, EC-Karte, VISA, Mastercard; Reeperbahn S1, S2, S3; holy-taco.de

Atelier F: Souschef Benedikt Bennin voll in seinem Element

Horizon

Business Lunch in internationalem Ambiente: Unweit des Flughafens werden im Horizon Steaks, Fisch- und Grillgerichte aufgetischt. Geschäftige Gäste stoßen mit Bubbles auf gemeinsame Projekte an und Reisende gönnen sich ein gutes Mittagessen vor dem Abflug. Praktisch: Wer nach dem Essen einen Flieger erwischen muss, kann den kostenlosen Shuttleservice des Restaurants nutzen.

€€€€ Flughafenstraße 47 (Langenhorn), Telefon 040 53102357, Mo-So 17–23 Uhr, EC-Karte, VISA, Mastercard, Amex; Fuhlsbüttel Nord U1; restauranthorizon.de

Kaalia

Der winzige Laden zwischen Grindelviertel und Fernsehturm ist ein echter Geheimtipp. Maximal zehn Gäste empfangen Ulf und Wiebke, die an den vier Tischen Platz nehmen dürfen. Das Dinner-Erlebnis ist intim und experimentell: Gekocht wird französisch mit indischen Einschlägen in monatlich wechselnden Drei- bis Fünf-Gang-Menüs. Die Begleitung von biodynamischen und Naturweinen ist essenziell – unbedingt von den tollen Empfehlungen überraschen lassen!

€€€€ Rentzelstraße 13 (Rotherbaum), Telefon 0157 33120817, Mi-Do 19–22, Fr 17.30–23, Sa 12–16 Uhr, EC-Karte, VISA, Mastercard; Grindelhof Bus 5; kaalia.de

Knips

Dorf-Feeling in der Großstadt: Wer ein wenig das Tempo drosseln will, ist hier gut aufgehoben. Die Atmosphäre ist entspannt, die Küche deftig und das rustikale Holzmobiliar versprüht Kneipencharme. Ob Flammkuchen, Steak oder Zanderfilet: Hier wird die ganze Familie satt und glücklich. Burger, Pasta und Schnitzel gibt's auch als Kinderportion – perfekt für einen gemeinsamen Wochenendausflug nach Klein Flottbek.

€€€ Jürgensallee 51 (Nienstedten), Telefon 040 829144, Mo-Fr 12–24, Sa-So 14–24 Uhr, EC-Karte, VISA, Mastercard, Amex; Klein Flottbek S1, S11; knips-hamburg.de

La Chance

Mitten in der schönen Neustädter Wexstraße liegt das La Chance (französisch: das Glück). Das hübsche Bistro mit Stuck und Kronleuchtern

FOTO: MARC SILL

Mangold
RESTAURANT + BAR
Beim Alten Gaswerk 3 · 22761 Hamburg · +49 40 890 62 468
mangold@gastwerk-hotel.de · www.gastwerk.com

Alle Tests in voller Länge auf genussguide-hamburg.com

KURZ GEBRATEN

ist in der Tat ein kulinarischer Glücksfall. Hier wird orientalische Kochkunst mit französisch-mediterranen Einflüssen verfeinert. In Form von Merguez mit Harissa-Joghurt oder Lammspieß mit Rotweinfeigen zum Beispiel. Am besten so viel wie möglich probieren – die große Auswahl an kalten und warmen kleinen Vorspeisenportionen macht's möglich.

€€€€ Wexstraße 33 (Neustadt), Telefon 040 38637431, Mo-Fr 11–15, 17–23, Sa-So 17–23 Uhr, EC-Karte, VISA, Mastercard; Stadthausbrücke S1, S2, S3; lachance-restaurant.de

La Quesadilla

Hier speist es sich wie in einem Gemälde von Frida Kahlo: Die Wände leuchten in bunten Farben, Gäste schlürfen Drinks aus Pelikan-förmigen Gläsern und skurrile Deko-Elemente akzentuieren den Gastraum. Auf farbenfroh gewebten Tischdecken wird serviert, was der Restaurantname verspricht: Quesadillas in allen denkbaren Variationen. Das Restaurant bietet sie mit Fisch, Fleisch oder als vegetarische und vegane Optionen an.

€€€ Falkenried 30 (Hoheluft-Ost), Telefon 040 89721372, Mo-So 17–23 Uhr, EC-Karte, VISA, Mastercard; Eppendorfer Weg (Ost) Bus 5; la-quesadilla-hamburg-1.de

Maihan

Ein Hingucker: Das afghanische Restaurant am Eppendorfer Weg empfängt seine Gäste mit viel Glas, dunklen Wänden, elegantem Mobiliar und dezenten orientalischen Dekorationselementen. Die Karte verspricht traditionelle afghanische Küche. Dampfgegarte gefüllte Teigtaschen und typische Reisgerichte bilden die Basis, die in verschiedensten Kombinationen zubereitet werden. Ob gegrillte Aubergine, Kebab, Lammspieß oder Salat mit auf den Teller kommen, entscheidet der Gast.

€€ Eppendorfer Weg 240 (Hoheluft-Ost), Telefon 040 4202903, Mo-So 17–23 Uhr, EC-Karte, VISA, Mastercard; Eppendorfer Weg Bus 5, Bus X35; maihan.eatbu.com

Maui Poke Guys

The original Hamburg-Poké-Bowl: In der Hansestadt waren die Maui Poke Guys die ersten, die das hawaiianische Nationalgericht servierten. Das Reisgericht mit rohem Fisch und Gemüse-Toppings haben inzwischen auch viele Nachahmer auf der Karte – hier im Karoviertel schmeckt's trotzdem noch am besten. Das Geheimnis? Kleiner Laden, große Leidenschaft! Wer rohen Fisch nicht mag, bestellt Pulled Jackfruit – die vegane Ceviche-Variante.

€ Karolinenstraße 30 (St. Pauli), Telefon 040 30742687, Mo-Fr 11.30–19.30, Sa-So 13–19 Uhr, EC-Karte, VISA, Mastercard, Amex; Messehallen U2; maui-poke.de

Odysseus

Inhaber Odysseus Chatzikonstantinides ist ein herzerwärmender Gastgeber: Er begrüßt Stammgäste mit Küsschen, lässt Kinder im Restaurant herumkrabbeln und kümmert sich liebevoll um seine Eimsbütteler Fangemeinde. Die hat sich nicht nur seinetwegen gebildet, sondern auch aufgrund des guten Essens. Hier gibt es typisch griechische und andere internationale Gerichte, die einfach, aber handwerklich top zubereitet sind.

€€€ Hellkamp 1 (Eimsbüttel), Telefon 040 40172599, Mo-So 17–24 Uhr, EC-Karte, VISA, Mastercard; Osterstraße U2; odysseus-hamburg.de

Ollita Peruana

Cristina Quevedo hat sich mit dem Ollita Peruana ein Stückchen Heimat nach Hamburg geholt. Seit 2016 serviert sie in Barmbek-Süd peruanische Hausmannskost. Die wird hier nicht an empfindlich europäische Gaumen angepasst und so durchziehen nahezu alle Speisen eine feine Schärfe und eine frische Säure. Natürlich steht auch Ceviche auf der Karte – wer das peruanische Nationalgericht schon immer mal von einer echten Landsfrau probieren wollte, kann sich durch drei Variationen testen.

€€ Humboldtstraße 142 (Barmbek), Telefon 040 22947878, Di-Fr 18–23, Sa 14–23, So 14–22 Uhr, EC-Karte, VISA, Mastercard; Herderstraße Bus 173; ollitaperuana.com

Palü

Käsefondue ist die wohl schönste Schweizer Tradition. Im Palü kommt der Topf mit dem flüssigen Gold in die Mitte, sodass alle gemeinsam und genüsslich Brotwürfel hinein dippen können. Traditionell werden außerdem Cornichons, Silberzwiebeln, Pellkartoffeln und Champignons dazu serviert. Eine mächtige Mahlzeit – zum Glück gibt's die grandiose

Das Odysseus überzeugt mit gutem Essen und Herzlichkeit

hausgemachte Engadiner Nusstorte auch zum Mitnehmen.

€€€€ Rothenbaumchaussee 63 (Rotherbaum), Telefon 040 30922010, Di-Do 12–15, 18–22, Fr 12–15, 18–24, Sa 18–24 Uhr, EC-Karte, VISA, Mastercard; Hallerstraße U1; palue.hamburg

Pani Smak

Das kleine Restaurant in der Jarrestadt bietet allerlei polnische Spezialitäten an. Ganz vorne mit dabei: Pierogi, angebraten und serviert mit Sauerrahm, süßen Zwiebeln und Speck. Die gefüllten Teigtaschen gibt es hier auch in der süßen Variante. Die plüschig kitschige Einrichtung ist gemütlich und steigert den Appetit auf polnische Hausmannskost. Es stehen nämlich auch andere Klassiker wie Bigos oder Schlesische Knödel auf der Karte.

€ Hölderlinsallee 1 (Winterhude), Telefon 040 35706257, Mo-Fr 16–22, Sa-So 12–22 Uhr, EC-Karte; Jarrestraße (Kampnagel) Bus 17; panismak.de

Siebens

Mit passender Lage direkt am Tor zur Welt tischt das Siebens Tapas aus aller Herren Länder auf. Hier treffen schwäbische Maultaschen auf spanische Lammkoteletts und jamaikanisches Hühnchen auf britische Cornish Pasty und griechischen Oktopussalat. Und die Reise geht weiter, bis der Magen nicht mehr kann: Von Vietnam über Italien und Israel bis nach Mexiko. Die Außensitzplätze mit Blick auf den Fischmarkt laden dazu ein, trotz internationaler Speisen ganz viel Hamburg-Feeling aufzusaugen.

€€ Fischmarkt 5 (Altona-Altstadt), Telefon 040 75065830, Mo-Do 12–15, Fr 12–15, 17–20.30, Sa 12–20.30, So 12–18 Uhr, EC-Karte, VISA, Mastercard, Amex; Königsstraße S1, S2, S3; siebensamfischmarkt.de

Teigtasche

Die Teigtasche auf St. Pauli ist etwas ganz Besonderes – nämlich das einzige litauische Restaurant in Deutschland. Sein Name verrät bereits: Teigtaschen spielen in dem kleinen Familienbetrieb die Hauptrolle. Es gibt sie in verschiedenen Ausführungen; gekocht oder frittiert, mit Fleisch oder vegetarisch. Zu entdecken gibt es außerdem landestypische Rote-Bete-Suppe, Kartoffelpuffer oder Knödel nach litauischem Traditionsrezept. Auch die liebevolle Einrichtung stammt zum Großteil aus der kleinen baltischen Republik.

€€ Hein-Hoyer-Straße 10 (St. Pauli), Telefon 0152 53192733, Mo-Do 16–22, Fr-Sa 15–23, So 13–21 Uhr, nur Barzahlung; Reeperbahn S1, S2, S3; restaurant-teigtasche.de

Yaku

Das peruanisch-mexikanische Yaku setzt auf die Experimentierfreude seiner Gäste. Auf dem Tisch landet nämlich auch mal Ungewöhnliches wie Schweineohr, getrocknete Heuschrecke oder Kürbisblüten. Das zurückhaltende Interieur entspricht nicht dem südamerikanischen Klischee und bietet dem Essen eine edle Bühne. Die Gerichte sind hier eindeutig der Star: hochwertig, kreativ und sehr hübsch anzuschauen.

€€ Schlüterstraße 79 (Rotherbaum), Telefon 0176 23570402, Di-Do 18–23, Fr 18–23.30, Sa 17–23, So 17–22 Uhr, EC-Karte, VISA, Mastercard; Hallerstraße U1; yaku-restaurante.de

FOTO: MARC SILL

TIPPS DER REDAKTION

Gut und günstig: Hamburgs Kantinen

Viele Kantinen in Hamburg sind viel besser als ihr Ruf. Und schonen den Geldbeutel! Hier schmeckt's uns

FOTO: ANTON MURYGIN / UNSPLASH

Cantina Fux & Ganz

Im Restaurant der ehemaligen Viktoriakaserne tummeln sich zur Mittagszeit nicht nur die Kreativen und Gewerbetreibenden der ansässigen „fux eg", auch für den Rest Altonas lohnt sich der Besuch. Zum wechselnden Mittagstisch mit internationalem Einschlag bekommen Gäste in der Cantina Fux & Ganz Salat und Nachtisch für unter zehn Euro. Für den Energiekick am Nachmittag hat das Café bis 17 Uhr geöffnet. Sonntags kann in der Kantine mit etwas mehr Zeit gebruncht werden.

Bodenstedtstraße 16 (Altona-Nord); fuxundganz.de

Lux Kantine

Ronald Lux und seine Frau Linda von Possel bekochen in der hauseigenen Kantine des imposanten Rathausgebäudes in Altona ansässige Angestellte und externe Gäste mit einer bunten Mischung aus Hausmannskost und internationaler Küche. Täglich stehen in der Kantine drei abwechslungsreiche Gerichte auf dem Speiseplan, außerdem gibt's Frühstück.

Platz der Republik 1 (Altona-Altstadt); lux-kantine.de

Rathauskantine Wandsbek

Wer im Osten der Stadt deftige Hausmannskost zum Mittag möchte, ist in der Rathauskantine in Wandsbek an der richtigen Adresse. Hier stehen von montags bis freitags drei Gerichte auf dem Menü, darunter mindestens ein vegetarisches, die meist zwischen fünf und acht Euro kosten. Im Sommer kann man die leckeren Speisen auf der Terrasse zu sich nehmen.

Schloßstraße 60 (Wandsbek); rathauskantinewandsbek.eatbu.com

Stadtküche Bezirksamt Mitte

Tägliche wechselnde Gerichte – von Hähnchenschnitzel über vegane Burger bin hin zu Kräuterrisotto – bietet die Stadtküche im Bezirksamt Mitte. Die Auswahl ist groß, die Preise fair. In der Stadtküche Kaffee-Bar im Erdgeschoss warten neben frischem Kaffee und Tee auch Snacks und Süßes. Die stylishe Kantine in der Hamburger Neustadt verfügt sogar über eine eigene App und eine mit Guthaben aufladbare Kundenkarte.

Caffamacherreihe 3 (Neustadt); stadtkueche.de

Tomori im Schauspielhaus

Tiefrote Sessel und schwere Vorhänge verströmen in der Kantine des Schauspielhauses in St. Georg schon mittags und vor den Vorstellungen richtiges Theater-Feeling. Wer sich hier mit wechselnden Mittagsgerichten, Salat, Backkartoffeln oder Schnitzel versorgt, erspäht vielleicht seinen Lieblingsdarsteller – das Ensemble des Hamburger Theaters in der Kirchenallee speist hier nämlich ebenso wie Mitarbeiter und externe Gäste.

Kirchenallee 39 (St. Georg); restaurant-kantine.de

Artischocke mit
Sonnenblumenkernen,
Kartoffeln und drei Dips:
Das Maquis begeistert
seit Eröffnung mit
fantasievollen Gerichten

Veggie & Vegan

Go vegan! Ein Slogan macht Karriere. Hamburg ist schon längst gut am Start für fleischlose Küche – immer häufiger geht es sogar ganz ohne tierische Produkte. Veggies und Veganer sind eindeutig auf dem Vormarsch

Ændrè

Experimentierfreude

Zwei Wochen nach Eröffnung ist das Ændrè rappelvoll. Die Tische stehen eng, es ist laut. Die Speisekarte ist übersichtlich: Es gibt große und kleine Portionen von kalten und warmen Speisen. Teilen erlaubt. Wir starten mit drei kleinen Gerichten: geschmorte Buschbohnen, Bete in Salz (je 5 Euro) und Gurke und Zucchini auf Bohnenpüree mit Ingwer (8 Euro). Die Bohnen schmecken gut, sind aber nichts Besonderes, die Beteknollen überzeugen mit Bissfestigkeit und würziger Senfcreme, und die Kombination aus Zucchini, Gurke und Bohnenpüree ist spannend. Weiter geht's mit konfiertem Lauch und Bohne mit Rhabarber-Vinaigrette (15 Euro), Möhre und Meerrettich mit Kerbel-Mayonnaise (11 Euro) und geröstetem Hirsebratling mit Selleriepüree (17 Euro). Der Meerrettich landet als ziemlich scharfes Püree auf dem Teller, getoppt von einer wieder sehr bissfesten, mit Garam Masala gewürzten Möhre und einer traumhaft süßlich-würzigen Kräutermayonnaise. Toll! Auch das Hirse-Gericht überzeugt. Der vegetarische Bratling ist üppig und das Selleriepüree in Kombination mit einer Art Chutney aus Chili und Limette fein kombiniert. Beim Lauch, getoppt mit frischem Rhabarber, erkennen wir das Bohnenpüree von der Vorspeise wieder, diesmal warm. Simpel, aber lecker. Wir beenden den Abend mit einem Glas Rotwein-Cuvée von Kaiser Natur (8 Euro) und einem Fenchel-Löwenzahn-Tonic. Dieser wird durch einen Schuss Walnussöl ergänzt, wodurch er etwas an Dressing erinnert. Die Experimentierfreude der Küchencrew ist toll, die der Bar für uns etwas zu gewagt. AVL

AMBIENTE ●●●●● SERVICE ●●●●●
KÜCHE ●●●●● PREIS-LEISTUNG ●●●●●

NEU! €€ Schlüterstraße 86 (Rotherbaum), Telefon 040 30774649, Mi-Sa 10–22, So 10–16 Uhr, EC-Karte, Visa, Mastercard; Museum am Rothenbaum Bus 114; aendre.de

Aomame Vegan

Veganes Wohlfühlen

Ist es wirklich notwendig, bei einer Restaurantbewertung über eine Zimmerdecke zu sprechen? Auf jeden Fall! Vor allem wenn sie so leuchtend rot ist wie im Aomame Vegan. Das japanische Restaurant in Wilhelmsburg ist wirklich ein Hingucker – nicht nur die Decke. Überall satte Farben, kreativ bemalte Wände, dunkles und helles Holz, grüne Pflanzen – die Augen bekommen auch abseits des Tellers einiges geboten. Apropos Teller – da war ja was! Von der großen Tapas-Auswahl bestellen wir als Vorspeise Avocado Fries mit Limetten-Mayo-Dip (4,90 Euro), Enoki-Pilze im Tempura-Teigmantel (5,50 Euro) und Soja-Filet-Sushi mit Avocado und Mango (7,50 Euro). Umhauen kann uns besonders die frittierte Avocado. Außen knusprig, innen weich – mmh! Die veganen Garnelen in ihrer orangeroten Currysoße (12,90 Euro) mit dem grünen Gemüse als Hauptgericht laufen dann den Avocados fast den Rang ab. Nicht nur farblich wieder ein Highlight. Etwas unter den Erwartungen bleibt die Ramen mit Honey-Sojafleisch (12,90 Euro). Die etwas fade Miso-Brühe kann nicht mit dem dominanten Aroma des „Fleischs" mithalten. Nicht schlecht, aber irgendwie unstimmig. Stimmig ist der Abend dennoch. Und so sitzen wir noch lange unter der behaglichen roten Decke, dabei höchst kontrastreich einen knallgrünen Longdrink schlürfend. Das Aomame ist nicht einfach nur ein veganes Restaurant, es ist ein Ort, der Ästhetik und Wohlfühlen perfekt vereint – und das leckere Essen gibt es als Garnitur oben drauf! ACM

AMBIENTE ●●●●● SERVICE ●●●●●
KÜCHE ●●●●● PREIS-LEISTUNG ●●●●●

€€ Veringstraße 155 (Wilhelmsburg), Telefon 0157 32047185, Mo-Di 17–22, Mi-Do 11.30–15, 17–22, Fr 11.30–15, 17–23, Sa 13–23, So 12–22 Uhr, EC-Karte, VISA, Mastercard, Amex; Rothenhäuser Straße (West) Bus 13; aomame-vegan.de

An Vegan House

Auf die Plätze, fertig, ...

Als das An Vegan House 2018 eröffnete, haute das Konzept selbst Nicht-Veganer vom Hocker: Erstmals wurden in Hamburg asiatische Tapas vegan aufgetischt. Mittlerweile gibt es zahlreiche Nachahmer, und auch das An Vegan House hat einen zweiten Standort. Der Laden in der Langen Reihe brummt. Das Ambiente ist gemütlich-modern, der Service flink. Fast ein wenig zu flink, denn kaum haben wir Platz genommen, werden wir auch schon nach unserer Bestellung gefragt. Es gibt 20 Tapas zu je 5,50 Euro und fünf Bowls zu jeweils 12,90 Euro. Wir ordern Crispy Tofu, knusprige Wantan mit Tofu-Pilzfüllung, Buns mit Soja-Patty und Dumplings mit Hoisin-Chili-Soße – schon fünf Minuten später steht alles auf dem Tisch. Die Geschmacksnuancen reichen von umami über süß bis sauer. Einzig die Buns mögen uns nicht begeistern und kleben an den Zähnen. Wir spülen mit hausgemachter Limonade (5,50 Euro) nach und ordern noch zwei Bowls. Auch die kommen schon kurz darauf, leider vergisst der Service, nach weiteren Getränken zu fragen und lässt sich auch in der nächsten Zeit nicht locken. Wir machen uns über die dicken Udon-Nudeln mit Tofu, Gemüse und geröstetem Sesamöl in herrlich würziger Sojasoße (Regeneration Bowl) und den im Wok geschwenkten Tofu mit allerlei Soja, Gemüse und Geröstetem (Protein Bowl) her und sind sicher, dass auch der größte Fleischfan hier nichts missen würde. Exakt 44 Minuten nach Ankunft sind wir fertig, die Rechnung kommt fix, draußen warten bereits Gäste auf einen freien Platz. ILO

AMBIENTE ●●●●● SERVICE ●●●●●
KÜCHE ●●●●● PREIS-LEISTUNG ●●●●●

€ Lange Reihe 93 (St. Georg), Telefon 040 84507122, So-Do 11.30–22.30, Fr-Sa 11.30–23 Uhr, EC-Karte, VISA, Mastercard; Gurlittstraße Bus 6, Bus 17; anveganhouse-langereihe.business.site

FOTO: JULIA SCHUMACHER

Genuss GUIDE
DER SZENE HAMBURG
TESTSIEGER
2023/2024

Verwöhnen die Gäste mit fleischloser Bistro-Küche auf hohem Niveau: Inhaber Christian Piwitt und Küchenchef Johan Lindloff

Maquis

Vegetarisch auf höchstem Niveau

Johan Lindloff ist ein Künstler. Selbst Vegetarier aus Überzeugung, komponiert er hochmotiviert die fantasievollsten Menüs im Maquis, seinem ersten eigenen Restaurant. Dass man hier nachhaltig und fleischfrei in einer neuen Dimension genießen kann, hat sich seit der Eröffnung im Herbst 2022 herumgesprochen – der überschaubare Raum ist bis auf den letzten Platz besetzt. Schon bei der Vorspeise wissen wir, warum. Gute alte Bekannte wie Kohlrabi, Rote Bete, Linsen und Schnittlauch gehen dank ausgesuchter Gewürze eine völlig neue Verbindung ein (12 Euro). Beim Hauptgericht lernen wir ein fremdes Gemüse kennen: Rapa, dezent bitter, kommt in Begleitung von Ricotta-Spinat-Maultaschen und Trüffelzwiebeln (23,50 Euro) und schmeckt sensationell. Und das geht so weiter: Hinter dem bescheiden klingenden Nuss-Eis-Sandwich mit Ganache (10 Euro) verbirgt sich eine der wohl besten Nachspeisen der Hansestadt. Das gilt auch für die süße Alternative aus Apfel mit Glace au foin, Walnuss und Sellerie (10 Euro). Der Koch kommt persönlich an den Tisch und erläutert kurz und unaufdringlich seine Kreation. Inspirationen bekommt er offenbar im deutsch-französischen Grenzbereich: regional eingekauft, höchst raffiniert variiert. Pro Gang gibt's zwei Angebote. An drei Abenden geöffnet, bedeutet das wenig Überfluss. Hier stimmen Konzept und Ergebnis. Sehr sympathisch: Nach 22 Uhr setzen sich sämtliche Mitarbeitende aus Küche und Service gemeinsam an einen Tisch und genießen die Gerichte des Abends selbst! DEF

AMBIENTE ●●●●● SERVICE ●●●●●
KÜCHE ●●●●● PREIS-LEISTUNG ●●●●●

NEU! €€€€ Thedestraße 2 (Altona), Telefon 0151 51622777, Mi-Sa 17.30–24 Uhr, EC-Karte, VISA, Mastercard, Amex; Königstraße S1, S2, S3; maquis.hamburg

Onsen-Ei mit Senf-Pastinakencreme und Kräuterseitlingen

FOTOS: JULIA SCHUMACHER

Buhjah Bowls

Wie eine Kita für Große

Bowls – einer der dicksten Trends der vergangenen Jahre. Die gesunde Antwort auf den Burger-Hype. Die Vitamin-Schüsseln gibt's mittlerweile überall, bis in den Supermarkt. Ein harter Wettbewerb, in dem auch Buhjah Bowls mit derzeit zwei Läden mitmischt. Wir testen den Bahrenfelder Standort. Bestellung an der Theke zur späten Mittagszeit. Zweimal Bowl, bitte! Die „Weekly", Kreation der Woche, und die „Asia" (je 13,90 Euro) von der regulären Karte, die allerdings nur vier Varianten bereithält. Avocado als gewünschtes Extra ist leider aus. Wir starten mit einer Linsensuppe (3,90 Euro), von der die einzige Mitarbeiterin auf Nachfrage sagt, sie passe durchaus als Vorspeise. Das erweist sich als Trugschluss. Die Suppe kommt als pürierter Brei und würde wohl jeden Gast satt bekommen. Die Konsistenz überzeugt nicht und bleibt nach wenigen Löffeln stehen. Die Bowls sind ordentlich und bunt angerichtet, die Basis Reis bestreitet den Löwenanteil – ein weit verbreiteter Spleen, um günstig Menge und Gewicht zu erzielen. Auf der „Weekly" punktet ein Klecks Grünkohlpesto, die „Asia" zieht mit einem leckeren Erdnussdip auf durchschnittlichem Niveau gleichauf. Das Interieur erinnert ein wenig an eine Kita für Große – alles sehr schlicht, eine gute Handvoll Tische, der Raum, der auch vermietet wird, wirkt ein wenig unaufgeräumt. Unserem Sohn schmeckt der Kokos-Milchreis (2,70 Euro), der allerdings direkt aus dem Kühlschrank kommt. MO

AMBIENTE ●●○○○ SERVICE ●●○○○
KÜCHE ●●○○○ PREIS-LEISTUNG ●●●○○

€ Daimlerstraße 75a (Bahrenfeld), Telefon 040 35968141, Mo-Fr 12–15 Uhr, EC-Karte, VISA, Mastercard; Bornkampsweg Bus 2; buhjahbowls.de

Carino

Ein vegetarischer Italiener in St. Georg

Italienisch und vegetarisch, passt das? Kann man auf Ossobucco und Vitello tonnato verzichten? Man kann. Das beweist das Carino, das ausschließlich vegetarische und vegane Speisen im Angebot hat. Im hell gehaltenen, mit vielen Weinflaschen dekorierten Ambiente im Souterrain des Außenalster Hotels entscheiden wir uns zunächst für die Antipasti Carino (22 Euro) für zwei Personen. Es kommt eine große Gemüseplatte mit mediterranen, allerdings auch nah- und fernöstlichen Häppchen von sauer eingelegten Paprika über Rote-Bete-Couscous bis zu gegrillten Champignons in Sojasoße. Typisch italienische Aromen wie Knoblauch, Chili und frische Kräuter vermissen wir jedoch. Die Hauptgänge sind klassische Primi. Wir wählen sehr ordentliche Cannelloni con Spinaci e Ricotta (17 Euro), die in einer ovalen Auflaufform serviert werden. Besonders überzeugend dann der Risotto Funghi (19 Euro) mit vier sorgfältig sautierten Pilzsorten. Der schön tomatig abgeschmeckte Risotto hat Biss und ist cremig zugleich. Von der sehr überschaubaren Weinkarte wählen wir den biologischen Rosso Piceno (0,75 l 33,90 Euro) aus Mittelitalien. Ein eher unkomplizierter Rotwein, der auch noch zu unserem Dessert passt. Auf Empfehlung des Kochs probieren wir die warm servierte Crêpe Suzette (10 Euro) mit marinierten Orangen, Cointreau, Beerenfrüchten und Mango-Joghurt-Eis. Wir bereuen es nicht. NB

AMBIENTE ●●●●○ SERVICE ●●●●○
KÜCHE ●●●●○ PREIS-LEISTUNG ●●●●○

NEU! €€ Schmilinskystraße 11 (St. Georg), Telefon 040 28804852, Di-Do 17–23, Fr-Sa 17–24 Uhr, EC-Karte; Lohmühlenstraße U1, AK St. Georg Bus 6, Bus 17, Bus 18; carino-hamburg.de

Carmel By Kapara

Cooler Street-Food-Spot

Zugegeben, die Simon-von-Utrecht gehört nicht unbedingt zu den Straßen, an denen man gemütlich draußen sitzt. Aber wenn es ums Carmel By Kapara geht, dann macht das nichts. Mit den großen, offenen Fenstern und den Holztischen erweckt der nach dem berühmten Carmel-Markt benannte Laden den Anschein, als wäre man an einem coolen Street-Food-Spot in Tel Aviv gelandet. Hinter dem Carmel stecken die Macher der (inzwischen geschlossenen) israelischen Pop-up-Restaurants Simbiosa, Kapara und Kapara Upstairs und dieses Mal servieren sie vegane Pita. Die Bedienung empfängt uns lächelnd und erklärt geduldig, was sich hinter den sechs verschiedenen Variationen versteckt. Wir entscheiden uns für Falshuka (Falafel, 7,50 Euro) und den Kabab Burger mit veganer Bulette (10,50 Euro), serviert im wohl weichsten Pita der Welt und mit cremigem Hummus, Tahini, würziger Zhug-Sauce und frischem Gemüse gefüllt. Dazu gibt es Tel Aviv Fries (Kartoffeln in Aioli, 4,50 Euro), Blumenkohl aus dem Ofen (6 Euro) und Pickles (eingelegte Karotten und Kohl, 3,50 Euro). Für Street Food nicht ganz günstig, aber dafür ist alles frisch und selbst gemacht. Das Essen kommt schnell, die Atmosphäre ist hip und trotzdem nett – und vor allem ist das Essen wirklich mal etwas anderes. Wer mehr will, kann aus dem kleinen Deli frische Gewürze, Baba Ganoush und andere Überraschungen aus Israel mit nach Hause nehmen. NW

AMBIENTE ●●●○○ SERVICE ●●●●○
KÜCHE ●●●●○ PREIS-LEISTUNG ●●●○○

NEU! € Simon-von-Utrecht-Straße 12 (St. Pauli), Telefon 01520 4173669, Mo-Fr 12–22 Uhr, EC-Karte, VISA, Mastercard, Amex; St. Pauli U3; shop.kapara.hamburg

Wozu Vitello tonnato? Dass italienisch auch ohne Fleisch geht, beweist das Carino

Chay Vegan

Überzeugt auch Nicht-Veganer

Wenn man einen Abend unter jungen Leuten verbringen möchte, dann ist das Chay Vegan in der Lilienstraße eine sichere Bank. Schon vor der Tür ist eine große Traube Menschen – und jeder Tisch des im freundlichen Asian-Style eingerichteten Restaurants ist belegt. Der Service leistet Großes. Gerade mal zwei Personen wuseln um die Tische und so dauert es einen Moment, bis wir unsere Bestellung aufgeben können. Wir genehmigen uns ein Bier (0,5 l 4,90 Euro). Als Vorspeise bekommen wir köstliche Buddha Rolls (4,90 Euro), knusprige Frühlingsrollen, gefüllt mit Tofu, Glasnudeln, Morcheln, Gemüsen und Limetten-Soja-Dip, die allein schon den Besuch lohnen. Die Crispy Wantan mit Tofu und Gemüsefüllung und einem hausgemachten Chili-Mayo-Dip (4,90 Euro) haben richtig Crunch und schmecken klasse. Und auch die Avocado-Mango-Rolle kommt sehr gut an (9,90 Euro). Bei den Hauptspeisen begeistert uns die Pagoda Dream Bowl, das sind im

FOTO: MARC SILL

kickt
nachhaltig
Gönn dir und dem Planeten nur Bio-Mate aus nachhaltigem Anbau, wie unserem Meta Mate Agroforst-Projekt im Süden Brasiliens: Kleinbäuer*innen pflanzen hier neben Nutzpflanzen auch Begleitpflanzen und lassen mit Biodiversität Hoffnung fürs Klima wachsen.
Mehr erfahren!
Voelkel
BioZisch
MATE
Voelkel

Wok geschwenkte Udon Nudeln mit Tofuwürfeln, Saisongemüse, Pak Choi und Sojasprossen. Auch toll sind die Monk-Soup, eine traditionelle vietnamesische Reisbandnudelsuppe, und die sehr gut gewürzte Golden Bowl, ein Traum aus cremigem Kokosmilch-Curry mit vielen verschiedenen Gemüsesorten. Alle drei Hauptgerichte überzeugen: Das Essen ist frisch zubereitet, schmeckt wunderbar und überzeugt garantiert auch Nicht-Vegetarier. Kleine Schwächen im Service lächeln wir weg – denn das Preis-Leistungs-Verhältnis sucht seinesgleichen. KN

AMBIENTE ●●●● SERVICE ●●●
KÜCHE ●●●● PREIS-LEISTUNG ●●●●●

€ Lilienstraße 9 (Altstadt), Telefon 040 84709356, Mo-Fr 11.30–22, Sa-So 13–22 Uhr, EC-Karte; Hauptbahnhof alle Bahnlinien; chay-veganhamburg.de

VIP-TESTERIN
Tina Ingwersen-Matthiesen

Citta Vegan House

Vietnamesische Küche unter Zeitdruck

„Herz, Verstand und Gewissen" – das bedeutet „Citta" im Buddhismus. Das spürt man bereits beim Eintreten. Die Atmosphäre ist sehr harmonisch, warme, dunkle Hölzer, Schilf und Kupfer bestimmen den Raum. Die Karte präsentiert 20 kleine Bowls mit vietnamesischen Köstlichkeiten für jeweils faire 5,90 Euro sowie acht große Bowls (zwischen 12,50 und 13,90 Euro). Zum veganen Bio-Wein genießen wir Frühlingsrollen, gefüllt mit Mungobohnen, Pilzen, Gemüse und Koriander. Überzeugen uns. Die frittierten Tofuwürfel in Wasabi-Pulver mit hausgemachter Teriyaki-Soße und geröstetem Sesam sind sogar zum Niederknien. Eine Explosion an ausbalancierten Aromen wie Schärfe, Süße und Salzigkeit beglücken uns. Mitten beim Genuss unserer Vorspeisen kommen leider schon die großen Bowls, die unmissverständlich als Hauptgericht bestellt worden sind. Wir fühlen uns gehetzt und lassen sie erst einmal wieder zurückgehen. Kaum zu Ende gespeist, eilen unsere beiden großen Bowls zu uns zurück. Die Udon-Nudeln mit Tofu, Pilzen, hausgemachter Soße und Edamame sind ein Traum. Auch hier tauchen wir wieder in eine Vielfalt an Aromen ein, die unvergesslich bleibt. Die zweite Bowl mit Brühe, Reisnudeln, gebratenem Tofu, Pak Choi und Jackfruchtbällchen kommt aromatisch zwar nicht an die erste heran, überzeugt uns aber ebenfalls. Desserts sind tagesaktuell und müssen erfragt werden. Wir bestellen schwarzen Reis mit Mangosoße und Panna cotta mit roter Beerensoße. Ersteres ist schon sehr speziell, gleichzeitig aber auch originell. Für meinen Gaumen fehlt etwas Süße. Dennoch eine kreative und wohlschmeckende Kreation. Die Panna cotta mit Kokos ist köstlich. Nach dem Essen möchten wir noch ein wenig verweilen, jedoch werden wir pünktlich um 22.30 Uhr als letzte Gäste nach draußen gebeten. Zufrieden sind wir trotzdem nach einem sehr leckeren Essen in einem schönen Ambiente.

AMBIENTE ●●●● SERVICE ●●●
KÜCHE ●●●● PREIS-LEISTUNG ●●●●

€€ Osterstraße 98 (Eimsbüttel), Telefon 040 25304462, Mo-Do 12–22.30, Fr-Sa 12–23, So 13–22.30 Uhr, EC-Karte, VISA, Mastercard, Amex; Osterstraße U2; citta-veganhouse.de

VIP-TESTERIN
Anne-Katrin Weber

Das weisse Haus

Klein, fein, köstlich!

Immer noch ist es selten, dass ein Restaurant mit ambitionierter Küche es wagt, neben klassischen Menüs ein rein veganes Menü anzubieten. Ein Bravo für Das weisse Haus! Denn das beweist Mut. Und Können! Dass das Konzept aufgeht, verraten die Teller, die das Serviceteam behende zu den Tischen bringt. Der Service ist das, was man „hanseatisch zurückhaltend" nennt. Die Speisen werden ebenso wie die begleitenden Weine routiniert erklärt, für meinen Geschmack etwas zu routi-

Ohne Zeitdruck ließen sich die Gerichte im Citta Vegan House noch mehr genießen

VIP TESTERIN

Anne-Katrin Weber
Kochbuchautorin und Foodstylistin
Getestet: Das weisse Haus, Bistro Carmagnole (Frankreich)

Als VIP-Testerin … entdecke ich immer wieder Neues und verliebe mich aufs Neue in Bekanntes.

Mein Lieblingsrestaurant ist … das Bistro Carmagnole. Da stimmt für mich alles: Essen, Getränke, Stimmung, ein Schuss Durchgeknalltheit und reichlich französisches Bistro-Ambiente!

Mein Feierabendbier/-Wein trinke ich am liebsten im … Das Standard in der Großen Freiheit: feine Weine und Stuzzichini. Auch so ein Wohlfühlort!

Wenn der Mittagshunger kommt, dann … radele ich ins Marend St. Pauli und kann mich nicht zwischen Spinat-, Rote-Bete- oder Käseknödeln entscheiden.

Ein Gastro-Geheimtipp in Hamburg ist auf jeden Fall … das Fritzis in der Kleinen Freiheit.

Typisch Hamburg ist … ein Fischbrötchen auf die Hand an den Landungsbrücken und ein langer Spaziergang an der Elbe.

Nachts noch Hunger? Dann geht's ins … Sorry – bei mir geht's dann ins Bett, bin keine Nachteule!

Zum Frühstück … bleibe ich am liebsten zu Hause! Da gibt's beste Sauerteigbrötchen von meinem Mann und buttrig-luftige Croissants vom Café par içi!, darauf bretonische Salzbutter, eigener Honig,
feine Marmeladen, Käse vom Markt. Dazu leckersten Cappuccino – besser geht's nicht!

FOTOS: WOLFGANG SCHARDT (O.), MARC SILL (U.)

niert. Ob es daran liegt, dass die Menüs mehrere Wochen auf der Karte stehen oder liegt es am allseits bekannten Mangel an Mitarbeitern? Doch das ist auch schon der einzige Wermutstropfen. Im schlicht eingerichteten, aber gemütlichen Ambiente des Restaurants fühlen wir uns gleich wohl, Kerzenlicht verbreitet eine schöne Stimmung, die breiten Holzdielen und die klassisch in Weiß eingedeckten Holztische tragen dazu bei, dass wir das Grau draußen für ein Weilchen vergessen. Das vegane Menü (49,50 Euro, mit Weinbegleitung 69,50 Euro) startet mit Knollensellerie-Scheibchen in einer cremigen Emulsion mit Trüffelöl. Zum Reinlegen, diese Vorspeise. Sie steht der Vorspeise des nicht-veganen Menüs, das meine Begleitung mir gegenüber genießt, in nichts nach. Und genau so geht's weiter mit Süppchen, als Hauptgang einem sehr schön angerichteten Grünkernrisotto mit herrlich intensivem Geschmack und Dessert. Fazit: Das vegane Menü hält, was es verspricht und kann mit dem nicht-veganen Menü locker mithalten.

AMBIENTE ●●●●○ SERVICE ●●●○○
KÜCHE ●●●●○ PREIS-LEISTUNG ●●●●○

€€€€ Neumühlen 50 (Ottensen), Telefon 040 3909016, Mo 17.30–22.30, Di-So 17.30–23 Uhr, EC-Karte, VISA, Mastercard, Amex; Neumühlen/Övelgönne Fähre 62, Hohenzollernring Bus 112; das-weisse-haus.de

Froindlichst

Ganz gemütlich vegan

Ofenkäse in vegan? Wir sind skeptisch. Und bestellen die Vorspeise (7,90 Euro) im Froindlichst trotzdem. Ist immerhin eines der Gerichte, die die Produktions-Crew des Restaurants in Winterhude eigens entwickelt hat. Und da steht die große, auf Cashewbasis hergestellte Portion auch schon, angerichtet mit Nachos und duftendem Kräuterbrot: leicht gebräunte Kruste, würzig, cremig. Sehr käsig, nur Fäden ziehen können wir nicht. Aber geschenkt! Das gemeinsame Dippen ist gesellig, wir fühlen uns in dem hellen Gastraum ein bisschen so, wie auf Besuch in einer WG-Küche. Nur die Musik ist ein bisschen zu laut. Und unser Cocktail, ein Moscow Mule (8,90 Euro), ein bisschen zu dünn. Doch der Uncle Bean Burrito (11,90 Euro) kommt genau richtig knusprig, die Füllung von schwarzen Bohnen, Guacamole, Kirschtomaten, Champignons, roten Zwiebeln, Mais, Süßkartoffel und veganen „Chicken"-Stripes ist ein spannender Mix. Der Trüfflon-Burger im veganen Brötchen verblüfft. Das Patty schmeckt täuschend echt nach Hühnchen (12,50 Euro). Auch die Beilagen überzeugen. Die Süßkartoffelpommes (5,20 Euro) sind schön kross und das eigens entwickelte Aioli (1,60 Euro), auch beim Burrito inklusive, in der Art, dass wir hinterher die Schüssel auslecken wollen. Dass nach den ordentlichen Portionen noch ein Nachtisch reinpasst, grenzt an ein Wunder. Aber: Die Erdnuss-Karamell-Tarte (4,50 Euro) und der Spekulatius im Glas (3,20 Euro) hinter der Glastheke vor der

Bar sehen zu verlockend aus. Auch hier schmecken wir Sahne, wo keine drin ist. Ansonsten Zucker, Schokolade, Frucht satt. Es kommt einem mächtiger vor, als es ist. Toll! MAN

AMBIENTE ●●●● SERVICE ●●●●
KÜCHE ●●●● PREIS-LEISTUNG ●●●●

€€ Barmbeker Straße 169 (Winterhude), Telefon 040 18135154, Mo-So 12–22 Uhr, EC-Karte, VISA, Mastercard, Amex; Sierichstraße U3; froindlichst.com

VIP-TESTERIN
Tina Ingwersen-Matthiesen

Greentable

Veganes Vietnam

Der Name des Restaurants lässt noch nicht unbedingt auf die Herkunft der Speisen schließen, das Interieur jedoch schon. Das Greentable zaubert vegane vietnamesische Speisen auf die Teller. Die moderne und doch warme Atmosphäre gefällt uns, die aus Bambus bestehende Decke vermittelt einen südostasiatisches Flair. Wir testen die hausgemachten Limonaden. Die Red River (5,90 Euro) mit Limetten, Ingwer, frischen Himbeeren und Zitronengras-Tee erfrischt und belebt. Der Green Ice Tea mit Ingwer und Limettensaft ist ebenfalls köstlich. Es gibt kleine Bowls, Hauptgerichte und Desserts. Wir bestellen als Vorspeise vier kleine Bowls (je 5,50 Euro) zum Teilen. Die Meat Balls, das sind Erbsen-Seitanbällchen mit Prinzessbohnen, Knoblauch und Miso Sojasoße, sind eine Umami-Explosion. Die Crunchy Roll, eine Rolle mit Sushireis, Tofu, verschiedenen Gemüsen und Soja-Wasabi-Soße, ist einfach köstlich. Die verschiedenen Texturen aus knusprigem Tempura-Teig und weichen Elementen ergeben ein großartiges Mundgefühl und ein einzigartiges Geschmackserlebnis. Wir haben genug Zeit, unsere Vorspeisen zu genießen, bis unsere Hauptgerichte serviert werden. Die Monk Bowl (13,90 Euro) ist eine Odyssee an Aromen. Udon-Nudeln, zarter, marinierter Tofu, Gemüse, Yakiniku-Soße und ein Crispy Rice Flake Stick fügen sich himmlisch zusammen. Süße, Säure und Würze sind perfekt ausgewogen. Die Wan Tan Soup (12,90 Euro) mit Gemüse und einer rund gewürzten Gemüsebrühe ist köstlich und wärmend. Zum Dessert beglücken wir uns und mit Xoi Xoai (6,90 Euro), einem schwarzen Klebereis mit gerösteten Erdnüssen, Mangostückchen und Kokossahne. Nicht nur farblich sehr kontrastreich – der nicht so süße schwarze Reis wird geschmacklich perfekt durch die süße Frucht bereichert. Wir verlassen das Restaurant glücklich, satt und mit dem Entschluss, es bald wieder zu besuchen.

AMBIENTE ●●●● SERVICE ●●●●
KÜCHE ●●●●● PREIS-LEISTUNG ●●●●●

NEU! €€ Schauenburgstraße 55 (Altstadt), Telefon 040 36099266, Mo-Fr 12–22, Sa 12–22.30, So 12–21.30 Uhr, EC-Karte, VISA, Mastercard, Amex; Rathaus U3; greentable-hamburg.de

Nicht nur etwas für Instagram, sondern auch ausgesprochen lecker: Kkokki Loves Vegan

Kkokki Loves Vegan

Veganes Soulfood auf koreanisch

Kkokki Loves Vegan verspricht das echte Korea einzufangen. In dem Restaurant auf dem Schulterblatt ist es laut, gesellig, bunt und fröhlich. Das Interior passt zum Konzept des Asien Comfort Street Foods: Jede Menge Farbe, nachgebaute Street-Food-Stände, aus Asien bekannte Plastikhocker und eine Klingel am Tisch, mit der man auf sich aufmerksam macht. Nach einer kurzen Einführung in das Konzept des Ladens machen wir uns mit der Speisekarte vertraut. Die Drinks tragen Namen wie „Hot Girl Summer", „Heartbreak at Sunshine" oder „Gym Skipper"(je 5,50 Euro) – diese sprechen definitiv die Generation Z an und sind auch absolut instagramtauglich, wie wir beim Anblick der hausgemachten Zitronenlimo feststellen. Die Speisekarte bietet eine große Auswahl an koreanischen Tapas und eine etwas kleinere Auswahl an Hauptspeisen – alles vegan. Die meisten Gerichte sind im Gegensatz zu den traditionellen Rezepten minimal modifiziert und vor allem natürlich veganisiert, zum Beispiel durch das Ersetzen von Fleisch-/Fischbrühen/-soßen mit Gemüse oder Seetang für den Umami-Geschmack. Oder durch das Weglassen von Ei in Gimbap und der Tteok-Mandu-Suppe. Einige wenige Gerichte beinhalten Fleischimitat. Der Fokus liegt auf frittierten Leckereien – wir entscheiden uns für die Spring Roll Chicken (5 Euro), das Gericht Jjeon, eine Art kleiner Fladen, der hier aus Mungobohnen gemacht wird. Als Hauptspeise bestellen wir die Korean Fried Chicken Combo aus frittiertem Blumenkohl und Tofu (12,50 Euro) und Bibimbap mit veganem Fleisch (13,50 Euro). Wir staunen über die Geschmacksintensität von jedem Gericht und das rundum gelungene Auftreten von Kkokki. Ein toller, entspannt-authentischer Food-Spot, den Inhaber Shin-Won Kang hier eröffnet hat, nachdem er nach über 20 Jahren das Bok am Schulterblatt und in den Stadthöfen geschlossen hatte. Die Schlange beim Warten auf einen Tisch ist also durchaus berechtigt. Als spielerischer Zeitvertreib kann hier aber Vier Gewinnt gespielt werden. IR

AMBIENTE ●●●●● SERVICE ●●●●
KÜCHE ●●●● PREIS-LEISTUNG ●●●●

€€ Schanzenstraße 36 (Sternschanze), Telefon 040 43190070, Mo-Fr 11.30–15 und 17–22, Sa-So 11.30–22 Uhr, EC-Karte, VISA, Mastercard, Apple Pay; Sternschanze S11, S21, S31, U3; instagram.com/kkokki.lovesvegan

La Monella

Fleischloses Italien

Wer hierzulande internationale vegetarische oder vegane Küche bevorzugt, bekommt leicht das Gefühl, dass fleischfreies Kochen in Ostasien normal ist, in Europa dagegen jenseits von Beilagen und Schonkost die Ausnahme. Aber natürlich stimmt das nicht, und so freuen wir uns auf das La Monella, wo die vegetarische italienische Küche im Mittelpunkt steht. Wir werden in dem aufgeräumten Kellerlokal von zwei Kellnern empfangen, die an ein Komiker-Duo aus der Stummfilmzeit erinnern. Wenn sie sich gemeinsam durch die Weinflaschen im Regal wühlen, ist Slapstick nicht fern. Wir beginnen mit Antipasti vom Buffet für zwei Personen (19,90 Euro), die überraschend überraschungsfrei sind. Der Fenchel schmeckt nach Fenchel, die Möhre nach Möhre – nur die gefüllte Aubergine ist eher transzendent. Das passt zu meinem Hauptgericht, Aubergine mit Quinoa, getrockneten Tomaten, Oliven, Kapern, Tomatencreme und grünen Bohnen (17,90 Euro). Die

FOTO: SZENE HAMBURG

HOBENKÖÖK

VIP TESTERIN

Dr. Tina Ingwersen-Matthiesen
Geschäftsführende Gesellschafterin Herbivore Hub GmbH, Gesellschafterin und Beiratsvorsitzende BORCO-Marken-Import Matthiesen GmbH & Co. KG

Getestet: Citta Vegan House, Greentable, Tassajara

Mein Lieblingsrestaurant ist … das Restaurant The Vegan Eagle. Dort werden deftige Hausmannskost wie etwa Königsberger Klopse und Schnitzel, aber auch international inspirierte Küche wie Enchiladas und marokkanische Tapas rein pflanzlich zubereitet. Hier vermissen auch die größten Fleischliebhaber keine tierischen Produkte. Im Sommer bietet das The Vegan Eagle Plätze im eigenen, idyllischen Garten.

Meinen Feierabendwein trinke ich am liebsten … im Weinladen St. Pauli.

Wenn der Mittagshunger kommt, … dann gehe ich gern ins Ændrè. In Hamburgs erstem „Conscious" Café genießt man regionale, gesunde und rein pflanzliche Zutaten, die sich individuell zu Bowls, Smoothies oder belegten Sauerteigbroten zusammenstellen und mit spannenden Toppings garnieren lassen.

Ein Gastro-Geheimtipp in Hamburg … sind die veganen Menüs vom Landhaus Scherrer. Die frisch und saisonal zubereiteten Speisen sind nicht nur köstlich, sondern auch wahre Kunstwerke.

Typisch Hamburg … ist das Fischereihafen Restaurant. Auch hier werden Speisen auf Wunsch vegan zubereitet.

Die schönste Aussicht beim Essen gibt's … im Coast by East mit Blick auf die Elbe und die Elbphilharmonie.

Zum Frühstück gehe ich am liebsten … ins Café Good One. In dem veganen Café gibt es köstliche Croissants und umwerfend gute Kuchen.

Zutaten suggerieren eine kräftige Verbindung, auf dem Teller geht es eher lasch zu. Meine Begleiterin hat Tagliatelle mit grünem Spargel und Steinpilzen in Weißweinsoße (19,90 Euro). Nudeln mit Pilzen – mache ich zu Hause auch gern. Zum Abschluss nehmen wir eine vegane Mousse al Cioccolato (8,50 Euro), die seltsam fettig ist, aber mit Grund, wie uns erklärt wird: „Das ist so, weil sie vegan ist." Sie schmeckt, wie sie aussieht: beige. Das Tiramisu (8,90 Euro) dagegen ist klassisch: ein wenig zu süß, aber irgendwie lecker. Fazit: Auf der Liste der Dinge, die wir an diesem Abend vermisst haben, steht Fleisch sehr weit unten. PL

AMBIENTE ●●●○○ SERVICE ●●●○○
KÜCHE ●●○○○ PREIS-LEISTUNG ●●○○○

€€ Hallerplatz 12 (Rotherbaum), Telefon 040 456162, Mo-Sa 17.30–23 Uhr, EC-Karte; Hallerstraße U1; la-monella.de

Lam Vegan

Nicht lahm-vegan

Mit einem soliden Cocktail und buntem, hausgemachtem Eistee namens Blue Honeydew (4,50 Euro), dazu perfekte Edamame, starten wir hier einen vietnamesischen Bistro-Kurzurlaub. Etwas Verwirrung gibt es bei der freundlichen Servicekraft bezüglich des Restaurantnamens. Ich erkundige mich, wofür „Lam" steht. Und werde aufgeklärt. Der Laden heiße vielmehr „I am" – im Sinne von „Ich bin … vegan". Warum überall ein L auftaucht, erfahren wir nicht. Auch das Jackfruitgericht Mit Xao (12,90 Euro) bleibt ein kleines Rätsel. Ich muss etwas lange nach Jackfruit-Stückchen suchen. Sonst gibt es reichlich anderes knackiges Gemüse nebst Reis auf dem Teller. Und eine erfrischende Schärfe. Ein absoluter Umami-Essenstraum und auch definitiv nicht lahm-vegan: Das Vleisch wie auch die Brühe in der Nudelsuppe „Bun Hue (12,90 Euro) bieten einen ungeahnt rindfleischig-deftigen Kick, nach dem wir uns schon lange als Geschmacksimitation auf pflanzlicher Basis sehnten. Alles kommt in hübschen Schalen, super Mengen, außerdem in angenehmer Umgebung. Eine gute Ergänzung für Hamburgs (asiatische) Veggie-Gastroszene. LMN

AMBIENTE ●●●○○ SERVICE ●●●●○
KÜCHE ●●●●○ PREIS-LEISTUNG ●●●●●

€€ Kleiner Schäferkamp 14 (Eimsbüttel), Telefon 040 41429288, Mo-Sa 12–22 Uhr, EC-Karte, VISA, Mastercard; Schlump U2, U3; lam-vegan.de

Lily of the Valley

Leckerste Mittagspause

Zur Mittagszeit ist es voll im Lily of the Valley. Vor der Tür warten geduldig Kunden auf ihr Mittagessen to go, das online auf der Website vorbestellt werden kann. Wir essen lieber vor Ort und haben Glück. Schon wenig später freuen wir uns über die überproportional großen Teller auf unserem Tisch. Fast größer als das kleine Bistro, aber genau richtig für unseren riesigen Appetit. Die Italian Bolo (9,50 Euro) ist eine Soja-Bolognese, in der Rigatoni mit fruchtigen Cherrytomaten, Walnüssen und gerösteten Pinienkernen geschwenkt wurden. An einigen Stellen ist das Gericht extrem pikant, dafür liegt sicher die Scheibe Bauernbrot daneben. Zu Recht steht die Bolo als einziges Gericht dauerhaft auf der Speisekarte. Zudem stehen noch drei andere Gerichte auf der Karte, die aber wöchentlich wechseln. In dieser Woche gibt es für uns noch veganes Baba Kebab (11,50 Euro). Der Kebab-Spieß aus Seitan schmeckt kräftig gewürzt, dazu gibt es eine leicht scharfe und fruchtige Soße. Himmlisch! Der vegane Joghurt-Dip überzeugt leider nicht, da er etwas wässrig ist. Trotzdem hatten wir die wahrscheinlich leckerste

Für die veganen Gerichte im Lily of the Valley stehen die Gäste mittags gern Schlange

FOTOS: MARC SILL (U.), ALEXANDRA PFEIFER (O.)

Mittagspause in Hamburg. In dem kleinen trubeligen Laden gibt es am Wochenende übrigens auch Frühstück, das lassen wir uns nicht entgehen! LH

AMBIENTE ●●●○○ SERVICE ●●●●○
KÜCHE ●●●●○ PREIS-LEISTUNG ●●●●●

€ Bahrenfelder Straße 212 (Ottensen), Telefon 040 30603060, Mo-Fr 12–16, Sa-So 10–17 Uhr, nur Barzahlung; Friedensallee Bus 2, Bus 16, Bus 37; lily-hamburg.de

Loving Hut

Vleisch ohne Lust und Liebe

Wer wissen will, wie man mit Fleischersatzprodukten mehr oder – wie hier – leider oft weniger genießbare Speisen mit Asia-Touch kochen kann, sollte die nüchtern möblierte Filiale der Loving Hut-Kette in St. Georg aufsuchen. Es gibt kaum Gerichte, in denen keine einschlägigen Fleisch- und Fisch-Alternativen auf der Basis von Soja, Seitan oder der Taro-Wurzel als Proteinquelle eingesetzt werden. Wir wollen möglichst viele Varianten dieser Vleischküche und teilen uns zu sehr guten Hausmacher-Limonaden (4,20–5,50 Euro) erst mal die Vorspeisen (4,90 Euro). Außer den korrekten Sommerrollen kommt alles aus der Fritteuse. Nur die saftigen Frühlingsrollen und die vleischigen Jolly Balls ragen aus dem Geschmacks-Einerlei heraus. Die Hauptgerichte bieten mehr Abwechslung, aber leider gibt es zu oft ungewürztes, blanchiertes Gemüse als Beilage. Planlos eingerührte Bindemittel machen die meisten Soßen eher schleimig denn sämig. Ersatzprodukte müssen nicht wie Fleisch schmecken, haben im Loving Hut mit Ausnahme der Glibber-„Garnelen“ auf Taro-Basis im Thai-Curry (11,50 Euro) aber immerhin meist eine angenehme Textur – und oft auch ansprechendes Eigen-Aroma wie die Soja-Chunks im scharfen Kung Pao (11,50 Euro), der mit Algen fischig gemachte Seitan im Vegan Vish Stew (12,50 Euro) oder süßsaure Mock-Duck mit crunchy Kruste (11,90 Euro). Am schnellsten plündern wir die dunkel und hocharomatisch marinierten „Hammel“-Stückchen vom Vegan Clay Motton (12,50 Euro). Interessante Ansätze, aber auf den Chef, der richtig gut mit Vleisch kochen kann, müssen wir in Hamburg leider noch warten. PESI

AMBIENTE ●●●○○ SERVICE ●●●●○
KÜCHE ●●●○○ PREIS-LEISTUNG ●●●○○

€ Ferdinand-Beit-Straße 7 (St. Georg), Telefon 040 60780993, Mo-Fr 12–15 und 17.30–21, Sa 18–22 Uhr, EC-Karte, VISA, Mastercard; Berliner Tor S1, S2, S11, S21, S31, U2, U3, U4; lovinghut.de

Piccolo Paradiso

Vegane Vielfalt mit Liebe für Geduldige

Der mehrmalige Testsieger Piccolo Paradiso nahe dem Großneumarkt beweist seit über 18 Jahren, dass eine tierfreie Küche vielseitig und raffiniert sein kann und absolut nichts vermissen lässt. In dem farbenfrohen Gastraum gibt es Platz für etwa 35 Gäste. Eine Reservierung wird unbedingt empfohlen, Spontanbesucher finden oft keinen Platz. Die Karte ist abwechslungsreich, aber überschaubar. Wir bekommen eine sehr umfangreiche und lebhafte Vorstellung aller Gerichte. Inhaber Peter Kühn nimmt sich Zeit, das haben wir so bisher in keinem anderen Restaurant erlebt. Und das sorgt für Wohlfühlstimmung, aber auch für Wartezeit an den Tischen. Die ersten Getränke gibt's nach 45 Minuten. Schmaler Grad zwischen Zuwendung und Geduldsprobe. Auf dem Teller gibt es eine abwechslungsreiche Reise durch die vegane und vegetarische Küche diverser Länder. Unsere als Vorspeisen servierten Meze aus dem Orient (25,50 Euro) sind ein feiner Mix diverser Kleinigkeiten. So also wird im kleinen Paradies die Liebe auf den Löffel gezaubert. Auch die Hauptgerichte Gyros (18,50 Euro), eine Quiche mit Apfel und Zwiebeln (17 Euro) und der Risotto Provence (15 Euro) überzeugen bei Geschmack, Größe und Optik auf ganzer Linie. Nur beim Nachtisch, Panna cotta

(7,90 Euro) und Tarte Tartin (9,50 Euro), fehlt ein bisschen Aroma. Für drei Gänge benötigen wir etwa dreieinhalb Stunden. Weil der Service schwächelt bei nur einem Glas Wein auf etwas wackeligen Stühlen, allerdings auch zur Stoßzeit an einem Samstag. Fazit: eine besondere Atmosphäre mit leckeren Gerichten und tollen Bio-Weinen, bei der nur die Möbel und die Wartezeit etwas gewöhnungsbedürftig sind. KB

AMBIENTE ●●●○○ SERVICE ●●●●○
KÜCHE ●●●●● PREIS-LEISTUNG ●●●●●

TESTSIEGER 2022 €€€ Brüderstraße 27 (Neustadt), Telefon 040 35715358, Di-Sa 17–23 Uhr, EC-Karte, VISA, Mastercard, Amex, Paypal; Stadthausbrücke S1, S2, S3, Rödingsmarkt U3; piccolo-paradiso.de

VIP-TESTERIN
Tina Ingwersen-Matthiesen

Tassajara

Urgestein der Veggie-Restaurants

Das Tassajara ist das älteste vegetarische Restaurant Hamburgs und nach Gründung 1976 immer noch im Besitz der Gründerfamilie. Karamijit Singh Witzorek kam bereits mit 19 Jahren von Punjab nach Deutschland und holte die Tradition der vegetarisch-veganen Küche aus seiner Heimat nach Hamburg. Seit einigen Jahren bietet das Restaurant so gut wie alle Gerichte auch in veganer Variante an. Wir haben Lust auf eine warme Vorspeise und bestellen Pakora (11,90 Euro). Gebackenes Gemüse nach ayurvedischem Rezept mit drei exotischen Dips. Die Füllung ist nicht leicht zu entschlüsseln, da alles gut durchgedreht ist. Alles knusprig, gut gewürzt, lecker und optisch ansprechend angerichtet. Unsere zweite Vorspeise, die Tassajara Antipasti (14,90 Euro), bestehend aus gegarten, aber kalten Gemüsen wie Brokkoli, Rosenkohl, Champignons und Kichererbsen ist sehr reichlich und sättigend, jedoch nicht besonders raffiniert zubereitet und angerichtet. Als Hauptgericht wählen wir das Auberginencurry (16,90 Euro), das mit Kartoffeln, Lauch, Tomaten und Ingwer sehr weich eingekocht ist und für uns eher durchschnittlich abschneidet. Der dazugehörige rötliche Basmatireis ist leider mit Öl versehen, was zum cremigen Curry nicht gut passt. Unser zweites Hauptgericht, das vegetarische Grillsteak aus Seitan (18,90 Euro) überzeugt uns dagegen sehr. Nicht nur zart, sondern auch saftig. Sehr lecker! Die dazugehörige Currycreme-Soße passt. Auch wenn wir schon sehr gut gesättigt sind, wollen wir nicht auf Desserts verzichten und bestellen einen warmen Mohnkuchen, vegan mit Sorbet statt Honigeis (8,90 Euro), dazu eine Vanillesoße auf Sojabasis. Der Kuchen ist saftig und die Aromen der Zutaten sind gut aufeinander abgestimmt. Der Service ist zwar freundlich, jedoch personell etwas unterbesetzt. Trotzdem bleibt das Tassajara inmitten der mittlerweile großen Auswahl an veganen Restaurants in Hamburg ein Fels in der Brandung.

AMBIENTE ●●●○○ SERVICE ●●●○○
KÜCHE ●●●●○ PREIS-LEISTUNG ●●●○○

€€€ Eppendorfer Landstraße 4 (Eppendorf), Telefon 040 483801, Mo-Sa 11.30–22 Uhr, nur Barzahlung; Eppendorfer Baum U3, Bus 114; tassajara.de

Vistro

Vegane Glücksmomente

Als es in Hamburg noch nicht viele vegane Pizzerien gab, haben uns die Pizzen im Vistro bereits umgehauen. Wir sind seit Jahren Fans von dem kleinen gemütlichen und lässigen Bistro im Bramfelder Kulturladen Brakula. Bei der Sandro Pizza (12,90 Euro) mit Champignons, grünen Oliven und Cherrytomaten überzeugt die Kombi aus fruchtiger Tomatensoße, knusprigem Boden und knackigem Rucola. Die Adria Pizza (14,90 Euro) war zu Recht die meistgekaufte Pizza 2021: Eine Pizza mit Vöner aus Seitan, Krautsalat, Zwiebel, Peperoni und Tsatsiki ist alles andere als gewöhnlich. Erstaunlicherweise passt Krautsalat zu Pizza, die Adria beweist es. Das Beste ist und bleibt aber der Vanozza auf der Pizza, eine leckere hauseigene Mozzarella-Alternative. Die gibt es zu unserer Freude inzwischen auch in vielen anderen Hamburger Pizzerien. Als Dessert teilen wir uns Mousse au Chocolat (3,90 Euro) – Schokolade in Perfektion. Aufpassen: Pizza gibt es erst ab 17 Uhr! Vorher bietet das Vistro aber zum Glück eine Vielzahl an Salaten, Nudelgerichten und Stullen an. Ab und zu findet sonntags ein veganer Brunch statt, vielleicht sehen wir uns dort. LH

AMBIENTE ●●●●● SERVICE ●●●●○
KÜCHE ●●●●○ PREIS-LEISTUNG ●●●●○

€ Bramfelder Chaussee 265 (Bramfeld), Telefon 040 64217030, Di 12–22, Mi-Fr 17–22, Sa-So 12–22 Uhr, nur Barzahlung; Bramfelder Dorfplatz Bus 8, Bus 17, Bus 173; vistro-hamburg.de

Weidenkantine

Kleinod in der Weidenallee

Das kleine Café-Restaurant zwischen den Stationen Sternschanze und Christuskirche verzaubert uns direkt beim Eintreten. Es ist wuselig, alle Tische und Plätze sind belegt und uns lacht direkt der selbst gemachte Kuchen in der Auslage an. Wir können zwei Plätze ergattern, die äußerst freundliche Bedienung begrüßt uns und es geht sehr zügig los. Es gibt immer zwei Wochengerichte und ein wechselndes Tagesgericht. Die Gerichte sind saisonal, regional, möglichst nachhaltig und gern vegetarisch oder vegan. Wir entscheiden uns für Auberginen-Tomaten-Ragout mit Joghurtsoße und Fladenbrot (11,50 Euro) sowie Gemüse-Limetten-Curry mit Duftreis und Erdnüssen (11,50 Euro). Dazu trinken wir einen frischen Orangensaft (3,50 Euro) und einen hausgemachten Eistee (3,60 Euro). Das Essen ist ein toller und auf den Punkt gekochter Mittagstisch! Es schmeckt frisch und wärmt an diesem kalten Tag. Eigentlich sind wir schon satt, aber der Kuchentheke können wir nicht widerstehen. Wir bestellen einen Carrot Cake (3,80 Euro) und eine Tiramisu Tarte (3,90 Euro), dazu einen Espresso (2,30 Euro) und eine heiße Schokolade (3,60 Euro). Wir werden nicht enttäuscht, die Kuchen sind ausgezeichnet! Wir können die Weidenkantine nur wärmstens weiterempfehlen. Wir werden sicherlich nicht das letzte Mal in dem gemütlichen kleinen Laden eingekehrt sein. JD

AMBIENTE ●●●●● SERVICE ●●●●●
KÜCHE ●●●●● PREIS-LEISTUNG ●●●●●

€ Weidenallee 61 (Eimsbüttel), Telefon 040 71628805, Mo-Fr 10–16, Sa-So 9.30–17 Uhr, EC-Karte, VISA, Mastercard; Christuskirche U2; weidenkantine.de

Leidenschaftliche Weidenkantine-Betreiberin: Köchin Zora Klipp

FOTO: MARC SILL

Alle Tests in voller Länge auf

genussguide-hamburg.com

KURZ GEBRATEN

Bao Bao

Erfrischend untypisch für Eppendorf lockt das solide eingerichtete Restaurant mit authentisch-vietnamesischer Küche, in der sämtliche Fleisch- und Fisch-Originale durch Tofu, Seitan oder Yamswurzel ersetzt werden – und fast alles in Bio-Qualität. Geschmacklich, optisch und in der Konsistenz sind etwa die „Garnelen" von ihren echten Meeresfrucht-Geschwistern nicht zu unterscheiden.

€ Schrammsweg 10 (Eppendorf), Telefon 040 76486840, Mo-Do 11.30–22.30, Fr 12–23, Sa 16–23, So 12–22 Uhr, nur Barzahlung; Kellinghusenstraße U1, U3; baobao-hamburg.de

Bodhi

Im Bodhi verwandeln sich ausschließlich natürliche Zutaten dank authentischer Rezepte aus der südostasiatischen Küche in vielfältigste vegane Gerichte. Allein Tofu gibt es beispielsweise am Spieß, in Sesam gewendet, als Curry, gegrillt, geschnetzelt oder in Teigtaschen versteckt. Auch Sushi und Shrimps warten in veganer Alternative, und abends gibt's sogar vegane Cocktails.

€€ Borgweg 11 (Winterhude), Telefon 040 27880368, Mo-Do 11.30–22.30, Fr-Sa 11.30–23, So 11.30–22.30 Uhr, nur Barzahlung; Borgweg U3; bodhihamburg.de

Café Koppel

Seit 35 Jahren kommen Torten-Liebhaber wegen der großartigen Auswahl an Kuchen aus der hauseigenen Backstube von weit her, inzwischen sind auch vegane, glutenfreie und laktosefreie Leckereien zu haben. Ähnlich beliebt ist der täglich wechselnde vegetarische Mittagstisch.

€ Lange Reihe 75 (St. Georg), Telefon 040 249235, Mi-Fr 12–18, Sa-So 10–18 Uhr, EC-Karte; Gurlittstraße Bus 6, Bus 17; cafekoppel.de

Cai Kitchen

Die chinesische Provinz Sichuan ist bekannt für ihre tierfreie Küche – in China. Hierzulande ist sie noch zu entdecken, mit typischen Teigwaren im Mittelpunkt: Glasnudeln, Reisnudeln, marinierte oder Udon-Nudeln, in unterschiedlicher Schärfe, mal als Suppeneinlage oder gebraten. Eher Imbiss denn Restaurant leben im Cai Kitchen Teigwaren und Süppchen von raffinierten Kräutern – ganz ohne süßsauren Standard.

€ Glashüttenstraße 85a (St. Pauli), Telefon 040 30926661, Mo-Fr 12–15, 17–20, Sa 18–21 Uhr, EC-Karte; Messehallen U2; caikitchen.de

Innerluck

Obwohl Teil eines größeren Ganzen (Squashcenter Stellingen), lockt das Innerluck längst Menschen an, die nur wegen des hundertprozentig veganen Essens kommen. Und seit Januar 2023 wegen der neuen Speisekarte: Dort stehen Ramen neben deftiger Currywurst (aus Erbsenprotein), Bowls neben Burgern – und alles wird von einer leidenschaftlichen Köchin hausgemacht.

€ Hagenbeckstraße 124a (Stellingen), Telefon 040 52389377, Mo-Fr 16–22 Uhr, EC-Karte, VISA, Mastercard; Hagenbecks Tierpark U2; innerluck.de

Mahadosa

Das „Dosa" im Restaurant-Namen steht für einen an Crêpes erinnernden dünnen Fladen aus Reis und Linsen. Er ist typisch für die südindische Küche und bildet mit seinem nahen Verwandten Uttapam, einem Pfannkuchen aus schwarzen Linsen, die Basis der meisten Gerichte. Tierisches ersetzt hier sogenanntes Baumfleisch, ein eiweißhaltiges Gemüse.

€€ Hein-Hoyer-Straße 60 (St. Pauli), Telefon 040 57280324, Di-So 12–24 Uhr, EC-Karte, VISA, Mastercard, Amex; St. Pauli U3; mahadosa.com

Mamalicious

Mamalicious begeistert mit Burger mit Bohnen und Avocados oder als Cheeseburger mit Röstzwiebeln, Bagels in Bio-Qualität und Scrambled Tofu. Unwiderstehlich fluffige Pfannkuchen mit Ahornsirup gehören natürlich unbedingt auch dazu. Und die richtig gute Nachricht: Es gibt kein Zeitlimit für das Frühstücksangebot.

€ Max-Brauer-Allee 277 (Altona-Nord), Telefon 040 37026944, Mo 10–16, Do-So 10–16 Uhr, EC-Karte, VISA, Mastercard; Schulterblatt Bus 15; mamaknows.de

Romman

Restaurants mit Spezialitäten aus Syrien gibt es mehrere in der Stadt, doch mit dem Fokus auf vegetarischer Küche hat das Romman ein Alleinstellungsmerkmal. Bemerkenswert auf der Karte: „Salads from our Grandmas", was Futtern wie bei Muttern entspricht. Ein hausgemachtes Fladenbrot von 20 Zentimetern Durchmesser, Manakish, erweist sich als flexible Grundlage für vielseitigen Belag.

€€ Eppendorfer Marktplatz 21 (Eppendorf), Telefon 040 46093997, Mo-Sa 12–15, 17–22 Uhr, EC-Karte, VISA, Mastercard, Amex; Eppendorfer Marktplatz Bus 20, Bus25; romman-hamburg.eatbu.com

Das Bodhi überzeugt mit stilvollem Ambiente und südostasiatischer Küche

Saravanaa Bhavan

Hier gehen Inder hin, wenn es schmecken soll wie in der Heimat. Dass Saravanaa Bhavan zu einer weltweiten Restaurantkette gehört, spricht ebenfalls für sich. Eine größere Auswahl ist kaum zu finden, denn es stehen vegetarische Gerichte vom nord- und südindischen Teil des Subkontinents auf der Karte.

€€ Kirchenallee 55 (St. Georg), Telefon 040 88167155, Mo-So 11.30–22.30 Uhr, EC-Karte, VISA, Mastercard, Amex; Hauptbahnhof alle Bahnlinien; saravanaabhavan.de

Ta Vegan House

Vietnamesisch und vegan, das passt einfach. Ta – so der Name des Erfinders – konnte sich vor Zulauf kaum retten und eröffnete nach seinem ersten Restaurant im Portugiesenviertel auch eins in Altona. Die typischen Köstlichkeiten seiner Heimatküche wandelt er hier fantasievoll ab.

€€€ Neue Große Bergstraße 11 (Altona-Altstadt), Telefon 0152 23335273, Mo-So 11.30–22 Uhr, EC-Karte, VISA, Mastercard, Amex; Altona alle S-Bahnlinien; taveganhouse.com

The Vegan Eagle

Es soll Gäste geben, die den veganen Adler nur wegen des sensationellen Brownies aufsuchen, den „Mighty Mighty Dark Chocolate Peanutbutter Brownie", wie er so prägnant heißt. Die warmen Gerichte sind vor allem von der mediterranen Küche inspiriert, aber auch Currys aus Thailand und Tortillas stehen auf der Karte.

€€€ Wischhöfen 4 (Langenhorn), Telefon 040 28478767, Di-So 17–22 Uhr, EC-Karte, VISA, Mastercard; Langenhorn Markt U1; theveganeagle.com

FOTO: MARC SILL

Knusprig gebackener Pulpo mit Kräuterseitlingen, Erbsen und Wasabi: Im Fischrestaurant Am Kai wird feinstes Seafood serviert

Fisch

Fischbrötchen an der Hafenkante. Krosse Krabben in der City. Und feinste Filets in gediegener Atmosphäre an der Elbchaussee. Hamburg kann einfach mehr Meer. Jetzt aber ran an die Gräten!

Blue Mare

Kulinarik meets Industrial-Flair

Die unterschiedlichen Gebäude im Langenhorner Valvo Park haben sicher schon einiges erlebt. Das Fitnessstudio lassen wir heute mal außer Acht und nehmen dafür im Blue Mare Platz. Nach der unaufgeregt freundlichen Begrüßung erfahren wir, was die Küche neben der Speisekarte Tagesaktuelles bietet. Das Angebot ist überschaubar, aber dennoch unglaublich abwechslungsreich. Dass wir für unsere Entscheidung eine Weile brauchen, ist nicht der mangelnden Auswahl geschuldet, sondern vielmehr an den zahlreichen spannenden Kreationen. Individualisten können sich den Teller mit verschiedenen Cuts aus dem Meer und von der Weide sowie ausgewählten Beilagen nach eigenem Gusto zubereiten lassen. Das moderne Ambiente im Blue Mare bildet einen ausgewogenen Kontrast zum Äußeren der historischen Backsteingebäude im Valvo Park. Begleitet von entspannter Musik lassen wir den Blick durch den großen Gastraum und durch die Sprossenfenster nach draußen schweifen. Nach dem Gruß aus der Küche, geht es direkt weiter mit Lachstatar (15 Euro) und einem halben Kilo gerösteter Garnelen (29,50 Euro). Sowohl das Tuna Tataki (31 Euro) als auch das Filet Mignon (30 Euro) klingen nicht nur exquisit, sondern sind auch so zubereitet. Wir beenden den schönen Abend mit Oreo-Cheesecake (12 Euro) und Cremoso (10 Euro). Das Blue Mare behalten wir auch für den Sommer unbedingt auf dem Radar, denn direkt vor dem Eingang befindet sich eine große, einladende Außenfläche mit Blick auf die roten Backsteinfassaden – das Flair ist sogar im Winter spürbar. SVA

AMBIENTE ●●●●○ SERVICE ●●●●●
KÜCHE ●●●●● PREIS-LEISTUNG ●●●●○

€€€€ Tarpen 40 (Langenhorn), Telefon 040 500 919, Mo-Sa 11.30-23 Uhr, EC-Karte, VISA, Mastercard, Amex, Paypal, Apple Pay; Tarpen Bus 292; bluemare-hamburg.de

Fisch Pauli

Lässig Fisch essen

Für leckere Fischgerichte in ungezwungener Atmosphäre ist Fisch Pauli mitten im Karoviertel eine der besten Anlaufstellen: Bei gutem Wetter werden auf der sonnigen Außenterrasse Filets von Lachs bis Pannfisch (14,90–18,90 Euro) serviert und auch im liebevoll eingerichteten Innenbereich mit Fischernetzen und allerhand Seemanns-Utensilien ist genug Platz für gesellige Runden. Fischliebhaber haben hier neben klassischen Filets die Qual der Wahl aus ganzen Doraden, Schollen oder Loup de Mer (je 16,90 Euro), Frittiertem wie Fish&Chips oder Backfisch (je 9,90 Euro) und Meeresfrüchten vom Grill (16,90–18,90 Euro). Wir entscheiden uns für den Mix-Teller mit verschiedenen Filets und Meeresfrüchten für wirklich faire 19,90 Euro und gegrillte Calamares (16,90 Euro). Die üppigen Portionen werden kombiniert mit verschiedenen Beilagen und Soßen, Brot mit Dips und Salat gibt es bei jedem Gericht vorne weg. Mit der genau richtigen Menge Knoblauch, aber etwas viel Öl sind die Hauptgerichte vor allem eines: einfach lecker! Als Beilage schmecken die Rosmarinkartoffeln mit einer Zitronen-Knoblauch-Sahnesoße besonders gut. Lediglich beim Salat stößt der viele Essig etwas sauer auf. Umso netter: Der Koch schaut selbst an den Tischen vorbei und erkundigt sich, ob's denn schmeckt. Der Service bei Fisch Pauli ist nicht nur ordentlich auf Zack, sondern dabei noch äußerst herzlich. ABA

AMBIENTE ●●●●○ SERVICE ●●●●●
KÜCHE ●●●●○ PREIS-LEISTUNG ●●●●○

€€ Marktstraße 21A (St. Pauli), Telefon 040 36946696, Mo-Sa 12-22, So 15-22 Uhr, EC-Karte, VISA, Mastercard, Amex, Apple Pay; U Feldstraße U3, Bus 3, Bus 17, Bus X3, Messehallen U2; fischpauli.eatbu.com

Fischerhaus By Beyoğlu

Endlich alles neu

Das gelbe Fischerhaus am St. Pauli Fischmarkt ist „ein echtes Original von 1898". Allerdings war das Restaurant schon länger vom kulinarischen Niedergang befallen. Nun hat es einen neuen Betreiber und dieser hat zum Glück gründlich die Axt angelegt. Das ehemals rustikal-ergraute Interieur strahlt nun in modernen Tönen und die historischen Säulen sind stilvoll integriert. Das akustische Konzept ist perfekt gelungen. Besser hat Hintergrundmusik noch nicht geklungen – unaufdringlich und transparent: Toll! Die Speisekarte enthält viele ost-mediterrane Mezze. Die Fische folgen bei den Hauptgängen. Die Auberginencreme Mutabbal (6,90 Euro) ist etwas neutral geraten. Der Meeresfrüchte Mixteller (34 Euro) mit gegrilltem Pulpo, Garnelen und Kalmartuben gefällt uns besser. Allerdings fehlen die in der Speisekarte angekündigten Jakobsmuscheln. Auf Nachfrage erfahren wir, dass diese nicht lieferbar waren und deshalb mehr Garnelen auf den Teller kamen. Das hätten wir gerne vor der Bestellung gewusst. Die Seeteufel-Medaillons (40 Euro) kommen auch vom Grill und wären wirklich gelungen, wenn weniger Salz eingesetzt worden wäre. Pfeffer- und Salzmühle stehen doch auf jedem Tisch. Schade. Und auch vorgewärmte Teller wünschen wir uns. Beilagen müssen separat bestellt werden (gegartes Gemüse 4,50 Euro). Der türkische Rosé Vinkara (0,2 l 7,50 Euro) ist ein zurückhaltender Speisenbegleiter ohne eigene Akzente. Der weichsubtile Craft-Raki von Yeni Uzun Demleme (6 cl 11 Euro) ist hingegen eine Entdeckung für Liebhaber von Anis-Destillaten. DS

AMBIENTE ●●●●● SERVICE ●●●●○
KÜCHE ●●●○○ PREIS-LEISTUNG ●●●○○

NEU! €€€€ St. Pauli Fischmarkt 14 (St. Pauli), Telefon 040 314053, Mo-So 11.30-22 Uhr, EC-Karte; Hafentreppe Bus 2; restaurant-fischerhaus.de

FOTO: JULIA SCHUMACHER

VIP-TESTERIN
Dayan Kodua

Genuss GUIDE DER SZENE HAMBURG
TESTSIEGER
2023/2024

Am Kai

Für besondere Anlässe

Das Restaurant Am Kai ist direkt am Wasser gelegen und bietet einen überwältigenden Blick auf den Hafen. Ich bin mit meinem Mann und beiden Kindern dort und wir haben das Glück, ein riesiges Kreuzfahrtschiff unter vollen Lichtern ablegen und vorbeifahren zu sehen. Die Atmosphäre im Restaurant ist sehr elegant und einladend, perfekt für ein romantisches Abendessen oder auch ein geschäftliches Dinner. Zum Auftakt wähle ich eine Fischsuppe (18 Euro). Sehr lecker. Gilt auch für das Thunfisch-Tataki meines Mannes. Die anschließend als Hauptgericht servierte Bouillabaisse (42 Euro) kann das hohe Niveau halten, Qualität hat eben ihren Preis. Auch das Tunasteak (36 Euro) vermag zu begeistern. Was aufgetischt wird, ist nicht nur erstklassig, sondern auch modern und kreativ. Wir sind sehr zufrieden. Klasse, dass das Restaurant auch eine Kinderkarte am Start hat. So kommen meine beiden Jungs bei Fisch und Süßkartoffel-Pommes (9,50 Euro) voll auf ihre Kosten. Die Portionen sind großzügig und die Präsentation der Gerichte ist wunderschön. Die Weinkarte bietet eine breite Auswahl an sehr guten Weinen, die perfekt zu jedem Gericht passen. Der Service ist äußerst aufmerksam und sehr freundlich. Die Bedienung ist schnell, engagiert und diskret, was den Besuch noch angenehmer macht. Wer ein besonderes Erlebnis sucht, ist hier definitiv richtig. Steht ab sofort auf meiner Liste für besondere Anlässe.

AMBIENTE ●●●●● SERVICE ●●●●●
KÜCHE ●●●●● PREIS-LEISTUNG ●●●●●

€€€€ Große Elbstraße 145b-d (Altona-Altstadt), Telefon 040 38037730, Di-Sa 17.30–1 Uhr, EC-Karte, VISA, Mastercard, Amex; Fischauktionshalle Bus 111; amkai.hamburg

Kreativ: Das Tatar vom Gelbflossen-Thun wird begleitet von Frühlauch, Ingwer, Koriander und Sesam

FOTOS: JULIA SCHUMACHER

Nicht im Containerhafen, aber Am Kai: Restaurantleiter Sebastian Stylianou, Eventmanagerin Natascha Mataruga, Inhaber Enzo Caressa und Küchenchef Jacob Schmidt

Fisch & Co.

Nicht nur für Touristen

Als Hanseat bin ich quasi verpflichtet, Touristen als störend zu empfinden und nicht wissen zu wollen, wo sie was essen – da kann es sowieso nicht gut sein! Derart gestimmt gehe ich also in die Deichstraße, wo Fisch & Co. Süddeutsche vor dem Hungertod bewahrt, doch zum Glück habe ich meine Tochter dabei, der diese Attitüde fremd ist. „Das ist aber schön hier", freut sie sich über die alte Gasse, und mit „das ist aber gemütlich" über das handtuchgroße Lokal. Im Sommer sitzen die Gäste hier auf der dekorativen Straße, aber wir haben es kalt und drängen uns an einen der vier sehr kleinen Tische. Noch bevor die gut gefüllten Teller vor uns stehen, haben die Jungs meine Vorbehalte geschmolzen. So nett! Die Crew der Herzen, die in einer Küche, die kleiner ist als der Gastraum, lecker Fisch brät und in meinem Fall Pannfisch (13,50 Euro) mit knusprigen Bratkartoffeln und Senfsoße zu solidem Imbiss-Food-Preis anrichtet. Meine Tochter hat Lachs vom Grill (13,50 Euro) und ist ebenfalls sehr zufrieden. Und während wir wie zwei kleine Schweinchen über unsere Teller herfallen, kommen ungelogen mehrere Nachbarn ins Lokal, die alle mit Namen begrüßt werden und ihr Essen mit raufnehmen. Von wegen Touristen – diese Fischbratküche ist eine hanseatische Idylle! PL

AMBIENTE ●●●○○ SERVICE ●●●●●
KÜCHE ●●●○○ PREIS-LEISTUNG ●●●●○

€ Deichstraße 41 (Altstadt), Telefon 040 36093480, Mo-Fr 11.30–19, Sa-So 12–19.30 Uhr, EC-Karte; Baumwall (Elbphilharmonie) U3; fischundco.de

Fischimbiss Schabi

Ohne Schnickschnack

Beim Fischimbiss Schabi in der Sternschanze gibt es frischen Fisch vom Grill zu fairen Preisen ohne viel Schnickschnack. Drinnen wird an der großen Theke bestellt, hinter der auch gekocht wird, draußen an kleinen Bierbänken gespeist, die man sich mit anderen Gästen teilt. Weil der Laden direkt am Schulterblatt liegt, genießen wir hier nicht nur Fisch und Sonne, sondern haben mit den zahlreichenden Passanten auch einiges zu gucken. Wir entscheiden uns für einen Mix-Teller (mit Seelachs, Rotbarsch, Hecht und Tintenfisch für 17,50 Euro) und ein Lachsfilet (16 Euro) mit Chips und Salat. Beide Hauptgerichte schmecken zwar simpel, aber wirklich lecker – nur der Tintenfisch auf dem Mix-Teller kommt etwas zäh daher. Wer Frittiertes bevorzugt, kann zwischen Fish & Chips (10 Euro) und Calamares-Ringen (9,50 Euro) wählen. Dazu darf man auf keinen Fall die Knoblauch-Kräuter-creme verpassen. Aber Achtung: Vegetarier schauen bei Schabi schnell ins Leere und müssen sich mit Beilagen aus Kartoffeln und Salat begnügen. Das Essen steht bei Schabi aber ohnehin nicht zwangsläufig im Mittelpunkt: Weil die Tische vor dem Laden so eng stehen, kommen wir direkt mit unseren Tischnachbarn ins Gespräch – und teilen uns gemeinsam eine Flasche Wein (15 Euro), die wir übrigens selbst aus dem Kühlschrank neben der großen Fischtheke angeln. . ABA

AMBIENTE ●●●○○ SERVICE ●●●●○
KÜCHE ●●●●○ PREIS-LEISTUNG ●●●●○

€€ Schulterblatt 60 (Sternschanze), Telefon 040 43290940, Mo-So 12–21.30 Uhr, nur Barzahlung; Sternschanze S11, S21, S31, U3, Bus 181

Einfach kann so gut sein: Frischen Fisch zu fairen Preisen gibt es im Fischimbiss Schabi

VIP TESTERIN

Dayan Kodua

Schauspielerin, Verlegerin, Autorin

Getestet: Am Kai, Waterkant

Mein Lieblingsrestaurant ist ... das Papaye (Stormarner Straße 1). Wenn ich Sehnsucht nach Ghana und nach scharfem Essen habe, hole ich mir sehr gern was für zu Hause. Kein Schnickschnack und dennoch total lecker.

Wenn der Mittagshunger kommt, dann ... genieße ich sehr gern mein Mittagessen im Overmeyer-Zimmer – ein Hof-Restaurant in Emmelndorf im Süden Hamburgs. Alles frisch zubereitet und aus eigenem Anbau und natürlich saisonal. Im Sommer sitze ich dabei gern draußen auf der Sonnenterrasse und beobachte die Hühner, Schafe, Ziegen und Pferde.

Ein Gastro-Geheimtipp in Hamburg ist ... auf jeden Fall das Ghana Aba Abrokyire – ein ghanaisches Restaurant am Hammer Deich. Dort zu sein und das Essen zu genießen, erinnert mich sehr an meine Kindheit in Ghana.

Typisch Hamburg ... ist für mich die Elbphilharmonie, Fischbrötchen, HafenCity und „Die Pfefferkörner".

Für einen Ausflug aufs Land geht es ... zum Barfußpark in Egestorf. Es tut gut, mal barfuß zu gehen und sich mit der Erde zu verbinden. Meine Kinder lieben es auch.

Die schönste Aussicht beim Essen gibt's ... im Lieblingsplatz in Seevetal. Ich liebe die Ruhe und den weiten Blick und der Teich hat etwas sehr Meditatives. Tipp: die extrem leckere Thai-Suppe mit Fisch – da könnte ich mich reinlegen.

Zum Frühstück gehe ich am liebsten ... ins Café Einfach Rosa in Rosengarten. Nach dem leckeren Omelette gehe ich gern mit meiner Familie im Wald gegenüber spazieren.

FOTOS: MARC SILL (U.), SEBASTIAN BERGER (O.)

Hummer Pedersen

Hanseatisch, aber durchwachsen

Unten am Hafen, wo die großen Schiffe schlafen, da findet man auch gute Restaurants. Hamburger wissen längst, dass zwischen Fischmarkt und Dockland eine Menge feine Lokale liegen. Hummer Pedersen ist als Bistro noch keine 20 Jahre vor Ort in Altona – und doch ein Betrieb mit sehr langer Tradition. Frederik Carl Christian Pedersen fischte schon 1879 nach Hummer-Vorkommen in der Nordsee. Heute kommt das Krustentier, das außen überdimensional die Glasfassade ziert, meist aus Kanada. Bei Hummer Pedersen sitzt man wie in einem großen Wintergarten. Leider wird der Elbblick durch einen groben Büroklotz versperrt. Das Ambiente ist modern, aber kühl, der unmotiviert aus den Boxen wummernde Pop mag nicht so recht passen. Die Fischsuppe vorweg ist mittelmäßig. Es folgt der erste Hummer meines Lebens. Und ich lerne: ein halbes Tier mit Cocktailsoße (26,50 Euro) ist eine ziemlich kleine Portion. Immerhin meine Begleiterin wird vom Thunfischsteak (29,50 Euro), das je nach Wunsch gegart wird, satt. Der Tuna kommt mit schmackhaftem asiatischen Coleslaw, aber das Teriyaki-Gemüse schwimmt in Unmengen von Soße. Zwar ist der Service freundlich und lässig hanseatisch, aber zu schnell – wirkliche Gemütlichkeit kann hier nicht aufkommen. Mit etwas mehr Liebe zum Detail wäre Hummer Pedersen ein tolles Restaurant. So bleibt ein schaler Nachgeschmack. JP

AMBIENTE ●●○○○ SERVICE ●●●○○
KÜCHE ●●●○○ PREIS-LEISTUNG ●●●○○

HANSEPERLE 2022 €€€€ Große Elbstraße 152 (Altona-Altstadt), Telefon 040 52299390, Mo-Mi 12–18, Do-Sa 12–22 Uhr, EC-Karte, VISA, Mastercard; Königstraße S1, S2, S3, Sandberg Bus 111; hummer-pedersen.de

Kleine Haie Große Fische

Fischbrötchen nicht nur fürs Partyvolk

Fisch muss schwimmen. Praktisch also, dass der legendäre Silbersack direkt gegenüber liegt. Die Kiezkneipe lädt nach dem Imbiss zu Bier und Korn. „Kleine Haie, große Fische" – auf die umgetextete Zeile aus dem Titelsong vom „Großstadtrevier" taufte der Betreiber seinen kleinen Laden an der Querstraße auf St. Pauli. Dort haben sie sich ganz dem Fischbrötchen verschrieben. Schon mal sympathisch: An der lütten Theke bestellen wir nach Bildern statt Auslage in der Vitrine, von der man nicht weiß, wie lange sie dort schon ihr Dasein fristet. Alles wird vom warmherzigen Service superfrisch zubereitet, inklusive warmer Beläge wie den selbst gemachten Grilllachsfrikadellen. Bombe! Zur Auswahl steht gut ein knappes Dutzend Variationen im knusprigen Weizen- oder Vollkornbrötchen serviert (4,50–8,50 Euro). In anderen Fischbuden noch nicht gesehen, deshalb hier ein Muss: Anchovis. Die Salznote der eingelegten Sardellen fällt angenehm dezent aus, als Garnitur gibt's Salat, rote Zwiebel, Dill. Lecker. Sehr zu empfehlen auch der knusprige Backfisch. Zum Durstlöschen bietet ein SB-Kühlschrank von Pils bis Malzbier eine gute Auswahl. Die Kurzen sind teils eigene Kreationen. Wer nicht

Knackige Fischbrötchen und 'ne kühle Knolle - nicht nur gut für eine Pause beim Kiezbummel: Kleine Haie Große Fische

gerade nach dem Club-Besuch am Wochenende zur nächtlichen Rushhour reinschneit, hat gute Chancen auf einen Platz im winzigen Gastraum. Alternativ gibt's alles auf die Hand zum Mitnehmen. Oder auch als Catering für den nächsten Workshop im Büro. MO

AMBIENTE ●●●●● SERVICE ●●●●●
KÜCHE ●●●●● PREIS-LEISTUNG ●●●●●

€ Querstraße 4 (St. Pauli), Telefon 0176 64832297, Mi 12–22, Do 12–23, Fr-Sa 12–2, So 12–20 Uhr, EC-Karte, VISA, Mastercard; Reeperbahn S1, S2, S3; kleine-haie-grosse-fische.eatbu.com

Liman

Fisch top, Beilagen schwach

Lustiger Zufall: Mit dem etablierten Grillhaus Limon direkt nebenan hat das Liman überhaupt nichts zu tun. Hier, direkt am geschäftigen Mühlenkamp in Winterhude, serviert man Fisch und Meeresfrüchte in allen erdenklichen Formen, vom kanadischen Hummer bis zum norwegischen Premiumlachs, der günstige Mittagstisch ist im Viertel beliebt. Wir haben uns an einem kalten Abend ins Liman aufgemacht. Interieur und musikalische Untermalung können sich nicht so recht entscheiden, ob sie hip oder klassisch modern sein wollen. Wohl fühlen wir uns dennoch. Auch weil Inhaber Gülay Aksoy aufgrund eines Personalausfalls selbst bedient – ein sehr freundlicher Herr, der jede Menge Geschichten über das Business zu erzählen weiß. Leider vergisst er darüber das Entscheidende: das Essen. Aksoy bringt es tatsächlich fertig, beide Bestellungen meiner Begleitung durcheinanderzubringen. Also bekommen wir beide das Gleiche: vorweg die tadellose Bouillabaisse mit Fenchel (14 Euro) und anschließend den Liman Deluxe Teller (38 Euro). Der Kabeljau ist butterzart und aromatisch, der Thunfisch perfekt und nicht zu roh, die Königsgarnele fein würzig. Nur die Beilagen enttäuschen: Sowohl Kartoffelbrei als auch Spargel darf man in dieser Preisklasse raffinierter angerichtet erwarten. Ein gelungener Abend, abgerundet von gutem Sauvignon Blanc – wenn nur die Vergesslichkeit des Patrons nicht wäre. JP

AMBIENTE ●●●●● SERVICE ●●●●●
KÜCHE ●●●●● PREIS-LEISTUNG ●●●●●

€€€ Mühlenkamp 16 (Winterhude), Telefon 040 37085653, Mo-Do 12–22.30, Fr 12–24, Sa 17–24, So 17–22.30 Uhr, EC-Karte, VISA, Mastercard, Amex; Gertigstraße Bus 6, Bus 17, Bus 25; liman-fisch.com

Octopus Fisch Haus

Enttäuschung am Schulterblatt

Darf man eigentlich noch Oktopus essen? Der Wissenschaft verdanken wir die Erkenntnis, dass Kraken zu den klügsten Tieren überhaupt gehören. Als Pescetarier habe ich entschieden, dass Fisch dreimal im Monat okay ist – daher kommen auch die smarten Tintenfischarme auf den Teller. Der helle Gastraum im Octopus Fisch Haus in Eimsbüttel, am oberen Ende des Schulterblatts, strahlt modernes Maritim-Flair aus. Der Service ist auf Zack und die Portionen reichlich: Schon vorab gibt's Salat und Kräuterbrot mit verschiedenen Soßen. Wir wollen das Können der Köche am Holzkohlegrill testen und bestellen den Mixteller (22,50 Euro) und den Deluxe-Mixteller (28,50 Euro). Letzterer kommt mit verschiedenen Fischen, Gambas, Calamari, einer Jakobsmuschel und einem Oktopusarm. Das namensgebende Tier mit seiner feinen Knoblauchnote ist das kulinarische Highlight. Abgesehen davon ist das Octopus Fisch Haus eine Enttäuschung: Der Rotbarsch hat kaum Geschmack, der Lachs ist wenig überzeugend, die Kartoffeln äußerlich verbrannt und innen zu bissfest. Jetzt noch ein Absacker? Die große Auswahl an Raki-Sorten ist verlockend – doch wir machen uns davon. JP

AMBIENTE ●●●●● SERVICE ●●●●●
KÜCHE ●●●●● PREIS-LEISTUNG ●●●●●

€€€ Schulterblatt 118 (Eimsbüttel), Telefon 040 53034000, Mo-Mi 11–24, Do-Sa 11–2, So 11–24 Uhr, EC-Karte, VISA, Mastercard; Sternschanze S11, S21, S31, U3, Schulterblatt Bus 15; octopusfischhaus.de

Ono by Steffen Henssler

Solide und verlässlich

Steffen Hensslers quirlige, nett eingerichtete Ependorfer Dependance, das Ono, offeriert frischen Fisch und Meeresfrüchte, solide und verlässlich bereitet und im gehobeneren Preissegment angesiedelt. Einer der Schwerpunkte auf der Karte sind natürlich die mannigfaltigen Sushi- und Sashimi-Variationen. Wer sich's einfach machen will, ordert den Signature Dish des Hauses, den Ono-Mix ab zwei Personen (46 Euro pro Person). Die ästhetisch angerichtete Platte offeriert uns feines Carpaccio von der Dorade mit leicht getrüffelter Espuma, ausgezeichetes Sashimi vom Lachs und ordentliches Sashimi vom Thunfisch. Dazu genießen wir zwei kreative, gut abgestimmte Special Rolls, ebenfalls von Lachs und Thunfisch, lässig und lecker hingetupfte Einsprengsel von kleinen, knackigen orangenen Kaviarperlchen, ganz klassisches, unspektakulär, aber perfekt bereitetes Maki Sushi und Gemischtes Tempura mit fluffigem, etwas introvertiert gewürztem Teig, einem hohen Anteil Gemüse- und einem kleinen Anteil Garnelentempura. Menschen mit gesegnetem Appetit haben danach noch Platz im Magen und können sich an den Empfehlungen der Tageskarte gütlich tun (Vorspeisen um 16, Hautgerichte um 30 Euro). Klein, aber sorgfältig ediert und recht fair kalkuliert präsentiert sich die Weinauswahl: Exzellenter Riesling vom Pfälzer Spitzenerzeuger Bassermann-Jordan kostet als echter 0,2-Liter-Schoppen 8,50 Euro, guter Grüner Veltliner von Bründlmayer und solider Grauburgunder von Eric Manz sind für 8 Euro zu haben. Die Flasche Riesling vom Ultrapremium-Weingut Gunderloch für 29 Euro und ein Sancerre für 41 Euro sind heutzutage fast schon Sonderangebote. GR

AMBIENTE ●●●●● SERVICE ●●●●●
KÜCHE ●●●●● PREIS-LEISTUNG ●●●●●

€€€ Lehmweg 17 (Hoheluft-Ost), Telefon 040 88171842, Di-Sa 12–15, 17.30–22.30 Uhr, EC-Karte, VISA, Mastercard, Amex; Hoheluftbrücke U3, Bus 5; onobysh.de

FOTO: MARC SILL

am kai

restaurant. seafood. drinks. elbblick

Veddeler Fischgaststätte

Backfisch forever!

Genuss GUIDE DER SZENE HAMBURG HANSEPERLE

Als Hamburgensie gilt, was Tradition hat und positiv besetzt ist. So wie die 1932 eröffnete Veddeler Fischgaststätte. In der Bude auf der Elbinsel gibt's den vielleicht besten, in jedem Fall den bekanntesten Backfisch der Stadt. Und das direkt am Autobahnzubringer zwischen vorbeidonnernden Trucks in Wurfweite der an die Elbbrücken heranwachsenden HafenCity. Weil er der urbanen Expansion im Wege stand, sollte der Imbiss verduften. Ihre Rechnung hatten die Planer ohne den Wirt gemacht. Mit Support seiner Crew und den vielen, vielen (prominenten) Stammgästen gelang Christian Butzke die Rettung. Die Legende darf bleiben, die Besucher können weiter Schlange stehen, um einen der begehrten Plätze zu ergattern. An den schlichten Tischen gesellen sich Hafenarbeiter zu Rentnern, Lokalpolitikern, Werbern, Touris und geborenen Veddelern. Der panierte Seelachs kommt in drei Portionsgrößen (Baby, klein und groß) knusprig aus dem nur für diesen Ort noch zugelassenen Spezialofen, mit dem sich über 200 Grad frittieren lässt. Mit zwei Gabeln (Messer waren hier einst kriegsbedingt, heute traditionell Mangelware) futtern wir fünf zarte Stücke Backfisch (9,50 Euro), dazu schmecken Pommes und Mayo-Kartoffelsalat. Solide der Gurkensalat mit Dillrahm (3 Euro), supergut die Fischfrikadellen, die es auf Wunsch einzeln (2,50 Euro) und zum Mitnehmen gibt. Alternativ serviert der zackige Service Brathering und Scholle. Reicht auch, kein Mensch erwartet hier mehr als das, was es immer gab und mit amtlichem Segen weiter geben darf: Backfisch forever! MO

AMBIENTE ●●●●○ SERVICE ●●●●○
KÜCHE ●●●●● PREIS-LEISTUNG ●●●●●

€ Tunnelstraße 70 (Veddel), Telefon 040 786389, Mo-Fr 11–17.45 Uhr, EC-Karte; Elbbrücken S3, S31, U4, Veddeler Marktplatz Bus 154; veddeler-fischgaststaette.de

Wenn Backfisch, dann Veddeler Fischgaststätte

VIP-TESTERIN
Dayan Kodua

Waterkant

Genuss an der Waterkant

Dieses Restaurant Waterkant ist wirklich ein besonderer Ort, das merken wir sofort. Die Aussicht in Richtung Hafen toll, die Atmosphäre angenehm und entspannt. Wir werden vom herausragend freundlichen und auffallend gut gekleideten Team herzlich willkommen geheißen und fühlen uns von Anfang an wohl und sehr gut aufgehoben. Die Karte im Waterkant ist im positiven Sinne übersichtlich und zudem gibt es Empfehlungen des Restaurantleiters, die besonders hilfreich sind. Eine mega-cremige Burrata mit Tomaten und Salat (16 Euro) und das Tunfisch-Tataki (22 Euro) begeistern uns als Vorspeisen. Unglaublich lecker. Als Hauptspeise wähle ich die als Pannfisch angebotene Fischvariation mit Trüffel-Kartoffelbrei (29 Euro). Genauso perfekt und auf den Punkt wie das Thunfischsteak (38 Euro) auf der anderen Seite des Tellers. Die Preise sind für die herausragende Qualität und die Portionsgrößen definitiv angemessen. Der Nachtisch ist eine echte Sensation. Die Crème brûlée (9 Euro) ist einfach himmlisch und ein absoluter Höhepunkt des Abends. Das gilt auch fürs Parfait (13 Euro). Das Waterkant ist ein Muss für jeden Feinschmecker, der auf der Suche nach einem unvergesslichen kulinarischen Erlebnis in Hamburg ist. Das herausragende Essen, die einzigartige Atmosphäre, der erstklassige Service und die angemessenen Preise machen dieses Restaurant zu einem echten Juwel in der Stadt. Und hinterher noch ganz entspannt in die Towerbar im zehnten Stock, einen überragenden Blick auf die Stadt genießen.

AMBIENTE ●●●●○ SERVICE ●●●●●
KÜCHE ●●●●● PREIS-LEISTUNG ●●●●●

€€€€ Bernhard-Nocht-Straße 97 (St. Pauli), Telefon 040 3111970480, Di-Sa 18–23 Uhr, EC-Karte, VISA, Mastercard, Amex; Bernhard-Nocht-Straße Bus 111; empire-riverside.de

XO Seafoodbar

Schlichtheit trifft Genialität

Fabio Haebel und der Kiez. Das passt. Mit Mut, Energie und Konsequenz baut sich der Gastronom einen kulinarischen Mikrokosmos auf St. Pauli auf. Nach dem vom Michelin grün besternten Haebel ist die XO Seafoodbar schräg gegenüber bereits sein zweites Top-Restaurant, obendrein hat er um die Ecke die Baegeri eröffnet. Deren hervorragende Brote werden in den Lokalen serviert, logisch. Wir betreten einen bumsvollen Fischladen. Ein freundlicher junger Mitarbeiter platziert uns „High Top": an einem hohen Tisch, an dem drei Paare entspannt sitzen können. Ins Auge fallen Einweckgläser mit allerlei fermentiertem Gemüse und die offene Küche im hinteren Teil des clever strukturierten Lokals. Schlichtes Design lässt hier Gemütlichkeit zu. Sympathisch. Die auf je ein halbes Dutzend „Appetizer" und „Mains" reduzierte Karte beschreibt die Philosophie des Hauses. In Töpfe und Pfannen kommen regionale Produkte, Fisch nur aus verantwortungsvollem Fang. Vornweg schlürfen wir drei mit Jalapeño garnierte wilde Austern (19 Euro) und geflämmte Garnele mit Bisque-Mayo auf Pumpernickel (22 Euro). Grandios. Die Bouillabaisse (29 Euro) mit Sauce Rouille und Sauerteigbrot ist optisch wie geschmacklich eine Sensation. Was für ein kräftiger, fein abgestimmter Sud. Das Graupenrisotto mit Sprotte und Deichkäse (21 Euro) hält das Niveau. Eine intensive, geniale Komposition. Auch die Empfehlung des Junior-Sommeliers von der gut sortierten Weinkarte (Flasche ab 29 Euro) trifft ins Schwarze. Wow! MO

AMBIENTE ●●●●○ SERVICE ●●●●●
KÜCHE ●●●●● PREIS-LEISTUNG ●●●●○

TESTSIEGER 2022 €€€€ Paul-Roosen-Straße 22 (St. Pauli), Telefon 0151 72423046, Mi–So ab 17 Uhr, EC-Karte, VISA, Mastercard, Amex; Reeperbahn alle S-Bahnlinien; thisisxo.de

FOTO: MARC SILL

Alle Tests in voller Länge auf
genussguide-hamburg.com

KURZ GEBRATEN

Catch of the day

Als ob man den Fang des Tages selbst erledigt hätte, kann man den Kaispeicher B per Boot erreichen – um sich dann sein Lieblingsgericht immerhin selbst zusammenzustellen: Aus Barbenfilet, Flusskrebs, hausgebeiztem Lachs, Schellfisch und Kabeljau mit Riesengarnelen wählt man zunächst die Basis und dann nach eigenem Geschmack die Beilage(n). Im Erdgeschoss des Maritimen Museums zu Hause, ist das Ambiente entsprechend seenah.

€€€ Koreastraße 1 (HafenCity), Telefon 040 45060627, Mi-Fr 12–15, 17–22, Sa-So 11.30–22 Uhr, EC-Karte, VISA, Mastercard, Amex; Singapurstraße Bus 6; kaispeicher-b.hamburg

Daniel Wischer

Was gut ist, soll gut bleiben. Im Traditionshaus gibt es Gerichte mit Kultstatus, und die mögen insbesondere die Stammgäste so, wie sie sie kennen. Im historischen Kontorhaus kehrt man ein, um sein Lieblingsgericht über Jahre hinweg in gleichbleibender Qualität zu genießen, sei es Goldbarschfilet, Calamares oder den soliden Brathering. Wer's eilig hat, nimmt die Fischfrikadellen auf die Hand vom Tresen am Eingang mit auf den Weg.

€€ Große Johannisstraße 3 (Altstadt), Telefon 040 36091988, Mo-Sa 11.30–21 Uhr, EC-Karte, Mastercard, Amex; Rathaus U3; danielwischer.de

Dübelsbrücker Kajüt

Ob es hier mit dem Teufel zuging, bleibt Legende. Tatsächlich verbreitet das Hausboot im winzigen Hafen von Teufelsbrück mit Steuerrädern und Landkarten an der Wand echtes Seemanns-Feeling. Gleich doppelt wärmt die Hamburger Krabbensuppe mit Cognac, aber auch Matjes in vier Varianten, hausgebeizter Graved Lachs und sauer eingelegte Heringe genügen höchsten Ansprüchen in der manchmal lauten Kneipen-Atmosphäre.

€€ Elbchaussee 303 (Othmarschen), Telefon 040 828787, Mo-Fr 12–23, Sa-So 11–23 Uhr, EC-Karte, VISA, Mastercard; Marxsenweg Bus 112; duebelsbruecker-kajuet.de

Fabios Fisch

Fabios Fisch meint Fast Food: Niemand hat ein größeres Angebot an Fischbrötchen – quasi alles, was lecker zwischen zwei aufgeschnittene Hälften passt, landet da auch, und manchmal ist der Übergang zum Burger fließend. Calamares-Ringe sowie Gambas- und Lachssalat eignen sich ebenfalls bestens für den Snack zwischendurch. Und Fabios' Fish & Chips eilt der Ruf voraus, die besten jenseits des Ärmelkanals zu sein.

€ Große Elbstraße 133 (Altona-Altstadt), Telefon 040 70298866, Mo 10–18, Mi-Fr 10–18, Sa-So 10.30–18.30 Uhr, EC-Karte; Königstraße S1, S2, S3; fabiosfish.de

Feuerschiff

An Bord des knallroten Feuerschiffs gibt es nicht nur eine Kombüse, sondern sogar Kojen: Wenn man hier übernachtet, kann man am Morgen gleich mit dem Matrosen- oder Kapitänsfrühstück starten. Mittags wartet ein dreigängiges Hafenmenü auf die Gäste, und abends stehen Kulturveranstaltungen auf dem Programm. Zwischendurch hat man den besten Blick auf Hamburgs neues Wahrzeichen: die Elbphilharmonie.

€€€€ City Sporthafen, Vorsetzen (Neustadt), Telefon 040 362553, Mo-Sa 9–1, So 9–23.30 Uhr, EC-Karte, Mastercard; Baumwall U3; das-feuerschiff.de

Fischbeisl

A Beisl is' a österreichisches Gasthaus. Tatsächlich wagt hier jemand aus den Bergen, norddeutsche Gerichte zu zaubern – und das auch richtig gut: Herr Preis aus Tirol versteht sich auf Matjeshappen, Krabbencocktail und Steinbeißerfilet, sogar das Labskaus macht er selbst. In seinem Bistro sind Miesmuscheln und schlichter Hering ebenso beliebt wie Riesengarnelen und Hummercremesuppe.

€€ Große Elbstraße 131 (Altona-Altstadt), Telefon 040 3907275, Mo-So 11–22 Uhr, EC-Karte, VISA, Mastercard, Amex; Königstraße S1, S2, S3; fischrestaurantfischbeisl.com

Fischclub Blankenese

Der schwimmende Fischclub liegt am Fuß des berühmten Treppenviertels in Blankenese und wird von drei Seiten von der Elbe umspült. Die solide Karte beginnt mit fangfrischem Stint (den gibt es saisonal) und steigert sich über Pannfisch und Skreifilet bis zur ganzen Seezunge. Kinderfreundlich hält es auch für den kleinen Hunger passende Portionen bereit. Die Lage ist konkurrenzlos: Ozeanriesen ziehen scheinbar auf Armlänge vorbei.

€€€€ Strandweg 30a (Blankenese), Telefon 040 869962, Mo-Do 12–18, Fr-So 12–22 Uhr, EC-Karte; Blankenese S1; restaurant-fischclub.de

Fischereihafen Restaurant

Der Guide Michelin nennt es das „Hamburger Wohnzimmer für Fischliebhaber" – und der muss es wissen. Seit Jahrzehnten schallt der exzellente Ruf des Fischereihafen Restaurants mit seinem hanseatisch-stilvollen Ambiente und einem erlesenen Angebot an Fisch und Meeresfrüchten weit über Hamburg hinaus: Ob zünftig mit Hering und Stint oder aber edel mit Hummer und Kaviar – die Karte lässt keinen Wunsch offen.

€€€€ Große Elbstraße 143 (Altona-Altstadt), Telefon 040 381816, Mo-Do 11.30–22, Fr-Sa 11.30–22.30, So 11.30–22 Uhr, EC-Karte, VISA, Mastercard, Amex; Königstraße S1, S2, S3; fischereihafenrestaurant.de

Hagenah

Frischfisch, hausgemachte Räucherware, Tiefkühlprodukte, Marinaden und Salate: Die 30 Meter lange Frischetheke und das geschulte Personal von Hagenah haben viel zu bieten. Wochentäglich gibt es im Bistro günstige Mittagstischklassiker, sämtliche Produkte werden aus nachhaltiger bio- und MSC-zertifizierter Fischerei bezogen.

€€ Schnackenburgallee 8 (Bahrenfeld); Mo-Do 8–16, Fr 8–18, Sa 8–14 Uhr; Telefon 040 822970; Ruhrstraße Bus 180; hagenah-fisch.de

Rive Fish & Faible

Rive heißt Ufer, und genau da liegt das Restaurant: Der sensationelle Blick auf die Elbe passt perfekt zur Einrichtung, die einer Yacht nachempfunden ist und Gäste glauben macht, man lege gleich ab. Chefkoch Felix Dietz bietet „urbane Meeresfrüchte-Küche", also Krabben, Gambas, Krebse und Garnelen. Aber auch

In Fabios Fischbistro kommt der Fisch fangfrisch auf den Teller

FOTO: MARC SILL

Im Rive gibt Küchenchef Felix Dietz den Gerichten den letzten Feinschliff

ein Emporkömmling ist zu haben: Der Hamburger Pannfisch, einst Arme-Leute-Essen, hat den Sprung geschafft.

€€€€ Van-der-Smissen-Straße 1 (Altona), Telefon 040 3805919, Di-Fr 12–24, Sa 17–24, So 13–24 Uhr, EC-Karte, Mastercard, Amex; Königstraße S1, S2, S3; rive.de

Yin Seafood Restaurant

Dass chinesische Küche viel verliert, sobald sie dem deutschen Gaumen entgegenkommt, ist nicht neu. Umso erfreulicher, wenn jemand davon abweicht, wie Herr Ling. Sein Seafood beginnt bei einer einfachen Fischbällchen-Suppe und endet beim ganzen Hummer, dazwischen schwimmen Muscheln in vielen Varianten, Meeresschnecken, Tintenfische, Austern und Flusskrebse – und über allem liegt frischer Ingwer-Duft.

€€€ Große Elbstraße 133 (Altona-Altstadt), Telefon 040 38109993, Mo-Fr 12–15, 17–23, Sa-So 12–23 Uhr, EC-Karte, VISA, Mastercard; Königstraße S1, S2, S3; yinseafood-hamburg.de

Zum Alten Lotsenhaus

Eins der ältesten Fischrestaurants Hamburgs hat Elbblick: Zwischen dem Lotsenhaus und den riesigen Pötten liegt nur ein größerer Vorgarten. Hier haben Gäste die Wahl zwischen einem Drei- oder Vier-Gang-Menü, und bei jedem Gang fällt die Auswahl gleich schwer: Lachsforelle oder Seeteufel als Vorspeise? Scholle oder Zander im Hauptgang? Und dazwischen Fischsuppe oder Labskaus? Das Personal berät gern.

€€€€ Övelgönne 13 (Othmarschen), Telefon 040 8800196, Mo-Do 18–22, Fr 18–23, Sa 13–23, So 12–22 Uhr, EC-Karte, VISA, Mastercard; Neumühlen/Övelgönne (Fähre) Bus 112; zum-alten-lotsenhaus.de

FOTO: MARC SILL

Wenn das Rib-Eye am Knochen auf dem glühend heißen Teller im Theo's seinen perfekten Garpunkt erreicht, ist das für Fleischliebhaber pures Glück

Fleisch

Weniger is(s)t mehr. Das gilt beim Fleisch ganz besonders. Haltung und Tierwohl spielen eine immer größere Rolle. Wir wollen wissen, wo es die beste Qualität und wirklich grandiose Cuts gibt

(m)eatery

Das Dry-Aged-Paradies

Der verglaste Dry-Aged-Reifeschrank im Eingang weist den Weg – ins Paradies für Fleisch-Esser. Fasziniert stehen wir vor den Rinderhälften und ahnen, was uns gleich erwartet. Die (m)eatery in der Neustadt gilt als Mekka für Steak-Fans. Allein mit dem Vorspeisenteller Weiderind (22 Euro) verstehen wir deren Philosophie und lassen uns unter anderem Carpaccio, geschmorte Zwischenrippe oder Tatar auf der Zunge zergehen. Bereits jetzt wissen wir, dass wir uns nächstes Mal ausschließlich von der Tatar-Auswahl ernähren werden. Nach einer kräftigen Rindersuppe, dem Beef Tea (12 Euro), ordern wir die Steaks. Ein Sirloin Cut US-Beef mit 300 Gramm (54 Euro) und ein deutsches Bone-in Rib-Eye von 500 Gramm (59 Euro) als Tagliata mit Rucola und kandierten Tomaten serviert. Das Fleisch wird bei 800 Grad angebraten und bleibt dadurch innen saftig und zart. Die Frage des Kellners, ob es schmeckt, erübrigt sich. Unsere leuchtenden Augen sind Antwort genug, sofern er sie bei der extrem dezenten Beleuchtung sehen kann. Die Gaumen erfreuen wir zudem mit einer kleinen Auswahl der offenen Weine, wie einem Grauburgunder (0,2 l 12 Euro) und einem Rioja Reserva (0,2 l 14 Euro). Die Weine schenkt der überaus freundliche Service am Tisch ein. Nach perfektem Steak bleibt kein Platz mehr für ein Dessert. Wir haben das Dry-Aged-Paradies erlebt. THORSTEN BARTELS

AMBIENTE ●●●●● SERVICE ●●●●●
KÜCHE ●●●●● PREIS-LEISTUNG ●●●●●

TESTSIEGER 2022 €€€€ Drehbahn 49 (Neustadt), Telefon 040 30999595, So-Do 17–22, Fr-Sa 17–22.30 Uhr, EC-Karte, VISA, Mastercard, Amex; Stephansplatz U1; meatery.de

Bear Claw

Pulling in the name of ...

Endlich mal wieder Burger und zwar nicht auf herkömmliche Art mit einem Fleischpatty, sondern mit gezupftem Fleisch. Im Bear Claw in Langenhorn gibt es Pulled Pork, Pulled Chicken und sogar Pulled Beef. Man hat sich hier auf das schonende Schmoren und anschließende Verfeinern des gezupften Fleischs spezialisiert. Der schwarz gestrichene Raum wirkt durch die farbigen Akzente, die Beleuchtung und den Industrial Look stimmig. Durch die hohe Decke und den daraus resultierenden Lautstärkepegel entsteht zwar nicht das gesteigerte Verlangen, den ganzen Abend hier zu verbringen, aber das muss es ja auch nicht. Das, worauf es ankommt, passt. Aus der variantenreichen, aber nicht zu großen Karte wählen wir einen Cheeseburger mit Pulled Beef (12,50 Euro) und ein Banh Mi Sandwich mit Pulled Pork (12,90 Euro). Sides und Dips bestellen wir separat. Die Amazing Fries sind etwas breiter und auch krosser als normale Pommes, genau unser Ding. Wer keine Lust auf Burger hat, kann sich auch für ein Sandwich oder einen Salat mit der entsprechenden Fleischsorte entscheiden. Wahrscheinlich alles ähnlich lecker wie unsere Auswahl. Neben einem veganen Burger können sogar alle Burger als vegetarische Variante bestellt werden. Da sollte dann wirklich für alle etwas dabei sein. Zum süßen Abschluss kommen der Salzkaramell Brownie (3 Euro) und der luftige Cheesecake (2,80 Euro) auf den Tisch, gute Entscheidung. Bis bald. SVA

AMBIENTE ●●●●○ SERVICE ●●●○○
KÜCHE ●●●●○ PREIS-LEISTUNG ●●●●○

€€ Langenhorner Markt 18 (Langenhorn), Telefon 040 32029988, Mo-Do 12–22.30, Fr 12–24, Sa 14–24, So 14–22 Uhr, EC-Karte, VISA, Mastercard, Amex, Paypal; Langenhorn Markt U1; bearclaw.de

Billy the Butcher

Fleisch ist Kernkompetenz

Schlachterbeil am Entrée. Kuhfell-Bezüge. Und über mir eine blank polierte Säge. Bei Billy the Butcher bleiben keine Fragen offen. Hier geht's um Meat. Das können wir uns vorn an der Theke aussuchen und mit heimnehmen. Wollen wir aber nicht. Lieber rein in den szenig mit Barhockern und hohen Tischen eingerichteten Gastraum. Das Helle (0,33 l 5 Euro) kommt von Ratsherrn, Fassbier ist hier nicht. Wir ordern den Klassiker, der an einen besonders umtriebigen Gesellen dieser Schlachterei erinnern soll. Nennt sich Strammer Max, das gewaltige Teil. Wir bestellen gleich die De-luxe-Version mit zwei Pattys vom edlen Wagyu (26 Euro). Strammer Preis. Aber gutes Fleisch kostet. Für unsere Beilage wird noch mal ein Fünfer fällig. Dafür kommen die Fritten als Kombi, ein paar Sweet Potatoes haben sich unter die kartoffeligen Normalos gemischt. Knusprig. Allerdings offenkundig nicht von Hand geschnibbelt. Das erwarten wir eigentlich bei den Preisen. Bei der Kernkompetenz lässt Billy hingegen so gar nichts anbrennen. Die Pattys im fluffigen Brioche sind auf den Punkt, saftig und klasse gewürzt. Getoppt wir alles vom knusprigen Bacon und Spiegelei. Toll. Der Service ist lässig. „Wer viel arbeitet, muss kräftig essen", ist an der Wand zu lesen. Letzteres tun wir fraglos, auch wenn ein paar Fritten liegen bleiben. Die Trüffel-Majo lassen wir natürlich nicht umkommen. Für den Burger kommen wir wieder. Die Pommes lassen wir dann einfach weg. Die braucht es eigentlich eh nicht. AND

AMBIENTE ●●●○○ SERVICE ●●●●○
KÜCHE ●●●●○ PREIS-LEISTUNG ●●●○○

€€€ Ottenser Hauptstraße 9 (Ottensen), Telefon 040 3902057, Di-Do 12–22, Fr-Sa 12–23 Uhr, EC-Karte, VISA, Mastercard, Amex; Altona alle S-Bahnlinien; billythebutcher.de

FOTO: JULIA SCHUMACHER

Genuss GUIDE
DER SZENE HAMBURG
TESTSIEGER
2023/2024

Theo's

Fleisch in Vollendung

Das Theo's im Hotel Grand Elysée pflegt den Stil eines Steakhouses, wie es an der New Yorker Eastside beheimatet sein könnte. Als wir eintreten, erfasst uns sofort das besondere Flair der Location. Wir werden freundlich empfangen. Für die großzügige Terrasse ist es heute ein wenig zu kühl. Aber im urban-edlen Ambiente drinnen lässt es sich fraglos auch ganz prima aushalten. Als Starter lassen wir uns einen Klassiker kommen. Der Caesar Salad (14 Euro) mit Sardellen, Macadamia und Trüffelcroûtons wird am Tisch zubereitet. Die frischen und ausgewählten Zutaten, besonders das hauseigene Dressing und der frisch geriebene Parmesan, machen den eigentlich einfachen Salat zum perfekten Einsteiger. Unser Dry-Aged-Porterhouse (100 Gramm 15 Euro) kommt mit leckerem Kartoffelpüree, Möhren in Thymianhonig, French Fries und grünem Spargel (jeweils 5 Euro). Das beeindruckende Steak wird am Tisch portioniert. Der Rest ist Genuss. Das Fleisch vom Angus aus Nebraska ist auf den Punkt gegart. Ein bisschen zerlassene Butter, etwas Meersalz. Runde Sache. Nichts soll uns vom Fleischgeschmack ablenken. Die gelben und roten Möhren haben, genau wie der grüne Spargel, Biss und sind geschmacklich grandios abgestimmt. Der Honig hält sich im Hintergrund, der Knoblauch hat genau die richtige Dosierung. Der als Begleitung empfohlene Malbec harmoniert prima. Und wir werden die ganze Zeit umsorgt. Das Servicepersonal ist dabei immer freundlich und aufmerksam, ohne aufdringlich zu sein. Wir krönen den Abend mit einem Cheesecake, dem Dessert-Klassiker von der New Yorker Eastside. Perfekter Abschluss. Ein derartiges Niveau bis zum Dessert zu halten, ist eine Kunst für sich.

AR

AMBIENTE ●●●●● SERVICE ●●●●●
KÜCHE ●●●●● PREIS-LEISTUNG ●●●●●

€€€€ Rothenbaumchaussee 10 (Rotherbaum), Telefon 040 41412855, Mo-Sa 18–23 Uhr, EC-Karte, VISA, Mastercard, Amex; Dammtor S11, S21, S31; theos-hamburg.de

Das Theo's kann auch so: costa-ricanisches Ceviche von der Rotgarnele mit Gemüsetatar

FOTOS: JULIA SCHUMACHER

Sein Herz schlägt für bewussten Genuss von Prime Beef der besten Rinderherden der Welt: Küchendirektor Peter Sikorra

Seit Jahrzehnten legendär: ein Block-House-Steak mit Ofenkartoffel und Knobi-Brot

Block House

King of Convenience

„Best Steaks since 1968" steht auf jeder Speisekarte der weltweit 54 Filialen unter dem Logo von Block House – und auch im riesigen Gastraum des Steakhauses neben dem Wandsbeker Rathaus samt Gesellschafts-Nebenräumen und überdachten Terrassenplätzen kommen Freunde der gepflegten Fleischeslust seit seligen Tagen von Beatles und Boomer-Babys voll auf ihre Kosten. Das dunkelholzschwere Mobiliar der Marke „Ist das Retro oder Sperrmüll?" erfüllt immerhin seinen Zweck für Besucher wie Betreiber: Erstere sitzen bequem als Paar bis hin zu Großgruppen und finden sich auf den gut bis grell ausgeleuchteten Tellern nicht nur sofort zurecht. Sie fühlen sich auch als Karnivoren vollauf verstanden mit stets zart saftigen, exakt auf Garwunsch gebratenen und vom Holzkohlegrill mit einem Hauch abenteuerlichem Großstadtcowboy-Odeur aromatisierten Fleischbatzen von Hüfte über Entrecôte bis zum Filet. Und weil das Ambiente nach erfolgter Sättigung nicht wirklich zum weiteren Verbleib einlädt, wird der Platz rasch wieder frei für den nächsten Gast. Wie viele andere Hungrige sind auch wir nach dem Quarree-Powershopping die paar Schritte hierher gepilgert und spülen den im Steakpreis enthaltenen und wie immer knackfrischen Mischsalat angesichts überteuerter Weinkarte mit bierähnlichen Getränken wie Malztrunk (3,80 Euro) und alkfreier Weiße (5,50 Euro) nach. Ich gönne mir vorneweg einen Teller angenehm nordisch marinierter Büsumer Krabben (9,50 Euro) mit Zwiebeln und Gurken, für die ich eigentlich nur drei Euro als Salat-Substitution hätte zuzahlen müssen. Das gilt aber nur für normale Steaks und nicht für die „Monatsaktion" – in Kombi mit dem stattlichen 300 g Angus Rib-Eye aus Uruguay (31,70 Euro) werden immerhin drei Euro vom Vorspeisenpreis abgezogen. Inkludiert ist hier dagegen die legendäre Café de Paris-Butter, ein schön schlotzig-muskatiges Kartoffel-Kürbis-Püree und ein leider ziemlich verkochtes Mischbohnengemüse. Die herrlich krossen Extra-Pommes (3 Euro) teile ich mir mit meiner Co-Testerin, deren butterzartes 180 g Filet Mignon inklusive Sour-Cream-Kartoffel und Röstbrot mit 29 Euro ein echter Inflationsgewinner ist – fast alle Speisen in diesem immer noch verlässlich schmackhaften Convenience-Reich von den diversen Steak-Cuts über Fjordlachs bis zum Veggie-Burger sind stetig preislich im Aufwind. Da ist der kleine Großküchen-Käsekuchen mit Blaubeer-Topping (4,50 Euro) von der nur auf Zuruf gereichten Dessertkarte fast schon ein Schnäppchen angesichts solcher Block-Buster. PESI

AMBIENTE ●●○○○ SERVICE ●●●○○
KÜCHE ●●●●○ PREIS-LEISTUNG ●●●○○

€€€ Schloßstraße 48 (Wandsbek), Telefon 040 684638, Mo-Do 12–22, Fr-Sa 12–23, So 12–22 Uhr, EC-Karte, VISA, Mastercard, Amex; Wandsbek-Markt U1; block-house.de

Brooklyn BBQ Bar

Im Smoker-Himmel

Die Brooklyn BBQ Bar an der Bahrenfelder Straße gegenüber der Fabrik wird ihrem Namen gerecht – an liebenswerter Authentizität mangelt es hier nirgends. Der Laden ist nice and casual, ein Ort, an dem man sich sofort wohlfühlt, die Karte lässt für Freunde der amerikanischen Smoker-Grillküche keinerlei Wünsche offen – und was auf den Teller kommt, ist verdammt lecker! Wir sitzen an der Bar im hinteren Teil des großzügigen, sehr gut gefüllten Restaurants und geben uns bei einem frisch gezapften Ratsherrn (0,4 l 5,50 Euro) und einem alkoholfreien Maisels Hefe (0,5 l 5,20 Euro) der Qual der Wahl hin. Am liebsten alles! Als Starter wählen wir eine unglaublich knusprige und sehr großzügige Portion Onion Rings (6 Euro) sowie den Smoked Pork Belly, Würfel vom Schweinebauch, die superzart und unfassbar lecker sind (6,50 Euro). Der Service ist nicht nur unaufgesetzt freundlich, sondern auch eine wirkliche Hilfe bei der Entscheidung, welchen Dip wir zum Main Course nehmen. Mein Mann freut sich über sein halbes Rack perfekt marinierter, superzarter Spareribs, die mit einem tollen Coleslaw und den crunchigsten Sweetpotato Fries serviert werden, die wir je genießen durften (19,50 Euro). Nicht minder begeisternd ist mein Pulled Beef Burger mit Pico de Gallo, Margarita-Dip und Salat, begleitet von Home Fries mit Chili-Lime-Mayo (17 Euro). Ich will nie wieder einen anderen Burger! Für ein Dessert ist definitiv kein Platz mehr, aber der Carlos Coffee-Brandy Shot, den es aufs Haus gibt, entfacht eine finale Begeisterungswelle. Wir sind sehr satt, hochzufrieden und freuen uns schon auf den nächsten Besuch! Dann trauen wir uns an die Meatplatte für zwei Personen, mit dem Besten, was der Smoker zu bieten hat oder probieren mal eines der Veggie-Gerichte. KN

AMBIENTE ●●●●● SERVICE ●●●●●
KÜCHE ●●●●● PREIS-LEISTUNG ●●●●●

HANSEPERLE 2022 €€ Bahrenfelder Straße 221 (Ottensen), Telefon 040 60792430, Mi-So 17–23 Uhr, EC-Karte, VISA, Mastercard; Altona alle S-Bahnlinien; brooklynbbqbar.de

Burger Village

Stabile Stapelkunst

Fünf von fünf vergibt mein Sohn an Punkten und sein Bruder gibt ihm völlig Recht, was unter ja sonst Brüdern selten vorkommt. Aber in der Tat: Wirklich hervorragende – und dabei bezahlbare – Burger für leidenschaftliche Fleischliebhaber gibt es in Altona im Burger Village. Oder zu Hause vom Burger Village. Das Restaurant liegt nicht allzu optimal und setzt daher auch auf den gut bekannten Lieferservice. Wir betreten das Einraumlokal aus ein bisschen Ikea und ein bisschen selbstgezimmert, finden es aber halbwegs gemütlich. Wir werden von der Kellnerin gefragt, ob das Patty medium, well done oder völlig hartgesotten daherkommen soll. Und genießen später eine Art Signature-Variante, den Village Burger (10,90 Euro) mit Spiegelei und Bacon und ein italienisch angehauchtes Modell mit geräuchertem Mozzarella (10,90 Euro). Auch sehr überzeugend ist der Chicken Burger mit Hähnchenbrust vom Grill (11,90 Euro). Es gibt verschiedene vegane und vegetarische Optionen, alles sauber auf der

FOTO: MARC SILL

TABASCO

Speisekarte gekennzeichnet. Lecker ist etwa der Caesar Salad (9,50 Euro). Die Bikini-Figur ist dadurch zu retten, dass es keine Nachtisch-Auswahl gibt, das macht einiges wieder wett. Oder man joggt im Anschluss noch mal runter zur Elbe. Ist ja fast in Sichtweite. CO

AMBIENTE ●●●○○ SERVICE ●●●●○
KÜCHE ●●●●● PREIS-LEISTUNG ●●●●●

€ Max-Brauer-Allee 10 (Altona-Altstadt), Telefon 040 84602357, Mi-Fr 12–15, 17–21, Sa-So 15–21 Uhr, EC-Karte; Rathaus Altona Bus 2, Bus 111, Bus 112, Bus 113, Königstraße S1, S2, S3; burger-village.de

Dieter Sanchez

Aber bitte mit Käse!

Genuss Guide HANSEPERLE

In Langenhorn hat sich der Weltbürger Dieter Sanchez niedergelassen und sich zum Ziel gesetzt, den Hamburgern das Cheesesteak näherzubringen – so ist es zumindest laut der Speisekarte überliefert. Ganz unaufgeregt und überaus charmant werden wir empfangen. Wir sind heute kurz nach Ladenöffnung hier, wollen sichergehen, auch ein Plätzchen zu bekommen. Denn reservieren konnten wir hier im Vorfeld nicht. Dafür haben wir nun aber freie Platzwahl. Wir steuern den Tisch mit dem Strandkorb an. Alle Plätze sind ein wenig anders, vom Holzstuhl, über Couch bis zur mächtigen Lederbank ist alles dabei. Wilde Mischung, aber alles wirkt gemütlich und herzlich. Lockeres Ambiente, lockere Stimmung und – wie sich herausstellt – auch pfiffiges Essen. Das Lucky Cheesesteak (18,90 Euro) und das Bacon & Onion Pulled Pork (15,80 Euro) erreichen uns jeweils im frisch gebackenen Torpedobrötchen. Da hatte der Herr Sanchez seinerzeit wohl nicht die schlechteste Idee. Das ist richtig gutes Fast Food. Nachdem wir fertig sind, sehen wir beim Verlassen, dass die nächsten Gäste die Wartezeit auf einen Tisch bei frischen Temperaturen und einem Drink vor dem Laden überbrücken. Sie scheinen zu wissen, dass sich das Warten lohnt. Wir wissen das seit heute auch. SVA

AMBIENTE ●●●●○ SERVICE ●●●●○
KÜCHE ●●●●● PREIS-LEISTUNG ●●●●●

€€ Langenhorner Chaussee 174 (Langenhorn), Telefon 040 98234744, Mi-So 17–21.30 Uhr, EC-Karte, VISA, Mastercard, Paypal; Langenhorn Markt U1, Langenhorn Markt (Krohnstieg) Bus 24, Bus 192, Bus 193, Bus 292; dietersanchez.de

Entre Nous

Essen gehen oder selber braten?

Die Gunst der Stunde wusste er zu nutzen. Als das Früchtehaus Witte dichtmachte, griff Claas Rudolf Habben zu und eröffnete direkt neben seiner Metzgerei Beisser am Eppendorfer Baum ein Steakrestaurant – das Entre Nous (franz. „unter uns"). Rechts kauft man das Fleisch in seiner Metzgerei zum selber braten, links wird es einem gebraten. In dem gemütlichen Restaurant mit 32 Plätzen sitzt man bequem auf waldgrünen

VIP TESTER

Dirk Schumaier
Geschäftsführer Bäderland Hamburg GmbH

Getestet: Wallter's Bistro & Kontor

Als VIP-Tester ... entdecke ich gern neue kleine Juwelen der Branche. Und ich esse einfach gern.

Mein Lieblingsrestaurant ist ... das Ono in Hoheluft.

Wenn der Mittagshunger kommt, dann ... geht im „Herzstück – Was wir wirklich lieben" in Eimsbüttel immer was – zur Not die Currywurst.

Ein Gastro-Geheimtipp in Hamburg ist auf jeden Fall ... das Serinissima in Hohenfelde – eher unscheinbar, aber sehr authentische italienische Küche.

Typisch Hamburg ist ... auf jeden Fall das Feuerschiff im Sporthafen.

Für einen Ausflug aufs Land geht es ... gern nach Büsum ins Tamatsu, sehr leckeres Sushi.

Nachts noch Hunger? Dann geht's ins ... Pizza Pazza.

Die schönste Aussicht beim Essen gibt's ... im Rive Fish & Faible direkt an der Elbe.

Zum Frühstück gehe ich am liebsten ins ... Alex Alsterpavillon.

Mit dem Entre Nous hat die Metzgerei Beisser jetzt ein eigenes Steakrestaurant und serviert dort saftige Stücke direkt vom Grill

FOTOS: BÄDERLAND (O.), MARC SILL (U.)

Polstern. Unser kleines Separee erinnert mit den Ohrensessel-artigen Bänken an ein Miniatur-Zugabteil, ist sehr behaglich und hat einen schönen Ausblick in beide Richtungen: rechts in den offenen Gastraum und links in die Küche, wo die Steaks auf dem Grill zischen und Flammen empor schießen. Aus der angenehm übersichtlichen Karte wählen wir vorweg die Etagere (29 Euro), die die meisten der regulären Vorspeisen enthält. Dazu gehören eine sehr gute Gänseleberterrine mit Zimt-Kirschen, handgeschnittenes Tatar, spanische Chorizo und erstklassiger Iberico-Schinken, der mit seinem nussigen Aroma auf der Zunge schmilzt. Bei den Steaks wählt man zwischen deutscher Färse (19–48 Euro), US-Beef (34–49 Euro), japanischem Wagyu (125 Euro) oder dem trocken gereiften „Entre Nous-Steak". Letzteres wiegt ein Kilogramm mit Knochen (netto ca. 500–600 g) und kostet 39 Euro pro Person. Die Fleischqualität mit deutlichem Fettanteil und der Gargrad sind gut. Ein etwas früheres Salzen (SZENE-Autor Stevan Paul ist dafür Experte) hätte dem Fleisch zu noch mehr Geschmack verholfen. Von den Beilagen gefallen uns die würzigen Mac & Cheese (5 Euro) am besten. Die etwas zu bissfesten Bohnen und die ungewürzten Pilze (je 7 Euro) schwimmen leider in etwas zu viel Fett. Die Weinauswahl ist ansehnlich, aber ein kühles Helles (0,3 l 5 Euro) passt eben auch sehr gut. Die dunkle Schokomousse (5 Euro) ist in Ordnung. Eine eigene Erwähnung verdient Gastgeber Jan Claas Habben, der mit viel Witz und Charme unermüdlich um das Wohl seiner Gäste bemüht ist. Am Ende stehen inklusive je einem Glas Sekt, Wein und Williamsbrand (jeweils 8 Euro) 174 Euro auf der Rechnung. Für das Geld könnte man sich nebenan in der Metzgerei auch jede Menge schöner Steaks für zu Hause kaufen. Man muss halt nur wissen, was man möchte: rechts einkaufen oder links essen gehen. BC

AMBIENTE ●●●●● SERVICE ●●●●●
KÜCHE ●●●●○ PREIS-LEISTUNG ●●●●○

NEU! €€€€ Eppendorfer Baum 4 (Eppendorf), Telefon 040 479785, Di-Mi 17–23.30, Do-Fr 17–24, Sa 13–24 Uhr, EC-Karte, VISA, Mastercard; Klosterstern U1; beisser.de

Hard Rock Cafe

Rock'n'Speckroll

Die Schlange vor dem Eingang zeigt, dass man hier einiges richtig gemacht hat. Zum Beispiel wir mit unserer Tischreservierung. Wir sitzen im ersten Stock des Landungsbrückengebäudes im „Dock 71" mit schönem Blick über den Hafen, der woanders wesentlich teurer ist. Über uns hängt eine Gitarre von Keith Richards, hinter uns eine von Pete Townshend. Aus dem Fernseher grölt Samantha Fish. Die maritime Antwort auf Samantha Fox? Man weiß es nicht. Sicher ist: Der durchgehend englisch sprechende Service ist ausgesprochen höflich und schnell. Wir starten mit One Night In Bangkok Spicy Shrimps (16,50 Euro) und Cuban Sliders Miniburgern (16,25 Euro). Die frittierten Garnelen sind knusprig und angenehm scharf, die Miniburger mit geschmolzenem Schweizer Käse und Dijon-Mayonnaise ganz schön sättigend für ihre Größe. Meine Begleitung macht weiter mit dem Originaly Legendary Burger (17,50 Euro), „mit dem alles begann!". Was auch immer das war – der Burger schmeckt. Ganz besonders der außergewöhnlich dicke, frittierte Zwiebelring. Ich nehme einen Grilled Chicken Ceasar Salad (18,85 Euro), den ich nicht mehr ganz schaffe. Im Hard Rock Cafe muss man keine Angst vor versteckten Fetten haben. Nur vor offenen. Für die Gäste dieser 1971 in London gegründeten und doch uramerikanischen Kette dürfte das aber gut so sein. Insgesamt ein angenehmer Abend zwischen überraschend vielen Exponaten von praktisch allen, die in der Rockgeschichte Rang und Namen haben. MG

AMBIENTE ●●●●○ SERVICE ●●●●●
KÜCHE ●●●○○ PREIS-LEISTUNG ●●●●○

€€€ Bei den St. Pauli-Landungsbrücken 5 (St. Pauli), Telefon 040 30068480, Mo-So 11.30–23 Uhr, EC-Karte, VISA, Mastercard, Amex, Paypal, Apple Pay; Landungsbrücken U3, S1, S2, S3, Bus 2, Bus 111; hardrockcafe.com

Die können Burger: Das Hamburger Urgestein Jim Block ist immer eine sichere Nummer

Jim Block

Die können Burger

Wo die U3 zwischen Barmbek und Habichtstraße die Fuhle überquert, fast schon unter der alten Brücke gelegen, zwischen entspannten Flaneuren und grünen Bäumen, haben die Burger-Restaurants von Jim Block eine ihrer schöneren Niederlassungen. Jedenfalls, wenn man draußen sitzt, hier im Herzen Barmbeks. Drinnen erleben wir den von Block gewohnten Stil. Schlicht bis elegant, aber ohne Überraschungen. Es gibt keine Servicekräfte, nur eine ordentlich rotierende Chefin vom Dienst, die am Tresen Bestellungen aufnimmt und ausgibt und Getränke bereitstellt. Ihre leicht mechanisiert wirkende Freundlichkeit passt ebenso zum Konzept wie die etwas gelangweilt dreinschauenden Köche in der offenen Küche dahinter. Routine pur, so unser Eindruck. Das Essen aber überzeugt uns dann. Unser JB Blue Cheese mit Pommes und Cola (15,50 Euro) und der JB Caesar mit Süßkartoffelpommes (18,10 Euro) sind aromatisch und frisch. Die Buns kommen fluffig und warm, die Pattys sind heiß und genau richtig gebraten. Auch die Fritten können mithalten. Richtig schön kross und angenehm gewürzt. Routine zahlt sich wohl eben manchmal aus. Für den Cole Slaw (3,90 Euro), der nach fast nichts schmeckt, gibt es einen Minuspunkt. Finger weg. Das exklusive Helle aus dem Blockbräu am Hafen macht das wieder wett. Das Hamburger Urgestein Jim Block ist in Hinsicht Preis-Leistung immer noch eine sichere Nummer. BIE

AMBIENTE ●●●○○ SERVICE ●●○○○
KÜCHE ●●●●○ PREIS-LEISTUNG ●●●●○

€€ Fuhlsbüttler Straße 165 (Barmbek), Telefon 040 6915995, Mo-So 11.30–21.45 Uhr, EC-Karte, VISA, Mastercard, Amex; Hellbrookstraße Bus 7, Bus 172, Bus 607, Habichtstraße U3; jim-block.de

FOTO: MARC SILL

Kohldampf

Satt und fast selig

Das kleine Kohldampf am rechten Ende einer kleinen Ladenzeile in Barmbek-Süd bietet amerikanisches Soulfood und hat äußerlich etwas von einem Nachtclub. Die Fenster sind blickdicht verklebt, alles ist in schlichtem Schwarz gehalten. Würde eine Leuchtschrift nicht „open" verkünden, könnte man glatt vorbeigehen. Was sich dahinter verbirgt? Hier ist die Antwort: Vier Quadratmeter Vorraum, ein Kühlschrank mit Getränken, ein provisorisch abgetrennt wirkender Lagerraum mit Tür und ein kleiner Kassentresen. Alles schwarz. Hinterm Tresen eine nette junge Frau mit weißer Pelzmütze, dahinter eine riesige beleuchtete Tafel mit den Speisen und die offene Küche. Das war's. Das Essen wird sehr schnell zubereitet und dem Gast in die Hand gedrückt. Wer gleich speisen möchte, darf an den Bänken und Tischen draußen vor der Tür Platz nehmen. Sowohl die „nackte Kuh" mit Guacamole, 140-Gramm-Rindfleischpatty und Trüffel-Mayo (9 Euro), als auch der „Philly Cheese Steak Burger" mit Rinder-Steakstreifen, gegrillten Champignons und Zwiebeln, Jalapeños und Cheddar (10 Euro) und das „Sloppy Joe" genannte Sandwich mit 100 Gramm mariniertem Rinderhack und Chipotle-Sauce (9,50 Euro) machen uns zunächst gründlich satt und glücklich. Aber schmecken doch alle recht ähnlich. Mit etwas differenzierteren Aromen und Texturen hätte uns das Kohldampf nicht nur glücklich, sondern selig gemacht. BIE

AMBIENTE ●●●○○ SERVICE ●●●●○
KÜCHE ●●●●○ PREIS-LEISTUNG ●●●●●

€ Weidestraße 85 (Barmbek), Telefon 040 18073274, Mo-Sa 12-22, So 12-18 Uhr; EC-Karte, VISA, Mastercard, Amex; Biedermannplatz Bus 18, Bus 171, Bus 261, Bus X22, Dehnhaide U3; kohldampf-mampf.de

Mash

Fleischeslust am Hafenrand

Ein modernes amerikanisches Steakhaus einer dänischen Kette mit Speisen aus Argentinien, Norwegen, Spanien, Holland, Uruguay, Australien, Kanada und Neuseeland – tierische Proteinküche kann weltumspannend sein. Mash will zu den besten Steakhäusern der Welt gehören. Der Service im superschicken Steak-Tempel am Altonaer Hafenrand ist schon mal Weltklasse: ein Gläschen Rosé Schampus aufs Haus, weil wir fünf Minuten an der opulenten Bar auf den reservierten Tisch warten mussten. Die drei argentinischen Vorspeisen-Wildgarnelen auf gegrillter Avocado und Wasabi-Mayo (21 Euro) sind perfekt glasig und stimmen nach dem leicht rauchig aromatisierten Brot zur Butter und dem zarten Räucher-Ton meines optisch recht lieblosen Carpaccio vom Grill (16 Euro) auf die kommenden BBQ-Freuden ein. Vom erhöhten Eckplatz, vom Kellner „Al Capone Tisch" genannt, beobachten wir das samstags von einer Soulsängerin live beschallte Kellnerballett, das jetzt gleich mit rauchig gegrillten Steaks samt Beilagen wie Trüffelfritten, Bacon-Kartoffelpü, Bernaise und Kräuterbutter antanzen wird. Steakhouse-Klasse zeigt sich bekanntlich bei Standard-Cuts wie unserem Uruguay-Tenderloin (200 g 34 Euro) und kanadischem Wild Rose Striploin (300 g 48 Euro). Das Filet ist butterzart und erwartbar aromaschwach, mein Roastbeef saftig im Biss und rund am Gaumen. Solide Steakhaus-Leistung, doch weltmeisterlich bleibt einzig der Mash Cheesecake zum Dessert – einer der besten, die ich jemals östlich vom Big Apple hatte. PESI

AMBIENTE ●●●●○ SERVICE ●●●●●
KÜCHE ●●●●○ PREIS-LEISTUNG ●●●●○

€€€€ Große Elbstraße 148 (Altona-Altstadt), Telefon 040 809008111, Mo-Fr 12-16, 17.30-22, Sa 14-22, So 12-22 Uhr, EC-Karte, VISA, Mastercard, Amex; Königstraße S1, S2, S3, Sandberg Bus 111; mashsteak.de

Zeigt her euer Fleisch: Dank gläsernen Reifeschranks im Mash können sich Gäste gleich von der guten Qualität überzeugen

Montgomery Champs

Fleisch-Tempel

Das Montgomery Champs im Nordwesten Hamburgs ist eine Institution. Mir ist kein Sportsbar-Restaurant bekannt, das schon so lange und so erfolgreich in Hamburg seine Türen offen hält. Ob das am guten Essen liegt oder an den vielen Sportler-Trophäen wollen wir testen. In dem großen Gastraum ist es recht laut, ein Fernseher ist von jedem Platz aus einsehbar. Die Karte ist umfangreich, die Beilagen werden gesondert bestellt. Wir starten an diesem Abend mit Crispy Cheese Sticks (8,50 Euro) und Red Hot Jalapeño Cheese Poppers (8,90 Euro) – beides ist in einem Backteig frittiert und wunderbar kross. Leider ist der Käse recht geschmacksneutral und den Jalapeños fehlt die Schärfe. Durch die leckeren Soßen (Guacamole und Joghurt) bekommt beides noch etwas Pfiff. Als Hauptspeise entscheiden wir uns für einen Cheeseburger (9,50 Euro) mit Sweet Potato Fries (6,50 Euro) und eine Ribs & Pulled Pork Combination (23,90 Euro). Dazu ordern wir die Vegetables of the Day (5,90 Euro) und einen Cole Slaw (4,50 Euro). Der Patty im Cheeseburger ist auf den Punkt gegrillt und die Zutaten frisch. Das sehr saftige Pulled Pork ist erstaunlich gut gewürzt. Die Rippen sind von der Konsistenz perfekt, leider fehlt bei Rub und Soße etwas Geschmack. Als Nachtisch gönnen wir uns einen Strawberry Smoothie (4 Euro), der ein klein wenig zu süß geraten ist, und ein Montgomery Champs Greek Dream (2,90 Euro). Letzteres ist eine Kugel Joghurt-Eis mit Honig und karamellisierten Nüssen – ebenfalls süß, was hier aber perfekt passt. Ein gelungener Abschluss. Wer gern und viel Fleisch isst, kommt auf seine Kosten. Ein Erlebnis ist das Champs auf jeden Fall. JAS

AMBIENTE ●●●●○ SERVICE ●●●●○
KÜCHE ●●●○○ PREIS-LEISTUNG ●●●○○

€€€ Holsteiner Chaussee 402 (Schnelsen), Telefon 040 5597910, Mo-Sa 12-22, So 12-21.30 Uhr, EC-Karte, VISA, Mastercard; A Burgwedel Bus 5; champs-hamburg.de

FOTOS: MARC SILL (L.), JOSEPH RENE LANGE (R.)

Aus Metzgers Theke in der Rindermarkthalle wandert das Fleisch direkt auf den Grill

Metzgers Rindermarkthalle

Super-Cuts im Brötchen

Ich bin kein großer Fan von Futtermeilen in Einkaufszentren. Doch mitten in der trubeligen Rindermarkthalle direkt neben dem Millerntorstadion soll es etwas geben, das mein halbes Ami-Herz höher schlagen lässt: Phili Steak Sandwiches im Metzgers. Die will ich probieren. Ergebnis: Das Brötchen ist fluffy, die Soße würzig, die Steak-Cuts sind superzart, dazu gibt's schmatzige Zwiebeln, Jalapeños und Champignons, das Ganze wird liebevoll umarmt von geschmolzenem Käse (9,80 Euro). Warum die Steaks so gut sind? Ich frage nach. Und bekomme Antwort. Liegt daran, dass sich direkt vor dem Imbiss eine Fleischtheke befindet. Hier kaufen anspruchsvolle Kenner ein. Und die kleinen Randstücke dieser superguten Cuts – die wandern direkt nach nebenan zum Sandwich-Grill. Bäm! Wir probieren auch noch eine Scheibe Rollbraten – saftig, top gewürzt und mit krosser Kruste. Genau so muss das. Und die Skin On Fries (3,50 Euro)? Was soll ich sagen? Ebenfalls knallergut. Da stören mich nicht mal die Kunststoff-Tabletts. Vor dem Heimweg bleiben wir dann doch noch mal ganz kurz am Tresen stehen. Um nach einem netten Plausch würzige, kleine und gut abgehangene Würste zu kaufen. Und Roastbeef. Ach ja – es gibt auch einen Dry-Aging-Schrank, in dem ganz formidable Stücke warten. Könnten wir uns hier übrigens direkt auf den 800 Grad hotten Grill legen lassen. Dann muss ich wohl wiederkommen. ELIANE NEUBERT

AMBIENTE ●●○○○ SERVICE ●●●●●
KÜCHE ●●●●● PREIS-LEISTUNG ●●●●●

€€ Neuer Kamp 31 (St. Pauli), Telefon 040 42106499, Mo-Sa 9–18 Uhr, EC-Karte; Feldstraße U3, Bus 17; vonmetzgers.com

Das Olé in Rahlstedt überzeugt von Vorspeise bis Dessert auf ganzer Länge

Olé

So muss sich ein Drache fühlen

Eine Speisekarte ohne Preise! Macht keinen Sinn, oder? Findet sich aber genauso auf der Website des Olé Restaurants. Samt intensiver Werbung („natürliche Weidehaltung", „ohne Zusatz von Mastmitteln", „Vorort-Auswahl der besten Stücke") für das aus Argentinien und Nebraska bezogene Fleisch. Wir vermuten einen Abend nach dem Motto „lecker und teuer" – und werden im Olé überrascht. Die Preise sind für die angepriesene Qualität sehr zivil. Da der Zusatz des Olé „Steaks & more" lautet, richten wir nach der schön üppig-würzigen Bruschetta mit Parmesan (7,50 Euro) und einer herrlich cremigen Curry-Champignon-Suppe mit zartem Hühnerfleisch (6,50 Euro) eine Arbeitsteilung ein. Meine Begleitung testet das Rumpsteak mit Baked Potato, Röstbrot und gemischtem Salat (20,70 Euro). Leider ist das Steak statt wie bestellt medium fast noch blutig. Mein „more", der Olé Filetteller (22,90 Euro), besticht dagegen beim Fleisch. Zartes Rinderfilet, Schweine-filet im Speckmantel und kräftiges Putenbrustfilet sind auf den Punkt gebraten. Die Champignons à la Creme sind in Ordnung, die etwas fettigen Bratkartoffeln esse ich eher mit Wohlwollen. Nach leichten Punktabzügen bei den Hauptgerichten erfüllt sich, während meine Begleitung ein fluffiges Soufflé au Chocolat mit einer Beigabe handgemachter Schokolade auf der großen Eiskugel genießt (7,50 Euro), einer meiner Kindheitsträume: Ich bin ein Drache! Das gefrorene Dessert Dragon Breath (6,50 Euro) – in flüssiger Stickstoff getauchte Getreidekügelchen – schmeckt zwar nach gar nichts, lässt mich aber Dämpfe aus Mund und Nase ausstoßen. Ich bin wieder zehn Jahre alt und fühle mich großartig. So geht ein schöner Abend zu Ende. Wenn die Speisekarte online jetzt noch Preise bekommt, werden wir ihn es noch besserer Erinnerung behalten. MISCH

AMBIENTE ●●●●○ SERVICE ●●●●●
KÜCHE ●●●●○ PREIS-LEISTUNG ●●●●○

€€€ Schweriner Straße 23 (Rahlstedt), Telefon 040 67586133, Di-Do 12–15 und 17.30–22, Fr-Sa 12–15 und 17.30–23, So 12–22 Uhr, EC-Karte, VISA, Mastercard, Amex; Hamburg-Rahlstedt RB81; ole-hamburg.de

Peter Pane

Ran an die Buletten

Nach einer etwas mühsamen Parkplatzsuche betreten wir den großen Gastraum mit Barbereich als Mittelpunkt des Restaurants Peter Pane im Hamburger Stadtteil Altona. Neben einer gemütlichen Lounge mit Ledersesseln und Holzbohlenverkleidung bietet das Restaurant verschiedene Sitzbereiche, die größtenteils ein oder zwei Stufen höher liegen und mit maritim anmutenden Dekodetails und indirektem Licht einladend auf uns wirken. Die Speisekarte ist als Baukastensystem gestaltet, was jede Menge Möglichkeiten bietet und so brauchen wir doch etwas Zeit und Rat, um aus dem riesigen Angebot aus Burgern, Beilagen und Salaten zu wählen. Besonders die große Auswahl an veganen und vegetarischen Burgern, aber auch an hausgemachten Soßen (14, je 2,50 Euro) muss hier unbedingt Erwähnung finden. Wir genießen einen vegetarischen Burger (14 Euro) und einen mit Rindfleisch (14 Euro). Beide haben eine stattliche Größe und sättigen durch schmackhafte Sauerteig- und Mehrkornbrötchen. Dazu entscheiden wir uns für Fritten (5 Euro) und Zwiebelringe (5,50 Euro) mit Trüffelcreme und Parmesandip. Der Geschmack des vegetarischen Bratlings ist dem eines Hähnchenfleischpattys verblüffend ähnlich. Das Rindfleich ist saftig gegrillt. Die intensive Trüffelcreme ist unsere Empfehlung, während der Parmesandip eher an geschmolzenen Schmelzkäse erinnert. Als Durstlöscher wählen wir zwei hausgemachte Limonaden (je 5,50 Euro), eine fruchtige Erfrischung mit frischer Minze und vielen Eiswürfeln. Als krönenden Abschluss serviert uns das freundliche Personal einen veganen Schokoladenkuchen mit Vanilleeis (7,50 Euro). Der ist absolut himmlisch. Für uns ist der Besuch eine Empfehlung wert. BK

AMBIENTE ●●●●○ SERVICE ●●●●○
KÜCHE ●●●●○ PREIS-LEISTUNG ●●●●●

€€€ Holstenstraße 111 (Altona-Altstadt), Telefon 040 86698760, Mo-Do 12–22.30, Fr-Sa 12–23.30, So 12–22.30 Uhr, EC-Karte, VISA, Mastercard, Amex; Max-Brauer-Allee (Mitte) Bus 15; peterpane.de

Schnitzelhus

Kalb, Schwein oder Pute – Hauptsache Schnitzel

Unweit des Wandsbeker Eichtalparks befindet sich das Schnitzelhus. Hier dreht sich alles, logisch, um Schnitzel. Der Empfang ist nett, aber dezent zurückhaltend, was ja per se nichts Schlechtes sein muss. Die Speisekarte offeriert eine große Anzahl an Schnitzel-Optionen, aber auch gängige Klassiker der gutbürgerlichen österreichischen Küche und andere Gerichte. Generell wirkt die Speisekarte sehr überladen. Der Gast kann sich aussuchen, ob sein Schnitzel in der günstigeren Version vom Schwein oder in der gehobeneren Variante vom Kalb sein darf – teilweise besteht auch die Möglichkeit Pute auszuwählen. Ich bin eher der Schnitzel-Purist und da ist die Ausführung des Kalbsschnitzels mit gebratenen Speckscheiben und zwei Spiegeleiern (25,90 Euro) für mich schon fast gewagt. Vorab wird dazu ein Salat gereicht, der gewollt – aber nicht so richtig gekonnt – arrangiert ist. Zum Schnitzel wird ein warmer Kartoffelsalat gereicht, der leider nicht gut genug durchgezogen und daher sehr geschmacksneutral ist. Das Schnitzel ist solide und macht satt. Ich werde an diesem Abend aber nicht so richtig warm mit dem Gastronomiekonzept, dem Essen und dem Ambiente. Ein Konzept, das auf Unmengen an Fleisch beruht, ist nicht mehr zeitgemäß. Dagegen könnte das Restaurant allerdings ein bisschen mehr Sauberkeit vertragen. MH

AMBIENTE ●●○○○ SERVICE ●●●●○
KÜCHE ●●●○○ PREIS-LEISTUNG ●●●○○

€€€ Luetkensallee 1 (Wandsbek), Telefon 040 23999823, Mo 17–22, Mi-Fr 17–22, Sa-So 12–22 Uhr, EC-Karte, VISA, Mastercard; Kurfürstenstraße Bus 9; restaurant-schnitzelhus.de

FOTO: MARC SILL

Schlachterbörse

Stabile Legende

Legende. Kein zu großes Wort für die Schlachterbörse. Das Kult-Restaurant an der Kampstraße, in dem hochrangige Politiker und Popstars einst nur zu gern speisten. Damals, als der rauchende Bundeskanzler noch aus Langenhorn kam und es nebenan noch den großen Schlachthof gab, wo Männer in Kettenhemden täglich für frisches Fleisch sorgten. Wir wollen wissen, was vom über Jahrzehnte erarbeiteten Ruf geblieben ist. Und betreten das urige, verwinkelte Lokal, wo wir freundlich berlinernd begrüßt und hinter der Bar durch ins Untergeschoss geleitet werden. Der Laden ist brechend voll. Es ist laut und eng. Gefällt uns. Atmosphäre wie in den 70ern, nur ohne Qualm. Nachdem wir die unzähligen Bilder an den Wänden bewundert haben, folgt der Blick in die Karte: Veganer müssten einen Nervenzusammenbruch fürchten. Sind wir aber nicht. Wir sind auf Fleisch aus. Also ran an die Filetspitzen Stroganoff (38 Euro) zum frisch gezapften Holsten (0,5 l 6 Euro). Wir ordern well done. Und freuen uns: Die Küche liefert wie bestellt. Durch, trotzdem saftig, die Würze stimmt. Bratkartoffeln gibt's dazu. Da kann ja auch so einiges schiefgehen. Geht's aber nicht. Knusprig, speckig, wie gewünscht. Andere Seite: Wiener Schnitzel (29 Euro). Das Kalb gut gekloppt, schön dünn, satte zwei Scheiben. Okay, wir haben den Teig schon mal knuspriger, luftiger erlebt. Aber egal, die Stimmung in diesem unfassbar dichten, engen Traditionslokal macht uns irgendwie glücklich. Hier ist das Ambiente der Star. Als wir uns aufmachen in die Nacht, wissen wir, warum auch die Bee Gees, Antonio Banderas und Udo Jürgens hier zu den Gästen zählten. Und dass das Niveau früherer Tage noch immer gehalten wird. Möge sie noch lange leben, diese stabile Legende. AND

AMBIENTE ●●●●● SERVICE ●●●●○
KÜCHE ●●●●○ PREIS-LEISTUNG ●●●○○

€€€€ Kampstraße 42 (Sternschanze), Mo-Sa 16–24 Uhr, EC-Karte, VISA, Mastercard, Amex; Sternschanze S11, S21, S31, U3; schlachterboerse.de

Zart und saftig: Wer in die Schlachterbörse kommt, kommt fürs Fleisch

Schweinske

Satt und zufrieden

Die Hamburger Restaurantkette Schweinske ist ein Phänomen. Unter Puristen verschrien als Vertreiber vorgefertigter Lebensmittel, die Läden aber stets voll mit offenbar hochzufriedenen Kunden. Ist Schweinske wohlschmeckender, als mancher Besser-Esser wahrhaben will? Wir testen es in Rahlstedt. Sehr groß, viele Tische, Stühle und Bänke, Schweinemotive an den Wänden und ein kräftiges „Oink“ auf der Speisekarte – das markentypische Design ist unverkennbar. Lobenswert für uns die Kinderecke. Allerdings sitzen die Kleinen auf dem kalten Boden. Gibt Abzüge in der B-Note. Das Essen beginnt mit einer würzigen Französischen Zwiebelsuppe (4,90 Euro). Die ist mit viel Käse und Zwiebeln samt Weißbroteinlage interessant komponiert und geht absolut in Ordnung. Der Menorca-Salat (12,50 Euro), unter anderem mit Tomaten und Gurken, ist mit wuchtig gewürzten Putenstreifen herrlich frisch und wie das dazu gereichte warme Weißbrot eine glatte Eins. Beim Hauptgang überzeugt der Grillteller (16,80 Euro) mit drei kleinen, saftigen Steaks von Pute, Schwein und Rind samt krossen Pommes, Salat und cremigem Knoblauchdip vollends. Problematisch ist das Schweinegeschnetzelte (11,70 Euro) auf dem anderen Teller. Fertigsoße. Das ist zu schmecken. Das Fleisch ist teilweise zäh. Ausgerechnet in seiner Kernkompetenz schwächelt das Schweinske hier, die bissfesten Spätzle dazu sind allerdings super. Der fluffige Kaiserschmarrn mit Apfelmus (6 Euro) und der warme Apfelstrudel mit Vanilleeis und Sahne (5,10 Euro) runden das Mahl als starke Desserts ab. Insgesamt gehen wir satt und zufrieden. MISCH

AMBIENTE ●●●●○ SERVICE ●●●●●
KÜCHE ●●●●○ PREIS-LEISTUNG ●●●●○

€€ Schweriner Straße 8-12 (Rahlstedt), Telefon 040 67584422, Mo-So 9–22 Uhr, EC-Karte, VISA, Mastercard, Amex; Hamburg-Rahlstedt RE8, RE80, RB81; schweinske.de

SoHo Chicken

Chick(en) essen gehen

Wir sind nicht das erste Mal im Soho Chicken in Hoheluft-Ost. Eine dunkle Decke, gut inszeniertes Licht und gemütliche Holzmöbel bilden das Grundgerüst der insgesamt einladenden, industriell inspirierten Atmosphäre. Obendrein sehen wir die knusprigen Hähnchen auf den Rotisserien der offenen Küche. Wir starten mit würzigen Soho Hähnchenspießen (6,50 Euro) als Vorspeise. Bei dem halben Hähnchen entscheiden wir uns für die De-luxe-Variante mit Trüffel und Butter (18,50 Euro). Die Haut ist knusprig und würzig, das Fleisch zart und saftig. In dem Moment ist es schwer vorstellbar, dass das noch besser geht. Der Pulled Chicken Burger (13,50 Euro) ist ebenfalls saftig, wenn auch schärfer als gedacht, da die extra abbestellten Jalapeños doch ihren Weg auf den Burger gefunden haben. Der Nachtisch ist im Anflug. Wir freuen uns wie Bolle auf den leckeren Apple Crumble mit Vanillesoße (6 Euro). Wir ergattern die letzte Portion und ordern daher noch warme Churros (6 Euro) mit Salz-Karamelleis. Ebenfalls ein Träumchen, auch wenn diese erst im zweiten Anlauf ankommen. Das Durcheinander bei den Bestellungen bleibt nicht unbemerkt. Die Getränke und auch der Apple Crumble werden, mit Hinweise auf die heute nicht ganz runde Leistung, von der Rechnung genommen. Spitze. Das Konzept rund ums Chicken wird hier übrigens bis ins Detail zelebriert. Das merkt man spätestens dann, wenn bei den sanitären Einrichtungen nicht nach Damen und Herren, sondern nach Hahn und Henne unterschieden wird. SVA

AMBIENTE ●●●●○ SERVICE ●●●●○
KÜCHE ●●●●○ PREIS-LEISTUNG ●●●●○

€€ Eppendorfer Weg 204 (Hoheluft-Ost), Telefon 040 52103690, Mo-So 12–22 Uhr, EC-Karte, VISA, Mastercard, Amex, Paypal; Eppendorfer Weg (Ost) Bus 5, Bus X35; soho-chicken.de

FOTO: MARC SILL

The Jones

Kosmopolitisches Soulfood

Nicht nur New York hat sein Flat Iron Building, sondern auch Eppendorf. Im Erdgeschoss des markanten Gebäudes in der Martinistraße 11 befindet sich das ausladend große Restaurant The Jones – Grill and Greens, das aus dem alten Meatpackers entstanden ist. Wir nehmen auf den mit hellgrünem Samt gepolsterten Sitzbänken auf der Empore Platz. Aus den Lautsprechern ertönt jazzige Soulmusik. Auf der Speisekarte präsentiert The Jones sich als kosmopolitisch mit einer Mischung aus Florida, Südstaaten und Karibik. Doch kann es das auch einlösen? Als Vorspeise überzeugt schon mal der Fresh Red Start (7,50 Euro), ein bunter, knackiger Salat mit Tomaten, roten Paprika und Granatapfelkernen in einem fruchtigen Limettendressing. Die Grilled Shrimps (9,50 Euro) sind auf den Punkt gebraten und gut mit Knoblauch abgeschmeckt. Auch bei den Hauptgerichten wird das Versprechen, gut gewürztes Soulfood zu servieren, eingehalten. Das leicht rauchige Lime Garlic Chicken (16,50 Euro) mit mediterranem Grillgemüse und kleinem Salat ist schön saftig mit angenehmer Frische von Limette und Knoblauchöl. Der Spicy Fish (22,50 Euro), ein pikant gewürzter Kabeljau auf der Haut gebraten, ist minimal übergart, aber dennoch sehr schmackhaft. Dazu gibt es eine hausgemachte Salsa auf Tomatenbasis, Kartoffelpüree und ein exotisches Erdnusstopping. Der mineralisch-trockene Riesling (0,2 l 6,90 Euro) aus dem Rheingau erwies sich als gute Weinbegleitung. Zum krönenden Abschluss probieren wir noch eine Kugel Schokoeis (4 Euro), das das The Jones aus der benachbarten Gelateria Nonna Neta bezieht. Köstlich. HK

AMBIENTE ●●●●○ SERVICE ●●●●●
KÜCHE ●●●●○ PREIS-LEISTUNG ●●●●○

NEU! €€€ Martinistraße 11 (Eppendorf), Telefon 040 46775689, Mo-Fr ab 16 Uhr, Sa-So ab 14 Uhr, EC-Karte, VISA, Mastercard, Amex; Eppendorfer Marktplatz Bus 20, 22, 25, 114, 392, 600, 605; thejones.hamburg

VIP-TESTER
Dirk Schumaier

Wallter's Bistro & Kontor

Prima Steaks

Im Wallter's fühlen wir uns von der Eingangstür an wohl. Ein zuvorkommender Service begrüßt uns. Und kümmert sich von nun an den ganzen Abend achtsam um seine Gäste. Und nicht nur das fällt positiv auf, denn es geht auch kulinarisch in die richtige Richtung. Knackiges Brot mit einem leckeren Aufstrich gibt es vorweg. Als Vorspeise kommt nach kurzer Wartezeit Wallters Vorspeisenplatte für zwei Personen (29 Euro). Und mit der erleben wir eine schöne Delikatessen-Mischung aus allen Vorspeisen der Speisekarte. Besonders lecker sind sowohl das Beef Tatar als auch der Iberico-Schinken. Also ran an die Hauptgerichte. Dauert allerdings ein wenig, uns wird die Wartezeit fast einen Hauch zu lang. Dann kommt das Filet Mignon (39 Euro) mit Kartoffel-Trüffel-Püree mit wildem Brokkoli und Portjus. Und auf der anderen Seite des Tisches ein 150 Gramm schweres Filet mit Salat und einer leckeren Soße namens Café de Paris (35 Euro). Neben dem perfekt auf den Punkt gegarten Fleisch mit intensivem Aroma überzeugen uns insbesondere das Püree und die Soße besonders. Das kleine Dessert danach, eine hausgemachte Schokotarte mit Vanilleeis (8 Euro), ist der krönende Abschluss dieses gelungenen Abends – sehr lecker und schokoladig.

AMBIENTE ●●●●○ SERVICE ●●●●●
KÜCHE ●●●●○ PREIS-LEISTUNG ●●●●○

€€€€ Alter Wall 12 (Altstadt), Telefon 040 38037831, Di-Sa 12–23 Uhr, EC-Karte, VISA, Mastercard, Amex; Jungfernstieg alle Bahnlinien; wallters.de

Williamsburger

Burger vom Feinsten

Wir sind in Wilhelmsburg. Dem Stadtteil, der grade so richtig hip wird. Und was darf da nicht fehlen? Richtig: ein Burger-Restaurant. Also rein in den Laden namens Williamsburger! Der ist sehr stylish modern eingerichtet. Freundliches Personal wuselt aufmerksam um uns herum. Wir sind erstaunt, dass in der Karte Sushi auftaucht. Es stellt sich heraus, dass nebenan ein Sushi-Restaurant ist und die Besitzer den Gästen anbieten, beim jeweils anderen Restaurant zu bestellen, wenn es einem in der ausgewählten Location nicht zusagt. Kluges Modell. Zum Star des Abends wird der „Habibi" Falafel-Burger (10,90 Euro) mit Hummus, Minze, Tomate, Rucola. Plus ein „Deichgrün" mit Fleisch-Patty (13,90 Euro), Avocado, Rucola, Jalapeños, roten Zwiebeln und Estragon-Aioli. Die Burger sind ein Hochgenuss. Das Fleisch ist perfekt durch, die Falafel sind kross und nicht zu trocken. Alle anderen Zutaten sind wunderbar aufeinander abgestimmt, alles ist sehr appetitlich angerichtet. Herrlich. Die wunderbar krossen Süßkartoffelpommes kommen mit Rauchmayo und einer grandiosen Trüffelmayo. Nachtisch? Zitronengras-Kokosmilch Panna cotta (4,50 Euro), die wir uns teilen und die einen runden Abschluss bildet. Danke, dass es dich gibt, Williamsburger. Unser Stamm-Burger-Restaurant ab heute! JAS

AMBIENTE ●●●●○ SERVICE ●●●●○
KÜCHE ●●●●● PREIS-LEISTUNG ●●●●●

€ Veringstraße 28 (Wilhelmsburg), Telefon 040 94776077, Mo-Do 17–22.30, Fr-Sa 14–23, So 14–22.30 Uhr, nur Barzahlung; Mannesallee Bus 13, 156; williamsburger.de

So hip wie der Stadtteil Wilhelmsburg: Das Williamsburger teilt sich die Räumlichkeiten mit dem SuChi

FOTO: MARC SILL

KURZ GEBRATEN

Alle Tests in voller Länge auf
genussguide-hamburg.com

Arizona Steak-House

Das Arizona Steak-House ist ein Klassiker unter den Fleischtempeln der Stadt. Verwundert reibt man sich die Augen beim Blick auf die Preise, die nicht nur für Winterhude unglaublich sind. Eine Preis-Zeitreise in die 80er.

€ Barmbeker Straße 150 (Winterhude), Telefon 040 484866, Mo-So 11.30–24 Uhr, EC-Karte, VISA, Mastercard, Amex; Hudtwalckerstraße U1; steak-house-arizona.de

Delta Bistro

Delta Fleisch genießt seit Jahrzehnten einen sehr guten Ruf. Tagsüber kann man im Abholmarkt in der Lagerstraße Fleisch und andere Köstlichkeiten kaufen. Am Nachmittag öffnet das Bistro. Die Portionen sind ordentlich: Das Tomahawk-Steak zu 800 Gramm reicht locker für zwei.

€€€€ Lagerstraße 11 (St. Pauli), Telefon 040 431610, Di-Sa 15.30–23 Uhr, EC-Karte, VISA, Mastercard, Amex; Sternschanze S 11, S21, S31, U3; delta-hamburg.de/#bistro

Jahreszeiten Grill

Im Jahreszeiten Grill ist der namensgebende „Grill"-Bereich das A und O. In das 800°-Southbend-Höllenfeuer kommt nur nachhaltig erzeugtes Fleisch wie das Chateaubriand vom Black Angus, das friesische Dry Aged Entrecôte oder die Maishähnchenbrust. Mit Alsterblick und einem perfekt geschulten Service lässt es sich hier genießen. In diesem Sommer wird das Restaurant aufwendig renoviert.

€€€€ Neuer Jungfernstieg 9-14 (Neustadt), Telefon 040 34940, Mo-So 12–14.30 und 18–23 Uhr, EC-Karte, VISA, Mastercard, Amex; Jungfernstieg alle Bahnlinien; fairmont.com

Panthera Rodizio

Hungrige Fleischliebhaber kommen im brasilianischen Restaurant Panthera Rodizio voll auf ihre Kosten. Das eigentliche Rodizio besteht darin, dass frisch gegrillte Fleischspieße direkt an den Tisch gebracht werden. Die traditionell gekleideten Cortadores reichern die südamerikanischen Klänge mit ihrem Gesang und gelebter Fröhlichkeit an.

€€€ Dietmar-Koel-Straße 3 (Neustadt), Telefon 040 3786370, Mo-Do 17–24, Fr 16–24, Sa-So 12–24 Uhr, EC-Karte, VISA, Mastercard, Amex; Baumwall U3; panthera-rodizio.de

Rio Grande

Das Restaurant Rio Grande in Blankenese bereitet seine Grill-Spezialitäten auf einem Lavasteingrill zu und verleiht dem Fleisch so eine rauchige Geschmacksnote. Eine wechselnde Mittagskarte und monatlich neue Saison-Gerichte ergänzen die umfangreiche Speisekarte.

€€€ Dockenhudener Straße 2 (Blankenese), Telefon 040 88941941, Mo-So 11.30–23 Uhr, EC-Karte, VISA, Mastercard; Mühlenberg Bus 22; blankenese.rio-grande.net

Stock's Restaurant

Das Stocks in Lemsahl-Mellingstedt ist modern und gemütlich und hat auch geschmacklich einiges zu bieten: etwa butterzartes Chateaubriand oder Rinderfilet mit Kräuterkruste. Hier lässt sich ein kulinarischer Abend in einem Wohlfühlambiente verbringen.

€€€€ An der Alsterschleife 3 (Lemsahl-Mellingstedt), Telefon 040 6113620, Di-Fr 12–15 und 18–23, Sa-So 12–15, 17–23 Uhr, EC-Karte, VISA, Mastercard, Amex; Maike-Harder-Weg Bus 276; stocks.de

The Saloon Steakhouse

Im The Saloon Steakhouse dreht sich alles um Fleisch in bester Qualität. Bereits am Eingang begegnet man dem Hauptakteur: Im Glaskühlschrank ist zu bewundern, was später auf den Tellern serviert wird. Doch Vegetarier und Fischliebhaber müssen keine Angst haben – auch hier bietet die Karte eine kleine feine Auswahl.

€€€ Max-Brauer-Allee 54 (Altona-Altstadt), Telefon 0175 6000524, Mo-So 12–24 Uhr, EC-Karte, VISA, Mastercard; Holstenstraße S 11, S21, S31; thesaloon-steakhouse.de

TIPPS DER REDAKTION

Hochstapler

Hamburgs Burger sind längst von Welt – zu den ausführlichen Burger-Tests aus unseren Rubriken Fleisch, Veggie & Vegan und Szene-Läden kommen hier zehn weitere heiße Tipps

Das Beste aus zwei Welten: Burger mit Asia-Taste gibt's bei Shiso

Altes Mädchen

Altes Mädchen nennt sich der Braugasthof in den Schanzenhöfen, den Ratsherrn betreibt. Eine Heimat für Hamburgs Craft-Beer-Community. Doch wer sich möglichst weit durch die Batterie der 30 Fassbiere probieren will, der sollte das Essen nicht vergessen. Gut, dass die Küche ein paar grandiose Burger am Start hat. Die werden aus bestem Bio-Freiland-Rindfleisch hergestellt und mit frischen Brötchen des hauseigenen Brot-Sommeliers sowie mit feinsten Soßen und Salaten serviert. Es gibt auch vegane Burger-Varianten. Oder eine mit nachhaltigem Lachs.

€€€ Lagerstraße 28b (St. Pauli), Mo-Do 12-24, Fr-Sa 12-1, So 10-14 und 14.30-22 Uhr; EC-Karte, VISA, Mastercard; Sternschanze S11, S21, S31, U3; altes-maedchen.com

Brooklyn Burger Bar

Die Bar ist hip, der Service lässig. Und vor allem: das Bier süffig und das Fleisch saftig. Die Burger sind sensationell gestapelt, kunstfertig drapiert und allein schon ein Genuss fürs Auge. Posen kann jeder, schmecken muss das imposante Ding. Also reinbeißen – und einfach mal selbst feststellen: So geht Burger-Glück.

€€ Alter Fischmarkt 3 (Altstadt), Telefon 040 34994866, Di-Fr und So 17-23, Sa 12-23 Uhr, nur Barzahlung; Meßberg U1; brooklynburgerbar.de

Dulf's Burger

Die Schlange vor Dulf's gehört vielleicht zu den längsten Warteschlangen der Hansestadt. An fast jedem Abend tummeln sich hungrige Hamburger und Touristen auf dem Tschaikowskyplatz, um einen der üppigen Burger zu ergattern. Der Burgerladen auf St. Pauli überzeugt mit saftigen Rindfleischpattys, die über offenem Feuer eines Lavasteingrills gegrillt werden, krossen Burgerbrötchen, frischem Gemüse und besonderen Soßen. Auch vegetarische und vegane Burger stehen auf der Speisekarte – insgesamt 14 verschiedene Burgervarianten.

€ Karolinenstraße 2 (St. Pauli), So-Do 11.30-22.30, Fr-Sa 11.30-23.30 Uhr; EC-Karte, Visa, Mastercard; Feldstraße U3; dulfsburger.de

Edelsatt

Burger gibt es fast an jeder Ecke. Aber manchmal muss es eben etwas Besonderes sein. Dann lohnt ein Besuch des Edelsatt. Die Betreiber des Restaurants in Winterhude haben sich aufs Fähnchen geschrieben, beim Stapeln kreativer zu sein als andere. Gelingt prima, etwa wenn Wildhack nebst Trüffel zwischen dem Bun landet.

€€ Mühlenkamp 8 (Winterhude), Mo-Do 17-22.30, Sa 13-22.30, So 10-13.30 und 14-21 Uhr, EC-Karte, VISA, Mastercard, Amex; Gertigstraße Bus 6; edelsatt.de

Most wanted Burger

Kleiner Laden, aber Burger mit oho! Bei Most Wanted Burger in Eimsbüttel gibt es hoch gestapelte Burger wie zum Beispiel die gleichnamige „Most Wanted Burger"-Version mit Beef, Cheesy Popcorn, Bacon-Marmelade, Cola-Zwiebel-Confit, Eisbergsalat – vollendet mit Smoky-Mayo und nach Wahl einem Spiegelei on top. Das sieht nicht nur ziemlich gut aus, sondern schmeckt auch so! Genauso wie die Fritten. Die sind hausgemacht, handgeschnitten und doppelt frittiert. Die Pattys, die in fünf verschiedenen Gargraden zwischen die Buns kommen können, stammen von Lüneburger Rindern.

€ Osterstraße 31 (Eimsbüttel), So-Do 12-22, Fr-Sa 12-24 Uhr; EC-Karte, VISA, Mastercard; Schulweg Bus 4, Bus 20; kohldampf-mampf.de

Old MacDonald & Better Burger Company

Das Old MacDonald ist eine Institution in Eimsbüttel. Der Laden, in dem früher die Oile beheimatet war, ist American Diner, urige Kneipe und Sportsbar in einem. Und längst mehr als ein Geheimtipp für Fans kunstvoll gestapelter Teile. Denn gleichzeitig ist hier die Better Burger Company am Start. Heißt: Was die Küche verlässt, geht auch gern mal raus in die Stadt. Die Speisekarte des Old MacDonald und des Lieferdienstes bietet vom bei 400 Grad gegrillten Cheeseburger mit saftigem Bio-Rindfleisch bis hin zur veganen Variante nebst frischem Grillgemüse so ziemlich alles.

€€€ Stellinger Weg 33 (Eimsbüttel), Mo-So 12-24 Uhr, EC-Karte; Lutterothstraße U2; oldmacdonald.de

Ottenser Foodkitchen

Burger sind schon lange keine Schweinerei mehr. Jedenfalls nicht zwangsläufig. So auch in der Ottenser Foodkitchen. In dem angesagten Laden ist alles halal. Ansonsten kommen die gestapelten Teile mit allem, was der Burger-Freak so liebt. Käse, Gemüse, Chili und übliche Toppings werden hier gern auch mal mit türkischer Knoblauchwurst aufgepeppt. Hamma!

€ Bahrenfelder Straße 332 (Ottensen), Mo-Do 12-22, Fr 12-23, Sa 14-23, So 14-22 Uhr, EC-Karte, VISA, Mastercard; S Ottensen Bus 2; ottensener-foodkitchen.de

Schmako

Leckerer Imbiss-Snack: Beim Schmako-Foodtruck direkt vorm Knust kommen nur vegane Pattys zwischen die Hälften. Hierfür werden Grünkern, Dinkel, Buchweizen, Kichererbsen, Leinsamen, Sonnenblumenkerne, und Haferflocken geschrotet, handgemörsert und unfassbar gut gewürzt. Die Burger sind längst legendär und der Foodtruck mittlerweile fast die ganze Woche vor Ort. Tipp: Unbedingt die Pommes dazu bestellen – sie kommen hier als würzig-kringelige Kartoffelscheiben über den Tresen.

€ Neuer Kamp 30 (St. Pauli), Di-Sa 17-20 Uhr und sonntags zum Flohmarkt ab 12 Uhr, nur Barzahlung; Feldstraße U3; schmako.de

Shiso Burger

Über der Tür steht es geschrieben: „The best of two worlds". Shiso Burger ist eine kleine, aber weltweit agierende Kette, die den klassischen Burger mit asiatischem Touch verbindet. Zwischen den selbst gemachten Buns landen neben den üblichen Zutaten auch Shiso-Blätter, Koriander, koreanische Chili-Paste oder Teriyaki-Soße. Ein richtig schönes Burgererlebnis – aber eben asiatisch.

€ Bugenhagenstraße 23 (Altstadt), Mo-Do 12-21, Fr-Sa 12-21.30, So 15-20.30 Uhr; EC-Karte, VISA, Mastercard; Mönckebergstraße U3; shisoburger.com

The Bird

Von außen wie innen versprüht das The Bird den Charme eines Jugendzentrums. Wenn auch eines ziemlich coolen Jugendzentrums. Die Einrichtung wirkt wie aus verschiedenen Lokalen zusammengesammelt. Die Karte hält Überraschungen bereit wie den „Ghetto Burger. Selbstverständlich mit nichts drauf". Punkrock und eine superfreundliche Bedienung mit Reibeisenstimme machen die St.-Pauli-Atmo perfekt.

€€ Trommelstraße 4 (St. Pauli), Telefon 040 75662333, Mi-Do 17-22, Fr-Sa 17-22.30, So 17-22 Uhr, EC-Karte, VISA, Mastercard; Reeperbahn S1, S2, S3; thebirdinhamburg.com

FOTO: MARC SILL

XL-Tapas im erdbeer-
fressenden Drachen:
Spargel & Zitrus,
Hamachi & Erbsen,
Zwiebel & Apfel und
Petersilie & Schokolade

Szene-Läden

Gutes Essen. Cooles Ambiente. Wenn beides zusammenkommt, nennen wir das Szene-Gastro. Da geht grandioser Genuss mit ordentlich Style-Faktor. Abgefahrene Tattoos und Hipster-Bärte oft inklusive. Hauptsache aber, auch auf dem Teller wird gerockt

Altes Mädchen

Bier und irres Dessert

Klar, hier ist Bier Trumpf. Aber es gibt im Altes Mädchen mehr als nur Bestes vom Hahn. In gemütlicher Atmosphäre studieren wir verzückt die Speisekarte und sind erstaunt über die Vielfalt. Fraglos ausgefallene Brauhaus-Küche. Wir entscheiden uns für eine Ratsherrn-Roulade (21,90 Euro) und den Altes Mädchen Burger (18,90 Euro). Der Burger funktioniert für den Preis nicht so recht. Das Patty ist ein bisschen zu lange gebraten, das Brötchen lag etwas zu lange unter der Hitze und ist durch den Topping-Käse ein wenig unansehnlich. Geschmacklich ist alles okay – aber eben leider nur das. Die Roulade ist ein echtes Highlight. Die Schmorsoße ist sehr gut gewürzt, der Rotkohl so, wie er sein muss. Knackig, gut gewürzt und wunderbar sämig. Die gebratenen Serviettenknödel-Scheiben auch einen Tick zu lange angebraten, aber noch gut. Und reichlich ist es allemal. Als Nachspeise probieren wir einen veganen Schokoladen-Porter-Brownie (7,90 Euro) und ein Franzbrötchen-Tiramisu (8,90 Euro). Letzteres ist ein Eye-Opener. Wunderbar vanillige Mascarpone und dazu zerpflücktes Franzbrötchen, verfeinert mit dem Ratsherrn IPA-Matrosenschluck. Für mich als Franzbrötchen-Junkie und Bier-Liebhaber der Wahnsinn des Abends. Der ebenfalls exzellente Brownie verläuft beim Durchschneiden und harmoniert perfekt mit dem Himbeersorbet und den marinierten Beeren. Im Altes Mädchen kann man eine wirklich besondere Grundlage schaffen und sich dann den Rest des Abends den verschiedenen Angeboten von der Bier-Tafel hingeben. JAS

AMBIENTE ●●●●● SERVICE ●●●●●
KÜCHE ●●●○○ PREIS-LEISTUNG ●●●○○

€€€ Lagerstraße 28b (St. Pauli), Telefon 040 800077750, Mo-Do 12-24, Fr-Sa 12-1, So 10-14, 14.30-22 Uhr, EC-Karte, VISA, Mastercard; Sternschanze S11, S21, S31, U3; altes-maedchen.com

Barefood Deli

Etwas mehr Würze

Als mir gesagt wird, dass ich das einst von Til Schweiger gegründete Restaurant testen soll, sträuben sich meine Nackenhaare. „Kann ja nichts werden" denke ich. Auf dem Weg in die Lilienstraße in der Innenstadt, bestärken meine Begleitung und ich uns, unvoreingenommen in das Deli zu gehen. Wir sind am späten Nachmittag hier, das geräumige Lokal ist fast leer und wir dürfen uns einen Platz aussuchen. Die Bedienung ist unaufgeregt und freundlich, wir fühlen uns wohl. Der einzige Rosé (8 Euro) sowie die Erdbeer-Rhabarber-Limonade (5,50 Euro) schmecken frisch und fruchtig. Schnell kommt unsere Vorspeise: DIY-Guacamole (9,90 Euro). Avocado, Tomate und Zwiebel warten in einem Mörser darauf, von uns zu Guacamole verarbeitet zu werden. Eine witzige, aber recht teure Idee, die schmeckt. Bei der Auswahl an Hauptspeisen fehlt es uns etwas an vegetarischen und veganen Alternativen, scheint als sei die Karte des Barefood Deli schon seit einigen Jahren unverändert. Für uns gibt es Orecchiette al Salmone (16,60 Euro) und eine Pizza Bianca mit Trüffelschmand, marinierten Gamberettinis und Babyspinat (16,90 Euro), dessen Duft uns einhüllt. Der Pizzateig ist toll, der Trüffelschmand einzigartig und die Gamberettinis auf den Punkt gegart, nur an Würze fehlt es etwas. Die Nudelportion ist üppig, der Lachs köstlich, doch muss ich auch hier etwas Nachsalzen. Unser Fazit: Tils Team hat's drauf, Promi-Status hin oder her. Nur nachgewürzt werden sollte mal, auf der Karte und in der Küche. AVL

AMBIENTE ●●●●○ SERVICE ●●●○○
KÜCHE ●●●●● PREIS-LEISTUNG ●●●●●

€€€ Lilienstraße 5-9 (Altstadt), Telefon 040 36930540, Di-Do 12-23, Fr-Sa 12-24 Uhr, EC-Karte, VISA, Mastercard, Amex; Hauptbahnhof alle Bahnlinien; barefooddeli.de

Cotidiano

Gewinn für die City

Vorweggenommen: Für uns ist das Cotidiano ein echter Gewinn für die City. Zentraler geht's kaum. Ein Alleskönner-Lokal, in dem vom All-Day-Frühstück bis zum Drink am Abend eben alles geht. Das Ambiente modern. Ein bisschen trubelig, aber trotzdem gemütlich ist dieses Restaurant, das gleichzeitig Museumscafé des Bucerius Forum ist. Wir sehen Familien mit Kindern und Gäste, die ihre kunstvoll angerichteten, bunten Bowls fotografieren, um sie direkt zu posten – und erst dann irgendwann ans Essen denken. Die Speisen sind ebenso lecker, wie sie aussehen. Mega finden wir den veganen Flammkuchen mit tollem planted Kebab und gegrilltem Gemüse (15,30 Euro). Überhaupt kommen Vegetarier und Veganer hier ganz wunderbar zu ihrem Recht. Dazu kann das Cotidiano natürlich auch (Bio-)Fleisch. Wir genießen die warme Bowl Steak'n Egg mit einer leckeren hausgemachten Burgersoße (13,90 Euro). Klasse dazu sind die Drinks: Smoothies, hausgemachte Limos oder auch ein Ingwer-Shot (2,90 Euro) machen wach und halten fit. Kleiner Tipp: besser reservieren. Denn im Windfang herumzustehen und auf einen Platz zu warten, kann leider nerven. Und offenbarte uns, wie lustlos das Servicepersonal hier unterwegs sein kann. Aber wie beschrieben: Durchhalten lohnt sich. Des guten Essens wegen. CO

AMBIENTE ●●●●○ SERVICE ●●○○○
KÜCHE ●●●●● PREIS-LEISTUNG ●●●●●

€€ Alter Wall 22 (Altstadt), Telefon 040 55007791, Mo-So 9-22 Uhr, EC-Karte, VISA, Mastercard; Rathaus U3; cotidiano.de/hamburg-alter-wall

FOTO: JULIA SCHUAMCHER

Stichworte auf der Karte müssen reichen: „Hamachi und Erbsen"

Genuss GUIDE DER SZENE HAMBURG TESTSIEGER 2023/2024

Der erdbeerfressende Drache

Kulinarischer Durchstarter

Er begeisterte in Eimsbüttel, in Ottensen, später an den Deichtorhallen. Nach einem Päuschen hat Thorsten Gillert seinem erdbeerfressenden Drachen an der Alster eine neue Höhle geschaffen. Dort verkündete Tim Mälzer zuvor seine Gute Botschaft via TV, die Gäste sprangen aber nicht so recht drauf an. Nun also der geniale Gillert, einst Inhaber des Artisan am Schlachthof. Um gleich zu spoilern: Das Konzept-Restaurant überzeugt weiter als einer der progressivsten Gastro-Spots Hamburgs. Der sichelförmige Gastraum im gedämpften Licht ermöglicht den Blick in die Küche, in der Mister Gillert und Crew werkeln. Wer möchte, speist an der vorgelagerten Bar. Ein gutes Dutzend XL-Tapas (7 bis 18 Euro) umreißt die Karte stichwortartig. Drei sättigen den mäßigen Appetit, mit fünf zündet das Überraschungsmenü für fair kalkulierte 59 Euro die Kulinarik-Rakete. Regional und saisonal die meisten Produkte, international deren handwerkliche Verarbeitung. Uns flashen „Kalb & Rote Bete", zarte Zunge mit erdig-roter Schaumkrone auf Bull's Blood, „Melone & Pfifferlinge" auf Basis einer säuerlich-spicy marinierten BBQ-Melone sowie „Seehecht & Algen" als feinster Pannfisch ever in Kombi mit Salicornes-Pak-Choi-Salat. Jeder Gang ein Treffer, so auch „Rippen & Rotkraut" mit butterweichem US-Beef und scharfem Kohl. Das tipptopp

FOTOS: JULIA SCHUMACHER

Topping eines großen Abends: „Cassis & Kaffee" mit eingelegten Beeren, Espresso-Eis und Baiser. MO

AMBIENTE ●●●●● SERVICE ●●●●●
KÜCHE ●●●●● PREIS-LEISTUNG ●●●●●

RESTAURANT DES JAHRES 2023 €€€ Alsterufer 3 (Rotherbaum), Telefon 040 69657299, Mo-Do 17–22, Fr-Sa 17–22.30 Uhr, EC-Karte, VISA, Mastercard; Dammtor S11, S21, S31; dererdbeerfressendedrache.de

Ein engagiertes und gut gelauntes Team rund um Inhaber Thorsten Gillert (links) begeistert Hamburg mit einem der progressivsten Gastro-Spots der Stadt

Der Player

Herr Straube rockt das

Ein Neubau am künftigen S-Bahnhof Ottensen avanciert zum Hotspot: Jonas Straube orchestriert im Player einen Mix aus Bar, Club und Edelrestaurant – inklusive Playground in der zweiten Etage. Als Gewinner des Next Chef Award wurde er zum Popstar geschlagen, kochte zuletzt in der Elphi, davor im Coast by East. Nun ein fetter Laden. An einer gastronomisch öden Ecke. Herr Straube rockt das: An einem Freitagabend hätten wir ohne Reservierung in dem zweigeschossigen Laden spontan keinen Tisch ergattert. Sehr viele, sehr gut aussehende Bedienungen wuseln zwischen offener Küche, XXL-Tresen und immer mehr ebenso sehr gut aussehenden Gästen umher. Mitarbeiter Ari siezt uns. Auf den Downer erst mal einen top gemixten Negroni (12 Euro). Als Vorspeise genießen gegrillte Garnelen und Jakobsmuschel ein heißes Bad im spicy Limettentee (13,50 Euro). Ausgezeichnet. Das Filet vom Toothfisch (34 Euro) ergoogeln wir uns als schwarzen Seehecht. Gekonnt lässt Straubes fescher Küchen-Trupp das mit Teriyaki getunte Filet von Zitronen-Risotto und Salicornes eskortieren. Perfekt. Der Kräuterlachs (30 Euro) hat sich in Maki-Form schick gemacht, dazu gibt's Duftreis. Dann wird der 80er-Sound aufgedreht, Disco-Strahler angeworfen. Bestes Ambiente für den nächsten Negroni. Apropos: Wasser gibt's im Player in der Flatrate – für 5 Euro pro Gast. Super Sache. MO

AMBIENTE ●●●●● SERVICE ●●●●○
KÜCHE ●●●●● PREIS-LEISTUNG ●●●●○

NEU! €€€€ Bahrenfelder Straße 322 (Ottensen), Telefon 040 537996 50, Mo-Di ab 17 (nur Bar), Mi-Sa ab 17, So ab 12 Uhr, EC-Karte, VISA, Mastercard, Amex; S Ottensen Bus 2, Bus 288; player-hamburg.de

♿ ☼

Elma Speisekneipe

Eine Kneip(en)-Kur de luxe

Es ist noch nicht so lange her, da hätten wütende Gentrifizierungsgegner biodynamische Farbbeutel gegen ein derart delikat und modern aufkochendes Lokal in ihrem Szeneviertel geworfen. Doch die Elma Speisekneipe wurde nicht nur unser letztjähriger SZENE-Testsieger und gleichzeitig der beste Newcomer des Jahres 2022 – das nette Dreier-Geschäftsführer-Team machte sein Lokal blitzschnell zum beliebtesten kulinarischen Ganztagestreffpunkt der kunterbunten Bewohner von Altonas „Neuer Mitte". Die Küchenzeiten sind wahrhaft ausgedehnt, der täglich wechselnde günstige Mittagstisch wird bis 17 Uhr serviert, und es gibt sogar um 15.30 Uhr, als wir mit hungrigen Testermägen durch die alte Drehtür in den hellen und dennoch gemütlichen Gastraum schwingen, die komplette Karte. Fast zumindest, wie wir erst spät bemerken. Denn jetzt gilt nicht die Auswahl auf der Website, dort steht das Abendprogramm ab 17 Uhr. Nachmittags ist die Speisenliste ein wenig schmalhansiger. Aber auch sie bietet eine Menge spannende Teller wie meine cremige Ziegenkäse-Mousse mit Zuchini-Carpaccio, Bete-Tatar, Kürbiskernen und Dill (10,50 Euro) ebenso wie die aus saftigem Pulled Ochs geformten Rinderpralinen mit Kürbischutney und rauchigem BBQ-Dip (11,50 Euro), die wir zu den spritzigen, nicht auf der Karte stehenden Limonaden von Pfirsich sowie Himbeer-Basilikum genießen (je 4,50 Euro). Die Weinauswahl hat viel Luft nach oben. Auch bei den hier oft in zwei Größen bestellbaren Hauptgerichten konkurriert Veggie mit Tier – und wir wissen nicht, wo wir mehr schwärmen sollen: beim hauchdünnen Wiener Doppel-Schnitzel mit perfekt blasiger Panierung auf schwäbisch-schlotzigem Kartoffelsalat oder

VIP TESTERIN

Eliane Neubert
Boss, elliKOCHT

Getestet: Küchenfreunde, Neni, Pink and Orange, Pasta Authentica, Metzgers (Fleisch), Atlantic Grill & Health (Gourmet), Zeik (Sterne)

Als VIP-Testerin ... will ich immer erst alle Restaurants testen und dann gerate ich in Zeitnot.

Mein Lieblingsrestaurant ist ... überall dort, wo ich willkommen bin und mit viel Liebe gutes Essen serviert bekomme.

Meinen Feierabenddrink trinke ich am liebsten ... zu Hause auf der Couch, wenn ich meine Tochter ins Bett gebracht habe. Peroni, übrigens.

Wenn der Mittagshunger kommt, ... dann mache ich mir große Stullen mit allem drauf, was der Kühlschrank hergibt. Oder ich gehe ins San Michele und esse eine gigantische Portion Pasta.

Ein Gastro-Geheimtipp in Hamburg ist ... auf jeden Fall das Omnipollos. Richtig gutes Craft Beer und grandiose hausgemachte Pizza von Max, der auch um die Ecke im Beyond Beer seine Finger im Spiel hat.

Typisch Hamburg ist, ... auch in Jeans mit Wollmütze überall willkommen zu sein.

Die schönste Aussicht beim Essen gibt's ... auf der Terrasse bei Salt & Silver am Park Fiction.

Zum Frühstück gehe ich am liebsten ins ... Neni. Große weiche Sofas, wirklich gutes Brot, Shakshuka und guter Kaffee.

Gewann schon den Next Chef Award und rockt jetzt im „Der Player": Jonas Straube

FOTOS: JULIA SCHUMACHER (U.), ANDREA THODE (O.)

meinem etwas zu kurz geschmorten Sellerie in Bröselhülle mit wildem Brokkoli, Kürbiscreme und einer zum Niederknien umamigen veganen Jus. Wow – was für eine geballte Kochkunst mit regionalen und nachhaltigen Zutaten. Völker des Nordens: Schafft viele Speisekneipen! PESI

AMBIENTE ●●●○○ SERVICE ●●●●○
KÜCHE ●●●●○ PREIS-LEISTUNG ●●●●○

TESTSIEGER 2022 & BESTER NEWCOMER 2022
€€€ Harkortstraße 81 (Altona-Nord), Telefon 040 30709451, Di-Sa 11.30–23 Uhr, EC-Karte, VISA, Mastercard; Altona alle S-Bahnlinien; elma-speisekneipe.com

Grill Royal

Schlemmerreich der Grill-Society

Nun ist er open, der Alster-Ableger des szenig-mondänen Berliner Grill Royal. „Soft open", genau genommen: Als wir am Abend vor Druck dieser Ausgabe am Ballindamm einkehren, laufen die Eingewöhnungswochen fürs Team mit reduzierter Karte, limitierter Belegung der bis zu 200 Plätze und noch unfertigen Ecken auf den über drei Plateaus verteilten 900 Quadratmetern Schlemmerreich. Wir sitzen an der imposanten Fensterfront, die im Sommer Austritt zur üppigen Außenbestuhlung ermöglicht. Der routinierte, leider wenig leidenschaftliche Kellner empfiehlt uns ein Grill-Tasting für 85 Euro pro Person. Vorweg gibt's Pulpo-Terrine, in der gläsernen Küche von Oliver Pfahler raffiniert mit weißem Böhnchen, Tomate und Petersilie zubereitet. Dazu bissfester Spargel-Melonen-Salat und ein Tatar aus dem Lehrbuch. Die Weinkarte soll von 400 auf mehr als 1200 Positionen eskalieren. Der mit 35 Euro günstige Rosé Jedentag vom Weingut Franz Keller, Bruder des Grill-Co-Gesellschafters und einstigen DFB-Chefs Fritz, beschert einen feinen Glimmer. Wahre Wonne ist die Steak-Auswahl, adrett am Brett aufgeschnitten. Dazu Drillinge, sattgrüner Spinat, Brechbohnen plus Béarnaise. Die angepriesene Pfeffersoße gibt's noch gar nicht. So what. Beste Crème brûlée und Schokomousse schließen den Verwöhnreigen. VIP-Faktor der neuen Grill Society am Testabend: ein Ex-Moderator, ein Reeder, ein Senator a. D. Dit hier is eben nich Berlin, wa. MO

AMBIENTE ●●●●○ SERVICE ●●●○○
KÜCHE ●●●●● PREIS-LEISTUNG ●●●●○

NEU! €€€ Ballindamm 17 (Altstadt), Telefon 040 22899777, Mo-So 17–24 Uhr, EC-Karte, VISA, Mastercard, Amex; Hauptbahnhof alle Bahnlinien; grillroyal-hamburg.com

Klinker

Heimeliges Interieur, tolles Essen

Gesucht: ein Laden für das zweite Date. Oder für einen Abend mit richtig guten Freunden. Für solche und weitere Anlässe eignet sich das Klinker. Meine Gedanken, als ich am samtroten Vorhang vorbei in den heimelig beleuchteten Gastraum trete: Lange nicht mehr bin ich so freundlich begrüßt worden, lange nicht mehr habe ich mich so schnell so wohlgefühlt. Seit 2019 lockt das Lokal ein buntes Publikum mit kreativer, regionaler Bio-Küche. Man sitzt nah beieinander, auf skandinavischen Holzstühlen vor runden Tischen unter weißen Bauhaus-Lampen. Am intensiven Dunkelgrün der Wände kann ich mich kaum sattsehen – welch ein Interieur! Auch das Essen ist ein Erlebnis. Schon das Walnuss-Brot mit aufgeschäumter Koriander-Kürbis-Butter ist grandios, es folgen klein portionierte Gerichte (15 bis 20 Euro), von denen man zu zweit am besten vier bestellt. Wie die leichte Bitternis des Radicchio mit Trauben und Walnüssen kontrastiert wird! Wie die sardische Kleinstpasta Fregola mit Parmesan und hauchdünnen Pilzen harmoniert! Und erst das cremige Kaffee-Eis mit Mandarine und Karamell-Kardamom-Topping zum Abschluss! Das Klinker ist eine Wucht. Reservierungen werden hier nicht entgegengenommen – aber an der stylishen Theke vor der imposanten offenen Küche wartet man gern bei einem Aperitif. JP

AMBIENTE ●●●●● SERVICE ●●●●●
KÜCHE ●●●●● PREIS-LEISTUNG ●●●●●

€€€€ Schlankreye 73 (Harvestehude), Telefon 040 35701435, Mo-Fr 18–24 Uhr, EC-Karte, VISA, Mastercard; Hoheluftbrücke U3; restaurant-klinker.de

Kyba Restaurant

Geschmackvoll!

In der Hamburger Neustadt verspricht das Anfang 2023 eröffnete Kyba Restaurant „einzigartige Gerichte und innovative Geschmackskombinationen". Das wollen wir testen! Nahe der Laeiszhalle hat das gehobene Restaurant mit internationaler Küche sein Zuhause gefunden. Drinnen ist es modern in dunklen Tönen – mit Marmortischen, grauen Wänden, dunkelgrünen Samtstühlen und einer imposanten Bar. Die Begrüßung ist herzlich. Die junge Bedienung nimmt unsere Mäntel entgegen und weist uns einen Tisch am Fenster zu. Los geht es mit einem Gruß aus der Küche. In dieser hat Küchenchef Julian Widlitzki das Sagen. Er kochte bereits für Bundesliga-Fußballspieler, die Rapper Luciano und Raf Camora, Rammstein-Frontmann Till Lindemann und diverse Musikproduzenten und serviert uns vorab Blumenkohl-Mousse mit Kaffeenote in knuspriger Panade. Als Vorspeise wählen wir die Purple Soup (13 Euro), eine Rote-Bete-Suppe, die mein Gegenüber als „beste Vorspeise seit Langem" lobt. Die Suppe ist herrlich angenehm, nicht zu aufdringlich. Das macht Vorfreude auf den Hauptgang – das Lemon Chicken (26 Euro). Auf den Punkt gebratene, zarte Hähnchenbrust liegt auf einer Steckrüben-Vanille-Creme, die von kleinen Ofenkartoffeln umringt wird. Der saure Zitronensaft am Rande des Tellers harmoniert hervorragend mit der Süße der Vanille. Zum Abschluss bestellen wir zwei Cocktails. Meine Begleitung wählt den Banana Haymaker (16 Euro), der ein wenig vom Rum dominiert wird. Auf Nachfrage mixt der Barkeeper mir einen alkoholfreien Cocktail mit Litschi, Ananas und Honig – ein Gedicht. Für ein wenig Spaß hat sich das Kyba ein Spiel ausgedacht: The Gamble – also Stein, Schere, Papier. Gewinnt der Gast, zahlt er die Hälfte der Drinks, verliert er, zahlt er 2,50 Euro drauf. Unsere Rechnung erhöht sich um 2,50 Euro. Wiederkommen würden wir trotzdem. Wer einen schicken, aber dennoch ungezwungenen Abend verbringen möchte, ist hier richtig. JZ

AMBIENTE ●●●●● SERVICE ●●●●●
KÜCHE ●●●●● PREIS-LEISTUNG ●●●●

NEU! €€€€ Kaiser-Wilhelm-Straße 73 (Neustadt), Telefon 040 80004150, Di-Sa 18–24 Uhr, EC-Karte, VISA, Mastercard; Johannes-Brahms-Platz Bus 3, Bus 112, Bus X35; kyba-restaurant.com

Mit Liebe zum Detail: Küchenfreunde-Koch Alexander Schneider

VIP-TESTERIN
Eliane Neubert

Küchenfreunde

Nachbarschafts-Treff mit Klassikern

Große Fensterfronten zum Lehmweg, goldenes Licht, herzlicher Empfang. Kaum am Tisch, bekommen wir einen Stiftebecher und die Ausmalkarte fürs Kind. Wir starten mit drei Vorspeisen für zwei (32 Euro). Es gibt klassisches Tatar vom Rind – gut abgeschmeckt mit knusprig gebackenen Kapernäpfeln, Kerbel und Schnittlauch. Eine Creme von Blumenkohl – ganz pur – dazu geröstete Blumenkohl-Röschen mit Feldsalat und würzigem Chimichurri-Öl. Und eine Ceviche vom Wolfsbarsch mit Grapefruit, roten Zwiebeln und Kartoffelchips. Die kann nicht ganz überzeugen, denn es fehlt an der typischen Säure, auf die ich mich so gefreut hatte. Unsere Tochter ist happy mit den saftigen, knusprigen Hähnchennuggets, auch wenn die Pommes einen Tick zu dunkel sind. Weise oder nachlässig: Auf die Salat-Beilage wird beim Kindergericht verzichtet. Vielleicht wären ein paar Gemüsesticks ganz smart. Egal – ihr schmeckt's. Die Größe der Vorspeisen unterschätzend, habe ich kaum noch Platz für den Hauptgang. Meine Gnocchi sind saftig, groß und gefüllt mit einer getrüffelten Pilzcreme (22 Euro). Geschwenkt sind sie in würzigem Trüffelrahm mit Schwarzwurzeln, die etwas mehr Biss haben dürften. Kleine Highlights sind die knackigen Rosenkohlblätter. Oben drauf dann Parmesan und noch mal: Trüffel. Das Dry Aged Entrecôte von der Bio-Hofmetzgerei Naturgut ist 'ne glatte Eins und perfekt medium gebraten. Dem kleinen Ceasar Salad hätte ein weiterer Löffel Dressing gutgetan. Ein „klitzekleines" Schokomalheur passt grad noch, finden wir: heiß, cremig, dunkel, schokoladig, mit herrlich klebrig-süßen Toffee-Bananen und kühlem Kirschsorbet (12 Euro). Dazu ein paar Haribo-Frösche aus dem Glas am Tresen. Zack. Kind im Glück. Trägt uns jemand zum Auto?

AMBIENTE ●●●● SERVICE ●●●●●
KÜCHE ●●●● PREIS-LEISTUNG ●●●●

€€€ Lehmweg 30 (Hoheluft-Ost), Telefon 040 49021965, Mo-Fr 12–15 und 17.30–22, Sa 17.30–22 Uhr, EC-Karte, VISA, Mastercard; Eppendorfer Baum U3; kuechenfreunde.net/lehmweg

Loewen

Lob des Einfachen

Die freundliche Servicekraft stutzt, erklärt dann lächelnd, diese Reaktion habe sie öfter schon gehabt: Ihren Hinweis, das Reh-Tatar sei außerhalb der Jagdsaison ein Rindertatar, quittiert meine Begleitung mit einem erfreuten: „Dann nehm ich das!" Der Prophet gilt eben nichts im eigenen Land und die Propheten sind hier die neuen Betreiber Malvin Ullmann und Johann Jencquel, die mit dem Edelsatt in Winterhude ein Wild-Restaurant betreiben. Wild erlebt gerade einen Trend als gesundes, nachhaltiges Fleisch. Auch

FOTO: MARC SILL

Die Edelsatt-Macher haben das alte Loewen übernommen

im neuen Loewen also wilde Akzente auf einer Karte, die ansonsten alle abholt. Das Tatar (18/26 Euro) ehrt das gute Rind, handgeschnitten, eher nüchtern abgeschmeckt, ein cremiges Kapern-Sößchen und gestreute Gewürze laden zum Mischen ein. Die Burrata vorweg ohne Tadel, mit Balsamico-Perlen und Ochsenherz-Tomaten. Kleine Götterspeise: Mein Pulpo kommt zitronenfrisch mit dicken Bohnen und warmem Hummus (17/25 Euro). Auch sonst macht das hier Freude: gemütliche Stühle, das Interior aufgeräumt und auch die Musik geht auf Nummer sicher, mit Elektrogefrickel und TripHop. Manchmal kann es so einfach sein. Auch beim Wein: Zur butterzarten Kalbsbacke auf stückigem Kartoffelpüree (18/26 Euro) habe ich mir deutschen Spätburgunder ausgeguckt – weil der ausgetrunken ist, empfiehlt der Service den 2020 Château Bréjou, das ist keine Alternative, das ist ein Upgrade ohne Aufpreis (0,2 l 9,50 Euro)! Auch meiner Bitte, den Wein für mich leicht zu kühlen, wird direkt entsprochen. Guter Rotwein mag das, er ist weniger alkoholisch im Mund, frischer, mit Kontur. Zum Dessert dreierlei Schokolade mit fluffigem Fudge, weißem Schoko-Karamelleis und Nougat-Tartelettes (12 Euro). Grüße gehen raus an die Nachbarn LéonieCorentin – zum Kaffee lassen sich ausgesuchte Pralinen (2,50 Euro) des jungen Chocolatiers-Paares bestellen.

STEVAN PAUL

AMBIENTE ●●●●● SERVICE ●●●●○
KÜCHE ●●●●○ PREIS-LEISTUNG ●●●●○

NEU! €€€ Eppendorfer Weg 264 (Hoheluft-Ost), Telefon 040 44465065, Di-Fr 12–23, Sa-So 10–23 Uhr, EC-Karte, VISA, Mastercard; Eppendorfer Baum U3; edelsatt.de/loewen

FOTO: MARC SILL

VIP-TESTERIN
Eliane Neubert

Neni

Das lässigste Wohnzimmer der HafenCity

Das Neni steht im krassen Gegensatz zur eher kargen HafenCity: einladende weich gepolsterte Bänke, große, dämpfende Vintageteppiche, dazu ein leise plätschernder Wunschbrunnen und ein loungiges Beatles-Cover aus den Boxen. Alle wirken entspannt und ansteckend gut gelaunt. Erfreulich: Auch jetzt am Nachmittag steht die komplette Karte zur Auswahl. Warmes saftiges Brot steht als erstes auf unserem Tisch. Dazu ein Tellerchen mit cremigem Labneh, Olivenöl und fantastischen kleinen würzigen Oliven – geht aufs Haus im Neni. Dann kommt das Mezze-Trio (19,50 Euro). Wunderbar schlotziges, gut gewürztes Babaganoush und pikante knusprige Falafel mit kleinem Tahini-Dip. Nur der Blumenkohl vom Holzkohlegrill – der macht zwar optisch was her, schmeckt dann aber eher gedämpft als gegrillt und ist etwas schwach auf der Brust. Es folgt Korean Fried Chicken Salad (18 Euro). Und das Hähnchen ist super saftig und knusprig, mit dieser typischen „sticky“ Glasur. Der knackig-kühle Kohlsalat mit Granatapfelkernen, Koriander, Erdnüssen und Frühlingszwiebeln ist ein guter Kontrast, allerdings könnte das recht süße Soja-Sesam-Dressing einen Spritzer Säure vertragen. Der Jerusalem-Teller (21,50 Euro) ist zum Reinlegen: Das Hühnerfleisch, gewürzt mit Cumin, Koriander und Muskat, ist herrlich zart, drum herum reihen sich cremiges Hummus, pikanter Mangodip, gegrillte grüne Chilischote und gebratene Zwiebeln. Ich wünschte, wir hätten eine Person mehr am Start, denn trotz großem Appetit, können wir nicht alles aufessen. Dennoch möchten wir unbedingt „Ilan's Tiramisu“ probieren (8,50 Euro), allein weil es etwas thematisch etwas aus der Reihe tanzt. Zum Glück! Zu einer gigantischen Nocke abgezogen thront eine sagenhaft cremige Mascarpone, mit Madeira und Vanille gewürzt auf dem Teller. Statt Löffelbiskuit wurden Cantuccini verwendet: saftig unter der Creme, krachend-knusprig außen herum. Und oben in der Mascarpone stecken feinste Cracker aus dunklem Kakao. Bisher dachte ich, die Italiener hätten Tiramisu erfunden. Doch wer weiß.

AMBIENTE ●●●●● SERVICE ●●●●●
KÜCHE ●●●●○ PREIS-LEISTUNG ●●●●○

€€€ Osakaallee 12 (HafenCity), Telefon 040 555575442, Mo-So 12–23 Uhr, EC-Karte, VISA, Mastercard; Überseequartier U4, Osakaallee Bus 111; nenihamburg.de

Madame Hu

Französisch-asiatische Fusion

Das Madame Hu liegt ein bisschen versteckt in St. Pauli an der Schilleroper. Im Winter sieht die kleine Außenterrasse Richtung Stresemannstraße genauso verlassen aus wie das Metallgerippe der Oper, die einmal ein Zirkus war. Auch im Innern können Zweifel aufkommen. Die rustikale, rote Holztäfelung passt nicht mit den grauen Fliesen und diese nicht mit den modernen Stühlen zusammen. Für eine Renovierung von Grund auf wäre es an der Zeit. In der Toilette ist das schon geschehen. Geht doch. Dann biegt die Tochter der Köchin und Inhaberin um die Ecke und die Sonne geht auf. Freundlich und kompetent strahlt sie eine Gastlichkeit aus, die das triste Interieur vergessen lassen. Sie zaubert einen herrlichen alkoholfreien Cocktail. Dann kommen auch schon die gratinierten Jakobsmuscheln (15,50 Euro) und die Vorspeisen-Variation (17,50 Euro) an den Tisch. Letztere bestehen aus vielen verschiedenen kleinen Häppchen, die die besondere Mischung aus französischer und asiatischer Küche, für die das Madame Hu steht, überzeugend repräsentieren. Das Reh-Hirschragout (25,50 Euro) stammt aus der Lüneburger Heide. Genau wie das Bio-Rind, welches hier zur Gänze verarbeitet wird. Nachhaltig, regional, naturnah und gut – so macht Fleischgenuss Freude. Zum Abschluss probieren wir das schwarze Sesam-Eis (5,50 Euro): köstlich.

DS

AMBIENTE ●○○○○ SERVICE ●●●●●
KÜCHE ●●●●● PREIS-LEISTUNG ●●●●○

€€€ Bei der Schilleroper 6 (St. Pauli), Telefon 040 4308273, Di 18–23, Mi 12–15, 18–23, Do-Sa 18–23 Uhr, EC-Karte, VISA, Mastercard; Neuer Pferdemarkt Bus 3; madame-hu.de

Open Kitchen

Lässig und lecker

Die Große Elbstraße ist Hamburg pur. Hier hat man die Elbe zu Füßen, die Hafenkräne im Blick, den Fischmarkt und ein Fischrestaurant neben

In der gläsernen Manufaktur können die Nonnas bei der Arbeit beobachtet werden: Pasta Autentica by Jill

dem nächsten. Kein Wunder, dass Koch Tobias Struck, der im Landhaus Walter und anderen bekannten Häusern Hamburgs gekocht hat, diesen Standort für sein Restaurant gewählt hat. Statt klassischer Scholle und Co. gibt es hier nordischen Gerichte mit asiatischem Twist. Wir werden von einem großen Hund begrüßt und dürfen an einem der wenigen Tische vor dem Restaurant Platz nehmen. Die Bedienung trägt lässige Turnschuhe und ein Tanktop und bringt die Speisekarte. Wir starten mit Aperol (8,50 Euro) und dem Gemüse-Tempura (10,50 Euro). Spargel, Brokkoli und Paprika mit knusprigem Mantel und drei Dips begeistern uns. Für den Hauptgang ziehen wir ins Restaurant zurück. Hier erwarten uns schwere Samtvorhänge, Samtsessel und goldene Lampen. Man hat freien Blick auf die offene Küche. Wir entscheiden uns für den Wolfsbarsch mit Mie-Nudeln und Mentsuyuschaum (26,50 Euro) und das Tagesspecial: Seebarsch mit Estragon-Kartoffeln und Pfifferlingen (18,50 Euro). Die Gerichte kommen zügig und überzeugen: Der Fisch ist frisch und zart, das Gemüse knackig und der Mentsuyuschaum unglaublich würzig und einzigartig. Zum Abschluss bestellen wir zwei Gläser Wein, die auf Nachfrage auch in 0,1 l ausgeschenkt werden. Beim Dessert ist unsere erste Wahl, der Blumentopf der Saison mit Mascarpone, Schokolade und Thymian, vergriffen, daher entscheiden wir uns für das Schokoladen-Mousse-Türmchen (11,50 Euro). Hier bekommen wir klassische Schokomousse zwischen Keksen – lecker, aber etwas überteuert. Aber wir kommen wieder, denn Tobias Strucks Kochkunst hat überzeugt. AVL

AMBIENTE ●●●○○ **SERVICE** ●●●●●
KÜCHE ●●●●● **PREIS-LEISTUNG** ●●●●○

NEU! €€€ Große Elbstraße 133 (Altona), Telefon 0176 70851370, Mo 12–15, Di-Mi 12–15 und 18–22, Fr 12–1518–22, Sa-So 17–22 Uhr, EC-Karte Mastercard VISA; Königstraße S1, S2, S3, Dockland Fähre 61, 62; open-kitchen.eu

Otto's Burger

Die Nummer vier

Bei Otto's bin ich nicht zum ersten Mal. Schon im Grindel und in der Schanze haben mich die saftigen Pattys mit weichem Brioche-Brot und krossen Fritten überzeugt. Daher freu' ich mich riesig, als ich erfahre, dass ein viertes Restaurant in Ottensen eröffnet. An der Bahrenfelder Straße leuchten seit Anfang März die roten Lettern und weisen hungrigen Burger-Fans den Weg in ihr Mekka. Am gleichen Ort gab es vor einigen Jahren schon ein Otto's, doch Renovierungsarbeiten am Haus führten zum Auszug. Wir nehmen am Fenster Platz, die Speisekarte landet schnurstracks auf unserem Tisch und wir entscheiden uns für die Happy Hour, beziehungsweise Otto's Hour, bei der es zwei gleiche Cocktails oder Longdrinks für 14 Euro gibt. Die giftgrünen Gin Basil Smash erfüllen kurz den Raum mit Basilikumduft, bevor sie vor uns stehen. Das Hamburger Original schmeckt gut, jedoch etwas wässrig. Die Auswahl der Burger fällt uns schwerer: Zwölf Optionen stehen zur Auswahl, alle mit vegetarischem Patty auf Weizen- und Erbsenbasis. Möchte man Fleisch, zahlt man einen Euro drauf. Wir wählen den Mr. T (10,50 Euro) mit Patty in Senfkruste, karamellisierten Zwiebeln und Gewürzgurken sowie den BBQ-Burger (12 Euro) mit vegetarischem Bacon und gepickelten Zwiebeln. Dazu teilen wir uns Süßkartoffelpommes (6 Euro) und Coleslaw (3 Euro), entscheiden uns zwischen den elf hausgemachten Soßen für Trüffel-Mayo (1,50 Euro) und Chipotle-Chili (1 Euro). Wir haben kaum an unseren Cocktails genippt, schon stehen die typischen emaillierten Otto's-Schalen vor uns. Die Fritten sind wie gewohnt kross und lecker, der vegane Coleslaw ist die perfekte Kombination aus knackig und schlotzig, die Burger enttäuschen leider ein wenig. Während mir die Senfkruste fehlt und das Brot etwas zu trocken und zu geschmacklos daherkommt, empfindet meine Begleitung ihren Burger als sehr eintönig. Hoffentlich sind das nur anfängliche Schwierigkeiten und nicht die ersten Anzeichen dafür, dass sich das Otto's Imperium auf seinem Erfolg ausruht und nachlässig wird. Denn: Das Restaurant ist voll. Die Beliebtheit des Burgerladens ist offensichtlich. Aber wir kommen wieder. Beim nächsten Mal probieren wir dann vielleicht den Magic Mushroom mit Camembert, Portobello-Pilz und Honig-Erdnuss-Mayo, denn auch wenn's jetzt keine Glanzleistung war, bleibe ich erst mal Otto's-Fan! AVL

AMBIENTE ●●●●○ **SERVICE** ●●●●●
KÜCHE ●●●●○ **PREIS-LEISTUNG** ●●●●○

NEU! € Bahrenfelder Straße 175 (Ottensen), Telefon 040 64839815, Mo-Do 12–22.30, Fr-Sa 12–23, So 12–22 Uhr, EC-Karte, Mastercard, VISA; Altona alle S-Bahnlinien; ottosburger.com

VIP-TESTERIN
Eliane Neubert

Pasta Autentica by Jill

Schaufenster-Pasta in der Altstadt

In dem hell erleuchteten Schaufenster vom neu eröffneten Pasta Autentica by Jill mitten in der Altstadt steht eine Dame, die voller Hingabe Nudeln formt. Die Wand in ihrem Rücken zieren geblümte Kacheln, Kupfertöpfe und Kräuterbündel. Freundlich werden wir am Tresen begrüßt und zum vorletzten freien Tisch in dem verwinkelten Laden geführt: gedämpftes Licht, leise basslastige Beats und gemütliche Drehsessel. An der Wand hängen schwarz-weiße Bilder von prominenten Pasta essenden Menschen. Wir bestellen Caprese (13,50 Euro) zum Einstieg. Die Burrata ist frisch und cremig, bei den bunten Tomaten ist aromatisch Luft nach oben, dafür ist das grüne Pesto 'ne Wucht. Dazu gibt's frisches Brot mit Aioli, die ganz nach meinem Geschmack nicht allzu viel Knoblauch und eine angenehme Säure mitbringt. Die Portion Kinderpasta mit Tomatensugo kommt wie versprochen pronto und ist so groß, dass wir zwei Drittel mit nach Hause nehmen. Meine Ravioli (16 Euro) sind laut Karte mit Ricotta, Zucchini und Scampi gefüllt, geschmacklich kann ich nicht viel davon erkennen. Die angekündigte Knoblauchbutter ist eher eine Brühe mit einem Schuss Sahne. Das Hirschragout (20 Euro) ist wunderbar zart, doch der Soße mit Pilzen fehlt es an Power. Sie ist eher ein leicht gebundener Fond als die dunkelglänzende reduzierte Glückseligkeit mit Wein, Kräutern und Gewürzen, auf die ich gehofft hatte. Zusammengefasst: Pasta können sie. Der Rest braucht vielleicht noch etwas Zeit? Ich hoffe es so sehr, denn das sympathische Konzept kann sicher mehr. Wir kommen wieder.

AMBIENTE ●●●●○ **SERVICE** ●●●●○
KÜCHE ●●●○○ **PREIS-LEISTUNG** ●●●○○

NEU! €€ Börsenbrücke 5/7 (Altstadt), Mo-Fr 11.30–22, Sa 13–22 Uhr, EC-Karte; Domstraße Bus 16, Bus 17, Rathaus U3; instagram.com/jills_pasta_autentica

FOTO: MARC SILL

CREMANT GUTSCHEIN

Ihr Gutschein für 1 Glas 0,1l CREMANT.
Gegen Vorlage dieser Anzeige für eine Person in Verbindung mit einem Frühstück oder Mittagessen. Keine Barauszahlung. Gültig bis 30. Juni 2024.

NEU
IN WELLINGSBÜTTEL

Fine Dining

ESSEN & TRINKEN IM CLOUNYS

Ob Frühstück, Lunch oder Dinner, wenn Sie es stylisch und cosy mögen, sind Sie im neuen Clounys Restaurant & Boutique-Hotel genau richtig. Von traditionellen Fleisch- und Fischgerichten über vegetarische und vegane Köstlichkeiten bis hin zu exklusiven Schlemmereien wie Austern reicht die kulinarische Erlebniswelt à la Clounys.
Entdecken Sie unsere Abendkarte auf www.clounys.com

Good Morning

FRÜHSTÜCKEN

Starten Sie bei uns in den Tag. Von **Mo.- Fr. 9 - 11:30 Uhr** können Sie sich verwöhnen lassen, von Räucherlachs bis Fitness BOWL und vielen individuell bestellbaren Extras aus unserer Frühstückskarte. Am Wochenende genießen Sie unsere reichhaltige Buffet-Auswahl an frischen Speisen und Mr. Clou Säften.

Lunch Time

MITTAGESSEN

Unser Küchenchef Robert Kleinschmidt möchte Sie schon zum Mittagstisch für eine europäisch-internationale Kulinarik mit Niveau begeistern. **Mo.- Fr. von 12 - 15 Uhr** gibt es von Tagesgerichten unter 10 €, Strozzapreti bis Wiener Schnitzel oder das Clounys 2-Gang-Mittagsmenü, alles mit feinen Zutaten zu fairen Preisen.

Clounys
BAR
RESTAURANT
BOUTIQUE-HOTEL

clou.nys

ROLFINCKSTRASSE 19 · 22391 HAMBURG · TEL: +49.40.2853824-0 · RESERVIERUNG@CLOUNYS.COM · **WWW.CLOUNYS.COM**

Pepironcino

Stimulierte Geschmacksknospen

Im szenigen Pepironcino auf St. Pauli gibt es gute Laune und grandiose Küche

Das Pepironcino auf St. Pauli ist einer unserer Favoriten in Hamburgs Gastro-Welt. Der Laden ist so sympathisch lässig. „Männlich" findet meine Frau den Style: rote Leuchtschrift, schlichte Holztische, Stühle wie im Klassenzimmer, Discolicht. An der Theke gibt's Retro-Telespiele zum Zeitvertreib. Langeweile kommt aber gar nicht erst auf – der lockere, kompetente Service tischt auf, kaum dass wir bestellt haben. Den Anfang macht die Antipasti-Platte (24,90 Euro für zwei). Beste Kalamata-Oliven, tolle Veggie-Tortilla, butterweiche Burrata, pikante Trüffelsalami und derlei Köstlichkeiten mehr. Als absoluter Oberknaller stimuliert das Carpaccio von der Roten Bete mit Frühlingszwiebeln und Balsamico-Marinade (10,90 Euro) unsere Geschmacksknospen. Dazu süffeln wir Ginger Beer (3,50 Euro) und ein Gläschen toskanischen Roten vom Gut Teruzzi & Puthod (6 Euro) von der übersichtlichen Weinkarte. Mit dem gewünschten Chili-Wumms kommt die Scampi-Pulpo-Pfanne (29,90 Euro). Prächtig! Die Tagliata mit Rucola (19,90 Euro) haben wir selten so gut und anständig portioniert gegessen. Auch die Miesmuscheln (13,90 Euro) in einem korrekt abgeschmeckten Tomatensud sind der Küche granatenmäßig gelungen. Die kombüsenartig kleine Produktionsstätte all der Leckerli schmeißt Rosario, gemeinsam mit Pepi Chef im Hause. Beim Espresso (2 Euro) stellen wir fest: Je später der Abend, desto jünger die Gäste. Kein Wunder, der Laden hat Partypotenzial. MO

AMBIENTE ●●●●● SERVICE ●●●●●
KÜCHE ●●●●● PREIS-LEISTUNG ●●●●●

€€ Wohlwillstraße 49 (St.Pauli), Telefon 0176 61957431, Di-Do 18–24, Fr-Sa 18–1 Uhr, EC-Karte, VISA, Mastercard; Feldstraße U3, Paulinenstraße Bus 17; pepironcino.de

VIP-TESTERIN
Eliane Neubert

Pink and Orange

Glücklich in Langenhorn

Genuss GUIDE HANSEPERLE

Sonntagnachmittag hungrig in Hamburg und mit ganz unterschiedlichem Appetit gesegnet. Blöde Situation, wo nur hin? Wir rufen in Langenhorn im ehemaligen eisundsalzig an, das Inhaberin Sophia Behr neu erfunden hat: Im frisch eröffneten Pink and Orange gibt es jetzt echte neapolitanische Pizza und gute Drinks. Die wollen wir jetzt am Nachmittag aber. Wir haben Glück: Es ist an diesem Sonntag noch was frei. Die Terrasse sieht aus, also könnte man dort im Sommer wunderbar draußen sitzen, doch wir kuscheln uns lieber auf eine der samtenen Bänke. Wir bestellen uns beim gut gelaunten und ausgesprochen freundlichen Serviceteam einmal quer durchs Sortiment. Vorweg gibt's für mich eine goldene Milch zum Warmwerden – die könnte für mich etwas kräftiger gewürzt sein. Dann geht's los: toll abgeschmecktes Shakshuka (10,50 Euro) mit perfekt wachsweichem Ei und zart platzenden Kirschtomaten, beim nächsten Mal frage ich nach frischem Koriander, der für mich unbedingt dazugehört. Der hausgebackene Bagel (14,5 Euro) ist mit saftigem Forellenfilet belegt, getoppt von Radieschen. Spinat und Forellenkaviar bringen Abwechslung im Mund. Supergut und fast ein bisschen zu üppig dazu: die Rauchfisch-Hollandaise und der Meerrettich-Frischkäse. Beides zusammen überrumpelt die feinen Nuancen ein wenig. Auf keinen Fall widerstehen können wir dem gebackenen Buttermilk-Chicken (13,50 Euro). Es ist saftig, heiß und kross und fett. Die kühle, gut gewürzte Rauchpaprika-Mayo passt perfekt, bittere Salate mit Orangendressing geben dem Ganzen die nötige Frische. Unsere Tochter muffelt zufrieden die Blueberry-Pancakes (9,5 Euro), die etwas fluffiger sein könnten. Die Pizzen aus dem neapolitanischen Ofen duften übrigens herrlich und sehen grandios aus. Leider sind wir pappsatt. Nächstes Mal.

AMBIENTE ●●●●● SERVICE ●●●●●
KÜCHE ●●●●● PREIS-LEISTUNG ●●●●●

NEU! €€ Holitzberg 145a (Langenhorn), Telefon 040 66894793, Mo-Fr 12–22, Sa 9–22, So 9–21 Uhr, EC-Karte, Paypal; Kiwittsmoor U1; pinkandorange.com

Pizza Bande

Wunschpizza bei Wunschfreunden

Was eine gute Pizza ausmacht, ist bekannt: knuspriger Boden, würzige Tomatensoße, leckerer Belag. Was aber darüber hinaus eine richtig gute Zeit ausmacht, weiß das Team der Pizza Bande auf St. Pauli. Hinter den roten Vorhängen tut sich eine Wohlfühlatmosphäre auf, als wäre man bei seinen besten Freund:innen in der gemütlichen WG-Küche zu Besuch. So warmherzig wie die Mitarbeitenden gegenseitig mit sich umgehen, sind sie auch zu allen Gästen, die Laune ist heiter und aus den Boxen erklingt David Bowie. Dazu noch eine Fritz-Limo (3,10 Euro) oder ein Jever (3,60 Euro), und es wäre schon jetzt ein spitzenmäßiger Abend. Bei der Pizza Bande darf man sich seine Wunschpizza aus verschiedensten Belägen selbst zusammenstellen, vegane Optionen gibt es reichlich. Wer der eigenen Fantasie nicht traut, kann auch eine der Spezialpizzen probieren. Um beim WG-Bild zu bleiben: Die Karte liest sich teilweise wie das Büfett einer Party, zu der jeder etwas mitgebracht hat. Die wechselnden Kreationen zeichnen sich nämlich nicht nur durch ihre wortwitzigen Namen aus, sondern vor allem durch teils bizarre Beläge, wie beispielsweise die Salmon Hayek mit Räucherlachs, Gurkensalat, Sahnemeerrettich, Rucola und Honig-Senf-Dressing oder die Walstraße Nr. 2 mit Walnuss-Ricottacreme, Apfel-Zwiebel-Chutney, Cherrytomaten, Rosmarin-Hirtenkäse und Babyspinat. Zwei vegane Variationen sind auch immer mit von der Partie, die häufig durch saisonale Zutaten bestechen wie die Kürbis Mayfield mit Kürbissen, veganem Keese, Sauerkraut, Koriander, veganen Speckwürfeln und Rotkohlsalat. Wir bleiben bei der Selbstbauvariante (Grundpizza 8,90 Euro, Beläge 1,60 Euro und 3,50 Euro), einmal mit Serrano, Pilzen, Parmesan und Zwiebeln und einmal mit Peperoni, Artischocken und getrockneten Tomaten. Neu an Bord sind die allesamt veganen Pizza-Dips auf Soja-Basis in den Geschmacksrichtungen Aioli, Aioli-Chili und Trüffel. Am liebsten würde ich jetzt noch mit dem Team versacken und die nächsten Spezialpizzen ausdenken. JFK

AMBIENTE ●●●●● SERVICE ●●●●●
KÜCHE ●●●●● PREIS-LEISTUNG ●●●●●

€€ Lincolnstraße 10 (St. Pauli), Telefon 0152 59648964, Mo-Do 13.30–22, Fr-Sa 13.30–23, So 13.30–22 Uhr, EC-Karte, VISA, Mastercard; Reeperbahn S1, S2, S3; pizza-bande.de

FOTO: MARC SILL

Rainer Schneider

Pizza, Drinks und gute Laune

„Give Pizza a chance!“ steht auf der Tafel vor dem Eimsbütteler Restaurant. Machen wir – mit einem weinenden Auge über das Ende des alten Konzepts im Rainer Schneider. Senfeier, Labskaus und Schmorbraten bekamen hier vor Kurzem noch einen szenigen Anstrich. Das gefiel uns, aber wollte im Viertel nicht recht funktionieren. So verwandelte sich das Lokal im Januar 2023 in eine Pizzeria. Das Konzept Familienessen für die Nachbarschaft scheint besser zu laufen. Der Laden ist voll mit großen und kleinen Gästen. Wir verstehen schnell warum, denn: Die Pizza ist ebenso super. Superdünn vor allem, aber entgegen der aktuell so gern servierten soften Variante nach neapolitanischem Vorbild, ist diese äußerst kross – auf die bestmögliche Art, ganz ohne zu dunkel geratene Stellen. Wir lieben die simple Margherita (10 Euro) und die Anchovi Pizza mit Sardellen, Kapern und grünen Oliven (12 Euro). Nebenbei naschen wir weiter an den Vorspeisen. Die Arancini, sizilianische Käse-Reisbällchen in Tomatensoße (7 Euro), sind ein Knüller, die Panzanella (12 Euro) schmeckt im Sommer sicher noch besser. Die Panna cotta (7 Euro) kommt mit Rote-Grütze-artigem Topping und passt hervorragend zum Espresso Martini (12 Euro). Und weil es so gemütlich ist und der Drink so gut, bestellen wir noch zwei weitere: Sparkling Amalfi Lemon (9,50 Euro) und einen Bellini (10 Euro). Der schmeckt sicher auch wunderbar zum Boozy Brunch am Wochenende, zu dem wir uns direkt verabreden, als wir das Rainer Schneider nach fünf Stunden als letzte Gäste verlassen. LL

AMBIENTE ●●●●● SERVICE ●●●●●
KÜCHE ●●●●○ PREIS-LEISTUNG ●●●●●

€€ Stellinger Weg 35 (Eimsbüttel), Telefon 040 43277810, Mi-Fr 16–24, Sa 10–24, So 10–23 Uhr, EC-Karte, VISA, Mastercard, Amex; Lutterothstraße U2; rainerschneider.net

Salt & Silver Lateinamerika

Ein kulinarischer Surftrip

Wow! Lateinamerikanische Tasting-Küche mit Hamburger Elbblick – im Salt & Silver stimmt von der coolen Location über die von Streetfood inspirierte Küche bis hin zum lässig herzlichen Servicepersonal einfach alles. Dieser Abend hätte kulinarisch für uns nicht besser laufen können. Zur Auswahl stehen zwei Fünf-Gänge-Menüs – eins wahlweise mit Fisch oder Fleisch und eine vegetarische Variante, die auch vegan bestellt werden kann (Di–Do 79 Euro, Fr–Sa 89 Euro). Wir wählen zweimal Fisch und sind bereits ab dem Gruß aus der Küche schockverliebt. Es startet eine authentische Geschmacksreise von Mexiko nach Peru mit vielen Originalgewürzen und Geschmackskomponenten. Die Küche ist kreativ und überraschend und jeder Gang ein kleines Kunstwerk. Der rohe Lachs als Catch of the day mit Habanada, Apfel und Edamame ist ein Genuss! Es folgen Maistortilla mit weißen Bohnen und Pomelo sowie würzige Schwarzwurzel mit pochiertem Ei. Nach der knusprigen Rotbarbe begleitet von einer köstlichen Maisvariation als Hauptgang endet unsere köstliche Reise leider viel zu früh mit einem Törtchen aus weißer Schokolade mit Karamell und erfrischendem Minzsorbet. Gerne noch mal alles von vorne bitte! Denn die Portionen sind – wie der Name Degustationsmenü bereits befürchten lässt – überschaubar, während die Gesamtrechnung vergleichsweise happig ausfällt. Trotzdem: Wir kommen definitiv wieder! FC

AMBIENTE ●●●●● SERVICE ●●●●●
KÜCHE ●●●●● PREIS-LEISTUNG ●●●●○

RESTAURANT DES JAHRES 2020 €€€€
St. Pauli Hafenstraße 136-140 (St. Pauli), Di-So 18–23 Uhr, EC-Karte, VISA, Mastercard, Amex; Reeperbahn S1, S2, S3, Hafentreppe Bus 2; saltandsilver.de

[Stamm]Tisch

Winterhude pur

Mitten im Herzen von Winterhude wollen Leon Blume und Clemens Maiwald, dass es alle Gäste in ihrem Restaurant [Stamm]Tisch schön haben. Dafür setzen sie auf Fine Dining und das immer beliebtere Sharing-Prinzip. Fast alle Speisen werden in zwei Größen angeboten. Wir sind heute zu zweit und entscheiden uns für die klassische Menüfolge. Zum Auftakt gibt es ein Tatar vom Heiderind (18/25,50 Euro) und einen gebratenen Pulpo (18,50/24,50 Euro). Das Tatar überzeugt mit seinem puristischen Geschmack und dem raffinierten Blutwurst-Crunch. Der Pulpo ist zurückhaltend gewürzt und setzt auf einen gut herausgearbeiteten Eigengeschmack. Nach der Vorspeise haben wir Zeit bis zum Hauptgang und schauen uns um: Die Einrichtung ist schlicht, pur und klar und für die warmen Tage steht ein Außenbereich zur Verfügung. Dann kommt der sehr aufmerksame Service mit unseren Hauptspeisen. Optisch machen das Wiener Schnitzel vom Kalb (31,50 Euro) und der dänische Bio-Lachs (22/28,50 Euro) nicht so viel her wie die Vorspeise. Handwerklich sind sie jedoch exzellent. Der Fisch ist perfekt gebraten und wunderbar saftig. Das Schnitzel ist hauchdünn und die Panade berührt das Fleisch kaum. So soll es sein. Was fehlt, ist ein wenig die Liebe zum Detail. So passen die Cranberrys statt den klassischen Preiselbeeren nur bedingt zum Schnitzel und der Stängelkohl zum Lachs ist ein wenig bitter geraten. Zum Abschluss kommen wir dann nicht am hausgemachten Franzbrötchen (12,50 Euro) vorbei, sehr gut. Leon und Clemens haben mit dem [Stamm]Tisch einen Ort geschaffen, der für Winterhude passt, selbst in der Woche ist das Restaurant voll. Ein wenig mehr Liebe zum Detail und eine kulinarisch klarere Linie würden das [Stamm]Tisch noch einmal auf ein anderes Level heben. FW

AMBIENTE ●●●● SERVICE ●●●●●
KÜCHE ●●●● PREIS-LEISTUNG ●●●●

€€€ Mühlenkamp 54 (Winterhude), Telefon 040 30953030, Di-Fr 12-14.30, 18-24, Sa 15-24 Uhr, EC-Karte, VISA, Mastercard; Goldbekplatz Bus 6, Bus 17; stammtisch-restaurant.de

Standard

Urlaub in Italien zur Hochsaison

Das Standard ist der ideale Ort, um in einer großen Gruppe zusammenzukommen. Lange Tafeln vor rohen Wänden bieten ausreichend Platz für vier bis zwölf Personen und Aperitivo-Kultur made in St. Pauli. Weiterer Vorteil für größere Gruppen: Ab vier Personen ist eine Reservierung möglich. Weil wir aber nur zu zweit sind, versuchen wir unser Glück spontan. An einem Freitagabend – zugegebenermaßen – etwas gewagt. Schließlich ist das Standard einer *der* Szene-Läden auf dem Kiez. Frühes Ankommen hilft: Wir ergattern einen Tisch – zumindest für eineinhalb Stunden. Also schnell bestellt. Ein Abend im Standard funktioniert folgendermaßen: Drink aussuchen – und überraschen lassen. Begleitet werden die Getränke nämlich von kulinarischen Kleinigkeiten, die auf Italienisch „Stuzzichini" heißen und in regelmäßigen Abständen vom strahlenden Personal gebracht werden. Immer vegan, immer anders, gerne saisonal. Noch vor unseren ersten Drinks – einem sanft herben Le Pample (16 Euro) aus Wermut, Campari, Grapefruit und Gin und einem süßlichen Cyn Cyn (16 Euro) mit leichter Zitrusnote, dessen Hauptbestandteil der italienische Artischockenlikör Cynar ist, – erreicht uns eine Schale mit gemischten Oliven, Kapernäpfeln, Grissini und etwas Öl. Zwei weitere Mini-Gänge schaffen wir in unserem Zeitfenster, wobei besonders der samtige Geschmack vom Selleriepüree hervorsticht, das von perfekt gesalzenem Basilikum-Pesto begleitet wird. Den Ausgleich dazu schafft die tadellos gegarte Rote Bete. Das Popcorn ist nettes Beiwerk. Ein veganes Bourguignon, das neben Sardinen als einziges Gericht fest auf der Karte steht, ist leider aus – und der erhoffte Extragang hat sich damit erledigt. Die Uhr tickt und nach eineinhalb Stunden müssen wir unseren Platz für die Reservierung räumen. Währenddessen hat sich die Musik im Hintergrund in Richtung Italo Disco gewandelt, der Laden füllt sich und Stimmengewirr liegt in der Luft. Das Standard steuert direkt auf die Freitagnacht zu – und wir stehen wieder draußen im Hamburger Regen. Den nächsten Urlaub in der Großen Freiheit planen wir für einen anderen Wochentag ein. SIS

AMBIENTE ●●●● SERVICE ●●●●●
KÜCHE ●●●●● PREIS-LEISTUNG ●●●●

€€ Große Freiheit 90 (St. Pauli), Telefon 040 36946633, Di-Sa 17-21.30 Uhr, EC-Karte, VISA, Mastercard; Reeperbahn alle Bahnlinien; standard.hamburg

Regional-mediterrane Gerichte mit einem Hauch Frankreich: Wohlers

Wildes Fräulein

Plagiat alpiner Kulinarik

Wir lieben die Alpen. Tirol, Südtirol, deren bodenständige Landküchen, die Heurigen und Buschenschänken. Erfüllt von kulinarischem Fernweh betreten wir das gut besuchte Wildes Fräulein in der HafenCity. Neben Berlin der zweite Versuch, alpine Gerichte mit einem systemgastronomischen Konzept schnell und lecker auf den Tisch zu bekommen. Aus den Boxen nervt Schlagermucke, über den wuchtigen Eichentischen baumeln Lampen im Kuhglocken-Design. Wer zeitig kommt, kann zu viert in einer Gondel speisen. Der Service ist auf Zack. Das Essen hält da leider nicht ganz mit. Noch ganz anständig ist der Küche die Maronensuppe (7,50 Euro) gelungen. Geschmacklich belanglos ist hingegen die Tomatensoße mit veganen Hackbällchen auf Spaghetti (12,50 Euro). Im Vergleich zu ihren südlichen Vorbildern fallen die Knödel (13,50 Euro) deutlich ab, hier werden sie in der Variante Spinat serviert. Die Mengen an zu mildem Bergkäse, Salat und dick geschnittenem Bauernbrot bekämen zumindest den hungrigsten Alpinisten satt. Apropos: Wie Blei liegen die Käsespätzle (11,90 Euro) noch Stunden später im Magen. Alles sieht hier lecker aus, die Preise sind moderat, über das Ambiente hat sich die Gründerin bestimmt viele Gedanken gemacht. Wessen Herz aber für die Kuli-

FOTO: MARC SILL

narik der Berge glüht, den lässt das norddeutsche Plagiat leider kalt. MO

AMBIENTE ●●●○○ SERVICE ●●●○○
KÜCHE ●●●○○ PREIS-LEISTUNG ●●●●○

€€ Überseeboulevard 2 (HafenCity), Telefon 040 88230951, Mo-Sa 10–20, So 10–19 Uhr, EC-Karte, VISA, Mastercard; Osakaallee Bus 111; wildes-fraeulein.de

Wohlers

Bistronomie oder Feierabendküche?

Die gute Stube am Wohlerspark ist frisch gestrichen, unter neuer Leitung startete das Team um Ivo Ruczinski (ehemals Elbe 76) im Frühsommer 2022 mit neuem Konzept. In Wohlers Bistronomie will man Gäste mit französischer und regionaler Küche verwöhnen. Bistronomie ist international ein großer Gastrotrend, nicht erst mit der Pandemie begann ein Umdenken: Was wünschen sich Gäste wirklich? Wie wollen wir künftig Genuss gestalten? Auch vor dem Hintergrund des Personalmangels begann die Entdeckung der neuen Einfachheit. Bistronomie eint schon im Wortlaut die alten Prinzipien des Bistros mit der gehobenen Gastronomie: Die Gäste sollen sich mit Neuinterpretationen alter Klassiker zu erschwinglichen Preisen abgeholt fühlen. Im Wohlers war jener Geist schon immer zu spüren. Gleich zu Beginn unseres Besuches werden wir beschwichtigt: Die Klassiker stehen noch auf der Karte! Gemeint sind Käsespätzle (14,20 Euro) und Wiener Schnitzel (24,80 Euro), das knusprig souffliert mit klassischer Garnitur (Zitrone, Sardelle, Kapern) und senfgelbem Kartoffel-Gurkensalat auf den Tisch kommt. So richtig französisch ist die Karte nicht, eher ein bunter Mix aus regional-mediterranen Gerichten wie Panzanella, Matjes und Vitello tonnato (12,30 Euro), bei dem die Soße leider arg säuerlich abgeschmeckt ist. Ein bisschen Bistro entdecke ich dann doch: Die Sommer-Suppe Vichyssoise, eine kalte Kartoffel-Lauchcremesuppe (8,20 Euro), wird hier geschmacklich unauffällig, aber mit genialem Regionalanschluss in Form von Krabben gereicht. Zur Bio-Hähnchenkeule mit Erbsenrisotto (19,50 Euro) gibt es aromatische Sommer-Beten. Handwerklich solide ist das tatsächlich eine Feierabend-Küche, die niemanden überfordert. Die Weinkarte ist erfreulich individuell kuratiert, die kühle Scheurebe des jungen Weingutes Bunn Strebel (0,75 l 29 Euro) begleitet uns formidable. Essen wie Weine gibt's im angemessenen Preis-Leistungs-Verhältnis. Kein Wunder also, dass fast alle Plätze besetzt sind. Das superfreundliche junge Serviceteam ist dennoch aufmerksam und präsent. STEVAN PAUL

AMBIENTE ●●●●● SERVICE ●●●●○
KÜCHE ●●●●○ PREIS-LEISTUNG ●●●●○

€€€ Thadenstraße 148 (Altona-Altstadt), Telefon 040 81989991, Mo-Mi 17–1, Do-Sa 17–2 Uhr, EC-Karte, VISA, Mastercard; Bernstorffstraße Bus 3; restaurant-wohlers.de

Pony-Waldschänke

Das Leben ist ein Ponyhof

Die Waldschänke liegt wunderbar mitten im Wald von Rissen und direkt neben dem Ponyhof. Als wir eintreffen, bewundern wir erst einmal den sehr großzügigen und neu gestalteten Terrassenbereich und betreten dann das gemütliche, neu eingerichtete Lokal. Alles sehr großzügig und hell drinnen. Beim Blick auf die neue Karte fällt uns auf, dass es nur fünf Vorspeisen, fünf Hauptgänge und fünf Veggie-Gerichte gibt. Das verspricht Frische. Ich bestelle mir vorweg ein Röstbrot mit Pesto und roten Zwiebeln (6,90 Euro). Die Portion ist für eine Vorspeise sehr üppig, aber auch sehr lecker. Das hausgemachte Brot ist knusprig. Das Verhältnis Pesto zu Zwiebeln und Tomaten passt. Alle prima gewürzt. Mein Hähnchenschnitzel mit Fritten (17,90 Euro) ist von innen saftig und außen schön knusprig. Die Pommes sind frisch und ebenfalls top gewürzt. Wieder eine ordentliche Portion. Als ich mir zum Dessert die frischen Waffeln mit Zimt und Zucker (4 Euro) bestelle, hat das eher mit Lust als mit Hunger zu tun. Die Waffeln werden zum stimmigen Schlussakkord. Der Service in der Waldschänke ist aufmerksam und erfüllt meine Sonderwünsche freundlich und prompt. Fazit: bodenständig, ehrlich, frisch mit einem sehr guten Preis-Leistungs-Verhältnis. AR

AMBIENTE ●●●●○ SERVICE ●●●○○
KÜCHE ●●●●● PREIS-LEISTUNG ●●●●●

NEU! €€ Babenwischenweg 28 (Rissen), Telefon 040 86698070, Mo-So 10–23 Uhr, EC-Karte, VISA, Mastercard; Klövensteenweg (Mitte) Bus 388; instagram.com/pony_hamburg

Witwenball

Drei gewinnt!

Die junge Dame am Nebentisch isst selig mit den Händen – derweil die Eltern sich in selten gewordener Dinner-Romantik üben. Kindersitz und Butternudeln – auch das gehört zum Selbstverständnis des Witwenballs, der ansonsten ein eher erwachsenes Publikum anspricht. Und das wünscht sich immer öfter kulinarisch ganzheitliche Ausgeherlebnisse: Weinbars mit Speisekarten oder Cocktailbars mit Restaurantanschluss sind die erfolgreichen Gastrokonzepte der Stunde. Im Witwenball machen sie all das seit zehn Jahren. Der Dreiklang aus Weinbar, Fine Dining und Drinks ist Garant für lässig-unprätentiöse Abende in jenen historischen Räumen, die schon in den 1920er-Jahren als „Elfriedes Witwenball" zur Kurzweil einluden. Der Pre-Dinner-Cocktailklassiker Negroni (10 Euro) und ein Espresso Martini (14 Euro) beweisen zum Apero, dass die Bar hier nicht nur Schmuckstück ist. Das Herzstück des Hauses ist aber die Weinkarte mit 350 Positionen und offenen Weinangeboten, smart kuratiert von Gastgeber und Sommelier Axel Bode, der mit seiner Frau Julia Bode den Witwenball

Chefkoch Tilo Sachadä verantwortet im Witwenball eine Küche, die allen Spaß bringt

führt. Zur zarten Kalbskeule, Carpaccio-artig aufgeschnitten und begleitet von Weißkohlsalat mit Kürbiskernöl und Thymian-Apfel, passt der Grüne Veltliner Neuland vom wilden Winzer Herbert Zillinger (Fl. 38 Euro) – gefunden im Gespräch mit Restaurantleiter Peer Rohr, der individuell und mit Freude berät. Dumme Fragen gibt es hier nicht, dafür neue Wein zu entdecken, gerade auch im Bereich der naturbelassenen Weine und der Biodynamie. Im Vier-Gang Menü (59 Euro) begeistern knackfrische Kohlrabi-Ravioli mit Salatherzen, samtige Selleriesuppe mit Hummer-Gyōza und einem Hauch Trüffel. Das Prignitzer Maishähnchen mit wildem Brokkoli ist ein saftiges Vergnügen. Eine amtliche Schnitte vom Skrei schwimmt in einem cremigen Meer von buntem Bohnen, getoppt mit gepickelter lila Kartoffel. Auch hier lobpreisen wir Herrn Zillinger und natürlich das kreative Handwerk von Chefkoch Tilo Sachadä. Alle Gerichte können auch à la carte bestellt werden, der Service ist aufmerksam und zugewandt, das macht alles richtig Spaß hier. Zum Nachtisch zurück an die Bar mit einem überraschenden Amaretto Sour als Cocktail-Dessert und samtigem Aprikoseneis mit perlendem Schaumwein. Wir bleiben gerne noch ein bisschen. SP

AMBIENTE ●●●●● SERVICE ●●●●●
KÜCHE ●●●●● PREIS-LEISTUNG ●●●●●

€€€ Weidenallee 20 (Eimsbüttel), Telefon 040 53630085, Mi-Fr ab 18, Sa ab 17.30, So ab 17 Uhr (Küche jeweils bis 21.30 Uhr), EC-Karte, VISA, Mastercard; Christuskirche U2; witwenball.com

KURZ

Astra St. Pauli Brauerei

Was braucht es vor einer wilden Kieztour? Eine gute Grundlage! Die liefert die Astra St. Pauli Brauerei direkt auf der Vergnügungsmeile mit Burgern, Steaks, Labskaus und Buletten. Dazu gibt's das erste (oder das letzte) Bier des Abends. Das kommt hier frisch aus dem Zapfhahn und trägt kultige Namen wie Keller Kalle, Inkasso IPA oder Luden Lager.

€€€ Nobistor 16 (St. Pauli), Telefon 040 22861948, Di-Mi 17–1, Do 17–2, Fr 15–3, Sa 12–3 Uhr, EC-Karte; Reeperbahn S1, S2, S3; astra-brauerei.de

Berta Emil Richard Schneider

Eine der besten Boozy Brunch Spots der Stadt: Im Sommer wird die schönste Sackgasse der Schanze zur gemütlichen Außenterrasse. Aber auch abends ist was los. Dann kommt hier bodenständige norddeutsche Küche auf den Tisch, die ein der Lage entsprechendes hippes Update bekommt. Grünkohl und Schweinebacke werden etwa in Begleitung eines Kartoffel-Karamell-Flans serviert – fancy!

€€€€ Kampstraße 25-27 (Sternschanze), Telefon 040 20956295, Di-Fr 18–24, Sa 9–14, So 10–16 Uhr, EC-Karte, VISA, Mastercard; Feldstraße U3; berta-emil-richard-schneider.de

Bistrot Vienna

Alle lieben das Vienna! Es ist ein Ort mit Persönlichkeit, der mit 40 Jahren Erfolgsgeschichte atmosphärisch aufgeladen ist. Hier ist es warm, freundlich, gesellig und vor allem immer lecker. Die Karte bietet von allem etwas: ein bisschen Frankreich, ein bisschen Italien, ein bisschen deutsche Hausmannskost – immer frisch und mit Liebe gekocht. Kein Wunder, dass sich fast täglich eine Warteschlange vor der Tür bildet.

€€€ Fettstraße 2 (Eimsbüttel), Telefon 040 4399182, Di-So 17.30–1 (Küche bis 22) Uhr, EC-Karte; Christuskirche U2, Sternschanze S11, S21, S31, U3; vienna-hamburg.de

Chapeau!

Besonders stolz ist Inhaber Bobby auf seine Spareribs, die butterzart vom Knochen in den Mund fallen. Ebenso beliebt sind seine saftigen Burger und die wechselnden saisonalen Fisch- und Veggie-Gerichte. Auf der sonnigen Terrasse mit eige-

FOTO: MARC SILL

Alle Tests in voller Länge auf
genussguide-hamburg.com

GEBRATEN

nem Anleger am Winterhuder Goldbekkanal schmeckt's zwischen Haubentauchern, Schilf und idyllischem Geplätscher gleich noch besser.

€€€€ Moorfuhrtweg 9 (Winterhude), Telefon 040 27075444, Mi-Sa 17–24 Uhr, EC-Karte, VISA, Mastercard; Goldbekplatz Bus 6, Bus 17; chapeau-restaurant.com

Filmhauskneipe

Schnörkellose, leckere Kneipenküche für alle: Im Konferenzraum der ehemaligen Schiffsschraubenfabrik von Karl Theodor Zeise kommen verschiedene Generationen bei Fischsuppe, Pasta und Bratkartoffeln zusammen. Das sorgt für eine entspannte, familiäre Atmosphäre. Im Sommer finden bis zu 100 Gäste auf der großen Terrasse zwischen Backsteinmauern und Industrieflair Platz.

€€ Friedensallee 7 (Ottensen), Telefon 040 39908025, Mo-So 12–1 (Küche bis 23) Uhr, EC-Karte; Altona alle S-Bahnlinien; filmhauskneipe.de

Fritzis

In dem kleinen Lokal werden europäische Klassiker zeitgemäß interpretiert. Ob Borschtsch, Saltimbocca oder die gute alte Stulle – alle Gerichte bestehen aus superfrischen Zutaten aus dem Hamburger Umland und sind der aktuellen Saison angepasst. Dazu gibt's eine große Auswahl an Aperitivi und Spritz – perfekt für den Feierabend!

€€€ Kleine Freiheit 1 (Altona-Altstadt), Telefon 01590 6817094, Di 17–23, Mi 12–23, Do-Sa 17–23 Uhr, EC-Karte; Reeperbahn S1, S2, S3; fritzishamburg.de

Gloria Bar

Die Gloria Bar ist ein beliebter Zufluchtsort für die Nachbarschaft zwischen Schanze und Eimsbüttel. In entspannter Atmosphäre kommen Freunde, Familien und Paare zusammen, um sich Gültens legendären Käsekuchen, tschechisches Feierabend-Tankbier zu Tortillachips oder eine frische Steinofenpizza zu genehmigen. Die gibt's sonntags, am Pizzatag, für faire 8,90 Euro.

€ Bellealliancestraße 31-33 (Eimsbüttel), Telefon 040 43290464, Mo 17–23, Di-Do 17–24, Fr-Sa 17–2, So 17–23 Uhr, EC-Karte; Christuskirche U2; gloriabar.de

Herzstück

Farm to Table ist im Eimsbüttler Herzstück nicht bloß ein hübsches Label. Das Restaurant gehört zum „Was wir wirklich lieben"-Kosmos und wird genauso frisch von eigens angebauten Zutaten des Lüneburger Kastanienhofs beliefert. Küchenchef Tobi kreiert jede Woche eine neue Lunchkarte und konzipiert die Gerichte, genau wie Frühstück und Dinner, im Family Style zum Teilen.

€€€ Osterstraße 10-13 (Eimsbüttel), Telefon 040 4917355, Mo-Do 9–23, Fr-Sa 9–24, So 9–17 Uhr, EC-Karte, VISA, Mastercard; Schulweg Bus 4; waswirwirklichlieben.de/herzstueck

Hidden Kitchen

Seit dem Umzug in die Friedrichstraße liegt die Hidden Kitchen weniger versteckt, dafür befindet sich nun eine Art Hidden Galerie in den Räumen des ehemaligen St. Pauli Museums. Zwischen großformatigen, regelmäßig wechselnden Artworks bekommen Gäste saisonale Küche mit Fokus auf vegane und vegetarische Speisen serviert. Es gibt aber auch Backhähnchen und Roastbeef aus regionaler Schlachtung.

€€€ Friedrichstraße 3 (St. Pauli), Telefon 040 30927512, Di-Do 18–23, Fr-Sa 17–23, So 18–23 Uhr, EC-Karte, VISA, Mastercard, Amex; Reeperbahn S1, S2, S3; hidden-kitchen-hamburg.de

Klippkroog

Mittags stehen im Klippkroog drei bis vier täglich wechselnde Gerichte auf der Menütafel. Serviert wird, was sich aus dem morgendlichen Markteinkauf gerade zaubern lässt – aber nur solange der Vorrat reicht. Weil's so gemütlich ist, bleiben viele noch auf ein Stück Kuchen, den man im Sommer am besten auf der sonnigen Terrasse genießt. Später gibt's das legendäre Abendbrot – wie zu Hause, nur ein bisschen besser.

€ Große Bergstraße 255 (Altona-Altstadt), Telefon 040 57244368, Mo 9–22, Di-Fr 9–24, Sa-So 9–18 Uhr, EC-Karte, Mastercard; Altona alle S-Bahnlinien; klippkroog.de

Lieger Caesar

In einer der schönsten Hamburger Restaurantlocations am Sandtorhafen wird das Essen in einem schwimmenden Lieger am Fuße der Elphi serviert. Das ist einzigartig und genauso kreativ wie die großartige regionale Küche, die hier auf die Tische kommt. Im Inneren des denkmalgeschützten Hausbootes ist die Liebe spürbar, mit der hier jahrelang renoviert wurde – und man schmeckt sie ebenso in den Gerichten der kleinen regionalen Karte heraus.

BESTER NEWCOMER 2021

€€€ Am Sandtorkai 60 (HafenCity), Telefon 0157 31748270, Mi-Sa 11–23, So 11–17 Uhr, EC-Karte; Baumwall U3; liegercaesar.de

Marta

Team Marta bringt zusammen, was zusammengehört: kreative, saisonale Küche mit Mut zum Experimentellen, Respekt vor Produkt und Natur, und echte Gastlichkeit. In der Küche stehen mit Frederik und Bobby zwei Köche und langjährige Freunde mit viel gastronomischer Erfahrung. Die Leidenschaft und Liebe für das gemeinsame Projekt Marta schmeckt man bei jedem Löffel heraus.

€€€ Spritzenplatz 4 (Ottensen), Telefon 040 35621400, Mi-Sa 18–22 Uhr, EC-Karte, VISA, Mastercard, Amex; Altona S1, S3, S31; restaurant-marta.de

Wäscherei

Im Wäscherei Restaurant finden Gäste während des Möbelshoppings einen einzigartigen Rückzugsort mit frischen saisonalen Gerichten, kühlen Drinks und selbst gebackenem Kuchen. Auf der grünen Dachterrasse blüht es in jeder Ecke, da schmecken die Eisbecher aus der Oehlers Eispatisserie besonders gut. Ein buntes Highlight inmitten des Betons der City-Nord.

€ Mexikoring 27-29 (Winterhude), Telefon 040 271507135, Mo-Fr 11–19, Sa 10–20 Uhr, EC-Karte, VISA, Mastercard, Amex; Sengelmannstraße (City Nord) U1, Kapstadtring Bus 23, Bus 26, Bus 118, Bus 179; die-waescherei.de

Das Wäscherei-Restaurant bringt im coolen New-York-Style Farbe in die City Nord

FOTO: MARC SILL

TIPPS DER REDAKTION

Essen mit Kindern

Früher war Miracoli das Höchste der Gefühle, heute gehen wir mit den Kids richtig gut essen. Es gibt schließlich genug Restaurants, die Groß und Klein glücklich und satt machen

Block House

Im Block House sind die Kinder in allen Filialen der Steakhaus-Kette die Stars, denn die Bewirtung der Kleinen wird hier großgeschrieben. Außer Malstiften gibt es Geschenke sowie ein eigenes Kindermenü. Der Name Block House steht seit 1968 für saftige Steaks, Baked Potato mit Sour Creme und knuspriges Knoblauchbaguette. Als Nachtisch dürfte der warme Schoko-Lava-Cake mit heißer Heidelbeersoße beim Nachwuchs ankommen. Mittlerweile gibt es 52 Blockhäuser in ganz Europa, allein 14 davon in Hamburg.

€€€ Schloßstraße 48 (Wandsbek); So-Do 12–22, Fr-Sa 12–23 Uhr; EC-Karte, Visa, Amex, Mastercard; Wandsbek-Markt U1; block-house.de

Dionysos

Keine Lust auf Event-Gastro, Pizza oder wieder Burger mit Fritten? Und die Kids sollen trotzdem mit ins Restaurant? Kein Problem, denn es gibt in Hamburg hochkarätige Läden, in denen es trotz grandiosen Essens nicht abgehoben zugeht, sondern so richtig familiär. Wie im Dionysos, wo das Team prima mit Kindern umgeht, Extrawünsche gern erfüllt und es nicht gleich böse Blicke gibt, wenn die Stimmung am Tisch ausgelassen ist.

€€€€ Eppendorfer Weg 67 (Eimsbüttel); Mo-Sa 17.30–23 Uhr; EC-Karte, VISA, Mastercard; Christuskirche U2; dionysos-hamburg.de

Küchenfreunde

Hier ist jeder (Kinder-)Wunsch genehm. Denn Kinder wollen nicht immer so wie die Karte. Aber die Küchenfreunde im Lehmweg machen es Eltern leicht und Sonderwünsche werden gern erfüllt – hier essen Kinder mit guter Laune. Neben Klassikern wie Rinderroulade oder Caesar's Salat stehen auch saisonale Gerichte auf der Karte.

€€€€ Lehmweg 30 (Hoheluft-Ost); Mo-Fr 12–15, 17.30–22, Sa 17.30–22 Uhr; EC-Karte, VISA, Mastercard; Eppendorfer Baum U3; kuechenfreunde.net/lehmweg

Mama Trattoria

Pizza, Pasta, Partytime – für Kinder eine unschlagbare Kombination. Wenn ein Restaurant dann auch noch Mama heißt, liegt es auf der Hand: In dieser Trattoria sind Familien mit Bambini willkommen. Serviert wird einfache italienische Küche. Ohne viel Gedöns, aber mit reichlich Amore. Die Pizza kommt frisch aus dem Steinofen. Malsachen, Kinderstühle und ein Wickeltisch sind vorhanden. In Hamburg gibt es noch sechs weitere Filialen.

€€€ Wellingsbüttler Weg 119 (Wellingsbüttel); Mo-Di 12–21.30, Mi-Sa 12–22, So 12–21.30 Uhr, EC-Karte; Wellingsbüttel, S1, S11; mama.eu

Peter Pane

Bei Peter Pane schaut niemand genervt, wenn es mal etwas lauter zugeht. Lebensfreude gehört zum Markenversprechen der Restaurantkette, die in Hamburg sieben Filialen und sogar ein eigenes Märchenhörspiel am Start hat. Kleine Katastrophen am Tisch werden weggelächelt, Extrawünsche werden anstandslos erfüllt. Wer seinen Kindergeburtstag bei Peter Pane feiert, kann sich auf einen dekorierten Tisch, ein kostenloses Menü für das Geburtstagskind und eine Überraschung freuen.

€€€ Holstenstraße 111 (Altona-Altstadt); So-Do 12–22.30, Fr-Sa 12–23.30 Uhr, EC-Karte, VISA, Amex, Mastercard; Max-Brauer-Allee (Mitte) Bus 15; peterpane.de

Pizza Bande

Die Pizza Bande auf St. Pauli kommt mit lässigem Charme daher. Bestellt und bezahlt werden die hausgemachten Pizzen an der Theke. Das Prinzip des Ladens kommt Kindergaumen entgegen: Hier stellt sich jeder seine Pizza selbst zusammen. Auch vegane Versionen mit Wilmersburger Käse oder gar süße Varianten sind hier für Klein und Groß möglich.

€€ Lincolnstraße 10 (St. Pauli); So-Do 13.30–22, Fr-Sa 13.30–23 Uhr; EC-Karte, Mastercard, VISA; Reeperbahn S1, S2, S3; pizza-bande.de

Ohne Gedöns, aber mit Amore und viel Liebe zu Kindern: Mama Trattoria

Pony Waldschänke

Die Pony Waldschänke in Rissen ist ein beliebtes Ausflugsziel für Jung und Alt. Im Naturschutzgebiet Klövensteen können sich Gäste auf eine gute Zeit bei gutem Essen freuen. Am Kiosk gibt es Klassiker wie Currywurst, Backfischbrötchen und Fritten, im Restaurant und Biergarten Burger, Schnitzel und diverse Gerichte zum Verweilen. Während die Eltern schlemmen, können die Lütten über das riesige Gelände flitzen, die Ponys besuchen und sich so richtig austoben.

€€ Babenwischenweg 28 (Rissen), Mo-So 10–22 Uhr; EC-Karte, Mastercard, VISA; Klövensteenweg (Mitte) Bus 388; instagram.com/pony_hamburg

SoHo Chicken

Im SoHo Chicken dreht sich fast alles ums Huhn. Und wenn das auf den Grill kommt, wird das auch für Kids zum Erlebnis. In der Showküche wirbeln die flinken „Chickeneers" und lassen sich über die Schultern schauen. Lustige Sprüche auf Tafeln und Speisekarten passen bestens zum Gesamtbild. Wer das „Family Chicken" ordert, bekommt das ganze Hähnchen fertig zerteilt im Bräter serviert. Prima zum Teilen. Es gibt außerdem eine Kinderkarte mit kleinen Portionen sowie eine Pommes-Flatrate.

€€ Eppendorfer Weg 204 (Hoheluft-Ost); Mo-So 12–22 Uhr; Amex, EC-Karte, Mastercard, Paypal, VISA; Eppendorfer Weg (Ost) Bus 5, Bus X35; soho-chicken.de

Strandpauli

Was gibt es Schöneres für Kinder als Hafenatmosphäre und eine riesige Sandkiste? Im Strandpauli in der Hafenstraße gibt es dazu auch noch lecker Essen. Hier lohnt der Besuch mit der ganzen Familie. Und zwar sowohl im Sommer als auch im Winter, wenn die Heizung bollert und der Beach-Club zu einem behaglichen Wohlfühlort wird.

€€ Hafenstraße 89 (St. Pauli); Mo-Do 12–23, Fr 12–24, Sa 10–24, So 10–22 Uhr; EC-Karte, Mastercard, VISA; Landungsbrücken S1, S2, S3, U3; strandpauli.de

Waldcafé Corell

Das Waldcafé Corell ist in einem verwunschenen Blockhaus im Niendorfer Gehege beheimatet. Ein märchenhaftes Ambiente für Großstadtkinder, die hier gern gesehen sind. Drinnen ist es total urig und es gibt eine Kinderkarte – also perfekt für Essen mit Kindern in Hamburg. Doch die Kinderkarte ist angesichts des Angebots an kleinen Gerichten womöglich gar nicht nötig. So hat die Küche für Kids beliebte Klassiker wie Currywurst mit Kartoffelecken ebenso am Start wie hausgemachte Kartoffelpuffer. Als Nachtisch darf es dann ein Gummibärchen-Eis oder der süße Schoko-Kobold sein.

€€ Niendorfer Gehege 50 (Niendorf); Mo-So 11–22 Uhr; EC-Karte, Mastercard, VISA; Niendorfer Gehege Bus 181; waldcafe-corell.de

FOTO: MAMA TRATTORIA

PONY
WALDSCHÄNKE
GANG

PONY
WALDSCHÄNKE
BIERGARTEN
SALATE
PON
WALDS

Lachsforelle mit Spitzkohl, Kartoffelzitronenstampf und Hummerbutter – so geht Heimatküche im Brüdigams

Heimatküche

Hach. Einfach mal einfach kochen kann so schwer sein.
Dabei ist Heimatküche so zukunftsfähig. Weil regional, saisonal und nachhaltig. Wenn richtig gemacht.
Zum Glück ein echter Trend bei uns. Wie bei Mutti

Alte Mühle Bergstedt

Ein historischer Schatz der Hamburger Gastronomie

Die Alte Mühle Bergstedt liegt am Ende der gleichnamigen Straße Alte Mühle und grenzt mit ihrem Biergarten an den Mühlenteich. Wir kommen an und staunen über die idyllische Lage des Restaurants. Vom 16. bis ins 19. Jahrhundert kehrten hier vorrangig Bauern und Kutscher ein und warteten darauf, dass ihr Korn gemahlen wurde. Heute sind wir es, die die rustikale Stube betreten. Es ist Freitagabend – und wir sind fast die einzigen Gäste. Allerdings dürfte es auch schwer sein, das große Restaurant, den angrenzenden Salon, die Veranda und nicht zu vergessen den Biergarten voll zu bekommen. Wir öffnen die Speisekarte und erhalten direkt eine Erklärung für die leere Mühle: Die Küche schließt um 21 Uhr. Wir sind spät dran. Dem Personal ist der nahende Feierabend nicht anzumerken. Sehr freundlich, aufmerksam und fix werden wir umsorgt. Das Vitello tonnato vom Kalb (14,90 Euro) und Schakschuka mit Brot (13,90 Euro) zeigen, dass die Alte Mühle auch international kann. Beim Hauptgang geht es still am Tisch zu – ganz nach dem Motto „schweigen und genießen". Das Rumpsteak mit den Bratkartoffeln (33,90 Euro) passt schon fast nicht mehr in den Bauch, aber es ist so lecker, dass „etwas übrig lassen" keine Option ist. Dasselbe gilt für die halbe Ente mit Apfelrotkohl und Serviettenknödel (33,90 Euro). Für Vegetarier:innen gibt es eine kleine, aber feine Auswahl. Verbunden mit einem Spaziergang durch Bergstedt kann man es sich hier von Donnerstag bis Sonntag so richtig gut gehen lassen. SAS

AMBIENTE ●●●●● SERVICE ●●●●○
KÜCHE ●●●●● PREIS-LEISTUNG ●●●●○

€€€ Alte Mühle 34 (Bergstedt), Telefon 040 6049171, Do 15–22, Fr-So 12–22 Uhr, EC-Karte; Mellingburgredder Bus 276; alte-muehle-hamburg.de

Brücke

Die Legende lebt

Meine Begleitung weiß fröhliche Geschichten zu erzählen, aus jener Zeit, da die Brücke auch ein Dreh- und Angelpunkt hanseatischen Nachtlebens. Einer, der auch davon berichten könnte ist Marko Grams, der dort 22 Jahre als Kellner arbeitete. Er übernahm 2022 das Restaurant, nachdem der legendäre Brücke-Wirt Branko Goricki verstorben war. Jetzt führt Grams die mittlerweile 36 Jahre währende Geschichte des Restaurants fort. Aus dem Szeneladen ist ein Nachbarschaftslokal geworden, ganz entspannt und rappelvoll an einem Dienstagabend. Aufwendig saniert, ist die Brücke doch erkennbar ganz die Alte: französischer Bistro-Stil, man sitzt unter Art-déco-Lampen auf Thonet Stühlen, hier gibt es noch gestärkte Tischdecken. Lässig und mit hanseatischer Herzlichkeit wird man umsorgt. Das eigentliche Wunder ist die Küche, die gradlinig und pointiert Lieblingsgerichte aus Frankreich, Österreich und Deutschland kocht. Die besten Zutaten kommen dafür vom Isemarkt vor der Haustür. Die Kalbsleber mit wolkigem Kartoffelpüree (19 Euro) ist butterzart, begleitet von einer dichten dunklen Soße. Die rahmt auch das Vorspeisen-Lamm (3-Gang-Menü 52 Euro), auf den Punkt gebraten die Filetstücke auf buntem Bohnen-Cassoulet mit geschmolzenen Tomaten – eine Götterspeise! Knusprige Krapfen und samtige Blumenkohlcreme begleiten das Kotelett des Spanferkels, das klassische Kartoffelgratin wäre allein ein Highlight. Mit den Topfenknödeln (11 Euro), einer Käseauswahl und einem Glas Grünen Veltliner „Lösterrassen" aus Wagram (0,2 l 9 Euro) endet unser Abend – die Legende geht weiter! STEVAN PAUL

AMBIENTE ●●●●● SERVICE ●●●●○
KÜCHE ●●●●● PREIS-LEISTUNG ●●●●●

€€€€ Innocentiastraße 82 (Harvestehude), Telefon 040 4225525, Di-Sa 12–15, 19–22, So 18–22 Uhr, EC-Karte; Hoheluftbrücke U3; bruecke-isestrasse.de

Coopers Wirtshaus

Zünftig essen und feiern in Wandsbek

Im Frühjahr 2020 ist aus dem Hofbräuhaus Wandsbek das Coopers Wirtshaus Wandsbek geworden. Das Konzept von deftigem Essen gepaart mit bayerischer Lebenslust ist geblieben – nur die Biersorte hat sich geändert. Restaurant eigene Parkplätze gibt es direkt vor dem Wirtshaus, worüber ich mich an diesem Samstagabend freue. So ist auch der reservierte Tisch schnell zugewiesen und in Windeseile stehen zwei große Biere auf dem Tisch. Das Personal ist herzlich und gut aufeinander abgestimmt. Neben den bayerischen Wirtshaus-Klassikern stehen auch Hamburger Spezialitäten wie etwa Grünkohl oder Steckrübeneintopf auf der Karte. Ich entscheide mich für den bajuwarischen Evergreen „ofenfrischer Schweinsbraten" (17,90 Euro) mit Bratensoße, zwei Kartoffelknödeln und Blaukraut. Der ist wirklich ofenfrisch und so zart, dass er beim Durchschneiden förmlich zerfällt. Zum Abschluss teile ich mir mit meiner Begleitung den Inbegriff aller Skiurlaube, den hausgemachten Kaiserschmarrn (6,90 Euro) mit Mandeln und eingelegten Rosinen. Dazu werden ein Schälchen Apfelmus und Vanillesoße gereicht und die Portion ist so üppig wie lecker. Das Essen passt und anscheinend sind wir nicht die Einzigen, die das so empfinden. Beim Verlassen des Wirtshauses ist der Gastraum gut gefüllt mit kleineren und größeren Gruppen. Vor allen Dingen für Letztere ist das Wirtshaus ideal geeignet. Es gibt besondere Gruppen-Specials nebst Getränkepauschalen. MH

AMBIENTE ●●●●○ SERVICE ●●●●●
KÜCHE ●●●●○ PREIS-LEISTUNG ●●●●○

€€€ Bahngärten 28 (Wandsbek), Telefon 040 69798431, Mo-Do 15–23, Fr-Sa 12–24, So 12–22 Uhr, EC-Karte, VISA, Mastercard, Apple Pay; Wandsbek-Markt, U1; wirtshaus-wandsbek.de

FOTO: JULIA SCHUMACHER

Darf's noch ein bisschen Mojo sein? Maishühnchenbrust mit gebackenem Spargelrisotto und buntem Mangold

Genuss GUIDE
DER SZENE HAMBURG
TESTSIEGER
2023/2024

Brüdigams

Freundlich, freundlicher, Brüdigams

Es gibt viele Restaurants mit freundlichem Service. Und dann gibt es das Brüdigams. Hier wird Freundlichkeit auf ein neues Niveau gehoben. Wer in dem Eimsbüttler Restaurant Platz nimmt, bekommt zu den stets wechselnden, saisonal und regional inspirierten Gerichten eine Herzlichkeit serviert, von der anderswo selbst Stammgäste nur träumen können. Unaufdringlich, zugewandt und unprätentiös – der Service verzaubert uns ab der ersten Minute. Ob es vielleicht auch deshalb schon einmal für unseren Genuss-Michel nominiert war? Wir wissen es nicht. Doch da es hier ja nicht nur um den Service geht, kommen wir mal zur Küche. Genauer zu den Vorspeisen. Der Ziegenkäseknödel mit Kürbis-Chutney und Tahin (13,50 Euro) ist eine tolle Kombination und die vegane Karotten-Wasabisuppe mit Linsenpraline (11,50 Euro) schmeckt wie die Karotten damals aus Omas Garten – herrlich! Das einzige vegetarische Gericht, die Mandel-Gnocchi mit gebratenem Blumenkohl und Himbeersalsa, bestellen wir einmal mit Ziegenkäse und einmal mit veganen Tofubällchen (je 24,50 Euro). Letztere sind ein veganes Highlight. Würzig, fluffig, mit krosser Kruste – schade, dass davon nur zwei auf dem Teller liegen … Das köstliche Schokoladenmalheur, ein Schokoküchlein mit flüssigem Kern, zum Abschluss ist alles andere als ein Malheur. Wir finden im Brüdigams nur bonheur – sowohl auf dem Teller als auch in den gut ausgesuchten, großzügig ausgeschenkten Weinen. Und in den freundlichen Gesichtern, die uns alles an den Tisch bringen. Es gibt selten Abende, an denen man einfach ganz selig aus einem Restaurant geht. Hier ist es der Fall.

ACM

AMBIENTE ●●●●● SERVICE ●●●●●
KÜCHE ●●●●● PREIS-LEISTUNG ●●●●●

€€€€ Eppendorfer Weg 98 (Eimsbüttel), Telefon 040 57012999, Di-Sa 17.30–23 Uhr, EC-Karte, VISA, Mastercard, Amex; Schulweg Bus 4, Bus 20, Bus 25, Bus 600, Bus 603, Christuskirche U2; bruedigams.de

FOTOS: JULIA SCHUMACHER

Wenn das kein Grund zum Anstoßen ist: Inhaberin Laura Gsellmann und Küchenchef Marco Krüger freuen sich über den Testsieg

Ein Wohlfühlort mit tollem Essen, feinen Weinen und schönem Gasthaus-Ambiente: Buddels

Das Lokal

So geht Gastlichkeit

Das Lokal in Eimsbüttel ist ein Gastro-Ableger der Ratsherrn Brauerei, inzwischen mit eigenständigem Betreiber. Also gibt es jede Menge Ratsherrn Biere vom Fass und ein paar Kreationen anderer Brauereien. Das Helle kommt aktuell sogar aus dem Tank, es wird also nicht mit Kohlensäure aufbereitet. Purer Genuss. Alle Ratsherrn Biere werden für 3,70 Euro (0,3 l) oder 5,70 Euro (0,5 l) angeboten. Das Ambiente erinnert an die 20er-Jahre und ist rundum gemütlich, vor allem wenn im Kaminzimmer ein Feuer brennt. Das Lokal könnte den Preis für das schönste Kneipen-Restaurant in Hamburg gewinnen. In einer Bierkneipe erwarten wir nicht unbedingt eine gute Küche. Doch heute trumpft das Lokal so richtig auf. Die frisch gebackenen Seelen – längliche Sauerteigfladen – sind eine schmackhafte Seltenheit. Die Version mit Ziegenkäse und Feige (12,90 Euro) lässt keine Wünsche offen. Ebenso das geschmorte Ochsenbäckchen mit getrüffeltem Kartoffelstampf und Schwarzwurzeln (29,90 Euro). Das Fleisch ist butterzart, der Stampf begeistert mit echten Trüffelstückchen statt schnödem Trüffelöl. Es gibt auch Currywurst, Burger und Pommes. Wir versuchen uns aber lieber am traditionellen Hamburger Rundstück warm (11,50 Euro). Besser haben wir den Krustenbraten im mit Soße getränktem Brötchen nicht gegessen. Hier wird nicht aus der Tüte, sondern mit hochwertigen Produkten gekocht. Ohne Alkohol geht dank hausgemachter Limonaden auch. DS

AMBIENTE ●●●●○ SERVICE ●●●●○
KÜCHE ●●●●● PREIS-LEISTUNG ●●●●○

€€ Bismarckstraße 60 (Eimsbüttel), Telefon 040 431179944, Di-Do 17–24, Fr 17–1, Sa 13–1, So 13–24 Uhr, EC-Karte, VISA, Mastercard; Christuskirche U2; ratsherren.de

Buddels

Gutes Handwerk, klar präsentiert

Einer der großen Gastrotrends dieser Tage ist bestimmt vom wachsenden Wunsch vieler Gäste, einfach einen Wohlfühlabend zu erleben, ohne sich nebenbei in die Philosophie einer Küche vertiefen zu müssen. Einfach(es) gutes Essen, entspannte Atmosphäre, ein Glas Wein oder zwei, das Glück im Kleinen. Das Buddels ist ein Ort dafür, hier kommen klassische Wein-Bar und ambitioniertes Gasthaus zusammen. Von der Brotzeit bis hin zu norddeutscher À la carte-Küche hat der Gast die Wahl im aufgeräumt-gemütlichen Bürgerhaus-Ambiente. Zur Begrüßung gibt es ein Löffelgericht, Roastbeef-Röllchen und Löffel sind eiskalt, sie kommen vorbereitet aus einem gläsernen Kühlschrank im Flur. Das mag eventuell einem Trend geschuldet sein: dem eklatanten Personalmangel in der Gastronomie. An diesem Abend sind alle Tische besetzt, der Service ist eher unterbesetzt, entsprechend knapp fällt die Weinberatung aus. Wir werden unter den freundlich kalkulierten offenen Weinen dennoch fündig und der Pampaneo vom Weingut Julian Ruiz erfreut sogar den Naturwein-Fan am Tisch (0,1 15 Euro). Ratlos macht uns die riesige Salatschüssel mit roh gezupftem Grünkohl und viel zu wenig von der himmlischen Birnen-fruchtigen Vinaigrette. Zum Heilbutt in Apfel-Dashi (18 Euro) hat sich die Küche des Genuss-Guide-Vorjahressiegers in der Rubrik Heimatküche dann gefunden und erfreut in Folge mit perfekt gegartem Heidschnucken-Rücken zu Kürbiscreme und dunkler Soße mit subtilen Kaffee-Aromen (41 Euro). Das gute Handwerk wird klar und modern angerichtet, – oft gerahmt von vielfarbigen modischen „Kaviar"-Perlen, deren Geschmacksanalyse sich überraschend kniffelig gestaltet. Der empfohlene Rote „Heiter bis wolkig" vom Gut Weinreich (0,1 l 4 Euro) sorgt an unserem Tisch für sonnige Abschnitte, ganz besonders zur üppigen Schale Reh Bourguignon (37 Euro), ein dunkel glänzendes, würziges Schmorgericht mit Kerbelwurzel und Champignons. Es ist diese Kombination, die den frommen Wunsch nach einem Wohlfühlabend dann doch noch nachdrücklich einlöst. SVA

AMBIENTE ●●●●○ SERVICE ●●●●○
KÜCHE ●●●●○ PREIS-LEISTUNG ●●●●○

TESTSIEGER 2022 €€€ Deichstraße 37 (Altstadt), Telefon 040 31171222, Mo-Fr 11.30–15, 17–23 Uhr, EC-Karte, VISA, Mastercard, Amex; Baumwall U3; buddels.de

Das Wattkorn

Schankwirtschaft geht günstiger

Wer in Langenhorn ein wirklich langes Horn sehen will, wird in der kargen Schankwirtschaftsstube des Ex-Promi-Kochs Michael Wollenberg und dessen sehr gutbürgerlicher Küche von Roulade bis Kutterscholle plus top Sushi-Auswahl fündig. Schon der lebensgroße ausgestopfte Eber im Eingang und die riesigen Hirschköpfe über den eng gestellten Altholztischen signalisieren: Hier ist alles so wie früher. Schon die Pfifferlingrahmsuppe mit Katenschinken (12 Euro) zu einem total versauerten Secco (5,50 Euro) erinnert mich an das beste Pilzgangerl meines Lebens in Wien. Meine Co-Testerin stößt mit einem mit 11,50 Euro arg überteuerten Mittelmaß-Crémant rosé auf ihr Vitello Tartufo (16 Euro) an – offenbar trüffelfrei, dafür aber saftiger Kalbsbraten unter gekonnt abgeschmeckter Kapern-Thunfisch-Creme und wie vor 20 Jahren mit pappsüßen Balsamico-Spritzern dekoriert. Den Ärger

FOTO: MARC SILL

über die 36 Euro für eine dünne Tranche übergartes Steinbuttfilet auf immerhin sehr feinem Ratatouille ertränken wir mit einer Flasche maulfüllendem Bassermann-Grauburgunder (39 Euro) aus der überpreisten, ältlich bestückten Weinkarte. Wir trinken aus fälschlich aufgedeckten Rotweingläsern. Dafür schwelge ich in meiner gigantischen Kohlroulade mit etwas zu schwerem Kartoffelpüree und süffiger Kümmel-Zwiebel-Speck-Soße (24 Euro) und sehe in den zwei wieder ausgespuckten Knorpelchen gnädigerweise ein Zeichen, dass die grandios gewürzte Fleischfarce sogar hausgewolft ist. Am Ende bringt der freundlich bemühte, aber völlig überforderte Anlernling-Service noch einen großartigen geeisten Marillenknödel (14 Euro). Und die gefühlt um 30 Prozent zu hohe Rechnung. PESI

AMBIENTE ●●○○○ SERVICE ●●○○○
KÜCHE ●●●● PREIS-LEISTUNG ●●○○○

€€€€ Tangstedter Landstraße 230 (Langenhorn), Telefon 040 5203797, Di-So 12–22 Uhr, EC-Karte, VISA, Mastercard, Apple Pay; Langenhorn Nord U1; wattkorn.de

FOTO: PRIVAT

VIP TESTER

Martin Werhand
Geschäftsführer Volkswagen Automobile Hamburg
Getestet: Fang & Feld, Parlament

Mein Lieblingsrestaurant ist ... das Hygge in Groß Flottbek – gemütliche Atmosphäre, ein schöner Garten für den Sommer, hochwertige Weine und eine sehr gute Küche mit regionalen Zutaten, die zum Teil aus eigenem Anbau (Hygge the Farm) stammen.

Meinen Feierabenddrink nehme ich ... am liebsten in der Skyline Bar 20up im Empire Riverside Hotel und genieße den grandiosen Ausblick auf den Hafen und die Stadt.

Besondere Anlässe feiere ich am liebsten ... in der großen Scheune vom Gut Wulfsmühle.

Essen ist für mich ... Lebensfreude.

Zum Frühstücken gehe ich gern ... ins Café Elbwein in Groß Flottbek. Kaffee, Kuchen, Cupcakes – dieses Café ist ein Muss: Café in der Kaisergalerie (Große Bleichen).

VIP-TESTER
Martin Werhand

Fang & Feld

Nordische Küche mit Niveau

Die Vorfreude auf das Restaurant Fang & Feld im The Westin Hotel in der Elbphilharmonie ist groß. Im modernen Ambiente mit ein paar Tischen zur Auswahl und tollem Blick auf die Elbe und den Hafen werden wir sehr gastfreundlich empfangen. Das Restaurant bietet eine kleine Auswahl sehr guter regionaler Küche mit saisonalen Gerichten an. Zum Einstieg genehmigen wir uns als Aperitif einen Martini auf Eis und einen Elphi Spritz. Als Vorspeise sollen es ein „True Wilderness" genanntes Rosa Roastbeef mit Apfel-Knollensellerie Remoulade und Gurken Gel (15 Euro) sowie eine Fischsuppe „Sandtorhafen" mit einem Crostini nebst frischen Krabben und Krabbenmayonnaise (12 Euro) sein. Die leckere Suppe kommt in einer Schale mit verschiedenen Fischsorten. Das als Hauptgang bestellte geschmorte Lamm (38 Euro) ist sehr zart und wird mit Winterkohl, Roter Bete und geröstetem Topinambur auf Thymianjus serviert. Die Vorspeisen und der Hauptgang sind filigran auf den Tellern platziert. Wirklich alles ist sehr köstlich. Zum Hauptgang genießen wir einen Cabernet Sauvignion (0,1 l 8,50 Euro), der hervorragend zum Lamm passt. Zum Abschluss noch die norddeutsche Käseauswahl (18 Euro) mit hausgemachtem Chutney, Früchtebrot, Trauben und Nüssen. Fazit: ein schöner Abend mit sehr gutem Essen und einem tollem Service.

AMBIENTE ●●●●● SERVICE ●●●●●
KÜCHE ●●●●● PREIS-LEISTUNG ●●●●●

€€€€ Platz der Deutschen Einheit 2 (HafenCity), Telefon 040 8000103117, Do-So 17.30–22 Uhr, EC-Karte, VISA, Mastercard; Am Kaiserkai (Elbphilharmonie) Bus 2; fangundfeld.de

Gassenhaur

Zwischen Skihütte und Kiezromantik

„Das weltbeste Original Wiener Schnitzel außerhalb der Alpenrepublik" verspricht uns das Gassenhaur. Das Restaurant im Herzen von St. Pauli, das sich ganz der österreichischen Küche verschrieben hat, weckt definitiv hohe Erwartungen. Zur Einstimmung gibt's erst einmal eine Fleckerlsuppe und ein Tiroler Bergkäsetörtchen. Für ihre 9,50 Euro enttäuscht nur die Rindersuppe mit Einlage ein bisschen: Die Fleckerl, also Nudeln, müssen wir mit der Lupe suchen. Würzig und aromatisch ist allerdings das Käsetörtchen an glasierten Äpfeln und Blaukrautsalat (13,50 Euro). Aber der Star des Abends kommt ja noch! Wir entscheiden uns für den Schnitzelklassiker mit Kalbfleisch – mit 28 Euro nicht ganz günstig, aber angemessen. Das Gericht macht eine ziemlich gute Figur auf dem Teller: Das Fleisch ist butterzart. Die Panade wölbt sich ausladend, hat aber ein bisschen wenig Crunch. Die Beilagen sind tadellos: knackiger Gurkensalat, Kartoffeln in Nussbutter und Vogerlsalat mit einem sehr guten Dressing. Nur die Bratkartoffeln kann man sich schenken. Für Nordlichter mit Schnitzel-Jieper ist das Gassenhaur auf jeden Fall einen Besuch wert. Wenn wir uns was wünschen dürfen: zum original Wiener Schnitzel auch ein original österreichisches Bier. KGR

Ein Dessert-Gedicht: Besser als im Gassenhaur kann der Kaiserschmarrn mit Zwetschgenröster und Vanilleschaum nicht schmecken

AMBIENTE ●●●●● SERVICE ●●●●●
KÜCHE ●●●●● PREIS-LEISTUNG ●●●●●

€€€ Kastanienallee 32 (St. Pauli), Telefon 040 311231, Mi-So 17–22 Uhr, EC-Karte, VISA, Mastercard; Reeperbahn S1, S2, S3; gassenhaur.de

Gröninger Braukeller

Leckeres Bier und zünftiges Essen

Das Gröninger an der Willy-Brandt-Straße ist eine Hamburger Institution – seit 1793 wird hier in der Altstadt Bier gebraut. Gern gewählt für gesellige Veranstaltungen oder um Besuch von außerhalb zu beweisen, dass auch die Hamburger es mal zünftig mögen. Das rustikale Kellergewölbe erstreckt sich in ungeahnte Tiefen, man sitzt auf blanken Holzbänken an ebensolchen Tischen – oder, wie in unserem Falle, in einem zum Separee umgebauten Fass, in welchem selbst ein Candlelight-Dinner vorstellbar ist. Der von uns gewählte Brauerschmaus (22,50 Euro) umfasst schmackhaften Speckkartoffelsalat, leckere hausgemachte Rostbratwürstchen sowie eine Stadtwurst, eine Scheibe Kassler und ein kleines Stück knusprigsten Spießbraten nebst Krautsalat. Sehr guten Appetit sollte man hierfür mitbringen. Dazu schmeckt natürlich ein Gröninger Pils (0,4 l 5,40 Euro). Der Beef Burger im Treber-Bun mit Tomatenmarmelade, karamellisierten Bier-Zwiebeln und Deichkäse (17,90 Euro) überzeugt ebenso wie der zu den Kartoffelspalten gereichte Dip. Man geht natürlich nicht in ein Brauhaus, um einen Salat zu essen, wir probieren es dennoch. Der Caesar Salad mit gekräutertem Hähnchen und Parmesan (17,80 Euro) hat mit seinem Namen allerdings nur sehr wenig zu tun. Der Service entschuldigt sich, als wir bezahlen wollen und nimmt, da wir nichts mehr trinken möchten, die wirklich tolle Hamburger Rote Grütze mit Vanillesoße (5,80 Euro) von der Rechnung. Daher: Schwamm drüber und einfach einen Brauhausklassiker bestellen! KN

AMBIENTE ●●●●● SERVICE ●●●●●
KÜCHE ●●●●● PREIS-LEISTUNG ●●●●●

€€ Willy-Brandt-Straße 47 (Altstadt), Telefon 040 570105100, Di-Sa 16–23 Uhr, EC-Karte, VISA, Mastercard; Brandstwiete Bus 4, Bus 6; groeninger-hamburg.de

Gute Stube

Genuss in Omas Wohnzimmer

Auf der falschen Seite der sechsspurigen Wandsbeker Chaussee zu parken, ist keine so gute Idee. Wir wollen die Gute Stube in Eilbek besuchen, doch weit und breit ist keine Fußgängerampel zu sehen. Als wir dieses kleine Abenteuer erfolgreich absolviert haben, eröffnet sich im Restaurant eine gemütliche Wohnzimmeratmosphäre, auch wenn die Begleitung den Besuch über ein bisschen fröstelt. Abhilfe schafft sofort die Schwarzwurzelcremesuppe (5,80 Euro) mit Vanille und Pesto, die wunderbar deftig und sehr gut abgeschmeckt

FOTO: MARC SILL

ist. Hervorzuheben sind auch die selbst gemachten Limonaden (groß 4,70 Euro) – echte Vitaminbomben, die mit frischen Zutaten zubereitet werden. Die Essensgerüche aus der halboffenen Küche sind den gesamten Abend wahrzunehmen, aber in einer angenehmen Art und Weise und so kann ich schon das Wiener Kalbsschnitzel (24,50 Euro) mit Kartoffelstampf, gegrillten Champignons und Jus herbei riechen. Das Schnitzel ist schön dünn und zart und wird in einer kross ausgebratenen Panade serviert. Wie alle Speisen in der Guten Stube ist auch dieses frisch und komplett von Hand zubereitet. Abzüge gibt's bei der Jus, die geschmacklich toll ist, aber teilweise über die Panade gegossen wurde. Da gehört sie aber nun wirklich nicht hin, aber tut dem Genuss nur wenig Abbruch. Zwischen 12 und 15 Uhr gibt es in der Guten Stube übrigens eine Mittagskarte, diverse Heißgetränke und selbst gemachte Kuchen, die man auch abends noch zum Nachtisch genießen kann. MH

AMBIENTE ●●●●○ SERVICE ●●●●○
KÜCHE ●●●●○ PREIS-LEISTUNG ●●●●○

€€€ Wandsbeker Chaussee 40 (Eilbek), Telefon 040 25332080, Di-Fr 12–15, 17–23, Sa 17–23 Uhr, EC-Karte; Wartenau U1; gute-stube.hamburg

Hatari Pfälzer Stube

Super, das Schnitzel

Die vier Hatari-Stuben, die quer im Westen Hamburgs verteilt Pfälzer Küche anbieten, sind mittlerweile eine Art Institution. Das urige Ambiente ist in allen Dependancen gleich. In die Eulenstraße, mitten in Ottensen, zieht es vor allem junge Familien zu Schnitzel, Flammkuchen und Co. Wir ergattern einen Sonnenplatz auf der großen Terrasse direkt vor dem Restaurant – ein wirklicher Glücksgriff, denn hier ist fast immer viel los. Die Bedienung ist so auf Zack, dass wir in Windeseile eine Rhabarberschorle (4,50 Euro) und eine Spezi (4,60 Euro) an den Holztisch gebracht bekommen. Die Tische drinnen sind übrigens ganz kindgerecht mit großen Papiertischdecken ausgelegt, damit sich die Kleinen kreativ mit Stiften austoben können. Auch die Hauptspeisen kommen flott. Wir haben uns für den absoluten Hatari-Klassiker, ein Schweineschnitzel mit Pommes, Salat und Bratensoße (16,20 Euro), und einen Salat mit Spinat-Ricotta-Maultaschen (13,60 Euro) entschieden. Die Portionen sind – auch an unseren Nachbartischen – mehr als üppig und wir bekommen gerade so die Teller leer. Das Schnitzel schmeckt genau so knusprig, wie man es sich in einer Stube eben wünscht. Unser Tipp: Spätzle statt Pommes als Beilage! Auch wenn der Maultaschensalat mit einem echt leckeren Dressing daherkommt, kann er nicht ganz mit der Schnitzel-Spätzle-Kombi mithalten. Besonders schön: Auch, wenn man bei Hatari mitten in der Großstadt sitzt, wirkt es doch ein bisschen wie der urige Landgasthof aus Kindheitstagen. Dafür sorgt vor allem das wirklich freundliche Personal, das beim Bezahlen immer gern einen Schnaps aufs Haus anbietet. ABA

AMBIENTE ●●●●● SERVICE ●●●●○
KÜCHE ●●●●○ PREIS-LEISTUNG ●●●●○

€€ Eulenstraße 77 (Ottensen), Telefon 040 39909050, Mo-Fr 17 Uhr–open end, Sa-So 12 Uhr–open end, EC-Karte, VISA, Mastercard, Amex; Altona alle S-Bahnlinien; hataripfaelzerstube.com

Heimat

Leckere Heimat

Eine erfreuliche Ausnahme unter den oftmals sterilen Hotelrestaurants ist das Heimat im 25hours Hotel in der HafenCity. Gleichzeitig modern und gemütlich, mit tollen Köch:innen und einem supernetten jungen Serviceteam. Regionale Frischeprodukte aus dem gesamten deutschsprachigen Raum prägen die Karte mit einem starken Schwerpunkt auf den köstlichen Regionalküchen

Regional und saisonal, Markthalle und Restaurant: Die Hobenköök gibt es jetzt auch auf Gut Karlshöhe

Badens und Frankens. Vorbehaltslos empfehlenswert und recht preiswürdig sind die Menüs. Jenes namens Herzstück (47 Euro) offeriert vorab spannende Vorspeisenvariationen wie fränkischen Wurstsalat, gebeiztes Lachsfilet mit Gurkensorbet und Wacholderöl und Zwiebelkuchen mit Ziegenkäse, Brombeeren und Kräutersalat, sodann wahlweise ein Dry Aged Karree vom Schwein oder à point an der Gräte gegarten Tagesfisch im Pergamentpapier mit Rieslingsoße, beides jeweils nebst Zweigelt-Jus, karamelisierten Wurzeln und Kartoffel-Kräuter-Püree. Und als krönenden Abschluss Apfelstrudel mit Sahne und Vanilleeis. Super ist auch das Drei-Gang-Menü namens Franken mit einem prachtvollen Sauerbraten im Hauptgang (41 Euro). Die durchweg erstklassigen Vorspeisen liegen zwischen zehn und 16, die spannenden Hauptgerichte zwischen 20 und 30 Euro. Ganz klasse ist auch die kundig zusammengestellte Weinkarte mit vielen großartigen jungen, eher unbekannten Winzerentdeckungen aus Deutschland und Österreich (Glas 0,2 l ab 8, Flaschen ab 26 Euro). GR

AMBIENTE ●●●●● SERVICE ●●●●●
KÜCHE ●●●●● PREIS-LEISTUNG ●●●●●

€€€ Überseeallee 5 (HafenCity), Telefon 040 257777840, Mo-Sa 18–22.30 Uhr, EC-Karte, VISA, Mastercard; Überseequartier U4, Singapurstraße Bus 2, Bus 6; heimatrestaurant.com

Hobenköök

Essen neben der Streuobstwiese

Wer suchet, der findet – das gilt auch für das neu eröffnete Restaurant der Hobenköök auf dem Gut Karlshöhe. Das Navi scheint verwirrt, am Ende ist es ein kleiner Waldweg, der zu dem großzügigen Areal mit Ställen und Streuobstwiese führt. Angekommen, begrüßt die Hobenköök mit allen Sinnen: Es ist laut und warm, denn die Tische sind gut besetzt, und es duftet nach deftigem Essen. Offen gelegte Holzbalken und Felle auf den Sitzbänken betonen das Flair des Gutshofes, Neonröhren und hippe Keramikteller demonstrieren, dass deutsche Küche hier neu gedacht wird. Bezahlt wird vor allem für die Regionalität der Speisen – fast alle Zutaten könnte man bei einer Fahrradtour selbst erbeuten. Während manche Gerichte in stil- und geschmackvoller Aufmachung überzeugen, wie der zur Vorspeise gereichte gebeizte Fisch mit violettem und knusprigem Kartoffelrösti und dekonstruiertem Gurkensalat (16,50 Euro), ist die Pasta mit Blauschimmelkäsesoße (22,50 Euro) optisch (zu) einfach, nicht zuletzt, weil die gerösteten Sonnenblumenkerne fehlen. Dass der Aperitif-Sekt (8,50 Euro) etwas zu warm und der herrlich butterweiche Kutterfisch auf Kartoffel-Kräuter-Stampf (25,90 Euro) wiederum nicht heiß genug ist, macht das extrem freundliche Personal locker wett. Zugewandt navigieren sie um die kleinen und großen Tische, die im Sommer übrigens auch draußen locken. Als die Desserts den Tisch erreichen – Apfelküchlein mit gebrannter Mandel und veganer Vanille-Sahne (12,90 Euro) und ein üppiger Schokotraum mit beschwipsten Rosinen (13,90 Euro) – sagt die vorbeikommende Bedienung kurz darauf: „Wenn es so still ist, muss ich ja gar nicht fragen, wie es euch schmeckt." Recht hat er, sprachlos und selig genießen wir den hervorragenden Nachtisch. Hier greifen wir gern ins Portemonnaie. Für Lage, Flair, außergewöhnliche Geschmackskombis – und die Nachhaltigkeitsgarantie. LMG

AMBIENTE ●●●●○ SERVICE ●●●●○
KÜCHE ●●●●○ PREIS-LEISTUNG ●●●●○

NEU! €€€ Karlshöhe 60 (Bramfeld), Telefon 040 226376599, Mi-So 11.30–23 Uhr, EC-Karte, VISA, Mastercard; Gut Karlshöhe Bus 27; hobenkoeoek.de

Hofbräu Wirtshaus

Bayrisch brunchen im Pressehaus

Wer in Hamburg Bock auf Bayern hat, erfährt Befriedigung am Speersort. Zumindest kulinarisch. Im altehrwürdigen Pressehaus sorgt neben dem „Zeit"-Verlag ein Wirtshaus im Stile des Hofbräuhauses inklusive XL-Biergarten mit Blick auf den Domplatz für eine Mordsgaudi bei bis zu 700 Gästen. Viel wurde vom Münchener Original adaptiert. Das Bier, na klar, die großen wuchtigen Holztische, die Lieblingsfarben Weiß und Blau sowie die Klassiker der Karte. Das Personal ist fast so international kunterbunt wie das Publikum. Vor allem Asiaten sind gern in Gruppenstärke hier, sitzen hellauf begeistert vor respektablen Mengen Deftigem. Sonntags spielt oft die Blasmusi. Und es gibt Brunch. Nix wie hin – und die Kinder gleich mit von der Partie. Positive Botschaft zum Empfang: Bis zehn Jahre mampfen die Lütten for free, bis 14 zahlen sie die Hälfte des auch für Große mit 18,90 Euro sehr fair kalkulierten Büfett-Tarifs. Aufgefahren wird das kleine Einmaleins bayerischer Schmankerln: Leberkäs, Weißwurst, Fleischpflanzerl, Brez'n, Obazda, Kraut- und Wurstsalat, Schweinsbraten, Haxen, Knödel und dergleichen mehr. Pappsatt-Garantie inklusive. Alles Tierische kommt aus der eigenen Fleischerei. Qualität ist solide und selbst Freunde der Pflanzenküche werden hier fündig. Ist eine der vielen Platten leer gefuttert, lädt das zackige Service-Team sofort nach. Dazu schmecken die Hofbräu-Biere, die Maß für 10,60 Euro. MO

AMBIENTE ●●●●○ SERVICE ●●●●●
KÜCHE ●●●●○ PREIS-LEISTUNG ●●●●●

€€ Speersort 1 (Altstadt), Telefon 040 27880060, Mo-Do 11–24, Fr-Sa 11–1, So 10–24 Uhr, EC-Karte, VISA, Mastercard; Speersort Bus 6, Bus 16, Bus 17, Rathaus U3; hofbraeu-wirtshaus.de

Köpke essen + trinken

Wo sind die Gäste?

Das Köpke in der Martinistraße – direkt neben dem UKE – ist Café, Restaurant, Caterer und beliefert sogar Hamburger Kitas mit frischem, regionalem Mittagessen. Das Restaurant befindet sich im Gebäude „martini44" – einem selbstverwaltetem Gemeinwohlprojekt, das Wohnen, Kultur, Beratung, Begegnung, Betreuung und Pflege unter einem Dach vereint. Allein das ist schon spannend, aber heute soll es ja ums Essen gehen. Das Köpke ist stilvoll und mit viel Liebe zum Detail eingerichtet und der Tisch edel eingedeckt. Dabei wirkt nichts gekünstelt oder aufdringlich, ebenso wie der offenherzige und empathische Service. Und so muss ich mir den ganzen Abend verwundert die Frage stellen: Warum sind wir hier heute die einzigen Gäste? Ich entscheide mich für das Menü mit geschmorter Ochsenbacke, süßsaurem Gemüse und Kartoffelstampf. Vorab gibt es eine Rinderconsommé mit Ochsenschwanz-

FOTO: MARC SILL

Ravioli und als süßen Abschluss eine Schokoladentarte mit Tonkabohneneis und gebrannter Mandel. Ich mach es kurz: Alle drei Elemente des Menüs sind ein wahrer Genuss – fürs Auge und den Gaumen. Mein innerer Preisrichter vergibt auf allen Ebenen Höchstnoten, auch für den sensationellen Preis von 38 Euro. Ein perfekteres Preis-Leistungs-Verhältnis ist mir schon lange nicht mehr untergekommen. Daher auch meine direkte Aufforderung an Sie, liebe Leserschaft: Bitte überhäufen Sie das Team vom Köpke mit einer Vielzahl von Reservierungen. Sie werden es garantiert nicht bereuen! MH

AMBIENTE ●●●●● SERVICE ●●●●●
KÜCHE ●●●●● PREIS-LEISTUNG ●●●●●

€€€ Martinistraße 44a (Eppendorf), Telefon 040 404001, Mo-Fr 12–23, Sa 18–23 Uhr, EC-Karte, Apple Pay; Julius-Reinke-Stieg (Bethanien) Bus 20, Bus 25; restaurant-koepke.de

VIP-TESTER
Sascha Mika

Lenz

Regionaler Genuss in Duvenstedt

Unser Weg führt uns heute raus aus der City. Wir steuern den Norden an. Denn das Restaurant Lenz ist in Duvenstedt beheimatet. Wirt Lenz Leslie Himmelheber ist nicht nur bekannt für seine am Tisch tranchierte Vierländer Ente, sondern insgesamt für saisonale, regionale und bodenständige Küche. Das Ambiente trägt klassische Noten, ohne altbacken zu wirken. Also ran an den Genuss und flugs einen Blick in die Karte geworfen, die manchen Klassiker offenbart, der auch in Großmutters norddeutscher Küche auf dem Speiseplan stand. Die Kürbisschaum-Suppe (9,50 Euro) lässt schon mal erahnen, dass dieser Restaurantbesuch für uns eher nicht zum Reinfall werden wird. Gekonnt zubereitet. Schön als Turm präsentiert und ebenfalls lecker auch das Duvenstedter Labskaus mit Rollmops und Spiegelei (11,50 Euro), zu dem wir uns eine prima harmonierende Flasche Blanc de Noir (36,50 Euro) vom Weingut Bassermann-Jordan kommen lassen. Als Hauptgänge lassen wir uns das 200 Gramm schwere Rinderfilet (41,50 Euro) von der Pommerschen Färse schmecken. Auf den anderen Seite des Tisches soll es die Barbarie-Entenbrust sein (32,50 Euro). Machen wir es kurz: leckeres und wirklich toll angerichtetes Essen, das wir hier aufgetischt bekommen. Fraglos schmecken wir bei jedem Bissen, dass das Versprechen, regional und saisonal zu arbeiten, in diesem Haus eingehalten wird. Da lassen wir uns den süßen Schlussakkord mit einer herrlichen Crème brûlée (12,50 Euro) auf keinen Fall entgehen. Und verlassen das Lenz mit dem wohligen Gefühl, in einem gemütlichen Ambiente von einem aufmerksamen Service sehr gut bewirtet worden zu sein. Ach ja: Familien mit Kindern sind in diesem Restaurant übrigens gern gesehen.

AMBIENTE ●●●●● SERVICE ●●●●●
KÜCHE ●●●●● PREIS-LEISTUNG ●●●●●

€€€€ Poppenbütteler Chaussee 3 (Duvenstedt), Telefon 040 60558887, Mo 12–14.45, 17.30–23, Do-Sa 12–14.45, 17.30–23, So 12–23 Uhr, EC-Karte, VISA, Mastercard, Amex; Lohe Bus 176; restaurant-lenz.de

Marend Tiroler Küche

Fehlt uns der Mut?

Das Marend auf St. Pauli will den „Mut zur Zufriedenheit" als Tiroler Lebensgefühl nach Hamburg bringen. Da sagen wir nicht Nein! Das kleine Ein-Raum-Lokal in der Feldstraße ist sehr eng bestuhlt und heizt sich entsprechend schnell auf. Der weiße Hauswein-Veltliner (0,2 l 5,80 Euro) sorgt für eine fruchtig-frische Abkühlung. Der rote Hauswein Gemischter Satz (0,2 l 5,70 Euro) ist hingegen deutlich zu warm. Das halbe Glas Zweigelt, das wir stattdessen ohne Berechnung bekommen, ist viel besser, aber auch 2 Euro teurer, wie die einzige Servicekraft des Abends betont. Im voll besetzten Lokal kommt der Kellner kaum hinterher. Es geht dann doch alles recht flott, nur die Gastlichkeit bleibt aus Zeitmangel auf der Strecke. Wir freuen uns über die Karaffe Leitungswasser, die nicht in Rechnung gestellt wird. Bier gibt es nur aus der Flasche. Schnell geht es auch, weil die Speisekarte sehr kurz ist und die Hälfte der zehn Gerichte aus verschiedenen Knödel-Varianten besteht. Die namensgebende Marende steht nicht auf der Karte. Bei der Knödeltricolore aus Spinat-, Rote-Bete- und Käseknödel (18,80 Euro) stellt sich aber Ernüchterung ein. Die Knödel sind recht fest und die namensgebenden Zutaten sollten deutlicher herauszuschmecken sein. Das kennen wir aus Tirol raffinierter. Liegt es auch am Sojamehl, welches anstatt Ei verwendet wird? Der Teller quillt ansonsten von Salatblättern über, die mit einem wertigen Dressing auf der Basis von Kürbiskernöl begossen sind. Der kleine Tisch verführt zum Stibitzen am Ringsgulasch auf dem Teller gegenüber (17 Euro). Das ist gut gelungen. Fehlt uns nur der Mut zur Zufriedenheit? DS

VIP TESTER

Sascha Mika
Leiter BMW Niederlassung Hamburg
Getestet: Lenz, Vlet Speicherstadt

Mein Lieblingsrestaurant ist ... La Bruschetta (Dorotheenstraße).

Typisch Hamburg ist ... Labskaus.

Für einen Ausflug aufs Land geht es ... nach Lüneburg.

Nachts noch Hunger? Dann gibt es ein Bier!

Die schönste Aussicht beim Essen gibt's, ... wenn ich meiner Familie gegenübersitze.

Zum Frühstück gehe ich am liebsten ins ... „Was wir wirklich lieben".

Tiroler Lebensgefühl: Marend

FOTO: MARC SILL

Die Unternehmensgruppe STACKLIES

Einmal alles, bitte

Die Stacklies Gruppe ist ein erstklassiges, familiengeführtes Unternehmen, das für jede Veranstaltung und jeden Gast das passende Konzept und die passende Location bietet. Wir sind immer auf der Suche nach neuen Ideen zur Erweiterung unseres Angebots.

ALTONAER FISCHAUKTIONSHALLE

Die Altonaer Fischauktionshalle gehört zu Hamburg wie der Michel und der Fernsehturm. Hier spürt man den Puls der Hansestadt. Der raue Industriecharme der Location hat sich seit 1896 gehalten und bietet Raum für unterschiedlichste Veranstaltungen. Von Schiffe schauen über Feiern, Tagungen bis hin zur Gastronomie – dieses Hamburger Wahrzeichen bietet für jeden etwas. Jeden Sonntag findet der traditionelle Fischmarkt mit Livemusik und Blick auf den Hafen statt.

www.fischauktionshalle.com

SCHÖNES LEBEN – SPEICHERSTADT & AUF DEM LANDE

Der Name Schönes Leben ist Programm in den beiden historischen Locations. Besuchen Sie uns in der Speicherstadt direkt an der Kornhausbrücke oder auf dem Lande in Neuendeich in einem über 450 Jahre alten reetgedeckten Anwesen mit einem riesigen Garten. Genießen Sie unseren einzigartigen Happiness Brunch mit Freunden oder der ganzen Familie oder besuchen Sie uns zum A-là-Carte-Essen in unseren Restaurants. Alle Dekoration und Einrichtungsgegenstände sowie Geschenkartikel aus aller Welt werden Sie begeistern. Zusammensein, Essen, Trinken, Shoppen und sich wohlfühlen – EINFACH EIN SCHÖNES LEBEN.

www.schoenes-leben.com

Gröninger Privatbrauerei HAMBURG

GRÖNINGER PRIVATBRAUEREI HAMBURG

Die Gröninger Privatbrauerei Hamburg braut im Herzen der Stadt nach traditioneller Rezeptur und ist eine der ältesten Bräustätten in Hamburg. Genießen Sie unser bernsteinfarbenes Bier mit süffiger, hopfiger Note bei einem Besuch in unserem traditionsreichen Brauhaus in der Hamburger Altstadt, nur einen Steinwurf von der historischen Speicherstadt entfernt. Hier können Sie nicht nur rustikale Speisen wie Spanferkel, Gröninger Schweinshaxe, Gröninger Brauerschmaus oder einen Brauhaus Beef Burger genießen, sondern auch selbst Ihr Gröninger Pils direkt aus dem Holzfass zapfen. Unser Braukeller bietet eine einzigartige und urige Atmosphäre und eignet sich ideal für Feiern und größere Veranstaltungen.

www.groeninger-hamburg.de

STACKLIES CATERING & EVENTS

STACKLIES CATERING & EVENTS

Stacklies Catering & Events ist Ihr zuverlässiger Partner für kulinarische Events und Feiern. Wir kümmern uns um alle Details und ermöglichen es Ihnen, den Moment in vollen Zügen zu genießen. Als Full-Service-Caterer bieten wir nicht nur außergewöhnliche Menüs, die nach Ihren Wünschen zusammengestellt werden, sondern auch eine perfekte Location, Möblierung, Dekoration und Technik für Ihre Veranstaltung. Seit unserer Gründung im Jahr 1995 haben wir bei zahlreichen Großevents unser Organisationstalent und unsere Erfahrung unter Beweis gestellt. Wir bieten keine standardisierten Lösungen, sondern eine individuelle und detailorientierte Planung, um Ihre Veranstaltung zu einem unvergesslichen Erlebnis zu machen.

www.stacklies.de

SCHÖNES LEBEN

FISCHAUKTIONSHALLE HAMBURG

Gröninger Privatbrauerei HAMBURG

STACKLIES CATERING & EVENTS

AMBIENTE ●●●●● SERVICE ●●●●●
KÜCHE ●●●●● PREIS-LEISTUNG ●●●●●

€€ Feldstraße 29 (St. Pauli), Telefon 040 36161545, Mo-Sa 17–23 Uhr, EC-Karte; Feldstraße U3; marend.net

Markt Koenig

Schmackhafte Burger und Schnitzel

Klar, man könnte sich ein schnelles Curry oder Falafel reinschaufeln, nachdem man in der Rindermarkthalle seinen Wochenendeinkauf getätigt hat. Man kann hier aber auch richtig gut und gemütlich essen gehen, und zwar im Markt Koenig. Das Restaurant und Bistro im zwanglosen Industrie-Look, das sich über zwei Ebenen erstreckt und auch eine Cocktailbar hat, will die „schmackhaftesten Burger und Schnitzel der Stadt" haben – alles frisch zubereitet und mit Produkten aus der Region. Ob da was dran ist? Der saftige Salmonburger mit gegrilltem Lachsfilet und Aioli (13,90 Euro), zu dem wir Süßkartoffel-Pommes (6 Euro) bestellen, kann auf jeden Fall locker mit der Konkurrenz mithalten. Unsere Begleitung derweil feiert mit dem Koenigs-Teller (19,90 Euro) ein wahres Fleischfest: gegrilltes Lamm, Rind und Hähnchenbrust, dazu hübsch in der Pfanne angerichtete, knusprige Bratkartoffeln mit Speck und Salat. Hungrig bleibt hier definitiv keiner! Irgendwie finden wir trotzdem noch Platz für Crème brûlée (7,50 Euro), die wir selten so hübsch mit frischem Obst dekoriert gesehen haben. Für die Kleinen gibt es nicht nur Malzeug und eine Kinderkarte, sondern die wahnsinnig herzliche Bedienung spendiert auch noch eine Tasse Milchschaum aufs Haus. Kind glücklich, alle glücklich! Beim Rausgehen sehen wir am Nebentisch übrigens noch ein Schnitzel. Unser Tipp: Circa zwei Tage vorher nichts essen. NW

AMBIENTE ●●●●● SERVICE ●●●●●
KÜCHE ●●●●● PREIS-LEISTUNG ●●●●●

€€€ Neuer Kamp 31 (St. Pauli), Telefon 040 43096135, Mo-Do 10–23, Fr-Sa 10–24, So 10–23 Uhr, EC-Karte, VISA, Mastercard, Amex; Feldstraße U3; markt-koenig.de

Ein Paradies für Burger- und Schnitzelfans: Markt Koenig in der Rindermarkthalle

VIP-TESTER
Martin Werhand

Mellingburger Schleuse

Rustikales Ambiente, tolle Küche

Heute soll es mal ein Ausflug in die Natur sein. Lecker essen wollen wir auch. Also los in Richtung Alstertal. Dort soll es eine sehr schöne und rustikale Gaststube mit hanseatischem Flair geben. Als wir an der Mellingburger Schleuse eintreffen, können wir das bestätigen. Und auch im Inneren des reetgedeckten Hauses stimmt das Ambiente: Das Design der hanseatischen Kacheln am Tresen und in der Stube spiegelt sich in den dazu passenden Fensterschals und Lampenschirmen wider. Das Restaurant Mellingburger Schleuse gehört zum Kleinhuis Hotel im Alstertal. Es gibt gutbürgerliche Küche und eine gute Auswahl an Weinen. Wir entscheiden uns für ein Süppchen mit frischem Pesto als Vorspeise. Die traumhaft schmeckende Steinpilzsuppe kann voll überzeugen. Nach dem Roastbeef mit Remouladensoße, Salat und Bratkartoffeln kommen ein Wiener Schnitzel mit Bratkartoffeln und Vitaminstoß aus dem Garten und ein kurzgebratener Hirschrücken mit Kartoffelkloß nebst Semmelbröseln auf Rahmwirsing auf den Tisch. Der Hirschrücken ist auf den Punkt, das Fleisch noch rosa. Alle Gerichte sind sehr hochwertig und schmackhaft. Zum Essen lassen wir uns ein Glas vom roten und sehr guten Primitivo Doppio Passo schmecken. Die Karte bietet nicht nur Flaschen, sondern auch eine prima Auswahl an offenen Weinen. Das Restaurant bietet für Eltern mit Kind Hochstühle an und Hunde sind hier erlaubt. Die Mitarbeiter sind während unseres Besuches sehr höflich und zuvorkommend. Fazit: Ein Besuch im Gasthof an der Mellingburger Schleuse lohnt sich für alle, die beschauliche Umgebung und gutes Essen verbinden wollen.

AMBIENTE ●●●●● SERVICE ●●●●●
KÜCHE ●●●●● PREIS-LEISTUNG ●●●●●

€€€€ Mellingburgredder 1 (Sasel), Telefon 040 61139150, Mo-Fr 17.30–21, Sa-So 12–14.30, 17.30–21 Uhr, EC-Karte, VISA, Mastercard; Treudelberg Bus 176, Bus 276; mellingburgerschleuse.de

Papillon im Hotel Engel

Nur ran an den Schmarrn

Manchmal führt eins zum anderen. Wie an diesem Abend im Restaurant Papillon im Hotel Engel. Der eher an einen Frühstückssaal erinnernde Raum ist deutlich zu hell beleuchtet, daher ist es um so sichtbarer: Unsere Trinkgläser sind jeweils am Rand angeschlagen. Wir merken uns einen Abzug in der B-Note vor und bestellen. Die Friesen-Tapas (15,90 Euro) meiner Begleitung auf geröstetem Bauernbrot überzeugen samt aller Saucen bei Roastbeef und Matjesfilet, der Ziegenfrischkäse mit Birnensenf ist eine Wucht, die wenig geschmacksintensive Entenbrust schwächelt. Mein Maronensüppchen (8,90 Euro) mundet intensiv, doch zwei große Fettränder und Haut auf der Suppe stören das Vergnügen. Bei der Hauptspeise herrscht zunächst Irritation. Erst heißt es, das Rehragout gibt es „noch nicht", dann „heute Abend nicht". Meine Begleitung wechselt irritiert zum Meerbarbenfilet (25,90 Euro) mit Kartoffelpüree, geröstetem Blumenkohl und Krustentiersauce. Fast alles sehr gut, die würzige Sauce extrastark, leider ist ein zu trockenes Stück Fisch dabei. Meine Kalbs-Involtini (25,90 Euro) mit Speck und Salbei sowie Salbeisauce – plus ebenfalls Kartoffelpüree und geröstetem Blumenkohl als Beilagen – sind saftig. Aber ihnen fehlt die pikante Note. Es folgt: Weihnachten! Nämlich bei meinem Kaiserschmarrn (9,90 Euro). Außen etwas kross und vor allem leicht puderzuckrig. Dazu eingelegte Zwetschgen und Top-Walnusseis. Super! Auch das Schokoladenmalheur meiner Begleitung (9,90 Euro) mit ausnahmsweise kaltem Schokoladenkern geht inklusive der Gewürzkirschen und dem Joghurt-Kirscheis klar. Zum Abschluss schießt der freundliche Kellner ein Erinnerungsfoto von uns. Wir lächeln in die Kamera und verlassen das Papillon gut gesättigt. Unver-

FOTO: MARC SILL

gesslich war der Abend nicht. Insgesamt schmackhaft jedoch allemal.

MISCH

AMBIENTE ●●●○○ SERVICE ●●●●○
KÜCHE ●●●●○ PREIS-LEISTUNG ●●●●○

€€€€ Niendorfer Straße 59 (Lokstedt), Telefon 040 584440, Mo–So 17.30–22 Uhr, EC-Karte; Hinter der Lieth Bus 391; restaurant-papillon.de

VIP-TESTER
Martin Werhand

Parlament

Essen in Rathaus-Atmosphäre

Nachdem die Reservierung online einige Schwierigkeiten aufwies und wir erst nach mehrfachen Versuchen einen Tisch telefonisch reservieren konnten, sind wir mit gemischten Gefühlen gekommen. Das Parlament liegt direkt in einem schönen Gewölbekeller unter dem Rathaus. Der Restaurantbereich ist zum Wochenende gut besucht und hat durch die Größe eine relativ laute Atmosphäre. Es wird eine gutbürgerliche Küche angeboten. Wir starten mit einem Campari Orange (9,50 Euro) und einem Lillet Wild Berry (10,50 Euro) als Aperitif. Als Vorspeise wählen wir eine Tomaten-Cremesuppe mit Sahnehaube und Basilikum (7 Euro), die lange auf sich warten lässt. Zum Hauptgericht entscheiden wir uns für ein Wiener Kalbsschnitzel mit Preiselbeeren, Bratkartoffeln und Gurkensalat (29 Euro) und ein Rumpsteak mit Pommes Frites und einem kleinem Ceasar Salat (34 Euro) mit üppiger Salatsoße. Das Essen ist durchweg solide, aber ohne Überraschungen. Fazit: eine schöne Location im Rathausgewölbekeller in guter Lage für Touristen. Für uns leider insgesamt etwas lieblos.

AMBIENTE ●●●○○ SERVICE ●●●○○
KÜCHE ●●●○○ PREIS-LEISTUNG ●●●○○

€€€€ Rathausmarkt 1 (Altstadt), Telefon 040 70383399, Di–Mi 12–16, Do–Fr 12–16, 17–22, Sa 12–16, 17–23 Uhr, EC-Karte, VISA, Mastercard; Rathausmarkt Bus 5, Bus 6, Bus 17, Bus 19, Rathaus U3; parlament-hamburg.de

Das macht auch dem Küchenchef Freude: Regionales und Saisonales im Reep

FOTO: MARC SILL

Reep

Labskaus am Resopal-Tisch

Inmitten des ersten Corona-Herbstes hatte sich Deutschlands erfolgreichstes Privattheater einen gastronomischen Refresh gegönnt. Mit dem Reep hat das Schmidt am Spielbudenplatz auf St. Pauli einen weiteren Treffer gelandet. Das Interieur: im Stil der 50er-Jahre – Diner-Stühle in Pastellfarben, Resopal-Tische wie sie früher in Omas Küche standen, dazu passende Leuchten. Die Karte: nordisch by nature. Saisonale Gerichte aus Hamburg und drum herum, mit regionalen Produkten frisch interpretiert, lecker präsentiert. Wir wagen uns Samstagabend kurz vor Vorstellungsbeginn ins Getümmel. Als der Vorhang aufgeht, wird's schlagartig sehr entspannt im ersten Stock mit Blick auf den Kiez. Zum Start eine fein abgeschmeckte Finkenwerder Kartoffelsuppe (8,50 Euro) mit crispy Croûtons. Den Labskaus probieren wir in klassischer und veganer Variante (18,90/17,90 Euro), für die ein Auberginenscheibchen in die Rolle des Rollmopses schlüpft und zweierlei Püree das Spiegelei spielen. Beide Versionen 'ne Bank. Unsere besten Erinnerungen von Theaterbesuchen ans Serviceteam bestätigen sich in Kompetenz, Präsenz und Lockerheit am Retro-Tisch. Da schmeckt die Roulade vom Bio-Galloway (26,90 Euro) mit Bohnen und sämigem Mus von Kartoffel und Sellerie gleich doppelt gut. Zum Finish gibt's Franzbrötchen-Eis und heiße Himbeeren (8,90 Euro) zum Teilen. Als in der Pause die Ausläufer der Prosecco-Lawine aus dem Saal das Restaurant erfassen, staunen wir schwelgend über die Coolness der Bar-Brigade.

MO

AMBIENTE ●●●●○ SERVICE ●●●●●
KÜCHE ●●●●○ PREIS-LEISTUNG ●●●●○

€€€ Spielbudenplatz 24-25 (St. Pauli), Telefon 040 31778884, Di–So ab 16.30 Uhr, EC-Karte, VISA, Mastercard; St. Pauli U3; reep.de

Reichlich

Reichlich Genuss

Eine der überzeugendsten Neueröffnungen des Jahres 2023 offeriert „modern interpretierte alpine Köstlichkeiten". Das angewarzte frühere Hopi ist nicht mehr wiederzuerkennen und hat sich in einen gleichermaßen lichten wie gemütlichen Gastraum mit Tiroler Flair verwandelt. Das junge Küchenteam kombiniert bravourös alpenländische Traditionsküche mit beschwingter Mediterranität und liefert dem geneigten Gast erst mal köstliches hausgebackenes Schüttelbrot mit Kräuterdip und Schmalz „auf Haus". Aus besten regionalen Zutaten entstehen Vorspeisen wie das hausfermentierte vegane Petersilienwurzel-Tatar mit Bauernbrotcrunch (13 Euro) oder Knochenmark mit wunderbar aromatischer Sülze vom Milchkalb mit Schnittlauchsoße und eingelegter Zwiebel (17 Euro). Große Klasse sind die Ravioli mit konfierter Maishendlkeule (Vorspeise 15 Euro, Hauptgang 24 Euro). Absolut überzeugend kommt das saftige Cordon bleu vom norddeutschen Freiland-Maishendl mit Speck und Bergkäse, Käferbohnenpüree und Erdäpfel-Vogerlsalat (26 Euro) daher und auch der Fisser-Gerstenrisotto mit eingelegtem Gemüse, pochiertem Saibling, Weißkohl und Beurre Blanc (29 Euro) weiß wohl zu gefallen. Patron Clemens Reich hat eine spannende, recht fair kalkulierte Weinkarte mit Einsprengseln aus der Natur- und Bio-Wein-Szene zusammengestellt. So gerät der Besuch im Reichlich zum glückvollen, in sich stimmigen Genusserlebnis.

GR

AMBIENTE ●●●●● SERVICE ●●●●●
KÜCHE ●●●●● PREIS-LEISTUNG ●●●●●

NEU! – BESTER NEWCOMER 2023

€€€€ Oberstraße 3 (Harvestehude), Telefon 040 72005349, Mi–Sa 12–23.30, So 12–21 Uhr, EC-Karte, VISA, Mastercard; Hoheluftbrücke U3, Bus 5, Bus X35; reichlich.restaurant

Schuback am Park

Omas Klassiker aufgepeppt

Ein Ecklokal am Hayns Park haben die erprobten Event-Manager Jens Manzel und seine Frau Désirée 2017 ins Schuback am Park verwandelt. In ihrem „Schmuckstück", wie es die beiden leidenschaftlichen Gastgeber nennen, serviert das charmante Tandem deutsche Küche. Omas Klassiker wie Rinderkraftbrühe, Roulade und Schnitzel. Chefkoch Gift peppt die traditionellen Gerichte auf, verleiht der Karte ihren nordischen Einschlag. In dem warm beleuchteten, stylish grün gefliesten

Gastraum probieren wir mit Blick auf den stolzen Birnbaum den cremigen Ziegenkäse auf Blattsalat mit Apfelchutney und Ingwer-Karotten (16 Euro). Dazu gesellt sich eine gebratene Garnele mit Erbsencreme und Spitzkohl (17 Euro). Ganz feiner Auftakt. Zum Dinner in diesem wohligen Ambiente trinken wir frisch gezapftes Holsten (0,4 l 5 Euro) und eine Buddel Bismarck (7,30 Euro). Dann kommt der Pannfisch (25 Euro). Der ist saftig, herrlich knusprig, die Senfsoße hat angenehme Schärfe und die Bratkartoffeln sind auf unseren Wunsch speckfrei zubereitet. Als solide, aber etwas unspektakulär erweist sich die vegane Bohnenfrikadelle mit Hummus und Wurzelgemüse (23 Euro). Der Rezeptur fehlt der besondere Akzent. Dafür sind die Gastgeber stets präsent und landen zum Ausklang mit ihrer Empfehlung aus ihrer kompakten, mit sicherem Händchen selektierten Auswahl an Weinen und Spirits einen Volltreffer: Allein der alkoholfreie Gin Tonic (10 Euro) ist Grund genug wiederzukommen. MO

AMBIENTE ●●●●○ SERVICE ●●●●○
KÜCHE ●●●●○ PREIS-LEISTUNG ●●●●○

€€€€ Eppendorfer Landstraße 165 (Eppendorf), Telefon 040 476670, Mi-Sa 18–23, So 17–22 Uhr, EC-Karte, VISA, Mastercard; Schubackstraße Bus 114, Bus 392; schuhback-restaurant.de

Skihütten- und Alpenfeeling: Im Servus bei Lippl's geht's zünftig zu

Schönes Leben

Ein Hochgenuss

Das Schönes Leben am Rand der Speicherstadt strahlt schon durch die Fenster Wärme und Behaglichkeit aus. Wir werden von einem freundlichen Service empfangen und tauchen ein in eine sehr angenehme Atmosphäre. Freundliche Menschen an den Nebentischen, Lachen, glückliche Gesichter: Wir fühlen uns auf Anhieb wohl. Die Speisekarte ist nicht ausufernd und verspricht frisch zubereitete Speisen. Wir starten mit einem flambierten Büffelmozzarella auf marinierten Strauchtomaten (16,50 Euro) und einem Caesar Salad (11,50 Euro). Beides ist hervorragend. Der Caesar Salad ist knackig, die Soße genau so, wie eine Ceasar-Soße sein muss – mit frischem Ei. Die marinierten Strauchtomaten sind ein Genuss, die Vinaigrette zum fantastischen Büffelmozzarella ist perfekt auf den Rucola, die warmen süßen Tomaten und die Walnuss-Splitter abgestimmt. Ein wirklicher Hochgenuss. Als Hauptspeise entscheiden wir uns für das Tagesgericht – eine halbe Ente mit Rotkohl und hausgemachten Kartoffelklößen (37 Euro) sowie den Rotbarsch unter der Zucchinikruste auf Paprikarisotto (25,50 Euro). Das Fleisch der Ente ist perfekt. Die Haut hätte einen Tick krosser sein können, aber das ist Jammern auf hohem Niveau. Alles ist sehr gut gewürzt und die Bratensoße harmonisiert perfekt. Der Rotkohl ist wunderbar sanft im Geschmack und erhält durch einen sehr besonderen Pfeffer eine grandiose Schärfe. Die Kartoffelklöße sind auf den Punkt und mit der Polnischen Butter ein Gaumenschmaus. Das Rotbarschfilet ist zart, die Zucchinikruste perfekt und das Paprikarisotto eine Geschmacksoffenbarung. Zum Nachtisch probieren wir die hausgemachte Rote Grütze mit Zimt-Sahne (9,50 Euro) sowie den Kaiserschmarrn (11,50 Euro). Der Zimt zu der nicht zu süßen Grütze sprengt final meine Geschmacksnerven. Ich neige nicht zu Übertreibungen, aber dies ist die beste Rote Grütze in meinem Leben. Der Kaiserschmarrn schlägt diverse seiner Kollegen in Tirol. Gut kochen können viele. Exzellent kochen auch nicht so wenige. Aber das hat heute allem noch eine Krone aufgesetzt. Ein grandioser Abend mit dazu noch sehr ausgewogenem Wein in wunderbarer Umgebung. JAS

AMBIENTE ●●●●● SERVICE ●●●●●
KÜCHE ●●●●● PREIS-LEISTUNG ●●●●●

€€€€ Alter Wandrahm 15 (HafenCity), Telefon 040 180482680, Mi-Fr 12–22, Sa-So 10–22 Uhr, EC-Karte, VISA, Mastercard, Amex; Bei St. Annen Bus 6; schoenes-leben.com/speicherstadt

Servus bei Lippl's

Seufzer der Zufriedenheit

Genuss Guide – Hanseperle

Mit großer Vorfreude lassen wir uns an einem Ecktisch im oberen Teil des zweistöckigen Restaurants an der Osdorfer Landstraße nieder – und widmen uns dem größten Problem des Abends: eine Entscheidung zwischen all den leckeren Speisen zu treffen. Hier zeigen sich unsere Kinder sehr lösungsorientiert und beschließen, sich zwei Gerichte zu teilen. Im Servus wird Stiegl Goldbräu (0,5 l 5,90 Euro) gezapft – da fühlt man sich direkt wie auf der Skihütte. Wir starten mit einer köstlichen Frittatensuppe (8,50 Euro) und ebenso schmackhafter Kaspressknödelsuppe (8,90 Euro). Ach, wenn Essen doch immer so zufrieden machen könnte. Das Wiener Schnitzel (28,90 Euro) ist ein Muss. Zwei riesige zarte Stücke, hauchdünn, perfekt paniert und kross gebraten, dazu Bratkartoffeln und ein herrlich knackiger Gurkensalat. Die Käsespätzle mit Röstzwiebeln (14,90 Euro) sind nach dem Urteil unserer Ältesten noch besser als auf der Lieblingshütte in Tirol, der begleitende Salat begeistert mit Dressing und Komposition. Die zarten Ochsenbäckchen mit Kartoffel-Selleriepüree, Gemüse und Champignons (28,50 Euro) nebst der fantastischen Soße veranlassen meinen Mann zu einer Lobeshymne. Und auch mein Roastbeef mit Bratkartoffeln (23,90 Euro) und toller Remoulade stimmen mich mehr als zufrieden. Der Nachbartisch hat den verlockenden „Meter Dessert", eine Überraschung für zwei Personen. Doch die Portionen im Servus sind so großzügig bemessen, dass wir passen und lediglich eine knusprig-fluffige Belgische Waffel mit Kirschen und Vanilleeis (9 Euro) ordern – mit mehreren Löffeln. Fazit: Auf das Servus ist Verlass. In puncto Qualität, freundlichem Service und Ambiente. Im Sommer auch im lauschigen Garten. Wen also die Sehnsucht nach österreichischen Schmankerln packt, dem empfehlen wir einen Abstecher nach Osdorf! KN

AMBIENTE ●●●●○ SERVICE ●●●●○
KÜCHE ●●●●● PREIS-LEISTUNG ●●●●○

€€€ Osdorfer Landstraße 239 (Osdorf), Telefon 040 87878980, Mi-Fr 18–21, Sa 17–21, So 12–20 Uhr, EC-Karte, VISA, Mastercard; Langelohstraße (Nord) Bus 392; servusaustria.de

FOTO: MARC SILL

Stüffel

Beinahe zu raffiniert

„Wie schön, so gut gelaunte Gäste zu haben", bemerkt unser Kellner, nachdem wir zweieinhalb Stunden im Stüffel verbracht haben. Gutes Essen, zugewandte Gastgeber, spektakuläre Lage – das Restaurant direkt am Isekanal gibt für Verstimmungen auch wahrlich keinen Anlass. Zuvor kämpfen wir uns durch den Regen nach Eppendorf. Und werden bei der Ankunft ganz wehmütig: Die geräumige Außenterrasse verheißt lauschige Abende mit Blick aufs Wasser. Doch auch drinnen lässt es sich im modernen Bistro-Ambiente vor offener Küche gut aushalten. Die Beleuchtung ist dezent, aber nicht zu dunkel, es läuft unaufdringlicher Jazz und der gelassene, freundliche Service berät kompetent. Die geflämmten Jakobsmuscheln vorweg werden raffiniert mit Fenchel, Safran, Orange und Nelke angerichtet. Das sorgt für intensive, beinahe zu intensive Aromen. Ähnlich beim gebratenen Loup de Mer (39 Euro), der gegen den gerösteten Knoblauch gerade eben so ankommt. Umso gelungener ist die Beilage, der herrlich cremige Sepia Risotto. Die zweite Hauptspeise ist eine leichte Enttäuschung: das Zweierlei vom Kohlrabi mit Birne und Estragon (28 Euro). Die Carpaccio-Zubereitung ist innovativ. Wir kommen wieder. Die Weinbar im Untergeschoss ist direkt auf Alster-Niveau – und das Stüffel verleiht Boote und SUP-Boards. JP

AMBIENTE ●●●●● SERVICE ●●●●●
KÜCHE ●●●● PREIS-LEISTUNG ●●●●

RESTAURANT DES JAHRES 2019 €€€€ Isekai 1 (Eppendorf), Telefon 040 60902050, Mi-So 17.30–23 Uhr, EC-Karte, VISA, Mastercard; Eppendorfer Baum U3; restaurantstueffel.de

Ufer

Ufer des Genusses

Ein freundlicher Empfang, Kerzen, der kleine gemütliche Gastraum: Wir fühlen uns sofort wohl. Das ausgewiesene Weinlokal punktet gleich mit der Tagesempfehlung. Sehr guter Tempranillo, der herrlich Raum für Pflaumen und Kirscharomen lässt. Bei den Vorspeisen können wir uns kaum entscheiden. Am Ende werden es ein Spinatknödel und Ziegenkäse. Der Spinatknödel in Nussbutter (12,80 Euro) ist perfekt. Ich habe viele Knödel in den Alpen gegessen, die nicht annähernd so leicht, fluffig und gut gewürzt waren. Dazu ein Blattsalat mit für mich etwas zu süßer Vinaigrette. Der Ziegenfrischkäse mit Cranberry und Pistazie (11,80 Euro) ist ein ähnlicher Hochgenuss. Angerichtet mit Rucola auf Rote-Bete-Scheiben und Honig-Birnen-Vinaigrette und ist mit dem in einem Pistazienmantel gebackenen Frischkäse ein Erlebnis für die Geschmackssinne. Die Hauptspeisen fallen ein wenig ab. Mein Coq au Vin (19 Euro) ist gut gewürzt und die Spätzle sind leicht gebräunt in Butter angebraten. Das Gemüse aber ist leider zu durch. Das Fleisch sehr zart und saftig, aber ich verstehe den Rucola mit süßer Vinaigrette auf dem Coq au Vin nicht. Für mich nicht passend. Die Couscous-Bowl (17 Euro) ist toll angerichtet, hat einen herrlich minzigen Geschmack und besticht mit vielen Zutaten wie Granatapfel, Honig-Oliven und kross gebackenen Kichererbsen. Leider ist uns der Couscous zu trocken, was durch die anderen Zutaten nicht wettgemacht werden kann. Als Nachtisch teilen wir uns eine Crème brûlée (4 Euro), die mit sehr intensiver Vanille und einer perfekten Süße aufwartet. Fazit: Das Ufer ist gemütlich und zeigt eine ambitionierte Küche. Wir werden das nächste Mal definitiv weitere Hauptgerichte probieren. JAS

AMBIENTE ●●●●● SERVICE ●●●●
KÜCHE ●●●● PREIS-LEISTUNG ●●●●

€€ Bismarckstraße 151 (Hoheluft-West), Telefon 040 55891343, Mo-Do 17–24, Fr 17–0.30, Sa 10–0.30, So 10–23 Uhr, EC-Karte, VISA, Mastercard; Hoheluftbrücke U3; ufer-hamburg.de

VIP-TESTER
Sascha Mika

Vlet Speicherstadt

Modern und norddeutsch

Heute soll es das Vlet in der Speicherstadt sein. Am Sandtorkai, gleich neben der Elphi, gibt es ja angeblich saisonale, regionale und leckere Küche. Das wollen wir doch mal überprüfen. Das Parkhaus ums Eck macht die Anreise für uns zu einer stressfreien Angelegenheit. Schon als wir das Restaurant betreten, fühlen wir uns wohl. Das Ambiente ist stimmig, wir genießen die wirklich angenehme Atmosphäre. Beim Blick in die Speisekarte erst mal einen Aperol Spritz (4,50 Euro). In der Küche des Vlet kommen vor allem regional eingekaufte Zutaten in die Töpfe und Pfannen. Es gibt norddeutsche Küche, wie sie unweit der Elbe erwartet werden kann. Allerdings spannend präsentiert und modern interpretiert. Als Vorspeise lassen wir uns den bunten und frischen Blattsalat (15 Euro) kommen. Toll angerichtet. Gilt auch für die 120 Gramm Rindertatar, die geschmacklich überzeugen. Zum Essen lassen wir uns das Pils des Hauses (0,3 l 4,50 Euro) munden. Und freuen uns schon auf die Hauptgänge. Als da wären eine wirklich ausgezeichnete Nordseescholle (29 Euro), der echte norddeutsche Klassiker. Auf der anderen Seite des Tisches soll es ein Dinkelrisotto sein. Ebenfalls toll. So geht moderne Küche mit Herz und norddeutschen Wurzeln. Und der zuvorkommende, stets aufmerksame Service im Vlet macht die Sache für uns rund. Wir kommen gern wieder.

AMBIENTE ●●●● SERVICE ●●●●●
KÜCHE ●●●●● PREIS-LEISTUNG ●●●●

€€€ Am Sandtorkai 23-24 (HafenCity), Telefon 040 334753750, Di-Sa 17–24, So 10.30–24 Uhr; Am Sandtorkai Bus 2, Bus 6; vlet-speicherstadt.de

Wilhelms im Wälderhaus

Ein Sprung über die Elbe

Das Wilhelms ist das Hotelrestaurant im Wilhelmsburger Wälderhaus, direkt an der S-Bahnstation und dem großen Inselpark. Beim Betreten des beeindruckenden Foyers begrüßt uns unmittelbar die passende Baumskulptur. Das Restaurant besticht durch eine geschmackvolle Architektur aus Beton und Holz, Pflanzen und warmem Licht. Wir sind an diesem Abend die ersten Gäste und werden direkt platziert. Aus der auf einem Tablet gereichten Speisekarte wählen wir das saisonale Drei-Gänge-Menü

Da ist auch Rosenkohl plötzlich wieder hip: Im Vlet in der Speicherstadt wird norddeutsche Küche modern interpretiert

FOTO: MARC SILL

(35,50 Euro). Dazu jeweils ein Glas Abril Merlot (7,90 Euro) und Barbera d'Alba (6,90 Euro). Im ersten Gang gibt es Rote-Bete-Suppe mit Mandelmilch-Espuma und Altländer Apfel sowie Zitronen-Thymian Panna cotta, Wildkräutern, Rettich und Petersilienöl. Ein erfrischender Start ins Menü. Im Hauptgang essen wir Kalbsrücken mit Schwarzwurzeln, jungen Karotten, Kumquat und Smoked Thymian Jus sowie Kartoffel-Muffin. Lecker. Als Abschluss des Menüs wird uns Quark-Parfait mit Pistazien-Sponge, Honig und Birne gereicht. Ein guter Schlussakkord. Auch wenn uns einzelne Komponenten der Gänge nicht ganz zugesagt haben, hatten wir kulinarisch einen sehr schönen Abend. Das Wilhelms ist ein guter Ort um nach einem ausgiebigen Spaziergang im Inselpark die Energiereserven wieder aufzufüllen. JD

AMBIENTE ●●●○○ SERVICE ●●●○○
KÜCHE ●●●●○ PREIS-LEISTUNG ●●●●○

€€€ Am Inselpark 19 (Wilhelmsburg), Telefon 040 302156600, Mo 6–10, Di-Fr 6–10, 17–22, Sa 7–11, 17–22, So 7–11 Uhr, EC-Karte, VISA, Mastercard; Dratelnstraße Bus 13; waelderhaus.de

FOTO: MARC SILL

Das Wilhelms im Wälderhaus setzt nicht nur bei der Architektur auf Nachhaltigkeit

Wirtshaus Watzmann

Der Berg ruft!

Wer in Hamburgs Norden wohnt, für den liegt das Gute in Sasel so nah. Doch auch die Anreise aus der inneren Stadt lohnt – allein des Schnitzels wegen. Das ist im Wirtshaus Watzmann ein original Wiener Exemplar sagenhaften Ausmaßes. Das österreichisch geführte Lokal existiert seit 1995 als eine der besten Adressen Hamburgs für traditionelle Esskultur der Alpenrepublik. Die Brett'ljause vorweg (16,80 Euro) lässt sich mit hungrigen Gefährten teilen. Von seltener Güte ist der Obatzter, der Prager Schinken hält saftig Schritt, die ätherische Schärfe des frisch geriebenen Meerrettichs, der üppig das Wurst-/Käseschmankerln krönt, kitzelt drollig in der Nase. Dann der Main Act: Weit überlappt das geklopfte Kalb den Teller, die Panade gibt optisch und geschmacklich zum Besten, wie eine sehr gute Panade ein Wiener Schnitzel kleiden soll. Die große Ausgabe (30 Euro) kommt mit knusprigen Bratkartoffeln, Salat und Preiselbeeren. Selbst die kleinere Fassung (25 Euro) sättigt normale Esser wohlig. Die Kinder schwärmen von Kasnocken (16 Euro) und Palatschinken (9,20 Euro). Unsere

Order des himmlischen Kaiserschmarr'n (16,50 Euro) ist Völlerei mit Vorsatz. Dafür muss sich in diesem gemütlichen Wirtshaus mit einem wohltuend aufgeweckten, den vielen, vielen Gästen zugewandten Service niemand schämen. Zumal wir die XXL-Portion Kalorienkracher zu viert (!) kaum vernichtet bekommen. Da hilft nur ein kräuteriger Magenwurz (4,50 Euro) für die beglückte Heimreise. MO

AMBIENTE ●●●●○ SERVICE ●●●●●
KÜCHE ●●●●● PREIS-LEISTUNG ●●●●○

€€€ Saseler Chaussee 166 (Sasel), Telefon 040 6003589, Mo-Sa 17–23 Uhr; Stadtbahnstraße Bus 24, Bus 174; wirtshaus-watzmann.de

Wloka's

Hausmannskost unterm Jungfernsieg

Mit Trinkgeld versuchen hier nur Anfänger zu danken. Dafür setzt es bei Wloka's mahnende Worte, es bloß stecken zu lassen. Was schwerfällt bei der leckeren Hausmannskost, die der polnisch geführte Imbiss auftischt. Das Duo in der Kombüse unterm Jungfernstieg versteht Tip nicht als Anerkennung. Insofern schlägt unser Mittagstisch mit unter 9 Euro zu Buche – ein besseres Preis-Leistungs-Verhältnis ist nicht denkbar. Dafür ist das Ambiente im Neonlicht am Abgang zur U1 speziell. An den wenigen Stehtischen hetzen Passanten vorbei. Wer einen Platz im winzigen Innenraum findet, kann nebenbei Boulevardzeitung lesen. Für Frühschichtler gibt's Kaffee und belegte Brötchen. Ab 11.30 Uhr kommen die zum Lunch, die wissen, wie gut die deftige Keller-Küche schmeckt – vom Stadtreiniger bis zum Immobilien-Manager. Die täglich wechselnde Karte hat meist fünf Klassiker wie Erbsen- oder Linsensuppe (mit Wiener oder Kohlwurst), Senfeier, Königsberger Klopse in sämiger Kapernsoße, Kohlrouladen, Hühnerfrikassee, Gulasch und Seelachsfilet im Angebot. Beilage: Salzkartoffeln, manchmal Nudeln. Jede Bestellung wird hinter der Theke sofort heiß portioniert. Ohne Firlefanz. Von 'nem Lorbeerblatt im Eintopf und Senf zur Wurst mal abgesehen. Getränke gibt's aus dem Kühlschrank. Was aufgegessen ist, fliegt von der Karte. Tags drauf kocht der Chef frisch. Und spendiert Rückkehrern mit Glück sogar einen freundlichen Gruß. MO

AMBIENTE ●●●○○ SERVICE ●●●●○
KÜCHE ●●●●○ PREIS-LEISTUNG ●●●●●

€ Ballindamm 40 (Altstadt), Telefon 040 69630745, Mo-Fr 5–15 Uhr, nur Barzahlung; Hauptbahnhof alle Bahnlinien

Zum Spätzle

Die besten Spätzle der Stadt

Spätzle zu machen ist eine Schweinerei: Der Teig klebt und pappt überall, wo man ihn nicht haben will. Wer nicht die richtige Konsistenz hinbekommt, kriegt entweder mehlige oder zu weiche Spätzle. Deshalb ist es gut zu wissen, dass es einen Laden gibt, bei dem man sicher sein kann: Hier gibt's die besten Spätzle der Stadt. Wie könnte dieses Lokal also anders heißen als Zum Spätzle. In völliger Bescheidenheit schmiegt sich das Restaurant in die Wexstraße, wer die beschlagene Tür öffnet, taucht ein in einen winzigen Raum mit knapp sechs Tischen, die mit Spitzentischdeckchen, frischen Blumen und einer Kerze eingedeckt sind. Hinterm Tresen blickt man in die Küche, wo die großen Töpfe für die Spätzle stehen. Für uns gibt's hier die schwäbischen Klassiker wie Kässpätzle (14,90 Euro) mit Hackbraten und Soße (4,50 Euro) und Spätzle ohne Käse (10,90 Euro). Wem dass zu klassisch ist, kann auch zwischen Parmesan- oder Pestospätzle, mit Linsen oder Sauerkraut wählen. Runterspülen tun wir das mit Tannenzäpfle und einem Krügle Weißburgunder (14 Euro). Welche Spätzle? Völlig egal, denn das können wir sagen: Besser macht's nicht mal die Oma im Allgäu. Dieser Laden zeigt mal wieder, dass das Beste in der Einfachheit liegt. Zum Abschluss gibt's Apfel- oder Himbeerküchle (je 5,90 Euro) mit Eis. Wer Hausmannskost liebt, wird hier nicht enttäuscht. DSW

AMBIENTE ●●●●● SERVICE ●●●●●
KÜCHE ●●●●● PREIS-LEISTUNG ●●●●●

HANSEPERLE 2022 €€ Wexstraße 31 (Neustadt), Telefon 040 35739516, Mo-Do 12–15, 17–22, Fr-So12–22 Uhr, EC-Karte, VISA, Mastercard; Stadthausbrücke S1, S2, S3; zumspaetzle.de

Wo gibt's die besten Spätzle der Stadt? Klar: im Zum Spätzle

Zur Ratsmühle

Feine deutsche Küche, tolle Lage

Hamburgs wohl schönste Ganzjahresterrasse finden wir an der Alster. Im Restaurant Zur Ratsmühle in Ohlsdorf sitzen Genießer lauschig mit dem Sundowner, verspeisen leckere Burger, Pasta oder traditionelle Gerichte, modern interpretiert mit Pfiff. Nach einem großen Brand im benachbarten Bootshaus erstrahlt das Lokal nach aufwendiger Renovierung modern, gemütlich und stylish: viel Holz, eine raffiniert designte Flaschenlampe über dem Tresen, bequeme Sesselstühle und samtbezogene Bänke, die Toiletten in Kuhstall-Optik. Zwischen den Tischen ist genügend Platz. Bis zu 50 Gäste können drinnen sitzen, um die 80 auf der Terrasse mit einfahrbarer Markise. Auf den Tischen stehen sogenannte Order-Cubes. Mit diesen kleinen Bestellwürfeln können die Gäste die Bedienung rufen. Ein willkommenes Spielzeug für die Kinder unter den Gästen! Der freundlich-flinke Service bringt die umfangreiche Karte. Wir bestellen Carpaccio (11,50 Euro) und Curry-Joghurt-Suppe (7,90 Euro). Die ist cremig und kräftig gewürzt. Das zarte Rindfleisch ist üppig mit Rucola und Parmesan bestreut, aber in der Mitte des Tellers noch kalt und deshalb etwas wässrig. Das Wiener Schnitzel (23,90 Euro) als Hauptgang ist sehr flach mit Crunch-Panade und groß. Dazu süßsaurer norddeutscher Gurkensalat, Preißelbeeren und knusprige Bratkartoffel – wunderbar! Beim Pannfisch (17,90 Euro) überzeugen Kabeljau und Lachs, die feine Senfsoße und der knackige Pflücksalat mit Gurke, Möhre und Tomate. Und weil die Portionen sehr üppig sind, können wir uns das cremig-sahnige Panna cotta mit fruchtiger und nicht zu süßer Mangosoße nur teilen. Ein gelungener Wochenend-Ausklang, der wiederholt werden muss. FIS

AMBIENTE ●●●●● SERVICE ●●●●●
KÜCHE ●●●●● PREIS-LEISTUNG ●●●●○

€€€ Ratsmühlendamm 2 (Ohlsdorf), Telefon 040 32511792, Mo-Do 12–1, Fr-Sa 12–2, So 10–1 Uhr, EC-Karte, VISA, Mastercard; Klein Borstel U1; zurratsmuehle.de

FOTO: MARC SILL

KURZ GEBRATEN

Alle Tests in voller Länge auf genussguide-hamburg.com

Längst Legende mit echter Hamburger Küche: Oberhafenkantine

Blockbräu

Der Vorteil solcher großen Gastronomien: Man bekommt eigentlich immer einen Platz, auch ohne Reservierung. Ein weiterer Vorteil speziell vom Blockbräu: Man kommt relativ günstig in den Genuss von hochwertigen Rumpsteaks, für die die „Block House"-Familie so bekannt ist. Außerdem gibt es typische Brauhausgerichte wie Spanferkelkrustenbraten und Rostbratwürstchen.

€€€ Bei den St.Pauli Landungsbrücken 3 (St. Pauli), Telefon 040 44405000, Mo-So 11–24 Uhr, EC-Karte, VISA, Mastercard, Amex; Landungsbrücken S1, S2,S3; block-braeu.de

Brodersen

Das altehrwürdige Brodersen liegt im Souterrain einer gut gepflegten Jugendstilvilla und bietet Bodenständiges aus der Region an. Ein Ort voller Liebe und mit solider Gastlichkeit. Da kommen direkt wunderbare Kindheitserinnerungen auf.

€€€ Rothenbaumchaussee 46 (Rotherbaum), Telefon 040 458119, Mo-Fr 12–21, Sa 17–21, So 12–21 Uhr, EC-Karte, VISA, Mastercard; Hallerstr. U1, Dammtor S11, S21, S31; restaurant-brodersen.de

Das Dorf

Das Dorf in der Langen Reihe gilt schon so lange als Kultlokal, dass es längst in internationalen Reiseführern steht. An jedem zweiten Tisch des verwinkelten Souterrainrestaurants wird Englisch gesprochen – und sich über ein authentisch norddeutsches Erlebnis gefreut. Dazu gehört frisch gezapftes Bier genauso wie ordentliche Portionen hochkalorischer Hausmannskost.

€€€€ Lange Reihe 39 (St. Georg), Telefon 040 245614, Mo-Do 18–22.30, Fr-Sa 18–23, So 18–22.30 Uhr, EC-Karte, VISA, Mastercard; Hauptbahnhof alle Bahnlinien; restaurant-dorf.de

Edenhall

Hier hat sich jemand wirklich viel Gedanken über ein gastronomisches Rundum-Erlebnis gemacht: regionale Küche, viele Specials und lokales Bier von Kehrwieder und Wildwuchs. Im Inneren ist diese Gaststätte immer noch so rustikal und authentisch wie schon vor 30 Jahren.

€€€ Barmbeker Straße 47 (Winterhude), Telefon 040 73435550, Di-So 17–23 Uhr, EC-Karte, VISA, Mastercard, Amex; Hans-Henny-Jahnn-Weg Bus 6, Bus 17; edenhall-hamburg.de

Erika's Eck

Erika's Eck ist seit 40 Jahren eine Institution in der Schanze. Seit Tag eins hat sich hier nichts geändert. Die mit Holz vertäfelte Wirtschaft versetzt jeden Gast zurück in die 1980er-Jahre. Man muss wissen, dass Erika's Eck eng mit der Schlachterei nebenan zusammenarbeitet und nur das beste Fleisch verwertet – zu Preisen wie vor 20 Jahren. Hier findet man sehr gute, bürgerlich bodenständige Küche, vergleichsweise günstige Preise und norddeutsche Gemütlichkeit.

€ Sternstraße 98 (Sternschanze), Telefon 040 433545, Mo-Do 6–22, Fr 6–5, Sa 17–5, So 17–22 Uhr, EC-Karte, VISA; Sternschanze S11, S21, S31, U3; erikas-eck.de

Flickenschildt

Wie eine Schankwirtschaft aus einer längst vergessenen Zeit mutet diese Gaststätte in Uhlenhorst an. Etwas düster ist es im Flickenschildt, das sich direkt gegenüber vom Ernst Deutsch Theater befindet und vermutlich schon Tausende Besucher, aber auch jede Menge Schauspieler bewirtet hat. Die Speisekarte lässt sich getrost der gutbürgerlichen Küche zuordnen.

€€ Mundsburger Damm 63 (Uhlenhorst), Telefon 040 2205152, Mo-So 17–22 Uhr, EC-Karte, VISA, Mastercard; Mundsburg U3; flickenschildt.com

Freudenhaus St. Pauli

Im Herzen von St. Pauli befindet sich das Freudenhaus, dessen Name nicht zu viel verspricht. Von den Wänden werfen leicht bekleidete Damen frivole Blicke, von der Decke blickt ein goldener Amor herab. Die Speisekarte hält „sündiges Fleisch", „dicke Möpse" und einen „Vorfreudenschmaus" bereit.

€€€ Hein-Hoyer-Straße 7-9 (St. Pauli), Telefon 040 314642, Di-Sa 17–23 Uhr, EC-Karte, VISA, Mastercard, Amex; Davidstr. Bus 16; stpauli-freudenhaus.de

Goldbach

Was Gastronom Dieter Kasischke aus der ehemaligen Haspa-Filiale gemacht hat, beeindruckt: Der großzügige Raum am Rathausmarkt beherbergt jetzt eine elegante Brasserie im Art-déco-Stil. Samtige Bänke, viel Gold, nobles Dunkelgrün und Ölbilder, die an die goldenen Zwanziger erinnern. Auf den Tellern landen Gerichte wie gegrillter Thunfisch, Sellerieschnitzel und Burger.

€€€ Rathausmarkt 17 (Altstadt), Telefon 040 3750391, Mo-Sa 12–22 Uhr, EC-Karte, VISA, Mastercard; Rathaus U3, Bus 117; goldbach-restaurant.de

Heemann

Im Heemann in Hoheluft-West wird Teilen großgeschrieben. Die überwiegend vegetarischen und veganen Gerichte gibt es in kleinen und großen Portionen, um sie mit den Tischpartnern gemeinsam zu genießen. Woher die Produkte kommen, ist transparent. Im monatlichen Wechsel landen regionale Gemüsesorten und Fleisch und Fisch aus artgerechter Haltung in internationalen Rezepten auf den Tellern.

€€€ Eppendorfer Weg 159 (Hoheluft-West), Telefon 040 88357097, So-Fr 12–23, Sa 17–23 Uhr, EC-Karte, VISA, Mastercard; Christuskirche U2; heemann.hamburg

Kleine Brunnenstrasse 1

Im schicken Ottenser Altbau mit der Hausnummer 1 gibt es ein Restaurant, das für gehobene Küche bekannt ist. Auf der Speisekarte stehen kreative und ausgefallene Kompositionen. Alles ist sehr auf saisonale Speisen ausgerichtet.

€€€ Kleine Brunnenstraße 1 (Ottensen), Telefon 040 39907772, Di-Sa 17.30–22 Uhr, EC-Karte, VISA, Mastercard; Altona alle S-Bahnlinien; kleine-brunnenstrasse.de

Kleinhuis im Baseler Hof

Echt norddeutsch: Aus den Zutaten von regionalen Lieferanten zaubert die Küche im Restaurant Kleinhuis im Hotel Baseler Hof direkt hinter der Staatsoper klassische Gerichte der norddeutschen Küche – immer mit einem modernen Twist. Typisch norddeutsche Gerichte wie Birne, Bohnen und Speck oder Labskaus kommen hier in abgewandelter Form auf den Tisch.

€€€€ Fehlandtstraße 26 (Neustadt), Telefon 040 353399, Di-Sa 17–22.30 Uhr, EC-Karte, VISA, Mastercard; Stephansplatz U3; kleinhuis-restaurant.de

Lemsahler

Im Inneren des Lemsahler hat man einen tollen Blick auf den angrenzenden Golfplatz und einen künstlich angelegten Teich. Auf der Speisekarte findet sich eine Auswahl hochwertiger Köstlichkeiten: Jakobsmuschel-Carpaccio, Tomahawk Steak sowie diverse Gemüsesorten.

€€€€ Lemsahler Landstraße 45 (Lemsahl-Mellingstedt), Telefon 040 608228712, Di-Sa 18–21.30 Uhr, EC-Karte, VISA, Mastercard, Amex; Ödenweg Bus 176, Bus 276; steigenberger.com

Literaturhauscafé

Schon die Außenansicht des Literaturhauscafés ist beeindruckend, besonders sticht der Wintergarten hervor, der von Büchern umgeben ist. Und auch drinnen ist es einfach schön, mit hohen Decken, großen Fenstern und von der Decke hängenden Kristallkronleuchtern. Die Karte vereint deftig und süß: Hier finden sich Currywurst mit Pommes und Trüffelmayonnaise sowie Kuchen und Cappuccino.

€€€ Schwanenwik 38 (Uhlenhorst),

FOTO: MARC SILL

Telefon 040 2201300, Mi-So 9.30–18 Uhr, EC-Karte; Averhoffstraße Bus 6, Bus 17; literaturhauscafe.de

Marktplatz

Wer sich fragt, wo die Zeit geblieben ist, der sollte mal im Restaurant Marktplatz nachsehen. In jenem hübschen Fachwerkhaus, Nienstedten Downtown, scheint sie stehen geblieben. Die Küche beherrscht Hausmannskost – etwa Lammschulter mit Bohnen und Kartoffelgratin oder Ente mit Rotkohl und Knödel.

€€€ Nienstedtener Marktplatz 21 (Nienstedten), Telefon 040 829848, Mi-Sa 18–12.30, So 12.30–21 Uhr, EC-Karte, VISA, Mastercard, Amex; Nienstedtener Marktplatz Bus 392; marktplatzrestaurant.de

Oberhafenkantine

Die urgemütliche Oberhafenkantine an der Oberbaumbrücke bietet leckere Heimatküche. Über die Jahrzehnte ist das Gasthaus auf einer Seite immer weiter abgesackt und steht nun schräg direkt am Hafenkanal unterhalb von Bahngleisen. Es wirkt alles aus der Zeit gefallen. Wenn man aber die Tür öffnet, empfängt einen buntes, fröhliches Leben.

€€ Stockmeyerstraße 39 (HafenCity), Telefon 040 32809984, Mo-Di auf Anfrage, Mi-Sa 12–22, So 12–17.30 Uhr, EC-Karte, VISA, Mastercard, Amex; Hauptbahnhof Nord U2; oberhafenkantine-hamburg.de

Pappenheimer Wirtschaft

Nirgendwo sonst in der Stadt stehen Franko-Originale wie Saure Zipfel, Obatzter, Roter Pressack und vor allem Schäufele auf der Karte. Der zweisprachige Service (deutsch/fränkisch) erklärt geduldig, was er auf die blanken Holztische stellt.

€€ Papenhuder Straße 26 (Uhlenhorst), Telefon 040 38633162, Di-So 12–23 Uhr, EC-Karte, VISA, Mastercard; Mundsburger Brücke Bus 6, Bus 17; pappenheimer-wirtschaft.de

Schoppenhauer

„Kooplüd, Koggen und Janmooten sünd de richtigen Hanseooten" steht über dem Eingang des Schoppenhauer in der Altstadt. Im Fachwerkhaus von 1633 gibt es klassische Küche, die vom jungen Küchenchef Jan Blümel modern interpretiert und von seiner Mutter mit sympathischem Hamburger Schnack serviert wird. Das Essen wird mit viel Liebe angerichtet – und schmeckt mindestens genauso gut wie es aussieht.

€€€ Reimerstwiete 20-21 (Altstadt), Telefon 040 36905333, Di-Sa 17–22 Uhr, EC-Karte, VISA, Mastercard; Auf dem Sande Bus 6; restaurant-schoppenhauer.de

Speisewirtschaft Opitz

Im Straßendreieck Mundsburger Damm, Armgartstraße und Schwanenwik befindet sich im Souterrain die Speisewirtschaft Opitz – innen gespickt mit Hamburgensien. Man spürt sofort die Tradition, die von diesem Ort ausgeht. Serviert wird regionale Küche.

€€ Mundsburger Damm 17 (Hohenfelde), Telefon 040 2290222, Di-Fr 17–22, Sa 16–22 Uhr, EC-Karte, VISA, Mastercard; Graumannsweg Bus 6, Bus 17; speisewirtschaft-opitz.de

The Lisbeth

Mitten in der Pandemie hat der Ausnahmekoch André Stolle die Cantine Papa Lisbeth in der Deichstraße eröffnet und im April 2023 zu The Lisbeth gewandelt. Gäste des gemütlichen Lokals können sich jetzt auf ein Casual-Fine-Dining-Erlebnis freuen. Doch nicht alles verändert sich: Mittags tischt Stolle weiterhin preisgünstigere Hausmannskost auf.

€€€ Deichstraße 32 (Altstadt), Telefon 040 36096767, Mo 12–15, Di-Fr 12–15, 18–21, Sa 17–21 Uhr, EC-Karte, VISA, Mastercard, Amex; Stadthausbrücke S1, S2, S3; cantinepapalisbeth.de

Echte Handwerkskunst aus der Küche im The Dining Room: Im Royal Roast verstecken sich drei Geflügelbraten – das ausgelöste und mit Wachtel und Ente gefüllte Stubenküken wird am Tisch filetiert

Gourmet

An Restaurants, die schon am Stern kratzen, fehlt es in unserer schönen Stadt zum Glück nicht. Hier zeigen wir, wo wahre Künstler die Löffel schwingen. Die hohe Schule, bitte setzen zum Genießen – 'n Guten, Gourmets!

Atlantic Grill & Health

Das Atlantic tischt auf

Ich liebe die Weltkugel ganz oben auf der Ecke vom Atlantic Hotel, den dicken federnden Teppich der Lobby und den Blick auf die Alster. Bei einem Glas „Atlantic-Perle" (0,1 l 7 Euro), einem Riesling Sekt aus dem Rheingau, kommen wir an und vertiefen uns in die Karte. Wir starten mit Artischocke vom Grill (24 Euro). Wunderbar rauchig und gefüllt mit frischem Ziegenkäse mit halbgetrockneten süßsalzigen Tomaten und hervorragenden Kalamata-Oliven, alles auf einem würzigen Rauke-Salatbett. Die gestampfte Avocado aus dem Steinmörser (16 Euro) kommt dagegen so pur daher, dass mir etwas Salz und Säure fehlt. Weiter geht's mit zwei Klassikern des Hauses: Pochiertes Ei vom Cassenshof (20 Euro) auf einem seidigen Spinatbett unter wunderbar leichtem Kartoffelschaum und Périgord-Trüffel. Gefolgt von geräucherter Fjordforelle (16 Euro) mit Crème fraîche, Fenchel und Forellenkaviar. Dazu der Oberkracher: das perlige Fruchtfleisch der Fingerlimette, auch Kaviarlimette genannt. Es verleiht der sanftrauchigen Forelle winzig kleine blitzsaure Spitzen. Es folgen fünf gebratene Jakobsmuscheln (39 Euro). Und so klein sie auch wirken auf dem großen Teller, so großartig schmecken sie, ebenso die fein abgestimmte Kräuterbutter. Den eigentlich dazu servierten Salat tauschen wir gegen knusprige dicke Pommes und eine samtig-würzige Hollandaise zum nächsten Gang: ein sehr zart abgeschmecktes, schön strukturiertes Tatar vom Rind (24 Euro) mit Eigelb und einer so geschmackvollen Dijon-Senfcreme, dass ich die viel zu kleinen Pünktchen restlos mit dem Finger vom Teller wische. Sündiger Abschluss ist eine Crème brûlée (12 Euro), die ihresgleichen sucht. Golden und knackig die Kruste, vanillig und umarmend die Creme darunter. Mein Dessert schießt dann den Vogel ab: Bumble Coffee vom Drink zum Dessert transformiert (12 Euro). Cremiges Eis unter glänzender Schokolade, getragen von buttrig-orangig mürbem Teig und einer sanften Creme, von der ich rückblickend gar nicht mehr sagen kann, was es war. Muss ich wohl noch mal hin!

ELIANE NEUBERT

AMBIENTE ●●●●● SERVICE ●●●●●
KÜCHE ●●●●○ PREIS-LEISTUNG ●●●●○

€€€€ An der Alster 72-79 (St. Georg), Telefon 040 2888860, Mo-So 17.30–23 Uhr, EC-Karte, VISA, Mastercard, Amex; Hauptbahnhof alle Bahnlinien; brhhh.com/atlantic-hamburg/taste

Atlas

Best of Essen

„Du siehst so erfüllt aus. Wo warst du denn?" „Gut erkannt, Gewährsmensch! Ich war im Atlas, dem Restaurant in den Phoenixhöfen. Kennst du es?" „Nein, nie gehört. Dabei wohn ich da um die Ecke!" „Ging mir genau so. Erstaunlich eigentlich, denn das gibt es bereits seit 25 Jahren!" „Und wir haben also die ganze Zeit was verpasst?" „Allerdings. Einiges. Das für mich beste Restaurant der Gegend. Die wissen, was sie können. Und können, was sie wissen." „Wie meinen?" „Es ist alles sehr unaufgeregt und auf die schönste Art sehr gut. Fangen wir mit den Räumen an: Ich würde jetzt von der Einrichtung nichts mit nach Hause nehmen, weil nichts outstanding oder außergewöhnlich toll ist, aber das zeichnet das Atlas offenbar aus: Hochwertiges ohne Hochmut, Solidität ohne Spießigkeit." „Verstehe. Man hat also gleich das Gefühl, keine großen Gefühle haben zu müssen." „Genau! Das ist das wahre Geheimnis einer Wohlfühlung! Du weißt nicht warum und wieso, bist aber mit deiner Umgebung im Reinen, ohne sie ständig beurteilen zu müssen. So erging es mir dort." „Ich nehme an, der Service vermittelt dies ebenfalls?" „Allerdings! Der Service ist sich seiner Sache sicher, ist so zurückhaltend wie stets am Start. Balanciert also auch gekonnt auf der Grenze zuvorkommend und Autonomie gewährend. Es ist persönlich ohne peinlich individuell. Exzellente Bedienung! Und sie kennen ihr Angebot wirklich, weil sie ihre Speisen offenbar selbst gern genießen." „Ah! Ich nehme an, jetzt kommst du zum Wesentlichen, dem Essen?" „Selbstverfreilich. Ich war ja satte zweieinhalb Stunden dorten. Da kann man schon einiges probieren. Die Zeit verging vortrefflich und vergnüglich." „Du drückst dich nun doch etwas geschwollen aus." „Das liegt an dem erbaulichen Speisen! Die heben dich gleich auf ein Hochplateau. Dabei folgen sie keiner Schule, keiner Region. Nur der Vorzüglichkeit." „Es gibt also alles von überall?" „Im Grunde ja. Wir hatten Schnitzel (18 Euro). Und das Drei-Gänge-Menü mit Zander (39 Euro). Und Sushi (18 Euro). Und trotzdem war alles rund. Und mittags haben die auch Pizza! Klingt erst mal verdächtig, ist aber hier unfassbar gut gemacht." „Diese Speisekarte in alle Richtungen funktioniert?" „Ja. Weil sie jedes einzelne dieser Gerichte auf die Spitze getrieben haben. Es schmeckt alles fantastisch – für den Gaumen, die Augen und die Seele." „Du solltest eine Restaurantkritik darüber schreiben!" „Das sollte ich allerdings. Auf eine lebendige Art, am besten so, wie man wirklich über eine Lokalität redet." „Genau!" „Mach ich." „Ich freu mich drauf! Und sag mal eins noch konkret: Was war das Beste im Atlas?" „Die Enten-Consommé! Die beste, die ich jemals essen durfte!"

GK

AMBIENTE ●●●●● SERVICE ●●●●●
KÜCHE ●●●●● PREIS-LEISTUNG ●●●●●

€€€ Schützenstraße 9a (Bahrenfeld), Telefon 040 8517810, Mo 11.30–15, Di-Fr 11.30–15, 18–23, Sa 18–23 Uhr, EC-Karte, VISA, Mastercard, Amex; Schützenstraße (Mitte) Bus 3, Bus X3; atlas.at

FOTO: JULIA SCHUMACHER

Stoßen stilvoll auf den Testsieg an: die Geschäftsführer Daniel Thompson (l.) und Tim-Christopher W. Harris (r.) mit der stellvertretenden Restaurantleiterin Nena Richards und Barmanager Alberto Costa

Feinstes Wagyu-Fleisch aus Japan kann am Tisch im Dashi-Fondue-Pot mit Udon-Nudeln und allerlei Gemüse zubereitet werden

The Dining Room

Gatsby, gleich wird er kommen!

Wer schon im Buckingham Palace oder für Donald Trumps Mar a Lago gekocht hat, weiß, was die Reichen, Berühmten und Schönen gern essen. Nun sind wir weder reich noch berühmt – aber was Küchenchef Daniel Thompson im opulenten ovalen Speisesaal des The Dining Room im Fünf-Sterne-Hotel The Fraser Suites in der Altstadt auf die Teller zaubert, versetzt selbst uns in Erstaunen. In diesem Ritz-Ambiente würde es niemanden wundern, wenn plötzlich der große Gatsby am Nebentisch kundig veredelte Hochpreis-Viktualien wie Kaviar Osietra Malossol, Tomahawk-Steaks oder Long Island Lobster verputzen würde. Wir legen jede Scham ab und ordern nach einer geteilten Portion der unfassbar trüffelig-cremigen Spaghettini (35 Euro) den ab zwei Personen bestellbaren Eiweiß-Overkill schlechthin: Die „King of the Sea" genannte Seafood-Platte (89 Euro pro Person) vereint alles, was an Schalen- und Krustengetier Rang und Namen hat. Die gut einen halben Meter breite Etagere (unten heiß, oben auf Eis) benötigt die Hälfte des Vierertisches und lässt bei uns kein Auge trocken. Butterzarte Jakobsmuscheln neben asiatisch lackiertem Pulpo mit Wakame-Salat, zarte Frikadellen aus edlem King Crab Meat, Crispy Tigergarnelen mit zwei leicht angeschärften Dips, eine etwas zu mau aromatisierte Tuna Ceviche, senfstark parfümierter Riesenkrabben-Cocktail, gratinierte Grünschalenmuscheln, roter spicy Coleslaw und zur Krönung zwei halbe Hummer Thermidor und klassisch. Letzterer aber nur einmal vorhanden? Kein Problem für den beschwingt wuselnden Service mit Interkom-Knopf im Ohr, doch der nachgereichte Krustie erweist sich als roh und muss noch mal unter den Salamander. Die Küche entschuldigt sich mit zwei heißen Brownies aufs Haus. Wir süffeln noch unseren Diehl Grauburgunder (36 Euro) von der internationalen Hochpreis-Weinkarte aus und fühlen uns wie Leo Di Caprio und Carey Mulligan. PESI

FOTOS: JULIA SCHUMACHER

AMBIENTE ●●●●● SERVICE ●●●●●
KÜCHE ●●●●● PREIS-LEISTUNG ●●●●●

€€€€ Rödingsmarkt 2 (Altstadt), Telefon 040 3808636401, Mo-Do 12–24, Fr-Sa 12–1, So 12–24 Uhr, EC-Karte, VISA, Mastercard, Amex; Rödingsmarkt U3; thediningroom.de

La Fée

Klassiker aus Klewis Küche

Ernst-Wilhelm Klewinghaus bekocht Hamburg schon eine halbe Ewigkeit mit gehobener Bistro-Küche. Bevor er 2013 mit seiner Frau Felicitas das La Fée auf der Uhlenhorst eröffnete, machte er sich mit dem Petit Délice in den Großen Bleichen einen Namen. Das Ehepaar empfängt seine Gäste in gemütlicher Atmosphäre: Der zweistöckige Gastraum mit Holzbalken ist in Braun-, Beige- und Goldtönen und warmem Licht gehalten. Der Service bedient mit hanseatisch-freundlicher Zurückhaltung und bringt spritzigen Hugo (8,90 Euro) zum Anstoßen. Die Vorspeise erhebt sich wie eine kleine Skulptur aus lauwarm geräuchertem Heilbutt, Lachskaviar, Roter Bete, Gurken-Schmand-Salat und Meerrettichpesto (21 Euro) vom Teller – lecker! Der Hauptgang kann da leider nicht mithalten. Die Taglierini mit Trüffel (38 Euro) sind etwas weich gekocht und fad im Geschmack. Dem Trüffel mangelt es an Intensität, es fehlt Salz oder zumindest etwas Butter. Das scheint der Koch nicht gern zu hören, der nach dem Hauptgang eine Runde durch den Gastraum dreht. „Das liegt am Trüffel", rechtfertigt er den farblosen Geschmack und kann sich bei seiner zweiten Besuchsrunde nach dem Dessert ein „War's den Damen jetzt bunt genug?" nicht verkneifen. Die Crêpe Suzette (15 Euro) ist ein Klassiker unter den Nachspeisen. Klewi, wie Stammgäste den Küchenchef nennen, serviert ihn und mit kandierter Orangenzeste, gerösteten Mandeln und Vanilleeis. Die wilden Kuvertüre-Malereien aus dem Spritzbeutel geben dem Teller einen etwas altbackenen Look; dem Genuss können sie aber nichts anhaben – es schmeckt wunderbar! Darüber freut sich Klewi genauso wie wir. LL

AMBIENTE ●●●●○ SERVICE ●●●○○
KÜCHE ●●●○○ PREIS-LEISTUNG ●●●○○

€€€€ Hofweg 50 (Uhlenhorst), Telefon 040 18983166, Di-So 17.30–23 Uhr, EC-Karte, VISA, Mastercard, Amex; Averhoffstraße Bus 6, Bus 17; bistro-lafee.de

Essen ist Kunst. Das beweist Ernst-Wilhelm Klewinghaus in seinem Bistro La Fée

Brook

Ein Drama in drei Gängen

Die Ästhetik erinnert ein wenig an die späten Neunziger und frühen Nullerjahre: viel Metall und Glas, geschwungene Sektflöten, Teller mit „Brook"-Branding und Balsamico-Dekor und eine recht ausladende Karte, auf der kein vegetarisches Hauptgericht zu finden ist. Auch das Menü gibt's nur für Fleischesser. Der Service empfiehlt also, den Veggie-Pastagang als Hauptspeise zubereiten zu lassen. Wir trinken erst mal einen Campari Orange und bestellen die einzige vegetarische Vorspeisenoption. Die Ziegenkäse-Wan-Tan (13,90 Euro) sind drei kleine Kugeln in viel zu dickem, pappigem Teigmantel. Dazu werden supersüßes Dattel-Orangen-Chutney und Baby-Leaf-Salat serviert, dessen Dressing ein wenig Salz gutgetan hätte. Wir essen nicht auf, den Service juckt das nicht. Er stürmt mit den halbvollen Tellern davon und ward nicht mehr gesehen, bis über eine Stunde später die nächste Enttäuschung serviert wird: Der Thunfisch in Sesamkruste (27 Euro) ist fast kalt und alles andere als zart, das Wasabi-Kartoffelpüree schmeckt nach, nun ja, Wasabi. Und die zwei dicken Scheiben Ringelbete sind nahezu roh und dementsprechend hart. Dazu trinken wir eiskalten Riesling, das Glas für 7,90 Euro. Den Pilzravioli (18 Euro) mit grünem Spargel, zwei halbe Stängel verstecken sich zwischen den Nudeln, fehlt es ebenso an geschmacklicher Tiefe. Der Service entschuldigt sich und bringt Dessert aufs Haus. Das ist wider Erwarten sehr lecker. Der Topfencrêpe mit Zwetschgen und Salzkaramel-Parfait (9,80 Euro), zwei Grießknödel mit Apfel-Vanille-Kompott und Schoko-Calvados-Eis (9,80 Euro) und der Blick auf die Speicherstadt versöhnen zumindest ein wenig. Wir wundern uns, dass der Laden voll besetzt ist. In fast jeder Google-Rezension heben Gäste die günstigen Preise hervor. Doch was nützen Menüs für moderate Preise, wenn die Qualität nicht stimmt? LL

AMBIENTE ●●●●○ SERVICE ●●●○○
KÜCHE ●●○○○ PREIS-LEISTUNG ●●○○○

€€€€ Bei den Mühren 91 (Altstadt), Telefon 040 37503128, Mi-Sa 12–15, 18–22.30 Uhr, EC-Karte, VISA, Mastercard, Amex; Brandstwiete Bus 6, Stadthausbrücke S1, S2, S3; restaurant-brook.de

Clouds

Steak mit Aussicht

Das Clouds auf St. Pauli liegt im 23. Stock der Tanzenden Türme am Eingang zur Reeperbahn. In den warmen Monaten ist die Terasse auf dem Dach geöffnet. Zum Start werden wir darauf hingewiesen, dass wir nach zwei Stunden unseren Tisch räumen müssen. Also schnell essen. Der Kellner spricht passend rasant und verschluckt jedes zweite Wort. Unsere Bestellung nimmt er falsch auf, was sich im letzten Moment noch aufklärt. Seine Antworten passen nicht zu unseren Fragen. Den Witz mit dem Jahrgangswasser (0,75 l 8,50 Euro) haben wir auch schon gehört. Das Clouds will ein mondänes Bar-Restaurant sein. Das Ambiente ist loungig-industriell. Das Lichtkonzept ist gelungen, die Ledersitze sind durchgesessen. Der Blick über den Hafen ist herrlich. Einen Gruß aus der Küche gibt es nicht. Unsere kleinen Jakobsmuscheln schwimmen in einer gut abgeschmeckten Buttermilchsoße auf Algen (29 Euro). Der kurz gegrillte Faröer Lachs (23 Euro) wird mit einigen Tropfen Rote Bete und Essblumen serviert. Für diese Zubereitungsart – weitgehend roh und praktisch ungewürzt – muss zwingend erstklassige Fischqualität benutzt werden. Ein fetter Lachs aus Aquakultur wie in diesem Fall ist dafür nur bedingt geeignet. Wir genießen wieder den Ausblick und nippen an unseren Getränken, einem alkoholfreien Cocktail (14,50 Euro) und hausgemachter Limonade (11 Euro). Beide sind ordentlich gelungen. Dann kommen die Steaks. Das Black Angus Rumpsteak (45 Euro) mit getrüffelten Pommes zergeht auf der Zunge und ist auf den Punkt gegrillt. Wunderbar. Die Filetstücke im Aberdeen Beef Pailard (39 Euro) sind köstlich. Nur der Serviettenknödel bleibt auf dem Teller liegen. Zu lange gegart. Zum Schluss gönnen wir uns noch das Spaghetti-Eis (17 Euro) mit viel guter Sahne, das am Platz zubereitet wird. DS

AMBIENTE ●●●●● SERVICE ●●○○○
KÜCHE ●●●○○ PREIS-LEISTUNG ●●●○○

€€€€ Reeperbahn 1 (St. Pauli), Telefon 040 30993280, Mo-So 17–24 Uhr, EC-Karte, VISA, Mastercard, KEINE Barzahlung; Reeperbahn S1, S2, S3; clouds-hamburg.de

Clounys

Kulinarisch allerhöchstes Niveau

So viel vorweg: Wir erleben einen echten gastronomischen Clou in Wellingsbüttel. Das Restaurant Clounys im gleichnamigen Boutique-Hotel direkt am S-Bahnhof. Zu Jahresbeginn hat in einem Neubau ein Ort für Fine Dining im Alstertal eröffnet. Modern, behaglich und elegant eingerichtet ist das Lokal, in dem in zwei Räumen mit großen Fensterfronten bis zu 80 Gäste Platz finden. Wir bewundern Schwarz-Weiß-Fotos an den grauen Wänden, Kerzen, kleine goldene Lampen, pastellfarbene Stoffe für Sitzbänke, Stühle und Kissen. Der Service ist freundlich und berät kundig zu Speisen und Getränken. Wir bestellen Hummersuppe (16 Euro) und Beef Tatar Schnitte mit Brot (18 Euro). Die schaumige Suppe basiert auf einem intensiven Krustentier-Fond. Unser Tatar ist zart, das Brot gut geröstet. Auf den Punkt gegart und mit knuspriger Haut wird das gegrillte Doradenfilet (30 Euro) als Hauptgang serviert. Dazu eine aromatische, fein abgeschmeckte Safransoße, Gemüse und Rosmarinkartoffeln – ein tolles Gericht. Wie auch die Trüffelnudeln (24 Euro) mit Pasta al dente, dezenter Sahnesoße und üppig gehobelten Scheiben der schwarzen Knolle. Zum Nachtisch gibt es eine Crème brûlée (12 Euro), die mit knackiger Zuckerdecke und cremigem Innenleben den Namen wirklich verdient. Und auch beim fluffigen Mohnschmarrn (12 Euro) werden wir schwach. Beide Desserts kommen mit Früchte-Ragout und selbst gemachtem Eis auf die Teller – so lecker! Satt und beseelt treten wir den Heimweg an. Aber diesen kulinarischen Clou gönnen wir uns wieder. FIS

AMBIENTE ●●●●● SERVICE ●●●●●
KÜCHE ●●●●● PREIS-LEISTUNG ●●●●●

NEU! €€€€ Rolfinckstraße 19 (Wellingsbüttel), Telefon 040 28538240, Mo–Do 9–21, Fr–Sa 9–22, So 9–21.30 Uhr, EC-Karte, VISA, Mastercard; Wellingsbüttel S1, Bus 27; clounys.com

Cornelia Poletto

Aller guten Dinge sind drei

Wir kennen Cornelia Poletto aus dem Fernsehen. Und wollen ihr Restaurant testen. Wir bekommen einen schönen Tisch am Fenster mit Blick auf die Eppendorfer Landstraße. Zum Auftakt gibt es drei ganz unterschiedlich temperierte Grüße aus der Küche: ein lauwarmes sizilianisches Safranreisbällchen, Halbgefrorenes von Krustentieren und Rindertatar mit Wasabi. Dazu mundet der gut gekühlte Franciacorta (0,1 l 12 Euro). Sehr kreativ dann die Vorspeisen des dreigängigen Degustationsmenüs (79 Euro): Die hoch konzentrierte Zwiebelsuppe wird in einer ausgehöhlten Gemüsezwiebel serviert und aus einer Teekanne aufgegossen. Schwarze Trüffel als Einlage machen das Gericht perfekt. Auch das Sashimi vom Ike Jime Zander im Blutorangensud besticht durch die verschiedenen Aggregatzustände seiner Zutaten. Weiter geht es mit erstklassigem US-Striploin und einer Gyoza mit butterweich gegarter Rinderschulter, dazu Szechuanpfefferjus. Die Vierländer Möhren als Beilage kommen al dente, püriert und als Chip daher. Auch der Nordsee-Steinbutt mit dickflüssiger Barolo-Butter und feinem Selleriepüree kann überzeugen. Danach wird es süß. Eine Komposition aus Passionsfrucht und weißer Schokolade erhält als kleinen Kontrast noch ein paar Lakritztupfer. Das andere Dessert fällt herzhafter aus: Parmesan in dreierlei Texturen. Unsere Weinbegleitung, ein Sauvignon Blanc aus dem Friaul (0,15 l 8 Euro) und ein Morellino di Scansano aus der Toskana (0,15 l 10 Euro), passt perfekt. Nicht zuletzt der überaus freundliche und kompetente Service lässt den Abend zum besonderen Erlebnis werden. HK

AMBIENTE ●●●●● SERVICE ●●●●●
KÜCHE ●●●●● PREIS-LEISTUNG ●●●●●

€€€€ Eppendorfer Landstraße 80 (Eppendorf), Telefon 040 4802159, Di-Sa 12–15, 18–23 Uhr, EC-Karte, VISA, Mastercard, Amex; Kellinghusenstraße U1, U3; cornelia-poletto.de

Millimeterarbeit: Marcel Görke im Heimatjuwel

Haco ★

Gourmethandwerk mit Kalorien

Das Haco hat sich mitten auf St. Pauli über die Jahre als stabile Größe der Gourmetgastronomie etabliert. Nach einigen Anpassungen des Konzepts gibt es hier nur noch ein Menü mit der Startzeit 19 Uhr für alle Gäste. Für 129 Euro pro Person erwarten uns zehn Gänge plus Snack vorweg und Petit fours hinterher. Und das Programm ist nicht nur quantitativ mächtig, sondern auch kalorisch. Nach einer guten Focaccia mit Paprikacreme folgt ein voluminöser Blumenkohlschaum, der wohltuend buttrig-vollmundig schmeckt. Die eingelegten Blumenkohlstrunk-Stücke dürften für mehr texturelle Abwechselung ruhig stärker vertreten sein. Die gegarte Topinamburknolle ist zart geräuchert und wird herzhaft von Meerrettich und Schnittlauch begleitet. Das sanft gegarte Onsenei liegt auf einer Pastinaken-Creme, kleinen Würfeln von eingelegter schwarzer Walnuss, umgeben von Feldsalat-Soße. Gut, aber erneut recht schwer und süßlich. Der Hot Dog mit frittierter Auster ist naturgemäß etwas teiglastig, der Aal mit Stachelbeere und Mayonnaise etwas zu sehr auf der schweren, cremigen Seite. Das gleicht der Lachs mit weißem Rettich und Krabben wieder etwas aus. Ragout und Kurzgebratenes aus der Rehkeule werden von einem kleinen Serviettenknödel, einem Hauch Steckrübencreme und Sauce hollandaise begleitet. Durchaus gut, aber auch hier würden ein paar Säurespitzen und etwas Frische guttun. Zum Abschluss schmecken das Hagebutten-Eis in der Waffel, das Sorbet aus Roter Bete und Johannisbeere und die Maronen-Schokoladen-Mousse gut. Nach einer Nocke Blauschimmelkäse mit Creme von Gelber Bete sind wir vor allem sehr satt. Das Niveau war insgesamt durchweg stabil hoch, doch hätten wir uns noch mehr Highlights gewünscht – auch etwas mehr Leichtigkeit und geschmackliche Abwechslung durch Frische, Säure und Bitternoten. BC

AMBIENTE ●●●●○ SERVICE ●●●●●
KÜCHE ●●●●○ PREIS-LEISTUNG ●●●●○

TESTSIEGER 2022 UND RESTAURANT DES JAHRES 2022 €€€€ Clemens-SchultzStraße 18 (St. Pauli), Telefon 040 74203939, Mi-Sa 18–24 Uhr, EC-Karte, VISA, Mastercard; St. Pauli U3; restaurant-haco.com

Heimatjuwel

Genuss für alle Sinne

Fancy Interieur, Partystimmung, hippes Servicepersonal? Im Heimatjuwel Fehlanzeige. Das unscheinbare Restaurant in Eimsbüttel setzt auf andere Werte. Mit jedem neuen Gang eröffnet sich uns häppchenweise eine wunderbare Welt voller kulinarischer Überraschungen. Dass Küchenchef und Inhaber Marcel Görke in der Spitzengastronomie zu Hause ist, merkt man den hingebungsvoll durchkomponierten Gerichten fraglos an. In den Hauptrollen glänzen saisonale Produkte aus der näheren Umgebung, wobei der Schwerpunkt

FOTO: MARC SILL

auf pflanzlichen Erzeugnissen liegt. Ein Schaumsüppchen mit aromatischen Trompetenpilzen, eine mit hauchdünn geschnittener Pastinake garnierte Tartelette sowie ein leicht süßlicher Buchweizencracker an eingelegter Bohne machen den Anfang. Der perfekte Aperitif dazu ist ein einfacher, nach Sommer schmeckender Sauvignon Blanc vom Weingut Korrell. Die folgenden Gänge werden etwas anspruchsvoller, bleiben aber verständlich. Fast schon verspielt wirkt das Arrangement aus Rote-Bete-Ravioli mit fermentiertem Knoblauch auf Kartoffelbasis und Sauce hollandaise mit Roter Bete, deren voller Geschmack wunderbar durch einen erfrischenden, leicht säuerlichen Buttermilch-Sud ausgeglichen wird. Bei den Steckrüben-Gyoza an kräftigem Rotkohl-Sud, hauchdünn geraspeltem Rotkohl und samtiger Pilzbéchamel wollen wir Luftsprünge machen. Das ist ein Gang, der rund und sinnlich ist und so gar nichts vermissen lässt. Der Ochsenschwanz mit Kohl und Minikroketten löst bei meinem Gegenüber ein ebensolches Wohlgefallen aus. Unsere Bedienung Sandra Ureidat, die uns auf sympathische, lockere Art zu den Weinen berät, schlägt einen tiefroten, beerigen Paradies Merlot vom Weingut Harteneck vor: Volltreffer! Ob man das Menü „Heimat" in vier (69 Euro), fünf (82 Euro) oder sechs Gängen (95 Euro) genießen möchte, hängt vom Hungergefühl und der Ausdauer ab. Für die mittlere Variante spricht der

FOTO: HEIKE BLENK

VIP TESTER

Matthias Elwardt
Geschäftsführer Zeise Kinos
Getestet: Henriks, Röperhof

Mein Lieblingsrestaurant ... ist das NIL seit seiner Gründung 1989 – immer sehr gut und herzlich.

Meinen Feierabendwein trinke ich am liebsten ... in der RIAA Bar – ein Pop-up-Musikladen in Altona, der immer noch lebt.

Wenn der Mittagshunger kommt, dann ... gehe ich ins L'Orient und nehme am liebsten das Mittagsmenü mit Mezze als Vorspeise.

Ein Gastro-Geheimtipp in Hamburg ist auf jeden Fall ... der Erdbeerfressende Drache, jetzt an der Alster – immer wieder überraschend.

Typisch Hamburg ist ... die große Vielfalt hervorragender Bäcker.

Nachts noch Hunger? Dann geht's ins ... Cuneo, zu Recht eine italienische Institution.

Die schönste Aussicht beim Essen gibt's ... im Restaurant Engel auf dem Fähranleger Teufelsbrück, inklusive Wellenbewegungen!

Zum Frühstück gehe ich am liebsten in ... das Eclair au Café im Lattenstieg; sehr nette Menschen, tolles französisches Franzbrötchen (warm machen lassen!)

Das Nikkei Nine beeindruckt mit exquisiter Asiaküche und coolem Style

krönende Abschluss, der lapidar als Naschwerk bezeichnet wird und das offizielle Dessert in den Schatten stellt: kleine, feine Pralinen, die große Handwerkskunst beweisen. Ein Besuch im Heimatjuwel fühlt sich ein bisschen wie ein Konzertbesuch an. Beschwingt, erschöpft, voller neuer Impulse – so verlassen wir das Lokal und machen Platz für die nächsten Gäste. JS

AMBIENTE ●●●●○ SERVICE ●●●●●
KÜCHE ●●●●● PREIS-LEISTUNG ●●●●●

€€€€ Stellinger Weg 47 (Eimsbüttel), Telefon 040 42106989, Di-Do 18–23, Fr-Sa 17.30–23.30 Uhr, EC-Karte, VISA, Mastercard; Lutterothstraße U2; heimatjuwel.de

VIP-TESTER
Matthias Elwardt

Henriks

Gut getrüffelt!

Sehen und gesehen werden. Das scheint bei unserem Besuch im Henriks das Motto zu sein. An einem Freitagabend ist es rappelvoll, an der Tür bildet sich eine Schlange mit Wartenden. Nebenan wird in Familie gefeiert, aber auch Paare und größere Gruppen sind zu Gast. Die Karte bietet alles, was gut und teuer ist. Austern, Hummer, Steaks, Tatar – Kartoffelbrei und Pommes gibt es hier getrüffelt. Wir starten mit einer kräftigen Steinpilz Consommé mit Maultaschen (16 Euro) und einem schön präsentierten Dreierlei Tatar mit Boeuf, Tuna und Lachs (32 Euro). Auf einem großen Teller werden Dips, crispy Mais-Fries, Wachtelei und geröstetes Brot gereicht. Im Hauptgang entscheiden wir uns für Thunfischfilet mit Sauce bérnaise, Maiskölbchen, Erbsenschoten und Pak Choi (44 Euro) und 180 Gramm Filet Mignon Rossini mit Foie gras und Trüffel (58 Euro), begleitet von Isemarkt-Gemüse (7 Euro) und getrüffeltem Kartoffelpüree (9 Euro). Bei diesen stolzen Preisen erleben wir sehr gutes Handwerk, aber wir vermissen den außergewöhnlichen Aha-Moment. Die begleitenden Weine, Riesling von Robert Weil (0,1 l 6 Euro), Le Volte Toskana (0,1 l 8 Euro), Grüner Veltliner vom Weingut Malat Kremstal (0,1 l 5 Euro) sind überzeugend. Unseren Abschluss bildeten ein Key Lime Pie (14 Euro) und eine Lakritzschnitte (14 Euro). Optisch sehr ansprechend, uns aber etwas zu süß.

AMBIENTE ●●●●○ SERVICE ●●●●○
KÜCHE ●●●●○ PREIS-LEISTUNG ●●●○○

€€€€ Tesdorpfstraße 8 (Rotherbaum), Telefon 040 288084280, Mo-So 12–23 Uhr, EC-Karte, VISA, Mastercard; Dammtor S11, S21, S31, Fontenay Bus 19; henriks.cc

Jacobs Restaurant

Im Wandel der Zeiten

Die Wände des Jacobs Restaurant im legendären Hotel Louis C. Jacob an der Elbchaussee atmen Geschichte. Der Blick auf die historische, beleuchtete Lindenterrasse ist herrlich. Am Abend unseres Besuchs sind wir voller Vorfreude. Ja, die Sterne sind weg. Aber der langjährige Chef de Cuisine, Thomas Martin, ist ja noch da. Wir sitzen an einem der Fenstertische im leider etwas zu hell ausgeleuchteten Raum, in welchem nur die vorderen Tische eingedeckt sind. Der ehemals so berühmte, unaufdringlich aufmerksame Service ist üblichem Standard gewichen. Zum Aperitif bestellen wir einen alkoholfreien Prisecco (0,1 l 8 Euro), der leider deutlich vor dem Negroni (14 Euro) unseren Tisch erreicht. Wir entscheiden uns nicht für eines der beiden Menüs (110/162 Euro), sondern bestellen à la carte und starten mit einer leckeren Maronensuppe mit Wintertrüffel und Lauch (19 Euro) sowie Roter Bete, auf Salz gegart mit Ziegenkäse, Balsamico und Cerealien (24 Euro), leider unspektakulär. Schade. Das Champagner-Risotto mit Trüffeln (32 Euro) hingegen ist aromatisch, cremig und bissfest. Meine Begleitung freut sich auf Steak & Frites mit Sauce béarnaise (54 Euro) und ist enttäuscht: Das Fleisch ist fast geschmacksneutral. So vergießen wir ein paar Tränen, die auf die Dessertkarte tropfen, entscheiden uns dann nur für einen Kaffee, der mit einigen Pralinen serviert wird, und schwelgen in Erinnerungen an den berühmten Patti-Wagen, welcher allerdings bereits zu Sterne-Zeiten Geschichte war. So blicken wir auf die Lindenterrasse und die dunkle Elbe und werfen auf dem Weg nach draußen noch einen Blick auf den Liebermann in der Halle. Eine Erinnerung daran, dass die Geschichte dieses Hauses schon sehr lange währt und wir nur einen Augenschlag davon erlebt haben. Der nächste möge wieder besser werden. KN

AMBIENTE ●●●●○ SERVICE ●●●○○
KÜCHE ●●●○○ PREIS-LEISTUNG ●●●○○

€€€€ Elbchaussee 401-403 (Nienstedten), Telefon 040 82255406, Di-Sa 18–21 Uhr, EC-Karte, VISA, Mastercard; Sieberlingstraße Bus 286, Bus 392; hotel-jacob.de

Kinfelts Kitchen & Wine

Wo Soße extra kostet

„Sie können gerne noch Soße haben – die müssen wir aber extra berechnen." Ein Blick auf die trockenen Macaire Kartoffeln neben der geschmorten Kalbsbacke sagt: „Egal, muss ja!" Keine warme gastliche Geste des Küchenchefs im Kinfelts in der HafenCity, der sich freut, dass der Gast seine Kreation schätzt und mehr will, sondern eher kleinlich. Das Bäckchen war Teil des gewählten Fünf-Gänge-Menüs (109 Euro). Ärgerlich zudem, dass am Ende 119 Euro auf der Rechnung stehen. Dabei fing der Abend so schön an. Die Atmosphäre ist schlicht elegant, der Service sehr aufmerksam, freundlich und professionell. Wirklich souverän ist derjenige, der beim Lesen der Preise auf der Weinkarte (38 Seiten) nicht mit der Wimper zuckt. Die gewählten Weine sind vorzüglich und wurden vom Kellner stets treffend beschrieben. Das Menü mit Höhen und Tiefen. Eine perfekte Hummersuppe mit Garnelen, ebenso wie ein uninspiriertes Dessert aus Halbgefrorenem und Obst. À la carte probieren wir noch Entenleber-Paté mit Pflaume (24 Euro) und Pulpo mit Süßkartoffel (36 Euro). Der frittierte Pulpo erschien sehr salzig und das Süßkartoffelpüree mit Curry überwürzt. Prima ist die Wasser-Pauschale „Château la Pump" (4 Euro pro Person). Es bleibt trotzdem die Erinnerung an 5 Euro für Extra-Soße und weitere 10 Euro, die unredlich auf der Rechnung standen. THORSTEN BARTELS

AMBIENTE ●●●●○ SERVICE ●●●●●
KÜCHE ●●●○○ PREIS-LEISTUNG ●●●○○

€€€€ Am Kaiserkai 56 (HafenCity), Telefon 040 30068369, Mo 17–23, Mi-Sa 17–23, So 13–23 Uhr, EC-Karte, VISA, Mastercard; Baumwall U3, Am Kaiserkai (Elbphilharmonie) Bus 2, Bus 111; kinfelts.de

FOTO: MARC SILL

Morellino

Puristisch ohne Show

Inhaber Peter Theiss begrüßt uns herzlich und leitet uns an einen von nur zwei eingedeckten Tischen im Gastraum. Wir sind zu Gast in seinem Boutique-Restaurant Morellino, einer Dinner-Location der besonderen Art in bester Hamburger Lage. Eine Reservierung ist hier ein Muss. Da wird für Spontangäste keine Ausnahme gemacht. Es gibt wahlweise ein mediterranes Menü mit vier oder sieben Gängen. Wir entscheiden uns für die große Variante (178 Euro pro Person), geben der Küche eine Chance, ihr ganzes Können zu zeigen und lassen dem Service auch bei der Weinbegleitung freie Hand. Vom ersten Moment an spüren wir Leidenschaft, gepaart mit einer Menge Erfahrung und Fachwissen. Doch vor allem steht hier das Produkt mit seiner besonderen Qualität in seiner frischen oder hinreißend fermentierten Form im Mittelpunkt. Wir genießen richtig leckeres Filet von der Seezunge. Super frisch! Und wunderbar puristisches präsentiert. Nur leicht gesalzen und gepfeffert auf frischen Linsen. Peter Theiss erläutert zwischendurch gern Besonderheiten in Bezug auf handverlesene Auswahl der Lieferanten, Herstellung und Verarbeitung der Produkte und nimmt uns mit auf eine Reise in die Toskana oder in die Bretagne – ohne in übertriebene Selbstverliebtheit abzugleiten. Die zusammengestellte Weinbegleitung des Abends ist solide und mit 60 Euro ihren Preis wert. Ein bisschen flach wird es zum Abschluss mit hausgemachtem Schokoladeneis nebst Mango und Beerenkompott. Da fehlt uns der besondere Pfiff, den wir angesichts der Rechnung von knapp 500 Euro durchgängig erwarten. Fazit: Hier ist das Produkt der Star. Wer diese Puristik in gehobener, manchmal auch Sterne-reifer Küche ohne große Show-Effekte sucht, dem sei das Morellino empfohlen. Der bemühte Gastgeber versucht, die Atmosphäre eines privaten Speisezimmers zu schaffen, was nicht ganz durchgängig gelingt. Die Einrichtung überzeugt, doch die Beleuchtung, die nicht eingedeckten Nachbartische und auch die etwas schräge musikalische Begleitung, lassen eine behagliche Atmosphäre bei uns nicht immer aufkommen. AR

AMBIENTE ●●○○○ SERVICE ●●●●○
KÜCHE ●●●○○ PREIS-LEISTUNG ●●●○○

€€€€ Falkenried 54 (Hoheluft-Ost), Telefon 040 4206295, Mo-So 19–24 Uhr, EC-Karte, VISA, Mastercard, Amex; Eppendorfer Weg (Ost) Bus 5; morellino.hamburg

Nikkei Nine

Japanisch-peruanisches Feuerwerk

Viel besser hätten wir es an diesem Abend nicht treffen können: Wir sitzen an Hochtischen direkt an der offenen Küche und können beobachten, wie Gyozas gebraten und Fisch und Fleisch über offenem Feuer gegrillt werden. Das Nikkei Nine ist eines von drei Restaurants im Fairmont Hotel

Vier Jahreszeiten an der Binnenalster. In dem aufwendig in Gold- und Brauntönen gestalteten Restaurant wird japanisch-peruanisch gekocht, mit den besten Zutaten und Aromen beider Welten. Restaurant-Manager Matthias Förster umsorgt uns persönlich, verbindlich und humorvoll und serviert zum Auftakt unseres Empfehlungs-Menüs (89 Euro) ein zart schmelzendes, herzhaft abgeschmecktes Tatar vom Wagyu-Rind mit einer Nocke Kaviar. Darauf folgen Stücke einer nussig-festen Jakobsmuschel mit einer Sauce, die unter anderem aus der japanischen Zitrusfrucht Sudachi, fein geschnittener Zwiebel und Jalapeño besteht. Die Abwechslung aus Säure, perfekt dosierter Schärfe und unterschiedlichen Konsistenzen macht großen Spaß. Auf dem hohen Niveau geht es weiter: Das Tatar von der Schneekrabbe ist in feine Rettich-Scheiben eingewickelt und wird von einer würzigen Ponzu-Sauce umgeben. Die Kimizu-Sauce, ähnlich einer Mayonnaise, verbindet alles mit ihrer Cremigkeit und die frischen Edamame-Kerne bringen zusätzlichen Biss. Fantastisch. Nächste Runde: zart schmelzender Thunfisch mit fein gehobeltem Wintertrüffel, würziger Wafu-Sauce, Shiso-Mayonnaise und Lachs-Kaviar. Erneut allerfeinster Genuss. Vor den kommenden Nigiris wird am Tisch echter Wasabi am Tisch frisch nach traditioneller Methode auf einer Haifischhaut gerieben. Das allein ist schon ein (äußerst seltenes) Erlebnis und der geriebene Rettich zusammen mit hervorragender Sojasauce genau der richtige Grundakkord für die sehr guten Sushi-Variationen mit fettigem Thunfischbauch, Lachs und akkurat eingeschnittenem Tintenfisch auf locker-körnigem Reis. Die perfekt abgeschmeckten, leicht süßlichen mit Rindfleisch gefüllten Gyozas mit knuspriger Bratkruste und der patagonische Seehecht mit Topinambur-Püree sind weitere Köstlichkeiten, bevor mit dem A5 Kagoshima Wagyu-Steak eine der kostspieligsten Delikatessen der Welt vor uns steht. Das Fleisch ist von beiden Seiten kräftig angeröstet und schmilzt dank seines hohen intramuskulären Fettgehaltes im Mund. Es ist das Finale eines beeindruckenden Abends in einem der sehr wenigen Hamburger Restaurants, die Weltgewandtheit ausstrahlen. Ein Genuss. BC

AMBIENTE ●●●●● SERVICE ●●●●●
KÜCHE ●●●●● PREIS-LEISTUNG ●●●●●

€€€€ Neuer Jungfernstieg 9-14 (Neustadt), Telefon 040 34943399, Mo-So 18–24 Uhr, EC-Karte, VISA, Mastercard; Jungfernstieg alle Bahnlinien; nikkei-nine.de

Nil

Endlich alles richtig gemacht

Vor diesem Besuch war ich noch nie im Nil. Und danach habe ich das Gefühl, dass das vielleicht der größte Gastrofehler meines Lebens war. Das Nil am Neuen Pferdemarkt gibt es seit 33 Jahren, und obwohl ich genauso lange von guten Leuten höre, wie sie dort einen schönen Abend verbracht haben, betrete ich an diesem nieseligen Montagabend zum ersten Mal das Restaurant. Und bin sofort begeistert: eine klassisch elegante Gaststube auf drei Ebenen, zeitlos modern – perfektes Ambiente. Wir bestellen das Fünf-Gänge-Menü (52 Euro), das sonntags bis donnerstags 10 Euro billiger ist. Und wissen bereits beim ersten Gang, dass es die richtige Entscheidung war: Knusprig gebackener Rosenkohl trifft auf zarten, leicht erdigen Rote-Bete-Hummus und ein wenig Kürbiskernkrokant für den Crunch – eine wunderbare, vegane Kombination zwischen Herausfordern und Zurücklehnen. Die folgende Zwiebelsuppe im Glas ist sehr gut, doch im Vergleich konventionell, der folgende Seehecht aber gleich der nächste Höhepunkt: mit Spinat, klar – und Stockfischpüree! Der getrocknete Fisch gibt den im Grunde bauerndumpfen Kartoffeln eine wunderbare Würze, mit der auch das anschließende, sehr gute Rumpsteak nicht mithalten kann. Obwohl mit Trüffel weit übers eigene Potenzial gepimpt, ist Fleisch eben Fleisch – ein Gang, der fast überall wirkt, als gäbe es ihn nur, weil er erwartet wird. Abschaffen! Überall! Zum perfekten Abschluss eine herrliche Mohnschnitte mit Blutorangen-Rahmeis, geschmeidig und exakt nicht zu süß. Zu all der Pracht trinken wir Port Tonic (8,50 Euro), obwohl die Weinkarte umfangreich und vielversprechend ist, aber so bleibt mir noch ein Fehler fürs nächste Mal: Hätte ich bloß von Anfang an Wein getrunken! PL

AMBIENTE ●●●●● SERVICE ●●●●●
KÜCHE ●●●●● PREIS-LEISTUNG ●●●●●

€€€€ Neuer Pferdemarkt 5 (St. Pauli), Telefon 040 4397823, Mo 18–1, Mi-Do 18–1, Fr-So 17–1 Uhr, EC-Karte, VISA, Mastercard; Feldstraße U3, Paulinenstraße Bus 16; restaurant-nil.de

Ein Fels im Nil: Mitinhaberin Elisabeth Füngers

Port Grill & Bar

Moderne Küche, gediegenes Ambiente

Wer im Port im traditionellen Hotel Hafen Hamburg Platz nimmt, schaut entweder auf historische Schiffsmodelle in der Vitrine oder auf die echte Hafenkulisse hinter den großen Panoramafenstern. Die Gediegenheit der Einrichtung wird durch die geradlinige Modernität der Küche und das trendige Geschirr wieder ausgeglichen. Die Karte hält neben norddeutschen Spezialitäten auch Vielerlei vom Grill bereit. Zum Auftakt wählen wir den schön zart gebeizten Lachs mit Meerrettichcreme und Roter Bete (17 Euro). Ebenso wie die zweite Vorspeise, kurz gebratene Jakobsmuscheln mit Chicorée, zweierlei Zucchini und Hummerschaum (18 Euro), gut gelungen. Kleine Abstriche dann bei den Hauptgerichten. Das US-Flanksteak vom Grill (36 Euro) ist nur mit etwas Salz und Pfeffer gewürzt. Kräuter oder Knoblauch hätten ihm gewiss nicht geschadet. Das auf der Haut gegrillte Färöer Lachsfilet (27 Euro) hingegen ist tadellos. Zu unseren Gerichten passen der mit Schalotten und Knoblauch abgeschmeckte Blattspinat (6 Euro), der knackige Coleslaw vom Spitzkohl (6 Euro) und das krosse Kartoffelgratin (6 Euro). Ebenso die beiden Gläser Wein, ein Sauvignon Blanc Touraine (0,2 l 11 Euro) und ein Tempranillo Reserva (0,2 l 10 Euro). Abschließend kann noch die schön vanillehaltige Crème brûlée mit Maracuja-Eis und einem bunten Beeren-Mix (12 Euro) überzeugen. NB

AMBIENTE ●●●○○ SERVICE ●●●●○
KÜCHE ●●●●○ PREIS-LEISTUNG ●●●○○

€€€€ Seewartenstraße 9 (St. Pauli), Telefon 040 3111370400, Mo-So 12–24 Uhr, EC-Karte, VISA, Mastercard, Amex; Landungsbrücken S1, S2, S3, U3; hotel-hafen-hamburg.de

Rexrodt

Bistro-Genüsse für Fortgeschrittene

Genuss Guide – Hanseperle

Eine weiße Rinderskulptur mit aufgezeichneten Schnittlinien zur Zerlegung des Schlachtkörpers im Schaufenster ist das Letzte, was noch daran erinnert, dass in diesem wunderschönen, gekachelten Edelbistro von 1896 bis in die 1960er-Jahre die Fleischerei Rexrodt untergebracht war. Hier verwirklicht seit 1999 der Sterneküchen-gestählte Chef Niels-Ove Nielsen seine Idee von Fine Dining mit Pariser Flair und regional-saisonalen Zutaten. Schon beim fluffig-cremigen Brotaufstrich, den uns der aufmerksame Service bringt, ziehen wir angesichts der frischen Kerbel-Note die Brauen hoch. Der Blick fällt rasch zurück auf das mit einem staubtrockenen Crémant Rosé (12,50 Euro) begossene Kartenstudium. Fünf Vorspeisen und sechs Hauptgerichte mit je einem Veggie-Angebot, dazu drei Desserts – genau so muss eine marktfrische Kollektion aussehen. Zum ersten Glas fruchtigem Achkarren-Grauburgunder genieße ich das Pastinakensüppchen mit

FOTO: MARC SILL

Apfelschaum (9,50 Euro), während mir die Mundwinkel herunterfallen ob der vier winzigen Jakobsmuschelchen, die aber in der Aromensinfonie mit Senfkruste, Avocado-Mousse, Ingwerschäumchen und krossen Topinambur-Chips ihre 21 Euro mehr als wert sind. Das trifft auch auf die Hauptgerichte zu: Das mit Grünkohlknusper getoppte dicke Kabeljaufilet (29,50 Euro) thront auf raffiniert karamellisiertem Kürbis, Steckrübenmus und überraschend schlüssiger Kokossauce, während mein Holsteiner Rehragout (34 Euro) zur Wahrung der Saftigkeit in Bœuf-Bourguignon-großen Stücken mit Merlot geschmort wurde und mit schokoladiger Jus, säuretupfenden Cranberrys, Pommes-Macaire und mürbsüßen Honig-Pastinaken das beste Wildgericht formt, das seit Langem meinem Gaumen begegnet ist. Am Ende muss noch Platz sein für einen Topfenstrudel mit Honig-Blaubeer-Confit und Sauerrahmeis (13 Euro) – wo sonst liegen Paris und Salzburg so nah beieinander? PESI

AMBIENTE ●●●●○ SERVICE ●●●●●
KÜCHE ●●●●● PREIS-LEISTUNG ●●●●○

€€€€ Papenhuder Straße 35 (Uhlenhorst), Telefon 040 2297198, Di-Fr 12–15, 18.30–23, Sa 18.30–23 Uhr, EC-Karte, VISA, Mastercard, Amex; Mundsburger Brücke Bus 6, Bus 17; restaurant-rexrodt.de

VIP-TESTER
Matthias Elwardt

Röperhof

Landgasthof mitten in Hamburg

In Hamburg-Othmarschen finden wir das Restaurant Röperhof in einem reetgedeckten Bauernhaus von 1759 mit Bilderbuch-Pflastersteinen davor und einem schön gewachsenen Bauerngarten. In den weißen Räumen fühlen wir uns in eine andere Zeit versetzt. Als Gruß aus der Küche bringt der sehr angenehme Service eine Mini-Quiche und hausgebackenes Brot mit Zitronenbutter. Die Karte bietet klassische Gerichte mit etwas Modernität: Unsere Vorspeisen sind Ziegenfrischkäse im Strudelteig, mit zweierlei vom Muskatkürbis und Wildkräuter Salat (17 Euro), wobei der Salat eher klein ausfällt und der Strudelteig zu dominant ist. Das Pastinakencremesüppchen mit Black Tiger Garnele und Kräuterschaum (15,50 Euro) kann mit einer angenehmen Cremigkeit gefallen. Bei den Hauptgerichten entscheiden wir uns für eine reichhaltige und überzeugende Bouillabaisse, welche ein überraschend großes Stück Tintenfisch enthält, dazu gibt es Kartoffel-Oliven Stampf, mediterranes Gemüse und Sauce Rouille (36 Euro). Die üppige Portion der zart geschmorten Schulter vom Friesisch Ochs mit glasiertem Gemüse und Kartoffelpüree (35 Euro) begleiten wir mit einem Grauen Burgunder 2022 von Weingut Becker Landgraf (0,2 l 10 Euro). Zum Abschluss nehmen wir nur noch als Dessert das Halbgebackene Schokoladenküchlein mit Himbeer-Ragout und Joghurteis (14,50 Euro) und erfreuen uns an der feinen Zimtnote bei den Himbeeren. Ein Restaurant für Familien, romantische Abende oder Feierlichkeiten. Landliebe in der Stadt.

AMBIENTE ●●●●○ SERVICE ●●●●●
KÜCHE ●●●●○ PREIS-LEISTUNG ●●●○○

€€€€ Agathe-Lasch-Weg 2 (Othmarschen), Telefon 040 8811200, Mi-Sa 12–23, So 10–15, 18–23 Uhr, EC-Karte, VISA, Mastercard; Agathe-Lasch-Weg Bus 15; roeperhof-restaurant.de

Stadt Restaurant

Dinner mit Jack und Rose

So ähnlich könnte es an Bord der Titanic ausgesehen haben: hohe, in dunklem Holz vertäfelte Wände, marmorverkleidete Säulen und historische, goldene Leuchten. Auch unser Empfang fällt einem Luxusliner angemessen aus. Die Restaurantleitung begrüßt uns freundlich, nimmt die Mäntel ab und sorgt innerhalb von zwei Minuten für einen Aperitif auf dem Tisch: Rosé Marie

Für die nachhaltige Küche wurde das Wolfs Junge nicht nur von uns, sondern auch vom Guide Michelin ausgezeichnet

(9,50 Euro). Das Vier-Gang Menü (69 Euro) auch vegetarisch zuzubereiten, sei kein Problem, versichert ein Kellner und bringt kurz darauf Glasnudelsalat mit Garnelen. Der sei schließlich vegetarisch, da fleischlos, verteidigt er sich und sieht den Fehler bei uns: „Auch kein Fisch? Das hätten Sie uns sagen müssen." Er nimmt die Vorspeise trotzdem wieder mit und kommt mit Glasnudelsalat ohne Garnelen zurück. Und ohne Weinbegleitung (20 Euro). Die startet dann erst mit dem Grauburgunder zum zweiten Gang: Süßkartoffel-Curry-Suppe mit Linseneinlage und gerösteten Erdnüssen – cremig, würzig, lecker! Danach geht's weiter mit etwas trockenem Kalbsfilet im Schlafrock mit Wirsing, Pilzen und Mini-Gemüse. Die vegetarische Hauptspeise ist dafür großartig: schlonzige Risoni mit Spinat und Frischkäsecreme. Zum Fleisch schenkt der Service Primitivo, zum Nudelrisotto Riesling ein. An den Weinen gibt es nichts zu meckern. Den Abschluss macht leckeres Honig-Zimt-Eis auf Feigentarte mit Gewürzrosinen und Karamell. LL

AMBIENTE ●●●●● SERVICE ●●●○○
KÜCHE ●●●●○ PREIS-LEISTUNG ●●●○○

€€€€ Kirchenallee 34-36 (St. Georg), Telefon 040 3702590, Do-Sa 18–22 Uhr, EC-Karte, VISA, Mastercard, Amex; Hauptbahnhof alle Bahnlinien; stadtrestaurant-hamburg.de

Tschebull

Auf der Alm gibt's auch Sünd

Das Tschebull im ersten Stock des Levantehauses an der Mönckebergstraße gilt in Hamburg als Inbegriff der gepflegten österreichischen Küche. Wir sitzen bequem mit schönem Ausblick auf die leider mit einer Jalousie verdeckte Küche und die Mönckebergstraße und beginnen unseren Abend mit der Schmankerlvariation für zwei (25 Euro). Die Muskatkürbissuppe ist gut abgeschmeckt, die Rote Bete mit Meerrettich und Joghurt fein-säuerlich. Eher zahm ist der kalt aufgeschnittene Tafelspitz. Der Lachs mit Gurken-Sud hat eine sehr gute, feste Konsistenz. Etwas wiederholend ist dabei der Meerrettich-Einsatz in drei von fünf der Vorspeisen. Auch sind sie insgesamt sehr süß abgeschmeckt. Das an sich gute Rindertatar und die Späne vom echten Trüffel werden leider von künstlichem Trüffelöl überdeckt. Die Kärntner Kasnudeln (28 Euro) sind große, mit Kräutertopfen (Quark) gefüllte Nudeltaschen. Die Kräuter sind leider offenbar in getrockneter Form verarbeitet, was ihnen den Großteil ihres Aromas raubt. Von der Nussbutter ist nicht allzu viel zu schmecken, der Sommertrüffel verströmt immerhin ein schönes Aroma. Zweiter Hauptgang: Hirschrücken mit Walnuss-Kräuter-Kruste, Muskatkürbiskraut, Semmelknödelsoufflé und Vogelbeeren (35 Euro). Der Hirsch ist zwar rosa, aber auffällig fest in der Konsistenz und schmeckt kaum nach Wild. Die Nachfrage beim Service bestätigt unsere Vermutung: Er stammt vom neuseeländischen Hirsch und ist somit eher ein günstiges Massenprodukt, das der Wirt nicht beim Jäger, sondern im Großhandel kauft. Das Muskatkürbiskraut und die Vogelbeeren sind in Ordnung. Statt des Semmelknödelsoufflés kommen kommentarlos zwei kleine Stücke Kartoffelknödelmasse, die mit Semmelbröseln überschmelzt sind. Die Kruste überm Fleisch ist optisch und geschmacklich unauffällig. Unser erstes Dessert: lauwarmer Quittenpalatschinken mit Haselnussparfait (14 Euro). Das Parfait geht in Ordnung, die Palatschinken bleiben eher blass, aber die künstlich giftgrün gefärbten Baisertupfer und die viel zu dicke Puderzucker-Decke sind uns ein Rätsel. Deutlich besser ist die karamellisierte Zimtcreme (14 Euro). Fazit: Wir haben nicht schlecht gegessen. Aber für 160 Euro erwarten wir deutlich mehr. BC

AMBIENTE ●●●○○ SERVICE ●●●○○
KÜCHE ●●●○○ PREIS-LEISTUNG ●●●○○

€€€€ Mönckebergstraße 7 (Altstadt), Telefon 040 32964796, Di-Fr 12–15, 17–23, Sa 13–16, 17–23 Uhr, EC-Karte, VISA, Mastercard; Hauptbahnhof alle Bahnlinien; tschebull.de

Wolfs Junge ★

Petersilie und der Wolf

In Zeiten von Regionalitäts- und Nachhaltigkeits-Wokeness kann ein Grüner Michelin-Stern so viel wert sein wie zwei „normale" Sterne. Sebastian Junge, Küchenchef und Umweltaktivist, hält diese Auszeichnung für sein Winterhuder Achtsamkeits-Dining-Lokal Wolfs Junge seitdem der Restaurantführer sie vergibt. Und – das schmecken wir in jedem Detail auf unseren hübsch getöpferten mittäglichen Tellern – er lässt nicht nach in dem Bemühen, möglichst alle Zutaten aus regionalen Quellen zu beziehen und sie mit der eigenen Hände Arbeit zu veredeln. Petersilie statt Rosmarin! Das beginnt beim Küchengruß mit zweierlei Hausmacher-Sauerteigbrot unter dem hochkonzentrierten Pilz-Aufstrich samt Enten-Pastrami und Linsencreme-Chips und endet bei einem angenehm unsüßen Schokovariations-Dessert mit Sesam-Mousse, frische Akzente setzenden Kürbis-Pickles und Piment-Nelken-Knusper (10 Euro). Abends gibt's beim Wolf ausschließlich ein gesetztes Fünf-Gang-Menü (99 Euro), auch vegetarisch. Deshalb ist das Lunch-Menü mit drei Gängen für 39 Euro eine gute Offerte, Junges Philosophie kennenzulernen. Aus den zur Wahl stehenden, auch einzeln bestellbaren vier Vor- und Hauptspeisen ordert meine Co-Testerin einen schmackhaften gemischten Bete-Salat mit geräucherten Körnern und schön rassem Pecorino aus dem Elbtal (12 Euro), sowie etwas zu rauchig geratene Seitan-Steaks mit feinem Hummus, DIY-Sweet Chili Sauce und Kichererbsen (22 Euro). Meine kleine Schlachtplatte vom Selker Ackerschwein (13 Euro) kommt nicht ganz an original alpenländische Brotzeitteller heran, bringt für nordische Wurst-Verhältnisse aber ordentliche Schweinereien wie Kopfsülze, Blut- und Leberwurst zu allerlei Selbstgepickeltem, das auch den butterzarten Bismarckhering mit Hausfrauen-Tunke (26 Euro) süßsauer adelt. Sogar der alkfreie Aperol Spritz ist hausgemacht (4 Euro) in dieser woken Wolfsgrube. PESI

AMBIENTE ●●●○○ SERVICE ●●●●●
KÜCHE ●●●●○ PREIS-LEISTUNG ●●●●○

NACHHALTIGKEITSPREIS 2021 €€€€ Zimmerstraße 30 (Uhlenhorst), Telefon 040 20965157, Mi-Sa 12–14.30 und 18–23 Uhr, EC-Karte, VISA, Mastercard; Zimmerstraße Bus 6, Bus 17; wolfs-junge.de

FOTO: PETER WAGNER

KURZ GEBRATEN

Alle Tests in voller Länge auf genussguide-hamburg.com

Brechtmanns Bistro

Im Eppendorfer Fine-Dining-Bistro steht bürgerliche Hochküche wie Rindertatar oder Cordon bleu vom Kalb oder Entenbraten neben Asiatica wie Edamame, Hühner-Satay, Tom Kha Gai oder Papaya-Thaisalat. Für die Inhaber Sven und Ann-Kathrin Brechtmann war das noch nie ein Widerspruch. Schon vor vielen Jahren lockten sie mit diesem Kochstil zahlreiche Hamburger in ihr Lokal nach Scharbeutz. Wie gut, dass wir gar nicht so weit fahren müssen. Auf nach Eppendorf!

€€€€ Erikastraße 43 (Eppendorf), Telefon 040 41305888, Mi-Sa 17–23 Uhr, EC-Karte, VISA, Mastercard; Eppendorfer Marktplatz Bus 20; brechtmann-bistro.de

Cox

Das alteingesessene Cox mitten in St. Georg wirkt von außen eher unscheinbar. Durchschreitet man allerdings den roten Samtvorhang, findet man sich in einem wohligen, großen Gastraum wieder, der genau die richtige Mischung aus Grandezza und Patina aufweist. Serviert werden Speisen mit französischem Fokus. Ein idealer Ort für einen romantischen Abend!

€€€€ Lange Reihe 68 (St. Georg), Telefon 040 249422, Di-Sa 12–14.30, 18–22 Uhr, EC-Karte; Gurlittstraße Bus 6, Bus 17; restaurant-cox.de

Engel

TV-Koch Tarik Rose verwöhnt seine Gäste auf dem Fähranleger in Teufelsbrück mit exquisiter norddeutscher Küche mit internationalen Einflüssen. Die Auswahl ist limitiert, bietet dennoch geschmackliche Vielfalt – auch für Freunde der Pflanzenküche. Dazu gibt es einen 360-Grad-Panorama-Blick auf die Elbe. Lage, Mühe und Qualität haben ihren Preis, doch der ist definitv gerechtfertig.

€€€€ Fähranleger Teufelsbrück (Nienstedten), Telefon 040 824187, Mi-Fr 15–23, Sa-So 13–23 Uhr, EC-Karte, VISA, Mastercard; Teufelsbrück (Fähre) Bus 36, Bus 286, Bus 392; restaurant-engel.de

Heldenplatz

Hier fragen wir uns immer wieder, wo wohl der Stern bleibt. Das Casual-Fine-Dining-Restaurant überzeugt mit einem kulinarisch hohen Niveau ohne Übertreibungen. Das hat der Heldenplatz nicht nötig. Denn hier wird perfektes Foodpairing Tag für Tag unter Beweis gestellt. Das – und die fantastischen Weine, die es hier auch alle glasweise gibt – können echte Helden übrigens bis Mitternacht genießen: Die Küche hat immer bis mindestens 22.30 Uhr geöffnet.

€€€€ Brandstwiete 46 (Altstadt), Telefon 040 30372250, Do-So 18–24 Uhr, EC-Karte, VISA, Mastercard, Amex; Meßberg U1; heldenplatz-restaurant.de

Kleiner Speisesaal

Seit einem guten Dutzend Jahren ist das Gourmet-Bistro Kleiner Speisesaal ein sicherer Hafen für alle, die sich mit feinen Speisen so richtig den Bauch vollschlagen wollen. Im heimelig beleuchteten „Saal“ im Souterrain lenkt keine überflüssige Dekoration von den so opulent wie waghalsig und zugleich kochkundig gefüllten Tellern ab. Mutig kombiniert werden zum Beispiel Parmesan, Schinken und Kirsche zu einer Suppe, Rinderfilet mit Senflinsen oder als Dessert Joghurt mit Amarena und Granola. Dank der Speisen-Schwergewichte geht hier garantiert niemand hungrig raus.

€€€ Dorotheenstraße 33 (Winterhude), Telefon 040 30330331, Di-Sa 17–22 Uhr, EC-Karte, VISA, Mastercard, Amex; Gertigstraße Bus 6, Bus 17; kleinerspeisesaal.de

Memory

Seit rund 18 Jahren gibt es das Memory schon. Am Interieur hat sich seither kaum etwas geändert – die apricot-terrakottafarbenen Wände wecken Erinnerungen an ein Hotel Garni am Gardasee. Ein Besuch lohnt aber ohnehin vor allem wegen der sympathischen Inhaberin Inga Hagemann und dem fantastischen Essen von der übersichtlichen Karte. Qualität geht hier eindeutig vor Quantität: ob gebratene Entenleber, Hummerschaumsüppchen oder gebratene Jakobsmuscheln – alles auf den Punkt.

€€€ Sülldorfer Landstraße 222 (Sülldorf), Telefon 040 86626938, Di-Sa 18–21.30 Uhr, EC-Karte, VISA, Mastercard, Amex; Sülldorf S1; memory-hamburg.de

Oechsle – Restaurant & Weinbar

Im stilvoll eingerichteten Restaurant setzt Inhaber Christian Planko auf klassische, bodenständige Küche mit internationalem Twist und eine umfangreiche Weinkarte. Serviert werden vom immer freundlichen Service zum Beispiel Spanferkelrücken, confierter weißer Heilbutt oder geschmorte Kalbsbäckchen – das Edle findet sich hier im Einfachen. Klein, fein, lecker.

€€€€ Bundesstraße 15 (Rotherbaum), Telefon 040 4107585, Mi-Sa 17–23, So 12–23 Uhr, EC-Karte; Grindelhof Bus 4, Bus 5; oechsle-restaurant.de

Philipps Restaurant

Das Karoviertel ist nicht für seine feinen Adressen bekannt, dabei findet sich hier eine wahre Gastro-Perle: Im Philipps kommen Klassiker wie Tatar, Wiener Schnitzel und geschmorte Ochsenbäckchen aus der Küche, aber auch Exotisches wie Kokos-Zitronengras-Suppe und knuspriger Bauch vom Iberico-Schwein mit Thymian-Zwiebelmarmelade. Das kleine Restaurant von Inhaber Philipp Johann ist der perfekte Ort für romantische Abende mit feinem Essen zu fairen Preisen – im Sommer auch auf der Terrasse im idyllischen Hinterhof.

€€€ Turnerstraße 9 (St. Pauli), Telefon 040 63735108, Di-Sa 17–22 Uhr, EC-Karte, VISA, Mastercard; Feldstraße (Heiligengeistfeld) U3; philipps-restaurant.de

Surf 'N Turf Kitchen

Die Kombination der beiden teuersten Posten der Speisekarte – Filetsteak und Hummer – auf einem Teller galt im Amerika der 1960er-Jahre als die Inkarnation des neuen Wohlstandes nach dem Krieg. Also genau das, was den in Sachen Protzfaktor zurückhaltenden Hanseaten am fernsten liegt. Ein Fine-Dining-Restaurant mit diesem Namen zu eröffnen, dazu gehört schon eine Extraportion Mut. Der Gastro-Held heißt Vasile Diaconu. Im Surf 'N Turf Kitchen liegt sein kulinarischer Fokus auf der Experimentierfreude, mit der das „Land&Meer“-Motto in der Küche umgesetzt wird.

€€€ Dorotheenstraße 54 (Winterhude), Telefon 040 63608072, Di-Fr 12–23, Sa 17–23, So 16–23 Uhr, EC-Karte, VISA, Mastercard; Gertigstraße Bus 6, Bus 17; surf-n-turf-kitchen.de

Witthüs

Im idyllischen Hirschpark in Nienstedten liegt das strohgedeckte, vor fast 300 Jahren erbaute Witthüs. Der Dichter Hans Henny Jahnn wohnte hier bis zu seinem Tod 1959. Heute ist das traditionsreiche Lokal für seine traumhafte Lage und seine ausgesuchten Speisen und Getränke bekannt. Serviert werden gehobene saisonale Gerichte mit internationalem Twist.

€€€€ Elbchaussee 499a (Nienstedten), Telefon 040 860173, Mo 18–21.30, Do-Fr 18–21.30, Sa-So 12–15, 18–21.30 Uhr, EC-Karte, VISA, Mastercard; Mühlenberg Bus 1, Bus 286; witthues.com

Ente gut, alles gut: In Brechtmanns Bistro geht norddeutsche Küche einher mit der asiatischen

FOTO: MARC SILL

Ist das noch Essen oder schon Kunst? Im Haerlin erleben Gäste eine perfekte Küchenleistung

Sterneküche

Wo die wahren Künstler kochen und Sterne vom Himmel geholt werden, da verzichten wir auf Testsieger. Hier kommen Hamburgs herausragende Küchen mit besten Weinen und grandioser Präsentation. Ein Fest für Feinschmecker. Ran an die Besten!

100/200 ★★★

Feuer und Rauch – eine Oper der Kulinarik in zwei Akten

Aktuell dürfen sich 44 Restaurants in Deutschland mit zwei Michelin-Sternen schmücken, seit 2022 gehören auch unsere heutigen Gastgeber Thomas Imbusch und Sophie Lehmann zu diesem erlauchten Kreis – und um das vorwegzunehmen: Es ist mehr als verdient. Mainstream und Einheitskonzept ist hier schon wie auf den ersten, durch den industriellen Charme der Umgebung geprägten Blick von Rothenburgort, mal nicht angesagt. Mehrmals im Jahr bietet Thomas Imbusch unter dem Motto Wasser & Salz, Feld & Flur oder wie bei unserem Besuch unter dem Motto Feuer & Rauch (sieben Gänge/200 Euro pro Person, optional mit Weinbegleitung für 100 Euro pro Person, veränderte Menüfolgen auf der Empore buchbar) ein saisonales Menü an, welches vorab über das Reservierungssystem bezahlt werden muss. Offene Küchen sind ja heute keine Besonderheit mehr, doch hier ist die Küche vielmehr die zentrale und von allen Seiten einsehbare Bühne, auf der die Hauptdarsteller des Abends bei ihrer Höchstleistung beobachtet werden können. Am Rande – oder auch als Tipp für das heimische Dinner – sei auch die wirklich stimmige, von Sophie Lehmann eigens zusammengestellte Spotify-Playlist zu erwähnen. Thomas Imbusch möchte Distanz abbauen, wo immer es geht. Nach einem lockeren Schnack mit Aperitif in der Hand zu Beginn an der Schaubar, erweckt der geschmackliche „Einstimmer" – verschiedene Petitessen in den Variationen süß, sauer, salzig, bitter und umami – alle Geschmacksnerven zum Leben. Am Platz endet die Einstimmung einfach und doch ausgesprochen lecker mit einem ganz frischen Sauerteigbrot und luftig geschlagener Ziegenquarkbutter mit einem sehr leichten Rosmarin-Chili-Öl. Der schnell geleerte Teller veranlasst die Küche, gleich ungefragt eine zweite Portion zu bringen. Das Menü bietet viel Wild und Eingelegtes – wir starten mit Tatar vom Reh mit geräucherten Rote-Bete-Spaghetti, die den sehr feinen Wildgeschmack optimal unterstreichen. Es folgt mit der Kombination Krustentier, Kastanie und Käse sowie Schnecken, Schwarzwurzel und schwarzer Knoblauch eine Demonstration der Möglichkeiten einer Küche, die handwerklich perfekt arbeitend konsequent auf der Suche nach den besonderen Lebensmitteln in der Region ist und sich traut, auch Bewährtes immer wieder neu zu denken. Charmant und entspannt wechseln sich Service- und Küchencrew an unserem Tisch ab, immer zu einem lockeren und kompetenten Hamburger Schnack aufgelegt, was auch das letzte bisschen Distanz zur 100/200-Mannschaft im Laufe des Abend abbaut. Im Hauptgang kommt himmlisch zartes Hirschfilet filigran gekrönt von einer marinierten Steckrübe und einer Sardelle auf den Tisch. Die gewagte säuerliche Note ist es, die aus dem Ganzen auf den ersten Blick bekannten Gericht, wieder etwas ganz Besonderes macht. Der dann servierte Klassiker „Käsetoast 2018" – Toast, Deichkäse und fein gehobelte Champignons – kommt als wahres architektonische Kunstwerk und vermeintlicher Höhepunkt der Menüfolge daher. Doch weit gefehlt! Es geht eigentlich nichts mehr rein, aber für die beste Brioche seit Langem, mit einem Hauch von Franzbrötchengeschmack und süßer Vanillesahne, ist zum Glück noch etwas Luft. Damit wir auf dem Heimweg nicht „verhungern" bekommen wir die zweite Brioche noch „to go" neben dem stilvollen Umschlag mit der Menüfolge mit nach Hause. Für uns endet hier nicht einfach ein Menü, nein, es endet das beste Menü, das wir seit Langem bekommen haben. AR

AMBIENTE ●●●●● SERVICE ●●●●●
KÜCHE ●●●●● PREIS-LEISTUNG ●●●●●

€€€€ Brandshofer Deich 68 (Rothenburgsort), Telefon 040 30925191, Mo-Sa 18–23 Uhr, EC-Karte, VISA, Mastercard, Amex; Elbbrücken S3, S31; 100200.kitchen

Bianc ★★

25 Löffel Glück

Oliven, Zitronen, Tomaten, Orangen oder Bottarga stehen für den Geschmack Apuliens in Süditalien. Im Bianc in der HafenCity kreiert Zwei-Sterne-Koch Matteo Ferrantino aus diesen einfachen Zutaten wahre Kunstwerke: Jakobsmuschel mit Orange in Olivenöl-Sud, Minestrone in Texturen oder grüne Olive mit Vermouth und Salzzitrone – diese Olive zerplatzt im Mund und der Vermouth läuft einem über die Zunge. Einzigartig! Erstbesucher sollen Philosophie und Einrichtung bei einer kleinen Führung verinnerlichen. Hinter einer riesigen Glasfassade türmen sich Pfannen und Töpfe, stehen Köche mit Pinzetten, geht alles geräuschlos Hand in Hand. „Das ist unsere Showküche. Sie können sich jederzeit vor die Scheibe stellen und zuschauen." Es folgt der Blick in den Gastraum und die Reise nach Apulien beginnt. Matteo stammt aus dem kleinen Ort Mattinata und wir erfahren, dass die Einrichtung aus seiner Heimat kommt, von den Steinfliesen des Fußbodens über den Olivenbaum in der Mitte bis zur Holzvertäfelung unter der Decke. Uns werden die beiden Menü-Karten (230 Euro pro Person) gereicht. Es gibt „Garten", ein vegetarisches, und „Emotion", eines mit Fisch und Fleisch. 25 verschiedene Positionen finden sich auf einer Seite, darunter allein neun Amuse-Bouches. Und dann fühlen wir uns wie die Jury bei „The Taste", der Fernsehshow, bei der jedes Gericht auf einen Löffel passen muss, um bewertet zu werden. Größer sind die Portionen im Bianc auch kaum. Wir wählen zudem die angebotene Weinbegleitung (140 Euro) mit sieben verschiedenen Tropfen. Man lernt Matteos Lieblingswein aus seiner Kochzeit in Portugal kennen, den Soalheiro Alvarinho Granit, einen fruchtigen Vinho Verde aus dem gleichnamigen Anbaugebiet im Norden des Landes. Und natürlich den Sommelier des Hauses. Er zelebriert jede Flasche am Tisch, stellt den Zusammenhang zum jeweiligen Gericht her und philosophiert über Reben in höheren Lagen, steinige

FOTO: MARC SILL

Im Bianc kreiert Matteo Ferrantino aus einfachen Zutaten wahre Kunstwerke

Böden, Edelstahltanks, salzige Mineralität und fruchtigem Charakter. Man lauscht ihm gern und nippt neugierig am Glas. Gut vier Stunden sitzen wir am Tisch, erkunden die 25 aufgeführten Köstlichkeiten. Besonderen Eindruck hinterlassen Radicchio Trevisano Risotto mit Perigord Trüffel oder Drachenkopf mit Spaghetti und Bottarga oder Entenleber mit Cassis und Feige. Abgerundet wird das unglaubliche Menü mit zwei Desserts und fünf Petit Fours. Als Jury sind wir begeistert. In unserer „The Taste"-Sendung gewinnt Matteo alle Löffel. Ein Meister seines Faches und einer zum Anfassen. Er begrüßt die Gäste, hält einen Plausch, macht artig Selfies und signiert geschwungen sein Kochbuch. Eine Art Bibel der apulischen Genüsse. Andere Sterneköche scheitern an Tomaten-Nudeln mit Bacalhau. Tim Raue beispielsweise – er trat bei „Kitchen Impossible" gegen Mama Ferrantino im heimischen Mattinata an und sollte deren Nudeln nachkochen. Die Menü-Karten aus dem Bianc darf und soll man als Andenken mitnehmen. Es macht Spaß sie immer wieder anzuschauen und sich an den unterschiedlichen Kombinationen zu erfreuen. Doch nicht nur Koch und Sommelier stechen hier heraus. Der Service ist der aufmerksamste und perfekteste, den wir je erlebt haben. Ein unvergesslicher Abend. THORSTEN BARTELS

AMBIENTE ●●●●● SERVICE ●●●●●
KÜCHE ●●●●● PREIS-LEISTUNG ●●●●●

€€€€ Am Sandtorkai 50 (HafenCity), Telefon 040 18119797, Mi-Sa 18.30–24 Uhr, EC-Karte, VISA, Mastercard; Am Sandtorkai Bus 2, Bus 6; bianc.de

Haerlin ★★

Simply the best

Was Jahr für Jahr besser wird, darf auch teurer werden, das gilt besonders für die Spitzengastronomie. Doch trotz Inflation und Gaspreis-Schock zucken wir am Ende eines kulinarisch kaum übertreffbaren Abends beim Zwei-Sterne-Chef Christoph Rüffer und seinem Speisepalast Haerlin im Hotel Vier Jahreszeiten an der Binnenalster angesichts der Rechnung mit der Augenbraue. Bei unserem letzten Besuch vor eineinhalb Jahren kostete das gesetzte Sechs-Gänge-Menü noch 190 Euro, jetzt sind 295 Euro fällig. Ohne Weinbegleitung, die mit 195 Euro zu Buche schlägt. Andererseits muss eine in fast jeder Hinsicht perfekte Küchenleistungsschau der Luxusprodukte ihren Preis haben – allein für den edlen Kaisergranat sind bestimmt 30 Euro pro Stück im Einkauf fällig, der Wagyu-Rücken mit Marmorierungsklasse 7-8 im Hauptgericht ist nicht unter 500 Euro pro Kilo zu haben. Ganz zu schweigen von dem Berg Imperial-Kaviar auf dem himmlischen Kartoffelschaum mit Gillardeau-Austern im letzten der vier Amuses. Oder den Massen von Perigord-Trüffelscheiben auf den Maronen-Tortelli im Veggie-Gang, die auch die Hauptrolle der ersten Vorspeise meiner Co-Testerin als Dach für dahinschmelzenden spanischen Thunfisch spielen. Bei meiner Vorspeise steht mit einem kunstvoll glasierten Pasteten-Türmchen von der ungestopften Gänseleber noch so ein auf Weltklasse-Niveau zubereitetes Hochpreisprodukt im Mittelpunkt, und der für mürb-süßen Kontrast sorgenden Pflaumencreme setzt Rüffer augenzwinkernd ein Häubchen aus essbarem Blattgold auf. Zusammen mit dem verführerisch ofenwarmen Sauerteigbrot und den drei ersten Küchengrüßen – Tatar mit Liebstöckelcreme, Krabbenpraline mit Speck und Parmesan und einer Labskaus-Miniatur mit Räucheraal – bringt das perfekt choreografierte, warmherzige Service-Ballett im Laufe von knapp vier Stunden ein volles Dutzend Gaumenhöhepunkte an unseren Tisch mit dem kleinem Alsterblick. Als Rüffer dann nach dem butterzarten Bries auf Kapern-Kalbskopfjus meines Hauptgerichtes in weißer Arbeitskluft von Tisch zu Tisch defiliert, gibt es nichts als Beifall. Leider erfüllt die danach servierte überraschend aromaschwache Käseauswahl vom Auvergne-Affineur Antony ebenso wenig unsere Erwartungen an das offiziell zwölfbeste Restaurant Deutschlands wie der nun folgende Patisserie-Output mit einer recht uninspirierten, überzuckerten Apfelvariation und nicht minder belanglosen Petits fours. Hier sollte das erneut zum „Besten Grandhotel Deutschlands" gewählte Haus endlich die süße Lücke schließen, die seit dem Abgang des Dessert-Kaisers Christian Hümbs 2017 klafft. PESI

AMBIENTE ●●●●● SERVICE ●●●●●
KÜCHE ●●●●● PREIS-LEISTUNG ●●●●○

€€€€ Neuer Jungfernstieg 9-14 (Neustadt), Telefon 040 34943310, Di-Sa 18.30–24 Uhr, EC-Karte, VISA, Mastercard, Amex; Gänsemarkt U2; restaurant-haerlin.de

FOTO: MARC SILL

Haebel ★★

Hamburgs neuer Stern

Lässig einen Stern erkocht: Haebel-Küchenchef Kevin Bürmann

Hasenleber? Innereien-gefüllter Taubenfuß? So was kann im vom Michelin frisch besternten Fine-Dining-Kiez-Restaurant Haebel auf den Teller kommen. Meine Co-Testerin bekommt schon Hasenfüße angesichts der rohen, mit etwas Aschestaub servierten Garnelen aus dem vorbestellten Fauna-Menü, darf aber noch auf die veggie Flora-Variante (129/104 Euro inklusive Wasser) umschwenken. „Carte blanche" heißt im Reich von Patron Fabio Haebel und seinem Sterneküchen-gestählten Chef Kevin Bürmann, dass es die Speisekarte erst zur Rechnung gibt. Das Überraschungsmenü beginnt damit, dass das kleine Haebel seine 14 Plätze auf 20 erhöht hat, und wir sind froh, nicht auf einen der neuen Notsitze auf der Fensterbank gequetscht zu werden. Wir süffeln einen feinen Crémant (10 Euro) und den Rosé-Schampus Jeaunaux-Robin (20 Euro) zum rasch servierten Amuse-Trio aus Schwarzwurzel-Tempura mit Liebstöckel-Mayo, Armer Ritter mit Ziegenkäsespänen und einem umamigen Gemüse-Essenz-Shot. Vor den Rohgarnelen in öltriefender Malzvinaigrette versuchen wir, aus der so kleinen wie unstrukturierten Weinkarte (39–399 Euro) schlau zu werden und folgen dem Rat des lässigen und äußerst kundigen Service mit dem Franko-Weißen „Zen" (69 Euro). Der begleitet wacker die durchweg kräftigen und auch beim Fauna-Menü häufig rein vegetarischen Kreationen wie die krosse Kartoffel-Nuss-Roulade in Walnuss-Velouté, den Austernpilz auf göttlicher Pastinakencreme in Zwiebel-Verjus-Sud oder den Sellerie-Knusper-Mille-feuille in Algenkaviarsauce. Leckerer als mein Ministück Steinbutt mit Rhabarber-Kruste, das vertrocknete Brioche als misslungener Brot- und Sättigungsgang oder die leicht übergarte Stubenküken-Rolle mit Nose-to-Tail-Farce. Unser Favoriten-Gang: zarte Ravioli mit unfassbar butteriger Füllung, Kimizu-Mayo und Top-Jus. Danach wieder runter auf der Gaumen-Achterbahn mit schwachem Dessert-Dreiteiler, der anderswo allenfalls als Petit fours durchgegangen wäre. Am Ende sind wir zwar begeistert von der großen Gemüsekunst, haben aber wegen der kleinen Portionen erstmals im langen Testerleben nach einem Sterne-Menü noch Hunger. PESI

AMBIENTE ●●●●○ SERVICE ●●●●○
KÜCHE ●●●●● PREIS-LEISTUNG ●●●●○

€€€€ Paul-Roosen-Straße 31 (St. Pauli), Telefon 01578 6864585, Di-Sa 18.30–22 Uhr, EC-Karte, VISA, Mastercard; Reeperbahn S1, S2, S3; haebel.hamburg

FOTO: MARC SILL

Mit außergewöhnlichen Ideen und tadellosem Handwerk hat sich das Lakeside in diesem Jahr den zweiten Stern erkocht

Jellyfish ★

Maritimer Stern ohne Chichi

Das Eimsbütteler Jellyfish des Kochs und Inhabers Stefan Fäth steht seit Jahren für Hamburgs großartige Fischküche. 2022 hat das Restaurant dafür vom Guide Michelin den Stern nach ein par trubeligen Zeiten wieder zurückbekommen. Solch eine Auszeichnung steht oft für eine gewisse steife Abgehobenheit. Nicht so im Jellyfish. Passend zur Lage nahe der Schanze geht es hier ungezwungen zu. Der Service ist kompetent, top informiert und auch zu einem kleinen Plausch aufgelegt. All das ohne weiße Handschuhe. Sehr angenehm. Küche und Getränke stehen klar im Vordergrund, was auch das zurückhaltende, gemütliche Ambiente unterstreicht. Es gibt nur ein Menü. Dieses lässt sich in vier, sechs oder acht Gängen bestellen. Es gibt die Möglichkeit für individuelle Variationen. Wir entscheiden uns für das Vier-Gänge-Menü (118 Euro). Die Weinbegleitung gibt's für 60 Euro. Mit dem Amuse-Geule, dem Brotteller, dem Gruß aus der Küche und der süßen Überraschung am Ende kommen wir eigentlich letztlich auf acht Gänge. Das Amuse-Geule ist eine perfekte Eröffnung. Inspiriert von norddeutscher Küche werden ein Mini-Fischbrötchen, ein Tatar-Rote-Bete-Macaron und Auster gereicht. Optisch liebevoll präsentiert. Textur und aromatische Feinabstimmung sind hinreißend, die detailverliebte Optik ist bis ins Pinzetten-Detail durchdacht. In dieser Ausführlichkeit müsste ich jeden einzelnen Gang beschreiben, um der Küchenleistung gerecht zu werden. Beispielhaft für den Ansatz von Stefan Fäth steht der Hauptgang: Skrei als Pannfisch. Schäumchen vom lila Senf, eine Soße aus Djion-Senf mit Limette und Creme vom Grünkohl sind aromatisch hoch konzentriert. Auf der Creme „wurzeln“ kleine gebackene Grünkohlbäumchen. Der Winterkabeljau thront auf marinierten Kohlblättern und wird mit einem Verjus von Weintrauben gekrönt. Das bringt die Säure zum Fisch. In einer kleinen Schalotte ist Bremer Pinkel versteckt. Der verspielte Teller erzählt optisch und kulinarisch eine kleine Geschichte. Wir sind begeistert. Kritik? Zwei Elemente sind uns zu salzig. Insgesamt bewegt sich das Salzniveau an der oberen Grenze. Wie gut, dass es eine Wasserflatrate für acht Euro gibt. Die Weinkarte ist umfangreich. Abschreckend? Nein, wir verlassen uns beruhigt auf die passende Empfehlung. DS

AMBIENTE ●●●●○ SERVICE ●●●●●
KÜCHE ●●●●● PREIS-LEISTUNG ●●●●○

€€€ Weidenallee 12 (Eimsbüttel), Telefon 040 4105414, Mo-Fr 18–21, Sa-So 12–14, 18–21 Uhr, EC-Karte, VISA, Mastercard; Schlump U2, U3; Sternschanze S11, S21, S31, U3; jellyfish-restaurant.de

Lakeside ★★

Doppelstern mit Cosmo-Cuisine

Kann man an klaren Tagen von dem in diesem Jahr endlich mit dem längst verdienten zweiten Michelin-Stern ausgezeichneten Lakeside ganz oben im noblen Alster-Hotel The Fontenay in Rotherbaum wirklich bis nach Mumbai, Tokio, Brest, Oslo, Bordeaux und Madagaskar blicken? Chef Julian Stowasser jedenfalls blickt nicht nur auf seine Drei-Sterner-Stationen zurück, sondern neugierig in die weite Welt der Kochtricks, Zutaten und Würzungen. Seine Cosmo-Cuisine ist der gelungene Gegenentwurf zu dem „Kilometer Null“- Selbstbeschneidungs-Trend der norddeutschen Spitzengastronomie. Bei Stowasser muss zum Glück nicht alles von Bauer Hein Daddel aus Rümpelbek stammen. Er tischt lieber munter auf, was schmeckt. Nordisches wie die intensive, im Mund platzende Gurkensalat-Sphäre als eines von vier beeindruckenden Amuse-Miniaturen, der Kaisergranat sitzt auf einer indischen Vadouvan-Gewürzbombe, und klare Säuresud-Kanten setzen spannende Kontraste zu der mit Kaviar gekrönten Jakobsmuschel wie auch zu dem handgeangelten, mit Sepia-Chips, Rouille und Poweraden hoch mediterran begleiteten bretonischen Loup de Mer – serviert von dem so elegant-dynamischen wie herzlichen jungen Serviceteam unter der Leitung von Michel Buder. Auch das Lakeside, am Test-Tag noch Einsterner, hat die Menüwahl abgeschafft, es gibt nur noch den gesetzten Siebengänger (225 Euro – fast schon ein Zwei-Sterne-Preis; Weinbegleitung 160 Euro extra), der im Laufe unseres knapp vierstündigen Genussabends auf ein Dutzend Gerichte wächst. Zum Beispiel mit Amuses, dem Gurken-Gin-Tonic-Zwischengang vor dem etwas zu Kakao-schweren Madagaskar-Mangaro-Schoko-Dessert, das wie die sensationellen Petit fours die Handschrift des Gault-Millau-„Patissier des Jahres 2020“, Marco D'Andrea, trägt. Ebenso wie unser heimlicher

FOTO: MARC SILL

VIP TESTERIN

Andrea Eggers

Portfolio Manager Leasing, Westfield Hamburg Überseequartier / Unibail-Rodamco-Westfield

Getestet: Landhaus Scherrer

FOTO: PRIVAT

Als VIP-Tester ... freue ich mich, dabei mitzuwirken, den Leserinnen und Lesern zu zeigen, wie vielfältig die Gastronomie-Szene in Hamburg ist.

Mein Lieblingsrestaurant ist ... das Brüdigams in Eimsbüttel. Hier passt einfach alles: entspannte Atmosphäre, nettes Personal und eine leckere ständig wechselnde Küche mit regionalen Zutaten. Und das Nikkei Nine im Hotel Vier Jahreszeiten, nicht nur, weil ich durch meine damalige Ausbildung in diesem grandiosen Haus eine spezielle Verbindung habe, sondern weil Küche und Service einfach perfekt sind.

Meinen Feierabendwein trinke ich am liebsten ... am Ostufer der Alster vor der Alsterperle. Hier gibt es den vielleicht schönsten Sonnenuntergang der Stadt.

Ein Gastro-Geheimtipp in Hamburg ist auf jeden Fall ... das Bistro Carmagnole in der Schanze, französische Küche par excellence, vor allem am Wochenende sollte man einen Tisch reservieren.

Typisch Hamburg ist ..., dass man eigentlich zu jeder Stunde irgendwo noch an ein Franzbrötchen kommt.

Für einen Ausflug aufs Land geht es ... entweder in den Wohldorfer Wald im Nordosten der Stadt oder zu den Boberger Dünen.

Nachts noch Hunger? Dann geht's in ... die Kleine Pause in der Wohlwillstraße. Hier wird man auch zu später Stunde noch satt.

Die schönste Aussicht beim Essen gibt's ... mit einem Fischbrötchen von den Landungsbrücken auf der Fähre nach Finkenwerder.

Zum Frühstück gehe ich am liebsten ins ... Lu Soufflé in den Kurzen Mühren, da gibt es die besten Soufflees und japanischen Pancakes für Spät-Frühstücker.

Favorit, der „Käseteller“ mit Tamarillo-Sorbet, Clotted Cream, Babyzwiebelringen sowie in Flüssigstickstoff ultragefrosteten Kügelchen vom Epoisses-Rohmilchkäse. Mindestens auf kreativer Augenhöhe liegt die softe Wachtelbrust im Périgord-Trüffelmantel mit Creme und Chips von der Topinambur, wie auch einer der besten Fleischgänge unserer letzten Testerjahre: saftspritzendes, mit Bang-Boom-Bang-Sauce lackiertes Wagyu-Entrecôte an Shiitake-Tatar, Rettich-Röllchen und einem Umami-Wunder von Miso-Ponzu-Hollandaise. Weil zum Glück alle Portionen überschaubar bleiben und man von dem seltsam schwachen Brot-Laibchen automatisch wenig isst, muss vor dem Besuch dieses aus unserer Sicht im Moment heißesten Sternelokals Hamburgs kein Gastroenterologe für eine Magenerweiterung aufgesucht werden. Weltklasse Weltklasse und voll verdient doppelbesternt! PESI

AMBIENTE ●●●●● SERVICE ●●●●●
KÜCHE ●●●●● PREIS-LEISTUNG ●●●●○

€€€€ Fontenay 10 (Rotherbaum), Telefon 040 6056605740, Di-Sa 19–24 Uhr, EC-Karte, VISA, Mastercard, Amex; Fontenay Bus 19; thefontenay.com

Die Vierländer Ente von Sternekoch Heinz O. Wehmann im Landhaus Scherrer ist legendär

VIP-TESTERIN
Andrea Eggers

Landhaus Scherrer ★★

Klassik trifft Nachhaltigkeit

Elbchaussee, Heinz Wehmann, Michelin-Stern. Wer das Landhaus Scherrer in Othmarschen besucht, bringt eine gewisse Erwartungshaltung mit – auch wir. Und wir werden nicht enttäuscht. Nach der herzlichen und erstaunlich lockeren Begrüßung geht es direkt auf eine kleine Zeitreise ins 19. Jahrhundert, denn so alt ist das Gebäude schon. Gediegenes Mobiliar, klassische Tischdecken und feine Gedecke. So geht hanseatisches Understatement in einem Sterne-Restaurant. Und dann noch die kunstvollen Platzteller, die jedes Jahr von einem regionalen Künstler neu kreiert werden. Apropos Kreationen – Tatar von der Pilgermuschel mit Imperialkaviar (32,50 Euro), Königsberger Klopse (16,50 Euro), geröstete Grützwurst (16,50 Euro): Diese Klassiker – modern und exklusiv mit hoher Handwerkskunst zubereitet – begeistern uns. Technisch einwandfrei überzeugen die Gerichte mit einer geschmacklichen Intensivität, die wir so woanders noch nicht gefunden haben. Wer am Ende immer noch Hunger (und Platz) hat, dem sei die direkt am Tisch zubereitete Crêpe Suzette (23,50 Euro) empfohlen. Passend dazu serviert uns der Sommelier übrigens durchgehend fein abgeschmeckte Weine. Klassischer Landhaus-Stil. Wer jetzt aber bei klassisch direkt an eingestaubt denkt, der irrt gewaltig: Man geht mit der Zeit und setzt auf nachhaltige und regionale Produkte. Abgerundet wird das alles durch den guten Service, tolle Beratung und Flexibilität der Gerichte. Etwas dezente Hintergrundmusik und ein kleines Facelift des Interieurs würden die Atmosphäre vielleicht etwas auflockern und die nächste Generation von Gästen noch mehr begeistern. Aber wo bliebe dann das hanseatische Understatement?

AMBIENTE ●●●●○ SERVICE ●●●●●
KÜCHE ●●●●● PREIS-LEISTUNG ●●●●●

€€€€ Elbchaussee 130 (Othmarschen), Telefon 040 883070030, Mo-Sa 12–14.30, 18–21 Uhr, EC-Karte, VISA, Mastercard; Neumühlen/Övelgönne (Fähre) Bus 112; landhausscherrer.de

Piment ★

Aromenkünstler wie aus 1001 Nacht

Das Berber-Couscous in Safran-Essenz (26 Euro) ist in seiner Einfachheit so besonders, dass man es in einer Sterneküche nicht erwarten würde. Aber genau das ist die Kunst von Wahabi Nouri: Er vermag aus vermeintlich einfachen Zutaten wie Hartweizengrieß viel herauszuholen. Nouri ist Kind marokkanischer Eltern. Die Liebe zum Kochen und zum guten Essen wurden ihm in die Wiege gelegt, er hat bei den Besten gelernt und sich dann den Traum vom eigenen Restaurant erfüllt, das seit jeher mit einem Michelin-Stern dotiert ist. Nouri wird als Aromenkünstler gefeiert und wer einmal bei ihm essen war, versteht warum. Man kann aus zwei Sechs-Gang-Menüs (178 Euro) wählen, Piment oder Nouri genannt. „Oder einfach à la carte essen. Für diese Variante entscheiden wir uns. Vorweg gibt's kleine Geschmacksexplosionen, ein Möhrenpesto mit marokkanischen Gewürzen, eine scharfe Möhren-Ingwer-Gazpacho, gefüllte Pralinen und Passionsfruchthäppchen. Kunstvoll und aromatisch. Als zweite Vorspeise kommt gebeiztes Rindertatar mit Foie gras (36 Euro), gefolgt von Hirsch mit einem fruchtigen Bratenjus (55 Euro) sowie einem süßen Abschluss aus Holunderblütenschaum, Tonkabohnencreme und Wildbirne (24 Euro). Alle Gerichte sind ausgetüftelt und ein einzigartiges Geschmackserlebnis, wundervoll angerichtet und entführen in eine Aromenwelt, die man so nur selten geschmeckt hat. Das Interieur im Piment ist bewusst schlicht in der Trendfarbe Greige gehalten, das Licht ist schummrig, hier soll der ganze Fokus auf dem Teller liegen. Das schafft Nouri mit links. DSW

AMBIENTE ●●●●○ SERVICE ●●●●○
KÜCHE ●●●●● PREIS-LEISTUNG ●●●●●

€€€€ Lehmweg 29 (Hoheluft-Ost), Telefon 040 42937788, Mo-Di 19–23, Do-Sa 19–23 Uhr, EC-Karte, VISA, Mastercard, Amex; Eppendorfer Baum U3; restaurant-piment.de

The Table ★★★

Ein Tisch, drei Sterne

Hier empfängt der Chef persönlich. Als wir um 19 Uhr das The Table in der HafenCity betreten, stehen 3-Sterne-Koch Kevin Fehling und sein Sommelier David Eitel schon zur Begrüßung an der Tür. Wir nehmen am lang geschwungenen Chefs Table auf bequemen Hochstühlen Platz, die zweite Hälfte der Gäste kommt eine Stunde später. Interessante Randnotiz: An diesem Abend sind insgesamt nur drei Frauen bei den Gästen anwesend, sonst nur (mittelalte) Männer. Das Menü ist hier über lange Zeiträume konstant und wechselt eher in Nuancen. Die Choreografie der Köche mit Pinzetten, Paletten und kleinen Quetschflaschen beginnt. Kevin Fehling übernimmt hin und wieder kleine Handgriffe und gießt am Tisch Soßen an. Hören oder gar riechen kann man hier übrigens nix, alles ist minutiös vorbereitet. Typisch für Kevin Fehlings Menü ist die Arbeit mit vielen internationalen und exotischen Aromen, zum Teil in ungewöhnlichen Kombinationen. Schließlich heißt das Menü „Tor zur Welt“. Ebenso charakteristisch ist die Nachahmung von Produkten in naturalistischen Formen und die Verwendung von Techniken, die aus der Molekularküche stammen. Regionalität und Saisonalität, die andernorts in der Gastromie (zu Recht) an Bedeutung gewinnen, spielen hier keine Rolle. Ein paar Mal haben wir an diesem Abend den Eindruck, dass Aromatik,

FOTO: MARC SILL

Alle Tests in voller Länge auf
genussguide-hamburg.com

Intensität und damit auch die Emotionalität an der starken Verarbeitung der Produkte leiden. Von den Kleinigkeiten vorweg kann „Die See“ am meisten überzeugen. Eine intensive Seeigel-Mousse wird mit Algen und Muschel-Varianten kombiniert und schmeckt tatsächlich wie salzige Brandung. Ähnlich gut ist die Kombination von Hamachi, Himbeere, Kokosnuss, Meerrettich und Rote Bete. Etwas mehr Kanten (Salzigkeit, Säure) würden dem Gericht noch mehr Spannung verleihen. Von der Gänseleber-Variation mit Aal überzeugen die süß-herzhafte Unagi-Zubereitung des Aals und die Gänseleberterrine am meisten, der naturalistisch geformte, mit Lebensmittelfarbe eingefärbte „Apfel“ schmeckt leider nach nichts. Das beste Gericht des Abends ist der Kabeljau mit Jungschweinhaxe (als kleiner Würfel), Grünkohl-Pinkel-Porridge (als Miniatur-Nocke), Senfcreme und Zitronenschalenperlen (gefroren mit Stickstoff), umgeben von einem intensiven Haxen-Sud. Hier verbinden sich Rustikalität, Ausdrucksstärke und Filigranität. Die Crepinette von der Wachtel bleibt eher blass, das Stückchen Ratatouille-Kuchen (eine Art Tortilla mit Gemüsestückchen) ist fast banal. Das würzige Sardinen-Gel und der sehr gute, mit Basilikum aromatisierte Sud zeigen, wie Intensität Gerichten auf den Sprung helfen kann. Nach einem soliden Stück Wagyu-Roastbeef und einem dazugehörigen, etwas lauwarmem Schmorbraten folgt eine Variation aus Bananenmousse, Schokoladenhülle, Kirsch-Sorbet und Schokocrumble unter einem sehr guten Langpfeffer-Schaum. Als Petit Fours werden Abwandlungen von Cocktails aus der zum The Table gehörigen „Puzzle Bar“ serviert. Enttäuschend ist leider die Auswahl bei den alkoholfreien Getränken. Es gibt zwar eine prozentefreie Begleitung, die besteht neben einem Aperitif jedoch nur aus Säften. Das ist für ein so hochdekoriertes Restaurant zu wenig und nicht mehr zeitgemäß. Für Weintrinker gibt es hier dagegen viel Spannendes (und Hochpreisiges) zu entdecken. The Table von Kevin Fehling ist in Hamburg weiterhin ein einzigartiges Restaurant. Schön wäre es, wenn sich das auch wieder stärker in den aromatischen Akzenten des Menüs widerspiegeln würde. Dann würden sich die für das Menü fälligen 275 Euro mehr lohnen. BC

AMBIENTE ●●●●○ SERVICE ●●●●●
KÜCHE ●●●●○ PREIS-LEISTUNG ●●●●○

€€€€ Shanghaiallee 15 (HafenCity), Telefon 040 22867422, Di-Sa 19–24 Uhr, EC-Karte, VISA, Mastercard; HafenCity Universität U4; thetable-hamburg.de

♿

Zeik ★★

Entspannte Sterneküche

Hebt die regionale Küche in ungeahnte Höhen: Zeik

Zwischen imposanten Villen und kleinen Kanälen, mitten in Winterhude, feiert Küchenchef Maurizio Oster mit seinem Team die regionale Küche. Auf typische Luxusprodukte wird verzichtet, stattdessen zeigt uns das Zeik, wie man Sellerie, Schwarzwurzel oder Karotten in ungeahnte Höhen heben kann. Unser Menü besteht aus sechs Gängen, wahlweise vegetarisch (119 Euro). Spoiler: Beim siebten Teller ist noch kein Dessert zu erahnen und ich höre auf zu zählen. Es gibt nahezu Unzähliges, das ich einzeln besingen könnte. Ich entscheide mich hier mal lieber für ausgesuchte Highlights. Wie dieses hier: In Walnussöl marinierte Schwarzwurzel liegt so fein geschnitten auf luftiger buttrig-süßer Schwarzwurzelmousse, dass ich durchgucken kann. Drum herum ein dichter Sud aus der Schale gerösteter Schwarzwurzeln und glänzend-grünes Schnittlauchöl, zart und zugleich pikant. Und dann kommt's: In der Mitte versteckt sich eine Sphäre, die zart zerplatzend kühlen Joghurt freilässt, der im Mund alles miteinander verbindet. Später gerate ich noch einmal kurz aus der Fassung, als es zum zart-saftigen Schweinerücken mit krosser Kruste neben geräuchertem Karottenpüree und schimmerndem Kümmelsud auch noch eine kleine Brioche-Praline gibt. Der aromatische Hefeteig ist nicht nur gefüllt mit würzig-zartem gezupften Schweinenacken. Er ist auch noch frittiert. Und oben drauf ist ein sticky Karottenlack gepinselt, der die feinen Schnittlauchröllchen in Position hält. Dann ist da noch der Restaurantleiter und Sommelier Tobias Greve. Auf Wunsch präsentiert er zu den Gängen passende Weine (74 Euro). Oder die alkoholfreie Begleitung (54 Euro). Teils harmonisch begleitend, teils bewusst kontrastierend setzt der Inhalt der Gläser so spannende Akzente, wie es wohl kein Wein könnte. Ganz neu für mich: die Verbindung von Kombucha und Rettich. In der Nase zuerst irritierend schwefelig und scharf verwandelt sich im Mund alles auf verblüffende Weise. Auf einmal ist der Drink laktisch und süßlich, er schwebt fast über die Zunge. Alle Drinks sind natürlich hausgemacht. Wer also etwas Abenteuerlust mitbringt, kann sich auf eine unkonventionelle kulinarische Reise weit über den Tellerrand hinaus freuen. Es geht einmal querbeet vorbei an Rotkohlkrokant, Sellerieflan, fermentiertem Rosenkohl, Senfeis, weißer Schoki mit Liebstöckelpulver oder Hanfcrunch. Mit Mut und Fingerspitzengefühl hat das aufmerksame und herzliche Zeik-Team zu Recht einen Michelin-Stern bekommen und dazu gleich noch einen grünen Stern für Nachhaltigkeit. Einen dritten Stern leg ich noch obendrauf. Für die Praline. ELIANE NEUBERT

AMBIENTE ●●●●● SERVICE ●●●●●
KÜCHE ●●●●● PREIS-LEISTUNG ●●●●●

€€€€ Sierichstraße 112 (Winterhude), Telefon 040 46653531, Di-Sa 18.30–22 Uhr, EC-Karte, VISA, Mastercard; Sierichstraße U3; zeik.de

♿ ☼

FOTO: MARC SILL

Gute Laune am Spieß: ein stimmungsvolles Ende der Genuss-Tour durch Harburg im legendären Panthera Rodizio

Wo unsere Tour-Guides genießen

HAMBURGS FOOD-SZENE ENTDECKEN

Unsere Genuss-Touren durch Hamburg sind eine leckere Sache. Die Tourguides haben halt Ahnung, wo richtig gut aufgetischt wird – und garnieren alles mit spannenden Storys. Hier schon mal ein paar heiße Tipps

Tourguide Ulli – Ottensen

Ich lebe seit vielen Jahren in Ottensen und liebe es, den Gästen mein Viertel zu zeigen. Am liebsten frühstücke ich im Eclair au Café im Hohenesch. Unbedingt früh kommen: Morgens um halb neun gibt es frische, echte französische Pains au chocolat und einen richtig guten Cafè au Lait.

€ Kleine Rainstraße 1(Ottensen), Mo–So 7–19 Uhr, EC-Karte; Bahnhof Altona alle S-Bahnlinien; eclairaucafe-hamburg.de

FOTO:S: MARIUS GEBHARD (O.), PRIVAT (U.)

Tourguide Astrid – Altstadt

Ich liebe vor allem die Restaurants, die auch für Hamburger Kulinarik-Geschichte stehen und da natürlich vorrangig Fisch! Daniel Wischer ist ein Traditionsrestaurant mit einer fast 100-jährigen Geschichte. Das zweite Lokal vis à vis des Hamburger Rathauses ist modern und dennoch wunderbar rustikal urig. Für den eiligen Hunger gibt es echte Fischklassiker als Imbiss. Im Restaurant, gemütlich sitzend, erfreut eine reichhaltige Karte jeden Gaumen. Bei meinem letzten Besuch aß ich Rotbarschfilet mit hausgemachtem Kartoffelsalat. Das ist für mich eine liebe Kindheitserinnerung, bei Daniel Wischer esse ich es am liebsten!

€€ Große Johannisstraße 3 (Altstadt), Mo–Sa 11.30–21 Uhr, EC-Karte, VISA, Mastercard, Amex; Rathaus U3; danielwischer.de

Tourguide Antje – Blankenese

Für mich gibt es kulinarisch keinen schöneren Ort in Blankenese als das wunderbare kleine Piccolo Amore am Ende der Elbchaussee mit Blick auf das Treppenviertel. Ob als kulinarischer Stopp auf unseren Genusstouren oder privat: klein, authentisch, eine liebevolle Mischung aus Trattoria und Feinkostladen. Hier gibt es leckere ligurische Küche, grandioses Antipasti und die beste Pizza in Hamburgs Westen. Liebevoll bewirtet die Betreiberin Barbara Rössler jeden Gast, erklärt die Gerichte, erzählt von ihrer zweiten Heimat Ligurien und schafft mit ihren großartigen Kochkünsten und der Feinkost ein großes Glück.

€€€ Elbchaussee 587 (Blankenese), Di 11–15.30, Mi-Do 11–15.30, 18–21, Fr 11–15.30, Sa 12–15.30 Uhr, EC-Karte, VISA, Mastercard; Blankenese S1; piccoloamore.de (Seite 131)

Tourguide Theo – Sternschanze

Dass man nicht nur in Lübeck ausgezeichnetes Marzipan und gute Schokolade bekommt, erfährt man, wenn man die Confiserie Paulsen in den Rindermarkthallen betritt. Ein kleiner Traditionsbetrieb, der seit 1928 in Handarbeit seine Köstlichkeiten mit besten Zutaten selbst produziert. Mein Tipp: die Marzipankartoffeln in dunklem Kakaopulver gerollt mit mildem, nicht zu süßem Geschmack, die Ingwerstäbchen oder die selbst gemachten Pralinés: Ein wahrer Traum!

€€ Paulsen Chocolate Bar in der Rindermarkthalle, Neuer Kamp 31 (St. Pauli), Mo–Sa 10–20 Uhr, EC-Karte, VISA, Mastercard; Feldstraße U3; confiserie-paulsen.de

Tourguide Marius – St. Georg

Mein Herz schlägt kulinarisch für St. Georg. Hier entdecke ich immer wieder eine nie enden wollende Vielfalt kulinarischer Möglichkeiten für jeden Moment des Lebens. Soll es rustikal sein mit den besten Bratkartoffeln und uriger Atmosphäre? Dann geht es ab zu Frau Möller in die Lange Reihe. Grandiose persische Küche und feinstes Lamm zusammen mit orientalischer Gastlichkeit? Dann auf ins Molana Alreza in die Danziger Straße/Ecke Brennerstraße. Und für die besonderen Abende mit Kerzenlicht und bester gehobener norddeutscher Küche, exzellentem Service für den unvergesslichen den Abend zu zweit empfehle ich Das Dorf in der Langen Reihe.

€ Frau Möller, Lange Reihe 96 (St. Georg), Mo–Do 8–4, Fr–Sa 8–5, So 8–3 Uhr, nur Barzahlung; Hauptbahnhof alle Bahnlinien; fraumoeller.com

€€ Molana Alreza, Danziger Straße 14 (St. Georg), Mo–So 12–22 Uhr, EC-Karte; Lohmühlenstraße U1; molana-alreza.business.site (Seite 218)

€€€€ Das Dorf, Lange Reihe 39 (St. Georg), Mo–Do, So 18–22.30, Fr–Sa 18–23 Uhr, EC-Karte, VISA, Mastercard; Hauptbahnhof alle Bahnlinien; restaurant-dorf.de

Tourguide Hubert – Wilhelmsburg

Fado umschmeichelt die Seele, das Interieur ist authentisch, das Essen ein Traum: Im portugiesischen Restaurant O Atlantico wird sofort die Sehnsucht nach Portugals traumhaften Küsten geweckt. Ein Muss für alle, die Fisch und Meeresfrüchte mögen. Die Karte umfasst ein breites Angebot, beginnend mit einer Vielzahl leckeren Vorspeisen bis zu opulenten, landestypisch zubereiteten Hauptspeisen. Der Vinho Verde kommt vom Fass und der Port rundet einen wunderbaren Abend hervorragend ab.

€€ Veringstraße 26 (Wilhelmsburg), Mo–So 12–24 Uhr, nur Barzahlung; Mannesallee Bus 13, Bus 156; facebook.com/RestaurantAtlantico (Seite 164)

FOTO:S: PRIVAT

Einfach mal raus

Genuss kann grenzenlos sein. Rund um Hamburg gibt's jede Menge tolle Restaurants, Gasthöfe und Bistros zu entdecken. Oft idyllisch gelegen. Hier kommt die kulinarische Roadmap für leckere Trips in den Norden, den Süden, den Osten und den Westen. Und natürlich in das bezaubernde Städtchen Lüneburg

ILLUSTRATION: NELE ANDERS

OSTSEE
STORMARN
(OST)
LAUENBURG
(OST)
HAMBURG
LÜNEBURG

So geht Schönes Leben auf dem Lande im April: Frischer Spargel mit neuen Kartoffeln und einem original Wiener Schnitzel

Ab in den Norden

Saftige Wiesen, zauberhafte Bäche und knackiges Grün. Jenseits der Stadtgrenze wird Landwirtschaft noch gelebt. Und klar, wo Kühe frei grasen und Bio-Bauern ackern, gibt's so manchen Gasthof zu entdecken, der regional und saisonal so richtig lebt. Lecker!

Barolo

Typisch italienisch

Viele Stammgäste, herzliche Begrüßungen. Das gibt uns bereits nach kurzer Zeit ein gutes Gefühl, heute einen schönen und leckeren Abend im Barolo in Norderstedt zu erleben. Bistromöbel, gepaart mit Stofftischdecke und unzähligen Weinflaschen als Dekoration, schaffen ein typisch italienisches Flair. Carpaccio di Manzo (13,50 Euro) und Vitello tonnato (13,50 Euro) dürfen es heute gern sein. Gehören irgendwie genauso dazu, wie Eros Ramazzotti, der uns endgültig klarmacht, dass wir hier in einer italienischen Exklave sind. Die Linguine con Scampi (17,50 Euro) kommen mit einer ordentlichen Anzahl an Tierchen zu uns an den Tisch. Das ist durchaus erwähnenswert, denn es ist nicht überall selbstverständlich. Der gedünstete Lachs (24,50 Euro) zerfällt und schmeckt hervorragend. Lediglich die zwei halben Kartoffeln als Beilage wirken ein wenig verloren, das Verhältnis zum Lachs passt nicht ganz. Egal, lecker ist das Gericht trotzdem. Zum Dessert gibt es Tartufo Nero (6,50 Euro) und Zabaglione (8,50 Euro) als mächtig, süßes Finale unseres gemütlichen Kurztrips nach Italien. Zum Ende wird es jetzt sehr voll. Eine tolle Stimmung, aber auch sichtlich eine Herausforderung für den stets lächelnden Service. SVA

AMBIENTE ●●●●● SERVICE ●●●●○
KÜCHE ●●●●○ PREIS-LEISTUNG ●●●●○

€€€ Segeberger Chaussee 241 (Norderstedt), Telefon 040 52901110, Di-So 12–23 Uhr, EC-Karte, VISA, Mastercard, Amex, Paypal; Glashütte ZOB Bus 178; ristorante-barolo.de

Hopfenliebe Brauhaus

Brauhaus mit jungem Geist

Ein Brauhaus ist meistens eine spannende Kombination aus frischen Bierspezialitäten und guter, traditioneller Küche. Das trifft auch auf das Hopfenliebe Brauhaus in Norderstedt zu. Hier kann man sich sowohl an Hochtischen als auch auf normalen Sitzgelegenheiten verwöhnen lassen. Der massive Parkettboden, die hellen Holztischplatten mit dunklen Tischbeinen und die modern industriellen Akzente fühlen sich richtig an. Im Zentrum des Raumes befindet sich die Schankanlage. Wir haben einen Tisch reserviert, was offensichtlich auch richtig ist, zumindest an einem Samstagabend. Neben dem Brauhandwerk wird auch in der Küche das Handwerk gelebt und weitgehend auf Covenience-Produkte verzichtet. Das macht sich direkt schon beim Schweizer Wurstsalat (5,40 Euro) bemerkbar. Frisch und tatsächlich genauso gut, wie wir ihn schon mehrfach in der Schweiz gegessen haben. Das T-Bone-Steak (19,40 Euro) und auch das Roastbeef mit Bratkartoffeln (19,90 Euro) stehen dem in nichts nach und sind liebevoll und detailreich auf den Tellern angerichtet. Da lässt es uns dann fast vergessen, dass wir anfänglich recht lange auf die Karte und Aufnahme unserer Bestellung warten mussten. Obwohl ausreichend Personal im Thekenbereich versammelt und das Restaurant noch mäßig besucht war. Da stand wohl die Stärkung für das bevorstehende, gut ausgebuchte, Abendgeschäft im Fokus. Zum Glück änderte sich das dann im weiteren Verlauf unseres Besuchs. SVA

AMBIENTE ●●●●○ SERVICE ●●●○○
KÜCHE ●●●●● PREIS-LEISTUNG ●●●●○

€€ Rathausallee 60 (Norderstedt), Telefon 040 30987243, Di-Do 16–23, Fr-Sa 16–1 Uhr, EC-Karte, VISA, Mastercard, Paypal; Norderstedt Mitte U1, A2; hopfenliebe.de

Ida Brauerei

Mehr als gutes Bier

Jahrelang träumte Pinneberg von einem Brauhaus. Der Hamburger Gastronom Jens Stacklies hatte sich sogar schon ein Grundstück am Marktplatz gesichert. Wurde nichts draus. Gebraut wird seit Herbst 2019 trotzdem. Im beschaulichen Ortsteil Quellental haben die beiden Brüder Clemens und Torben Wolpers ein runtergerocktes Ladengeschäft zum Craft-Beer-Hotspot gemacht. Und nach ihrer Oma Ida benannt. Wir wollen die Küche des charmant-rustikal mit viel hochwertigem Holz eingerichteten Lokals testen, werden freundlich begrüßt und starten mit einem leichten und fruchtigen Pils namens „Knick" (0,2 l 4 Euro). Passt prima zur als Vorspeise georderten und sauber ausbalancierten Spargelsuppe mit Bärlauch (9 Euro). Das feine Süppchen steigert unsere Vorfreude auf den Hauptgang. Gibt gerade mal vier Gerichte, ist aber auch was für Veggies dabei. Das Angebot wird saisonal angepasst. Hier kommen die meisten Produkte aus der Region. Das schmecken wir, als die ersten Bissen von Idas Deluxe Burger (23 Euro) den Weg in unseren Mund finden. Vor allem die in Himbeeressig eingelegten Zwiebeln und das herrlich fluffige Buttermilch-Brioche begeistern uns. Das Patty aus Rinderbrust ist saftig. Kleiner Minuspunkt: Nach der Garstufe wurden wir nicht gefragt. Dafür gibt's Speck als Bonus. So muss das. Die schön gebräunten Kartoffelecken kommen mit toller Estragon-Mayo. Dazu gönnen wir uns noch ein süffiges Alt (0,2 l 4 Euro). Wir sind satt und glücklich. So gute und nachhaltige Küche in derart angenehmer Atmosphäre gibt's in Pinneberg nicht oft. AND

AMBIENTE ●●●●● SERVICE ●●●●○
KÜCHE ●●●●● PREIS-LEISTUNG ●●●●○

€€€ Oeltingsallee 24a (Pinneberg), Telefon 04101 693735, Di-Sa 17–22 Uhr, EC-Karte, VISA, Mastercard, Amex; Pinneberg S3; ida-brauerei.com

FOTO: JULIA SCHUMACHER

Schönes Leben, schöner Testsieg, schöne Freude: Fabian Sommer, Joaquim Pedrosa, Andreas Krämer und Felix Stacklies (von links)

Gefüllte Nudelsäckchen in Rucola-Sahne und Rinderfiletspitzen

VIP-TESTER
Jens Mecklenburg

Schönes Leben auf dem Lande

Gepflegte Landpartie

Ein Kleinod auf dem Land. Das 1580 erbaute Bauernhaus in Neuendeich bei Uetersen ist mit Geschmack und Liebe zum Detail ausgebaut und eingerichtet. Man speist im ehemaligen Kuhstall. Mit seinen großzügigen Garten- und Terrassenflächen, der gemütlichen Atmosphäre sowie dem rustikalen bäuerlichem Charme erfreut das Schönes Leben Großstädter auf Landpartie. Das Gesamtkunstwerk von Taika Rüster-Stacklies und Jens Stacklies aus Café, Restaurant und Schöner-Wohnen-Accessoires – die man hier erwerben kann – ist gelungen. Kulinarisch genießt man am Deich, dahinter fließt gemächlich die Pinnau, eine moderne deutsche Küche mit regionalem Einschlag. Den Köchen können wir bei ihrem Handwerk in der offenen Küche zusehen. Die marinierte Rote Bete mit gratiniertem Ziegenkäse, Haselnuss-Wan-Tan, Feldsalat und Gewürzorange (14,50 Euro) ist ein guter Einstieg und Appetizer für unser Menü. Und kommt fein abgestimmt fruchtig, fein-säuerlich und erdig daher. Auch die Bouillabaisse von Nordseefischen mit gegrillten Garnelen, Paprika-Aioli-Dip und Röstbrot (17,50 Euro, kleine Portion 12,50 Euro) kann handwerklich überzeugen. Es folgt der Neuendeicher Pannfisch (28,50 Euro) mit gebratenen Filets vom Zander, Kabeljau und Rotbarsch mit leichter Senfsoße, Bratkartoffeln und Gewürzgurke. Für mich müsste die Senfsoße nicht so „leicht" sein, sie hätte gern mehr Schmackes und Säure haben können. Aber ich klage auf hohem Niveau. Handwerklich kann der Hamburger Küchenklassiker überzeugen. Das original Wiener Schnitzel vom Kalb (28,50 Euro) mit Kartoffelgurkensalat und wilden Preiselbeeren ist von guter Qualität. Das Fleisch ist zart und saftig, die Panierung locker und würzig. Gibt es auch als kleinere Portion. Die Idee der Wahlmöglichkeit von Portionsgrößen bei zahlreichen Gerichten ist charmant und zeitgemäß. Auch Vegetarier und Veganer finden im alten Kuhstall Angebote. Vegetarier zum Beispiel mit Käse und Basilikum gefüllte Nudelsäckchen (18,50 Euro) in Rucola-Sahne mit getrockneten Tomaten, Pinienkern-Crunch und gehobeltem Parmesan. Zum Dessert gönnen wir uns noch die Beeren-Grütze (9,50 Euro) mit Vanillesoße. Schmeckt wie frisch aus dem norddeutschen Obstgarten. Auch der gebackene Apfelnusskrapfen (9,50 Euro) mit weißem Schokoladenparfait und Apfelragout überzeugt. Zum Abschied steigen wir auf den Deich und schauen auf die sanft dahinfließende Pinnau. Ruhe, Stille, weites Land. Das Hamburger „Hinterland" kann sich sehen und schmecken lassen.

AMBIENTE ●●●●● SERVICE ●●●●●
KÜCHE ●●●● PREIS-LEISTUNG ●●●●

€€€ Oberrecht 31 (Neuendeich), Telefon 04122 9818197, Do-Sa 12–22, So 10–22 Uhr, EC-Karte, VISA, Mastercard, Amex; Neuendeich, Oberrecht (Mitte) Bus 6671; schoenes-leben.com/auf-dem-lande

FOTOS: JULIA SCHUMACHER

Lustis

Herzlich bodenständig

Im Schatten des Einkaufszentrums Schenefeld, zwischen Parkhaus und Autowerkstatt, versteckt sich ein gänzlich unvermuteter Wohlfühlort. Das Lustis fusioniert norddeutsche und rheinische Küche. Die Gastronomie wird familiär geführt, herzliche Bodenständigkeit ist ihr gepflegtes Markenzeichen. In einer Gewerbehalle haben die Betreiber ein gemütliches Bistro eingerichtet, in dem sich unter der Woche ganz prima speisen lässt. Ein Best of gerahmter Ankündigungen und Fotos an den Wänden lässt erahnen, dass im Lustis offenbar gern die Luzie abgeht. Tatsächlich ist am Wochenende Halligalli angesagt – dann starten im Saal nebenan Motto-Partys, stehen Live-Bands, Comedians, Dragqueens und Magier auf der Bühne. Wir sind nur zum Essen gekommen. Das echte Wiener Schnitzel regionaler Herkunft mit Pommes und Salat (19 Euro) zeigt die Qualität der Küche. Auch das zart rosa servierte Roastbeef mit knusprigen Bratkartoffeln und Remoulade (17,50 Euro) überzeugt rundum, das Preis-Leistungs-Verhältnis ist absolut stimmig. Den Kindern, die sich über die ehrliche Aufmerksamkeit von Wirtin „Dagi" und eine Spielecke freuen, schmeckt der gekonnt geschichtete Cheeseburger mit Beef-Patty (10,50 Euro) ausgezeichnet. Die in der Karte für zwei angekündigte Portion frisch zubereiteten, karamellisierten Kaiserschmarrn (10,50 Euro) teilen wir uns als Dessert locker zu viert. Mit leckeren Drinks (Gin Tonic 8,50 Euro) von der Bar und Spielen aus der Vitrine lässt es sich hier ganz prima verweilen. MO

AMBIENTE ●●●●○ SERVICE ●●●●●
KÜCHE ●●●●○ PREIS-LEISTUNG ●●●●●

€€ Industriestraße 10 (Schenefeld), Telefon 040 46647044, Di-Fr 17.30–23 Uhr, Sa-So Events, EC-Karte, VISA, Mastercard; Schenefeld, Stadtzentrum Bus 2, Bus 184, Bus 185, Bus 285, Bus 384; lustis.de

Mendoza

Solide ohne Schnickschnack

Bereits von außen entspricht das Restaurant Mendoza in Norderstedt dem gängigen Klischee eines südamerikanischen Steakhauses. Eine Fassade aus Backstein, Holzfachwerk und mit großen roten Lettern führt uns sicher zu unserem heutigen Ziel. Die gemütliche Einrichtung lässt uns durch das viele Holz, die dezente Beleuchtung und die sandfarbenen Wänden direkt ankommen – rustikal gemütlich. Genauso stellt man sich ein Steakhaus vor. Bei der Musik kann man getrost von einer bunten Mischung sprechen, von allem etwas dabei, Geschmackssache. Beim Essen hingegen gibt es bei uns keine zwei Meinungen. Das Mendoza beschränkt sich dabei nicht nur darauf ein Steakhaus zu sein. Ferner gibt es neben Steaks auch Fisch, Burger und weitere Fleischgerichte. Die Mendoza Fischplatte (22,90 Euro) mit gegrilltem Zander, Lachs und Kabeljau und den kross gebratenen Kartoffeln ist eine absolute Empfehlung wert. Ebenso die Filet Tournedos (30,90 Euro). Zarte, medium gegrillte, Rinderfiletspitzen mit Speck ummantelt. Passend zur Speisekarte gibt es verschiedene Weine als Begleitung sowie viele Säfte und Schorlen. Der Service ist stets aufmerksam, freundlich und zuvorkommend. Beim nächsten Mal werden wir dann sicher Mal das Dry Aged Steak probieren, welches uns beim Betreten des Restaurants, im gläsernen Reifeschrank hängend, anlächelt. Wir sind uns sicher, dass es mindestens so gut schmeckt, wie es aussieht, denn das Handwerk in Bezug auf die Zubereitung von Steaks scheint man hier im Mendoza zu verstehen. SVA

AMBIENTE ●●●●○ SERVICE ●●●●●
KÜCHE ●●●●○ PREIS-LEISTUNG ●●●●○

€€€ Ochsenzoller Straße 110 (Norderstedt), Telefon 040 85159313, Mo-So 11.30–22 Uhr, EC-Karte, VISA, Mastercard, Amex, Paypal; Garstedt U1; mendoza-norderstedt.de

FOTOS: THOMS EISNEKRÄTZER (O.), MARC SILL (U.)

VIP TESTER

Jens Mecklenburg
Herausgeber Online-Magazin „Nordische Esskultur", Herausgeber der „Edition Nordische Esskultur", Journalist, Autor
Getestet: Schönes Leben auf dem Lande

Mein Lieblingsrestaurant in Hamburg ... ist das Zeik. Bei Maurizo Oster kann man Abenteuer auf hohem kulinarischem Niveau erleben. So geht regional geprägte Spitzenküche.

Meine Lieblingsbar in Hamburg ... ist die Black Forest Bar in Eppendorf.

Besondere Anlässe feiere ich am liebsten im Restaurant ... Zur Erholung von Anne und Bernd Ratjen in Uetersen und im neuen Hobenköök-Ableger von Thomas Sampl auf Gut Karlshöhe.

Essen ist für mich ... die Essenz des Lebens: Liebe, Leidenschaft, Kultur.

Zum Frühstück gehe ich gern ins Café ... Ich frühstücke nicht. Frühstück ist eine überschätzte Mahlzeit.

Kaffee, Kuchen, Cupcakes – dieses Café ist ein Muss: Kein Thema für mich. Um aber keine Spaßbremse zu sein, begleite ich bei Ausflügen Frau und Freunde gerne in Hofcafés auf dem Lande.

Urig-gemütlich geht's im Mendoza in Norderstedt zu. Und gute Steaks können sie hier auch

VIP TESTER

Brian Couch
Geschäftsführer WABE International School
Getestet: Meusel's Landdrostei

Mein Lieblingsrestaurant ist ... aktuell das Mahajivan, das ich zusammen mit meiner veganen Schwester entdeckt habe. Es ist eine der köstlichsten Optionen, um einen Abend auf der Reeperbahn zu beginnen!

Meinen Feierabend-Drink nehme ich am liebsten ... im The Chug Club. Wir bringen alle unsere ausländischen Gäste dorthin, um einen Tasting-Flight zu machen und es ist jedes Mal fantastisch.

Ein Gastro-Geheimtipp ist ... der Queen Victoria Afternoon Tea in der Vierjahreszeiten Wohnhalle – perfekt, wenn der Anlass elegant sein soll, aber vielleicht ohne ein vollständiges Abendmenü.

Zum Brunchen gehe ich gern ... ins Café „Von Der Motte" – tolle Optionen für die ganze Familie. Kaffee, Kuchen, Cupcakes – dieses Café ist ein Muss: Wir pilgern alle zwei Wochen zum Kaffeemuseum Burg, um unseren Bohnenkaffee mit nach Hause zu nehmen, und natürlich muss man einen Cappucino und eine Leckerei genießen, wenn man schon mal drin ist.

VIP-TESTER
Brian Couch

Meusel's Landdrostei

Aber bitte die Ente

Historische Gebäude sind so wunderbare Schätze. Aber sie haben auch Schwächen. Das Restaurant Meusel's Landdrostei in Pinneberg, das in einem der schönsten historischen Gebäude der Region zu Hause ist, wurde kürzlich von einer Überschwemmung in den Haupträumen geplagt. Gibt's heute trotzdem ein tolles Erlebnis und leckeres Essen? Nachdem wir uns durch das Labyrinth der Trocknungsschläuche und die Treppe hinauf in den großen Saal geschlängelt haben, in den alle Gäste umgesiedelt wurden, sitzen wir in einem gemütlich umgestalteten Raum. Auch wenn die modernen Tische und Stühle nicht perfekt zu dem eleganten Saal passen. Die Vorspeisen fangen gut an: Der Ziegenkäse mit Pinneberger Honig (12,80 Euro) ist eine frische Variante eines klassischen Salats, die getrüffelte Parmesansuppe (9,50 Euro) trifft den perfekten Ton. Um die Bandbreite der Küche zu testen, kommen als Hauptgerichte der Pinneburger (18,90 Euro) und die Bauernente (29,90 Euro). Burger sollte die Küche besser den Experten überlassen. Das hochwertige Holsteiner Rindfleisch wirkt etwas fade und bettelt um Geschmack, obwohl es von leckeren Beilagen umgarnt wird. Die Ente hingegen ist ein exzellenter Klassiker mit knuspriger Haut und saftigem Fleisch, gepaart mit Kartoffelpüree und einer köstlichen braunen Soße, die alles zusammenbindet. Lust auf Süßes? Wir wählen einen Klassiker. Kalte Schnauze mit Himbeer-Joghurt-Eis (10,50 Euro). Hier wird Omas Version mit frischen, säuerlichen Beeren und Eis aufgepeppt. Spielerisch und nostalgisch. Unser bestes Erlebnis bei Meusel's? Diesmal nicht. Aber Chapeau! Denn die Küche hat, trotz der baulichen Schäden, ein wunderbares Menü kreiert.

AMBIENTE ●●●●● SERVICE ●●●●●
KÜCHE ●●●●● PREIS-LEISTUNG ●●●●●

€€€€ Dingstätte 23 (Pinneberg), Telefon 04101 8527777, Di-So 11.30–22 Uhr, EC-Karte, VISA, Mastercard; Bahnhof Pinneberg S3; meusels-landdrostei.de

Porter House

Norderstedt wird zu Norder-Steak

Steakhäuser gibt es im Süden von Norderstedt einige. Nicht alle haben aber einen so üppigen Außenbereich wie das Porter House. Wir gehen heute trotzdem nach drinnen, werden direkt freundlich empfangen und zum Tisch begleitet. Es hängt ein Hauch von Nostalgie im Raum. Dunkles Holz, orangefarbene Wände, teils bunt gemusterte Sitzbänke und diverse kleine Tierskulpturen aus Mosaiksteinen. Wirkt ein wenig zusammengewürfelt, rustikal gemütlich ist es trotzdem. Wir starten mit einer leichten Rinderkraftbrühe (5,90 Euro), bevor es mit einem Filetsteak (33,50 Euro) und einem Kaukasischen Spieß (21,90 Euro) weitergeht. Der Spieß ist mit Steak, Filetspitzen und Speck eine absolute Empfehlung, wenn man mal etwas Abwechslung im Steakhaus haben möchte. Vor allem die Soße zum Kaukasischen Spieß ist angenehm würzig und passt perfekt dazu. Die Teller wirken ein wenig lieblos angerichtet, aber das Fleisch ist butterzart und genauso gegart wie wir es bestellt haben. Hier

Bestes aus der Region und hervorragendes Fleisch in historischem Ambiente: Meusel's Landdrostei

FOTOS: MARC SILL (U.), PRIVAT (O.)

scheint der veranschlagte Preis durch offensichtlich erstklassiges Fleisch gerechtfertigt zu sein. Der stets aufmerksame Service überrascht uns zwischen dem Hauptgang und dem Tartufo-Eis (5,50 Euro) dann noch mit einer kleinen Wundertüte für die Jüngste. Da kommt Freude auf und die Kundenbindung beim Nachwuchs ist garantiert. SVA

AMBIENTE ●●●○○ SERVICE ●●●●○
KÜCHE ●●●●○ PREIS-LEISTUNG ●●●●○

€€€€ Niendorfer Straße 30 (Norderstedt), Telefon 040 52876660, Mo-Sa 11–22, So 11–21.30 Uhr, EC-Karte, VISA, Mastercard, Paypal; Garstedt U1, Ohlenhoff Bus 295; porter-house.de

Reitstall Klövensteen

Im Westen kaum was Neues

Kürzlich hat ein neues Pächterehepaar die Türen des Restaurants Reitstall Klövensteen geöffnet. Einer etwas in die Jahre gekommenen Institution in Schenefeld, die sich zuletzt in Küche und Service lustlos präsentiert hatte. Wir betreten das frisch gestrichene und mit neuer Auslegeware versehene Restaurant, das insgesamt heller wirkt als

Hier fühlen sich nicht nur Pferdefans wohl: Die neuen Betreiber vom Reitstall Klövensteen haben Restaurant und Küche ein Makeover verpasst

FOTO: MARC SILL

Wer in der Marsch feine italienische Küche genießen möchte, ist in der urigen Trattoria Italia genau richtig

früher. Unser Tisch ist direkt am Fenster mit Blick in die Reithalle. Der Service holpert in dieser frühen Phase noch etwas, ist aber sehr bemüht und ausgesprochen freundlich. Wir starten mit einer leider nicht sehr heißen Krabbensuppe (7,50 Euro), bei der die Frühlingszwiebeln deutlich dominieren, und einem leckeren klassischen Rinder-Tatar mit Baguette (16.50 Euro). Die Hauptspeisen lassen recht lange auf sich warten, der Chef kommt vorbei, stellt sich vor. Von ihm erfahren wir, dass das Team in der Küche weitestgehend geblieben sei. Vermutlich eine Erklärung für (bisher) wenig Veränderung auf der Karte. Das Roastbeef (23 Euro) ist sehr gut, die Bratkartoffeln leider etwas zu wenig kross, das geht besser. Überzeugend ist der Klövensteen Topf (26,50 Euro) mit perfekt gegarten Filetmedallions. Der Pannfisch (25,90 Euro) ist in Ordnung, schön, dass die Soße separat serviert wird. Irritierend ist die rohkostähnliche Bissfestigkeit des gegrillten Spargels auf Kartoffelstampf (19,50 Euro). Auf Empfehlung unseres freundlichen Kellners bestellen wir Eis zum Dessert. Und in der Tat: Alle Sorten sind hervorragend – ohne die Paniermehl-ähnlichen Kekscrumble unter und auf dem Eis fänden wir es noch besser. Die warmen Schokoladenküchlein mit flüssigem Kern (13 Euro) sind lecker, nur leider nicht warm. Fazit: Hier wird niemand verprellt, der das Restaurant schon vorher mochte. Mit etwas mehr Zeit wird das neue Team sicherlich ein auch für neue Gäste ausflugswürdiges Restaurant kreieren. KN

AMBIENTE ●●●○○ SERVICE ●●●●○
KÜCHE ●●●○○ PREIS-LEISTUNG ●●●○○

€€€€ Uetersener Weg 100 (Schenefeld), Telefon 040 8306992, Di-So 12–23 Uhr, EC-Karte, VISA, Mastercard; Schenefeld Uetersener Weg Bus 185, Bus 285; restaurant-reitstall-kloevensteen.de

Trattoria Italia

Fein essen in der Marsch

„Wir haben kein WLAN, aber guten Wein." Die Botschaft auf dem Schild gleich am Eingang zur Trattoria Italia ist klar. Hände weg vom Handy, volle Konzentration auf Genuss! Der Wein steht in dem rustikalen und familiären Restaurant am Ortseingang des Marschdorfes Holm aber nicht im Mittelpunkt. Hier dreht sich alles um kulinarische Köstlichkeiten. Es gibt Antipasti, Pasta, Pesce und Carne, Zubereitung und Beilagen klingen anspruchsvoll und vielversprechend. Damit nicht genug. Eine Tageskarte präsentiert dem Gast Leckeres von Wachteln bis zu Tagliatelle an Trüffeln. Nach dem Gruß aus der Küche mit Oliven, Pesto und frischem Weißbrot serviert der aufmerksame Kellner schön angerichtete Calamaretti an Edelpilzen (16,50 Euro). Auch das Trio Jakobsmuscheln in gehaltvoller Soße (18,50 Euro) – butterzart und lecker. Dazu passt der offene Rosé ganz hervorragend. Kann so weitergehen in italienischem Flair bei Kerzenschein. Auf heißem Teller nähert sich der Hauptgang, leicht panierter Steinbutt (28,50 Euro). Köstlich und auf den Punkt gebraten ist der Fisch. Aber auf der Tafel stand doch Spinat als Beilage … stattdessen ein Gemüse-Potpourri von Karotte über Bohne bis Rosenkohl. Lecker zubereitet, zugegeben. Doch ein kleiner Hinweis auf die Programmänderung wäre schön gewesen. Der Grappa aufs Haus nach dem famosen gemischten Dessert-Mix (9 Euro) und Espresso macht die kleine atmosphärische Störung wieder wett und tut dem empfehlenswerten Genusserlebnis keinen Abbruch. Wer guckt da schon aufs Handy … AUG

AMBIENTE ●●●●○ SERVICE ●●●●○
KÜCHE ●●●●● PREIS-LEISTUNG ●●●●○

€€€€ Uetersener Straße 12 (Holm), Telefon 04103 9038593, Mo 18–22, Mi 18–22, Do-Sa 18– 22, So 12– 22 Uhr, EC-Karte, VISA, Mastercard; Holm, Hörnstraße Bus 489; trattoriaitaliaholm.de

Yang-Zi

Koreanische Überraschung

Das Restaurant Yang-Zi liegt etwas versteckt in einer Fußgängerzone in Norderstedt. Eine schmale Wendeltreppe geht es hinauf in die erste Etage-Dort angekommen sind wir überrascht: Uns erwartet ein sehr gemütliches Ambiente mit dunklen Holzmöbeln, Mosaik-Lämpchen und einem kleinen Koi-Karpfen-Teich. Wir nehmen an einem der Tische am Fenster Platz, im Hintergrund läuft seichte Popmusik. Die Wahl bei der umfangreichen Speisekarte fällt schwer. Wir entscheiden uns schließlich für gebackene Wan-Tang (5,50 Euro) sowie vegetarische Frühlingsrollen (4,80 Euro) zur Vorspeise. Die Hauptgerichte bringt die Bedienung mit einem kleinen Servierwagen: Das Bul-Gogi (25,80 Euro), bei uns gibt es mariniertes Rindfleisch mit gemischtem Gemüse, wird traditionell auf offenem Feuer zubereitet und hier auf einer kleinen Gas-Kochplatte direkt am Tisch gegrillt. Dazu gibt es Beilagen wie Kim-Chi, Sojabohnensprossen und Rettichsalat. Außerdem fiel die Wahl auf Na-So-Gi (18,80 Euro), gebackenem Hühnerfleisch mit Gemüse in einer scharfen Soße. Zum Nachtisch teilen wir uns nach den sättigenden Portionen noch gebackene Banane mit Honig (4,50 Euro). Die Gerichte sind recht schlicht auf Tellern und Schüsseln, die ich noch von meinen Großeltern kenne, angerichtet. Der Geschmack hat uns überzeugt: Um gute koreanische Küche zu genießen, lohnt sich auch mal eine Fahrt außerhalb der Stadtgrenzen Hamburgs. MH

AMBIENTE ●●●●○ SERVICE ●●●●●
KÜCHE ●●●●○ PREIS-LEISTUNG ●●●●●

€€€ Europaallee 21 (Norderstedt), Telefon 040 52883820, Mi-So 12–14.30 und 17.30–21 Uhr, E C-Karte Mastercard VISA; Garstedt U1; yang-zi.de

FOTO: MARC SILL

KURZ GEBRATEN

Alle Tests in voller Länge auf
genussguide-hamburg.com

Aal-Kate

Die Aal-Kate liegt auf dem Deich an der Pinnau. Und bietet beste Aussicht auf die Haseldorfer Marsch. In dem Restaurant wird heute noch nach alter Väter Sitte geräuchert. Auf den Tisch kommen hochwertige Fischgerichte aus Schleswig-Holstein. Nicht nur Aal, auch andere Leckereien wie der Krabbencocktail stehen auf der Karte.

€€€€ Kuhlworth 21 (Neuendeich), Telefon 04122 2264, Mi-Fr 12–15.30 und 17.30–22, Sa-So 12–22 Uhr, EC-Karte, VISA, Mastercard, Amex; Klevendeich Bus 589; aal-kate.de

Coppers

Schenefeld hat kulinarisch mit dem Coppers Bar & Kitchen ein Stück herausragende Gastronomie zu bieten. Das Ambiente ist modern, die Speisekarte bietet einen bunten Mix. Die Küche arbeitet mit marktfrischen Zutaten, alles ist ansprechend präsentiert.

€€ Friedrich-Ebert-Allee 1 (Schenefeld), Telefon 040 71673770, Mo-Do 12–22, Fr-Sa 12–24, So 12–22 Uhr, EC-Karte; Schenefeld, Lindenallee Bus 184; Coppers-restobar.de

Fährhaus Spiekerhörn

Das Fährhaus Spiekerhörn ist genau das, was der Name verspricht: ein richtig schönes Landgasthaus nämlich, gelegen im kleinen Dorf Raa-Besenbek, nicht weit von Elmshorn. Es gibt sogar einen eigenen Anleger, die kleine Fähre Kronsnest ist gleich um die Ecke. Auf den Tellern landen hier deftige Köstlichkeiten aus der Region.

€€ Spiekerhörn 13 (Raa-Besenbek), Telefon 04121 3990, Do-Fr 17–21, Sa 11–21, So 11–15 Uhr, EC-Karte; Neuendorf, Bauerweg Bus 6530; faehrhaus-spiekerhoern.de

Goldschätzchen

Dieses Restaurant ist ein wahrer Schatz der Gastroszene im Kreis Pinneberg. Die coole Einrichtung drinnen taugt für Instagram, der Biergarten ist im Sommer ein wunderbarer Ort, um die Seele baumeln zu lassen. Serviert wird im Goldschätzchen, das auf dem Gelände eines Golfclubs beheimatet ist und 2020 unser Testsieger war, saisonale und regionale Küche.

€€€€ Peiner Hof 7 (Prisdorf), Telefon 04101 6010921, Mo-Sa 17–23, So 12–23 Uhr, EC-Karte, VISA, Mastercard; Prisdorf RB61, RB71; goldschaetzchen.com

FOTO: JULIA SCHUMACHER

Hof Immenhorst

Das Restaurant Hof Immenhorst liegt direkt an einer Reithalle. Es hat einen schicken Wintergarten. Von einigen der Fenster im Gastraum gibt's freien Blick in die Halle. Serviert werden neben einer umfangreichen Vorspeisen-Auswahl bodenständige Klassiker wie geschmorte Schulter vom Galloway mit Kartoffelstrudel, aber auch Fisch steht auf der Karte. Der Service ist auf Zack, die Atmosphäre ist stimmig.

€€€€ Immenhorst 22 (Norderstedt), Telefon 040 52983167, Mi-Fr 12–15 und 17.30–23, Sa-So 12–23 Uhr, EC-Karte, VISA, Mastercard, Amex; Harksheide, Wilhelm-Busch-Platz Bus 278; restaurant-immenhorst.de

Jagdhaus Waldfrieden

Das Jagdhaus Waldfrieden gilt als eine der besten Adressen im Kreis Pinneberg. Das im Wald gelegene Restaurant mit dem herrlichen Garten ist nicht nur im Sommer beliebt. Denn drinnen geht es stilvoll und gediegen zu. Die Küche bietet regionale und saisonale Leckereien, im Frühjahr geht am Lamm hier kaum ein Weg vorbei. Auch die Spargelzeit findet sich in der Karte des Jagdhauses wieder. Vor allem am Wochenende besser reservieren.

€€€€ Kieler Straße 1 (Bilsen), Telefon 04106 61020, Mi-So 12.30–14 und 18–21 Uhr, EC-Karte, VISA, Mastercard; Bilsen, Waldfrieden Bus 294; waldfrieden.com

Okyaku

In Halstenbek, unweit der Hamburger Stadtgrenze, gibt es eine japanische Schule. Da überrascht es nicht, dass sich das auch gastronomisch im Ort niederschlägt. Im Okyaku wird allerdings nicht nur Sushi serviert, sondern es kommen auch asiatische Gerichte auf den Tisch, die nicht unbedingt typisch für Japan sind. Bratnudeln oder verschiedene Currys etwa. Das Interieur ist schön, das Geschirr traumhaft, das Preis-Leistungs-Verhältnis stimmt.

€€€ Schulstraße 12 (Halstenbek), Telefon 04101 8051440, Di-Fr 12–15, 17–22, Sa-So 14–22 Uhr, EC-Karte, VISA, Mastercard; Halstenbek S3; okyaku.de

Opposti

Das Opposti zog vor einigen Jahren in die Räume der ehemaligen Scheune ein. Gleich nebenan ist der Sitzungstrakt der Pinneberger Kommunalpolitiker, die sich hier abends gern mal ein Abschlussbierchen gönnen. Geht's ums Essen, bedient das Opposti viele Geschmäcker. Nudelgerichte kommen ebenso auf den Tisch wie Burger oder bodenständige Gerichte aus der Region. Das Opposti ist ein Restaurant für alle. Will es auch sein.

€€ Bismarckstraße 8a (Pinneberg), Telefon 04101 378865, Mo-So 11–23 Uhr, EC-Karte, VISA, Mastercard, Amex; Pinneberg RB61; pinneberg.opposti.de

Anne und Bernd Ratjen setzen im Zur Erholung jetzt auf Dinner-Events und Weinverkostungen

Rolin

Wer es maritim mag, ist im Cap Polonio an der richtigen Adresse. Und das Pinneberger Hotel verfügt nicht nur über unzählige Insignien, die an den gleichnamigen Dampfer erinnern. Sondern mit dem Rolin auch noch über ein gehobenes Restaurant, in dem auf Gourmet-Niveau aufgetischt wird. Und zwar regionale Klassiker, die auch mal spannend interpretiert werden. Gespeist wird im Ambiente eines Herrenhauses, der freundlich-kompetente Service sucht seinesgleichen.

€€€€ Fahltskamp 48 (Pinneberg), Telefon 04101 5330, Do-Sa 18–21, So 12–14 Uhr, EC-Karte, VISA, Mastercard; Pinneberg, Fahltskamp Bus 395, Bus 594; cap-polonio.de

Sette Feinbistro

Im Sette Feinbistro in Elmshorn wird mit toller Küche auf wenig Raum gepunktet. Gerade einmal sechs Tische und 17 Stühle warten auf Gäste. Die kommen vornehmlich mittags, denn abends wird hier nur am Freitag gespeist. Serviert werden internationale Leckereien wie Fiore mit Steinpilzfüllung, Radicchio und Champignons, Risotto mit Feigen und Belper Knolle oder Filet vom Weißen Heilbutt und Bohnengemüse. Alles feinster Stoff.

€€€€ Marktstraße 7 (Elmshorn), Telefon 04121 262939, Di-Do 11.30–14.30, Fr 11.30–14.30, 17.30–20, Sa 8.30–14 Uhr, EC-Karte; Hauptbahnhof alle U-Bahnlinien; sette-feinbistro.de

Zur Erholung

Alle Jahre wieder schafften es die Geschwister Anne und Bern Ratjen mit dem Uetersener Gasthaus Zur Erholung aufs Testsieger-Podest. Denn was hier aufgetischt wird, ist von Welt! Privatfeiern, Dinner-Events, Weinverkostungen: Das À-la-carte-Geschäft haben die Betreiber vorerst eingestellt und öffnen nun nur noch für hauseigene Events. Damit reagiert man auf Energiekrise und Personalengpässe. Was wann ansteht? Website checken!

TESTSIEGER 2022
€€ Mühlenstraße 56 (Uetersen), Telefon 04122 2592, EC-Karte, Mastercard; Mühlenstraße Bus 489; zur-erholung-uetersen.de

So geht das „french breakfast" der Wulksfelder Gutsküche im Frühling: Jakobsmuscheln, grüne Soße, Frühkräuter und Radieschen

Hamburgs Osten

Wo die Ausläufer des Sachsenwalds die Landschaft prägen, wird Genuss großgeschrieben. Restaurants am See, Landgasthöfe mit tollen Gärten, Schlossgastronomie und die Bergedorfer Szene – ein kulinarischer Ausflug kann lohnen

VIP-TESTER
Thorsten Bartels

Alte Rader Schule

Der Vorzeige-Landgasthof

„Wir haben Ihren Tisch in der Aula gedeckt", heißt es zur Begrüßung in der Alten Rader Schule in Tangstedt. Wenn die Aula auch nur halb so groß ist, wie der riesige Biergarten hinter dem Haus, dann sitzen wir verloren in einem Saal. Aber gut, alte Schulen auf dem Land sind eher klein. Und so nehmen wir in einem schön eingerichteten Raum Platz. Der ist gemütlich, ohne kitschig zu sein, die Bedienung aufmerksam, ohne aufdringlich zu sein und die Begrüßung der vielen Stammgäste ist herzlich. Wie man sich eben den Landgasthof in seiner Region vorstellt. Die übersichtliche Speisekarte bietet von allem etwas. Auf Nachfrage erfahren wir, dass der Anspruch des Hauses sei, lieber frisch und gut zu kochen, als zu viel anzubieten. Als Vorspeise gönnen wir uns Ceviche (18 Euro) mit großen Stücken vom Skrei und ein leckeres Parmesanschaumsüppchen (9 Euro). Dazu gibt es Weißburgunder (0,2 l 6,50 Euro) und einen Roten aus dem Languedoc (0,2 l 9 Euro). Für den Vegetarier folgt ein Rote-Bete-Risotto mit Ziegenfrischkäse (22 Euro) und für den Fleischliebhaber das kleine Wiener Schnitzel mit Omas Gurkensalat (24 Euro). Beide Portionen sind üppig und gut gemacht. Wir teilen uns Rhabarber-Crumble mit Schlackermaschü (7,50 Euro). Und ja – wir fragen auch nach: Schlackermaschü heißt Schlagsahne auf Platt. Die Alte Rader Schule ist ein Vorzeige-Landgasthof. THORSTEN BARTELS

AMBIENTE ●●●●○ **SERVICE** ●●●●●
KÜCHE ●●●●○ **PREIS-LEISTUNG** ●●●●●

€€€ Rader Weg 209 (Tangstedt), Telefon 040 6071168, Di-So 12–24 Uhr, EC-Karte, VISA, Mastercard; Rade (OD), Schule Bus 478; raderschule.de

Berger's am Serrahn

Solide Küche am Stadthafen

Wer mit großem Appetit kommt und dabei mediterrane Küche nicht vom anderen Stern erwartet, ist im Berger's direkt am Serrahn mitten in Bergedorf genau richtig! Zudem punktet das gemütliche Restaurant mit zwei Etagen, großzügigem Außenbereich und einem schönen Blick auf den Stadthafen. Die Gerichte sind durchweg üppig, das Personal ist überaus freundlich, gut ausgebildet und trotz voller Auslastung stets umsichtig. Wir sind angenehm überrascht. Eher ungemütlich: Wir sitzen an einem ziemlich kleinen Tisch, der allerdings ohne Nachfrage um einen Beistelltisch vergrößert wird und – wie alle anderen Tische auch – noch immer von Plastikwänden abgetrennt wird. Auch der Küchengeruch in den Räumen ist auffällig. Aus der Karte rund um Pasta und Tapas bis hin zu Fisch, Fleisch oder vegetarischen Speisen wählen wir den klassischen Flammkuchen (8,90 Euro) und den Antipasti-Teller mit Basilikum-Pesto (12,50 Euro) und können nichts bemängeln. Nur haben wir uns mit dem anschließenden Zanderfilet auf Ratatouille mit Basilikum-Schaum und Rosmarinkartoffeln (19,90 Euro) sowie den Tagliatelle-Garnelen in Trüffelsauce mit Rucola (18,90 Euro) etwas viel vorgenommen. So können wir das lecker klingende Dessert nur am Nachbartisch beäugen. Tipp: Die umfangreiche Tapas-Auswahl gibt es jeden Mittwoch ab 17 Uhr zum Spezialpreis. FC

AMBIENTE ●●○○○ **SERVICE** ●●●○○
KÜCHE ●●○○○ **PREIS-LEISTUNG** ●●●○○

€€€ Serrahnstraße 2 (Bergedorf), Telefon 040 85405184, Mo-Do 10–23, Fr-Sa 10–1, So 10–23 Uhr, EC-Karte, VISA, Mastercard; Bergedorf S2, S21; restaurant-bergers.de

Dos Amigos

Einen gemütlichen Abend wert

Quietschbunt, an den Wänden coole Strohhüte und vielfarbige Wandzeichnungen – das urige Dos Amigos gefällt uns sofort. So wie der Service. Der Kellner ist gleich besorgt, weil wir zugig sitzen. Und schafft Platz, damit wir unseren Tisch verrücken können. Denn es ist voll. Mit Recht? Wir testen es. Die knackigen, kleinen Tortillas mit angenehm mildem, hausgemachtem Käsedip (5,90 Euro) sind das perfekte Gegenprogramm zur aufdringlichen Käsesoßen-Plörre, die im Kino zu Nachos gereicht wird. Sehr gut. Dafür fehlt meinem Chili con Carne (7,90 Euro) das Feuer, sprich die Würze. Leider taucht die scharfe Habanero-Chilisoße zu spät auf. Die Kellnerin entschuldigt sich. Die Hauptgänge – Quesadillas mit Pulled Beef (15,90 Euro) sowie Supreme Sizzler, also Tortillas, mit vier Dips, Shrimps, Rindersteak- und Hähnchenbruststückchen (17,90 Euro) – sind dann richtig stark. Vor allem Fleisch und Gemüse in der gusseisernen Pfanne sind beim Sizzler punktgenau gebraten. Die Tortillas darf man kostenlos unbegrenzt nachbestellen. Bei den Desserts, Vanilleeis im Maracujanektar (4,60 Euro) und einem fluffigen Cheesecake mit Zimt (3,90 Euro), gibt es viel zu genießen und nichts zu meckern. Sechs insgesamt gute Gänge plus eine große Wasserflasche für 62 Euro. Auch das gute Preis-Leistungs-Verhältnis ist sehr lobenswert. MISCH

AMBIENTE ●●●●○ **SERVICE** ●●●●●
KÜCHE ●●●●○ **PREIS-LEISTUNG** ●●●●○

€€ Serrahnstraße 9 (Bergedorf), Telefon 040 35710972, Mo-Fr 11.30–22, Sa 15–22, So 17–22 Uhr, EC-Karte, VISA, Mastercard; Bf. Bergedorf (Weidenbaumsweg), Bus 124, 127, 223, 224, 227, 329, 535, 609, 629, 4400, 8800, X80; dos-amigos.info

FOTO: JULIA SCHUMACHER

Für sein nachhaltiges Konzept wurde Matthias Gfrörer 2022 mit unserem Nachhaltigkeitspreis ausgezeichnet

Genuss GUIDE
DER SZENE HAMBURG
TESTSIEGER
2023/2024

VIP-TESTER
Thorsten Bartels

Gutsküche Wulksfelde

Vom Hof auf den Teller

Ohne Fleisch geht's auch: junges Gutsgemüse mit Kartoffelroulade

Vor dem Essen in der Gutsküche Wulksfelde in Tangstedt lohnt ein Spaziergang über den Hof. Hier kann man quasi sehen, was einen gleich auf dem Teller erwartet. Küchenchef Matthias Gfrörer hat sich für eine saisonale und regionale Bio-Speisekarte entschieden. Am Kopf des Gastraumes kann man dem Team in der offenen Küche zuschauen, und das fast geräuschlos. Wir starten in einen ruhigen Abend mit der üppigen orientalischen Winter-Mezze und Kräuter-Couscous, Rotkrautsalat, Falafel sowie Hummus (8 Euro) und einer perfekten Kartoffel-Samtsuppe mit confierten Steinpilzen (10 Euro). Die Weinkarte bietet ein gutes Angebot aus fair kalkulierten Flaschen und offenen Weinen, wie einem Riesling (0,1 l 4,50 Euro) oder Grauburgunder (0,1 l 5 Euro). Die Hauptspeisen zeugen von echter Kreativität. Ein großes Stück Rotkohl umlegt von Rosenkohl, geräuchertem Topinambur, Kartoffelknödeln und Flower-Sprouts (28 Euro) oder Linsen-Algen Fondue mit geschmortem Knollensellerie (29 Euro) gibt es auch in kleinen Portionen. Rotkohl und Sellerie sind am Stück gegart und durchgehend zart. Wer zudem Lust auf ein Stück Fleisch oder Fisch hat, der bestellt die Beilagen-Karte. In Wulksfelde dreht man es einfach um. Zum Rotkohl passt geschmorte Ente (20 Euro) und zum Linsen-Algen-Fondue das krosse Heide-Welsfilet (20 Euro). Beilagen kann man nicht besser zubereiten. Die überaus aufmerksame Bedienung erfreut uns noch mit einer Marille (5,20 Euro) als Digestif. Wer nicht ganz so viel Hunger mitbringt, der sollte zwei kleine vegetarische Portionen bestellen und sich geschmacklich einfach überraschen lassen.

AMBIENTE ●●●●● SERVICE ●●●●●
KÜCHE ●●●●● PREIS-LEISTUNG ●●●●●

€€€€ Wulksfelder Damm 15-17 (Tangstedt), Telefon 040 64419441, Di-So 12-22 Uhr, EC-Karte, VISA, Mastercard; Gut Wulksfelde Bus 478; gutskueche.de

FOTOS: JULIA SCHUMACHER

Exzellente Tapas und ein fröhlicher Chef: Ma Maison in Bergedorf

FOTO: MARC SILL

Gasthaus Waldeslust

Für Romantiker

Ein Gasthof als große Attraktion des Ortskerns – das gibt es auch nicht alle Tage! 538 Einwohner leben im idyllischen Hamfelde. Als wir mitten in der Woche auf dem Parkplatz des Gasthofs Waldeslust halten, sind sie gefühlt alle da. Entweder genießen sie noch den Blick auf das prachtvolle und weitläufige Naturgelände, auf dem ihnen unter anderem Enten und Gänse fröhlich entgegen watscheln und zwei Teiche unter Bäumen romantische Herzen höher schlagen lassen. Oder sie sitzen schon im Wintergarten, auf der Veranda oder im Hubertuszimmer (nur drei von vielen Möglichkeiten) und genießen das große Angebot an Speisen aus eigener biologischer Landwirtschaft und den hiesigen Wäldern. Ein wunderbares Ambiente – wie aber ist das Essen? Fazit vorneweg: gut bis sehr gut! Beim schön zarten Galloway-Carpaccio (14,10 Euro) muss ich etwas nachwürzen, die Variation vom Lachs (13,10 Euro) überzeugt vollends. Highlight neben dem Lachs: zwei große runde Kartoffelpuffer. Krosser Rand, innen fein, null Komma null fettig – super! Beim Hauptgang wird so richtig aufgetischt. Zwei Flugentenkeulen mit Orangensoße, Backobstfüllung, Pfirsich, Preiselbeeren, Rotkohl und Kroketten (25,80 Euro) und die Wildplatte Waldeslust mit fünf Spezialitäten Wildfleisch (Reh, Hirsch, Ente, Wildschweinbraten und Wildschweinsteak), Birne, Preiselbeeren, Salzkartoffeln, Champignons und gebackener Banane (29,60 Euro) füllen den Tisch samt zweier zusätzlich gereichter Soßen wie bei einem Gelage. Kurz gesagt sind beim Verkosten alle Beilagen klasse. Die Wildplatte schmeckt, ein gutes Zeichen, nicht so streng. Reh und Hirsch sind besonders zart, leider finden sich im Fleisch einige wenige zähe Stellen. Ebenso wie in der Ente, die zudem außen etwas trocken ist. Das ist allerdings Meckern auf hohem Niveau und Mousse au Chocolat mit schwarzer und weißer Schokolade (6,20 Euro) sowie die sehr zitronige Zitronenschaumspeise (5,10 Euro) bilden einen perfekten kulinarischen Abschluss. 150 Jahre ist der Gasthof Waldeslust alt. Möge er uns erhalten bleiben. MISCH

AMBIENTE ●●●●● **SERVICE** ●●●●○
KÜCHE ●●●●○ **PREIS-LEISTUNG** ●●●●○

€€ Dorfstraße 6 (Hamfelde), Telefon 04154 2526, Mi-So 11.30–22 Uhr, EC-Karte; Hamfelde (Lauenburg), Billstraße Bus 433; waldeslust-hamfelde.de

Locanda Riva

Ein italienischer Albtraum

Das Locanda Riva direkt am Schillerufer am Rande des Bergedorfer Villenviertels verspricht italienische Spezialitäten. Leider hält es nur eine enttäuschende Küche bereit. Die Besitzer scheinen ohne richtigen Koch auskommen zu müssen – worüber der sehr freundliche und umsichtige Service leider nicht hinwegtäuschen kann. Selbst gebackenes Brot mit Kurkuma und das hauseigene Olivenöl zum Wein sind unsere Highlights des Abends. Wir wählen von der regelmäßig wechselnden Tageskarte Rote Bete mit Burrata (14,90 Euro), die verdorben ist und wir deshalb zurückgehen lassen. Selbst die Rote Bete lässt den typisch aromatischen, leicht erdigen Geschmack vermissen und schmeckt wässrig. Die Flammkuchen-Pizza Margherita mit hauseigenem Pesto (8 Euro) ist knusprig, aber völlig geschmacklos. Dennoch freuen wir uns auf den Hauptgang, müssen erst die falsch gekommene Lasagne zurückgeben, und sind von der Trüffelpasta (19 Euro) und dem Lachs auf Risotto (21,90 Euro) enttäuscht. Nudeln und Reis sind verkocht, der Lachs ist noch roh. Eines ist sicher, in der Küche ist aktuell niemand verliebt, an Salz mangelt jeder Speise. Der Abend erinnert an einen schlechten Abklatsch der Sendung „Die versteckte Kamera“, nur leider befreit uns niemand aus dieser Situation. Herrlich ist immerhin die idyllische Terrasse an der Bille. FC

AMBIENTE ●●○○○ **SERVICE** ●●●○○
KÜCHE ●○○○○ **PREIS-LEISTUNG** ●○○○○

€€€ Schillerufer 41 (Bergedorf), Telefon 040 75111933, Di-Fr 16–22, Sa-So 12–22 Uhr, EC-Karte, VISA, Mastercard; Bille-Bad Bus 135; locanda-riva.de

Ma Maison

Mein Haus, mein Spanier

„Wenn die Leute schon anfangen, Aschenbecher zu klauen, ist Deutschland am Ende!“ Kaum in der zweigeschossigen Tapas-Bar Ma Maison angekommen, werden wir zu Zeugen eines trauernden Besitzers. Sein vor Kurzem erworbener roter Aschenbecher ist aus dem Lokal entwendet worden. Wir bekunden unser Beileid, bewundern die Einrichtung in den spanischen Farben Rot und Gelb und studieren die Speisekarte. Höflich gibt uns das Paar am Nachbartisch Tipps. Doch der Chef ist augenzwinkernd zur Stelle. „Könnt ihr bitte eure eigenen Erfahrungen machen?“, fragt er aufmunternd. Derart gestärkt in unserer kulinarischen Autonomie gehen wir's an. Was wir schnell feststellen: So viel – oft unterhaltsames – Ego der extrovertierte Besitzer an den Tag legt, so angenehm zurückhaltend ist seine Küche. Das fängt mit der hausgemachten Knoblauchsoße All i Oli (2,50 Euro) samt frischem knusprigen Weißbrot (3,50 Euro) an. Die All i Oli mundet trotz kräftiger Knoblauchnote sehr mild. Kunstvoll gemacht, Respekt! Die pikante Mojo-Soße ist eine angemessene Verfeinerung der mit drei Spanien-Fähnchen servierten kanarischen Kartoffeln (6,50 Euro) und an den gebratenen Knoblauch-Pilzen (7,50 Euro) wird deutlich: Wird hier etwas angebraten, dann schonend und sanft. Die Garnelen in Knoblauchöl (14,90 Euro) und die wiederum auf sanfte Weise kross frittierten Sardellen (9,50 Euro) halten das hohe Niveau. Die Lammwürste (12 Euro) sind zum Reinlegen lecker, die Datteln im Speckmantel (7,50 Euro) perfekt salzig-süß. Die Crema catalana zum Abschluss ist leider aus, das alternative Schokoladensoufflee (9,90 Euro) wird daraufhin zum einzigen Makel. Ein kleines Küchlein mit einem Sträußlein Johannesbeeren, offensichtlich nicht hausgemacht, ist zu wenig und deutlich zu kostspielig für den Geldbeutel. Dennoch: Das Ma Maison, katalanisch für „Mein Haus“, könnte auch unser Haus werden. Wer

VIP TESTER

Thorsten Bartels
NDR Fernsehen | Redaktion Kulinarisch

Getestet: Alte Rader Schule, Gutsküche Wulksfelde, (m)eatery (Fleisch), To Huus (Lüneburg), Kinfelt Kitchen & Wine (Gourmet), Bianc (Sterne)

Als VIP-Tester ... kommt es auch schon mal vor, dass man für einen Klecks Soße extra zahlen muss und unfreiwillig eine gute Geschichte bekommt. Hatte ich vorher noch in keinem Restaurant der Welt erlebt. Premiere also in der HafenCity.

Mein Lieblingsrestaurant ist ... das Terzetto in der Bundesstraße – weil ich den Wirt Antonio schon lange kenne, er versucht, jeden Gerichte-Wunsch zu erfüllen, gute Qualität hat und immer gut gelaunt ist.

Meinen Feierabendwein trinke ich am liebsten ... im Porticello (Kajen) mit Blick auf die HafenCity. Und Sandro bitten, er möge einen mit italienischen Vorspeisen zum Wein überraschen.

Wenn der Mittagshunger kommt, dann ... um die Ecke zum türkischen Imbiss Tuana in der Binderstraße. Immer frisch gemachter Mittagstisch mit Fleisch oder rein vegetarisch.

Ein Gastro-Geheimtipp in Hamburg ist auf jeden Fall ... das Yaku in der Schlüterstraße. Auf der Karte finden sich getrocknete Heuschrecken, knusprige Schweineohren oder Hühnermägen frittiert. Man muss sich einlassen und alles probieren!

Typisch Hamburg ist ... eine Bratwurst an der Mönckebergstraße im Stehen und dabei die Menschenmassen beobachten.

Für einen Ausflug aufs Land geht es ... ans Schloss Reinbek – mit einem Bummel an See und Garten und im Café Kaffee und Kuchen. Eine Oase fernab der Großstadt. Und danach ins kleine Eisenbahnmuseum Lokschuppen in Aumühle.

Nachts noch Hunger? Dann geht's ins ... altersgerecht an den eigenen Kühlschrank.

Die schönste Aussicht beim Essen gibt's ... im Restaurant Engel (Teufelsbrück) – mit Blick auf die Elbe. Man ist noch nicht betrunken, selbst wenn man wankt.

exzellente Tapas genießen will, ist hier jedenfalls bestens aufgehoben. MISCH

AMBIENTE ●●●● SERVICE ●●●●
KÜCHE ●●●● PREIS-LEISTUNG ●●●●

€€€ Hinterm Graben 21 (Bergedorf), Telefon 040 36911990, Mo-Fr 17.30–22.30, Sa 12–15, 17–22.30 Uhr, nur Barzahlung; Mohnhof Bus 135, 225, 228, 235, 332, 335, 609, 8890, X81; mamaison-bergedorf.de

Mamma Mia

Lecker, aber nicht ohne Schnitzer

Einst Frachthalle des Bergedorfer Güterbahnhofs, heute zweigeschossiges Restaurant mit Galerie: Das weitläufige Ristorante Mamma Mia mit endlos wirkender hoher Holzdecke macht einen unruhigen Eindruck. Übergroße farbige Fotos, eine schwarz-weiße Fotowand, etwas eingequetscht die Garderobe – gemütlich ist dieser bei Familien offenbar sehr beliebte Ort nicht. Aber wir sind ja nicht zum Chillen hier, sondern zum Genießen. Dies gelingt uns bei Parmaschinken auf Melone (15,50 Euro) und den acht Schnecken in Kräuterbutter (11,50 Euro) sehr gut. Die Schnecken sind schön erdig-nussig, Parmaschinken und Melone überreichlich und sehr frisch, zudem mit Cranberrys und Rucola hübsch und schmackhaft garniert – große Klasse! Gilt auch für die Spaghetti Frutti di Mare (15,90 Euro). Al dente, schöne tomatige Soße, unglaublich viel leckeres Meeresgetier, inklusive 15 Miesmuscheln. Leider werden die Schweinemedaillons in Champignon-Sahnesoße (18,90 Euro) mit Gemüse zum Ärgernis. Soße und Gemüse sind top – aber die drei kleinen Medaillons lassen das klischeehafte Bild von der Schuhsohle wieder aufleben. Mehr als zäh – geht gar nicht und killt das ganze Gericht. Das gemischte Dessert für zwei (16,50 Euro) schließt wieder ans großartige Niveau zuvor an. Panna cotta, Tiramisu, Apfelstückchen, Weintrauben, Orangenscheiben – das ist Vielfalt pur. Zum Höhepunkt werden zwei Gläser „Sanfter Engel" in der Variante Maracujasaft mit Vanilleeis. Das Fazit zum extrem kinderfreundlichen Ristorante Mamma Mia: eigentlich top. Aber beim Fleisch geht deutlich mehr. MISCH

AMBIENTE ●●● SERVICE ●●●●
KÜCHE ●●●● PREIS-LEISTUNG ●●●●

€€€ Am Güterbahnhof 17e (Bergedorf), Telefon 040 72697898, Di-Fr 17–23, Sa-So 12–23 Uhr, EC-Karte; Am Güterbahnhof Bus 227, Bus 235, Bus 329, Bus 629; mamma-mia-bergedorf.de

On Dao

Starker Auftritt

Auf Bildschirm eins zeigen geschickte Hände geschmackvoll zubereitete Speisen. Auf Bildschirm zwei fährt ein einsames Boot über türkisblaues Wasser an Traumstränden entlang. Dazu entspannte Klaviermusik. Im schnuckeligen kleinen On Dao wissen sie, wie den unter schönen Lampions bei gedämpftem Licht sitzenden Gästen Appetit gemacht werden kann. Meine Begleitung vergisst gar kurz ihren Kummer über die fehlende breite Fensterfront im Restaurant. Dann geht's los! Die schön marinierten drei Hühnerfleischspieße auf kleinem Salat mit feiner aromatischer

So geht ein starker Auftritt: asiatische Fusionsküche im Bergedorfer On Dao

FOTOS: MARC SILL (U.), ECKARD PINGEL (O.)

Erdnusssoße (Satay Gai, 7,90 Euro) überzeugen bis auf das zu säuerliche Salatdressing, die zitronig-pikante Zitronensuppe Tom-Yam mit Gambas (6,10 Euro) ist schmackhaft. Die Hauptspeisen kommen der Eigenwerbung („Einmal genießen und ewig erinnern") nahe. Gäng Tom Kha Phed, die Gebackene Ente mit Reis in würziger Kokosmilch (18,90 Euro), ist rundum top, vor allem die Ente. Außen kross, ohne harte Stücke, innen saftig. Da war ein Könner am Werk. Ebenso herrlich die Classic-Sushi-Platte (19,90 Euro). 20 Teile, frisch und vielfältig gefüllt. Genial: Die Platte wird vor dem Verzehr am Tisch durch Trockeneisnebel mit Rosenduft überströmt. Sweet Style Roll und Mochi mit Vanilleeis (jeweils 8,90 Euro) sind schließlich ein cooles Dessert. Die gepresste Schokolade in den japanischen Mochi-Reiskuchen ist super, die Gelatine um das Obst – hauptsächlich Banane – bei der Sweet Style Roll aufgrund ihrer wabbeligen Konsistenz Geschmackssache. Meine Begleitung mag sie nicht, ich liebe sie. Doch solcherlei Dissens herrscht nicht in unserer Gesamtwertung. Sie lautet: sehr starker Auftritt. Hach, jetzt gemeinsam in Bildschirm zwei springen und dieses Menü an einem Traumstrand genießen. Dann wäre das Leben perfekt. Man wird ja wohl noch träumen dürfen. MISCH

In der Taverna Corfu am Brink gibt es grundsolide griechische Küche und eine riesige Portion Gastfreundschaft

AMBIENTE ●●●● SERVICE ●●●●●
KÜCHE ●●●●● PREIS-LEISTUNG ●●●●

€€€ Sachsentor 61 (Bergedorf), Telefon 040 20005974, Mo-Sa 11.30–21.30, So 13–21.30 Uhr, EC-Karte, VISA, Mastercard, Amex, Paypal; Mohnhof Bus 135, 225, 228, 235, 332, 335, 609, 8890; ondaorestaurant.de

Oro

Ein Gewinn für Bergedorf

Nachdem wir das Oro in Bergedorf monatelang nur von außen bewundern konnten, hat es seit November 2022 einen neuen Betreiber. Der verspricht einzigartige Geschmackserlebnisse der italienisch-mediterranen Küche und hervorragenden Service. Wir wollen uns überzeugen und werden sehr aufmerksam und freundlich empfangen. Mit Blick auf die große, beleuchtete Weinregal-Wand und die Bar fühlen wir uns sofort wohl. Es wirkt alles sehr gepflegt, aber nicht steif. Wir bestellen uns als Vorspeise Carpaccio vom Black Angus (15,50 Euro) und Calamaretti mit Cocktailtomaten (16,50 Euro), die butterzart und toll angerichtet sind. Als Hauptspeise wählen wir Saltimbocca alla Romana (28,50 Euro). Es überzeugt geschmacklich nicht gänzlich, zumal auch die Gemüsebeilage für diesen Preis etwas mehr Raffinesse verdient hat. Die schwarzen Taglierini mit Jakobsmuscheln (18,50 Euro) können wir hingegen nur empfehlen. Toll abgeschmeckt und eine gute Portion. Der Insalata Americana mit Garnelen nach Ceviche-Art (18,50 Euro) macht leider seinem Namen keine Ehre. Da ist nichts nach Ceviche-Art auf dem Teller. Wir sprechen das an. Das Personal verspricht freundlich und interessiert eine Änderung in Karte oder Küche. Zusätzlich werden wir mit einer leckeren Nachspeisen-Variation mit Gruß aus der Küche überrascht. So geht Service. Das Preisniveau des Oro ist eher hoch, ausgenommen Pizzen und einfache Nudelgerichte. Die von uns bestellten offenen Weine, der Primitivo Ragazzo (0,2 l 9 Euro) und der Riesling (0,2 l 9,50 Euro), lassen uns langsam schlucken. Alles in allem für uns ein dennoch sehr angenehmer Abend. Nächstes Mal geht's dann auf die schöne Außenterrasse mit Blick auf Bille und Schlosspark. AS

AMBIENTE ●●●● SERVICE ●●●●
KÜCHE ●●● PREIS-LEISTUNG ●●●

€€€€ Ernst-Mantius-Straße 10-12 (Bergedorf), Telefon 040 42944886, Di-So 17–22 Uhr, EC-Karte, VISA, Mastercard; Bergedorf S2, S21; oro-bergedorf.de

Remise

Familienregeln zu beachten

„Seid dankbar. Liebt Euch. Helft Euch. Sagt Bitte & Danke. Zeigt Mitgefühl. Seid glücklich. Zahlt in Umarmungen und Küssen. Macht aus allem das Beste. Habt Träume. Respektiert euch. Lächelt." Die mit „Familienregeln" betitelten Holzschilderwegweiser hinter unserem Platz im Remise Steakhouse lassen uns die kleine Anfangsirritation vergessen. „Ich habe einen Ecktisch für Sie beide reserviert. Wenn Ihnen der nicht gefällt, versuchen Sie es gerne woanders", hat der Kellner zu uns gesagt. Wir sind zwei Sekunden empört, dann realisieren wir: Er meinte „woanders" in diesem Restaurant. Wollen wir aber gar nicht, wir mögen unseren Platz ebenso wie das rot gedimmte Licht, in das das sehr schicke Remise (mit einem fast Thronsaal-mäßigen Ambiente im ersten Stock!) getaucht ist. Lange Vorrede, kurzes Vorab-Fazit: Das Essen hier ist fantastisch! Im Einzelnen: Unser vielseitiger Vorspeisenteller für zwei Personen (19,90 Euro), unter anderem mit Chicken Wings, Gemüsebällchen, Roastbeef, Salat, Oliven und zwei Röstbroten, spielt kreativ und geschmacklich in der Beletage. Und die Hauptgänge erst recht. Das Lammfilet mit schonend gegarten Prinzessbohnen und makellosen Bratkartoffeln mit Speck (22,90 Euro) ist – schön medium gebraten – wunderbar saftig, die überragende Thymiansoße würde ich mit weniger Manieren wohl vom Teller abschlecken wollen. Das 260- Gramm-Hüftsteak mit Baked Potato (22,50 Euro) steht dem in nichts nach. Perfekt medium, klasse gewürzt, schlicht großartig. Als wir alles weggeschlemmt haben, macht meine Begleitung die kalte Variante der Crème brûlée noch selig. Ich dagegen mag beim Kaiserschmarrn (beides jeweils 6,50 Euro) eigentlich die außen krossere Version lieber. Aber eine kleine Pfütze Apfelmus als Beilage, die gerade mal für acht von 30 Stücken reicht, ist objektiv zu wenig. Nur: Das ist wirklich Jammern auf ganz hohem Niveau! Zum Abschluss möchten wir daher auch zwei Regeln aufstellen: Geht ins Remise Steakhouse. Und genießt es. MISCH

AMBIENTE ●●●●● SERVICE ●●●●
KÜCHE ●●●●● PREIS-LEISTUNG ●●●●●

€€€ Möllner Landstraße 55 (Glinde), Telefon 040 89708292, Mo-Sa 12–23, So 12–22 Uhr, EC-Karte, VISA, Mastercard, Amex, Paypal, Apple Pay; Glinde, Markt Bus 133, 237, 333, 619, 733, 737; remise-restaurant.de

FOTO: MARC SILL

Taverna Corfu am Brink

Auf die Freundschaft!

„Sie entkommen mir nicht“, sagt der Kellner lächelnd. Schon steht mein dritter Ouzo vor mir. Meine Begleitung und ich versacken daraufhin im Taverna Corfu am Brink noch zu einer halbstündigen Plauderei. Wir fühlen uns wohl. Weil es so schön ist, wenn Stammgäste zur Begrüßung umarmt werden, Scherze durch die Luft fliegen und man auf der Hut sein muss, sich nicht permanent Ouzo einschenken zu lassen, um von so viel freigiebiger Herzlichkeit nicht betrunken zu werden. Das würde auch Otto Rehhagel gefallen, der im gemütlich verwinkelten Corfu als Wandmalerei als Zeus grüßt. Eine Huldigung an den Sieg bei der Fußball-Europameisterschaft 2004. Ach ja, gegessen haben wir auch. Grundsolide zu vernünftigen Preisen. Der kalte Feta mit Gurke, Tomate und Öl (8,50 Euro) und die sanft panierten und gebratenen Calamares mit Cocktailsoße (9,90 Euro) sind unspektakulär lecker. Als Hauptgang wähle ich die Athen-Platte samt Reis (20,90 Euro). Sie ist ein Berg. Souflaki, Lammkotelett, Schweinesteak, Gyros und Hacksteak! Alles gut durch und gut gewürzt. Meine Begleitung begibt sich mit der gekochten Gemüsepfanne mit Reis (13,90 Euro) in die vegetarischen Gefilde. Ebenfalls eine große Portion, unter anderem mit Brokkoli und Auberginen. Etwas Würze fehlt, aber dennoch ist das Gericht absolut in Ordnung. Der Halva-Grieß mit Vanilleeis (6,50 Euro) und der Griechische Joghurt mit Karamell-Honigsirup und karamellisierten Walnüssen (6,90 Euro) sind klasse zum Abschluss. Der sehr feste, geschmacksintensiv-süße Grieß aus Sonnenblumenkernen und Zucker korrespondiert ausgezeichnet mit dem Eis. Der Griechische Joghurt ist schick im Glas angerichtet, wirkt sehr frisch und hat sogar auf dem Boden Honig-Karamellsirup zu bieten. Fazit: Das Corfu ist der liebenswerte Grieche von nebenan. . MISCH

AMBIENTE ●●●●○ SERVICE ●●●●●
KÜCHE ●●●●○ PREIS-LEISTUNG ●●●●○

€€€ Am Brink 14 (Bergedorf), Telefon 040 7214342, Di-Sa 16–22, So 12–22 Uhr, EC-Karte; Mohnhof Bus 135, 225, 228, 235, 332, 335, 609, 8810, 8890, X81; taverna-corfu-bergedorf.de

ToGao

Super Sushi

Das modern-gemütliche, asiatische Restaurant ToGao liegt ein wenig versteckt im Bergedorfer Suhrhof. Wer Sushi liebt, wird hier begeistert sein. Als Vorspeise eine Variation aus Inside Out Rolls (8 Stück 9,50 Euro) und Special Rolls (8 Stück 14,90 Euro) zu bestellen, erweist sich als hervorragende Idee. Die frisch zubereiteten, schmackhaften Röllchen werden kunstvoll angerichtet auf einer großen Platte serviert. Als an unserem Nebentisch ein großes Sushi-Menü auf einem mehrstöckigen Gestell serviert wird, gehen uns kurz die Augen über, denn das Kunstwerk wird effektvoll mit dampfendem Trockeneis übergossen. Neidisch müssen wir bei dem Anblick jedoch nicht sein, denn auch unsere warmen Hauptspeisen, ein Saigon Curry mit gegrillter Ente (16,90 Euro) und eine exotische, sauer-scharfe Reisnudelsuppe mit Zitronengras und Lachs (14,90 Euro), kommen toll angerichtet und verführerisch duftend an den Tisch. Der Wein, ein sehr durchschnittlicher Grauburgunder, begeistert uns eher weniger. Dafür ist die homemade Limonade, welche in diversen Sorten angeboten und in toll dekorierten Karaffen serviert wird, absolut zu empfehlen. Wir kommen wieder – das ist sicher. Denn besonders das Sushi hat es uns angetan. KV

AMBIENTE ●●●○○ SERVICE ●●●●○
KÜCHE ●●●●○ PREIS-LEISTUNG ●●●●○

€€ Weidenbaumsweg 13-15 (Bergedorf), Telefon 040 72005711, Mo-Fr 11.30–22, Sa 12–23, So 12–22 Uhr, EC-Karte, VISA, Mastercard, Amex; Bergedorf S2, S21; togao.de

Waldhaus Reinbek

Achterbahn mit Klassik und Moderne

Wer in und um Reinbek gepflegt und zugleich verlässlich gut essen gehen möchte, kommt um die Fine-Dining-Küche des schon seit 1874 bestehenden Gasthauses am Rand des Sachsenwaldes nicht herum. Auch nach dem Betreiberwechsel des zugehörigen Hotels samt ausgedehnter Tagungs- und Familienfeier-Räume kocht Küchendirektor Christian Dudka auf hohem Niveau der klassischen Moderne, im Rahmen der jährlichen Schleswig-Holstein Gourmet Festivals auch an der Seite von Sterne-Kollegen (2023 mit **Rolf Fliegauf vom Giardino Ascona am Lago Maggiore). Entsprechend ambitioniert sehen auch die Teller aus, die der freundlich-fleißige Service an die Tische bringt – auf der Sonnenterrasse, in der bürgerlichen Gaststube oder dem gediegenen Speiseraum, in dem wir an einem Sonntagnachmittag wissen wollen, ob die Küche auch nach 15 Uhr (Wochenende 12 bis 21 Uhr durchgehend) noch in Form ist. Das ist sie, wenngleich nicht bis ins tiefe Detail. Die als „Flüssiger Blumenkohl" (11 Euro) annoncierte Cremesuppe mit Schnittlauchöl wärmt Mund und Seele, beantwortet aber nicht die Frage, was das kalte Wachtelei am Tellerrand bedeuten mag. Die halbe Portion des veganen Hauptgerichtes (12,60/18 Euro) soll eine „In Tomate geschmorte Aubergine" sein, entpuppt sich aber als unterwürzter Gemüsematsch mit nachträglich aufgetragener Langweiler-T-Soße und lauwarmen Kichererbsen. Das geht besser, zum Beispiel bei unseren Hauptgerichten: Das Flusszander-Filet ist feist, dick und saftig, die Garnitur schwankt zwischen Genialität (Rote-Bete-Kartoffel-Stampf) und Quatsch (Apfel-Gelee); mein Schmor-Hirsch thront herrlich mürbe auf dem Selleriepüree, doch die Saitlinge sind zu roh und die Dauphine Kartoffeln erinnern an altes Frittenfett (je 29 Euro). Das Mixed-„Überraschung"-Dessert dagegen ist die 11 Euro mehr als wert, mit seinen feinen Miniaturen von Crème brûlée, Vanilleeis, Schoko-Malheur und intensivem Kaffeeküchlein. Wir leeren die Rhabarberschorle (6,75 Euro, gute, hochpreisige Weinauswahl auch glasweise) und wandern uns die Sonntagskalorien auf den Reinbeker Waldwegen wieder ab.

PESI

AMBIENTE ●●●○○ SERVICE ●●●●○
KÜCHE ●●●○○ PREIS-LEISTUNG ●●●●○

€€€€ Loddenallee 2 (Reinbek), Telefon 040 727520, Mo-Do 17–22, Fr-So 12–22 Uhr, EC-Karte, VISA, Mastercard, Amex; Sachsenwald, EKZ Bus 136; waldhaus.de

KURZ GEBRATEN

Alsterschleuse

Der Name Ristorante Alsterschleuse macht schon klar, dass die Küche mediterran tickt. Wer in Tangstedt speisen geht, darf sich auf Vitello tonnato, Carpaccio und Antipasti als Vorspeisen freuen. Bei den Hauptgängen kommen Klassiker wie Saltimbocca, Carbonara und waschechte, lange gekochte Bolognese auf die Teller. Alles ist schön präsentiert, der Service in der Alsterschleuse ist zuvorkommend, die Weine sind fair kalkuliert.

€€€ Ehlersberg 26 (Tangstedt), Telefon 04109 2134080, Di-Do 17–22, Fr 17–23, Sa 16–23, So 12–22 Uhr, EC-Karte, VISA, Mastercard; Ehlersberg Rader Weg Bus 8140, Kayhude Haidkrug Bus 7550; alsterschleuse.com

Alte Schule Siek

In der Alten Schule in Siek gibt's Fisch, Fleisch und vegetarische Leckereien. Bei den Menüs können die Gänge individuell komponiert werden. Die Auswahl aus regionaler, saisonaler und mediterraner Küche ist groß. An bodenständigen Klassikern wie Rehrücken, Wildschwein und Bratwurst fehlt es nicht. Auch Falafel und Hummus sind am Start. Die Weine sind nicht zu teuer, der Service ist familiär und aufmerksam.

€€€€ Hauptstraße 44 (Siek), Telefon 04107 877310, Di-Sa 17.30–23 Uhr, EC-Karte, VISA, Mastercard, Amex; Siek, Kirche Bus 376, Bus 537, Bus 776, Bus 869; alte-schule-siek.de

Alter Dorfkrug

Der Alte Dorfkrug ist schon von außen urig und gemütlich. Das setzt sich drinnen beim Interieur fort: viel Holz und Kupferlampen. In dem Restaurant in Großensee kommen nicht nur Klassiker der Landhausküche auf den Tisch, vielmehr gibt es auch Pizza und Burger. Der Service ist ausnehmend freundlich und aufmerksam. Die Portionen sind so groß, dass ein Hauptgang sogar zwei Gäste satt machen könnte.

€€ Fritz-Berodt-Straße 1 (Großensee), Telefon 04154 6640, Mo-Fr 17–22, Sa-So 12–22 Uhr, EC-Karte; Großensee, Hamburger Straße Bus 264, Bus 364; alterdorfkrug-grossensee.de

Fine Dining im Umland: Alte Schule Siek

FOTO: MARC SILL

Alle Tests in voller Länge auf

genussguide-hamburg.com

Fischerklause am Lütjensee

Die Fischerklause am Lütjensee eignet sich prima für eine kurze kulinarische Auszeit mitten in der idyllischen Natur. Auch von den Plätzen im Inneren des Restaurants haben Gäste einen traumhaften Blick. Serviert werden leckere Fischsuppe, tolles Kalbsrahm-Gulasch, handgemachte Spätzle und mehr. Die Weinauswahl in der Fischerklause kann sich sehen lassen. Und wer nicht mehr fahren will, bucht ein Zimmer im Hotel.

€€€€ Am See 1 (Lütjensee), Telefon 04154 792200, Mi 17–21, Do-Sa 12–14.30, 17–21, So 12–15.30, 17–20.30 Uhr, EC-Karte, VISA, Mastercard, Amex; Lütjensee, Am See Bus 364; fischerklause-luetjensee.de

Fürst Bismarck Mühle

Am Sachsenwald geht am Namen der Familie Bismarck kein Weg vorbei. Gilt auch für eines der bekanntesten Restaurants der Region. Das nennt sich Fürst Bismarck Mühle und verfügt über einen herrlichen Garten mit feinem Blick in die Natur. Auf der Speisekarte geht es regional und saisonal zu. Dort finden sich Klassiker der norddeutschen Küche, oft mit einem spannenden Kniff versehen. Das Interieur im Restaurant ist zeitgenössisch und stimmig.

€€€€ Mühlenweg 3 (Aumühle), Telefon 041042028, Mo-Mi 15–23, Fr-So 12–23 Uhr, EC-Karte, VISA, Mastercard; Aumühle S21; bismarck-muehle.com

Il Caminetto

Viel beschaulicher als hier geht es kaum. Die Bille fließt direkt am Il Caminetto vorbei. In der Nähe des kleinen Dörfchens Grande wird in einem historischen Ambiente aufgetischt. Das windschiefe Fachwerkhaus direkt am Fluss atmet die Geschichte einer Wassermühle. Auf den Tisch kommen Vorspeisen-Klassiker wie Vitello tonnato. Als Hauptspeisen ist von Lasagne bis Kalbsleber alles am Start, was nach Italien schmeckt.

€€€ Lauenburger Straße 1 (Kuddewörde), Telefon 04154 9995120, Mi-Fr 17–22, Sa-So 12–21 Uhr, EC-Karte, VISA, Mastercard; Kuddewörde, Mühlenredder Bus 433; il-caminetto.net

In Aller Munde

Das Restaurant In Aller Munde ist Hamburgs einziges Schlossrestaurant. In hoheitlichem Ambiente wird hier in Bergedorf nach allen Regeln der Kunst aufgetischt. Wichtig ist der Küche die Arbeit mit ausgewählten, saisonalen Produkten. Alles ist fair gehandelt, regionale Landwirte sind enge Partner. Aber nicht nur Tatar vom Rind und Entrecôte begeistern, sondern es gibt auch viele vegetarische Highlights.

€€€€ Bergedorfer Schloßstr. 4 (Bergedorf), Telefon 040 21993077, Mi-Sa 17–22 Uhr, EC-Karte; Bergedorf S21; inallermunde.hamburg

Klassenzimmer

Im Restaurant namens Klassenzimmer wird nicht gebüffelt, sondern fein gespeist. In der alten Dorfschule von Hammoor lohnt schon der Blick in die Speisekarte, die das Schulthema humorig aufgreift. Da gibt es „Hauptfächer" statt Gerichte zu ordern. Denen ist gemeinsam, dass frische Zutaten und kreative Zubereitungsarten zum Einsatz kommen. Immer saisonal und regional. Hier gibt's Lachsforelle, Bauernente und echtes Wiener Schnitzel.

€€€ Hauptstraße 14 (Hammoor), Telefon 04532 278641, Di-Sa 17–22 Uhr, EC-Karte; Hammoor, Hauptstraße Bus 8730; restaurant-klassenzimmer.de

Stellauer Steak- & Fischhaus

Das Stellauer Steak- & Fischhaus ermöglicht eine kulinarische Weltreise. Denn in dem Restaurant in Barsbüttel finden sich neben italienischen Gerichten auch Klassiker der indischen Küche und regionale Leckereien auf der Karte. Das Ambiente ist eher zweckdienlich, aber vor allem die ihn verschiedenen Variationen angebotenen Steaks machen ordentlich was her. Zudem gibt's – wie es der Name des Ladens verspricht – täglich mehrere Fischgerichte.

€€€ Stellauer Hauptstraße 22 (Barsbüttel), Telefon 040 6753757, Mo-Di 17–22, Mi-So 11.30–22 Uhr, EC-Karte, VISA, Mastercard; Stellau, Am Dorfplatz Bus 263, Bus 337, Bus 776; stellauer-steakhaus.de

Frisch und fröhlich: Der bunte Linsensalat im Restaurant Scharf überzeugt nicht nur unsere Tester

Hamburgs Süden

Nehmen wir die Brücken oder den Tunnel? Egal, ein kulinarischer Ausflug ins Land jenseits der Elbe lohnt in jedem Fall. Wenn man weiß, wo richtig gut aufgetischt wird. Wir haben da mal ein paar Tipps, denn es gibt Perlen zu entdecken im Süden

1221

Kulinarisch allerhöchstes Niveau

Der Name des in einem schicken Fachwerkhaus residierenden Restaurants 1221, dessen Stil zwischen stylish und gemütlich schwankt und in dem den ganzen Abend Tanzmusik läuft, bezieht sich auf die erste urkundliche Erwähnung Jorks. Und wir nehmen es vorweg: Große Tradition steht hier für riesige Qualität. Haken wir den einzigen kleinen Kritikpunkt schnell ab. Die Waldpilzcremesuppe (7,50 Euro) geht geschmacklich zwar klar, ist aber etwas zu dünnflüssig. Und nun: Schwärmerei! Der gratinierte Ziegenkäse mit Rotkohl, Parmesan und Blaubeeren (12,50 Euro) ist eine Wucht. Da reimt sich alles perfekt abgestimmt aufeinander, eine fantastische Fruchtsoße sorgt für das gewisse Etwas. Die Hauptspeisen? Ebenfalls Genuss par excellence. Selten eine so gute Rinderroulade gegessen (22,90 Euro), bei der die Senfnote beim Vordringen ins mit Gürkchen und Speck gefüllte Innere immer noch eine Spur intensiver wird. Hausgemachtes Kartoffelpüree, Rotkohl und leicht angebratene Erbsen und Möhren plus Wildsoße sind ebenfalls formidabel. Das Wildgulasch (23,50 Euro) hält das sehr hohe Level. Zartes Fleisch, klasse Rotkohl, hausgemachte Klöße und die Soße lassen ein Gefühl wie bei Muttern aufkommen. Auch unser Dreierlei mit Panna cotta, Himbeersorbet auf Crumble und einem tortenartigen Parfait ist großartig (9,90 Euro). Eine verzückende Melange aus überraschenden Geschmacksnoten verzaubert uns. Absolute Empfehlung für das wunderbare 1221! MISCH

AMBIENTE ●●●●● SERVICE ●●●●●
KÜCHE ●●●●● PREIS-LEISTUNG ●●●●●

€€€ Schützenhofstraße 7 (Jork), Telefon 04162 9094805, Do 17–21, Fr-Sa 12–22, So 13–21 Uhr, EC-Karte, VISA, Mastercard; Jork, Am Fleet Bus 2703, Bus 2713; restaurant1221-jork.eatbu.com

Al Limone

Prima Pizza im Harburger Ausgehviertel

So ein klein wenig ist der Lack ab im Al Limone. Der Bella-Italia-Esprit, den das Lokal einmal hatte, ist irgendwie abhanden gekommen. Keine Kerzen mehr auf den Tischen, nun die üblichen Papierservietten mit aufgedruckten Sprachkenntnissen für Anfänger und ein Kellner, der uns grußlos zum Tisch führt, obwohl wir noch an der Garderobe stehen. Dass ihm nur die Kinder mutig hinterhertrotten, rührt ihn nicht. Die gute Nachricht: Das Essen ist weiterhin top. Alles tadellos und superfrisch. Es gibt keine Tageskarte, dafür ein solides Menü der bekannten und hier leckeren Verdächtigen. Funfact: Die italienische Speisekarte strotzt vor Schreibfehlern, die Muttersprache des Stiefellandes beherrscht hier wohl niemand mehr komplett. Die Pizza ist hervorragend, riesengroß, knuspriger Rand – einfach eins a. Ebenso gut kann der Koch hier Dorade vom Grill (26,90 Euro) zubereiten. Gegrilltes Rinderfilet (26,50 Euro) mit guten Rosmarinkartoffeln und kleinem Salatteller überzeugen ebenfalls. Man sitzt nach wie vor schön und gemütlich in dem ideal gelegenen Harburger Lokal, und vielleicht kommt der alte Geist ja auch bald wieder zurück. Nach wie vor ist das Al Limone eine gute Adresse. Für gutes Essen. CO

AMBIENTE ●●●○○ SERVICE ●●○○○
KÜCHE ●●●●● PREIS-LEISTUNG ●●●●○

€€€€ Lämmertwiete 12 (Harburg), Telefon 040 32004971, Mo-So 12–23 Uhr, EC-Karte, VISA, Mastercard; Harburg Rathaus (Hölertwiete) S3, Bus 141, Bus 241; allimone-harburg.de

Barrica

Tapas wie in Spanien

Die Vorfreude auf den nächsten Spanienurlaub macht Lust auf Tapas und lockt uns in die BARrica. Auch wenn das rustikale Fachwerkgebäude und die durchweg deutsche Bedienung wenig Spanienfeeling vermitteln, sind wir beim Genuss der Tapas-Auswahl ganz schnell in Urlaubslaune. Einen Tisch zu ergattern, gelingt nur mit Reservierung oder in den frühen Randzeiten. Das kleine, dunkle, aber urgemütliche Restaurant mit angrenzender Cocktailbar erfreut sich großer Beliebtheit und hat viele Stammgäste. Nach einem Aperol Spritz fliegen die verschiedenen Tapas, die wir aus einer vielfältigen Karte auswählen, geradezu auf unseren Tisch: Brot mit Aioli (2,50 Euro), Datteln im Speckmantel (4,50 Euro), Chorizo in Rotweinsoße (5,50 Euro), Pimientos mit Meersalz (6 Euro), Schweinefilet mit Avocadocreme (6 Euro), Runzelkartoffeln mit Paprikadip (3,50 Euro) und ein Feldsalat mit Rote Bete, Granatapfel und Pinienkernen (6,50 Euro). Wir können uns nur schwer entscheiden, was am besten schmeckt, denn es ist einfach alles superlecker und hübsch in kleinen Schälchen angerichtet. Die begleitenden Weine gibt es in ebenso großer Vielfalt. Wie gut, dass wir die offenen Tropfen auch in kleinen Gläsern von 0,1 l ordern dürfen, sodass wir uns auch hier nach Herzenslust durchprobieren können. Die freundliche, aufmerksame Bedienung erteilt gerne eine Empfehlung und ist scherzend bereit, den gewünschten Wein fix in die Kühlung nachzulegen, denn das ist versehentlich vergessen worden. KV

AMBIENTE ●●●●○ SERVICE ●●●●○
KÜCHE ●●●●○ PREIS-LEISTUNG ●●●●○

€€ Schillerplatz 1 (Seevetal), Telefon 04105 7706651, Di-So 17–22 Uhr, EC-Karte, VISA, Mastercard, Amex; Hittfeld, Kirche, Bus 374, 4148, 4630; facebook.com/Barrica.Hittfeld

FOTO: JULIA SCHUMACHER

Leidenschaftliche Gastgeber: Serviceleitung Louisa de Carvalho Gärtner und Inhaber Sven Oliver Scharf

Genuss GUIDE
DER SZENE HAMBURG
TESTSIEGER
2023/2024

Scharf

Deutsche Küche mit Wow-Faktor

Das Scharf ist voll heute. Wir ergattern noch einen Zweiertisch am Rand. Der Chef persönlich kommt vorbei, berät uns und hat Tagesempfehlungen. Wir fühlen uns eher wie bei einem Freund als in einem gehobenen Restaurant. Hat heute Seltenheitswert. Wir entscheiden uns für ein Rote-Bete-Carpaccio mit Zucchini in Kokosnuss (10,90 Euro) und einen bunten Linsensalat (10,90 Euro). Es kommt ein Gruß aus der Küche – ein Löffel mit Schafskäse, Zitronenöl, Ebly und Wildkräutern, der uns schon ein wenig zeigt, was uns gleich erwartet. Die Zucchini mit der Kokosnuss ist ein Geschmackserlebnis, das mich umhaut. Die Rote Bete ist hauchdünn und ebenfalls perfekt zubereitet. Der Linsensalat ist wunderbar frisch, die Linsen knackig, das Ganze angerichtet mit aromatischen Cherrytomaten, Feldsalat und Parmesanraspeln. Der beste Linsensalat, den ich je probieren durfte. Als Hauptgericht gönnt sich mein Gegenüber das Fischfilet des Tages (25,90 Euro). Ein perfekt gewürzter und gebratener schottischer Lachs auf Sauerkraut mit Senfsoße und Kartoffeln. Alles wirklich sehr besonders, auf den Punkt und mit Liebe angerichtet. Mein Wildschwein mit Rotkohl und Mandelkroketten (24,90 Euro) ist ebenfalls ein Genuss. Super zartes Fleisch, geschmackvolle Kroketten und ein Rotkohl, von dem ich am liebsten einen ganzen Eimer essen würde. Einfach perfekt. Das Tagesdessert (8,90 Euro) ist ein Dreierlei aus Schokomousse, herrlich zitroniger Mascarpone und einem warmen, alles übertreffenden Brownie, um den wir uns beide fast streiten. Wundervolles Essen, tolle Atmosphäre, freundliche Gastgeber. Wow! JAS

AMBIENTE ●●●●● SERVICE ●●●●●
KÜCHE ●●●●● PREIS-LEISTUNG ●●●●●

€€€ Harburger Schloßstraße 2 (Harburg), Telefon 040 774422, Di-Sa 17–22 Uhr, EC-Karte, VISA, Mastercard; Harburg Rathaus S3, S31; restaurant-scharf.de

Deutsche Küche in besonders lecker: Rinderbäckchen mit Backpflaumensoße und Apfelrotkohl

FOTOS: JULIA SCHUMACHER

Auszeit

Perfekter Abend

Laut Lokalpresse feierte der ehrenamtliche Bürgermeister Timo Gerke seinen Wahlsieg in der Samtgemeinde Lühe 2021 in der Auszeit. Und das idyllisch am Deich der Unterelbe gelegene Restaurant ist nicht nur eine gute Wahl für erfolgreiche Wahlkämpfer. Schick zwischen Landhausstil und modernem Touch balancierend, mit Terrasse und Wintergarten als Zugabe, sind schon die ersten Eindrücke ein Hochgenuss fürs Auge. Was wir danach auf den toll angerichteten Tellern vorfinden, übererfüllt unsere Wünsche. Die Altländer Hochzeitssuppe (6,20 Euro) ist würzig und mit knackigem Gemüse ebenso großartig wie die mächtigen neun gebackenen saftigen Champignons (9,80 Euro) mit exzellenter Remoulade. Auf dem Schweineschnitzel namens Deichkrone (18,50 Euro) thronen Tomaten und Champignons, gehalten von überbackenem Käse, alles flankiert von Rosmarinkartoffeln. Als Pyramiden kommen die Schweinefilet-Medaillons (21,50 Euro). Unten Röstitaler mit Jus, darauf die Medaillons, als dritte Schicht Apfelringe und als Krone gratinierter Ziegenkäse. Das Fleisch ist superzart, alle Beilagen auf den Punkt, sogar das Dressing der Beilagensalate ist hausgemacht. Zum Reinlegen, so gut schmeckt es uns. Ein überragender Apple-Crumble mit Vanilleeis und Sahne (7,20 Euro) und eine sehr große Eispraline (7,50 Euro) aus Vanilleeeis mit Kaffeenote, veredelt durch Baiserstückchen und Sahne, freuen sich jeweils über frische Beeren als Beigabe. Wir sind hier schließlich im Alten Land. Unsere Auszeit ist zu jeder Sekunde unvergesslich. Wir kommen wieder. MISCH

AMBIENTE ●●●●○ SERVICE ●●●●●
KÜCHE ●●●●● PREIS-LEISTUNG ●●●●●

€€€ Feriendorf Altes Land 15 (Hollern-Twielenfleth), Telefon 04141 8077078, Mo 17–22, Mi-Fr 17–22, Sa 11.30–14, 17–22, So 11.30–14, 17–21 Uhr, EC-Karte; Twielenfleth Durchweg Bus 2052, Bus 2054; auszeit-altesland.de

Buddha Kitchen

Vegane Erleuchtung in Harburg

Ein Spaziergang durch die hippen Viertel der Stadt zeigt: Veganes Essen ist angesagt. Auf den Hype-Zug aufgesprungen ist auch die Buddha Kitchen. In der Nähe des Harburger Rathauses, wo es wenige kulinarische Optionen für Veganer:innen gibt, serviert ein junges Team seit dem Frühjahr 2022 Tapas, Bowls und Sushi mit vietnamesischen, thailändischen, japanischen und koreanischen Einflüssen. Im modern-minimalistisch eingerichteten Gastraum ist an einem Sonntagabend nicht viel los; wir haben freie Platzwahl. Dass es verspielt wird, zeigt sich schon an den Namen der Gerichte: So verstecken sich hinter blumigen Tapas-Bezeichnungen wie „Flip Flop" oder „Bumblebee" Taro im Blätterteig oder mit Soja und Gemüse gefüllte Dumplings. Das Highlight zum Start ist der gebackene Tofu, umhüllt von Reisflocken an Himbeer-Kokos-Dip. Ein Traum! Die Hauptgerichte namens „It Is Not Overthink" (Ramen, Misobrühe, Seetang und Seitan für 12,90 Euro) oder „If Not Now, Then When" (Reisbandnudeln, Curry-Brühe, Soja-Filet für 12,90 Euro) sorgen dann für weitere Schmunzler. Aber wenn's so lecker schmeckt wie in der Buddha Kitchen, sind Namen sowieso nur Schall und Rauch. Weil nicht mehr alle Zutaten vorrätig zu sein scheinen, muss hier und da ein bisschen improvisiert werden. Der junge Mann im Service ist allerdings stets bemüht, uns Alternativen anzubieten. Mit dem Geschmack des süß-cremigen Nep Cam (roter Reis in warmer Kokoscreme) auf den Lippen verlassen wir schließlich das Restaurant – erleuchtet wie ein Buddha. KGR

AMBIENTE ●●●●○ SERVICE ●●●○○
KÜCHE ●●●●○ PREIS-LEISTUNG ●●●●○

€€ Neue Straße 17 (Harburg), Telefon 040 333 95 195, Mo-Do 11.30–22, Fr-Sa 11.30–22.30, So 11.30–22 Uhr, EC-Karte, VISA; Harburg Rathaus S3, S31; buddhakitchen-harburg.de

Der Primus

Gutes Essen, guter Wein

Wer sein Lokal Primus nennt, hat keine Angst vor schlechten Noten. Zu Recht, wie sich im Falle des gleichnamigen Restaurants und ausgewiesenen Hotspots guter Weine in der Buxtehuder Altstadt zeigt. In Sachen Service gibt's schon mal 'ne glatte Eins für den Klassenbesten, der in einem wunderschönen Fachwerkhaus am Petriplatz residiert. Fast schon familiär, freundlich und sehr aufmerksam wird der Gast in den gemütlichen, kerzenerleuchteten Räumen bedient. Auf der Karte finden sich Rumpsteak, Tapas, Pasta, Burger, Käse und Salate neben diversen Variationen Flammkuchen. Dazu die (süße) Qual der Wahl unter mehr als einem Dutzend Weinen, nicht umsonst firmiert der Primus unter Weinwirtschaft. Wir entscheiden uns vorweg für die Tapas-Platte con Carne (19,50 Euro) zum Teilen, die reichhaltig mit Bruschetta, köstlichem Gemüse, Chorizo Chips und Datteln im Speckmantel bestückt ist. Dazu passt der empfohlene Primitivo ausgezeichnet. So kann's weitergehen. Am Buxtehuder Diabolo Burger (16,50 Euro) kommen wir nicht vorbei. Teuflisch scharf ist der Diabolo zwar nicht, immerhin pikant und allemal lecker. Es folgt, zu einem ganz hervorragenden Tempranillo, Elsässer Flammkuchen France (14,50 Euro) auf dünnem, knusprigen Teig. Dafür die Bestnote! Das Finale naht mit dem Dessert „nach Laune des Chefs". Und die scheint sehr gut zu sein, wie das Früchte-Sorbet beweist – getoppt noch vom Walnusseis mit selbst gemachtem, schaumig gerührten Eierlikör. Fazit: Der Primus macht seinem Namen alle Ehre. Empfehlung: Hingehen! AUG

AMBIENTE ●●●●○ SERVICE ●●●●●
KÜCHE ●●●●○ PREIS-LEISTUNG ●●●●○

€€€ Abtstraße 8 (Buxtehude), Telefon 04161 558281, Di-Do 17–23, Fr-Sa 18–24 Uhr, EC-Karte; Buxtehude, Hafenbrücke Bus 2040, 2711, 2719; der-primus.de

Der Name ist Programm: Im Auszeit lässt sich bei gutem Essen ein perfekter Abend genießen

FOTO: MARC SILL

Urgemütlich: Der Schafstall mit rustikalem Ambiente und internationaler Küche

Der Schafstall

Dieser Stall macht glücklich

Der Schafstall im wunderschönen Büsenbachtal ist genau das, was in seinem Namen steckt. Ein alter, umgebauter Schafstall. Und genauso rustikal ist auch die Einrichtung. Urgemütlich. Es gibt regionale Küche mit internationalem Einfluss. Als Vorspeise entscheiden wir uns für den fantastischen Hummus mit verschiedenen Gemüsen und grandiosem Röstbrot (13,50 Euro) sowie die Kürbis-Karotten-Kokossuppe (8,90 Euro). Die kommt sämig, sehr gut gewürzt, mit einer leichten Schärfe und ganz kleinen bissfesten Stückchen Kürbis. Als Hauptspeise komme ich nicht um das Wildgulasch mit Wirsing und Stampfkartoffeln (26,60 Euro) herum. Das Fleisch ist unfassbar zart, nur leicht nach Wild schmeckend und in einer tollen Soße. Der Wirsing harmoniert wunderbar. Ich mag es kaum sagen, aber das Beste für mich auf dem Teller ist der Kartoffelstampf. Ich bin mit der ersten kleinen Portion in die Küche meiner Mutter katapultiert und schwelge in Erinnerungen. Unsere zweite Hauptspeise ist Quiche mit Ziegenkäse und kleinem Salat (17,50 Euro). Vor uns steht eine bestimmt zehn Zentimeter hohe Gemüse-Torte mit allem, was die Saison grade hergibt. Krosser Teig, knackiges Gemüse, überhaupt nicht trocken. Diese Quiche ist etwas Besonderes. Der Salat kommt mit einer grandiosen Himbeer-Vinaigrette. Wenn ich wirklich etwas an diesem Abend finden möchte, dann ist das nur der mir etwas zu erdige geriebene Rote Bete im Salat. Alles andere ist perfekt. Als Nachtisch bestellen wir noch die Schokocreme mit Johannisbeere und Schokotarte (8,50 Euro). Die ist nicht nur sehr appetitlich angerichtet, sie hat auch die richtige Balance, ist nicht zu süß. Wir verlassen satt und glücklich diesen herrlichen Ort. JAS

AMBIENTE ●●●●● SERVICE ●●●●●
KÜCHE ●●●●● PREIS-LEISTUNG ●●●●●

€€€ Am Büsenbach 35 (Handeloh), Telefon 04187 1072, Mo-Do 12–22 (Sommer), Fr-So 10–22 Uhr, EC-Karte, VISA, Mastercard; Büsenbachtal Bus 4631; der-schafstall.de

VIP-TESTERIN
Edina Müller

Erhorns

Rustikal und solide

In unmittelbarer Nähe zum Wildpark Schwarze Berge gibt es klassische Fleisch- und Wildgerichte in gemütlicher und gehobener Atmosphäre. Die herzliche Bedienung sticht hier besonders heraus und unterstreicht für uns den einladenden Gesamteindruck. Der passionierte Jäger steht im Erhorns vor den Toren Hamburgs noch selbst in der Küche. Als Vorspeisen lasse ich das Rote-Bete-Carpaccio (9,50 Euro) kommen. Und das ist ebenso wie der gebackene Ziegenkäse mit Serrano-Schinken wirklich gelungen. Und dann ran an das klassische Wienerschnitzel, natürlich echt vom Kalb (23,50 Euro), das ebenso wie das Sauerfleisch vom Wild (16,90 Euro) das Niveau hält. Die Fischgerichte wirken hier in einem Landgasthof auf den ersten Blick erst mal ein wenig deplatziert, aber wissen mit unserem Lachsburger mit Riesengarnele (21,50 Euro) geschmacklich durchaus zu überzeugen. Das Wildreisrisotto (12,90 Euro) und das Seitan-Schnitzel (14,50 Euro) bieten bei den Hauptgängen gleich zwei vegetarische Alternativen. Für die Kleinen gibt es eine extra Kinderauswahl, etwas zum Malen und eine ausgesprochen nette Ansprache. Für den Nachtisch muss der Gast sich an der Tageskarte orientieren.

AMBIENTE ●●●● SERVICE ●●●●●
KÜCHE ●●●● PREIS-LEISTUNG ●●●●

€€€€ Harburger Straße 18 (Rosengarten), Telefon 04108 6236, Do 17–20.30, Fr-Sa 17–21, So 11.30–14.30, 17–20.30 Uhr, EC-Karte, VISA, Mastercard; Vahrendorf, Harburger Straße Bus 4210; erhorns.de

Gasthaus zur Post

Himmlischer Hirsch am Estedeich

An einem sonnigen Sonntag finden wir uns pünktlich zur Mittagsstunde im traditionsreichen Gasthaus Zur Post, gelegen am Estedeich in Cranz, ein. „Moin, ihr habt Hunger. Steht ihr hier drin?", heißt es zur Begrüßung mit Verweis auf das fast schon historisch anmutende Reservierungsbuch. Stehen wir trotz vorheriger Anmeldung nicht. Also kein gemütlicher Platz zwischen braunem Holzmobiliar und Schwarz-Weiß-Fotos, dafür aber im hellen Wintergarten mit Blick auf Garten und Este. Schnell entscheiden wir uns für die frische, aromatische Kraftbrühe von der Ente mit Gemüse (7 Euro), die Lust auf mehr macht. Eine zügig geleerte Wasserflasche (6,50 Euro) später kommen die ofenfrische halbe Ente samt Kloß und Rotkohl (26,90 Euro) und Hirschkalbsteak mit Kroketten und Rotkohl (24,90 Euro) auf den Tisch. Das kross gebackene Geflügel weiß voll zu überzeugen – aber die Medaillons bestechen! Auf den Punkt gegart schmeckt das zartrosa Wildfleisch, veredelt mit einer Walnusskruste und gereicht an Senf-Preiselbeer-Soße, einfach nur hervorragend. Und ist mit dem perfekt abgeschmeckten Rotkohl und den fluffigen Kroketten der Star des Sonntags. In familiärer Atmosphäre lässt sich bestens verweilen. Und so gönnen wir uns noch einen traumhaften Apfel-Crumble mit Zimteis (7 Euro). Selig ziehen wir von dannen – und freuen uns schon aufs nächste Mal. FD

AMBIENTE ●●● SERVICE ●●●●●
KÜCHE ●●●● PREIS-LEISTUNG ●●●●

€€€ Estedeich 88 (Cranz), Telefon 040 7459409, Mi-So 11– 20.30 Uhr, EC-Karte; Cranz (Fähre) Bus 150; gasthaus-zur-post-cranz.de

Hintze

Alles solide am Deich

Ein Spaziergang durchs Alte Land mit seinen Deichen, Fachwerkhäusern und Obstbäumen bis zum Horizont ist eine solide Sache. Eine anschließende Einkehr im Restaurant Hintze in Jork erst recht. Die über 100 Jahre alte Traditionsgaststätte liegt kurz hinter der Stadtgrenze, direkt am Deich über dem Elbnebenfluss Este mit schönem Obstgarten

FOTO: MARC SILL

und zwei Anlegestellen für Esteschiffer und -schifferinnen. Wir werden ausgesprochen freundlich empfangen und zum Tisch mit Blick auf den Biergarten mit der bunten Bestuhlung gebracht, die auch an einem Regentag gute Laune macht. Das Restaurant ist trotz Montag mit Schietwetter gut besucht, während der Stintsaison von Februar bis März empfiehlt sich unbedingt eine Reservierung. Die Gasträume sind norddeutsch aufgeräumt, die Karte ist angenehm klein, ohne Schnickschnack. Das vegetarische Angebot ist ebenfalls überschaubar, dafür gibt's ein Büfett mit hausgemachten Rohkostsalaten, bei dem man sich zum Hauptgericht einmal bedienen darf. Auf Nachfrage gern auch zweimal. Wir nehmen den Grillteller mit Puten-, Rind- und Schweinesteak, Grillwurst, Kräuterbutter und Pommes (24,50 Euro) und die große Scholle Finkenwerder Art mit Salzkartoffeln und geschmolzener Butter (21,50 Euro). Auch hier gilt: solide Hausmannskost, die Kraft gibt für den nächsten Deichmarsch. Der fällt etwas beschwingter aus, denn zum Abschluss gibt's noch einen schönen Kräuterschnaps aufs Haus. MG

AMBIENTE ●●●○○ SERVICE ●●●●●
KÜCHE ●●●○○ PREIS-LEISTUNG ●●●○○

€€€ Leeswig 106 (Jork), Telefon 040 7459386, Mo-Di 11–18, Fr-Sa 11–22, So 11–20 Uhr, EC-Karte; Jork, Leeswig 101, Bus 2044; restaurant-hintze.de

FOTO: MARC SILL

VIP TESTERIN

Edina Müller

Paralympics Siegerin

Getestet: Erhorns, Momento di ...

Mein Lieblingsrestaurant ist ... das Atlantico in Wilhelmsburg. Leckeres authentisches Essen, gute Weine und superfreundliche Bedienung. Auch Kinder sind immer willkommen.

Meinen Feierabendwein trinke ich am liebsten ... zumindest im Sommer im Entenwerder 1, um den Abend gemütlich mit Sonnenuntergang über der Elbe ausklingen zu lassen.

Wenn der Mittagshunger kommt, dann ... gerne Sushi im SuChi in Wilhelmsburg – auch super zum Mitnehmen.

Ein Gastro-Geheimtipp in Hamburg ist auf jeden Fall ... das Salt & Silver – der richtige Ort für Fernweh auf der Zunge.

Für einen Ausflug aufs Land geht es ... zum Obsthof Viets in Neu Wulmstorf, schönes Café, im Herbst Äpfel pflücken und ein toller Hofladen.

Nachts noch Hunger? Dann geht's in ... die Pause Eminönü mitten auf dem Stübenplatz, quasi rund um die Uhr vielfältiges türkisches Essen.

Zum Frühstück gehe ich am liebsten ins ... Café La Molina in der Riepenburger Mühle, entspannte Atmosphäre in der größten und ältesten Kornwindmühle Hamburgs.

Landhaus Jägerhof

Kein Geheimtipp

Landhäuser können kulinarische Geheimtipps sein. Etwas abgelegen zaubern sie als regionale Perlen Massen von hochwertigem Essen auf den Tisch. Das Landhaus Jägerhof in Hausbruch erfüllt nur den letzteren Teil: Es häuft seinen Besuchern riesige Essensberge auf die Teller. Nur leider größtenteils lieblos und in lauer Qualität. Zwar funktioniert die französische Zwiebelsuppe mit extrem viel Käse (8 Euro) ganz gut, doch der gebackene Camembert (11 Euro) lässt Ernüchterung einkehren. Zu lange frittiert sind die beiden runden Camembert-Taler außen viel zu hart und müssen rustikal aufgeschnitten werden, innen ist der Camembert kaum zerlaufen. Bei den Hauptspeisen enttäuscht das Hirschgulasch mit Steinpilzen, Kroketten und Rotkohl (21,70 Euro) auf ganzer Linie. Der Rotkohl schmeckt wie direkt aus dem Glas ohne jede Beigabe erwärmt, die Kroketten ähneln in der Konsistenz dem Camembert, das Wildgulasch ist bei so viel Soße eher als Wildgulaschsuppe zu bezeichnen. Die wiederum ist so läppisch und langweilig, dass nur enorm viel Nachwürzen mit Salz und Pfeffermühle das Gericht überhaupt genießbar machen. Immerhin ist das Fleisch zart, was leider nicht viel nützt. Ein Lichtblick sind Lachs und Zander beim Hamburger Pannfisch samt hausgemachter wirkender Senfsoße (22,80 Euro). Absolut auf den Punkt, nur leider stören zu fettige Bratkartoffeln den Genuss, der gemischte Salat mit 08/15-Dressing lässt sich aushalten. Als Dessert bietet die Speisekarte hauptsächlich Eis. Wir teilen uns einen Nussknacker-Eisbecher (9,80 Euro) mit zwei Kugeln Walnuss (okay), einer Kugel Schokolade (sehr unangenehmer Nachgeschmack) und einer Sahne ohne jede Süße. Desillusioniert verlassen wir das Landhaus Jägerhof samt seiner uninspirierten Küche. Ein Geheimtipp schmeckt definitiv anders. MISCH

AMBIENTE ●●●○○ SERVICE ●●●●○
KÜCHE ●●●○○ PREIS-LEISTUNG ●●●○○

€€€ Ehestorfer Heuweg 12 bis 14 (Hausbruch), Telefon 040 7962015, Di-Sa 11–21, So 11–20 Uhr, EC-Karte; Neuwiedenthal S3, S31, Talweg Bus 141; landhausjaegerhof.de

Lieblingsplatz

Macht satt und glücklich

Unser Weg führt heute nach Helmstorf am Rande der Lüneburger Heide. Dort ist das Restaurant Lieblingsplatz beheimatet. Und das macht seinem Namen gleich mal alle Ehre. Wir werden herzlich empfangen und fühlen uns in einem geschmackvoll, modernen Ambiente mit ausgefallener Deko, dunklen blau-grün Tönen, Kerzen und Schafsfellen sofort rundum wohl. Unser Besuch beginnt mit einem spritzig-frischen Aperitif und einem kleinen Überraschungsgruß aus der Küche. Als Vorspeise wählen wir geflammten Ziegenkäse mit Pfeffer-Honig, Blattsalat und Feigen-Chutney (12 Euro) sowie Vitello francais, zartes Kalbsfilet mit Trüffel-Mayonnaise, frittierten Kapern und Rucola (14 Euro). Beides ist ein Genuss für Augen und Gaumen. Den Hauptgang setzen wir etwas klassischer mit Pannfisch (28 Euro) und Ochsenbäckchen (23 Euro) fort. Beides köstlich. Die herrlich duftende Portion Ochsenbäckchen in Burgunderwein ist riesig und nicht zu schaffen. Was für ein Jammer, dass ein Dessert kaum noch geht. Zu zweit nehmen wir es dennoch mit einer Schokovariation nebst Brownie, Praline, karamellisierten Mandeln und weißem Schokoladeneis (13 Euro) auf. Und bereuen das nicht. Hier stimmen Qualität und Vielfalt der Speisen und Getränke. Gilt auch für das Ambiente und die aufmerksame, herzliche Bedienung, die uns nette, persönliche Empfehlungen ausspricht. Wir sind glücklich und zufrieden. KV

Das Restaurant Lieblingsplatz macht seinem Namen alle Ehre

AMBIENTE ●●●●● SERVICE ●●●●●
KÜCHE ●●●●● PREIS-LEISTUNG ●●●●○

TESTSIEGER 2022 €€€ Moorstraße 41 (Seevetal), Telefon 04105 6766966, Do-So 12–22 Uhr, EC-Karte, VISA, Mastercard; Helmstorf, Moorstraße Bus 4148, Bus 4602, Bus 4630, Bus 4633; restaurant-lieblingsplatz.de

Lilium

Gehobene Küche zu gehobenen Preisen

Das Restaurant Lilium erreichen wir über einen roten Teppich, der vor dem Empfangsportal des Privathotels Lindtner ausliegt. Wir werden ausgesprochen freundlich empfangen. Wo wird einem noch die Garderobe abgenommen und später wieder in den Mantel geholfen? Die Einrichtung des lichtdurchfluteten Restaurants mit Korbstühlen und Terrakottafliesen, gestärkter weißer Tischwäsche, Silber und Kerzen sind nicht der neueste Trend, vermitteln aber eine exklusive Gemütlichkeit. Von der sehr überschaubaren Karte wählen wir als Vorspeise „Hausgebeizten Asialachs mit Mango Crème und Papayaragout“ (22,50 Euro), der als wahres Kunstwerk arrangiert serviert wird. Als Hauptgericht entscheiden wir uns für knusprige Bauernente mit Pastinake und Kartoffelbaumkuchen (42,50 Euro) sowie sautierten Skrei mit Grünkohl, lila Senfnage und Kartoffel-Meerettichpüree (34,50 Euro). Sowohl die liebevoll arrangierte Präsentation, die extravagante Zusammenstellung und der Geschmack sind großartig. Aus der umfangreichen Weinkarte, die diverse Raritäten enthält, wählen wir erst ein Glas Rivaner und später einen Grünen Veltliner, der von der Bedienung treffsicher und kompetent empfohlen wird. Nur die Tatsache, dass der neue Wein ins selbe Glas nachgeschenkt wird, irritiert uns in einem solchen Haus ein wenig. Als Dessert probieren wir eine Variation (14,50 Euro) und bekommen zum Kaffee zwei köstliche Petit Fours aus der hauseigenen Konditorei. Wir sind rundum zufrieden, müssen jedoch beim Begleichen der Rechnung einmal kurz schlucken. Der Preis ist ebenso gehoben wie die Küche. KV

AMBIENTE ●●●●○ SERVICE ●●●●●
KÜCHE ●●●●● PREIS-LEISTUNG ●●●○○

€€€€ Heimfelder Straße 123 (Heimfeld), Telefon 040 790090, Mo-Sa 12–20.30, So 12–19 Uhr, EC-Karte, VISA, Mastercard, Amex; Heimfelder Straße Bus 543; lindtner.com

VIP-TESTERIN
Edina Müller

Momento di ...

Stilvoll essen im Binnenhafen

Das Momento di … im Harburger Binnenhafen bietet gehobene Gastronomie mit Blick aufs Wasser. Beim Betreten des gut besuchten Lokals werden wir von sehr nettem und zuvorkommendem Personal in einem modernen Gastraum im Industriedesign empfangen. Die Speisekarte beeindruckt mit einer umfangreichen Auswahl an Fisch- und Fleischgerichten und schönen Beila-

FOTO: JULIA SCHUMACHER

Im Momento di … gibt's gehobene Küche am Harburger Binnenhafen

genkombinationen in einem italienisch-deutschen Mix. Neben den Spaghetti mit Black Tiger Garnelen in Arrabiata-Soße (18,90 Euro) genießen wir ein leckeres Black Angus Rumpsteak mit klassischen Hamburger Bratkartoffeln (31,50 Euro). Zusätzlich zur umfangreichen Tageskarte gibt es übrigens auch ein monatlich wechselndes Überraschungs-Menü für zwei (59,90 Euro), das für den halben Preis auch allein bestellt werden kann. Wir sind mit einem Vierjährigen unterwegs, der ebenfalls hochzufrieden mit seiner Hauptspeise ist. Er lässt sich die Junior-Pasta (8,50 Euro) mit Tomatensoße und Garnelen schmecken. Als Vegetarier könnte es bei der Wahl eines Hauptgangs etwas schwierig werden. Die als einziges angebotenen Spaghetti mit Wok-Gemüse kommen sich zwischen den ganzen tierischen Leckereien aus Land und Meer sicher etwas verloren vor. Die Desserts sind ein schöner klassisch-internationaler Mix. Wir lassen uns klassisch italienisches Tiramisu (8,90 Euro) schmecken. Abgerundet werden die Speisen durch eine stimmige, italienische Weinkarte. Fazit: Im gut besuchten Momento di … kann man den Tag auf jeden Fall stilvoll ausklingen lassen. Leider gibt es noch den kleinen Wermutstropfen, dass sich die Toiletten im Obergeschoss befinden. Und somit für mich nicht erreichbar sind.

AMBIENTE ●●●●● SERVICE ●●●●●
KÜCHE ●●●●● PREIS-LEISTUNG ●●●●●

€€€€ Veritaskai 3 (Harburg), Telefon 040 76755594, Di-Fr 12–22, Sa 17–22 Uhr, EC-Karte, VISA, Mastercard, Amex; Harburg Rathaus S3, S31, Schellerdamm Bus 142, Bus 154; momentodi.com

Ollanner Buurhuus

Schlemmen im Alten Land

Das Restaurant Ollanner Buurhuus befindet sich im Hotel „Altes Land" im idyllischen Örtchen Jork in der Elbmarsch, Nordeuropas größtem geschlossenen Obstanbaugebiet vor den Toren Hamburg. Und eben jenes Obst lässt sich auch in verschiedenen Varianten auf der Speisekarte des Restaurants wiederfinden. Das Gebäude des Hotels ist weitläufig, neben dem Gastraum des Restaurants gibt es diverse Räume für geschlossene Feierlichkeiten und einen Außenbereich. Alles in allem ein Gebäude mit viel Geschichte und ein typischer Vertreter seiner Art im ländlichen Bereich. Die Begrüßung fällt herzlich aus und auch zur frühen Abendzeit an einem Samstagabend füllt sich das Restaurant schnell mit Hotelgästen, Wochenendtouristen und Einheimischen. Auf der Karte dominieren herzhafte regionale Speisen. Ich bin ein großer Grützwurst-Fan, die es leider nicht als Vorspeise gibt. Auf Nachfrage und freundlichem Feedback erhalte ich diese dann doch in einer Vorspeisengröße (11,90 Euro), die üppig ausfällt. So schlemme ich mich durch die regionale Spezialität samt Kartoffelpüree und selbst gemachtem Apfelkompott mit einer leichten Thymiannote. Als weitere regionale Spezialität erfreue ich mich am Braten vom Bunten Bentheimer Schwein (21 Euro), der auf Rahmspitzkohl und bunten Kartoffeln serviert wird. Die dazu servierte Soße hat eine wundervolle Intensität und das Bratenfleisch ist herrlich zart. Satt und glücklich treten wir nach unserem Auslug in das Alte Land den Rückweg nach Hamburg an. MH

AMBIENTE ●●●●○ SERVICE ●●●●○
KÜCHE ●●●●○ PREIS-LEISTUNG ●●●●○

€€€ Schützenhofstraße 16 (Jork), Telefon 04162 91460, Mo-So 11.30–14, 17.30–20.30 Uhr, EC-Karte, VISA, Mastercard, Amex; Jork Marktplatz Bus 2030, Bus 2040; hotel-altes-land.de

Silo 16

Italienische Köstlichkeiten, tolle Atmo

Im Harburger Binnenhafen befindet sich direkt am Wasser das Restaurant Silo 16. Die Location hat eine beeindruckende Atmosphäre. Von der Decke ragen große Getreidesilos empor und weisen auf die ehemalige Nutzung des Gebäudes hin. Ein großer Barbereich und die stilvolle Einrichtung kombiniert mit indirekter Beleuchtung vermitteln trotz der Betonwände eine einladende Gemütlichkeit. Verwöhnt wird man im Silo 16 von einem ausgesprochen aufmerksamen Service

Das Ollanner Buurhuus perfektioniert die regionale Küche

FOTOS: MARC SILL

mit klassischen und ausgefallenen italienischen Köstlichkeiten. Bei einem Aperol Spritz studieren wir die Tageskarte, die uns auf einer Kreidetafel an den Tisch gestellt wird. Zudem gibt es eine Pizzakarte mit innovativen Variationen. Als Auftakt genießen wir den Antipasti-Teller Silo 16 (21 Euro). Dieser sieht nicht nur großartig aus, er schmeckt auch so und bietet von Carpaccio und Vitello tonnato über Bruschetta bis hin zur Riesengarnele viele weitere Köstlichkeiten. Allein am leckeren Brot aus gewürztem Pizzateig, welches vorweg gereicht wird, könnten wir uns satt essen. Als Hauptspeise wählen wir Thunfisch – rosa gebraten in Pancetta-Mantel mit Parmesanrisotto und wildem Broccoli (28,90 Euro) sowie Lammfilet in Rotweinjus mit Röstgemüse und Süßkartoffeln (34 Euro). Beides ist perfekt gebraten und begeistert geschmacklich restlos. Als wir mit einer Dessertvariation (13 Euro) und einem zweiten Glas Wein aus der umfangreichen Weinkarte abschließen, sind wir komplett entspannt und zufrieden – vielleicht auch deshalb, weil uns in den dicken Betonwänden kein Anruf und keine Nachricht erreicht, denn WLAN gibt es nicht. Manchmal tut es ganz gut, nicht erreichbar zu sein. KV

AMBIENTE ●●●●○ SERVICE ●●●●●
KÜCHE ●●●●● PREIS-LEISTUNG ●●●●○

€€€€ Schellerdamm 16 (Harburg), Telefon 040 41541494, Mo-Di 17–22, Do-So 17–22 Uhr, EC-Karte, VISA, Mastercard, Amex; Harburg Rathaus S3, S31; silo16.com

Rindertatar mit Wachtelei – im Zum Dorfkrug werden Klassiker kreativ interpretiert

Zum Dorfkrug

Runde Sache

Uns gelüstet nach einem kulinarischen Ausflug. Wo Hamburg im Südwesten Niedersachsen küsst, gibt es einen Landgasthof, der die Anreise durch den Elbtunnel wert sein soll. Wollen wir testen. Und steuern das Restaurant Zum Dorfkrug in Neu Wulmstorf an. Dort wird saisonal gekocht und weitgehend regional eingekauft. Das Fleisch kommt von den eigenen Rindern, die ein paar Meter weiter selbst schmatzen. Vielversprechend. Wie auch der erste Eindruck, als wir das weiße Gebäude mit Reetdach betreten. Uns erwarten stilvoll eingedeckte Tische. Und natürlich der Hinweis darauf, dass in diesem Gasthof die beliebte Sauce namens Sylter Salatfrische entstanden ist. Die Speisekarte hat nicht nur die in diesem Ambiente erwartbare Hausmannskost zu bieten, vielmehr setzt die Küche auch auf internationale Klassiker. Und beherrscht sie, wie uns die Burrata auf Rucola und Tomaten-Gazpacho (14,90 Euro) zeigt. Natürlich veredelt mit hauseigener Balsamico-Salatsauce. Hinter unserem Hauptgang namens Dreierlei vom Angler Rind (32,90 Euro) verbergen sich ein trocken gereiftes Rückensteak, ein amtlich gewürztes Ragout und zarter Schmorbraten, der uns begeistert. Auch die veganen Gnocchi nebst Pilzragout und Preiselbeeren (20,90 Euro) können geschmacklich richtig was. Die Kids sind glücklich mit hausgemachten Fischstäbchen, die wunderbar knuspern (9,90 Euro). Schon satt, teilen wir uns als Dessert den leckeren Oreo-Cheesecake. Bevor wir uns zurück in die Großstadt aufmachen, noch einen kurzen Abstecher in den Hofladen, paar Saucen einpacken. Runde Sache, dieser Ausflug. AND

AMBIENTE ●●●●○ SERVICE ●●●●●
KÜCHE ●●●●○ PREIS-LEISTUNG ●●●●○

€€€€ Grenzweg 1 (Neu Wulmstorf), Telefon 040 7006247, Fr-Sa 17.30–21, So 12–14, 17.30–21 Uhr, EC-Karte, VISA, Mastercard; Neu Wulmstorf (Niederelbe) Schifferstraße, Bus 440, Bus 4682; zum-dorfkrug.de

Zur Börse

Halb Restaurant – halb Kneipe

In einem reetgedeckten Fachwerkhaus im Hamburger Stadtteil Neugraben-Fischbek befindet sich das Restaurant Zur Börse. Erbaut wurde das Gebäude bereits 1776. Damals wurden hier noch Pferde versteigert, daher auch der Name Zur Börse. Durchgängig seit 1888 befindet sich in den historischen Räumlichkeiten allerdings ein Gasthaus, in dem heutzutage traditionelle deutsche Küche angeboten wird. Was mir beim Betreten des Restaurants auffällt: Die Börse ist halb Restaurant, halb Kneipe – zuerst gelangt man direkt in den Kneipenteil mit rustikalem Tresen, Zapfanlage und lederbezogenen Bänken. Auf der rechten Seite befindet sich der Restaurantteil, der eleganter wirkt, als ich es mir zuvor vorgestellt hatte. Als Vorspeise teile ich mir mit meiner Begleitung zwei gebackene Camemberts mit Preiselbeeren, Toast und Butter (9,90 Euro). Der Käse kommt leider als Fertigprodukt daher und die Toasts sehen auch eher lieblos aus. Dafür ist der zum Hauptgericht gereichte Salat geschmacklich gut abgestimmt. Beim Hauptgericht habe ich heute leider danebengegriffen. Das Rib-Eye-Steak mit Ofenkartoffel, Sour Cream und Knoblauchbrot (25,90 Euro) ist leider sehnig und viel zu zäh, sodass ich mich mit viel Mühe durch das Stück Fleisch kämpfen muss. Der von uns favorisierte Kaiserschmarrn als Nachtisch ist leider an diesem Abend nicht erhältlich und so lassen wir den Abend mit einem doppelten Espresso ausklingen. MH

AMBIENTE ●●●○○ SERVICE ●●●●○
KÜCHE ●●●○○ PREIS-LEISTUNG ●●●○○

€€€ Francoper Straße 57 (Neugraben-Fischbek), Telefon 040 7018216, Di-Sa 16–22, So 12–23 Uhr, EC-Karte, VISA, Mastercard; Neuwiedenthaler Straße (West) Bus 140; restaurant-zur-boerse.de

FOTO: JULIA SCHUMACHER

Alle Tests in voller Länge auf genussguide-hamburg.com

KURZ GEBRATEN

Acht Linden

Das Restaurant im Hotel Acht Linden in Egestorf bietet regionale, saisonale Küche. Wer also einen Landgasthof mit den üblichen Verdächtigen auf der Karte für sich sucht, ist im Acht Linden richtig aufgehoben. Auf der ersten Seite der Speisekarte listet der Gasthof nur bescheiden in kleiner Schriftgröße auf, was eigentlich seine wahren Verdienste sind: die Lieferanten der Region.

€€€ Alte Dorfstraße 1 (Egestorf), Telefon 04175 84333, Mo-So 7–10, 12–14, 17.30–21 Uhr, EC-Karte, VISA, Mastercard; Egestorf, Kirche Bus 4207, Bus 4406, Bus 4611, Bus 4615, Bus 4631; hotel-acht-linden.de

Gemütlich und stilvoll: Die Mühle Jork serviert in historischen Gemäuern Fine-Dining-Gerichte

Aroma Bistro

Das italienische Restaurant Aroma hat 26 Plätze auf gefühlt 25 Quadratmetern – ein wunderbar nettes kleines Bistro mit einer kleinen, aber feinen Speisekarte. Eben das, was die einzige Köchin vorn in ihrer winzigen Küche zu zaubern vermag. Das Essen ist hervorragend. Highlight ist die hausgemachte Pasta aus dem Parmesanlaib – mit Trüffel bühnenreif am Tisch zubereitet.

€€€ Am Tennisplatz 2 (Seevetal), Telefon 04105 7708855, Di-Sa 17–22 Uhr, EC-Karte, VISA, Mastercard; Hittfeld, Haus Huckfeld Bus 4148; aromabistro.de

Cantinella

Im Cantinella traut man sich, Hauptgerichte für rund vierzig Euro auf die Karte zu setzen und wartet auf zahlungskräftige Kundschaft. Und die kommt, denn die Speisen sind tadellos. Es gibt hervorragende Pizza, bei der man auf keinen Fall den Rand liegen lassen darf. Wenn es um italienisches Essen geht, darf man das Cantinella getrost zu den besten Lokalen der Region zählen.

€€€€ Poststraße 10 (Buchholz in der Nordheide), Telefon 04181 1374800, Mi 11.30–14.30 und 17–22, Do-Fr 17–22, Sa 11.30–14.30 und 17–22 Uhr, EC-Karte, VISA, Mastercard; RB38, RB41, RE4; cantinella.it

Da Bruno e Daniele

Da Bruno e Daniele liegt etwas versteckt in einer kleinen Ladenzeile. Die Besitzer haben schon viele Jahre lang im Süden Hamburgs mehrere italienische Restaurants geführt. Und diese Erfahrung zahlt sich aus. Schnell wird deutlich, dass hier Menschen am Werk sind, die ihre Arbeit lieben: Alle Speisen werden freundlich und detailliert von Bruno persönlich erklärt.

€€€ An den Höfen 3 (Seevetal-Meckelfeld), Telefon 040 7688005, Di-Fr 12–14.30, 17.30–22, Sa 17.30–22 Uhr, EC-Karte; Meckelfeld, Rönneburger Straße Bus 141, Bus 447, Bus 647; dabrunoedaniele.de

Di candele

Das italienische Restaurant befindet sich in Harburgs bester Ausgehecke in der Lämmertwiete. Auf die mit Papiertischsets, Papierservietten und Speisekarten in Plastikfolie gedeckten Tische kommen grandios leckere Speisen und erstaunlich guter Wein. Besonders schmackhaft: die französische Maispoulardenbrust Rustica in Pilz-Sahnesoße mit kross gebratenen Gnocchi.

€€ Kleine Gasse 6 (Harburg), Telefon 040 69647790, Di-Do 17–22, Fr-Sa 17–23, So 17–21 Uhr, EC-Karte; Harburg Rathaus S3, S31; dicandele.eatbu.com

Die Mühle Jork

Unter alten dunklen Mühlenbalken und hinter dicken Wänden sitzt man in der historischen Mühle von 1856 in Jork im Alten Land wie in Abrahams Schoß: Gemütlich vor roten Klinkerwänden an rustikalen Holztischen und auf bequemen Ledersesseln. Das Ambiente präsentiert sich damit ebenso wie das Fine-Dining-Konzept von Danny Riewoldt: gemütlich, modern und zeitgemäß.

€€€€ Am Elbdeich 1 (Jork), Telefon 04162 6395, Do-Fr 18–20.30, Sa-So 12–17, 18–20.30 Uhr, EC-Karte; Borstel, Am Elbdeich (Mühle) Bus 2040; diemuehlejork.de

Hoddows Gastwerk

Hoddows Gastwerk liegt unweit des schönen Fleths in Buxtehudes Altstadt. In dem gemütlichen, mehrgeschossigen Fachwerkhaus werden etwa Pasta mit Riesengarnelen oder Roastbeef mit Bratkartoffeln und Remoulade serviert. Wer im Sommer kommt, kann in der Gasse draußen sitzen und sich wie in einem südeuropäischen Straßen-Bistro fühlen.

€€€ Westfleth 35 (Buxtehude), Telefon 04161 503901, Mi-So 12–14, 17.30–21 Uhr, EC-Karte; Buxtehude, Cityhaus Bus 2038, Bus 2102; hoddows-gastwerk.de

Kärntner Hütte

Das Schönste in den Bergen bleibt der Einkehrschwung. Das gilt auch in Hamburgs Hausgebirge, den Schwarzen Bergen. Hier lädt die Kärntner Hütte zu österreichischen Gerichten in Skihütten-Atmo ein. Drinnen geht es skurril zu: Aus aufgeklappten Nordsee-Reiseführern sprießen Kunstblumen, neben dem Tisch wächst eine Buche durchs Dach und ein ausgestopfter Bernhardiner throhnt im Bollerwagen.

€€ Cuxhavener Straße 55c (Hausbruch), Telefon 040 7964622, Sa-So 11–20 Uhr, EC-Karte, VISA; Haake Bus 141; kaerntnerhuette.beepworld.de

Leuchtturm

Schon von Weitem ist die kulinarische Insel am Harburger Außenmühlenteich zu sehen. Auf der großen Terrasse sitzt man im Sommer unter schattenspendenden Bäumen fast direkt am Wasser. Die Karte hat für Fleisch- und Fischesser sowie Vegetarier und Veganer ausreichend zu bieten. Die Spezialität des Hauses, die weiße Tomatensuppe mit Pesto und gebackenem Scampi-Croustillon, ist ein wahrer Genuss.

Außenmühlendamm 2 (Wilstorf), Telefon 040 70299777, Mo-Sa 12.30–23, So 12–23 Uhr; EC-Karte, VISA, Mastercard; Reeseberg Bus 141, Bus 241, Bus 443; leuchtturm-harburg.de

Max Tu

Ein richtig gutes asiatisches Lokal mit exzellentem Preis-Leistungs-Verhältnis – etwas, das sich südlich der Elbe so einfach nicht finden lässt. Das Max Tu jedoch ist endlich mal keine Glutamat-Hölle, sondern kocht mit frischen guten Zutaten. Außerdem machen ein freundlicher, engagierter und stets präsenter Service das Lokal zu einem, welches man jedem für einen netten Abend empfehlen kann.

€€ Poststraße 4 (Seevetal), Telefon 04105 6646818, Mo-Sa 12–15, 18–23, So 13–22 Uhr, EC-Karte, VISA, Mastercard; Hittfeld, Kirche Bus 148, Bus 4148; maxtu.de

Meson Galicia

Schon beim Betreten des Meson Galicia fühlt man sich dank einer sehr freundlichen Begrüßung direkt wohl. Die urige Einrichtung und Kerzenschein an schön eingedeckten Tischen geben dem Restaurant eine gemütliche Atmosphäre. Die Speisen, zu denen eine gute Auswahl an ausgefallenen Fischgerichten zählt, lassen sich bei original spanischer Hintergrundmusik genießen.

€€€ Maretstraße 60 (Harburg), Telefon 040 7666315, Mo-Sa 17.30–22.30, EC-Karte, VISA; Reeseberg Bus 141, Bus 241, Bus 443; meson-galicia.de

Al Porto

Der Weg zum weiß gedeckten Tisch führt im Ristorante Al Porto vorbei an einer imposanten Sammlung von Grappa-Flaschen und einer wohlgenährten nackten Frau aus Stein. Selbst das typisch italienische Tiramisu bekommt hier eine ganz eigene Note – alles, was man an italienischer Küche liebt, nur deutlich fantasievoller. Trotz des gehobenen Anspruchs bleibt jegliche Kommunikation erfrischend bodenständig.

€€€€ Neubourgstraße 11 (Stade), Telefon 04141 778992, Mi-Sa 18–23 Uhr, EC-Karte, VISA, Mastercard, Amex; Stade RE5, S3; al-porto.de

FOTO: DIE MÜHLE JORK

Da Luigi

Das Äußere des italienischen Ristorante Da Luigi in Harburg ist schon etwas in die Jahre gekommen. Die Innenbeleuchtung ist grell, die Italienfotos an den Wänden im Rahmen verrutscht und vergilbt, der Fliesenfußboden hallt. Dafür überzeugen die Gerichte geschmacklich absolut. Qualität der Speisen und die günstigen Preise erklären, warum sich Da Luigi seit Jahren in Harburg hält.

€€ Neue Straße 29 (Harburg), Telefon 040 7659603, Mo-So 17–23 Uhr, EC-Karte, VISA, Mastercard, Amex; Harburg Rathaus S3, S31; da-luigi-harburg.de

Mangia bene

Mangia bene heißt so etwas wie „gut essen" oder „Iss gut", und das Lokal hält, was es verspricht: Die Speisen sind gut und dabei günstig. Am Herd steht der Küchenchef Antonio aus Apulien, und es gibt sogar einen Pizzaiolo vor dem Pizzaofen. So etwas ist hohes italienisches Küchenniveau für solch ein kleines, eher abgelegenes Ristorantino hinter Neugraben.

€€ Hauptstraße 75 (Neu Wulmstorf), Telefon 040 70385685, Di-Do 17–22, Fr-Sa 17–23, So 12–21.30 Uhr, EC-Karte; Neu Wulmstorf, Querweg Bus 540; instagram.com/ristorantemangiabene

Rittmeyers Restaurant No4

Jens Rittmeyer gilt als der Saucengott. Diesen Titel hat er sich redlich verdient. Gern gibt der Sternekoch sein Wissen in Workshops weiter. Und er tischt in seinem Restaurant in Buxtehude an den Wochenenden groß auf. Tickets für die Menüs müssen im Voraus gebucht werden. Wer das tut, kann sich in Rittmeyers Restaurant No4 auf mehrgängige Gourmetküche mit regionalen und saisonalen Zutaten freuen. Nordic Cuisine auf top Niveau am Tor zum Alten Land. Aber bitte mit Sauce(n).

€€€€ Harburger Straße 47-51 (Buxtehude), Telefon 04161 7488936, Fr-Sa 18.30–23.30 Uhr, EC-Karte; Buxtehude ZOB Bus 2038, Bus 2102; jens-rittmeyer.de

Seabreeze

Unser Testsieger von 2021, das Seabreeze in Buxtehude, wird inzwischen unter der Leitung von Küchenchef Thomas Kupfer geführt. Die Location des Rotklinker-Gewölbekellers ist bezaubernd, die Speisekarte sehr reduziert. Sowohl optisch als auch geschmacklich ein kulinarisches Highlight: der Yellow Fin Tuna im Gremolatamantel mit Anchovi-Mayonnaise.

€€€€ Harburger Straße 4 (Buxtehude), Telefon 04161 7490340, Mo-Sa 17.30–22 Uhr, EC-Karte, VISA, Mastercard; Buxtehude, Hafenbrücke Bus 2040; hotel-navigare.com

Stoof Mudders Kroog

Das Restaurant Stoof Mudders Kroog ist Teil des Kiekeberg-Museums in Rosengarten. Das historische Reetdachhaus lässt schon von außen die Gemütlichkeit im Inneren erahnen. Der Gastgeber begrüßt mit Handschlag und hält direkt einen kurzen Schnack über „Dit und Dat". Die Speisekarte ist auf Plattdeutsch, wird aber übersetzt, und umfasst fast ausschließlich regionale Produkte. Es schmeckt –wie bei Muddern.

€€ Am Kiekeberg 1A (Rosengarten-Ehestorf), Telefon 040 79144498, Di-Do 12–18, Fr-Sa 12–20, So 12–18 Uhr, EC-Karte, VISA; Museum Kiekeberg Bus 340, Bus 4210; stoof-mudders-kroog.de

Zum Lindenhof

Vor den südlichen Toren Hamburgs, im Dorf Marxen, am Rande der Lüneburger Heide, befindet sich das Landhaus Zum Lindenhof. Die alten Räumlichkeiten sind mit viel Liebe zum Detail modernisiert. Die recht überschaubare Speisekarte bietet eine Auswahl an klassischen Wild- und Fleischgerichten, vegetarischen Gerichten sowie kreativen Vorspeisen und Desserts.

€€€ Hauptstraße 18 (Marxen), Telefon 04185 4182, Mi-Fr 17–23, Sa-So 9–23 Uhr, EC-Karte, VISA, Mastercard, Amex; Marxen, Kamp Bus 4611; landhaus-zum-lindenhof.de

LÜNEBURG MARKETING GMBH

Verein Lüneburger Gastronomen

Die Perle an der Ilmenau

Lüneburg ist eine Universitätsstadt voller Geschichte und Geschichten. Als eine der vormals wohlhabendsten Hansestädte vereint sie das Gestern mit dem Heute. Der mittelalterliche Kern mit den vielen gotischen Giebelhäusern und Kirchen verströmt den Zauber früherer Zeit, während an der Leuphana Universität Fortschritt gelebt und gelehrt wird. Geprägt von lokalen Einzelhändlern, Kultur und einem sehenswerten Umland ist Lüneburg immer eine Reise wert – allein schon wegen der erstklassigen kulinarischen Gastroszene, wie die folgenden Seiten beweisen

TEXTE: FELIX WILLEKE

Eines von über 1400 Baudenkmälern: die Lüner Mühle

Eine bewegte Geschichte

Der Legende nach war es ein Wildschwein mit schneeweißen Borsten, das die Menschen auf Lüneburgs vormals größten Schatz aufmerksam machte: das Salz. Nichts hat die Stadt an der Ilmenau so sehr geprägt wie das „weiße Gold", und noch bis 1980 wurde es in der Stadt abgebaut. Über 1400 Baudenkmäler erinnern bis heute an die reiche Historie der Stadt: vom Rathaus aus dem Jahr 1230 über den Marktplatz bis hin zum Platz Am Sande. Bei einem Spaziergang durch die Altstadt entdeckt man an jeder Ecke historische Gebäude oder kann sie exklusiv im Rahmen einer der zahlreichen Stadtführungen hautnah erleben.

lueneburg.info

Die gelben Leitern sind ein Zeichen der lokalen Betriebe

Einkaufen: Lokal ist Trumpf

Lüneburg ist jedoch nicht nur voller Historie, die Hansestadt bietet auch einzigartige Einkaufserlebnisse. In den Gassen der Altstadt finden sich auffallend viele inhabergeführte Geschäfte und kleine Boutiquen. Das Angebot reicht von fairen Produkten über Handgemachtes aus der Region bis hin zu Ausgefallenem. Dass Lüneburg auf inhabergeführte Geschäfte setzt, zeigt auch die Initiative der gelben Leitern. Unter diesem Dach haben sich schon mehr als 200 Betriebe zusammengeschlossen und erhalten mit ihrer branchenübergreifenden Solidarität den Charme der Lüneburger Altstadt.

diegelbeleiter.de

Das Theater Lüneburg: Die große Bühne

Das Theater Lüneburg ist seit mehr als 50 Jahren das Flaggschiff der Lüneburger Theaterszene. Heute vereint das Haus eine Junge Bühne, einen Chor, Ensembles für Schauspiel, Musiktheater und Ballett sowie die Lüneburger Symphoniker. Neben den eigenen Bühnen bespielt das Ensemble auch immer wieder ungewöhnliche Orte: So inszenierte Jan-Philip Walter Heinzel 2022 das Stück „Judas" in der gotischen Kirche St. Nicolai.

theater-lueneburg.de

Das Theater Lüneburg, das sind Schauspiel, Musiktheater, Ballett, Chor und ein Symphonieorchester

Sülfmeister Gerd ist noch bis Ende September 2023 im Amt

Die Lüneburger Heide: Natur pur

Einer der großen Trümpfe Lüneburgs ist sein Umland. Denn direkt vor den Toren der Stadt beginnt eine der schönsten Kulturlandschaften im Norden: die Lüneburger Heide. Sie reicht vom Süden Hamburgs bis nach Celle kurz vor Hannover. Geprägt von Heide-, Moor- und Waldlandschaften, ist sie zwischen Anfang August und Anfang September besonders schön, denn dann taucht die Blüte der Besenheide die Landschaft in ein intensives Lila. Von Lüneburg in die Heide geht es vom 15. Juli bis zum 15. Oktober am besten mit dem kostenlosen Heide-Shuttle.

lueneburger-heide.de

Einfach schön: die Lüneburger Heide

Sülfmeistertage: Die Geschichte lebt bis heute

Bei den Sülfmeistertagen vom 29. September bis 1. Oktober 2023 kann man Lüneburgs Geschichte noch einmal erleben. Die ganze Stadt bewegt dann die Frage: Wer wird Lüneburgs neuer Sülfmeister? Im Mittelalter gehörten die Sülfmeister zu den mächtigsten Berufsgruppen Lüneburgs. Sie besaßen die Rechte an den Siedepfannen, in denen Salz produziert wurde. Um in den Kreis der Sülfmeister aufgenommen zu werden, mussten sich die Anwärter bei einer Kopefahrt im Rahmen des erstmalig 1472 erwähnten Kopefestes beweisen. Die Tradition des Kopefestumzugs lebt bis heute weiter und wird bei den Sülfmeistertagen zelebriert.

suelfmeistertage.de

FOTOS: LÜNEBURG MARKETING GMBH/MATHIAS SCHNEIDER (L.), THOMAS LAUKAT (O.), DANHANNEN (O. R.), LÜNEBURG MARKETING GMBH/MATHIAS SCHNEIDER (M.), MARKUS TIEMANN (R.)

Zum weißen Schokoladen-Karamell-Mousse im Wyndberg passt der Espresso Martini perfekt – runder kann ein Abend nicht ausklingen

Lüneburg

Ach Lüneburg, du zauberhaftes Städtchen an der Ilmenau. Hier gibt's feine Leckereien in der pittoresken Altstadt. Und drum herum die Heide mit ihren hochklassigen Gasthöfen. Wollen wir hin!

VIP-TESTERIN
Melanie-Gitte Lansmann

Anders

Kulinarische Perle am Bilmer Berg

Mitten im Gewerbegebiet vermuten wir keine kulinarischen Highlights in Lüneburg. Das liebevoll eigentümergeführte Restaurant namens Anders überrascht jedoch nicht nur mit seiner Lage am Bilmer Berg, sondern insbesondere mit seinen frischen und regionalen Köstlichkeiten. Auch an einem Montagabend ist das modern gemütliche Restaurant mit Hotelbetrieb sehr gut besucht. Die übersichtliche Karte mit saisonalen Spezialitäten bietet etwas für jeden Geschmack. Vegetarier werden fündig, zudem gibt es Fisch. Und Rind aus eigener Zucht. Die Lachsspinatrolle (9,80 Euro) mit Salatbouquet und Honig-Dill-Soße gefällt uns als erfrischende Vorspeise. Besonders schmackhaft auch die Zitronengras-Currysuppe mit gebratenem Rucola (6,90 Euro), die wir noch Garnelen (4,90 Euro) upgraden können. Zum perfekt gegarten Risotto mit grünem Spargel, Kirschtomaten und Parmesan (11,90 Euro) harmoniert der fruchtig leichte Grauburgunder. Die butterweiche Roulade vom regionalen Rind mit kleinen Kräuterkartoffeln und fein geraspeltem, leicht süßlichem Rotkohl (18,90 Euro) ist köstlich. Und macht satt. Als Nachspeise geht nichts übers hausgemachte Eis. Zum Beispiel mit der Crème brûlée nebst Himbeer-Limetten-Kugel. Fazit: Das Anders bietet nicht nur kulinarische Genüsse für Geschäftsreisende im Gewerbegebiet, sondern eine sehr leckere Alternative für Lüneburger mit fairem Preis-Leistungs-Verhältnis.

AMBIENTE ●●●●○ SERVICE ●●●●○
KÜCHE ●●●●○ PREIS-LEISTUNG ●●●●●

€€€ Friedrich-Penseler-Straße 9b (Lüneburg), Telefon 04131 4004249, Mo 17–22, Di-Fr 8–22, Sa 17–22 Uhr, EC-Karte, VISA, Mastercard; Lüneburg, Auf den Blöcken Bus 5010; anders-lueneburg.de

VIP-TESTERIN
Melanie-Gitte Lansmann

Friedas am Wasserturm

Regional und klassisch

Flankiert von der St.-Johannis-Kirche und dem Wasserturm liegt das Friedas. Die gute Lage bietet besonders im Sommer auf der großen Sonnenterrasse mit Blick auf die Ilmenau eine ganz besondere Atmosphäre. Innen bietet sich uns ein gediegen-modernes Ambiente mit Blick in die offene Küche. Die Karte verspricht eine gute Auswahl: vom Wiener Schnitzel, über Hof-Rind bis zu Königsberger Klopsen ist alles vertreten. Offenkundig viele regionale Produkte. Wir wählen aus dem empfohlenen Fünf-Gänge-Menü (52 Euro) drei Gerichte aus. Vorweg bringt uns der aufmerksame Service hausgebackenes Tymianbrot mit Frischkäse. Als Vorspeise aus dem Menü wird uns ein vom Bauckhof kommender Bruderhahn-Wan-Tan mit Erdnuss serviert. Ganz schön scharf. Meine hausgemachten Falafel auf Zucchini-Cashew-Creme mit eingelegter Karotte und Granatapfel (10 Euro) sind dagegen mild. Dem Hauptgang aus dem Menü – es gibt Bruchtorfer Bio-Saibling in Blätterteig, Feta, Rote Bete und Ruccola – würde noch etwas Dressing guttun. Der gratinierte Kartoffelwirsing-Bratling mit Champignons, Zwiebel und Gran Padano überbacken nebst köstlicher Salatbeilage macht auch hungrige Gäste satt (18,50 Euro). Zum Nachtisch erfreuen uns dann die Waldmeister-Crème brûlée mit erfrischendem Apfel-Sorbet und Schokisoße (10 Euro) sowie der warme Schoko-Nougatkuchen mit hausgemachtem Eierlikör (11 Euro).

AMBIENTE ●●●●○ SERVICE ●●●●○
KÜCHE ●●●●○ PREIS-LEISTUNG ●●●●○

€€€€ Am Wasserturm 15 (Lüneburg), Telefon 04131 85559930, Di-Sa 12–23, So 17–23 Uhr, EC-Karte, VISA, Mastercard; Lüneburg, Am Sande Bus 5002, Bus 5005, Bus 5008; friedas-aw.net

Hasenburger Brauerei

Gute Küche mit Schlussakkord

538 Jahre alt ist die idyllisch am Hasenburger Teich gelegene Hasenburger Brauerei von 1485. Seit Oktober 2021 serviert sie à la carte. Wie verbinden sich an diesem Ort Tradition und Moderne? Die Einrichtung findet eine gute Mischung. Viel Holz, viel Platz, schick designte Kronleuchter sowie eine Foto-Collage der Lüneburger Altstadt auf einem Vorhang sorgen für ein wohliges Gefühl. Und das Essen? Größtenteils auch. Der gebackene Camembert (10,50 Euro) mit dünner Panade und Salatbeilage ist sanft frittiert und schmackhaft hausgemacht. Die Cremesuppe von der Süßkartoffel mit Thymian und gerösteten Pinienkernen (6,90 Euro) ist sehr cremig. Nur leider etwas zu lasch gewürzt. Unsere Roulade (22,40 Euro) mit Apfelrotkohl und Kroketten ist in Rotwein eingelegt. Drinnen finden sich getrocknete Tomaten, geschmorte Zwiebeln und Gurken. Klasse Idee, gute Qualität, nur das Fleisch könnte etwas zarter sein. Beim Schwarzbiergulasch (19,80 Euro) mit Semmelknödeln ist es ähnlich. Schöne Kreation, tolle Soße und Knödel, das Fleisch ist aber selbst mit der Soße etwas zu trocken. Wir wollen der Hasenburg schon eine solide Note 2 geben, da kommt der Nachtisch. Das Schokosoufflée mit flüssigem Kern (5,50 Euro) ist überragend. Großartig auch das hausgemachte Eis. Trotz leichter Schwächen können wir den Besuch der Hasenburger Brauerei empfehlen. Und werden im Sommer wiederkommen, um mit Blick auf den Hasenburger Teich das unglaublich leckere Eis zu genießen. MISCH

AMBIENTE ●●●●○ SERVICE ●●●●○
KÜCHE ●●●●○ PREIS-LEISTUNG ●●●●○

€€€ Hasenburg 1 (Lüneburg), Telefon 04131 43733, Di-Mi 17.30–22, Do-So 9–22 Uhr, EC-Karte, VISA, Mastercard, Amex; Lüneburg, Hasenburg Bus 5011, 5203; hasenburger-brauerei.de

FOTO: JULIA SCHUMACHER

Genuss GUIDE
DER SZENE HAMBURG
TESTSIEGER
2023/2024

Wyndberg

Ästhetik und Genuss

Leckerer Zwischengang: lackiertes Seezungenröllchen mit Belper Knolle

Das Restaurant Wyndberg ist nicht zu verfehlen. Es liegt als moderner Anbau direkt neben dem imposanten Gebäude des Hotels, nahe der Altstadt in Lüneburg. Von köstlichen Gerüchen angelockt, werden wir freundlich begrüßt und zu unserem Tisch neben den kupferfarbenen Destillerie-Kesseln begleitet. Grau gestrichene Wände passen perfekt zu den glänzenden Teilen. An der Decke schaffen Kupferrohre in ihrer Anordnung fast ein Gemälde. Die Ästhetik des Raumes spiegelt sich auf den Tellern wieder. Unsere Vorspeisen, geflämmte Hamashi-Makrele (16 Euro) und geräucherter Hüttenkäse (12 Euro), sind wie Kunstwerke angerichtet. Es ist fast schade, den Anblick mit der Gabel zerstören zu müssen. Der Geschmack ist in keiner Weise der Optik unterlegen. Als Hauptgänge wählen wir das gebratene Skreifilet an Kartoffel-Kapern-Stampf (27 Euro) und ein veganes Linsen Curry (18 Euro). Beides ist so besonders angerichtet, dass ich es einfach fotografieren muss. Die einzelnen Zutaten passen perfekt zusammen. Jeder Bissen lässt uns schwärmen. Ein selbst gebrautes naturtrübes Bier und ein Glas von einem frischen Grauburgunder passen zu diesen feinen, regionalen Gerichten. Obwohl wir eigentlich schon satt sind, siegt der Wunsch, dieses ausgezeichnete Essen noch nicht enden zu lassen. Auch beim Dreierlei von der Valrhona-Schokolade (13 Euro) sind Optik und Geschmack eine glatte Eins. Alles verputzt, unsere Teller können so wieder ins Regal. ALM

AMBIENTE ●●●●● SERVICE ●●●●●
KÜCHE ●●●●● PREIS-LEISTUNG ●●●●●

TESTSIEGER 2022 €€€€ Egersdorffstraße 1a (Lüneburg), Telefon 04131 7993355, Di-Sa ab 17.30 Uhr, EC-Karte, VISA, Mastercard; Lüneburg, Rathaus Bus 516, Bus 5002, Bus 5009, Bus 5405; wyndberg.de

Konnten sich zum zweiten Mal in Folge an die Spitze kochen: Junior-Souschef Bengt Warnck, Inhaber Christopher Weckler und Barchef Marius Buss

FOTOS: JULIA SCHUMACHER

La Taverna

Großartiges Essen in toller Umgebung

Am Stintmarkt ist es herrlich. Das von wunderschönen Altbauten flankierte historische Wasserviertel in Lüneburgs Altstadt direkt an der Ilmenau besitzt Flair ohne Ende und lädt seine Besucher mit zahlreichen Kneipen und Restaurants dazu ein, sich etwas Gutes zu gönnen. Eine Institution am Platz ist dabei das zweigeschossige, gemütlich-lebendige La Taverna. Auf der eigenen Website wird nicht mit Eigenlob gegeizt. Wir machen die Probe aufs Exempel. Und genießen starke Vorspeisen. Tomaten mit Mozzarella, Oliven und Basilikum (8,50 Euro) sowie Rindercarpaccio mit Rucola und Parmesan (12,90 Euro) überzeugen. Klare Sache: Wenn wir die dazu gereichten, großen vier würzigen Brötchen komplett aufessen, sind wir pappsatt. Das erledigen wir aber lieber mit dem Hauptgang. Die Tagliatelle mit gebratenen Steakstreifen, Steinpilzen und Parmesanraspeln (16,90 Euro) überrascht mit ungewöhnlich herber Soße und überzeugt in allen Belangen ebenso wie das Cornetto Ragu (15,90 Euro). Das ist eine gefüllte Pizzateigtasche mit Bolognese-Soße, Mozzarella und Rucola im Parmaschinkenmantel bestreut mit Parmesan. Großartiger Teig, schön würzig und mit zwei gebackenen Teigstäben im Parmaschinkenmantel ideenreich ergänzt. Wir ahnen einen super Nachtisch und werden nicht enttäuscht. Das Schokosoufflée mit Vanilleeis und geschnittzten Apfelscheiben (7,90 Euro) sowie ein hausgemachtes Tiramisu mit Johannisbeeren (7,50 Euro) sind ein prima Abschluss. MISCH

AMBIENTE ●●●●○ SERVICE ●●●●○
KÜCHE ●●●●● PREIS-LEISTUNG ●●●●○

€€€ Am Stintmarkt 12 (Lüneburg), Telefon 04131 4000025, Mo-So 11–23 Uhr, nur Barzahlung; Lüneburg RE3, RB31; lataverna-lg.de

Das Restaurant La Taverna ist längst eine Institution in Lüneburg

Mama Rosa

Ein Gastro-Klassiker schwächelt

Wir kennen das Mama Rosa schon lange. Und erinnern uns an gehobene Küche. Sowohl der Name als auch das gemütliche Interieur der 90er-Jahre sind erhalten geblieben. Seitdem gab es allerdings ein paar Besitzerwechsel, die dem Lokal nicht allzu gut getan haben. Eine gewisse Unruhe kommt bei uns schon auf, als die Speisekarten ausgeteilt werden. Die sind nicht viel mehr als laminierte Zettel. Darauf stehen fünf Nudelgerichte und einige klassische Vorspeisen. Und Pizza. Unsere Margherita (10 Euro) dürfte allerdings gern knuspriger sein. Nicht besser sind die bestellten Trüffel-Spaghetti (18,50 Euro), zu denen Karottenwürfel und Blattspinat einfach nicht passen. Uns packt die Lust, den wertvollen Trüffel heimlich einzupacken – und in der heimischen Küche selbst noch mal aktiv zu werden. Die Antipasti (18 Euro) überzeugen uns ebenfalls nicht. Der Preis ist nicht gerechtfertigt. Wir erinnern uns an die unvergesslichen Antipasti von früher und sind enttäuscht. Nichtsdestotrotz kann das Mama Rosa schon wegen seiner unschlagbaren Lage in der Lüneburger City für ein Gläschen Wein am Abend funktionieren. Auch ein schnelles Mittagessen oder Kaffee und Kuchen nach dem Shopping sind drin. Denn im Sommer gehören die Außenplätze an der Schleuse mit zu den schönsten der Stadt. CO

AMBIENTE ●●●●○ SERVICE ●●●○○
KÜCHE ●○○○○ PREIS-LEISTUNG ●●○○○

€€ Bei der Abtsmühle 1 (Lüneburg), Telefon 04131 308306, Mo-So 11–21 Uhr, EC-Karte, VISA, Mastercard; Lüneburg RE3, RE 31; dormero.de/bergstroem-hotel-lueneburg

VIP-TESTERIN
Melanie-Gitte Lansmann

Mälzer – Brau- und Tafelhaus

Urig, lecker und sättigend

Urige Atmosphäre, viele gemütliche Ecken, frisch Gebrautes und ordentliche Portionen: Im Mälzer Brau- und Tafelhaus wird Jahrhunderte alte Brautradition lebendig. Hier wollen wir in netter Runde einen feuchtfröhlichen Abend verbringen. Und fühlen uns sofort gut aufgehoben. Je nach Saison stehen unterschiedliche Biersorten auf der Karte, durchgängig frisch gebrautes Pilsener, im Winter Märzen, im Sommer Weizen, Maibock im Wonnemonat und Doppelbock im Dezember. Erst mal gibt's Brot mit dreierlei Dip Aioli, Kräuterquark und Salsa (6,50 Euro). Der knackfrische Salat mit American Dressing als Vorspeise macht mich schon fast satt. Aber es sollen noch typische Brauhaus-Spezialitäten sein. Also ran an das herrlich zarte Biergulasch mit knackigen Buschböhnchen und Salzkartoffeln (13,90 Euro). Wunderbar mit Champignons in Biersoße geschmort. Wirklich lecker. Auch das Surf-and-Turf-Gericht (29,90 Euro) begeistert. Das 200 Gramm schwere Rumpsteak kommt auf den Punkt gebraten, die Scampi sind frisch und gut gewürzt. Vielleicht könnte bei den Kräuterkartoffeln künftig ein wenig an Öl gespart werden. Das Mälzer bietet so viel, dass für jeden Geschmack was dabei ist. Die Portionen, die das emsige Servicepersonal an uns vorbei jongliert, sind durchweg groß. Gute Adresse für einen unkonventionellen und fröhlichen Abend. Im Sommer mit Biergarten.

AMBIENTE ●●●●○ SERVICE ●●●○○
KÜCHE ●●●●○ PREIS-LEISTUNG ●●●●○

€€ Heiligengeiststraße 43 (Lüneburg), Telefon 04131 47777, Mo-So 12–23 Uhr, EC-Karte, VISA, Mastercard; Lüneburg, Wallstraße/Theater Bus 5002, 5003, 5015; maelzerbrauhaus.de

Pizzeria Häcklingen

Gut, herzlich und günstig

„Pizza. Pasta. Basta." Wer so für sich wirbt, der weiß, wo sein Platz ist. Bei Menschen, die zu angenehmen Preisen gut essen wollen. Diesem Anspruch, so stellen wir fest, wird die Pizzeria Häcklingen gerecht. Die Tische stehen typisch italienisch eng aneinander, das Licht ist gedimmt, die Kellner singen italienische Schlager vor sich her und strahlen dabei so einnehmend wie auf den großen Schwarz-Weiß-Fotografien an den Wänden. Dolce Vita also. Weitgehend auch auf den Tellern. Die zwei krossen, in Öl getränkten

FOTO: MARC SILL

VIP TESTERIN

Melanie-Gitte Lansmann
Geschäftsführerin Lüneburg Marketing GmbH

Getestet: Anders, Friedas am Wasserturm, Mälzer Brau- und Tafelhaus

Mein Lieblingsrestaurant ist ...
natürlich jenes, in dem ich geboren wurde, das mein Bruder betreibt und sich seit über 400 Jahren im Besitz unserer Familie befindet – leider weit entfernt am anderen Ende von Niedersachsen.

Meinen Feierabenddrink genehmige ich mir am liebsten ...
im Purple Fox, Cocktailbar in Lüneburg.

Wenn der Mittagshunger kommt, dann ...
gern was Leichtes im Sen Vegan.

Ein Gastro-Geheimtipp in Lüneburg ist ...
auf jeden Fall das Café Lil am Berge.

Typisch Lüneburg ist ...
die Kneipendichte in mittelalterlicher Stadtatmosphäre, die zum „Kneipen-Hopping" verleitet.

Für einen Ausflug aufs Land geht es ...
nach Lauenburg, an die Elbe ins Café Von Herzen.

Nachts noch Hunger? Dann geht's ...
ins City Döner.

Die schönste Aussicht beim Essen gibt's ...
in der Trattoria de Flaviis, mit Blick auf den Stint.

Zum Frühstück gehe ich am liebsten ...
ins Café Zeitgeist.

nette al Salmone in Tomaten-Sahnesoße (13,50 Euro). Das Gericht ist leider zu lasch gewürzt. Das lässt sich von der Pizza Parma (13,50 Euro) hingegen nicht behaupten. Ein starker Rand, weicher Boden, gute Tomatensoße, herzhafter Schinken, würziger Parmesan und viel nussiger Rucola verleihen dieser Riesenportion die Bestnote. Beim Dessert irritiert die Panna cotta (4,50 Euro) mit einer Waldfrucht – statt der in die Speisekarte ausgewiesenen Himbeersoße, schmeckt aber dennoch sehr gut. Minuspunkte? Die Kaffee-Auswahl ist mit Espresso und Cappuccino arg dünn geraten und am Wasserglas meiner Begleitung stört ein kleiner Schmutzfleck. Wiederkommen werden wir trotzdem. Und in herzlicher Atmosphäre beide eine Pizza verspeisen. MISCH

AMBIENTE ●●●●○ SERVICE ●●●●○
KÜCHE ●●●●○ PREIS-LEISTUNG ●●●●○

€€ Hauptstraße 2 (Lüneburg), Telefon 04131 7072056, Mi-Fr 17–22, Sa-So 12–14, 17–22 Uhr, EC-Karte; Lüneburg RE3, RE31; pizzeria-haecklingen.de

To Huus

Regional und lecker

Ein Reserviert-Schild steht auf jedem Tisch im To Huus in der Lüneburger Altstadt. Das nennt man mal Vorschusslorbeeren. Glücklicherweise haben wir gebucht, werden freundlich begrüßt und zum Tisch gebracht. Die Karte des renovierten und gemütlichen Gasthofs setzt auf regionale Speisen und weist auf deren Erzeuger hin. Oder man fragt ganz einfach die Bedienung, woher zum Beispiel die Heidschnucken-Salami vom Vorspeisenteller (13,50 Euro) namens Aus dem Norden kommt. Völlig überraschend steht auf der Getränkekarte ein Weißer aus der Lüneburger Heide, ein Phoenix (0,1 l 3,50 Euro) vom Weingut Witt. Niedersachsen und guten Wein hätten wir nie unter einen Hut gebracht und werden echt überrascht. Nach drei Löffeln der Kartoffel-Möhren-Suppe (7 Euro) steht bereits lächelnd die aufmerksame Bedienung mit den Hauptgerichten vor uns. Das Zeitmanagement der Küche bleibt bei unserem Besuch das einzige Manko. Wir genießen jetzt Schwarzbiergulasch vom regionalen Weiderind (17,50 Euro) und Spare Ribs vom Susländer Schwein (19,50 Euro). Das Gulasch ist zart, und die Rippchen überzeugen mit einer leckeren Marinade. Ein Heidegeist (2c l 3,50 Euro) und eine Alte Marille (2 cl 4 Euro) schaffen Ordnung für das Zwetschgen-Crumble (8,50 Euro). Eine Reservierung, die sich wirklich gelohnt hat. THORSTEN BARTELS

AMBIENTE ●●●●● SERVICE ●●●●●
KÜCHE ●●●●● PREIS-LEISTUNG ●●●●●

€€€ Schröderstraße 5a/b (Lüneburg), Telefon 04131 4081283, Mo-Di 11.30–22, Mi 11.30–23, Do 11.30–24, Fr-Sa 11.30–0.30 Uhr, EC-Karte, VISA, Mastercard; Lüneburg RE3, RB31; tohuus-lueneburg.de

Trattoria de Flaviis

Elegante italienische Küche

Der Trattoria de Flaviis kann diese Rezension eigentlich egal sein. Das Lokal platzt aus allen Nähten. Und zwar immer. Dringend reservieren! Das Lokal gehört mit seinem elegant modernen Italo- und einem Hauch Industrie-Style sicherlich zu den schönsten in Lüneburg. Tolle Speisekarte, alles dabei, was wir brauchen, um ein Gefühl von Dolce Vita am Stint aufkommen zu lassen. Wir warten etwas länger auf unser Essen. Und dann sind die Portionen, auf die wir so sehnsüchtig gewartet haben, durchaus etwas arg klein. Es braucht also Vor- und Nachspeise, um so richtig satt zu werden, aber so ist die italienische Küche schließlich ausgelegt und die entsprechende Auswahl gibt es hier. Als stilsicheren italienischen Start wählen wir Burrata mit gegrillter Artischocke (16 Euro) und ein sehr Bruschetta mit frischen Tomaten (3 Euro) sind sehr solide, der Antipasti-Teller (10,50 Euro) ist mächtig, wohlschmeckend und überraschend kreativ. Unter anderem finden sich dort neben Pfeffersalami, Schinken, Paprika und Garnelen eine Artischocke mit Pesto und gebratenes Chicorée. Beim Hauptgang schwächelt die Pasta Pen-

Mit regionaler Küche auf hohem Niveau kassierte das To Huus schon im Eröffnungsjahr 2020 den Testsieg

FOTO: MARC SILL

gutes, interessant herbes Radicchio-Risotto (18,50 Euro). Weiter geht's mit der preislichen Königin auf der Karte, dem Rinderfilet neben karamellisiertem Sommergemüse (33,50 Euro) und einem Doradenfilet auf Limoncello-Jus (26,50 Euro). Passt. Neben der üblichen Weinauswahl punktet das de Flaviis mit einer etwas größeren Aperitivo-Auswahl gleich vorn auf der Karte. Ein bis dahin unbekannter Rosolio Spritz (7,50 Euro) und geht auch wunderbar zum Hauptgericht. Und macht gute Laune. CO

AMBIENTE ●●●●○ SERVICE ●●●○○
KÜCHE ●●●●● PREIS-LEISTUNG ●●●●○

€€€ Am Stintmarkt 2 (Lüneburg), Telefon 04131 709888, Mo-Sa 12–14.30, 18–22 Uhr, EC-Karte, VISA, Mastercard; Lüneburg RE3, RE 31; trattoria-lueneburg.de

Viscvle

Backstein trifft Moderne

Wir befinden uns im ältesten Gebäude Lüneburgs. Das Viscvle, benannt nach der Fischkuhle in der Ilmenau vor dem alten Backsteingebäude, besticht vom ersten Augenblick durch gemütliche Atmosphäre gepaart aus modernen Elementen, riesigen Tiertrophäen an den Wänden, viel Holz und natürlich altem Backstein. Soulmusik und dezentes Klappern aus der offenen Küche unterstreichen den Wohlfühlmoment. Aus den kreativ klingenden und mediterran angehauchten Gerichten wählen wir als Vorspeise den Wildkräutersalat mit Schafskäse und Dattel-Granola (15,90 Euro) und von der Tageskarte Burrata mit Bärlauchpesto, Erdbeeren und Basilikum-Öl (16,90 Euro). Vorher verwöhnt man uns mit einem köstlichen Gruß aus der Küche: einem gedämpften und anschließend frittierten Hefeteigbrötchen mit Oliventapenade. Die Speisen sind optisch sehr ansprechend dargeboten und die Größe der Portionen lässt uns beim Hauptgang, einem Risotto mit Tempura-Fenchel, Safran und Spinat (22,90 Euro) und Rauch-Aalknödeln an Spargelsalat (24,90 Euro), schon ins Straucheln kommen. Geschmacklich ist beides gut. Die Knödel liegen etwas schwer im Magen. Hier könnte es etwas mehr vom leichten Spargelsalat sein. Estragon und Bärlauch dürften für unseren Geschmack etwas intensiver sein. Auf der Karte befinden sich außerdem viele spannend klingende Gerichte vom Wild. Das probieren wir beim nächsten Mal, denn das Viscvle ist auf jeden Fall einen weiteren Besuch wert. Wir sind so satt, dass als Abschluss nur Platz für ein hausgemachtes Lakritz-Eis (Kugel 3,50 Euro) ist. Hier kommt der Geschmack von Lakritz so richtig gut raus. Also ruhig etwas mehr Mut beim Würzen von Vor-und Hauptspeise! ALM

AMBIENTE ●●●●● SERVICE ●●●●●
KÜCHE ●●●●○ PREIS-LEISTUNG ●●●●○

€€€ Salzstraße Am Wasser 3-5 (Lüneburg), Telefon 04131 2840395, Mi-So 17–24 Uhr, EC-Karte, VISA, Mastercard; Lüneburg RE3, RE31; viscvle.de

KURZ GEBRATEN

Alle Tests in voller Länge auf genussguide-hamburg.com

Im Alten Brauhaus gibt es nicht nur klassische Heimatküche, sondern natürlich auch Frischgezapftes

Altes Brauhaus

Der urige Gastraum des 500 Jahre alten Brauhauses erstreckt sich über zwei Ebenen. Auf den Tisch kommt Klassisches wie Wiener Schnitzel und Hamburger Pannfisch, aber auch Modernes wie Bio-Saibling, Tomahawk vom Duroc oder Spargel-Bärlauch-Risotto. Die traditionelle Brauhaus-Atmosphäre mit modernem Touch, freundlichem Personal und hervorragendem kulinarischem Angebot überzeugt.

€€€€ Grapengießerstraße 11 (Lüneburg), Telefon 04131 721277, Di-Fr 12–14.30, 17.30–23, Sa 12–15, 17–23 Uhr, EC-Karte, VISA; Lüneburg RE3, RB31; brauhaus-lueneburg.de

Einzigartig

Im schönen Altstadtgemäuer serviert das Einzigartig in stilvollem Ambiente feine Küche. Auf den Tischen landen zum Beispiel Parmesansuppe, Gemüse-Crème-brûlée, Rote-Bete-Risotto ebenso wie Hamburger Pannfisch oder Rinderroulade – alles modern interpretiert und fein angerichtet. Die Karte wird saisonal angepasst und bietet ein monatlich wechselndes Menü. Wiederkommen lohnt sich! Allein schon wegen der Desserts!

€€€ Lünertorstraße 2 (Lüneburg), Telefon 04131 40060026, Mo-Di 8–12, Mi-So 8–12, 17.30–23 Uhr, EC-Karte, VISA, Mastercard, Amex; Lüneburg RE3, RE31; restauranteinzigartig.de

Osteria

Die Osteria ist die elegante Seite des Doppel-Italieners in Häcklingen. Nebenan eine solide Pizzeria und hier unter demselben Dach vom selben Inhaber ein schönes Ristorante mit einer äußerst gehobenen und regelmäßig wechselnden Tageskarte. Das Ambiente ist wunderschön, der Service sehr freundlich und präsent. Eine Adresse für einen feinen Abend in und um Lüneburg!

€€€€ Hauptstraße 2 (Lüneburg), Telefon 04131 789228, Mi-Sa 18–22, So 12–14, 18–22 Uhr, EC-Karte, VISA, Mastercard; Lüneburg, Am Wischfeld Bus 5011; osteria-lueneburg.de

Quán Ăn Ngon

Das liebevoll eingerichtete Lokal liegt im Zentrum des Ausgehviertels Lüneburgs: prima mittendrin, schöne Außenplätze und innen nett gemacht mit viel Holz und urigen Hockern über zwei Etagen. Hier lässt sich die Show der Viet-Straßenküche erleben. Das große Highlight ist der Feuertopf: Auf einem Gaskocher kommt ein Topf mit feiner Brühe, in dem die Gäste selbst Fleisch, Fisch oder Gemüse am Tisch garen können. Dazu gibt es eine schöne Nachtischliste, selbst gemachte Limonaden und vietnamesischen Kaffee.

€€ Obere Schrangenstraße 1 (Lüneburg), Telefon 04131 3035438, Mo-Do 11.30–15 und 17–21, Fr-Sa 12–21.30, So 12–21 Uhr, EC-Karte, VISA; Lüneburg RE3, RE31; quananngon-lueneburg.de

Röhms Deli

Dem Restaurant eilt sein guter Ruf voraus, 2021 wurde es unser Testsieger in Lüneburg. Kein Wunder, konnte Koch, Gastronom und Hotelier Michael Röhm immerhin schon zwei Michelin-Sterne in seiner Karriere erkochen. Im stilvoll eingerichteten Gastraum kommen regionale und saisonal bestimmte Gerichte auf den Tisch, unkompliziert und gleichwohl hochklassig. Achtung: Platz lassen! Ein Muss sind nämlich die wunderbaren Törtchen zum Nachtisch, die täglich in der hauseigenen Konditorei gezaubert werden.

€€€€ Heiligengeiststraße 30 (Lüneburg), Telefon 04131 24160, Di-Sa 12–21 Uhr, EC-Karte, VISA, Mastercard; Lüneburg RE3, RB31; roehmsdeli.de

Sa Bacca Feierabendkultur

Von Lüneburgs Marktplatz steigt man zum Sa Bacca in einen Backsteingewölbekeller herab. Dort ist alles durchdesignt bis in die Waschräume: schummriges Kerzenlicht, Rosen in Bierflaschen, zusammengewürfelte Flohmarktstühle und geblümtes Geschirr. Gesamteindruck: betont kitschig, modern und gemütlich. Der Renner ist hier die Tapas-Variation für zwei – ein Rundumschlag durch die gesamte Tapas-Karte. Herrlich auch die erzwungene digitale Pause: Es gibt weder Empfang noch WLAN.

€€ Am Markt 4 (Lüneburg), Telefon 04131 390405, Mo-Do 18–23, Fr-Sa 18–24 Uhr, EC-Karte, VISA, Mastercard; Lüneburg, Markt Bus 5002; sabacca.com

Sen Vegan Living

Das Sen Vegan Living liegt fast trotzig zwischen zwei „Bier- und Fleischtempeln“ und zeigt schon im Ambiente zu seinen Nachbarn, wie moderne Küche aussehen kann. Ein Hauch von Gewächshaus, aber herrlich gemütlich. Das Publikum ist erstaunlich gemischt. Die Karte bietet vegane Tapas oder Bowls und unfassbar leckere selbst gemachte Säfte.

€ Heiligengeiststraße 42 (Lüneburg), Telefon 04131 8845194, Di-So 11.30–21.30 Uhr, EC-Karte, VISA, Mastercard; Lüneburg RE3, RE31; sen-vegan.de

FOTO: MARC SILL

Im Atlantic ist nicht nur die Eingangshalle imposant, auch die Drinks in der Bar können beeindrucken

FOTO: MARC SILL

Ausgehen

Brillante Bars und schummrige Kneipen? In Hamburg muss niemand lange suchen, wenn es um gepflegte Drinks, edle Highballs und angenehme Atmo geht. Hier wird das Prosit zum Fest. Wohlsein!

Skyline Bar 20up

Lift zum Skyline-Himmel

An einem Freitagabend mal kurz für den Einlass und Lift zur Bar in der Hotellobby des Empire Riverside anstehen zu müssen, tut nicht weh. Denn schon nach dem herzlichen Abnehmen der dem Dresscode folgend sportlich-eleganten Garderobe und dem ersten Blick aus den hohen Fenstern ist klar, dass es sich hier lohnt. Wenn dann der Passionsfruchtschaum des Dancing Chilli (15 Euro) die Lippen benetzt, ist es fast so, als würden wir eine scharf-süßliche Wolke knutschen. Zur großen Auswahl bekommen wir außerdem eine top Gin-Beratung. Die elektronische Musik, eventuell etwas zu laut für das gemischte Publikum, untermalt den Ausblick über St. Pauli und den Hafen – eine Höhe von zwanzig Stockwerken beeindruckt nun mal. LMN

Fokus der Karte: Cocktails und sämtliche gute Spirituose | **Ausgefallenster Drink:** Dancing Chilli (Chilli-Infused Pisco, Passoa, Vanilla, Passion Fruit-Foam) | **Perfekt, um ...** jemanden mit einem tollen Ausblick zu beeindrucken | **Das Besondere:** Die Lage im 20. Stock, die coole Atmosphäre, die Getränkeauswahl

AMBIENTE ●●●●○ SERVICE ●●●●●
PREIS-LEISTUNG ●●●●●

Bernhard-Nocht-Straße 97 (St. Pauli), Telefon 040 3111970470, Mo-So 18–1 Uhr, EC-Karte, VISA, Mastercard, Amex; Reeperbahn S1, S2, S3; empire-riverside.de

♿

Über den Dächern der Stadt: 20up

FOTO: ALEXANDER MICHAELIS

Atlantic Bar

Eine Weltreise im Glas

Wir treten in die imposante Empfangshalle des berühmten Superior Hotels ein und fühlen uns ein bisschen fehl am Platz. Das Gefühl verschwindet aber ganz schnell. Von dem super freundlichen Personal werden wir in den Bar-Bereich des Atlantic begleitet. Wir setzen uns in die Samtsessel und fühlen uns wohl – verflogen ist die erste Verlegenheit. Wir sind in Martini-Laune und entscheiden uns daher für einen French Martini (15 Euro) und einen Japanese Martini (18 Euro). Der French Martini besticht durch seine dezente Himbeer-Note. Der Japanese Martini schmeckt ganz leicht nach grünem Tee – so was haben wir vorher noch nie getrunken, aber es ist super stimmig und schmeckt sehr gut. Hier sind die Cocktails jeden Cent wert. KS

Fokus der Karte: Internationale Highclass-Cocktails | **Ausgefallenster Drink:** Japanese Martini | **Perfekt für ...** ganz besondere Anlässe | **Das Besondere:** Der Service und das Ambiente

AMBIENTE ●●●●● SERVICE ●●●●●
PREIS-LEISTUNG ●●●●●

An der Alster 72-79 (St. Georg), Telefon 040 2888862, Mo-Do 10–24, Fr-Sa 10–1, So 10–24 Uhr, EC-Karte, VISA, Mastercard, Amex; Hauptbahnhof alle Bahnlinien; brhhh.com/atlantic-hamburg/taste

♿ ☼

Bar 1910

Bar-Ambiente mit Stil

Hierher kommen Hamburger auf einen letzten Absacker. Aber auch Reisende, die im Hotel Reichshof abgestiegen sind, genehmigen sich in der Bar 1910 am Hauptbahnhof gerne einen Drink. Wir bekommen einen der letzten Tische und nehmen in den ledernen Clubsesseln Platz. Das original erhaltene Art-déco-Ambiente mit Holzvertäfelung, großen Spiegeln und schönen Glasmosaiken animiert uns, von der eher traditionell ausgerichteten Karte zwei Klassiker zu bestellen. Die stilvoll mit Salzrand servierte Margarita (15,50 Euro) und der mit frischer Ananas dekorierte Mai Tai (16,50 Euro) sind sorgfältig gemixt. Dazu bestellen wir eine Schale knackig gerösteter Erdnüsse (2,50 Euro) und beobachten das Kommen und Gehen. So ein gut erhaltenes Bar-Juwel mit internationalem Flair ist in Hamburg selten. HK

Klassische Drinks im Art-déco-Ambiente: Bar 1910 im Reichshof

Fokus der Karte: Klassische Cocktails und internationale Spirituosen | **Ausgefallenster Drink:** Ernest Hemingway Special (Abuelo Rum, 12 Jahre, Lime Juice, Grapefruit, Luxardo Maraschino, Zucker) | **Perfekt, um ...** Gäste von außerhalb zu beeindrucken | **Das Besondere:** Das historische Ambiente

AMBIENTE ●●●●● SERVICE ●●●○○
PREIS-LEISTUNG ●●●○○

Kirchenallee 34-36 (St. Georg), Telefon 040 3702590, Di-Sa 20–1 Uhr, EC-Karte, VISA, Mastercard, Amex; Hauptbahnhof alle Bahnlinien; reichshof-hotel-hamburg.de/bar-1910

♿

Bar Noir

C'est chic avec compétence

Nachtschwärmende mittleren Alters werden den leicht angepassten Namen mit einem legendären Laden in der Schanze verbinden. Doch Hamburgs aktuelle Bar Noir liegt in der Innenstadt und ist Teil der vielfältigen Gastronomie des Design-Luxushotels Tortue an der Stadthausbrücke. Deren Klasse zeigt sich vor allem am modernen Art-déco-Interior aus Samt und Leder – und durch die Kompetenz des Kellners. Jede kleinste Zutat der Karte, die als überdimensioniertes Kartenspiel in einer Schatulle gereicht wird, weiß er en détail zu erklären. Er bestätigt unsere Wahl als weise: Fallen Leaves (Whisky an Marone, Haselnuss und Minze) und Beyond The Pine, wo Gin auf Cointreau, Kiefer auf Ginger Ale trifft (beide 16 Euro). Gern hätten die leckeren Drinks etwas größer sein können. OMA

Fokus der Karte: Cocktails | **Ausgefallenster Drink:** Misty Forest (unter anderem mit Waldpilzen und Urwaldpfeffer) | **Perfekt für ...** gehobenes Innenstadt-After-Work | **Das Besondere:** Der Tortue-Style

AMBIENTE ●●●●○ SERVICE ●●●●●
PREIS-LEISTUNG ●●●●○

Stadthausbrücke 10 (Neustadt), Mo-So 17 Uhr–open end, EC-Karte, VISA, Mastercard, Amex; Stadthausbrücke S1, S2, S3; tortue.de

☼

Top Seven Roof Bar

Dem Sommer entgegen

Es ist einer der ersten schönen Sonnentage 2023, auch wenn wir vom Sommer noch träumen. Doch uns zieht es raus. Und rauf. Auf der siebten Etage des Grand Elysée Hamburg hat die Top Seven Roof Bar auf zwei Etagen gerade die schönen Tage eingeläutet. Wir machen es uns in einem Deckchair bequem und genießen den Blick auf die Bäume des Ernst-Cassirer-Parks, aus dem Hamburgs Türme in den Abendhimmel ragen. Der Espresso Martini mit Wodka und Kaffeelikör (16 Euro) zum Start ist eine Wucht. Ein Wachmacher für lange Nächte. Was gut ist, denn hier lässt es sich herrlich versacken. Ein DJ begleitet uns chillig durch den Abend. Von der feinen asiatisch inspirierten Karte gönnen wir uns eine Asia-Currywurst – klingt komisch, ist aber megalecker. Perfekt passt dazu der Sake Bellini (Pfirsich-Sake mit Champagner, 18 Euro). Hach, gäbe es in Hamburg doch viel mehr Sonnentage! ILO

Fokus der Karte: Asiatisch inspirierte Cocktails | **Ausgefallenster Drink:** L'Elysée Cocktail (Cognac, Rum, Bergamotte und Thymian in harmonischer Verbindung mit Aprikose) | **Perfekt für...** entspannte Drinks unterm Sonnen-/Sternenhimmel | **Das Besondere:** Hin und wieder mit DJ-Sets

AMBIENTE ●●●●● SERVICE ●●●●●
PREIS-LEISTUNG ●●●●●

Rothenbaumchaussee 10 (Rotherbaum), Telefon 040 41412777, Mo-So ab 16 Uhr (April bis ca. Ende September), EC-Karte, VISA, Mastercard, Amex; Dammtor S11, S21, S31; grand-elysee.com

☼

Black Forest Bar

Cocktails aus dem Ländle

Ein Stück Schwarzwald mitten in Eppendorf. Betreiber Tobias Henn hat im März 2019 die Black Forest Bar eröffnet. Wir betreten die schummrige Bar mit dunkler Holzvertäfelung, Kuckucksuhren und Gemälden von Schwarzwaldbewohnern. Hier trifft man sich zum gepflegten After-Work-Drink. Nach einer Runde schwäbischer Tapas mit Rothaus Tannenzäpfle bestellen wir zwei Drinks aus der umfangreichen Cocktailkarte. Aus der Kategorie „Kräftig & komplex" wählen wir den Apricot Jules (16 Euro), der aus zehnjährigem spicy Rum, Brandy und Cacao Bitter gemixt ist. Eine geniale Mischung. Auch der Nussknacker (16 Euro) hat es in sich. Er besteht aus Pistazien- und Haselnussgeist, Walnusslikör und Cacao Bitter. Elegantes Detail: Auf dem Eiswürfel thront eine Walnuss. Mit einem wohligen Gefühl machen wir uns auf den Heimweg. HK

Bei ihm dreht sich alles um den Schwarzwald: Tobias Henn in seiner Black Forest Bar

Fokus der Karte: Cocktails, Brände, Raritäten | **Ausgefallenster Drink:** Hexenhäuschen (Aged Rum, Glühweingewürz-Infusion, roter Portwein, Zitrone frisch, Rohrzucker, Eiweiß, Amargo Chuncho Bitter) | **Perfekt für ...** experimentierfreudige Cocktail-Liebhaber | **Das Besondere:** Das Schwarzwaldthema

AMBIENTE ●●●●● SERVICE ●●●●●
PREIS-LEISTUNG ●●●●●

Curschmannstraße 9 (Eppendorf), Telefon 040 30031400, Mo-Do 18–1, Fr-Sa 18–2 Uhr, EC-Karte, VISA, Mastercard; Eppendorfer Baum U3; blackforest-bar.de

☼

FOTOS: MARC SILL (O.), DAVE GOLD (U.)

Botanic District

Amtlich Style

In freundlichen Farben gehalten und leicht abgedunkelt, umgibt uns sofort stilvolle Feierabend-Atmosphäre. Der Duft aus der Küche, macht Appetit auf die Burger, Bowls und Tapas, die hier serviert werden. Schnell blicken wir in die ausgiebige Getränkekarte: Die Highballs dominieren. Wir wählen einen Chicago Highball (8,90 Euro). Bacardi Ron & Anos Reserva, Roter Portwein, Zitronenzucker, veganer Eischnee (!) und Soda ergänzen sich exzellent. Ist der Highball eher süß, so kommt der Black Walnut Old Fashioned (14,50 Euro) anregend bitter daher. Der als bester Bourbon der Welt geltende Woodford Reserve, gewaschen in Walnussfett, plus Ahornsirup, schwarzer Walnuss und Schokoladenbitter ist ausgezeichnet. Fazit: gemütlich eingerichtet, viele freundliche Menschen, guter Service und starke Getränke. MISCH

Fokus der Karte: Highballs | **Ausgefallenster Drink:** Chicago Highball – mit veganem Eischnee | **Perfekt für ...** Drinks, Barfood und Burger – gepflegte Absacker nach Feierabend | **Das Besondere:** Die starke Kombi aus Bar und Restaurant

AMBIENTE ●●●● SERVICE ●●●●
PREIS-LEISTUNG ●●●●

Hegestraße 14-16 (Hoheluft-Ost), Telefon 040 46095310, Mo-Di 17–1, Mi-Sa 17–2 Uhr, EC-Karte, VISA, Mastercard, Amex; Eppendorfer Baum U3; botanic-district.de

Botanic District: Der Großstadtdschungel lädt auf einen Absacker. Oder zwei. Oder drei ...

Botanist Bar

Ein hochprozentiger Kräutergarten

Dunkelgrüner Marmor, goldene Metallvorhänge, weicher Samt – die Botanist Bar ist ganz schön stylish für einen Kräutergarten. Aber genau dieser ist es, der hier in der Bar des Side Hotels auf mannigfaltige Weise serviert wird. Die Karte ist eine große Mixtur aus unterschiedlichen Kräutern, Pflanzen und Gewürzen, die mit Spirituosen aus der ganzen Welt zusammenfinden. Da tummeln sich Radieschen, Thymian und Rosmarin neben Gin aus Kolumbien, Vodka aus den USA und Whisky aus Taiwan – wer 08/15-Drinks sucht, ist hier fehl am Platz. ACM

Fokus der Karte: Cocktails mit Kräutern und Gewürzen | **Ausgefallenster Drink:** Xocolate Martini mit Rum, Sherry und Minze | **Perfekt für ...** einen hochprozentigen Streifzug durch die Natur | **Das Besondere:** Naturverbundene Cocktails

AMBIENTE ●●●● SERVICE ●●●
PREIS-LEISTUNG ●●●●

Drehbahn 49 (Neustadt), Telefon 040 30999595, Mo-Do 12–24, Fr-Sa 12–1, So 12–24 Uhr, EC-Karte, VISA, Mastercard, Amex; Gänsemarkt U2, Bus 19; side-hamburg.de

In der Botanist Bar treffen Drinks aus aller Welt auf Kräuter und Gewürze

Bricks Bar

Gute Drinks, leider ungemütlich

Das Bricks ist die Hotelbar des Renaissance Hotels Hamburg nahe des Jungfernstiegs. Beim Eintritt bemerken wir gleich: Hier trifft sich hauptsächlich der gehobene Mittelstand zum Plausch. Trinken darf er vor allem Gin Tonics und Signature Cocktails. Viele exotisch anmutende Kreationen wie Frau Anna mit Weinbrand-Minz-Infusion, Angostura, frischem Zitronensaft, Mango und Minze sind am Start. Wir entscheiden uns für einen Tonka Gin (15 Euro) und einen Signature Cocktail Kornito (12 Euro). Die Tonkabohne veredelt den Gin exzellent, der Korn punktet besonders mit Himbeer-Infusion und Minze als ungewöhnliche Kombination. Jeden Donnerstag um 18 Uhr gibt's übrigens in der Punch Hour Live-Musik bei freiem Eintritt. Minuspunkt: Trotz schönem Blick aus großen Schaufenstern, starken Getränken und loungiger Musik fehlt leider ein bisschen die Gemütlichkeit. MISCH

Fokus der Karte: Gin Tonic und Signature Cocktails | **Ausgefallenster Drink:** One Night in Hamburg | **Perfekt für ...** einen Absacker nach einem Einkaufsbummel am Jungfernstieg | **Das Besondere:** Die Punch Hour und die Jobbörse

AMBIENTE ●●● SERVICE ●●●●
PREIS-LEISTUNG ●●●●

Große Bleichen 36 (Neustadt), Mo-So 11–24 Uhr, EC-Karte, VISA, Mastercard, Amex; Jungfernstieg alle Bahnlinien; brickshamburg.com

Cantinetta

Gute Drinks in gemütlichem Ambiente

Ist das eine Hotelbar oder das gemütlichste Wohnzimmer der Welt? Im Cantinetta des Ameron Hotels haben wir die Wahl zwischen ausgelassener Atmosphäre im Thekenbereich und drei durch Vorhänge abgetrennten Räumen, in denen es auf Couch und Sessel mit allerlei Hafenaccessoires drum herum chillig zugeht. Wir nehmen Variante zwei und veredeln diese mit dem süß-süffig ausgefallenen Cocktail Leo's Himbeereis (13 Euro) und einem Elephant Orange Cocao Gin (16 Euro), der hier traditionell mit Fever-Tree Tonic Water (5,80 Euro) serviert wird. Beide exzellent. Dazu gibt es Blick auf das Fleet und eine Barkarte mit überragender Auswahl, flankiert von freundlichen, Englisch sprechenden Geschäftsleuten. Gehoben – aber nicht abgehoben! Die gemütliche Cantinetta Bar können wir empfehlen. MISCH

FOTOS: BOTANIC DISTRICT (O.), SIDE HOTEL (U.)

Fokus der Karte: Rum | **Ausgefallenster Drink:** Leo's Himbeereis | **Perfekt, um ...** mit Gästen auf Hamburg-Besuch in einer gehobenen und gemütlichen Umgebung einen Drink zu nehmen | **Das Besondere:** Die Wohnzimmer-Atmosphäre in Bereich zwei

AMBIENTE ●●●●● SERVICE ●●●●○
PREIS-LEISTUNG ●●●●●

€€€€ Pickhuben 3 (HafenCity), Telefon 040 638589900, Mo-So 17–24 Uhr, EC-Karte, VISA, Mastercard, Amex; Bei St. Annen Bus 6; ristorante-cantinetta.de

Central Congress

Geistreiches für Zunge und Hirn

Ob nach Eröffnungen auf der nahe gelegenen Kunstmeile oder einfach nur so: Hier trifft sich die Kunstszene. In der Steinstraße haben Absolventen der Hochschule für Bildende Künste 2015 eine coole Bar im Look der 60er-Jahre aufgemacht. Das gemischte Publikum sitzt auf Ledersesseln, lümmelt an Konferenztischen herum und nippt an bodenständigen Cocktails, Stauder Pils, Wacholderschnaps oder Gammeldansk. Wir halten uns zunächst an den gut gekühlten Prosecco und lassen uns später vom freundlichen Barteam noch einen Whisky Sour (12 Euro) mixen. Bis die Uhr an der dunklen Holzverkleidung Zwei zeigt, kann man sich hier in tiefgründige Gespräche ebenso vertiefen wie in hochprozentige Drinks. Wer jedoch Fancy-Drinks bevorzugt und empfindlich auf Tabakqualm reagiert, sucht sich besser ein anderes Plätzchen. NB

FOTO: CENTRAL CONGRESS

Kein Tagungssaal au den 60ern, sondern eine Bar: Central Congress

Fokus der Karte: Wacholder, Schnäpse, Brände | **Ausgefallenster Drink:** Prince of Paderborn (Rye Whisky, Korn, Cointreau, Schaumwein) | **Perfekt für ...** lange Abende nach Ausstellungseröffnungen auf der Kunstmeile | **Das Besondere:** Das Retro-Ambiente im Stil eines Konferenzraums der 1960er der alten Bundesrepublik

AMBIENTE ●●●●○ SERVICE ●●●●○
PREIS-LEISTUNG ●●●●○

Steinstraße 5-7 (Altstadt), Mo-Sa 17–2 Uhr, EC-Karte; Steinstraße U1; centralcongress.de

Club 20457: Kreative Longdrinks in der HafenCity

Club 20457

Wohlfühlgefühl bei guten Drinks

Ein paar Sessel zum Chillen, viele coole Sprüche auf Kreidetafeln an den Wänden und zwei tiefenentspannte Barkeeper mit Hut und Schiebermütze. Sind wir auf St. Pauli gelandet? Nein, in der HafenCity! Der Club 20457 stärkt das alternative Gen des hippen Stadtteils, wie sich auch beim Publikum zeigt. Es reicht von Anzug- bis zu Kapuzenpulliträgern – und darf sich beim Genießen der Drinks über genug Platz und ein buntes Angebot an Lesungen und Live-Musik freuen. Auf der Getränkekarte stehen Gin und Longdrinks hoch im Kurs. Geheimtipp ist der der Barracuda Stormy. So kreativ und sympathisch wie der Club 20457 selbst. MISCH

Fokus der Karte: Gin und Longdrinks | **Ausgefallenster Drink:** Barracuda Stormy | **Perfekt für ...** einen entspannten Ausklang des Tages | **Das Besondere:** Club ZwanzigVierFünfSieben Gin

AMBIENTE ●●●●● SERVICE ●●●●●
PREIS-LEISTUNG ●●●●●

Osakaallee 6-8 (HafenCity), Di-Fr 18–2, Sa 20–2 Uhr, EC-Karte, VISA, Mastercard; Singapurstraße Bus 2, Bus 6; club20457.com

♿

Das Granat

Schick und lässig

Das Granat in Ottensen hat nicht nur gutes Essen, sondern auch Spitzendrinks. Direkt beim Eintreten empfängt uns die Bar. Hier treffen sich Millennials auf den Wochenend-Cocktail in kleiner Runde. Die Inneneinrichtung: minimalistisch, stilvoll und in Schwarztönen gehalten. Schick, aber dennoch von gewisser Lässigkeit. Da wir zuvor im Speiseraum geschlemmt haben, ist ein Espresso Martini genau das Richtige zum Nachtisch. Kräftiger und cremiger Espresso, herb, aber mit einer süßen Haselnussnote. Ein Klassiker in Perfektion. Wer es ausgefallener und fruchtiger mag, sollte unbedingt den Jungle Bird bestellen. Eine Kreation von der Aviary Bar aus Kuala Lumpur. Zwei Rumsorten treffen auf Limettensaft, Ananassaft und Sirup. Fruchtig, nicht zu süß, aber auch nicht zu sauer. Das Vanillige vom Rum harmoniert ausgezeichnet mit dem Rest und macht diesen exotischen Drink so interessant. KD

Fokus der Karte: Cocktails | **Ausgefallenster Drink:** Ottenser Manhattan | **Perfekt für ...** ein romantisches Date | **Das Besondere:** Schick und lässig zugleich

AMBIENTE ●●●●● SERVICE ●●●●○
PREIS-LEISTUNG ●●●●●

Ottenser Hauptstraße 32 (Ottensen), Telefon 040 39908038, Mo 18–1, Do 18–1, Fr-Sa 18–2, So 18–23 Uhr, EC-Karte, VISA, Mastercard, Amex; Altona alle S-Bahnlinien; dasgranat.de

♿ ☼

Drilling

Cocktails im Industrial-Style

Hinter dem Drilling steckt das Team der Clockers Bar auf St. Pauli. Jetzt bieten die Drink-Experten auch hochwertige Cocktails, hauseigenen Gin und Snacks in Othmarschen, fast noch Ottensen an. Also ab zum After-Work-Vergnügen in den Friesenweg. Wir sind mit die ersten Gäste. Ist wohl noch ein bisschen früh. Der super freundliche Barkeeper erklärt, dass wir die Karte via QR-Code auf unseren Smartphones lesen können. Wir entscheiden uns für den Cocktail Naked and Famous (13 Euro) und den Jour Visa Vie (10 Euro). Der Jour Visa Vie schmeckt erfrischend und wird begleitet von einer leichten Beerennote. Der Naked and Famous kann uns leider nicht überzeugen, er schmeckt uns ein bisschen zu bitter. KS

Fokus der Karte: Gin | **Ausgefallenster Drink:** Naked and Famous | **Perfekt für ...** hochklassige Cocktails mit Freunden | **Das Besondere:** Die Industrial-Atmosphäre

AMBIENTE ●●●●○ SERVICE ●●●●○
PREIS-LEISTUNG ●●●○○

Friesenweg 4 (Othmarschen), Di-Sa 18–1 Uhr, EC-Karte; Bahrenfeld S1; drilling.hamburg

♿

Eröffneten mitten in der Pandemie Das Granat: Torsten van der Linden (l.) und Tim Vetter

FOTOS: MARC SILL (O.), STERLING 3000 (U.)

BLOCKBRÄU
Das Brauhaus an den Landungsbrücken.
BRAUHAUS AM HAFEN
BLOCKBRÄU
BIERGARTEN AUF HANSEATISCH
Im BLOCKBRÄU erwarten Euch unsere frisch gezapften, hausgebrauten Biere und unsere herzhafte Brauhausküche. Dazu empfehlen wir unsere BLOCKBRÄU Panorama-Hafen-Dachterrasse und unsere beliebten Veranstaltungen von Live-Bierfassanstich bis Hafen Talk.
BLOCK BRÄU
100
Bei den St. Pauli-Landungsbrücken 3
täglich 11 bis 24 Uhr | www.block-braeu.de
Mehr zu unseren saisonalen Highlights 2023:

GENUSS MICHEL 2023
Hamburger Gastropreis
Genuss Guide SZENE Hamburg
Bar des Jahres

Christiansen's

Die Legende auf St. Pauli

Im Christiansen's treffen seit 25 Jahren Geschäftsleute auf Pistengänger, Stammgäste auf (werdende) Liebespaare. Dunkles Holz, Rottöne, gedämpftes Licht bestimmen klassisches Ambiente. Ab und an setzt sich ein VIP an den Tresen, der sich durch den langen Raum vom Eingang zum Aquarium zieht. An ihm lädt Uwe Christiansen zum Trip durch die Welt der Cocktails ein, hält dafür rund 1000 Spirituosen bereit. Beratung ist Ehrensache, mit Glück serviert der preisgekrönte Inhaber zum Drink dessen faszinierende Geschichte. Die ein oder andere hat er selbst (mit-)geschrieben. Keine Mixtur, die der Juror und Buchautor nicht als Original, Variante oder Eigenkreation einzuschenken weiß. Tipps: Der Bond-Drink Vesper (14,50 Euro) aus „Casino Royal" und White Indian (13 Euro), der Big Lebowski mit Old Monk. Uwes Credo? „Jeder meiner Gäste soll zufrieden gehen und wiederkommen." Klappt bei uns immer wieder. MO

Fokus der Karte: Rum, Gin, Whisky, eigene Liköre | **Ausgefallenster Drink:** Hubis Wellenbrecher (Strohrum mit Almdudler) | **Perfekt für ...** jede Gelegenheit | **Das Besondere:** Bartender-Legende Uwe Christiansen

AMBIENTE ●●●●● SERVICE ●●●●●
PREIS-LEISTUNG ●●●●●

Pinnasberg 60 (St. Pauli), Telefon 040 3172863, Di-Do 20–1, Fr 20–2, Sa 20–3 Uhr, EC-Karte, VISA, Mastercard; Reeperbahn S1, S2, S3; christiansens.de

Prägte Hamburgs Barkultur wie kein anderer: Uwe Christiansen kann sich darum auch mit zahlreichen Preisen schmücken

Die Bar auf St. Pauli wurde 1997 gegründet. Die Rum- und Whiskysammlung gilt als eine der größten Deutschlands

FOTOS: JULIA SCHUMACHER

Drip-Bar

Ein Hauch von Mythos

Die Drip-Bar ist einer dieser halb verborgenen Orte, auf deren Kennen man sich etwas einbilden könnte. In der Antonistraße, direkt beim Park-Fiction, versteckt sich die Bar, die ihre Spirituosen für 72 Stunden über diverse Kräuter drippen lässt. Hinter grünen Samtvorhängen. Wer eintreten möchte, muss an der unscheinbaren Tür klingeln und hoffen, dass das Barpersonal noch Platz für einen findet. Drinnen gleicht die Drip Bar einem hippen Kaminzimmer, in dem Menschen aller Couleur ab Mitte zwanzig über Cocktail-Kunst philosophieren können. Bestellt wird nicht aus einer klassischen Karte, sondern aus alten Büchern. Unser Tipp: der Dillinger. Ein über Dill und Jasmin gedrippter Rum mit Limette, Zucker und Crémant. ABA

Fokus der Karte: Cold Drip | **Ausgefallenster Drink:** Dillinger – Rum dripped Jasmin Flower & Dill, Lime, Sugar, Crémant | **Perfekt, um ...** ein Date zu beeindrucken | **Das Besondere:** Die exklusive Atmosphäre

AMBIENTE ●●●●○ SERVICE ●●●●●
PREIS-LEISTUNG ●●●●○

Antonistraße 4 (St. Pauli), Di-Sa 18–1 Uhr, EC-Karte, VISA, Mastercard, Amex; Reeperbahn S1, S2, S3; instagram.com/_dripbar_

Fontenay Bar

Alster-Skyline vom Feinsten

Luxuriös? Ja! Aber nicht protzig. Ein Zimmer kostet hier 320 Euro mit viel Luft nach oben. Ein Drink mit Fontenay-Gefühl ist hingegen schon für 15 Euro aufwärts in der Bar des 5-Sterne-Hotels bestellbar. Auf dem Weg in den sechsten Stock gibt's herzliche Begrüßungen, Türen werden aufgehalten und Jacken abgenommen. Ins Glas kommen kreative Cocktail-Kompositionen, die der Service fachkundig und unaufdringlich empfiehlt. Warme Premium-Nussmischungen füllen sich ungefragt auf und Live-Gesang am Piano untermalt die imposante Kulisse: ein 320°-Panorama-Blick auf die Skyline rund ums Alsterufer. Ein Ort zum Zurücklehnen, Betüdeln lassen und Staunen – über einen echten Million-Dollar-View. LL

Fokus der Karte: Cocktails | **Ausgefallenster Drink:** Die Wermuth-Kreationen serviert im Wormwood Wagon | **Perfekt für ...** eine Luxus-Auszeit | **Das Besondere:** Der Alsterblick

AMBIENTE ●●●●● SERVICE ●●●●○
PREIS-LEISTUNG ●●●●●

Fontenay 10 (Rotherbaum), Telefon 040 60566050, Mo-Do 15–24, Fr-Sa 15–1, So 15–24 Uhr, EC-Karte, VISA, Mastercard, Amex; Fontanay Bus 19; thefontenay.com

♿ ☼

Heritage Rooftop Bar

Mehr als schöne Aussicht

Sieben Stockwerke geht es mit dem Fahrstuhl hinauf in die Heritage Rooftop Bar. Eigentlich gar nicht so hoch, denkt man noch, nur um einen Augenblick später beeindruckt aus den bodentiefen Fenstern zu blicken – Alster und Stadt zu Füßen. Allein für diese Aussicht lohnt sich der Besuch! Noch mehr lohnt er sich allerdings für die Drinks. Typische Bar-Klassiker werden in der Hotelbar des Le Méridien auf kreative Weise neu interpretiert. Da kann es auch schon mal passieren, dass der Old Fashioned direkt am Tisch kurz mit Buchenholz geräuchert wird oder ein Drink in mehreren Gläsern daherkommt. Es gibt auf jeden Fall einiges zu sehen in der Heritage Rooftop Bar – nicht nur den Ausblick. So eine Qualität hat natürlich ihren Preis – der aufmerksame Service und der Alsterblick sind aber trotzdem inklusive. AM

Fokus der Karte: Kreative Drinks | **Ausgefallenster Drink:** Autumn in Japan | **Perfekt, um …** den Sonnenuntergang hinter der Alster zu genießen | **Das Besondere:** Der Ausblick

AMBIENTE ●●●●● SERVICE ●●●●●
PREIS-LEISTUNG ●●●●●

An der Alster 52 (St. Georg), Telefon 040 21001070, Mo-So 17–24 Uhr, EC-Karte, VISA, Mastercard, Amex; Hauptbahnhof alle Bahnlinien; heritage-hamburg.com

♿ ☼

Hygge

Chill mal!

Die Hygge-Bar dient als edle Weinquelle fürs gelobte Restaurant. Ein Besuch im einstigen Flottbeker Pferdestall lohnt aber auch für einen Drink. Oder zwei oder … Gar zu lässig lässt sich hier unter Reet chillen. In der Couch-Ecke, in der Bistro-Lounge oder am Tresen mit Blick auf den lodernden Kamin. Timo Wessels ist der Chef am Shaker. Jede Bestellung fernab der breiten Wein- und Bierauswahl führt ihn in sein Element. Neugier belohnt er mit pointierter Beratung. Sein Qualitätsversprechen („Ich mach's mit Kokos- und Ananaspüree") beschert uns die beste Piña Colada (14 Euro) ever. MO

Fokus der Karte: Wein, Gin, Brände, eigenes Ginger Beer | **Ausgefallenster Drink:** Kirsebaer Kiss (Gin, Kirsche, Rosmarin) | **Perfekt für …** einen Absacker am Kamin | **Das Besondere:** Gemütlichkeit zu jeder Jahreszeit

AMBIENTE ●●●●● SERVICE ●●●●●
PREIS-LEISTUNG ●●●●○

Baron-Voght-Straße 179 (Groß Flottbek), Telefon 040 82274160, Mo-So 16–0.30 Uhr, EC-Karte, VISA, Mastercard, Amex; Flottbeker Kirche Bus 16; hygge-hamburg.de

♿ ☼

VIP-TESTER
Mathias Rüsch

Jahreszeiten Bar

Hier darf man Dandy sein

Die Jahreszeiten Bar ist ein Ort für diejenigen, die Luxus und Eleganz suchen. Die Einrichtung: klassisch, kolonialistisch, stilvoll – mit dunklem Holz, Leder und Kristallleuchtern. Die Atmosphäre ist gesellig und das Personal ist äußerst aufmerksam. Die Getränkekarte bietet eine große Auswahl an Weinen, Spirituosen und Cocktails. Die Preise sind jedoch recht hoch. Wir genießen einen White Russian, einen Gin Tonic „Wilder Mind" und einen alkoholfreien Mojito. Die Darbietung ist top. Der White Russian hat handwerklich noch Luft nach oben und der Gin Tonic etwas zu viel Säure. Sonst ist alles wunderbar und es werden Wasser und Snacks kostenlos angeboten. Die Bar ist ein beliebter Treffpunkt für Hotelgäste, Geschäftsleute und Promis. Es darf geraucht werden.

Fokus der Karte: Cocktails & Whisky | **Ausgefallenster Drink:** Vier Jahreszeiten Martini | **Perfekt für …** einen hanseatisch luxuriösen Moment | **Das Besondere:** Die kleinste Bar Hamburgs

AMBIENTE ●●●●● SERVICE ●●●●●
PREIS-LEISTUNG ●●●●●

Neuer Jungfernstieg 9 bis 14 (Neustadt), Telefon 040 34943302, So-Do 17–1, Fr-Sa 17-2 Uhr; Jungfernstieg alle Bahnlinien; hvj.de

♿

VIP-TESTER
Mathias Rüsch

Kleines Phi

Ein Besuch dieser Bar ist elementar

Die Bar namens Kleines Phi in Hamburg ist ein individuelles Juwel im Karoviertel und der perfekte Ort, um mit ein paar außergewöhnlich guten Drinks in eine Partynacht zu starten oder lange mit Freunden zu verweilen. Die Bar selbst ist klein und gemütlich, mit einer einladenden Atmosphäre und freundlichem Personal, mit dem man sich sogar in der im Innenraum befindlichen Fotobox ablichten lassen könnte. Zumindest die Fotobox hätte nichts dagegen. Die Mixology wird hier wahrlich als Wissenschaft betrachtet, so gibt es die Drinks gerne mal aus einem Labor-Becherglas und die Infusion darf per mitgelieferter Pipette selbst vorgenommen werden. Dafür eine Eins Plus mit Sternchen. Die Karte ist klar auf die Eigenkreationen fokussiert und lässt nur in einem kleinen Vermerk durchblitzen, dass das Barpersonal alles, was man als „Klassiker" versteht, ohne Zweifel auch kredenzen kann. Unsere Drinks, ein Interconti Sour und der Phi-Style Daiquiri sind jedenfalls ein harmonisches Spiel der Elemente. Besondere Essenz sind auch die hausgemachten Sirupe, die den Cocktails eine einzigartige Note verleihen.

Fokus der Karte: Pisco, Tequila, Mescal, Gin | **Ausgefallenster Drink:** Mexican Standoff (Tequila Reposado, Tequila Blanco, Mezcal, Mangopüree, Agavennektar, Limettensaft, Thomas Henry Ginger Ale) | **Perfekt für …** den runden Einstieg in eine Partynacht | **Das Besondere:** Die Bar mit einer Art Steampunk-Glasvereiser

AMBIENTE ●●●●● SERVICE ●●●●○
PREIS-LEISTUNG ●●●●●

Feldstraße 42 (Sternschanze), Di-Mi 19–1, Do 18–1, Fr-Sa 18–3 Uhr, EC-Karte, VISA, Mastercard; Feldstraße (Heiligengeistfeld) U3, Bus 3, Bus X3, Bus 17; facebook.com/kleinesphi

♿ ☼

Außergewöhnlich gute Drinks in einem kleinen Juwel der Stadt: Kleines Phi

FOTO: MARC SILL

SIERRA
TEQUILA
The
New
Sierra
Shot
JALISCO MÉXICO
SIERRA
TROPICAL
Chilli
ELABORADO CON
PASSIONFRUIT & MANGO
CHILLI
18% vol
LICOR CON TEQUILA
NOM 1451 CRT
MEXICO
LEAD THE Party
TRY NOW
PASSIONFRUIT, MANGO,
CHILLI & SIERRA
SIERRATEQUILA.COM
@SIERRA_TEQUILA
Massvoll-
geniessen.de

VIP-TESTER
Mathias Rüsch

Le Lion

Höhle des Löwen

Das Le Lion – Bar de Paris nahe dem Rathaus ist für uns eine der besten Bars in der Stadt. Das Interieur ist elegant und stilvoll, das Publikum eher gesetzt. Die Karte bietet eine große Auswahl an Drinks. Besonders empfehlenswert sind der Martinez und der Old Fashioned, die beide perfekt für uns zubereitet werden. Wer den bekanntesten Drink des Hauses möchte, bestellt einen Gin Basil Smash, der vom Chef Jörg Meyer kreiert wurde. Der Basil Smash ist perfekt und überzeugt uns. Die Preise sind zwar etwas höher als in anderen Bars, aber die Qualität der Drinks und der fachkundige und charmante Service rechtfertigen das.

Fokus der Karte: Eigenkreationen und Klassiker | **Ausgefallenster Drink:** Gin Basil Smash | **Perfekt, um …** die Wiege des „Gin Basil Smash" aufzusuchen | **Das Besondere:** Sie zählt zu den 50 besten Bars der Welt

AMBIENTE ●●●○○ **SERVICE** ●●●●●
PREIS-LEISTUNG ●●●●○

Rathausstraße 3 (Altstadt), Telefon 040 334753780, Mo-Fr 18–1, Sa 15–1 Uhr, EC-Karte, VISA, Mastercard; Rathausmarkt Bus 5, Bus 6, Bus 17, Bus 19; lelion.net

Liquid Garden

Mit sechs Drinks um die Welt

Ein Besuch im Liquid Garden ist eine ästhetische Erfahrung. Helle Möbel, frische Blumen und ein rosa Marmortresen fügen sich zu einer edlen Kulisse für gepflegte Barkultur. In den zwei halbrunden beleuchteten Holzregalen, die wie Kirchenfenster bis unter die hohen Decken reichen, befinden sich feinste Spirituosen. Daraus zaubern die drei Freunde Bennet, Charles und Conor Cocktails von Welt: In sechs wechselnden Signature Drinks können ihre Gäste sich einmal um den Globus trinken. Diese sind angelehnt an Gärten der jeweiligen Region und ihre botanischen Schätze – vom hohen Norden über mediterrane, afrikanische, asiatische, karibische und orientalische Gefilde. So landen im nordischen Scarlet's Potion beispielsweise Sauerampfer, Rhabarber und Brennnessel in der Coupette, während weiße Schokolade, Bergamotte, Yuzo, Matcha und Reis dem Mi Ne Ko sein fernöstliches Gewand schenken. LL

Cocktails von Welt: Liquid Garden

Fokus der Karte: High-Class-Cocktails mit fein kuratierten Aromen | **Ausgefallenster Drink:** Hier ist kein Drink gewöhnlich! | **Perfekt für …** Hobby-Bartender | **Das Besondere:** Die Bar(Welt) karte mit Piktogrammen für Geschmacksrichtungen und Konsistenzen

AMBIENTE ●●●●● **SERVICE** ●●●●●
PREIS-LEISTUNG ●●●●●

Mohlenhofstraße 6 (Altstadt), Di-Mi 18–24, Do 18–1, Fr 18–2, Sa 17–2 Uhr, EC-Karte, VISA, Mastercard, Amex; Hauptbahnhof alle Bahnlinien; liquidgarden.de

M&V

Angenehm unaufgeregt

Die M&V Bar ist eine LGBTIQ+ Bar, wie man sie sich wünscht! Beim Reinkommen fallen einem sofort die Holzmöbel aus dem letzten Jahrhundert auf, die auf zeitgemäße Fotografie und einen Hauch Camp treffen. Während es unter der Woche eher gemütlich zugeht, ist es an diesem Wochenende richtig voll. Wir bestellen zwei Margaritas (11 Euro) und schieben uns durch den schmalen Laden mit den urigen Sitznischen. Die Drinks sind lecker und das Gedränge ist perfekt, um neue Bekanntschaften zu machen. Es gibt noch einige Klassiker auf der Karte, wie etwa Negroni (10,50 Euro) oder Whisky Sour (10,50 Euro). Alles lässt sich gut trinken und lässt diesen Samstagabend unerwartet spät werden … Insgesamt ist die M&V Bar immer wieder ein angenehm unaufgeregter Anlaufpunkt. Stammkneipen-Potenzial! JD

Fokus der Karte: Kölsch & Cocktails | **Ausgefallenster Drink:** Hasensperma (Sambuca & Eierlikör) | **Perfekt für …** Quatschen, Flirten oder einfach einen entspannten Abend | **Das Besondere:** Gays & Friends, offen für alle

AMBIENTE ●●●●○ **SERVICE** ●●●●○
PREIS-LEISTUNG ●●●●○

Lange Reihe 22 (St. Georg), Telefon 040 28006973, Mo-So 17–2 Uhr, EC-Karte, VISA, Mastercard, Amex; Hauptbahnhof alle Bahnlinien; mvbar.de

Meyer Lansky's

Hoch die Hände!

Meyer Lansky's ist ein Phänomen. Seit 30 Jahren huldigt die City-Bar am Gänsemarkt dem angeblich gewieftesten Mafioso aller Zeiten und die Party nimmt kein Ende. Immer voll, immer Fete. Die Auswahl an Cocktails Art ist so unbegrenzt wie der Tresen lang ist. Auf dem auch gern mal die Puppen tanzen. Das Ambiente ist 90er, aber das stört kaum einen. Eher schon, dass geraucht werden darf. Kurz nach 19 Uhr erwischen wir dennoch nur die letzten beiden Hocker an der Bar. Schuld dürfte die Happy Hour sein. Bis acht gibt's auf die solide gemachten Drinks rund 30 Prozent Rabatt. Zur sehr lauten Mucke vom DJ schlürfen wir Cuba Libre (6,90 Euro), den der siebenjährige Havanna zum „Spezial" macht. Nach einen Flying (6,20 Euro) mit Gin, Zitrone, Sekt machen wir den Abflug. Herrje, sind wir alt geworden. MO

Fokus der Karte: Gin, Rum, Whisky | **Ausgefallenster Drink**: Ed von Schleck | **Perfekt für …** vor der Party, nach der Party und die die Party selbst | **Das Besondere:** Raucherbar

AMBIENTE ●●○○○ **SERVICE** ●●●●○
PREIS-LEISTUNG ●●●●○

Gänsemarkt 16 (Neustadt), Telefon 040 35713175, Mo-Do 16–3, Fr-Sa 16–5 Uhr, EC-Karte, VISA, Mastercard; Gänsemarkt U2 ; meyer-lanskys.com

FOTO: MARC SILL

Einmaliges Ambiente und Drinks auf höchstem Niveau: Nikkei Nine Bar

Nikkei Nine Bar

Place to be für Weltenbummler

Exzellent. Natürlich. Und damit könnte diese Bar-Kritik schon enden. Natürlich ist alles, was sich unter dem Dach des Hotel Vier Jahreszeiten ansiedelt unanfechtbar oberstes Niveau und damit auch die Bar des Nikkei Nine eine Spitzenwahl für gepflegte Drinks. Das Ambiente ist wunderschön, viel Gold, warmes Licht und bietet kuschelige Ecken, in der wir es uns gemütlich machen und schön beobachten können, wer hier so kommt und geht. Es stehen „Japanisch und Peruanisch inspirierte Drinks" mit Früchten und Hochprozentigen aus ebendiesen Ländern in der Karte sowie eine breite Auswahl an Sake und japanischem Whisky. Unsere Drinks #NinersLove und Yuzu-Sancho werden in kleinen goldenen Kelchen mit Blütenschmuck gereicht und sind mit je 17 Euro nicht gerade günstig. Sie schmecken allerdings sehr fein, fruchtig und edel. Wer hierherkommt, kommt nicht zum Sparen, sondern zum Genießen in High-End-Luxusatmosphäre. CO

Fokus der Karte: Cocktails | **Ausgefallenster Drink:** Premium Drink Kampai! für 35 Euro aus Jahreszeiten Martini Vodka, Matcha Sake, Lemongrass Lime, Yuzu Espuma | **Perfekt für …** einen luxuriösen Abend | **Das Besondere:** Das luxuriös goldene und stylishe Ambiente

AMBIENTE ●●●●● SERVICE ●●●●●
PREIS-LEISTUNG ●●●●●

Neuer Jungfernstieg 9–14 (Neustadt), Mo-Mi 18–1, Do-Sa 18–2, So 18–1 Uhr, EC-Karte, VISA, Mastercard, Amex; Jungfernstieg alle Bahnlinien; nikkei-nine.de

Omnipollos

Spannender Abend

Die Welt ist rosarot. Zumindest im Omnipollos. Die heimelige Craft-Beer-Bar mit rosa Wänden, roten Tischen, allerlei bunten Dosen im Kühlschrank nahe der Theke und leckerem Pizzageruch aus der Küche ist ein Ort zum Entspannen, Wohlfühlen – und Ausprobieren. Die aromaintensiven Bierspezialitäten kleiner Brauereien erfreuen sich seit Anfang der 2000er in Deutschland wachsender Beliebtheit – hier wird ihnen gehuldigt. Wir wählen ein Noa-Pekannuss-Schlammkuchen-Bier und ein Blaubeeren-Space-Jam-Lassi-Bier (jeweils 14,99 Euro). Ersteres überzeugt schön herb mit jedem Schluck mehr, Letzteres mundet mit der Zeit zu süß. Hätten wir es doch mit dem Erstklassigen Kokusnuss-Zimt-Smash-Kuchen-Bier (15,99 Euro) versuchen sollen? Egal! Im Omnipollos gibt es fast nichts, was es nicht gibt. Das macht diese Bar für junges Publikum aufregend und gemütlich zugleich. Sehr gut geeignet – allerdings bei saftigen Preisen – für eine Entdeckungsreise in die Welt des Craft Beers. MISCH

Fokus der Karte: Craftbeer | **Ausgefallenster Drink:** Noa-Pekanuss-Schlammkuchen-Bier | **Perfekt für …** das Verlassen der eigenen Komfortzone beim Trinken | **Das Besondere:** Das rosarote Design und die unfassbarsten Biersorten, die das Ausprobier-Gen wecken

AMBIENTE ●●●●○ SERVICE ●●●●○
PREIS-LEISTUNG ●●●●○

Kampstraße 36 (Sternschanze), Mi-Do 17–23, Fr 17–1, Sa 16–1 Uhr, EC-Karte, VISA, Mastercard, Amex; Sternschanze S11, S21, S31, U3; omnipolloshamburg.com

FOTO: OMNIPOLLOS

Im Omnipollos ist die Welt rosarot

Paola's Deli & Bar

Poletto kann Cocktails

Eine Cocktailbar im Fahrwasser eines Gourmetrestaurants: Da ist die Latte hoch gelegt. So auch bei der Eppendorfer Bar Paola's, die zum Imperium der Spitzenköchin Cornelia Poletto gehört und nach ihrer Tochter benannt ist. Doch der hohe Anspruch wird auch eingelöst. Die dunkel gestylte Bar mit roten Sitzmöbeln gibt sich kosmopolitisch. An einem Samstagabend lockt sie viele Stammgäste aus der Nachbarschaft an. Wir ordern das Peruvian Elixir (14,50 Euro), perfekt abgeschmeckt mit Pisco, Limette, Rohrzucker und Eiweißschaum. Sehr facettenreich dann der Pretty fly for a Mai Thai (17,50 Euro) mit altem Rum, Angostura, Ananassaft und Cointreau, der im exotischen Tiki-Becher serviert wird. Südsee und Karibik lassen grüßen. Doch der Drink hat es in sich. Gut, dass morgen Sonntag ist. NB

Fokus der Karte: Kreative, zutatenreiche Cocktails. Reichhaltige Wein- und Spirituosenauswahl | **Ausgefallenster Drink:** Pretty fly for a Mai Thai (Barrel Aged) | **Perfekt für ...** experimentierfreudige Trinker mit Anspruch | **Das Besondere:** Das kosmopolitische Ambiente

AMBIENTEAMBIENTE ●●●●○ SERVICE ●●●●●
PREIS-LEISTUNG ●●●●○

Goernestraße 1 (Eppendorf), Telefon 040 46002740, Di-Sa 12–24, EC-Karte, VISA, Mastercard, Amex; Kellinghusenstraße U3; cornelia-poletto.de

Puzzle Bar

Ausgefallene Drinks

Von null auf 15 in nur fünf Sekunden und es öffnet sich eine neue Welt. Hier im 15. Stock, weit oben über den Dächern Hamburgs, kann man seine Sorgen für kurze Zeit vergessen. Kevin Fehling, Hamburger Drei-Sterne-Koch, hat sich gemeinsam mit seinem damaligen Souschef Dennis Ilies mit ihrer Puzzle Bar einen Traum erfüllt. Ein Cocktail besteht aus mehreren Puzzleteilen und wird erst mit allen Teilen ein Ganzes, so die Genese des Namens. Und hier entstehen einzigartige Cocktails, Gerichte einer Drei-Sterne-Küche verwandeln sich zu Drinks. Beispielsweise eine Tom Kha Gai, die eigentlich eine thailändische Suppe mit Kokosmilch und Zitronengras ist. Mit Rum, Malibu, Zitronengras und Milch wird die Suppe zum Tom Kha Gai Milkpunch (16 Euro). Besonders sind die asiatisch-inspirierten Drinks wie der Yuzu Pornstar (19 Euro) mit Vodka, Passionsfrucht, Yuzu, Vanille und Champagner. Wer lieber die klassischen Drinks mag, kommt hier genauso auf seine Kosten, wie auch diejenigen, die gern mal einen alkoholfreien Cocktail zu sich nehmen wollen oder einfach nur ein Glas Wein. Der Blick aus der Fensterfront während man an seinem Cocktail schlürft, ist unbezahlbar. DSW

Fokus der Karte: Cocktails & Longdrinks | **Ausgefallenster Drink:** Tom Kha Gai Milkpunch | **Perfekt für ...** einen romantischen Abend über Hamburgs Dächern | **Das Besondere:** Die Lage und die asiatisch inspirierten Cocktails

AMBIENTE ●●●●● SERVICE ●●●●●
PREIS-LEISTUNG ●●●●●

Versmannstraße 2 (HafenCity), Telefon 040 32082838, Di-Do 18–1, Fr-Sa 18–2 Uhr, EC-Karte, VISA, Mastercard; HafenCity Universität U4; puzzle-bar.de

FOTO: OMNIPOLLOS (U.), MARC SILL (O.)

Die Puzzle Bar von Sternekoch Kevin Fehling im Campus-Tower

Rehab Bar

Zur Reha auf den Kiez

Ein großer leuchtender Sonnenball hinter der Bar als Lichtquelle, den Rest übernehmen Kerzen. Eine persönliche Atmosphäre statt Krawall, nahe der lauten Reeperbahn. Besonders sind auch die Cocktail-Kreationen, auf denen der Fokus liegt. Mein Tresennachbar ordert nach gezielten Fragen des Bartenders Johnny's Margherita, weiß mit frisch aufgeschnittener Aloe Vera, Orangenlikör, Zitrone, Agavendicksaft und Meersalz (14 Euro), meine Aufmerksamkeit haben die alkoholfreien CBD-Drinks. Legal, ohne THC und ganz soft, versichert der Besitzer. Milk and Honey Haze ist ein Milchshake mit CBD-Infusion und Heidehonig, gespickt mit Pistazie (12 Euro). Ich ahne süße Träume hinter dem schaumig-süßlichen Geschmack – und behalte Recht. LG

Fokus der Karte: Cocktails | **Ausgefallenster Drink:** CBD-Drinks, etwa Milk and Honey Haze | **Perfekt, um ...** runterzukommen | **Das Besondere:** Sehr persönliche Atmosphäre

AMBIENTE ●●●●○ SERVICE ●●●●●
PREIS-LEISTUNG ●●●●○

Talstraße 10 (St. Pauli), Mo-Sa 20 Uhr–open end, EC-Karte, VISA, Mastercard; Reeperbahn S1, S2, S3; instagram.com/rehabbarhamburg

Rye and Dry

Lean back and enjoy

Ein Wohnzimmer mit gediegenen Ohrensesseln und Drinks, gleich hinter der Christuskirche. Wir fallen bei gedämpftem Licht und unaufdringlicher HipHop-Playlist in den Feierabend und weil die Bar auf Whisky und Gin fokussiert ist und Gold Rush schön klingt, bestellen wir Bourbon mit Honig, Zitrone und Eiweiß. Dazu Earl Eimsbüttel mit Earl Grey infusioniertem Gin, begleitet von Bitterorangenmarmelade, bereits der erste Schluck hinterlässt Eindruck: frisch, würzig, etwas süß. Auch die Kombi aus Whisky und Honig macht einen guten Job. Das Team versteht sein Handwerk und das Personal hat sich nach kurzen Anlaufschwierigkeiten warm gelaufen. LG

Fokus der Karte: Gin, Whisky | **Ausgefallenster Drink:** Earl Eimsbüttel | **Perfekt, um ...** direkt vom Büro in den Feierabend zu starten | **Das Besondere:** Gediegene Wohnzimmeratmosphäre

AMBIENTE ●●●●● SERVICE ●●●○○
PREIS-LEISTUNG ●●●●○

Bismarckstraße 10 (Eimsbüttel), Telefon 040 70979170, Di-Sa 18–2 Uhr, EC-Karte, VISA, Mastercard; Christuskirche U2; ryeanddry.de

Weckt das Kind im Gast: der Drink The Lego Movie im The Bohemian

Sicily – The Italian Bar

Hotspot der Elbvororte

Wer Blankeneser Klischees besichtigen will, zieht hier den Jackpot: Nobel gedresste Abiturienten spendieren Mädels Prosecco Rosé, gereifte Damen fachsimpeln über Fitnesstrends, Gentlemen in Tweed analysieren ihre Golfrunden. Das Sicily ist seit dem Opening Hotspot der Elbvororte. Die Enoteca musste sich ihren Ruf in dem muckeligen Ecklokal am Ende der Elbchaussee auch gar nicht erst erarbeiten: Das hat Bar-Chef Agatino Testa an der Seite seines sizilianischen Papas Salvatore längst getan, der 100 Meter weiter mit dem Dal Fabbro den besten Italiener am Platze führt. Im Sicily schmeckt Espresso Martini so lecker wie Negroni (je 12,50 Euro) oder ein Gläschen Nero D'Avola (7,50 Euro). Wer nicht nur auf einen Aperitiv hereinschneit, sollte Pinsa frisch aus dem Ofen probieren – ein Mix aus Foccacia und Pizza. MO

Fokus der Karte: Wein, Prosecco, Rum, Gin | **Ausgefallenster Drink:** Taormina Royal (Amaretto, Champagner, Zitrone, Zuckersirup) | **Perfekt für ...** Aperitif oder Absacker | **Das Besondere:** Blankenese at it's best

AMBIENTE ●●●●● SERVICE ●●●●●
PREIS-LEISTUNG ●●●●●

Blankeneser Bahnhofstraße 2 (Blankenese), Di-So ab 15 Uhr, EC-Karte, VISA, Mastercard, Amex; Strandtreppe Bus 488; instagram.com/sicily_hamburg

The Bohemian

Im Cocktailglas rund um den Globus

Die mit vielen Zeichnungen illustrierte Barkarte ist hier fast so dick wie ein Buch. Kellner Juri bringt uns als Erstes eine Karaffe Wasser und betont, dass das Bohemian bekannt für seine ungewöhnlichen Cocktail-Kreationen sei. Also, nichts wie los. Wir bestellen den Prinz der Normandie (17 Euro), der unter anderem aus 15 Jahre altem Calvados vom noblen Château du Breuil, Grand Marnier Rouge und Champagner komponiert ist. Nichts für Anfänger. Der zweite Cocktail namens The Mulata (14 Euro) dagegen entführt mit exotischen Zutaten wie Kakao, gut gereiftem Rum und Zitronengras geradewegs in die Tropen. Im schummrigen Licht von 300 Miniaturlampen prosten sich hier Paare und Kumpels zu, bevor sie an diesem späten Abend auf die ruhige Deichstraße hinaustreten und beseelt nach Hause schlendern. NB

Fokus der Karte: Kreative Cocktails | **Ausgefallenster Drink:** The Lego Movie (Cinecane Popcorn Rum, Presidental Ruby Port, Discarded Banana Peel, Helbing, Roasted Rosemary, Amarena Cherry, Lemon) | **Perfekt für ...** abgedrehte Drinks aus Hamburg und der Welt | **Das Besondere:** Die schummrige Beleuchtung im Gastraum im Kontrast zum hell erleuchteten Barbereich

AMBIENTE ●●●●● SERVICE ●●●●●
PREIS-LEISTUNG ●●●●●

Deichstraße 36 (Altstadt), Telefon 040 36098439, Di-Do 17-1, Fr 17-2, Sa 14-2 Uhr, EC-Karte, VISA, Mastercard; Stadthausbrücke S1, S2, S3; thebohemian.de

The Chug Club

Tequila, Tequila!

Wer die Seele Mexikos kennenlernen will, kann 17 Stunden bis nach Jalisco reisen – oder zum Chug Club auf St. Pauli. Hier gibt es alles, was das (Agaven-)Herz begehrt, entweder pur als Shot oder in kleinen, feinen Drinks. Tipp: Die Buttermilch Margarita (4,50 Euro) überzeugt selbst Tequila-Skeptiker. Den Drink hat Betreiberin Betty Kupsa selbst kreiert. Sie ist die Seele der Bar, hat vorher in der weltberühmten Bar Le Lion gearbeitet, wo Jörg Meyer den Gin Basil Smash erfunden hat. Das Erfinden wurde also weitervererbt. Im Chug Club gibt es Cocktails in Miniaturformat, die sogenannten Chugs. Das ist Kupsa wichtig, weil sie oft beobachtet hat, wie sich Paare einen sehr großen Cocktail teilten. So können wir uns prima durchs Menü trinken. Besonders lecker ist der Death by Erdnuss (12,50 Euro), hier wird Tequila mit Erdnussbutter, Creme de Cacao, Vanillesirup und Sahne gemixt. Fast schon ein Dessert! Wer zwischendurch ein Bier trinken möchte, das hier liebevoll Zwiebie (Zwischenbier) genannt wird, ist hier nicht fehl am Platz. Zwar ist der Chug Club eine klassische Bar, man sollte aber nicht vergessen, in welchem Viertel sie liegt. DSW

Fokus der Karte: Tequila | **Ausgefallenster Drink:** Buttermilch Margarita | **Perfekt für ...** einen coolen Abend mit Freunden | **Das Besondere:** Die schier unzählige Auswahl an Tequila und das kunterbunte Interieur

AMBIENTE ●●●●● SERVICE ●●●●●
PREIS-LEISTUNG ●●●●●

Taubenstraße 13 (St. Pauli), Telefon 040 35735130, Mo-Do 18-1, Fr-Sa 18-2, So 18-1 Uhr, EC-Karte, VISA, Mastercard; Reeperbahn S1, S2, S3; thechugclub.bar

Bar-Ikone Betty Kupsa

FOTOS: THE BOHEMIAN (O.), MARC SILL (U.)

Gepflegte Drinks auf dem Kiez: Im Rabbithole sogar ganz ohne Gedränge – es werden nur so viele Leute reingelassen, wie es Sitzplätze gibt

The Drunken Oyster

Austern sind aus

Austern gibt's in der Drunken Oyster Bar leider keine mehr. Das Konzept „Austern für alle" ging nicht auf, da das Schalentier sein nobles Image im Schanzenviertel nicht abzulegen vermochte. Hier muss es eben kein Champagner sein – ein kühles Bier oder ein Gin Tonic tun's auch. Die stehen neben weiteren Longdrink-Klassikern, Highballs und einer Handvoll Weinen auf der Barkarte. Das gefällt dem jungen Publikum aus Studenten, Agentur-Kollegen und Hamburg-Besuchern. Jeden Mittwoch bekommen Gäste Live Jazz auf die Ohren und können es sich auf geblümten Barhockern unter schummrigen Mosaiklampen gemütlich machen. LL

Fokus der Karte: Highballs | **Ausgefallenster Drink:** Hier setzt man auf Altbewährtes | **Perfekt für ...** den Start zur Schanzenkneipentour | **Das Besondere:** Der Live-Jazz-Mittwoch

AMBIENTE ●●●●● **SERVICE** ●●●●○
PREIS-LEISTUNG ●●●●○

Max-Brauer-Allee 279 (Altona), Mi-Do 18–1, Fr-Sa 18–3 Uhr, EC-Karte, VISA, Mastercard, Amex; Sternschanze S11, S21, S31, U3; thedrunkenoyster.de

♿ ☼

The Rabbithole Bar

Willkommen im Kaninchenbau

Die Rabbithole Bar an der Kleinen Freiheit darf etwas von sich halten: Hier gibt es wirklich verdammt leckere Cocktails und Highballs, serviert von freundlichstem Personal. Das holt einen auch persönlich von der Tür ab, um für Gäste einen geeigneten Platz zu finden. Zugegebenermaßen, besonders gemütlich wirkt das Rabbit Hole mit seinen dunklen Farben und Ledersesseln nicht. Dafür gibt es aber eine separate Zigarrenlounge mit passender Auswahl auf der Karte (ab 16 Euro). Das passt auch zum Publikum: Hier nimmt vor allem gehobeneres Publikum ab Ende zwanzig Platz. Wer vor allem für die Drinks hier ist, landet beim Fraise Sauvage mit Gin, Zitrone, Erdbeersirup und Champagner (16 Euro) einen Volltreffer. ABA

Fokus der Karte: Cocktails | **Ausgefallenster Drink:** Transsilbunnya (Rum, Knoblauch infusionierter Holunderlikör, Limette, Apfel-Mango-Sirup) | **Perfekt für ...** gehobene Cocktails vor einer Tour über die Reeperbahn | **Das Besondere:** Eigene Zigarrenlounge

AMBIENTE ●●●○○ **SERVICE** ●●●●●
PREIS-LEISTUNG ●●●●○

Kleine Freiheit 42 (St. Pauli), Mo-Do 18–24, Fr-Sa 18–2 Uhr, EC-Karte, VISA, Mastercard; Reeperbahn S1, S2, S3; the-rabbithole.de

The Boilerman Bar

Der Star ist nicht die Bar

Die schwere, rote Eingangstür samt goldener Klinke macht schon mal Lust auf das Dahinter. Das, also The Boilerman Bar im Eppendorfer Weg, ist schick, aber nicht schickimicki. Chesterfield-Sofa, Samtsessel, Spiegelwand – klar, klingt prunkvoll, aber die Einrichtung, vor der sich Mittdreißiger aus Eppendorf und Eimsbüttel treffen, ist niemals aufdringlich. Und die Drinks sind auch nicht schlecht. Etwa der New York Sour Highball (8 Euro), in dem der Rotwein so leicht wirkt, wie ein Rotwein nur leicht wirken kann. Und der super erfrischende Little P. (8 Euro). Dazu gibt's Pizza. Pizza? Ja! Die kann man nebenan in der Pizzeria Al Volo bestellen und bekommt sie direkt zum Bartresen geliefert. EBH

In der Boilerman Bar setzt Inhaber Andrej Busch auf unaufdringliche Barkultur

Fokus der Karte: Classic Highballs | **Ausgefallenster Drink:** Bahama Mama | **Perfekt für ...** ein Treffen mit Freunden und Bekannten | **Das Besondere:** Die Unaufdringlichkeit

AMBIENTE ●●●●○
SERVICE ●●●●○
PREIS-LEISTUNG ●●●●○

Eppendorfer Weg 211 (Hoheluft-West), Telefon 040 42102135, Mo-Di 18–1, Mi-Sa 18–2 Uhr, EC-Karte, VISA, Mastercard, Amex; Eppendorfer Weg (Ost) Bus 5, Bus X35; boilermanbar.net

♿

FOTOS: JAKOB BÖRNER (O.), MARC SILL (U.)

Turmbar

Auf einen Drink in den Bunker

Dezente Hintergrundmusik, gedimmtes Licht und gemütliche Samtsofas: Die Turmbar im Stadtteil Rotherbaum ist die perfekte Location für ein romantisches erstes Date. Über einen Rundgang gelangen wir zu dem stimmungsvollen Wohlfühlort, der sich in einem ehemaligen Bunker befindet. Nur einen Katzensprung von der Uni Hamburg entfernt tummeln sich hier vor allem Studierende, aber auch Touristen verirren sich hierher. Serviert werden leckere, vollmundige Cocktails in gekühlten Gläsern. Auf der Karte findet sich außerdem eine gute Auswahl an Gin, Whisky, Wein und Bier. Mehr als ein Drink wird es für uns aber nicht – der Service ist heute nicht besonders aufmerksam. MH

Fokus der Karte: Gin, Whisky, Cocktails | **Ausgefallenster Drink:** Nur Klassiker | **Perfekt für ...** das erste Date | **Das Besondere:** Die Location

AMBIENTE ●●●●● SERVICE ●●●○○
PREIS-LEISTUNG ●●●●●

Rothenbaumchaussee 2 (Rotherbaum), Telefon 040 444567, Mi-Fr 18–1, Sa 18.30–2 Uhr, EC-Karte, VISA, Mastercard; Dammtor S11, S21, S31; turmbar.de

Whiskyplaza

Das Whiskyparadies

Die Whiskyplaza versteckt sich zwischen den vielen Fischrestaurants in der Deichstraße in der Altstadt. Hauptaltersklasse: alles über 40. Uns empfangen rund 1000 verschiedene Whiskys. Die Flaschen werden prominent auf hohen Regalen präsentiert und gehören mit zum Interieur. Die Servicekräfte sind absolute Experten und erklärfreudig. Und es gibt einen dicken Katalog mit über 200 Seiten zum Nachschlagen. Herkunft, Altersklasse, Aromen – alles wird bis ins Detail beschrieben. Meine Begleitung bestellt einen achtjährigen Talisker. Es ist ein Special Release mit karibischen Rum Finish. Neben den klassisch-maritimen Aromen punktet der dank der abschließenden Rumfasslagerung noch mit exotischen Noten, die an tropische Früchte erinnern. So etwas Besonderes bekommt man nur hier. Weil mir purer Whisky heute doch eine Spur zu viel ist, freue ich mich über die breit aufgestellte Cocktail-Karte. Ich entscheide mich für den Japon Japon, mit Grapefruit, Zitrone, Zucker und Bitters im Campari-Nebel. Dieser wird in einem Kupferglas mit viel Crushed Ice serviert. Zu viel für meinen Geschmack.

Alles mit Whisky: Rund 1000 verschiedene Sorten hält das Whiskyplaza schließlich bereit

Alle Tests in voller Länge auf genussguide-hamburg.com

Die Yakshi's Bar überzeugt mit Style und guten Drinks

Den Suntory Toki Whisky schmecke ich fast gar nicht raus. Dann doch lieber in purer Form beim nächsten Besuch! KD

Fokus der Karte: Whisky | **Ausgefallenster Drink:** Tokio Sour, eine japanische Whisky-Sour-Variante mit Reiswein | **Perfekt für ...** After-Work-Drinks mit Kolleginnen und Kollegen | **Das Besondere:** Whisky, direkt am Wasser

AMBIENTE ●●●●● SERVICE ●●●●●
PREIS-LEISTUNG ●●●●○

Deichstraße 43 (Altstadt), Di-Fr 17.30–1, Sa 12–2, So 12–1 Uhr, EC-Karte, VISA, Mastercard, Amex; Stadthausbrücke S1, S2, S3; whiskyplaza.de

Yakshi's Bar

Tolle Drinks, top Ambiente

Das East Hotel im Westen Hamburgs ist vermutlich die beste Adresse St. Paulis und bietet seinen Besuchern die entsprechend sortierte Bar dazu. Tolles Ambiente, schönes Licht im imposanten Bau einer alten Eisengießerei. Wir haben Glück und ergattern eine der wenigen Sitzecken mit Kuschelsofa – die Bar bietet sonst vor allem Barhocker an höheren Tischen. Wir bestellen den Signature Drink Amaterasu (17 Euro), der sich etwas toller liest als er schmeckt. Ein schöner Gin Tonic hingegen geht immer und der Perfect Sul (19 Euro) mit geräuchertem Rosmarin ist in der Tat perfekt und wirklich etwas besonders. Falls Sie gern tagesaktuell trinken wollen, achten Sie auf den Bildschirm gleich neben der Eingangstür, der den Drink des Tages anzeigt – immer das, worauf der Barchef des Yaskhi's heute Lust hat. CO

Fokus der Karte: 250 Getränke – kein bestimmter Fokus | **Ausgefallenster Drink:** BÆtles Juice (Helbing, Orangen Cordial, Rote Bete, Zitrone, Karamell) | **Perfekt, um ...** das wilde St. Pauli mit Style zu genießen | **Das Besondere:** Architektur und Design des Ambiente

AMBIENTE ●●●●● SERVICE ●●●●●
PREIS-LEISTUNG ●●●●●

Simon-von-Utrecht-Straße 31 (St. Pauli), Telefon 040 309933, Mo-So 9–2 Uhr, EC-Karte, VISA, Mastercard, Amex; Reeperbahn S1, S2, S3; east-hamburg.der

FOTOS: MARC SILL

Bar DaCaio

Dolce Vita im Glas

Die Getränkekarte, das stolze Bar-Book des DaCaio, ist 66 Seiten stark. In der eleganten Hotelbar des The George bleibt damit kein Getränkewunsch offen, sogar eine Whisky-Verköstigung ist im Programm (125 Euro). Es ist laut und voll – es macht Sinn, vorab zu reservieren. Der Service ist fest in italienischer Hand und wirkt etwas lustlos, was dem Wohlfühlfaktor jedoch keinen Abbruch tut. Es macht Spaß, sich in den bequemen Loungesessel zu verschanzen, im Bar-Buch zu blättern und es zu genießen. Zu sehen und gesehen zu werden. Passend dazu: Der Gin Tonic Dolce Vita (16,50 Euro) kommt mit einem angepinnten Foto der Fellini-Filmszene mit Anita Ekberg im Trevi-Brunnen. Kleiner Gruß vom Barkeeper und das Lebensgefühl für heute Abend. co

Ausgefallenster Drink: Göttliche Komödie „Dante Alighieri" | **Perfekt, um ...** die oder den Angebetene(n) mal ganz fein auszuführen | **Das Besondere:** Elegante Atmosphäre

AMBIENTE ●●●●● **SERVICE** ●●●○○
PREIS-LEISTUNG ●●●●○

Barcastraße 3 (Hohenfelde), Telefon 040 2800300, Mo-So 12–1 Uhr, EC-Karte, VISA, Mastercard, Amex; AK St. Georg Bus 6, Bus 17; thegeorge-hotel.de

FOTO: PRIVAT

VIP TESTER

Mathias Rüsch

Inhaber mattrs | Markenagentur

Getestet: Le Lion, Jahreszeiten Bar, Kleines Phi

Als VIP-Tester ... stehe ich vor allem auf Very Innovative Places.

Mein Lieblingsrestaurant ist ... das Südhang in der Susannenstraße, weil man hier nichts will und alles kann.

Mein Feierabendbier trinke ich am liebsten ... im Bierkrug in der Milchstraße, denn hier ist Pöseldorf so echt wie die neuen Lippen von Chiara Ohoven.

Wenn der Mittagshunger kommt, ... dann biege ich kurz vorm Mash ins „Oh it's fresh".

Ein Gastro-Geheimtipp in Hamburg ist auf jeden Fall ... die Hobenköök im Oberhafen, wobei ich mir bei geheim nicht mehr so ganz sicher bin.

Typisch Hamburg ist, ... dass man nie den Kopf in den Sand steckt, sondern immer die Nase im Wind hat.

Für einen Ausflug aufs Land geht es, ... wohin mein Rennrad mich trägt.

Nachts noch Hunger? Dann geht's ... ins Erika's Eck. Kann man noch woanders nachts essen?

Die schönste Aussicht beim Essen gibt's ... in der Osteria Große Elbstraße oder beim Sonnenuntergangspicknick auf dem Deich in Wilhelmsburg (kaltes Bier gibt's bei der JET).

Hoch **Prozentig**

Schnaps, das war sein letztes Wort? Gilt nicht für uns. Denn geht's um Spirituosen, sind die Zeiten der Einsilbigkeit in Norddeutschland schon lange vorbei. Brenner sind heute coole Erfinder, kreative Köpfe und vor allem dem stilvollen Genuss verpflichtet. Wir haben mal etwas tiefer ins Glas geschaut

HAMBURGER KÜMMEL

Die älteste Brennerei der Stadt brennt das älteste Hamburger Original: Der erste und einzige Hamburger Kümmel in Bio-Qualität wird in der Brennerei Elmendorf in Handarbeit in der hauseigenen Destille hergestellt. Destilliert aus Bio-Weizen und verfeinert mit erlesenem Bio-Kümmel und frischen Zitronenschalen, entsteht ein würziger Genuss mit einer leichten Süße, begleitet von feinen Zitrusnoten und Fenchel. Wie bei allen Elmendorf-Spirituosen wird auch beim Hamburger Kümmel größte Sorgfalt auf die Auswahl qualitativ hochwertiger Zutaten gelegt. Wer Kümmel liebt oder lieben lernen will, ist hier absolut richtig: Dieser Digestif ist pur und mild gekühlt ein echter Genuss.

0,5 L | 35 % vol. | Bio-zertifiziert (DE-ÖKO-009) | mehrfach prämiert: DLG Gold 2022, Craft Spirits Berlin Silber 2022 | elmendorf.de

FOTO: ADAM JAIME/UNSPLASH (O.)

Franzi Franzbrötchenlikör

Zuckrig-zimtig, süß und möglichst klebrig – der Stolz unserer wundervollen Hansestadt und weltweit geliebt: das Franzbrötchen! Mit Franzi Franzbrötchenlikör wurde dem Kult-Plunder endlich ein flüssiges Denkmal gesetzt. Der erste Franzbrötchenlikör der Welt für den krümelfreien Franzbrötchengenuss zu jeder Zeit. Der Sahnelikör transportiert die typischen Franzbrötchenaromen mit einer samtig-weichen Textur und verzaubert seit 2021 Hamburger und Touristen aus aller Welt. Also: Nicht lang backen, Kopp in Nacken.

franzi-likör.de

NORK HIMBEER-ROSMARIN LIKÖR

Herbe süß! Die spannende Frucht-Kräuter-Kombination aus samtig-fruchtiger Himbeere und würzig-ätherischen Rosmarinnoten harmoniert trotz- oder gerade wegen ihrer Gegensätze hervorragend. Gut gekühlt pur ein Genuss, aber die Stärke des Himbeer-Rosmarin Likörs liegt vor allem beim Mixen von sommerlichen Drinks. Egal, ob simpel als Spritzvariante mit Sekt, aufgegossen mit Tonic oder Sprite oder in diversen Cocktail-Kreationen: der Himbeer-Rosmarin-Likör legt den Grundstein für die Sommerdrinks 2023!

thisisnork.com

Marina Pier Gin

In Heiligenhafen – zwischen Yachthafen und Seebrücke – betreiben Jan und Ulrike seit 2017 den besonderen Conceptstore JANULI. Neben Klamotten, Feinkost und Geschenkartikeln gibt es hier auch jede Menge Spirituosen, die auch vor Ort probiert werden können. Seit 2019 gibt es auch den ersten eigenen Marina Pier Gin. Der soll an einen Spaziergang an der Ostseeküste erinnern: mit viel Wacholder, Zitrusnoten, einem Hauch von Sanddorn und Nadeln von den Wäldern der Küste. So mundet der Gin pur und mit diversen Tonics. Für die extra Portion Sommer im Glas gibt es inzwischen einen extra fruchtigen Gin mit Mango und Zitronengras. In kleinen Batches werden die Gins hergestellt und per Hand abgefüllt. Alle Flaschen werden mit echten Holzetiketten per Hand beklebt und durchnummeriert. Weitere eigene Spirituosen wie Rum, Whisky und Liköre vervollständigen inzwischen das Sortiment.

januli-hhf.de

8

Baltic Baywatch

Travemünde, Timmendorfer Strand, Sierksdorf, Grömitz oder Neustadt in Holstein: Die Hotspots entlang der Ostseeküste gehören nicht nur zu den beliebtesten Ausflugszielen der Hamburger – an der Lübecker Bucht lässt sich auch vorzüglich speisen und himmlisch nächtigen. Wir testen die wichtigsten Restaurants dieser Region des Baltischen Meeres, legen uns in gemachte Bettchen und spielen bei etlichen Besuchen „Buchtwacht"

TEXT: PETER WAGNER

FOTO: LUEBECKER-BUCHT-OSTSEE.DE

Die Lübecker Bucht: Hamburgs kulinarische Badewanne an der Ostsee

Wenn dein Erdkundelehrer erzählt, die Lübecker Bucht erstrecke sich geografisch von Boltenhagen im Südosten Mecklenburg-Vorpommerns bis zur Fehmarnsundbrücke im Norden von Schleswig-Holstein – dann glaub' ihm kein Wort. Denn aus der Sicht der Hamburger Tausendschaften, die sich an jedem halbwegs sonnigen Wochenende zum 20-Kilometer-Stau auf der A1 ostwärts verabreden, reicht die gefühlte Lübecker Bucht nur von Travemünde bis allerhöchstens Sierksdorf. Ab und an verirren sich noch ein paar HH-Kennzeichen bis nach Neustadt/Pelzerhaken. Und sei es nur, um sich die Platzwunde vom Kitesurfen in der dortigen „Schön Klinik" nähen zu lassen – die einzige Intensivstation Deutschlands mit Ostseeblick.

Die wichtigsten Orte dieses exterritorialen Hamburger Gastro-, Ausgeh- und Wellness-Stadtteiles sind – von Süden nach Norden – Travemünde, Niendorf und Timmendorfer Strand. Dazu noch Scharbeutz, Haffkrug und Sierksdorf, die fast nahtlos ineinander übergehen, wenn man die Strecke mit dem Miet-Rad (zum Beispiel von tobis Fahrradverleih – alle Adressen und Infos auf Seite 450) auf der komfortabel asphaltierten Deichkrone abfährt. Aber wer macht das schon?

Denn für viele Hamburger Beachboys (m/w/d) ist bereits an Travemündes „Schöner Aussicht" Schluss, der Flaniermeile Vorderreihe zwischen Fischereihafen (Dorsch, Hering, Scholle & Co. ab 8 Uhr fangfrisch vom Kutter) und dem Leuchtfeuer vorne an der Nordermole am Ende der Flussmündung. Wohl auch, weil dieses seit 1329 zu Lübeck gehörende Seebad tagsüber halbstündlich mit einem Zug ans Fernnetz angeschlossen ist, was auch autofreie Hanseaten bequem an die Ostsee bringt. Dort lässt es sich zwar lange sitzen und Schiffchen gucken. Doch leider sitzt man da häufig viel besser als man isst, in Lokalen, die „Kajüte" oder „Ristorante Casablanca" heißen, und an denen entlang sich riesige Skandinavienfähren wie die „Nils Holgersson" nicht nur während des Remmidemmis der Travemünder Woche (21. bis 30. Juli 2023) die Flussmündung herein- und hinausschieben. Shopping ist hier zwar wie überall in den Küstenorten wegen der Ferienort-Sonntagsöffnung an sieben Tagen die Woche möglich, an der Vorderreihe trotz einiger jüngerer Läden aber noch immer eher für die Kukident-Kernzielgruppe auf der Suche nach Funktionsfaserjacken in gedeckten Farben attraktiv. Einzig das Minikaufhaus Matzen offeriert ein paar jüngere Marken. Macht nichts, denn allein das legendäre Tortenangebot der Café-Filiale des Lübecker Marzipan-Giganten Niederegger lässt altersunabhängig den Insulinspiegel hochschnellen, ebenso wie die Bismarckheringe von Travemündes knusprigsten Fischbrötchen bei Fin & Grete auch jenseits der Weltfischbrötchentage Anfang Mai die Speichelsäfte zum Schäumen bringen. Hier beginnt auch die offensiv vermarktete Fischbrötchenstraße Schleswig-Holstein. Wer sein Brötchen nicht ganz aufkriegt, kann es dort an die zahlreichen Enten und Möwen verfüttern – total instagramtauglich direkt vor dem Verbotsschild „Wasservögel aus Tierschutzgründen nicht füttern!". ➡

ILLUSTRATION: WWW.OSTSEE-SCHLESWIG-HOLSTEIN.DE

Hier treffen sich Trave, Ostsee, Priwall und der breiteste Sandstrand der Lübecker Bucht: Nordermole in Travemünde

Priwall: Die Schäl Sick in der Mauser

Gegenüber, auf der Priwall-Seite der Travemündung, herrschte bis vor Kurzem noch kulinarische wie lifestylige Diaspora-Ödnis – eine, wie der Kölner sagen würde, echte „Schäl Sick" („Schlechte Seite"). Doch die säckeweise dort hingeworfenen Steuer- und Investorengelder zeigen langsam Wirkung. Noch erinnert das als „Beach Bay Travemünde" forsch promotete und mittels zweier Fähren für Autofahrer wie Fußgänger gut erreichbare neue Viertel an Retortenstadtteile wie Hamburgs HafenCity. Doch allein die kunterbunte Gastronomie mit dem Franchise-Outlet „Ahoi by Steffen Henssler" an der Bestblick-Spitze, gefolgt von „Astra Stube" bis „Tapas Olé", ziehen Touris und Tagesgäste ebenso über das Wasser wie die witzige „Markthalle" mit ihrer Verbindung aus Schnickschnack-Laden und Fashion-Shop mit integrierten Gastro-Inseln.

Noch ein Priwall-Vorteil: Bis hierher wirft der höchste Plattenbau der Ostsee, das Maritim-Hochhaus (125 Meter) neben dem historischen Ziegelstein-Leuchtturm von 1539 (31 Meter), seinen Schatten nicht mehr. Das auch innen völlig aus der Zeit gefallene Hotel kann im Gegensatz zu seinem Timmendorfer Schwesterschiff gut auf unseren Besuch verzichten. Wer aus seinem Zimmer gern sowohl die am Priwall ankernde Viermastbark „Passat" als auch den mit Abstand tiefsten Badestrand der gesamten Lübecker Bucht samt im Sommer 1060 Strandkörben, SUP-Verleih, Piraten-Abenteuerspielplatz, Mega-Trampolin und der coolen „Lighthouse Lounge" sehen möchte, bucht sich besser eine der mit bis zu vier Personen belegbaren Suiten im familienfreundlich-lebhaften aja-Hotel (242 Zimmer) samt opulentem Frühstücksbuffet, integriertem Nivea-Flagshipstore, Seeblick-Bar und einem 2000-Quadratmeter-Spa-Bereich mit barrierefreiem 25-Meter-Innenpool inklusive ganzjährig beschwimmbarem Außenbecken (auch für externe Tagesgäste buchbar).

Zum Greifen nah fahren die großen Skandinavien-Fähren an den flanierenden Touristen und Badegästen vorbei

Biosphären-Reservat? Nein, die Gastro-Kugeln des Restaurants Keine Gezeiten

FOTOS: PETER WAGNER/FOODBILD.DE

Der frühe Vogel schwimmt in den Sunrise: Außenpool des aja-Hotels

Ganzjahres-Außenpools: aja und A-Rosa

Nur wenige Meter landeinwärts dampft im Winter der riesige Außenpool des zur gleichen Kette wie das aja gehörenden A-Rosa Grand Spa Resort (191 Zimmer, 39 Suiten). Der ist Teil des 4500 Quadratmeter großen Spa-Bereiches samt Saunen, Dampfbädern, Original-Thalasso-Therapien/Treatments (Vinoble Cosmetics, Voya, Rituals), stundenweise buchbarer privater Spa-Lounge, Relax-Becken und einem gewaltigen Profi-Gym, der das Haus seit 2005 zu dem für Wellness-Begeisterte wohl attraktivsten Hotel der Lübecker Bucht macht. Während im noch erhaltenen alten Gebäudeteil des ehemaligen Kurhaus Freunde des gediegenen Klassizismus auf ihre Kosten kommen, herrscht im stylishen Neubau ➡

Die Eck-Suiten bieten Doppelblick auf Trave und die Ostsee

FOTOS: LUEBECKER-BUCHT-OSTSEE.DE/FELIX GÄNSICKE (O.), AJA (U.)

DA GEHT DER FISCH AB!

Die besten Fischbrötchen

Fin & Grete

Längs ist besser: Matjes, Bismarck, Lachs, Krabben und Backfisch im hausgemachten Knusper-Ciabatta mit geilen Schweinereien wie Bete-Gurken-Remoulade oder Whiskey-Ingwer-Beize.

Auf dem Baggersand 7c, Travemünde; fingrete.de

Fisch Stengel

Seit 50 Jahren der Klassiker in der Altstadt: Neben Bismarck & Co. auch Dorsch-, Lachs- oder Seelachsfrikadellen im Brötchen. Und der beste Aal der Bucht.

Kurgartenstraße 94, Travemünde; fisch-stengel.de

Hafeneck

365 Tage Großauswahl auch mit Brathering und Calamares im krossen Brötchen – nach Wahl sogar mit Trüffel- und Himbeer-Mayo. Dazu eine Flasche „Hafenliebe“-Rosé!

Strandstraße / Ecke Grüner Weg, Niendorf; facebook.com/HafenEckNiendorf

Klüver's

Filiale des Neustädter Brauhaus mit dem besten Bier zum Fischbrötchen – eher klassisch, aber superfrisch belegt. Tipp: Rotbier zum Matjes, Röker zum Räucherfisch.

Strandstraße 37g, Niendorf; kluevers.com/hafenraeucherei

Fisch Fitz

Für den Zungenbrecher fehlt das „R“ im Fritz, aber die Brötchen werden für jeden Kunden frisch belegt. Wer noch Hunger hat, bestellt im Restaurant das große Fischkino.

Timmendorfer Platz 4-5, Timmendorfer Strand; fisch-fitz.de

Neptun-Team

Die Meeresgötter räuchern mit heimischen Hölzern himmlisch gute Fischbrötchenauflagen von Aal bis Hornhecht und verkaufen aus ihrem Hänger.

Famila-Parkplatz Timmendorf; neptun.team

Strandperle

Nach dem Hansa-Park noch schnell ein Fischbrötchen am Feuerring im Sand? Julia Kollmann gibt schon mal ein Bismarck-Doppelfilet ins Brötchen auf den Salat.

Pfingstbeek Promenade 1, Sierksdorf; strandperle-sierksdorf.de

Düne 1

Im Strandkorb zwischen Hotel Belveder und Ostsee Therme gibt es was für jeden Appetit: von Backfischbrötchen bis De-luxe-Fritten mit Pulled Pork.

Strandallee, Scharbeutz

Bromund's Fischleckereien

Bromund räuchert und mariniert alles selber und legt frischen Sherrymatjes, Räuchermakrele oder einen ganzen Brathering ins ofenwarme Baguettebrötchen.

Strandallee 51, Scharbeutz; vbvb.de/Bromund

FOTO: LUEBECKER-BUCHT-OSTSEE.DE

Das ehrwürdige Kurhaus ist noch immer Teil des A-Rosa-Hotels in Travemünde

einrichtungsmäßig striktes Plüschverbot und Mut zur Reduktion bis hinein in den von kundigem Fachpersonal betreuten Kinderbespaßungsbereich „Rosinis". Im Winter 2023 wurden etliche der Meerblick-Zimmer generalüberholt und ähnlich wie die Lobby sowie die geräumige Bar angenehm unkitschig maritimisiert. Noch immer genial ist der mittels Innenfenster mögliche Meerblick beim Duschen.

Das A-Rosa-Hallenbad ist das Zentrum des größten Spa-Bereichs der Lübecker Bucht

Auch kulinarisch fährt das A-Rosa für die Pensionsgäste mit Frühstücks- und Dinner-Buffet (mit Riesen-Gartenterrasse und extra Raum für Hundebesitzer) große Gaumengeschütze auf, die im hauseigenen Restaurant Carls auch externe Besucher satt und glücklich machen – schließlich ist es eine Extension der gleichnamigen Brasserie von Thomas Martin (Louis C. Jacob) neben Hamburgs Elphi. Hier lässt sich vorzüglich der Hunger stillen nach zum Beispiel dem ausgiebigen Besuch der bis zum 5. November geöffneten und immer sehenswerten Ausstellung der Travemünder Riesen-Sandskulpturen nahe dem Jachthafen, Kraxeln im neuen Kletterwald Kurpark am Kalvarienberg, einer Runde Großfigurenschach zum Live-Sound aus dem Kurpavillon direkt vor dem Hotel oder einer kompletten Runde mit der nebenan haltenden Travemünder Bimmelbahn.

➡

Auch im Winter ist der direkt beschwimmbare beheizte Außenpool ein Erlebnis

FOTOS: A-ROSA

Emblematische Jugendstilfassade mit Ballsaal: das Atlantic Grand Hotel

Schön verwinkelt: die Suiten im Dach

Zocken mit Dostojewski: Atlantic Grand

Wer lieber in gediegenem, britisch angehauchtem Luxus nächtigt, findet im ehemaligen Columbia und nun als Atlantic Grand firmierenden Hotel mit der emblematischen klassizistischen Fassade Zimmer, die selbst mit Blick auf den Bahnhofsturm mit der riesigen Anzeigetafel „Nächster Zug nach Lübeck" dem Gast noch das erhebende Gefühl einstiger Grandesse geben – freilich technisch wie qualitativ auf dem Stand von heute. Das Atlantic Grand ist für viele, auch verwöhnte, Besucher außen wie innen die schönste Luxusherberge der gesamten Ostseeküste. Es gehört zu den „101 besten Hotels Deutschlands", ist mit dem „GreenSign" für nachhaltige Führung zertifiziert und bietet mit nur 73 Zimmern viel Platz und diskreten Abstand für den Gast. Zwar aus Denkmalschutzgründen mit nur weniger Balkonzimmern, aber vielen auch architektonisch spannenden Räumen mit Seeblick, dazu ausladenden Suiten, einem kleineren (680 qm), aber hochprämierten Spa-Health-Bereich und einem zum Weinen schönen Jugendstil-Ballsaal. Die Atlantic-Kette bespielt dieses einst weltberühmte Casino, wo schon Fjodor Michailowitsch Dostojewski, Nikolai Wassiljewitsch Gogol oder Franz Kafka die Tantiemen ihrer Bestseller verzockten, mit regelmäßigen Banketten, Konzerten, Promi-Kochshows (Johann Lafer) oder den Gourmet-Events „Krimidinner". Auch kulinarisch musiziert das „Grand" mit seinem Flagship-Restaurant Holstein's, der bestens bestückten Seven C's Bar und dem bei Travemündern hoch beliebten Esslokal Das Köstlich unter den ersten Geigen in Travemünde.

Auf dem Weg entlang der Strandpromenade nach Norden lädt die Meerblick-Terrasse des kleinen, feinen Strandperle-Hotelrestaurants zu einem opulenten Frühstück für 19,90 Euro. Oder ein paar Schritte weiter die zu Redaktionsschluss noch im Umbau befindliche Säulenvilla Keine Gezeiten an kalten Tagen in die wohlbeheizten und cool beschallten Garten-Glaskuppeln für jeweils bis zu zwölf Gäste, die sich fühlen, als wären sie in ein Biosphärenreservat auf den Jupitermond Ganymed gebeamt worden. Solchermaßen gut gestärkt, schaffen wir sogar die Wanderung den Klippenweg hinauf auf das noch zu Travemünde gehörende Brodtener Steilufer mit seiner historischen Ausflugs- und Ausblick-Gaststätte Erlebniscafé Hermannshöhe, das bei der jüngsten Renovierung spürbar entmufft und nun mit Abenteuerspielplatz, Hüpfburg und Indoor-Bällebad zu einem echten Kids-Paradies wurde.

Top-Events von Scharbeutz bis Pelzerhaken: „Musik im Strandkorb"

Auf zwei und vier Pfoten: Spaß für Kids & Dogs

Es wird also lautstarkes Gezeter geben in den Familienkutschen, die die kilometerlangen Staus in der Bucht bereichern. Soll man mit den quengelnden Kleinen die zehn Minuten weg vom Meer nach Warnsdorf zu „Karl's Erlebnis-Hof" fahren und ihnen Landlust light bescheren – Kerzen ziehen, Stockbrot backen, Pony reiten, Zicklein streicheln? Oder doch lieber einen zwitschern? Dann ab in den Vogelpark Niendorf mit mehr als 1000 Tieren von 250 Arten und einer der weltweit größten Eulensammlungen.

Genug von der Sunda-Zwergohreule, dafür aber einen winselnden Vierbeiner hinten im Kombi, der unbedingt ein kühlendes Bad nehmen will? Im Sommer wegen des fast überall geltenden Hundeverbots an den Stränden der Bucht nicht einfach, aber auch nicht unmöglich. Tipp: Den Travemünder Hunde„strand" meiden, denn dort bricht sich der kleine Racker mit tödlicher Sicherheit die Pfoten auf den glitschigen spitzen Felsen am Meeresrand oder schneidet sich an den Scherben im Sand die Pfoten auf. Strand bis ins Wasser? Fehlanzeige! Tipp: Besser den Hundestrand „Abschnitt an der Acht" nahe dem Niendorfer Hafen mit Jens Häberles Kult-Gourmet-Strandbude, den Strandabschnitt 4 in Scharbeutz oder den Abschnitt 23 in Haffkrug ansteuern.

Niendorf: Hafen-Romantik und Stars am Strand

Zu Fuß oder mit dem Rad führt der Weg nach Norden stets am Meer entlang. Das Auto kommt dagegen erst im Timmendorfer-Strand-Ortsteil Niendorf wieder in die Nähe des Beachs, der hier selbst in der Hochsaison noch reelle Chancen auf einen Miet-Strandkorb bietet. Unbedingt anhalten muss man erst an dem niedlichen Niendorfer Hafen mit seinen malerischen Fischerbooten samt dazugehörigen Wellblech-Verkaufshütten im Helgoland-Stil. Nirgendwo in der Lübecker Bucht wird Meeresfisch fangfrischer angeboten als in Niendorf, von wo auch das Touri-Schiff „MS Hanseat II“ täglich zu Ostsee-Törns in See sticht. Auch kulinarisch hat der Hafen viel zu bieten, zum Beispiel mit dem Fine Diner Rendezvous, einem Craftbier bei Klüver's Hafenräucherei oder bei coolem Jazz in der angesagten Riff-Beachlounge. Dort am Freistrand wird es auch mal lauter – bei den „Stars am Strand“-Konzerten. In diesem Jahr zum Beispiel mit Abbamania und Alex Christensen, sowie in Timmendorfer Strand etwa mit Santiano am 8. September und als Höhepunkt am 10. September Revolverheld.

Fressfeinde, traut vereint: Fischer und Möwen haben das gleiche Beuteschema

Blubberspaß: Der Spa-Bereich ist der Trumpf des Maritim Seehotels in Timmendorfer Strand

Timmendorfer Strand: Bling-Bling und Fine Dine

Nach all der Entspannung höchste Zeit für den spannenden Bling-Bling-Taumel des nahen Timmendorfs. Wo sich früher Lambos und Ferraris mit Hamburger Kennzeichen „Gute Nacht“ sagten, können diese nach der Einrichtung der Fußgängerzone zumindest nicht mehr im Kreisverkehr um die Wette röhren. Doch nach wie vor wollen an Timmendorfs Strandallee die feierfreudigen Hanseaten-Horden nur eins: schon in den ersten Februarsonnenstrahlen im Café Wichtig (ursprünglich Café Engels-Eck) beim Guccisonnenbrillenwettzeigen eine gute Figur machen. Und auch der Nachwuchs darf auf Norddeutschlands schickstem Chrom-Designer-Kinderstuhl sitzen und das erstaunlich gute Wichtig-Essen genießen.

Ansonsten wird hier ganzwöchig geshoppt, bis die Kreditkarten glühen – auch deshalb fahren so viele Hamburger am Sonntag gern gen Osten. Meist teilt sich die Familie rasch auf: Omi schleppt Opi zu „SØR Man“, die Tochter irrlichtert mit der Mutter in der Passage Kurpromenade zwischen Lacoste, Hallhuber und Gabor herum, während sich Papi die Hochpreis-Zeiteisen bei einem der Edeljuweliere zeigen lässt. Wenn das alles nun so lange dauert, dass höchste Zeit für ein ordentliches Essen gekommen ist, gibt es in Timmendorfer Strand jenseits der üblichen Plumps-Fischküche in den vergangenen Jahren immer mehr kulinarische und/oder stylishe Hotspots. Tagsüber zum Beispiel das spektakuläre Wolkenlos am Ende der renovierten Seebrücke als Wegzehrer für den Besuch des lehrreichen Meereserlebnis-Zentrums Sea Life oder eine Runde Adventure-Golf beim Strandgolfer. Abends sind neben der bewährten Clubjacket-Goldknopf-Sättigungsstation Landhaus Carstens vor allem die ein paar Häuser weiter gelegenen Fine Diner Horizont und Six Zero die neuen „places to eat“. Und natürlich die beiden Ein-Sterner in der zur Gourmetmeile gemauserten Strandallee. ➡

Einzigartig in der Bucht: Innen- und Außenpool mit Meerblick

FOTOS: LUEBECKER-BUCHT-OSTSEE.DE

An deren Anfang – im 1969 eröffneten Stammhaus der Maritim-Hotelkette (241 Zimmer) – kochen Lutz Niemann und Thomas Lemke in der Orangerie seit 1994 ohne Pause besternt unaufgeregte, immer wieder sachte modernisierte Frische-Kunst mit franko-mediterranem Dreh. Nett: Wer angesichts der vornehmlich bei den großen Franzosen exorbitant gut bestückten Weinkarte schwach wurde, kann Niemann auf dem kleinen Dienstweg persönlich wegen einer Übernachtung anhauen – freie Zimmer gibt's dann mit etwas Glück für eine Nacht inklusive Zahnbürste zum Sonderpreis. Und wer am Sonntag dort mit dickem Kopf aufwacht, kann im Maritim-Restaurant eines der opulentesten Frühstücksbuffets der Bucht mit vollem Meeresblick genießen.

Das Hotel selbst hat seine wilden Jahre mit einem Dutzend für den Sommerausritt in der Tiefgarage eingelagerten Hamburger Halbwelt-PS-Boliden längst hinter sich gebracht. Inzwischen schafft es auch nach dem 50. Betriebsjubiläum 2019, sich gegen die starke Konkurrenz in Travemünde und den neueren Häusern in Mecklenburg nicht nur zu behaupten, sondern sich dabei sogar leicht zu verjüngen – trotz eher zähflüssig aufgelöstem Renovierungsstau der tief verwurzelten 80er-Ästhetik und sehr kleiner Normal-Zimmer (Ausnahmen: tolle „SuperiorPlus"-Eck-Suiten und natürlich die bis zu 800 Euro teuren Wurzelholz-Penthäuser mit Königsblick über die gesamte Bucht). Die coole hauseigene Ostsee-Lounge im Sand vor dem Hotel und natürlich der 3000-qm-Spa-Bereich mit den zusammen genommen größten Innen- und Außenpools der Lübecker Bucht (beide mit Meerblick!) senken den Altersdurchschnitt weiter. Entertainment-mäßig gelingt dieser Spagat zwischen Roberto Blanco und Houseparty auch im für diverse Events bespielbaren retro-kultigen Night Club 73Bar, recht gut, wo man sogar 20-jährige Erben beim Bestellen einer Magnum Krug-Champagner beobachten kann.

Ansonsten aber besteht das Nachtleben an der Lübecker Bucht primär darin, irgendwann frühmorgens das Hotel-TV auszuschalten, bei dessen Programm man eingeschlafen war. Ein kleines Nightlife-Fähnchen hält einzig der unkaputtbare Nautic Club am Wochenende hoch – wer zum „Ladies Friday" eine Sitzlounge (1 bis 6 Personen) reservieren will, muss sich aber auf 270 Euro Mindestumsatz einstellen. Dafür gab's früher bei den „Käuflichen" im längst geschlossenen Blue Night Club noch „1 Stunde Verwöhnen in gepflegter Atmosphäre incl. Whirlpool".

Noch ein Aufguss für die ganz Harten? Sauna-Spaß mit Winter-Buchtblick in der Ostsee Therme

Scharbeutz: Küsten-Kaff im Aufwind

Familienväter, die mit der kompletten Sippe anreisen, haben natürlich seit jeher statt Blue Night eher Blaue Tage erlebt. Zum Beispiel bei der Regenwald-Simulation der Ostsee Therme in Scharbeutz mit subtropischer Vegetation, 160-Meter-Rutschen, Grotten, Saunalandschaft, Außenpool und Horden nackter Schwitzbadler beim ganzjährigen Abkühlen in der Ostsee. Betreiber ist der Spaßbad-König und Paderborner Bauunternehmer Heribert Stork, der 2008 das Vier Sterne plus-Hotel Belveder anflanschte. Bei aller Gediegenheit bietet das Haus nur ein kleines Mini-Spa an. Wer schwimmen will, muss sich unter das Volk mischen und gelangt über einen eigenen Zugang direkt in den FKK-Bereich der Therme – für die Luxushotel-Klientel ein Kulturschock. Küchenchef Gunter Ehinger kocht auch im hauseigenen Nobelrestaurant Diva auf, seit 2010 durchgehend mit einem Michelin-Stern.

Vorbei an Strandfrittenkaten ging die Reise bis vor nicht allzu langer Zeit weiter ins kleine Zentrum von Scharbeutz. Doch kaum eine andere Gemeinde hat sich zuletzt auch gastronomisch so verbessert wie dieses 11.000-Einwohner-Küstendörfchen – beginnend mit dem lässigen Hamptons samt Beach-Lounge über den schick renovierten Ortskern mit Dünen-Golf und Schlittschuhbahn sowie kulinarischen Spots wie die Gosch-Filiale oder die Super-Sushi im Roof ganz oben im hippen Bayside-Hotel bis hin zum Fine-Dining-Urgestein Herzberg's. Dessen Inhaber hat vor Kurzem auch das lässige Das Leo mit großer Dünen-Terrasse am Ortsende übernommen und sich damit den 2014 vom Bayside-Klotz geklauten Meerblick zurückgeholt.

Baywatch in Scharbeutz: Hier heißt die Buchtwacht DLRG

FOTOS: MARITIM

Lounge-Hotspot im Sand: Beach-Sandsäcke des HAFFdüün in Haffkrug

Haffkrug: Deine Sitzsäcke im Sand

Nahtlos geht Scharbeutz nordwärts in die eher von Camping-Gästen, Kinderlandverschickung und Schlafstrandkörben geprägte Gemeinde Haffkrug über – gut erkennbar auch an dem Board-Geklapper der Halfpipe im Dünen-Skatepark und den vielen SUPs der Surfschule. Haffkrug war immer auch Heimathafen für den Aalfang, woran diverse Fischräuchereien erinnern, ganz besonders aber die „Haffkruger Aalwoche" samt Krönung des „Aalkönigspaares" am letzten Festtag (30. Juli). Die wahre Schlängelfisch-Queen heißt freilich Meike Brockmann von der Aalkate. Die hat gerade gegenüber in den Dünen den lässigen Kiosk HAFFdüün im witzigen Pacific-Style mit modern-leichter Küche eröffnet. Der Clou dort sind die im Sand verteilten superbequemen Sitzsäcke samt Stroh-Sonnenschirmen, die im Sommer sicher einer der Bucht-Treffs schlechthin werden. Ansonsten bietet Haffkrug Hungrigen neben dem soliden Fischladen Ocean's an der Seebrücke mit dem Muschel-Nachfolger Himmelblau ein freundlich eingerichtetes und mit zeitgemäßer Speisekarte aufkochendes Bio-Restaurant mit Produkten lokaler Erzeuger.

Sierksdorf bis Pelzerhaken: Dinner in der Diaspora

Kurz bevor aus Haffkrug das kaum mehr gentrifizierbare Sierksdorf wird, bietet das Captains den einzigen Imbiss im Norden mit kanadischen 20.000-Kalorien-Poutine-Pommes. Ab hier steigt der Anteil der Campingurlauber im Straßenbild proportional zum Abschwung der Kulinarik mit Abfüllstationen wie der Zeidlerklause mit Schnitzel Hawaii (Ananas) oder Puszta mit Paprika. Weil der Strand hier schmaler und die Liegekörbe weniger werden, lohnt der Download der App „Strandbutler", die Online-Strandkorbvermietung für die gesamte Ostsee. Beim Eiscafe Eismeer ist Schluss, die Promenade schwingt sich nach links vom Meer weg. Pferdefreunde kommen beim Reiterpark Max Habel auf ihre Kosten. Mit einer Horde Kinder im Auto lohnt die Weiterfahrt. Vorbei am Plattenbau-Banlieue des Ferienghettos Panoramic kann man sich im Hansa-Park auf der Groß-Achterbahn „Flucht von Novgorod" beim „steilsten Absturz im Dunklen aller Achterbahnen weltweit" das letzte Fischbrötchen noch mal durch den Kopf gehen lassen.

Wer die idyllischen Konzerte „Musik im Strandkorb" zwischen Scharbeutz und Sierksdorf verpasst hat, kann weiter nördlich dieses Event am Strand von Pelzerhaken hinter dem Fjord-Hafen von Neustadt genießen. Dort macht die Lübecker Bucht einen Knick, der sogar einen kleinen Sonnenuntergang über Wasser möglich macht. Ansonsten gilt Pelzerhaken mit seinen SUPs, Kitern und Surfern als das Hawaii des Baltischen Meeres mit Events wie dem „SUP Polo" bei der „Waves&Soul Beach Tour" (26. Juni 2023) oder stilgerechten Übernachtungen in den Strandhütten der Kailua Lodge. Auch kulinarisch hat die Ecke einiges zu bieten vom hippen Fien tu Huus in Pelzerhaken über Bürgerspaß im Neustädter Klüver's Brauhaus oder Pier 19 bis zum Fine-BBQ im The Grand Grand Grill – wer zu müde für die Rückfahrt ist, findet im dortigen Arborea-Hotel ein weiches Bettchen. Was aber schade wäre, denn keine 20 Minuten weiter nördlich kann man jetzt das ganz große Rad drehen: Dort gastiert bis Juli am Nordstrand des auch kulinarisch einen Abstecher werten Osteebades Grömitz das 50-Meter-Riesenrad „La Noria Gigante" für alle, die im Spaßbad „Grömitzer Welle" (mit Direktzugang vom örtlichen aja-Hotel) noch nicht genug durchgerührt wurden.

Doch die meisten Hamburger Ausflügler kommen gar nicht so weit hoch, sondern stecken längst schon wieder im Rückreisestau. Schlaue legen in diesem Fall eine kleine kulinarische Abendpause ein. Je nach Route empfiehlt sich der Enten-Spezialist Brechtmann in Schürsdorf, der Ausnahmekoch Robert Stolz in Plön und Lübecks Altstern Roy Petermann im Wullenwever. Um 22 Uhr ist die A1 dann total frei, Hamburg in 35 Minuten anfahrbar und der Hinfahrspruch „Du bist der Stau" endgültig vergessen.

Sonne, Sand und Strandkörbe: Erholung pur in Grömitz

+++ Alle Adressen siehe Seite 450 +++

FOTOS: LUEBECKER-BUCHT-OSTSEE.DE (O.), OSTSEE-SCHLESWIG-HOLSTEIN.DE (U.)

Lübecker Bucht

Krabben, Kabeljau, Krustentiere – alles Selbstgänger an der See. Doch rund um die Lübecker Bucht geht noch viel mehr als lecker Meeresgetier. Vom lieblichen Landgasthof mit gutbürgerlicher Küche bis zum Fine-Dining-Tempel. Unser Ostsee-Spezial ist eine Premiere. Und die schmeckt uns aber mal so richtig

Ein altes Pfarrhaus, ein grandioser Gastgeber, 16 Gäste und ein Menü aus regionalen Zutaten: Robert Stolz

FOTO: CHRISTIAN KERBER

Brechtmann

Gehobene Landhausküche

In dörflicher Umgebung knapp außerhalb von Scharbeutz gelegen betreibt die Familie Berger das auf regionale Küche spezialisierte Restaurant Brechtmann. Es herrscht eine freundliche, fast familiäre deutsche Gasthaus-Atmosphäre. Man betont das Thema Regionalität und Nachhaltigkeit. Was das heißt, kann jeder Gast im Nachhaltigkeitsbericht des Hauses am Platz nachlesen. Eindrucksvoll, wie hier demonstriert wird, dass gesellschaftliche Verantwortung von Unternehmen keine Frage von Größe mehr sein muss. Wir sitzen im behaglichen Wintergarten mit Blick auf die große Terrasse und in die schöne holsteinische Landschaft in der Abendsonne und studieren die Karte. Sie bietet neben Klassikern wie Wiener Schnitzel, Roastbeef und Rinderfilet einen klaren Fokus auf das Thema frische Ente aus Niedersachsen. Serviert werden halbe Flugenten, Keulen oder Bruststücke in den verschiedensten Versionen von klassisch bis asiatisch. Dass es sich dabei in der Tat um das Signature-Dish des Hauses handeln muss, zeigt uns ein Blick auf die voll besetzten Tische: Überall wird Ente geordert und vom charmanten Service kunstvoll im Akkord tranchiert. Unsere Vorspeise, fein mild geräucherter zu frischem Tatar verarbeiteter Lachs, wird auf einem perfekt kross gebratenen Rösti mit passend abgeschmeckter Senf-Dill-Soße (14,90 Euro) serviert und lässt, begleitet von einem Glas weißen Moët & Chandon (14,90 Euro), keine Wünsche offen. Als Hauptgang kommt für uns ein wunderbar buttriges und doch kross gebratenes Wiener Schnitzel mit Bratkartoffeln aus dem Bilderbuch (28,90 Euro) und eine halbe Flugente, klassisch mit Rotkohl, Klößen und Jägersoße (34,90 Euro), so wie einst bei Großmutter. Beide Gerichte sind hervorragend gelungen und bilden ein kulinarisches Gedicht. Die Weinkarte ist übersichtlich und auch hier auf das Thema Ente ausgerichtet. Wir folgen der Empfehlung und bekommen einen unspektakulären Merlot aus dem Languedoc für fair kalkulierte 7,90 Euro pro Glas. Zum Abschluss werden wir gefühlt von dem himmlischen Dessert Grießflammerie auf Zwetschgenkompott ein weiteres Mal in Großmutters Küche entführt. Genau so muss es einfach schmecken. AR

AMBIENTE ●●●●○ SERVICE ●●●●○
KÜCHE ●●●●○ PREIS-LEISTUNG ●●●○○

€€€€ Hackendohrredder 9 (Scharbeutz-Schürsdorf), Telefon 04524 9952, Mi-So 11.30–14.30, 17.30–22.30 Uhr, EC-Karte, VISA, Mastercard; Schürsdorfer Dorfstraße – Scharbeutz Bus 500, Bus 502, Bus 507; brechtmann.de

Cafe Wichtig

Wichtig seit 1951

Am Ende setzt sich der Volksmund durch: Auf der Leuchtreklame dieser Institution in der Fußgängerzone von Timmendorfer Strand prangt noch der alte Name Café Engels Eck. Auf Speisekarte, Website oder Rechnung steht aber längst der Spitzname, mit dem Hamburger Lambo-Fahrer in den 80er-Jahren ihren Lieblingstreffpunkt bedachten: Café Wichtig. Nach wie vor mischen sich hier Wichtige und sich für wichtig Haltende mit Normalos, Touristen und Tagesgästen. Frühstück, Mittags-Bowl, Hummer-Dinner, Hamburger oder Mitternachts-Roastbeef – hier wird alles von kundigen Händen in Küche und Patisserie selbst gekocht und gebacken. Die eigene Konditorei produziert täglich bis zu 20 Kuchen, Torten und Teilchen. Auch unser Sharing-Dessert Nuss-Sahne-Torte (4,90 Euro) gehört zu den unpappigsten ihrer Art. Die riesige Terrasse bleibt dank Gasheizern gut zehn Monate im Jahr gemütlich, aber auch auf den schicken Zweiersofas drinnen speist es sich hervorragend. Tagesgerichte (14,50 Euro) von der Wochenkarte ebenso wie das aus saftigem Nacken selbst hergestellte Sauerfleisch mit Hausmacher-Remoulade und Bratkartoffeln (24,90 Euro) unseres vorletzten Besuches. Auch heute sind die Kartoffeln wieder eine krosse Wucht und begleiten würdig meine riesige Fischpfanne mit Garnelen, Dorsch und Zander (35,90 Euro). Letzterer ebenso saftspritzend wie gegenüber in Parmesankruste mit acht Pfannengemüseköstlichkeiten (29,90 Euro). Jeder Teller ein Genuss-Berg – gut, dass wir das mit Trüffel und Röst-Walnüssen aufgepimpte Bete-Carpaccio als Vorspeise (15,90 Euro) geteilt haben. Den Werbespruch „wichtig seit 1951" nicken wir ab. Wir sind pappsatt und überglücklich. Was kann es Wichtigeres geben? PESI

AMBIENTE ●●●●● SERVICE ●●●●●
KÜCHE ●●●●○ PREIS-LEISTUNG ●●●●○

€€€ Timmendorfer Platz 3 (Timmendorfer Strand), Telefon 04503 2058, Mo-So 8.30 Uhr–open end, EC-Karte, VISA, Mastercard, Amex; Timmendorfer Strand Bus 40, Bus 500, Bus 501, Bus 504, Bus 507; cafewichtig.de

Capolino

Italo-Klassik im Strandkorb

Warum kochen Restaurants mit italienischer Küche und Ostseeblick so selten authentisch? Claro: Touristen wollen lieber Teller voll, billig – und obendrauf ordentlich Packerl-Parmesan. Das Capolino im Rücken des Bayside Hotels in Scharbeutz ist eine der zum Glück immer häufiger werdenden Ausnahmen. Hier speist man zu jeder Stunde ganzjährig an den 40 Stühlen drinnen im Glashäuschen direkt an den Ostsee-Dünen, das zum Sommer hin die Schiebefenster öffnet und von etlichen Plätzen auf den Meerblick-Terrassen und der benachbarten luftigen „Puro-Lounge" ergänzt wird. Angesichts recht ordentlicher Vorspeisen verzeihen wir dem Laden das aus vier Länder-Ernten zusammengeschüttete Olivenöl, das Aufbackbrötchen und die beschämend kleine, immerhin nicht überteuerte Weinkarte. Wir haben heute unseren Dry Monday und stoßen mit Zero-Weizen und -Cola (je 5,50 Euro) auf das zarte Vitello tonnato der Co-Testerin an, die Fleisch und Kapernfrüchte lobt, aber eine sämigere und thunfischigere Soße erwartet hatte. Ohne Fehl und Tadel dagegen mein Polpo-Salat mit haufenweise butterzarten Krakenscheibchen und knackig begleitet von Sellerie, Salat und Tomatenwürfeln. Beim Hauptgericht war ich in letzter Sekunde von den Zander-Schinken-Involtini (28,50 Euro) auf die Spaghetti ai frutti di mare (22,50 Euro) umgeschwenkt – ohne Reue angesichts der Al-dente-Pasta in sämiger Weißwein-Tomatensoße mit großen Mengen Vongole-Muschelfleisch ohne Schalen, Gambas und Baby-Polpo. Das Saltimbocca alla romana (27,90 Euro) ist gekonnt mit Masala-Salbeisoße aromatisiert und von feinen Kartöffelchen und Mischgemüse begleitet. Leider war das etwas zu dick aufgeschnittene Kalbfleisch allzu lange in der Pfanne und ist ein wenig zäh – schade um das Kuh-Baby. Das dann doch total authentische Tiramisu nach dem Rezept von Koch Linos Mama (8,90 Euro) stellt die Ehre wieder her. Im Sommer mieten wir einen der Capolino-Strandkörbe und bestellen mit der eigenen „Strandbutler"-App für jeden zwei Portionen davon direkt an den Korb. PESI

AMBIENTE ●●●●○ SERVICE ●●●●○
KÜCHE ●●●●○ PREIS-LEISTUNG ●●●○○

€€€ Strandallee 124A (Scharbeutz), Telefon 04503 7870343, Mo-So 12–22 Uhr, EC-Karte, VISA, Mastercard; Hansastraße Bus 522; capolino.de

Carls Travemünde

Martin-Spirit mit Teilmeerblick

Wenn ein Sternekoch von einem weit entfernten Restaurant als „Genussbotschafter" beworben wird, heißt das meistens: Honorar gegen Namedropping. Im Fall des Hamburger Ex-Zwei-Sterners Thomas Martin ist das anders: Er führt nicht nur das Carls neben der Elphi mit straffem Zügel, auch auf dessen gleichnamigen Ableger im A-Rosa-Hotel Travemünde wirft er ein strenges Küchenauge – was wir live an einem der Bistro-Nebentische beobachten durften. Das kulinarische Programm des Carls lautet auch hier Brasserie, aber nicht im Ur-Sinn als Brauhaus, sondern als eine bis ins Detail perfekt gekochte französische Bistro-Küche mit Hochpreis-Klassikern wie Bouillabaisse, Tatar-Vorspeise, Bœuf Bourguignon oder Boudin noir – allesamt aber mit norddeutschen Zutaten bestückt. Wir lassen uns vom warmherzigen Service erst einmal ein Gläschen Minuty-Rosé (0,2 l 13,50 Euro) zu der friedlich geteilten bunten marinierten Altländer Möhrenmischung mit Ziegencreme (18 Euro) bringen, die leider eher farbliche denn aromatische Varietät aufweist. Egal, langsam ziehen die Lichter der Skandinavien-Fähren durch den kleinen, entfernten Meerblick, den auch die wunderschöne Sommerterrasse bietet. Der Blick wird aber rasch von den formidablen Hauptgängen gefangen: Die 400-Gramm-Nordseezunge (52 Euro) ist auf den Punkt saftig gegart und wird mehr (Nussbutter, Kartoffeln) oder weniger (Gurkensalat mit viel zu

Mediterrane Gerichte aus regionalen Produkten: Milloncino

viel Sauerrahm) delikat begleitet, während mein dickes Bad Bramstädter Rinderfilet (38 Euro) weitaus kundiger gebraten ist als so manches Steak Frites – was auch auf die Hausmacher-Beigaben wie Kräuterbutter und die Estragon-starke Sauce bérnaise zutrifft. Und als sich das geteilte Dessert auch noch als eine der besten Mousses von der weißen Schokolade (12 Euro) der letzten Jahre entpuppt, bleibt uns nur eine Option: Wir gründen hiermit den Thomas-Martin-Fanclub. PESI

AMBIENTE ●●●●○ SERVICE ●●●●●
KÜCHE ●●●●○ PREIS-LEISTUNG ●●●●○

€€€€ Außenallee 10 (Travemünde), Telefon 04502 3070847, Di-Sa 17–21.30 Uhr, EC-Karte, VISA, Mastercard, Amex; Lübeck-Travemünde Strand RB86, RE6, Travemünde Strandbahnhof Bus 30, Bus 33, Bus 40; carls-travemuende.de

Diva ★

Kombinationskunst im Sterne-Eck

Was uns an dem Ein-Sterner Diva immer wieder verwundert: Wie kann ein Lokal mit gerade mal fünf Tischen, das nur mit einem Vorhang vom identisch möblierten Speisesaal des Hotels Belveder am Ortsrand von Scharbeutz getrennt ist, zum laut Volkenborn-Rangliste zehntbesten Restaurant Schleswig-Holsteins aufsteigen? Die Antwort heißt Gunter Ehinger. Der seine Dresdner Mundart nicht verleugnende, staatlich geprüfte Küchenmeister und Dieter-Müller-Schüler lässt seit Hotelgründung vor 16 Jahren unbeirrt einen locker-leichten, modernen und vor allem stets hervorragend und gaumenerfreuend komponierten Teller nach dem anderen aus seiner Küche servieren. Der vom kundigen Sommelier geleitete Service fährt nach der fast schon zu großen Gebäckauswahl ein Amuse nach dem anderen auf. Miniaturen von Flammkuchen, Krabbenbrötchen, Lachs-Cornetti oder Bao-Bun mit Katenschinkenfüllung norden den Gast auf den Kombinations-bejahenden Ehinger-Style ein: Da knuspern im Tuna Tatar Pops von der Schweineschwarte, der saftspritzende Kaisergranat liegt auf süßsaurem Kohlrabi-Salat, der Aal versteckt sich unter einer Decke von Bratkartoffel-Espuma, das erfrischende Apfelsorbet schwimmt in süffigem Kalamansi-Vanille-Sud und das Mango-Trio im Dessert ist mit rohem Périgord-Trüffel gespickt. Statt der von uns verschmähten Taube als Fleischgang des gesetzten Fünf-Gänge-Menüs (130 Euro) zaubert Ehinger ein mürbsaftiges Rinderfilet mit Topinambur-Püree und etwas zu mundtrockenen Buchweizenravioli auf den Tisch, und nur beim Fischkapitel gibt es Punktabzug für den ziemlich trockenen Steinbutt auf überräucherter Lachstranche und kulinarisch sinnbefreitem Avocadotatar. Egal, denn spätestens beim finalen Schoko-Fondue mit allerlei Frucht- und Kuchen-Stückchen zum Dippen reiben wir rundum zufrieden die Bäuchlein. PESI

AMBIENTE ●●●○○ SERVICE ●●●●●
KÜCHE ●●●●○ PREIS-LEISTUNG ●●●●●

€€€€ Strandallee 146 (Scharbeutz), Telefon 04503 3526707, Mi-Sa 18–21 Uhr, EC-Karte, VISA, Mastercard, Amex; Bugenhagenwerk Bus 40, Bus 500, Bus 501, Bus 504; hotel-belveder.de

Fuchsbau

Ein kulinarischer Diamant

Kaum zu glauben, wie weit der Badeort Timmendorf ins Hinterland hineinragt – endlich erreichen wir das außen eher unromantische „Romantik Hotel" Fuchsbau, dessen Küchenleistung von Kennern bis Kiel, Lübeck oder Hamburg geschätzt wird. Schon optisch signalisiert das in edelschicken Grautönen gestylte Restaurant: Ich bin kein Hotel-Speisesaal, hier geht's um regional-nachhaltiges Fine Dining auf höchstem Niveau. Ein verborgener kulinarischer Diamant. Umsorgt vom jungen, liebenswerten Service entdecken wir auf der normalen und der saisonal wechselnden Karte zu einem Gläschen Althäuser Riesling Sekt (6,50 Euro) und einem Klüvers-Craftbier (4 Euro) ungeahnte, oft auch fleischfreie Offerten wie Rotkohlcappuccino, Skrei mit Bete-Risotto oder Beef Tea vom Holsteiner Rind. Alles total spannend. Wir genießen erst mal glasig gegarte, riesige Wildfang-Garnelen (19,80 Euro) sowie ein göttlich zartes Tataki vom Rehfilet aus dem Dorfwald im Haselnussmantel an neckisch pikantem Birnen-Thymian-Chutney (18,80 Euro). Kaum zu toppen? Doch: Aus dem mürben XXL-Cordon-bleu mit Parmaschinken vom Kalbsrücken an Rahmkohlrabi und Top-Pommes quillt Fleischsaft und cremiger Gruyèrekäse, während meine großartige Timmendorfer Bouillabaisse mit Edelfischen, Muscheln, knackigem Gemüse, scharfer Sauce Rouille und einem Berg Nordseekrabben locker zwei oder drei Normalesser satt machen könnte. Irre – Marseille liegt nur eine Autostunde vor Hamburg! Das saisonale Baumkuchenparfait mit Zwergorangen-Confit passt nicht mehr rein, dafür aber eine Kugel vom feinen Bio-Honigwaben-Eis der Familie Steffens aus Ahrensbök (2,90 Euro). Wir geloben schnellstmögliche Wiederkehr in dieses versteckte Gourmet-Nirvana. PESI

AMBIENTE ●●●●○ SERVICE ●●●●●
KÜCHE ●●●●● PREIS-LEISTUNG ●●●●○

€€€ Dorfstraße 11 (Timmendorfer Strand), Telefon 04503 8020, Mo-Do 17.30–21.30, Fr-So 12–21.30 Uhr, EC-Karte, VISA, Mastercard, Amex; Timmendorfer Strand Dorfstraße Bus 500, Bus 501, Bus 507; fuchsbau.com

Milloncino

Toller Tag am Meer

Uns geht es richtig gut hier in Grömitz. Aber was geht kulinarisch? Das wollen wir wissen. Ausgehungert vom langen Spaziergang steuern wir zielsicher das traumhaft an der Strandpromenade gelegene Milloncino an. Wir entscheiden uns für einen Platz draußen und starten unseren Törn durch die mit mediterranen Klassikern ausgestattete Speisekarte mit köstlichem Bruschetta Burrata nebst Tomaten und Basilikum (9,50 Euro) und perfekt gebratenen Pepperoni (8,50 Euro). So darf es gern weitergehen. Wir genießen die Terrasse und den Blick auf die Ostsee. Und müssen nicht lange auf unsere Hauptgänge warten. Der freundliche und dabei angenehm unaufdringliche Service trägt Pasta Pollo (16,80 Euro) heran. Vor mir auf dem Teller liegen perfekt gegarte Pappardelle, saftiges Hähnchenbrustfilet, hausgemachtes Basilikumpesto und knackig frische Tomaten. Stimmig, herrlich leicht und lecker. Passt. Auf der anderen Seite des Tisches muss es die Spezialität des Hauses sein. Eine Pizza aus Kartoffeln, Weizenmehl, Maismehl und ganz viel Liebe, wie

FOTOS: PETER WAGNER / FOODBILD

Genuss GUIDE
DER SZENE HAMBURG
TESTSIEGER
2023/2024

Sina und Mario Büsch begeistern im Fien tu Huus mit regionaler Feinschmeckerküche

Fien tu Huus

Genial regional

Für eine Gastro an der Küste ist eine attraktive Lage in erster Strandreihe nicht zwangsläufig Hinweis auf hohe Qualität in der Küche. Wir sind froh, mit dem gut erreichbaren und direkt am schönen Pelzerhakener Südstrand gelegenen Feinschmeckerlokal Fien tu Huus eben diese entdeckt zu haben. Als Koch und Inhaber ist Mario Büsch mit seiner Frau Sina Teil des Feinheimisch-Netzwerkes. Regionale Produkte aus Schleswig-Holstein werden hier geschickt eingesetzt und kreativ kombiniert. Wir entscheiden uns für das Fünf-Gänge-Menü (79 Euro). Tatar vom Galloway-Rind, das es sich auf Nachbars Wiese gut gehen ließ, und zarter Rücken vom Hirsch aus den benachbarten Bandorfer Wäldern sind geschmacklich vollkommen. Vielleicht auf den ersten Blick nicht die große Überraschung. Überraschend wird es dann aber, wenn aus dem Tatar eine besondere Surf-Turf-Kreation mit einer Garnele aus heimischer Zucht in Glückstadt wird, die geschmacklich ihre Artgenossen aus Südostasien deutlich übertrifft. Es geht weiter mit einer wie von Großmuttern gekochten Holsteinischen Steckrübensuppe, die durch einen Knusper vom Deichkäse ihre ganz besondere Note erhält. Wir erleben einen tollen kulinarischen Abend, der bis zum Dessert immer wieder mit der ein oder anderen ganz besonderen Note aufwartet. Einzig die Weinkarte dürfte etwas mutiger und umfangreicher sein. Davon einmal abgesehen ist das konsequent fair kalkulierte Regionalität, viel Kreativität und Liebe zum Detail in der Küche und ein charmanter, auf familiäre Atmosphäre bedachter Service. Eine besondere Adresse an der Lübecker Bucht. Wir freuen uns schon auf besseres Wetter, um dann auf der lässig möblierten Terrasse einen Mittagssnack oder in der Abendsonne einen natürlich regionalen Aperitif zu genießen. AR

AMBIENTE ●●●●● SERVICE ●●●●●
KÜCHE ●●●●● PREIS-LEISTUNG ●●●●●

€€€€ Strandallee 14 (Pelzerhaken), Telefon 04561 5598996, Mo-Di 12–22, Fr-So 12–22 Uhr, EC-Karte, VISA, Mastercard, Amex; Schaarweg Bus 520; fientuhuus.de

FOTOS: BJÖRN SEIFERT (O.), ELENA HERZ (U.)

es hier heißt. Schmecken und glauben wir sofort. Wir haben uns für die Variante namens Salmone (17 Euro) entschieden. Und bereuen das aber mal so gar nicht. Heißgeräucherter Lachs, Pak Choi, Basilikum-Pesto und – für den speziellen Kick – Feigensenfsoße harmonieren prima. Alles ist geschmacklich toll abgestimmt, nichts überwürzt. Die Karte bietet übrigens auch klassische Pizzen sowie neben Pasta und Burgern Steak, Pannfisch und Vegetarisches. Wir setzen mit nicht zu süßem Panna Cotta (6,90 Euro) noch einen treffenden Schlussakkord. Ein echter Glücklichmacher. Beim Rausgehen bestaunen wir die hausgemachten Kuchen und Torten. Und sind uns einig, dass wir irgendwann wieder ins Milloncino kommen. Nach unserem nächsten feinen Tag am Meer AND

AMBIENTE ●●●●○ SERVICE ●●●●○
KÜCHE ●●●●○ PREIS-LEISTUNG ●●●●○

€€€ Kurpromenade 2 (Grömitz), Telefon 0173 4985645, Di-Fr 17–22, Sa-So 12–22 Uhr, EC-Karte, VISA, Mastercard; Grömitz, Möwenstraße Bus 550, Bus 557; milloncino.de

Gut Immenhof | Melkhus

Ein Hof mit Stil

Das Melkhus ist eines von drei Restaurants auf dem Immenhof. Als wir eintreffen, sind wir begeistert. Die Lage am Kellersee, die Pferde, das an ein Schloss erinnernde Hotel – einfach nur eine Augenweide.Wir werden sehr freundlich empfangen und in einem sehr schönen, gemütlichen Gastraum an unseren Tisch geführt. Als Vorspeise wählen wir marinierten Ziegenkäse mit einer Trüffelvinaigrette (15 Euro) und einen kleinen Salat mit Gartenkräutern (9 Euro). Der Salat ist frisch und knackig und die gerösteten Nüsse passen gut dazu. Der Ziegenkäse und die Vinaigrette sind leider etwas fad. Das dazu gereichte Brot kommt aus der eigenen Backstube. Als Hauptgang legen wir mit Entrecôte nebst Marktgemüse und Sauce bérnaise (34 Euro) nach. Auf dem anderen Teller: Wiener Schnitzel mit Kartoffelsalat und Rahmgurkensalat (27 Euro). Das Fleisch vom Rind kommt aus der Region. Und das schmecken wir. Die Qualität ist top, die Garstufe stimmt. Das Gemüse ist noch schön knackig und prima abgeschmeckt. Die hausgemachte und erfreulich leichte Bernaise punktet mit einer zitronigen Note. Ein paar Abzüge gibt's für das etwas zu trockene Kalb, aber dafür sind der Kartoffelsalat ohne Majo und der Rahmgurkensalat toll abgestimmt. Wir gönnen uns noch leckeres und nicht zu süßes Mille-feuille mit weißer Schokolade (10 Euro) und eine abwechslungsreiche und ebenfalls regionale Käsevariation nebst Früchtebrot (19 Euro). Fazit: Wir haben in einem traumhaftem Ambiente gut gegessen und einen aufmerksamen, bemühten Service genossen. AR

AMBIENTE ●●●●○ SERVICE ●●●●○
KÜCHE ●●●○○ PREIS-LEISTUNG ●●●●○

€€€€ Rothensande 1 (Malente), Telefon 04523 88280, Mo-So 7.30–22 Uhr, EC-Karte, VISA, Mastercard; Malente, Rothensande Bus 3; gut-immenhof.de

Hamptons

Schicke Schuppenküche

In der kulinarischen Diaspora zwischen dem „Grillmaster" auf dem Ostsee-Therme-Parkplatz und den Strandfritteusen nordwärts ist das lässig-schicke Hamptons in Scharbeutz einer der angesagtesten Hotspots für Fine-Dining-Freunde. Nur einen Sprung vom Meer entfernt, strecken sich die drei vollverglasten Gasträume den Dünen entlang. Vom auch im Winter mollig beheizbaren Eingangsbereich über den Zwischentrakt mit flexiblen Schrägfenstern für die Randsaisons bis zu den Außenplätzen öffnet sich von jedem der bequemen Polsterstühle aus ein Königsblick auf die Ostsee. Auch die Preisstruktur der angenehm übersichtlichen Karte ist eher hochherrschaftlich. Selbst wer nur eine mit Hausmacher Mango-Ketchup geadelte Currywurst samt extra zu löhnender Süßkartoffel-Pommesbeilage will, ist bereits den ersten Zwannie los. Doch es geht uns sofort wie den anderen zufrieden lächelnden Gästen ringsherum: Gern sitzen wir bequem bei richtig gutem Essen von Trüffelpasta über Sushi bis Butter-Pasta und Chicken-Nuggets von der Kinderkarte (26/14–21/je 8,50 Euro) und nehmen die dafür aufgerufenen Preise in Kauf. Zum Beispiel 10 Euro für meinen Cherry Hibiskus Mojito, ebenso alkfrei und dennoch genussgeladen wie der Ashton-Traubenspritz meiner Co-Testerin (7,50 Euro). Damit begleiten wir die cremig-gehaltvolle Burrata samt Salat ebenso würdig wie meine gekochte Artischocke zum Abzupfen und Dippen (je 15 Euro). Und zum Einsauen der Oberbekleidung: Der Koch hatte nicht nur eine dünne Tomatensoße statt der annoncierten Dip-Vinaigrette dazu gereicht, er überschüttete die ansonsten tadellose Artischocke damit. Der flotte Service samt herbeigeeiltem Chef entschuldigt sich sofort, und tatsächlich bleibt dies der einzige kleine Fehler eines perfekten Sonntagnachmittags. Die Hauptgerichte bieten großes Fischkino. Jeweils auf knackigem Wok-Gemüse: drei feiste, innen perfekt roh-rote Thunafilets im Sesammantel mit intensiv reduzierter Teriyaki-Jus und saftige Rotbarbenfilets an Kürbiscreme mit neckisch kross frittierten Fisch-Schuppen – eine Verbeugung vor der japanischen Matsukasa-Yaki-Methode und zugleich Ausweis einer kulinarischen Weltläufigkeit. Wir naschen noch vom feinen Cheesecake-Mango-Nachtisch (13 Euro) und würden an einem Sommer-Donnerstag die Kalorien jetzt abtanzen beim hippen After-Work-Dance mit House-DJ. Oder kurz beim Vermögensberater anrufen und den Rest des Tages in den Hamptons-eigenen dick gepolsterten Bali-Baldachin-Beach-Betten verschlafen. Für schlappe 100 Euro Miete. PESI

AMBIENTE ●●●●○ SERVICE ●●●●○
KÜCHE ●●●●○ PREIS-LEISTUNG ●●●●○

€€€€ Strandallee 142b (Scharbeutz), Telefon 0450 36666, Mo-Mi 17–23, Sa-So 12–23 Uhr, EC-Karte, VISA, Mastercard; Wolfsschlucht Bus 40, 5814, 5951, 5970; hamptons-scharbeutz.de

In Scharbeutz überzeugt das Hamptons mit feiner Fischküche

Hauck

Topniveau an der Trave

Unweit des Autobahnkreuzes Lübeck befindet sich in der Gemeinde Hamberge das Restaurant Hauck, das weitaus mehr zu bieten hat als die meisten Lokalitäten in ländlichen Regionen. Cornelia und Thorsten Hauck setzen in ihrem Restaurant, das genügend Platz für größere geschlossene Gruppen hat, auf regionale und saisonale Produkte. Zudem haben sie ein großes Herz für erlesene Weine und hochwertige Spirituosen, wie ich beim ersten Überfliegen der Karte sofort bemerke. Wir betreten das Restaurant und sind beeindruckt: Der Gastraum ist stilvoll eingerichtet, die Tische sind liebevoll eingedeckt und mitten

FOTO: PETER WAGNER / FOODBILD.DE

Voll verglaste Speiseräume und eine Sommerterrasse mit 180-Grad Blick: das Holstein's im Hotel Atlantic Travemünde

im Raum steht ein Klavier. Der Service ist herzlich und erklärt kompetent, was die Küche an diesem Tag noch außerhalb der regulären Karte zubereiten kann. Schon vor dem ersten Gang werden wir mit einer Brotvariation und einem leckeren Tomatenpesto sowie gesalzener Butter verwöhnt und wenig später wird ein leckeres Amuse-Gueule serviert. Schon gut gesättigt, kommt mein Iberico Kotelett (32 Euro) mit üppigen Ausmaßen auf den Tisch, das auf den Punkt gegart ist. Der dazu gereichte Spitzkohl mit Pfifferlingen ist eine Spur zu sehr gesalzen, harmoniert dafür aber ideal mit dem frisch zubereiteten Kartoffelgratin. Für ein eine echte Entdeckung und ideal für gemütliche Abende bei Kerzenschein und – mit ein bisschen Glück – Live-Musik am Piano … MH

AMBIENTE ●●●●● SERVICE ●●●●●
KÜCHE ●●●●○ PREIS-LEISTUNG ●●●●○

€€€€ Stormarnstraße 14 (Hamberge), Telefon 0451 8997100, Do-Sa 17–22, So 11.30–14.30 Uhr, EC-Karte, VISA, Mastercard; Hansfelde Bus 8130, Bus 8131; restaurant-hauck.de

Herzbergs Restaurant

Herz ist Trumpf

Man muss ein großes Herz haben, um das hinzubekommen: Nach 25 Jahren sehr kleinem Meerblick von der Restaurantterrasse auf die Dünen von Scharbeutz 2014 das riesige Bayside-Hotel vor die Nase gesetzt zu bekommen – und doch bis heute ein sicherer Hafen für Freunde guter bürgerlicher Frischeküche geblieben zu sein. Die aus dem Blickfeld verschwundene Ostsee hat aber auch einen Vorteil: Der Besucher des Herzbergs kann wieder auch im Sommer die heimelige, mit viel Holz und trotz schwerem Stoff angenehm leichtfüßig dekorierte Gute Stube genießen. Ebenso wie die Gastfreundschaft der Betreiberfamilie Herzberg und der Service-bejahenden Kellner. Und natürlich der eher guten denn nur bürgerlichen Küche. Wir studieren das teils gleichbleibende, teils wöchentlich wechselnde Speisenangebot zu einem mit 11,90 Euro noch erschwinglichen Rosé-Winzerchampagner von Jean Pernet. Und ordern für den ersten Hunger die samtweiche getrüffelte Kartoffelsuppe (8,90 Euro) von den Wochenempfehlungen sowie den marzipanig hausgebeizten Lachs mit Limettendip, gepickelten Birnen, knackfrischem Kräutersalat und warmem Kräuter-Ciabatta (16,90 Euro). Auch die Hauptspeisen aus dem Meer sind jeden Cent wert: Mein dick-saftiges Pannfisch-Dorschfilet (25,90 Euro) kommt mit Senfsoße, superknusprigen Bratkartoffeln und reichlich Gurkensalat, während meine Co-Testerin den feinen Edelfischteller mit Lachs, Rotbarsch und Garnelen in Trüffelrahm mit Pilzen und Butterreis (26,90 Euro) kaum bewältigen kann. Weitere feste Nahrung findet keinen Platz. Schade um das Tagesdessert Bratapfel, dafür schließen wir den Testermagen mit einem Kaffee Frangelica (6,90 Euro) aus Espresso, Haselnusslikör und Sahne, was uns diesen Laden noch enger ans Herz wachsen lässt. PESI

AMBIENTE ●●●●○ SERVICE ●●●●○
KÜCHE ●●●●○ PREIS-LEISTUNG ●●●●○

€€€€ Strandallee 129 (Scharbeutz), Telefon 04503 74159, Mo-So 12–21 Uhr, EC-Karte, VISA, Mastercard; Hansastraße Bus 522; herzbergs-restaurant.de

Holstein's

Finest Dining mit 180-Grad-Blick

Wo einst Thomas Mann mit den „Buddenbrooks" im Kopf an der Strandpromenade spazierte, im Casino Curd Jürgens und Aristoteles Onassis Tausendmarkscheine auf den Spieltisch warfen und sich bis 2015 Kevin Fehling zum Drei-Sterner hoch kochte, gibt es noch immer (auch preislich) gehobenes Fine Dining. Der von Legenden umwobene Jugendstil-Festsaal für Galas und Klassik und die gediegenen, zum Strand voll verglasten Speiseräume des Hauptrestaurants Holstein's mit prächtiger Sommerterrasse und in Travemünde einzigartigem 180-Grad-Meerblick laden zur Einkehr ins Hotel Atlantic. Oben im Wintergarten wird im Sommer jeden Freitag Seeblick-Fondue serviert, und der Sterne-geschulte Chef Sascha Hamp darf es bei gelegentlichen Gourmet-Events („Kulinarisches Feuerwerk") richtig krachen lassen. Doch auch seine normale Karten-Cuisine bietet Gaumen-Raketen wie Hanging Tender mit Kartoffelbaumkuchen oder Skreifilet mit Grützwurst-Risotto (45/38 Euro). Zu einem Gläschen Taittinger Rosé (23 Euro; opulente Weinkarte mit großartiger glasweiser Auswahl; 9–13,50 Euro/0,2 l) starten wir mit dem geflämmten, nussigbutterzarten Ostsee-Kaisergranat und einer in dieser Perfektion selten gereichten Krustentierjus – in Verbindung mit Apfel-Variation und Quinoaknusper fast schon besternenswert (21,90 Euro). Ebenso hochwertig unsere geteilten, mit flüssigem Eigelb gefüllten Ravioli mit Trüffel-Espuma unter reichlich Trüffel und frittiertem Rucola – alles so tadellos wie mein tellergroßes, luftig-knuspriges Wiener Schnitzel samt feinsten Drilling-Bratkartoffeln (32/29,90 Euro). Einzig die Frage, was Estragon statt Dill im Gurkensalat soll, bleibt das Geheimnis der Küche. Die vollsaftige Nordseescholle mit witzigen Gemüsebällchen und Nussbutter hält die Latte weiter hoch, die auch vom Piña Colada Parfait mit Rumschaum nicht gerissen wird (65/15,90 Euro). Das Dessert versüßt uns zum Glück den Rechnungs-Schock. Ein Top-Essen und – Ausblick hat eben seinen Preis – hier zahlt das Auge bekanntlich mit. PESI

AMBIENTE ●●●●● SERVICE ●●●●●
KÜCHE ●●●●● PREIS-LEISTUNG ●●●●○

€€€€ Kaiserallee 2 (Lübeck), Telefon 04502 3080, Mo-Do 8–11.30 und 18–22, Fr-So 8–11.30, 12.30–14.30, 18–22 Uhr, EC-Karte, VISA, Mastercard, Amex; Lübeck-Travemünde Strand RB8, RB86, RE8; atlantic-hotels.de

Horizont

Asia-Fusion für Feinschmecker

Den meisten Speiseräumen in Beherbergungsbetrieben sieht man ihre Hoteligkeit sofort an. Im exklusiven Hotel Fontana an Timmendorfs Strandpromenade ist das Fine-Dining-Restaurant Horizont dagegen mit warmen Farben und überlegter Beleuchtung auch für externe Gäste wie uns ein vollwertiges Restaurant. Sebastian Hamester, Hotelbesitzer, Ex-Küchenchef und noch immer kulinarischer Supervisor, ging bei Karlheinz Hauser und Jens Rittmeyer in die Sternenschule und lernte bei einem Sushi-Chef in Los Angeles alles, was man über Asia-Fusion für westliche Feinschmecker wissen muss. Das erklärt die zweite Speisekarte mit recht experimentellem Sushi und Sashimi (18–50 Euro) sowie diverse Cross-over-Drehs bei europäischen Gerichten. Doch zunächst zieht uns das grandiose Sauerteigbrot samt supercremiger

FOTO: ATLANTIC GRAND HOTEL TRAVEMÜNDE

Butter in seinen Bann – zu je einem Gläschen Rosé Bouvet Crémant und alkfreiem Rosenzauber-Prisecco (11/7 Euro). Wir bestellen nach kundiger Beratung durch den lebhaften Service von einer der besten Weinkarten der Lübecker Bucht (13 Seiten mit vielen, auch fünfstelligen Raritäten) eine Flasche des Grauburgunders „Alte Reben" vom Steilhangwinzer Axel Bauer (58 Euro). Der begleitet selbst intensive Gaumenhauer wie das aromenstarke und lang nachhallende Red Curry mit Garnelen (26 Euro) als geteilter Zwischengang. Vorher begeistert uns die vom Chef handgemachte Teriyaki-Soße als Dip zu Großgarnelen in Panko-Tempura (19 Euro). Über meinen nussigen Baby-Jakobsmuscheln schmilzt nach Zugabe des umamigen Pilz-Dashi die hauchdünne Lardo-Haube – wow! Als Hauptgang ordern wir vom nepalesischen Sushi-Meister die etwas zu warm servierte Tempura Sashimi Roll und das kleine Meisterwerk Salmon Tiger mit integrierter crunchy Garnele. Die an den Nachbartischen kredenzten Desserts sehen aus wie vom Sterne-Patissier auf die Teller gemalt, passen aber nicht mehr in die Testermägen. Probieren wir beim nächsten Besuch – und lassen dafür das Brot weg. PESI

AMBIENTE ●●●●● SERVICE ●●●●●
KÜCHE ●●●●○ PREIS-LEISTUNG ●●●●○

€€€€ Strandallee 47 (Timmendorfer Strand), Telefon 04503 870414, Mi-So 12.30–15, 17–30–23 Uhr, EC-Karte, VISA, Mastercard, Amex; Timmendorfer Strand Rathaus Bus 40, Bus 500, Bus 504; strandhotel-fontana.de

Landhaus Carstens

Zeit für ein Makeover

Beste Lage in Timmendorfer Strand und seit Jahrzehnten eine der ersten Adressen für gehobene Gastlichkeit am Platz. Wie gerne würden wir den Abend auf der ruhigen, von Rhododendren umschlossenen Terrasse verbringen, aber dafür ist es schlicht zu kühl und so betreten wir das leider etwas in die Jahre gekommene Gasthaus. Eine rustikale Holzvertäfelung verbreitet eine dunkle und heute kaum mehr zeitgemäße Atmosphäre. Das Personal bringt zügig köstlich duftendes frisches Brot mit köstlicher, fein aufgeschlagener Butter und versucht zu Beginn, mit einem Lächeln einen hellen Akzent zu setzen. Im weiteren Verlauf des Abends hätten wir uns von dem Team neben dem steten Bemühen auch etwas mehr Sorgfalt und Liebe zum Detail sowie umfassende Information gewünscht. Zum Start gönnen wir uns ein Glas Crémant (9 Euro). Die Weinkarte ist zwar ordentlich kalkuliert und eher auf deutsche Klassiker ausgerichtet. Leider besteht ein Unterschied zwischen der im Web angezeigten und im Restaurant ausgehändigten Weinkarte. Wir ordern aus der Not dann den einzig verbliebenen französischen Weißwein auf der Karte und ausgerechnet den gibt es nicht mehr, sodass letztlich der Grauburgunder von Heger aus Baden als dritte Wahl für 38 Euro herhalten muss. Die Speisekarte ist nicht wirklich umfangreich. Wir finden im Hauptgang überwiegend regionale deutsche Klassiker im Angebot. Unser Abend besteht kulinarisch aus Burrata (17 Euro), Vitello tonnato (15 Euro), Scholle nach Finkenwerder Art (29 Euro, plus 1,50 für eine Beilagen-Änderung) , Holsteiner Matjes (22 Euro), Kalbsleber (28 Euro), Roastbeef (23 Euro) und zum Schluss aus Apfelstrudel (11 Euro) und Pralinenmousse (12 Euro). Alle Speisen kommen zügig, sie sind jeweils für sich eine sehr ordentliche Portion und mit Ausnahme des Apfelstrudels schmecken sie auch frisch zubereitet. Besonders die Scholle, das Roastbeef und die Bratkartoffeln überzeugen. Hier wird in bester Strandlage regionale Landhausküche auf ordentlichem Niveau geboten. Wer auf der Suche nach der kreativen Idee oder dem besonderen Pfiff ist, wird hier vermutlich eher nicht fündig werden. AR

AMBIENTE ●●○○○ SERVICE ●●●○○
KÜCHE ●●●○○ PREIS-LEISTUNG ●●●○○

€€€ Strandallee 73 (Timmendorfer Strand), Telefon 04503 6080, Mo-So 12.30–23 Uhr, EC-Karte, VISA, Mastercard, Amex; Hotel Atlantis – Timmendorfer Strand Bus 40, Bus 500, Bus 504; landhauscarstens.de

Miera Mare Meeresküche

Eine Entdeckung in Neustadt

In einem alten, mit viel Liebe restaurierten Fischerhaus am Hafen hat der Gastronom Manfred Miera vor 15 Jahren viel Mut bewiesen und mit einer Zweigstelle seines Lübecker Restaurants eine Bereicherung der Gastroszene geschaffen. Wir starten, begleitet von Hugo (9,50 Euro) und Prosecco (5 Euro), mit Pulpo & Garnele (20 Euro) sowie perfekt karamellisiertem Ziegenfrischkäse (15 Euro) in den Abend. Die fein abgerundete Teriyaki-Soße zum Pulpo, dazu noch etwas bissfestes Pak-Choi-Gemüse mit seiner leicht bitteren Note, verleihen dem eigentlich mediterranen Stil des Gerichtes eine für uns neue und spannende Note. Im Hauptgang wählt meine Begleitung die vom Metzger um die Ecke gelieferten Rinderrouladen von der Färse mit Möhren und Kartoffelpüree (29,50 Euro). Die Erkenntnis des Abends: Solche Klassiker können doch viel mehr geschmackliche Tiefe bieten, als ihr Name suggeriert – insbesondere mit dem dazu passenden Wein im Glas, einem holzgelagerten Zweigelt von Josef Ehmoser aus Österreich (0,218 Euro). Der zweite Hauptgang, eine stattliche Portion dänischer Miesmuscheln auf Möhren-Sellerie-Gemüse-Sud mit Fritten kommt wohlriechend und heiß dampfend mit einer frisch geöffneten Flasche bretonischem Cidre (19,50 Euro) auf den Tisch. Die Muscheln sind frisch. Beste Qualität. Nicht unerwähnt bleiben sollte aber vor allem der sehr schmackhafte Sud. Zum Abschluss noch das hausgemachte Tiramisu (12 Euro) und das Schoko-Küchlein mit flüssigem Kern, Vanilleeis auf Mandarinenkompott (14 Euro). Geschmackliche Ausgewogenheit beider Gerichte ist einfach eine Wucht. Wir sind zufrieden und können beim angeschlossenen Feinkosthandel die meisten Produkte, wie zum Beispiel die angebotenen Weine oder auch Nudeln und selbst gerösteten Kaffee erwerben. Wer auf der Suche nach regional natürlichen guten Essen mit Pfiff ist, dem sei das Miera Mare empfohlen. AR

AMBIENTE ●●●●○ SERVICE ●●●●○
KÜCHE ●●●●○ PREIS-LEISTUNG ●●●●○

€€€€ Schiffbrücke 15 (Neustadt in Holstein), Telefon 04561 5268815, Mi-Fr 17–22, Sa-So 12–22 Uhr, EC-Karte, VISA, Mastercard; Neustadt in Holstein Waschgrabenstraße Bus 550, Bus 560; miera-restaurant.de

Experimentelle Sushi- und Sashimi-Kreationen in Timmendorfer Strand: Horizont

FOTO: GÖTZ WRAGE

Regional, nachhaltig und kunstvoll: Die Orangerie überzeugt mit klassischer Sterneküche

FOTO: PETER WAGNER/FOODBILD.DE

Orangerie ★

Es lebe die Klassik!

Wir stehen sonst ja nicht auf Eighties-Trash, aber angesichts des zufriedenen Dauergrinsens von Chef Lutz Niemann in seiner verglasten Küche und des innenarchitektonisch voll auf der Höhe der späten 1980er-Jahre stehenden Gastraumes summen wir leise „You're My Heart, You're My Soul". Niemann kocht seit 1994 ohne Unterbrechung mit einem Stern gekrönt in den Eingeweiden des „Maritim Seehotel"-Plattenbaus am Timmendorfer Strand seine Aroma-verliebte, mediterran-klassische Hochküche trotz aller Moden von molekular bis regio-nachhaltig. Wer so gnadenlos seinen Stiefel durchzieht, darf sich keine Fehler erlauben – und das tut er am heutigen Testabend auch nicht. Das beginnt mit der Brotbegrüßung auf dem gestärkten Leinen: Wir brechen begeistert den ofenwarmen Sauerteiglaib und dippen in engelsweiche Salzbuttercreme aus dem Pacojet, naschen uns durch neckische Küchengrüße und freuen uns, dass wir aus den sechs Menü-Tagesgängen die vier bezahlten (106 Euro; drei Gänge 89, sechs Gänge 139 Euro, alle Gerichte einzeln bestellbar) frei aussuchen können. Ich erforsche also ungestört die raffinierte Gänseleber-Komposition mit Mirabelle, Apfel und Mandel, während meine Co-Testerin den Carabinero in samtiger Krustie-Bisque plus das à part servierte Royal von der Förde-Garnele in ihrem Genießermäulchen verschwinden lässt. Getrennt schlemmen wir auch beim Hauptgericht: Das feiste, innen perfekt glasige Steinbutt-Mittelfilet wird begleitet von einer Safran-Beurre und niedlichen Gurke-Pfifferling-Miniaturen, während meine Variation vom Holsteiner Milchkalb mit gekonnter, nicht zu sämiger Jus, Artischocken und Getreide-Crunch auf dem Schmorlauch eher eine Trilogie ist – Filet, Pulled-Kalb-Praline und paniertes Bries. Es lebe die Klassik! Alles stilvoll verdünnt mit einem Winkelberg-Grauburgunder von Heger (51 Euro; große Weinauswahl mit angemessenen Preisen). Der Abend klingt aus mit dem angenehm unsüßen Dessert aus Schattenmorellen, Herzkirschen, Baiser und gekonnt wedelndem Balsamico-Säureschwänzchen. Wer jetzt noch weiter trinken will: Onkel Niemann nach einem Hotelzimmer fragen. PESI

AMBIENTE ●●●○○ SERVICE ●●●●●
KÜCHE ●●●●● PREIS-LEISTUNG ●●●●○

€€€€ Strandallee 73 (Timmendorfer Strand), Telefon 04503 6050, Sa-So 18.30–22 Uhr, EC-Karte, VISA, Mastercard, Amex; Bahnhofsstraße Timmendorfer Strand Bus 500; orangerie-timmendorfer-strand.de

Pier 19

Vor Anker am Pier

Heute werfen wir unseren Anker im Neustädter Ancora Yachthafen. Nein, mit einem der teuren Segelboote sind wir nicht da. Vielmehr gönnen wir uns einen Platz auf der großen Sonnenterrasse des Pier 19. Der gute Ruf eilt dem Restaurant von Peter Fallgatter, der hier Ostholsteiner Küche mit französischen und italienischen Einflüssen auftischt, voraus. Hier soll nur Gutes von den umliegenden Weiden und Äckern verarbeitet werden, der Fisch komme von heimischen Kuttern und die Garnelen seien ökologisch in der Ostsee aufgezogen worden. Letztere ordern wir als Vorspeise (15,20 Euro). Sie kommen mediterran gewürzt mit frischem Baguette und cremiger Aioli und überzeugen uns. Das ist auf keinen Fall Tiefkühlware. Die Garnelen sind in Form, ausgesprochen saftig und leider auch fix weg. Aber zum Glück bringt der immer freundliche Service ja noch den Hauptgang. Beim Anblick der goldbraun gebratenen Scholle (23,90 Euro) läuft mir bereits das Wasser im Mund zusammen. Ganz nach Finkenwerder Art ist der auf den Punkt gebratene Fisch getoppt von ausgelassenem Speck und wird mit Salzkartoffeln und Gurkensalat gereicht – das perfekte Gericht für einen Sonnenuntergang am Hafen. Auf der anderen Tischseite soll es heute Fleisch sein. Das Rumpsteak vom Rind mit gebratenen Drillingen und Steinchampions (29,90 Euro) gewinnt das Rennen gegen das Roastbeef, das am Nachbartisch zartrosa und saftig aussieht. Das Fleisch ist zart, die Beilagen perfekt und alles ausgesprochen stilvoll angerichtet. Wer großen Hunger hat, sollte sich allerdings eine eigene Vorspeise gönnen. Die Portionen sind übersichtlich. Aber gut, so bleibt Platz für zwei Sundowner-Desserts, bevor wir an den Schiffen entlangschlendern und von einem Schampus an Deck träumen. AR

AMBIENTE ●●●●● SERVICE ●●●●●
KÜCHE ●●●●● PREIS-LEISTUNG ●●●●●

€€€€ An d. Wiek 7-15 (Neustadt in Holstein), Telefon 04561 5138208, Mo-Mi 11.30–15 und 17–21.30, Fr-So 11.30–15 und 17–21.30 Uhr, EC-Karte, VISA, Mastercard; Bahnhof Neustadt in Holstein RB85; pier-19.de

Im ehemaligen Pfarrhaus bewirtet der Chef selbst seine Gäste wie gute Freunde: Robert Stolz

Rendezvous

Heißes Date mit French Kisses

Nein, auf Zunge werden wir nicht geküsst im vielleicht besten Restaurant mit gehobener französischer Bistro-Cuisine an der Ostsee. Aber das Rendezvous direkt an der Hafeneinfahrt von Niendorf mit all seinen delikaten Küchenkreationen, seiner enthusiastisch gepflegten Weinauswahl und seinem superlieben Service verabschiedet den als Fremden gekommenen Besucher auf jeden Fall als Freund. Das beginnt mit einer der besten Wasser-Lagen der Lübecker Bucht und endet im besten Fall mit einem vom Inhaber Dennis Glauche hergestellten hochprozentigen glasklaren Schokoladenlikör – Aroma wie ein Sack frisch gerösteter Kakaobohnen. Dazwischen wirbt die überschaubare Speisekarte mit durchweg perfekt zubereiteten, schön angerichteten und wohldurchdacht modernisierten Klassikern von Schnecken über Boudoin Noir oder Chateaubriand bis hin zu Crêpe Suzette. Ich starte mit der französisierten Strammer-Max-Variation: zwei perfekt gegarte, große Jakobsmuscheln unter Wachtelei auf Brioche, mildem Bacon und rot gepickelten Zwiebeln (18,90 Euro). Ein echter Signature Dish, den ich leider mit meiner Co-Testerin teilen muss, weil sie mir im Gegenzug die Hälfte ihrer ebenfalls sehr delikaten Vichyssoise rüberschiebt. Auch die Hauptgerichte sind großes Pariser Kino. Das butterzarte Filetsteak (34,90) kommt mit Kohlrabigemüse, geschmorten Bete-Ringen, Jus und dem gleichen Kartoffelstampf unter Zwiebelknusper, der auch zu meinem grandios saftigen Coq au vin rouge mit der originalen Silberzwiebel-Pilz-Speck-Garnitur gereicht wird (22,90 Euro). Und weil die Küche beim Dessert die Vanillesoße zu den Armen Rittern verbummelt, tauschen wir den letzten Schluck des Von Winning Weißburgunders (38 Euro) mit besagtem Schokoschnapswunder aufs Haus. Wir sagen nicht Adieu, wir sagen auf Wiedersehen! PESI

AMBIENTE ●●●●● SERVICE ●●●●●
KÜCHE ●●●●● PREIS-LEISTUNG ●●●●●

€€€€ Im Hafen 1 (Niendorf), Telefon 04503 8887454, Mi-So 11.30–14.30, 17.30–22 Uhr, EC-Karte, VISA, Mastercard; Niendorf Hafen Bus 40, Bus 500, Bus 505; rendezvous-niendorf.de

Robert Stolz

Im Esszimmer des Küchenchefs

In Plön, direkt am Plöner See gelegen, befindet sich das Gourmet-Restaurant Robert Stolz im liebevoll und mit viel Gespür renovierten ehemaligen Pfarrhaus. Wir werden herzlich von Robert Stolz im unmittelbar an die Küche anschließenden Esszimmer begrüßt und müssen uns zuerst für einen der zahlreichen, hausgemachten Aperitifs entscheiden. Wir nehmen „Roberts Wermut", den der Küchenchef aus selbst im Schlossgarten gesammelten Kräutern ansetzt. Ein großartiger Start! Während des Begrüßungsgetränks lernen wir die anderen Gäste kennen, die an diesem Abend an den 16 Plätzen des Restaurants Platz nehmen. Passend zur Saison wird aus regionalen Zutaten ein Sechs-Gänge-Menü (95 Euro) zubereitet. An diesem Abend startet das Menü mit einer Einstimmung aus Blumenkohl-Tarte, Granola mit Buchweizen sowie Preiselbeeren und Entenleberterrine. Wir sind verzückt von den ersten Gängen und fühlen uns jetzt schon wie zu Hause bei guten Freunden. Es folgen weitere fantastische Gänge wie Ofensellerie mit Sauerampfer und Tannenöl, geräucherte Limfjord Muscheln mit Birnen und Bohnen sowie rosa gebratener Tafelspitz mit Curry-Tomate und Thymian-Schalotten. Alle Gänge geschmacklich hervorragend, handwerklich durchdacht und gut auf die begleitenden Weine abgestimmt. Nach dem Menü empfehlen wir dringend, einen Digestiv der Brennerei Spiritus Rex Malente zu probieren. Der Brenner ist ein Freund des Küchenchefs, der auch schon mal bei der Ernte der Früchte im Nachbardorf hilft. Wir entscheiden uns für die Eutiner Krete – eine Urpflaume. Der Geschmack von Kirschen, Johannisbeeren und Marzipan entfaltet sich im Glas. Ein Muss für Steinobstbrandliebhaber! Ein Ausflug an den großen Eichentisch ist kulinarisch ein Hochgenuss! Im Sommer soll es im Garten das Menü sogar vom Feuerring serviert geben. Für uns sicherlich ein Grund, noch einmal in die Holsteinische Schweiz zu fahren. JD

AMBIENTE ●●●●● SERVICE ●●●●●
KÜCHE ●●●●● PREIS-LEISTUNG ●●●●●

€€€€ Markt 24 (Plön), Telefon 04522 7895295, Do-Sa 19–23 Uhr, EC-Karte, VISA, Mastercard, Paypal; Plön Stadtgraben/B430 Bus 360; robertstolz.de

Roof

Schnelle Garnelen und Schnodderigkeit

Ein wesentlicher Impuls, das verschlafene Strandband Scharbeutz in einen modernen Urlaubsort zu verwandeln, ist von der Eröffnung des Hotels Bayside im Jahr 2014 ausgegangen. Seitdem hat sich das Haus zur ersten Urlaubsadresse am Platz entwickelt. Und lockt mit internationaler Küche des Restaurants Roof auch Gäste von außerhalb an. Gespeist wird im Obergeschoss des Bayside. Im Winter mit Blick ins Landesinnere und seitlich zum Meer. Wer den feinen Panorama-Ostsee-

FOTO: CHRISTIAN KERBER

Blick über die Lübecker Bucht genießen möchte, sollte im Sommer auf der Terrasse reservieren oder begibt sich vor oder nach dem Essen an die gut sortierte Cocktailbar des Hauses. Geboten wird europäisch-asiatische Küche. Für ein romantisches Dinner ist man hier falsch. Dafür geht es zu eng zu. Wir starten mit einem Glas Champagner (15 Euro) und gebackenen Tempura-Garnelen mit zweierlei Dip (22,50 Euro). Die Garnelen erreichen uns bereits sechs Minuten nach der Bestellung. Könnten etwas knackiger sein, wissen aber geschmacklich wie die frischen Dips zu gefallen. Nach dem schnellen Beginn lässt sich die Küche für Sushi-Variationen à la Chef (55 Euro) mehr als eine Stunde Zeit. Unsere Nachfrage beim Service lässt deutlich werden, wie fein der Grad zwischen internationaler Lässigkeit und norddeutscher Schnodderigkeit ist. Man empfiehlt uns, doch einfach noch den Ausblick zu genießen. Nach der Wartezeit bekommen wir eine wahre Pracht an Rollen mit Lachs, Thunfisch, Ente, Gurke und Mango serviert. Auch wenn wir die Herstellung in der offenen Küche quasi live verfolgen können, fehlt uns hier und da etwas die Frische und das besondere Etwas. Schokoküchlein an Vanilleeis und Beeren (11,50 Euro) und Crème brûlée für faire 9 Euro sind gut. Das Weinangebot kommt weitgehend ohne Überraschungen aus, deckt aber zuverlässig alle heutzutage wichtigen Standards ab. Das gilt irgendwie auch für den gesamten Abend. AR

AMBIENTE ●●●●● SERVICE ●●●●●
KÜCHE ●●●●● PREIS-LEISTUNG ●●●●●

€€€€ Strandallee 130A (Scharbeutz), Telefon 04503 60960, Mo-Fr 17.30–23, Sa-So 12.30–23 Uhr, EC-Karte, VISA, Mastercard, Amex; Hansastraße Bus 522; bayside.de/restaurants-und-barsroof

The Grand Grand Grill

Für die ganze Familie

Seit 2018 ist das Grand Grand Grill Restaurant Teil der Familien-Hotel-Kette Arborea im wunderbaren Umfeld des Neustädter Ancora Marina Jachthafens. Hier sollen neben den Fleischliebhabern auch Vegetarier und Flexitarier auf ihre Kosten kommen. Sind wir mal gespannt. Nachdem wir einen der zahlreich verfügbaren Außenplätze zugewiesen bekommen haben, gibt's Unklarheiten, wer denn jetzt für uns zuständig ist. Erst nach 30 Minuten ist das Problem geklärt und wir landen, da von fünf Vorspeisen drei schon nicht mehr verfügbar sind, bei Ceasar Salad (11 Euro) und Kürbissuppe (6 Euro). Beides fair kalkuliert, geschmacklich jedoch eher flach. Die Suppe erinnert an Großküche. Dann ist wieder Geduld gefragt, denn unser Hauptgang lässt eine weitere Stunde auf sich warten: Hirschrückensteak mit Portweinschalotten (27 Euro) und Black Angus Burger (23,50 Euro). Beides geschmacklich sehr gut. Gegrilltes Fleisch ist hier Kernkompetenz. Das auf Nachfrage gereichte Scharfe-Soßen-Buffet ist eine kreative Idee und auch geschmacklich bemerkenswert. Neben uns wird schon fleißig für das Frühstück eingedeckt. Dabei wären die helfenden Hände an der mit ungespülten Gläsern völlig zugestellten Restaurantbar dringender notwendig. Die Weinkarte bietet eine erfreulich gute Auswahl an deutschen Weinen, viele davon werden offen serviert. Ein 2020er Grauburgunder (9 Euro) bereichert unseren Abend. Angesichts der fortgeschrittenen Zeit verzichten wir auf ein Dessert, ergattern nach weiterer Wartezeit die Rechnung und verabschieden uns mit den besten Wünschen für eine erfolgreiche Personalsuche. AR

AMBIENTE ●●●●● SERVICE ●●●●●
KÜCHE ●●●●● PREIS-LEISTUNG ●●●●●

€€€€ An d. Wiek 7-15 (Neustadt in Holstein), Telefon 04561 71990, Mi-So 18–21.30 Uhr, EC-Karte, VISA, Mastercard, Amex; Neustadt in Holstein, Neukoppel Bus 520, Bus 522; arborea-resorts.com

Opulentes Ambiente für die Sterneküche: Wullenwever

Six Zero

Sechs Punkte, null Problemo

„Nein, Six Zero heißt nicht, dass Sie sechs Speisen für null Euro bekommen", lässt uns der omnipräsente Restaurantleiter abblitzen. Der Name des neuen Cool-Dining-Tempels im Flamingo-Hotel an Timmendorfs Gastro-Hauptachse, früher ein schlimmer Fischerschuppen, hat einen simplen Hintergrund: Strandallee 60. Damit hat es sich schon mit dem Profanen, denn alles, was wir hier schmecken, sehen und erfahren, ist von wahrer Exzellenz. Vom urban-kosmopolitischen Schick eines hippen NYC-Diners plus riesiger Terrasse und Lounge im Sommer bis zur unhandlichen, in schweres Kupfer gebundenen und mit allerlei Modern Food bestückten Speisekarte – hier denken sie groß! Auch das Cubierto aufs Haus (drei ofenwarme Brotsorten samt Dip-Trio) und die exotischen Metall-Wasserbecher machen neugierig. Das Restaurant kooperiert mit einer Wagyu-Zucht in Nordhessen, doch deren Riesen-Cuts im Schaukasten zur offenen Küche hin sprengen mit Stückpreisen jenseits der 120 Euro unseren Geldbeutel. Stattdessen schwelgen wir zu einem Glas raren mallorquinischen Garagen-Rosado von Frank Maruccia (8 Euro; gewaltige, weltweit bestückte Weinkarte, 35–1.400 Euro) in unseren Vorspeisen: Das rohe Roastbeef vom Vogelsberger Rind (16 Euro) ist unerwartet aromenstark, während das Duett vom Luxus-Balfegó-Thunfisch (25 Euro) auch bei einem baskischen Ein-Sterner über den Pass gekommen wäre – Top-Tatar mit Mango und dreierlei Mayo (Avocado/Wakame/Limette) sowie vier kurz gebratene Mini-Tranchen vom teuersten Tuna-Stück Toro (Bauch). Wagyu steht nur als Burger und Roulade auf der Standardkarte (Schwerpunkt Steaks; 29–69 Euro, alle Beilagen extra), Letztere ist heute aus, dafür offeriert der flink-freundliche Service für ebenfalls 39 Euro ein Gulasch vom japanischen Wunder-Rind. Kein Schnäppchen, aber in Zartheit und Saftigkeit ein kleines Schmor-Wunder, serviert in einem weichen Kohlrabi. Den im Ganzen gegrillten Seesaibling (34 Euro, inklusive drei Beilagen) lässt Frau Pesi sofort in die Küche zurückschwimmen, wo man ihr einen neuen, nicht derart vertrockneten Artgenossen auf den Kamadogrill legt und schließlich sogar mit komplett frischen Beilagen serviert. Supertoll auch das Dessert: Wenig (Kokos-)Crème mit viel brûlée, dazu Mango-Ragout und Popcorn-Eiscreme. Sechs von fünf Punkten und null Problemo im Six Zero! PESI

AMBIENTE ●●●●● SERVICE ●●●●●
KÜCHE ●●●●● PREIS-LEISTUNG ●●●●●

€€€€ Strandallee 60 (Timmendorfer Strand), Telefon 04503 8090, Di-Sa 17–21.30 Uhr, EC-Karte, VISA, Mastercard, Amex; Hotel Atlantis – Timmendorfer Strand Bus 40, Bus 500, Bus 504; sixzero.de

FOTO: PETER WAGNER/FOODBILD.DE

Wullenwever ★

Im Glanz des alten Sterns

Ein 1585 erbautes Haus erzählt viele Geschichten. Zum Beispiel die seines Namensgebers: Mitte des 16. Jahrhunderts fiel der Bürgermeister Lübecks, Jürgen Wullenwever, in Ungnade und wurde nach peinlicher Befragung mit dem Schwert gevierteilt. Bei so einer Historie kann Ausnahmekoch Roy Petersmann im Fine-Dining-Restaurant Wullenwever froh sein, quicklebendig seit mehr als 30 Jahren ohne Pause mit einem Michelin-Stern bekrönt seine Gäste mit produktnaher, mediterran-leichtfüßiger Klassik verwöhnen zu dürfen. Auch wir fühlen keinerlei Zerrissenheit, es lassen sich ja nur die alle drei Wochen wechselnden Drei-, Fünf- oder Sieben-Gang-Menüs auswählen (95/145/175 Euro). Die einzelnen Speisen sind sternetypisch überschaubar proportioniert, es geht aber nach fünf Gängen keiner hungrig nach Hause. Dafür sorgt auch die tolle Brotauswahl, die beim Betreten des Palais-artigen, mit kunstvollen Wandinstallationen eine warme Zeitlosigkeit verströmenden vorderen Gastraum für den Hungrigen schon bereitsteht – samt feinen Dips wie Tomatentatar, Lauchcreme und Würzbutter. Roy und seiner das Restaurant charmant leitenden Frau Manuela gehört das Gebäude, sie können nach Bedarf weitere Räume und im Sommer den Zaubergarten im Atrium bespielen. Wir bespielen das Amuse, eine Sphären-Miniatur vom Vitello tonnato samt Kapernknusper, mit einem frischen Hauscocktail und Winzersekt (10/14 Euro; opulente, fair gepreiste Weinkarte). Und schon folgt ein typischer Sterne-Pinzetten-Teller: Der marzipanig hausgebeizte Lachs ist eingebettet in bunte Bete-Variationen, Kren-Eis und einem kross-süßsauren Bete-Topinambur-Chip samt diverser Aroma-Pünktchen. Der Hammer hängt hoch und fällt auch bei der saftspritzenden Skrei-Tranche mit Blumenkohl, schön säuerlicher Beurre Blanc und einem Topping aus Gewürz-Popcorn nicht herunter. Meerestier auf Höchstniveau auch bei der großen, zart angegrillten Jakobsmuschel auf Fregola-Pastasotto (sardische Nudelbällchen) mit Lakritz-Fenchel-Chip. Beim Fleischgang trennen sich unsere Wege in Rinderrücken und Schmor-Haxlein vom Milchkalb, beides so perfekt gegart wie von passenden Gemüsen umspielt. Die Käseauswahl von Affineur Waltmann dürfen wir auf zwei Teller aufteilen, das raffinierte Himbeer-Dessert in der Tischmitte machen wir von beiden Seiten aus nieder. Am Ende ist die noch immer hellwache Kochlegende Roy für ein Schwätzchen zu haben – wie wir die Klassik doch lieben! PESI

AMBIENTE ●●●●● SERVICE ●●●●●
KÜCHE ●●●●● PREIS-LEISTUNG ●●●●○

€€€€ Beckergrube 71 (Lübeck), Telefon 0451 704333, Mi-Sa ab 19 Uhr, EC-Karte, VISA, Mastercard, Amex; Beckergrube Bus 3, Bus 12, Bus 30, Bus 40; wullenwever.de

1797 – Ole Liese ★

Panker mit Niveau

Ein echter Panker ist er nicht, der sympathische Küchenchef Volker M. Fuhrwerk der ineinander übergehenden Restaurants Ole Liese (sehr gutbürgerlich) und dem besternten 1797 im gleichnamigen Vorzeige-Landgut bei Lütjenburg mit seiner weltberühmten Trakehner-Pferdezucht. Klar, stammt Fuhrwerk doch erstens aus Sachsen-Anhalt und zweitens ist seiner wohlüberlegten Null-Kilometer-Küche nichts so fremd wie drei hingerotzte Akkorde. Das einzig bestellbare Sechs-Gang-Menü (155 Euro) erstrahlt wie eine durchkomponierte Gaumen-Sinfonie und lässt rasch unseren übersüßten Prosecco-Apéro „Holler Schampus“ (7,50 Euro) und das mit nur zwölf Plätzen schnuckelige, aber auch hölzern-unprätentiös möblierte Gaststübchen vergessen. Schon die Hausgrüße rechtfertigen die 45-minütige Fahrt von der Lübecker Bucht nach Panker: Ein leicht süßliches Makrelenhäppchen im Josh-Niland-Style, flankiert von marzipanig dehydrierter Schwarzwurzel mit Waldmeister-Tupfen und einem gewagten Mini-Taco mit Kalbsherz und Fichtenknospen-Creme. Wow, was für ein Einstieg in die regionale Nose-to-Tail-Küche! Die beiden Fischgänge halten die Latte hoch. Die Forelle kommt in drei Texturen, umspült von drei Soßen (Stachelbeer, Sauerampfer, Buttermilch) – und selbst die krossen Toppings sind keine (unnordischen) Erdnüsse, sondern geröstete Bucheckersamen. Der minimal übergarte Zander bespielt den Teller mit fluffigen Hechtklößchen, Kale-Chips und einer genialen Räucheraal-Velouté, die allein schon den anschließenden aromaschwachen Sellerie im ansonsten schön süffigen veganen Zwischengang entschuldigt. Seltsam auch, weil die meisten hier verarbeiteten Gemüse und Kräuter vom hauseigenen 3000-Quadratmeter-Garten stammen. Nach vollmundiger Begleitung durch den Aussie-Pinot-Gris Ocean Eight (74 Euro, gute Weinauswahl ab 34 Euro) schwenken wir zu den Fleischgängen einen roten Barbera (0,2 l 12 Euro) im Glas. Das Kalbsbries schwimmt auf neckisch säuerlichem Tafelspitzragout mit spitz gepickelten Zwiebeln und Mini-Grießklößchen. Und schon bringt der im Laufe des Abends langsam auftauende Service den Hirschrücken nicht wie anderswo oft zu roh gebraten – umrahmt von kräftiger Jus, Rhabarber, Kartoffelbaumkuchen und einer unessbar verbitterten Spinat-Nocke. Mäkeln auf hohem Niveau trifft auch den trotz Regio-Lieferanten etwas lauen Käseteller. Im 1797 also besser das Dessert auswählen. Heute auf der Zunge zerfließende weiße Schoki mit Holsteiner-Cox-Spielgefährten und krassen Noten von Sauerampfer und Johannisbeerholz. Nach vier Stunden wird hier jeder zum Panker. PESI

Hipper NYC-Style und eine grandiose Küche: der Cool-Dining-Tempel Six Zero

FOTO: PETER WAGNER/FOODBILD.DE

AMBIENTE ●●●●● SERVICE ●●●●●
KÜCHE ●●●●● PREIS-LEISTUNG ●●●●○

€€€€ Gut Panker (Panker), Telefon 04381 90690, Mi-Sa 18.30–22.30 Uhr, EC-Karte, VISA, Mastercard, Amex; Gut Panker Bus 260, Bus 311; ole-liese.de

KURZ GEBRATEN

Alle Tests in voller Länge auf
genussguide-hamburg.com

Ahoi Steffen Henssler

Dort, wo die Trave in die Ostsee fließt, befindet sich eins der zwölf Ahoi Restaurants von Steffen Henssler. Mit dem Blick auf die Lübecker Bucht und vorbeischippernde Kutter genießt man an sieben Tagen die Woche nordische Bistro-Küche. Fish and Chips, Sushi-Bowls, Burger und Schnitzel in verschiedenen Varianten stehen auf dem Menü.

Priwallpromenade 1 (Travemünde), Telefon 04502 7801300, Mo-So 11–22 Uhr; ahoisteffenhenssler.de

Butz

Im Butz wird deutsch gekocht – kreativ und neu gedacht. Das Küchenteam verwendet dabei allerhand Spezialitäten aus der Ostholsteiner Region. Weiderind, Hirschkalbsbraten und die Bauernente bezieht es von regionalen Jägern und Fleischern.

Hackendohrredder 3 (Scharbeutz), Telefon 04524 2009988, Mo 7–9 und 17–21.30, Di 7–9, Mi 7–9 und 17–21.30, Do 17–21.30, Fr 12–14 und 17–22, Sa-So 8–22 Uhr; butz-ostsee.de

Captains

Das Captains macht Feel Good Food mit Coolness-Faktor. Die Currywurst-Kreationen orientieren sich an verschiedenen Länderküchen. Die dänische Variation kommt mit Remoulade, Röstzwiebeln und marinierten Gurkenscheiben; italienisch wird's mit Cherrytomaten, Parmesansplittern und Rucola. Ähnlich bunt ist die Auswahl an kanadischer Poutinc.

Am Strande 27b (Sierksdorf), Mo-So 11–20 Uhr; captains-ankerplatz.de

Cubana

Südamerikanische Küche mit freiem Blick auf die Ostsee: In bester Lage schlürfen Gäste exzellente Mojitos und Piña Colada unter Sonnenschirmen und genießen dazu Tapas, Nachos und Fajitas vom Feinsten. Betreiber Nanak Singh hat sich außerdem auf Burger spezialisiert und bietet sie in 25 Variationen an.

Am Strande 21 (Neustadt in Holstein), Telefon 04561 7144100, Mo-Di 17–23, Do-Fr 17–23, Sa-So 11–23 Uhr; cubana-am-strand.de

Das Köstlich

Das wunderschöne knapp 100 Jahre alte historische Gebäude liegt direkt am Travemünder Strandbahnhof und beherbergt neben dem Grand Hotel Atlantic seit 2018 auch das Köstlich. Verteilt auf zwei Räume mit gemütlicher moderner Einrichtung im Shabby-Chic-Stil finden hier bis zu 60 Gäste Platz. Die Küche serviert liebevoll angerichtete Teller mit edlem Steak, Landhausburger oder hausgemachtem Lachstatar.

Kaiserallee 2 (Travemünde), Telefon 04502 7775910, Mo-So 13–21 Uhr; daskoestlich.de/travemuende

Erdmann's

Die Fläche von Erdmann's Kleines Steakhaus ist zwar wirklich klein, die Leidenschaft, mit der das Team seine Gäste bewirtet, dafür umso größer. Filet, Rib-Eye- und Rumpsteak grillt der Chef hier selbst.

Strandallee 140 (Scharbeutz), Telefon 04503 898809, Di-Fr 14–22, Sa-So 12–22 Uhr; steakhaus-scharbeutz.de

Falkenthal Seafood

Seit über 25 Jahren steht der Name Falkenthal für handgemachte Fischspezialitäten. Der kleine Manufaktur-Betrieb kreiert nach eigenen Rezepten vielfältiges Seafood.

Kurpromenade 6 (Grömitz), Mo-Do 10–20, Fr-Sa 10–20.30, So 10–20 Uhr; falkenthal-seafood.de

Gosch Grömitz

Im mehr als 200 Jahre alten Seebad an der Lübecker Bucht wird an der Kurpromenade gegoscht. Im hellen Ambiente kommen maritime Spezialitäten nach Sylter Art auf die Teller. Am Start sind Kassiker wie Fischbrötchen sowie Thai-Nudeln.

Kurpromenade 12 (Grömitz), Telefon 04562 2257050, Mo-So 11–24 Uhr; gosch.de

Hermannshöhe

Während die Großen am höchsten Punkt des Brodtener Steilufers den Ausblick auf die Lübecker Bucht genießen, dürfen die Kleinen auf dem Piratenspielplatz und im Obstgarten auf Entdeckungstour gehen. Die feine Karte bietet wechselnde Tagesgerichte, schnelles Imbiss-Food und eine große Auswahl an Kuchen aus der hauseigenen Konditorei.

Hermannshöhe 1 (Travemünde), Mi-So 11–18 Uhr; die-hermannshoehe.de

Klüver's Brauhaus

Olaf Klüver rettete die ehemalige Fischhalle 2004 vor dem Abriss und gründete ein Brauereigasthaus. Seither läuft feinperliges Klüvers aus den Zapfhähnen. Die frische Bistro-Küche basiert zum Großteil auf regionalen Produkten.

Schiffbrücke 2-4 (Neustadt in Holstein), Telefon 04561 714811, Mo-So 11.30–22 Uhr; kluevers.com

Krabbes

Das familienfreundliche Restaurant bietet eine große Auswahl an Fisch, Fleisch und vegetarischen Gerichten. Das Spielzimmer für die Lütten schenkt Eltern Raum für Genuss – und Zeit zum Stöbern. Neben Speis und Trank hat das Krabbes nämlich auch ausgewählte dänische Interior-Schätze im Angebot.

Grüner Gang 17 (Neustadt in Holstein), Telefon 0456 171242, Di-Do 12–15 und 17–22, Fr 12–15 und 17–23, Sa-So 12–23 Uhr; krabbes-restaurant.de

Marina

Auf zwei Etagen kann man im Marina beim Essen den Schiffen zusehen, wie sie den Hafen verlassen und gen Ostsee schippern. Auf den Tisch kommen Matjes, Kutterscholle und Omas saure Bratheringe. Den kleinen Hunger stillen Pommes, Waffeln und Currywurst.

Trelleborgallee 2a (Travemünde), Telefon 04502 8896560, Mo-So ab 12 Uhr; marina-travemuende.de

Moonrice

Das Moonrice in Grömitz ist ein modernes Restaurant, in dem asiatische Fusionsküche und Sushi-Kreationen serviert werden. Zudem gibt's Bowls. Das Team setzt auf frische und gesunde Küche. Das Ambiente ist gemütlich und ungezwungen. Lohnt sich auch nur auf einen Cocktail.

Kirchenstraße 31 (Grömitz), Telefon 04562 2019746, Do-Di 11.30–14.30 und 17–21 Uhr; moonrice-groemitz.de

Ocean's Haffkrug

Das Reetdachhaus im ehemaligen Fischerdörfchen Haffkrug diente früher als Fischerhalle. Heute werden Hering, Aal und Dorsch in „De ole Fischschuppen" nicht mehr zwischengelagert, sondern frisch zubereitet und serviert. Fleischgerichte wie Burger, Schnitzel und Steak ergänzen die Auswahl.

Strandallee 2b (Scharbeutz), Telefon 04563 1357, Mo-So 9.30 Uhr-open end; oceans-restaurant.com

Wolkenlos

Eine imposante Location: Dieses Restaurant liegt auf einer Seebrücke. Auch kulinarisch überzeugt das Wolkenlos. Raffinierte Rezepte der regionalen Küche ergänzen sich mit deftigen Steaks vom Barbecue-Smoker.

Strandallee 144 (Timmendorfer Strand), Telefon 04503 779570, Mo-Do 11.30–21.30, Fr 11.30–22, Sa 11–22, So 11–21.30 Uhr; wolkenlos-timmendorf.de

Mehr Meer geht kaum: Wer im Köstlich in Travemünde speist, hat den Strand direkt vor der Nase

FOTO: TOM KOHLER

LIFE IS A BEACH

Die coolsten Strandbuden und Lounges

Das Leben ist besser am Strand: Beachlounge des Grande Beach Café Scharbeutz

Lighthouse Lounge

Füße im Feinsand, Strohhalm im Mund – und den Strawberry Mojito seine Entspannungsarbeit leisten lassen. Da stören auch die Gören auf dem Piratenspielplatz nicht mehr.

Strandpromenade, Travemünde; instagram.com/lighthouse.lounge_travemuende

Riff

Lässiger Mix aus Europaletten-Möbeln und Entertainment mit Sonnenuntergang, Drinks zu kleinen Snacks, Open-Air-Kino und Live-Musik – manchmal greift sich Inhaber Holger Krall seine Jazzgitarre.

Am Freistrand beim Niendorfer Hafen; riff-strandbar.de

Bude 8

Jens Häberle, 16 Jahre Chef der Muschel in Haffkrug, erfüllt seinen und unseren Traum von der Gourmet-Strandbude. Mit Schweineschmorbacken in Trüffeljus oder Lachs-Tataki auf Algensalat.

An der Acht, Niendorf; bude8.net

Buddelbar

Wer sich im AMG mit 24-Karat-Felgen die Cohiba mit einem Fünfhunderter anzündet, findet hier passende Beachfront-Daybeds ab 200 Euro/Tag und spült die 240-Euro-Languste mit einer Balthazar (Zwölf-Liter-Flasche) Armand de Brignac Brut Rosé runter. Kostet 75.000 Euro. Muss es auch geben, so was.

Kurpromenade, Timmendorfer Strand; buddel.bar

Beachlounge

Das Maritim Seehotel baut sich eine eigene Holz-Lounge an den Hausstrand – bevor ein anderer das tut. Schön auch für externe Gäste.

Strandallee 73, Timmendorfer Strand; maritim.de

Milchhäuschen

Warum schmeckt in dieser Strandbude sogar die Currywurstsoße exquisit? Das Essen stammt aus der Fine-Dining-Küche des Restaurants Horizont nebenan.

Strandallee 47-49,Timmendorfer Strand; strandhotel-fontana.de/milchhaeuschen

Grande Beach Café

Die Beachlounge Scharbeutz wird nun von den Machern des Café Wichtig betrieben – mit jeder Menge Sport-Events, Caribbean Nights, Pure White Beachpartys und top Speis und Trank.

Strandallee 139, Scharbeutz; grandebeach-cafe.de

Beachhouse

Nahtlos von drinnen nach draußen loungen mit Sushi, Veggie und Burger, oder – total angesagt – Kaffee und Kuchen. Auf für die Generation XYZ.

Auf der Pelzerwiese 50, Neustadt/Pelzerhaken; beachhouse-pelzerhaken.de

DIE LÜBECKER BUCHT ENTDECKEN

Alle Adressen aus unserer Reisereportage auf einen Blick

A

A-Ja Hotel Am Leuchtenfeld 7; Travemünde; 04502 8864 2526; aja.de/standorte/travemuende

A-Rosa Grand Spa Resort Außenallee 10; Travemünde; 04502 3070632; a-rosa-resorts.de/reiseziele/travemuende

Arborea Marina Resort An d. Wiek 7-15; Neustadt; 04561 71990; arborea-resorts.com

Atlantic Grand Hotel Kaiserallee 2; Travemünde; 04502 3080; atlantic-hotels.de/grand-hotel-travemuende

B

Bayside Hotel Strandallee 130a; Scharbeutz; 04503 60960; bayside.de

BeachBay Travemünde Priwallpromenade 4; 04502 7801490; beachbay.de

Bimmelbahn Am Leuchtenfeld 7; Travemünde; 0178 1332685; bimmelbahn.sh

D

Das Leo Strandallee 99a; Scharbeutz; 04503 7078188; dasleoscharbeutz.de

Dünengolf Pönitzer Chaussee; Scharbeutz; 0172 4298182; luebecker-bucht-ostsee.de/freizeittipps-details/9824/ Duenengolf-Scharbeutz

E

Eiscafé Eismeer Am Strande 1; Sierksdorf; 04563 4719795; facebook.com/EiskaffeeEismeer

Erlebniscafé Hermannshöhe Hermannshöhe 1; Travemünde; die-hermannshoehe.de

H

HAFFdüün Strandallee 31; Scharbeutz; 04563 4783437; lb-gastro.de/haffdueuen

Hansapark Am Fahrenkrog 1; Sierksdorf; 04563 4740; hansapark.de

Himmelblau Strandallee 10; Haffkrug; 04563 4786272; himmelblau-haffkrug.de

Hotel Gran Belveder Strandallee 146; Scharbeutz; 04503 3526600; hotel-belveder.de

K

Kailua Lodge Auf der Pelzerwiese 24; Neustadt; 04561 5588229; kailualodge.de

Karls Erlebnishof Warnsdorf Fuchsberg-straße 4; Ratekau; 04502 888432; karls.de/warnsdorf

Keine Gezeiten Kaiserallee 6; Travemünde; keinegezeiten.de

Kletterwald Parkallee 3; Travemünde; 01517 2448941; kletterwald-travemuende.de

M

Maritim Seehotel Strandallee 73; Timmendorfer Strand; 04503 6050; www.maritim.de/de/hotels/deutschland/seehotel-timmendorfer-strand-ostsee

Matzen Kaufhaus Vorderreihe 63; Travemünde; 04502 86660; matzen-mo.de

MS Hanseat II Niendorfer Hafen; Timmendorfer Strand/Niendorf; 0170 7747237;

Musik im Strandkorb szeneluebeck.de/city-talk-artikel/musik-im-strandkorb.html

N

Nautic Club Timmendorfer Pl. 12B; Timmendorfer Strand; 04503 2468; nautic-timmendorf.de

O

Ostsee Therme Strandallee 143; Scharbeutz; 04503 35260; ostsee-therme.de

ostsee-rundfahrten.de/Unsere-Schiffe/Hanseat-II

P

Passat Viermastbark Priwallpromenade 3a; 0451 1225220; travemuende-passat.de

R

Reiterpark Max Habel Bujendorfer Weg 1; Süsel; 0178 1566167; maxhabel.de

Robert Stolz Markt 24; Plön; 04522 7895295; robertstolz.de

S

Sandskulpturen Travemünde Landstraße 306; Travemünde; sandskulpturen-travemuende.de

Schön Kliniken Am Kiebitzberg 10; Neustadt; 04561 540; schoen-klinik.de/neustadt

Sea Life Kurpromenade 5; Timmendorfer Strand; 0731 146115335; visitsealife.com/timmendorfer-strand

Skatepark Am Bürgerhaus 2; Scharbeutz; 04503 77090; gemeinde-scharbeutz.de/Freizeit-und-Kultur/Skatepark.htm

Stars am Strand Timmendorfer Strand; stars-am-strand.de

Strandbutler app.strandbutler.de

Strandgolfer Strandallee 135-137; Timmendorfer Strand; 0172 6420080; strandgolfer.de

Strandperle Kaiserallee 10; Travemünde; 04502 8889707; lieblingsplatz-hotels.de/strandperle

Surf & SUP-Schule Strandallee 11; Timmendorfer Strand; 0163 5141311; surfschule-timmendorf.de

T

tobis Rad Travemünde/Timmendorf/Scharbeutz/Pelzerhaken; tobisrad.de

Travemünder Woche travemuender-woche.com

V

Vogelpark Niendorf An der Aalbeek; Timmendorfer Strand/Niendorf; 04503 4740; vogelpark-niendorf.de/

W

Waves & Soul Beach Tour wavesandsoulbeachtour.de

Wolkenlos Seebrücke Timmendorf; Timmendorfer Strand; wolkenlos-timmendorf.de

Z

Zeidlerklause Am Strande 6; Sierksdorf; 0176 56969866; zeidlerklause.de

FOTO: TALB OLIVE

Nordsee-wellen

Ebbe und Flut, weite Strände, Leuchttürme und wunderschöne Sonnenuntergänge: Die Nordsee ist ein Urlaubsparadies. Das Meer kommt besonders nah, und man kann die Seele baumeln lassen – Kulinarik und Wellness inklusive

TEXT: ALICE VON DER LADEN

O: BEACHMOTEL/ANDREA FLAK

Der Büsumer Museumshafen lockt mit alten Kuttern, Segelschiffen und Nordsee-Charme

DITHMARSCHEN
BÜSUM

Moin, Moin! Der kleine Küstenort Büsum verzaubert mit seiner ursprünglichen Natürlichkeit. Hier herrscht echtes Nordsee-Feeling mit viel Ruhe, Weite und Entspannung. Als drittgrößter Urlaubsort an der schleswig-holsteinischen Nordseeküste verspricht das Nordseeheilbad Büsum einen gelungenen Urlaub für alle. Familien mit Kindern, Naturfreunde mit Hunden sowie Outdoor- und Wassersportler können hier fernab vom Alltag die maritime Atmosphäre eines früher verschlafenen, mittlerweile hellwachen Küstenortes genießen. Hier trifft Erholung auf Tradition und Moderne. Neben Wasser, Wattenmeer und Wind gibt es viel zu entdecken: Highlights von Büsum sind die Strandpromenade, der Museumshafen, der Nationalpark, das Weltnaturerbe Wattenmeer und – natürlich nicht zu vergessen – ein leckeres Brötchen mit Büsumer Krabben.

Maritimes Flair und viel Licht im Restaurant Deichperle

Küchenchef Matthias Krüger tischt Produkte aus der Region auf

Küstenperle

Direkt an der Büsumer Perlenbucht hat im Sommer 2017 das Küstenperle Strandhotel & Spa eröffnet. Das regionale Konzept zieht sich durch die 93 Zimmer und Suiten und wird auch im Restaurant Deichperle großgeschrieben. Ehrlich-bodenständig und immer mit spannenden geschmacklichen Komponenten. Ein Spielzimmer sorgt für gute Laune bei den Kleinen. Wer Lust auf einen Aperitif oder Digestif verspürt, lässt den Urlaubstag entspannt in der Bar Schneiders ausklingen.

Dithmarscher Straße 39, Telefon 04834 96 21 10; hotel-kuestenperle.de

New Wave

Nicht in Dithmarschen, sondern auf der schönen Insel Norderney lockt das Boutique-Hotel New Wave, Partnerhotel der Büsumer Küstenperle, ans Meer. Es gibt 73 Zimmer, einen farbenfrohen Interieur-Mix, die einzige Dachterrasse der Insel und ein besonderes Food-Konzept: Im hoteleigenen Restaurant Oktopussy will Spitzenkoch Sascha Lissowsky gemeinsam mit Küchenchef Christopher Schulz überraschen und neue Maßstäbe auf Norderney setzen. Im mediterran bepflanzten Innenhof kann auch unter freiem Himmel gegessen werden. Ein stylisher Feuerring dient gleichzeitig als BBQ-Grill. Auf der überdachten Dachterrasse kann man vom Liegestuhl aus den Sonnenuntergang beobachten und bei einem Cocktail der Meeresbrandung lauschen.

Luisenstraße 13-15 (Norderney), Telefon 04932 934200; new-wave.de ➡

Stylisch und modern: Das Hotelrestaurant Oktopussy

FOTOS: NEW WAVE (U.), ANNEGRET HULSCH (L.), TMS BÜSUM GMBH (O.)

Das Lighthouse Hotel & Spa liegt direkt am Wasser

Lighthouse

Das Lighthouse Hotel & Spa lässt Küstenherzen höherschlagen und richtet sich an Erholungsurlauber, Wellness-Liebhaber und alle, die Lust auf eine besondere Auszeit haben. Ausgestattet mit 111 hochwertigen Zimmern, Suiten und Apartments, drei Restaurants, zwei Bars und einem Spa-Bereich, gilt hier vor allem voller Urlaubsgenuss. Direkt am Wasser, mit herrlichem Ausblick auf den historischen Hafen sowie die Küste Büsums. Das Restaurant Schnüsch macht seinem Namen alle Ehre: Hier schnackt man Platt. Produkte aus der Region und ein gehobenes Fine-Dining-Konzept bringen raffinierte Menüs up de Tellers.

Am Museumshafen 11, Telefon 04834 984 20; hotel-lighthouse.de

Meerzeit Büsum

Das Schwimmbad Meerzeit Büsum, ehemals Piraten Meer, ist ein Highlight an der Nordsee für Jung und Alt. Neben einem Wellenbad mit Meerwasser wartet auf die Wasserratten ein großer Saunabereich mit umfassendem Wellness- und Massageangebot. Die erst kürzlich eröffnete Dachterrasse mit 450 Quadratmetern begeistert nicht nur mit Ausblick auf die Nordsee, sondern auch mit Panoramasauna und Whirlpool. Erst vor Kurzem wurde das Schwimmbad hell, modern und weitestgehend barrierearm renoviert und gemäß der Gästebedürfnisse sowie der technischen und energetischen Anforderungen nach heutigem Standard modernisiert.

Südstrand 9, Telefon 04834 90 91 33; buesum.de/piratenmeer

Gosch

Bekim Kamberi, Betriebsleiter und Küchenchef im Gosch Büsum, serviert an 190 Außen- und 57 Innenplätzen beliebte Meeresspezialitäten mit Blick auf den Hafen: „Als ehemalige Insel hat Büsum mehr mit Sylt gemeinsam, als man denkt. Neben einer stürmischen Vergangenheit und der engen Verbundenheit zum Meer gibt es auch eine große kulinarische Gemeinsamkeit: lecker Gosch!" Ein Fischbrötchen, das Gosch-Original der ersten Stunde, hat einiges drauf: von Matjes über Lachs bis Makrele. In Büsum schmecken die knackigen Klassiker allerdings am besten mit Krabben.

Am Hafen 9, Telefon 04834 96 08 64; gosch.de

Gosch gehört an die Nordsee wie Möwen, Ebbe und Flut

Bretterbude

Die Heimathafen Hotels haben ihr erfolgreiches Konzept der Bretterbude von der Ostsee auch an die schleswig-holsteinische Nordseeküste nach Büsum gebracht. Hier, direkt an dem familienfreundlichen Strand Perlebucht kommen Familien und Strandfans voll auf ihre Kosten. Statt in Zimmern schläft man in den 116 Butzen, die in unterschiedlichen Designs und Größen angeboten werden. Mit dabei: das Restaurant Strandschuppen, die Bar Alter Kutter und die Beachbar Sandkiste, ein Wellnessbereich mit Sauna, Ruhe- und Behandlungsräumen für Massagen und Kosmetik, sowie Fahrradverleih, Shop und Kino.

Dithmarscher Straße 29, Telefon 04834 96 04 00; bretterbude-buesum.de

Neben der Bretterbude in Büsum gibt es auch ein Hotel in Heiligenhafen

NORDFRIESLAND
ST. PETER-ORDING

Ein feinsandiger Strand mit einer Länge von zwölf Kilometern und bis zu zwei Kilometern Breite, Dünen, Salzwiesen, Kiefernwald und Meer – diese Mischung macht St. Peter-Ording zu einem der beliebtesten Urlaubsorte an der Nordseeküste. Endlose Weite, frische Nordseeluft und Spaziergänge am Strand und im Wattenmeer sorgen für Erholung. Die frische Seeluft weht den Alltagsstress weg, der Kopf wird frei, die Seele ruhiger. Im Sommer ein Eldorado für Kitesurfer und Strandsegler, Sonnenanbeter und Wasserratten, im Herbst und Winter ein Ort für kleine und große Schatzsucher. Denn am Flutsaum findet man neben unzähligen kleinen Schätzen mit etwas Glück sogar einen Bernstein. An der schleswig-holsteinischen Westküste zählt St. Peter-Ording zu den ergiebigsten Fundgebieten für einen der ältesten Schmuck- und Heilsteine.

St. Peter-Ording ist ein beliebtes Urlaubsziel bei Sportlern

FOTOS: ANDREA FLAK (O.L.), CHRISTIAN PERL (O.R.), MOBBYPICS (U.L.), TZ SPO (U.R.)

Aalernhüs

Im Aalernhüs Hotel & Spa wird Entspannung großgeschrieben. Gäste können hier zwischen 68 Zimmern und 18 Residenzen unterschiedlichster Kategorien wählen. Gespeist werden entweder regionale Fisch- und Fleischspezialitäten frisch vom Grill im Hotelrestaurant, von Hand zubereitete Gerichte aus lokalem Anbau in Hedwigs Esszimmer oder Kaffee, Cocktails und frischer Kuchen in Carls Lobby & Bar. Im Sommer kann der Außenbereich samt Pool und Liegewiese genutzt werden, während an kälteren Tagen Sauna, Spa und Whirlpool für reichlich Entspannung sorgen.

Friedrich-Hebbel-Straße 2, Telefon 04863 7010; aalernhues.de

Beach Motel

Nordish by nature! Das Beach Motel in St. Peter- Ording ist kein konventionelles Hotel, sondern ein Lifestyle-Motel. Direkt an der Auffahrt zum Strand gelegen, erleben Gäste mit Kindern und Hunden hier ein besonderes Hotelerlebnis. Drei Gebäude im Stil der Strandhäuser der US-Ostküste beherbergen individuell eingerichtete Zimmer, Junior- und schicke Themen-Suiten mit direktem Meerblick. Ruhe findet man im Ocean Spa mit Saunabereich und Wellnessprogramm. Die Beach Lounge und die „o.n.o" Bar für Nachteulen sowie das Restaurant Dii:ke mit köstlicher Steinofenpizza sorgen für die kulinarische Versorgung.

Am Deich 31, Telefon 04863 908 00; beachmotel-spo.de

Im Restaurant Dii:ke landet Fisch in diversen Varianten auf den Tellern

Lieblingsplatz Strandhotel SPO

Wellen, Wind und Strand: In Eins-a-Lage im Ortsteil Bad liegt das familiär geführte Hotel auf einem eingewachsenen Dünengrundstück. Schön gestaltete Lounge-Sitzecken im Garten und neu gestaltete Hotelzimmer sowie ein gemütliches Frühstücksrestaurant laden zu einem entspannten Urlaub ein. Wer die Umgebung erkunden möchte, kann sich hoteleigene Fahrräder oder E-Bikes ausleihen.

Im Bad 73, Telefon 04863 958 93 25; lieblingsplatz-hotels.de

Salt and Silver am Meer

Während die zwei Salt and Silver-Restaurants in Hamburg von den Reisen der Inhaber beeinflusst sind, können sich die Gäste des gleichnamigen Restaurants am Meer auf echtes Nordsee-Feeling freuen. Am Böhler Strand in dem berühmten Pfahlbau ist das Restaurant seit April 2022 beheimatet. Als Fischgrill und Strandbar ist das Salt and Silver am Meer eine gute Adresse für Austern, kreative deutsche und internationale Gerichte sowie eine große Auswahl an Getränken während des Sonnenuntergangs.

Zum Böhler Strand, zentrale@saltandsilver.de; saltandsilver.de

➡

Auf Sylt gehören die Leuchttürme zu den offiziellen Insel-Wahrzeichen

NORDFRIESLAND
SYLT

Kennen Sie die offiziellen Insel-Wahrzeichen von Sylt? Dazu zählen die fünf Leuchttürme, Strandkörbe, Reetdachhäuser, das traditionelle Ringreiten und die friesische Sprache Sölring. Als größte Nordseeinsel lockt Sylt ferner mit beeindruckenden Steilküsten, blühender Heide und traumhaften Stränden sowie mit zwölf charmanten Orten. Surfer, Kiter und Segler kommen an der Ost- und Westküste auf ihre Kosten. Radfahrern, Joggern und Spaziergängern bietet ein 220 Kilometer langes Streckennetz reichlich Möglichkeiten. Golfer lassen sich den Nordseewind auf einem der vier Golfplätze um die Nase wehen. Zudem glänzt Sylt als kulinarische Hochburg im Norden. Die Insel verbindet großartige Küche mit höchster Qualität, regionaler Vielfalt und friesischer Gastfreundschaft.

Das A-Rosa Hotel liegt idyllisch in den Dünen von List

A-Rosa

Das A-Rosa Sylt liegt eingebettet in die idyllische Dünenlandschaft von List am nördlichen Ende der Nordseeinsel und verfügt über 147 Zimmer, 30 Suiten und zwei Restaurants. Der Spa-Bereich mit 3500 Quadratmetern erstreckt sich über zwei Ebenen und lässt mit einem freien Blick auf die See das Wechselspiel von Ebbe und Flut beobachten. In den beheizten, mit Meerwasser gefüllten Innen- und Außenpools, sechs verschiedenen Saunen, einem großen Sonnendeck oder im Ruheraum können Gäste herrlich entspannen. Familien sind im A-Rosa Sylt herzlich willkommen: Im Club Rosinis sind Kinder und Jugendliche im Alter von 3 bis 15 Jahren gut aufgehoben.

Listlandstraße 11 (List), Telefon 04651 96 75 07 00; a-rosa-resorts.de

Walter's Hof Boutique-Hotel ist eine Top-Adresse in Kampen

Walter's Hof

Im stilvollen Boutique-Hotel Walter's Hof in Kampen kann man seinen Urlaub richtig genießen. Alle Zimmer, Appartements und Suiten haben eines gemein: ein großzügiges Platzangebot, eine hochwertige Ausstattung mit Liebe zum Detail sowie viel Ruhe und Behaglichkeit. Auf der Restaurantterrasse lässt sich der Sonnenuntergang in der ersten Reihe genießen.

Kurhausstraße 23 (Kampen), Telefon 04651 44 90 00; walters-hof.de

Walter's Hof lockt mit traumhafter Sonnenuntergangsterrasse

FOTOS: SYLT MARKETING/DOMINIKTÄUBER (O.L.), ROMAN MATEJOV PHOTOGRAPHY (M.L.), MAGULSKI PHOTOGRAPHY (M.R., U.R.), HOLGER KRÖGER (U., L.), STRAND UTERSUM (O.R.)

Föhr ist ein Eldorado für Strandliebhaber und Hundefreunde

NORDFRIESLAND
FÖHR

Auf Föhr sind Hunde ausdrücklich willkommen. Mehr als 500 hundefreundliche Unterkünfte, sechs Hundestrände und eine große Auslauffläche sowie mehr als 50 kostenlose Hundetoiletten hält die Insel für einen Urlaub auf vier Pfoten bereit. Aber aufgepasst – selbstverständlich sind Hunde in der Fußgängerzone, an der Strandpromenade und in Waldgebieten an der Leine zu führen. Typisch für die Insel sind die fünf großen Windmühlen und die reetgedeckten historischen Höfe. Die Lage und der Einfluss des Golfstroms bringen Föhr nicht nur ein mildes Reizklima, sondern auch den Beinamen „Friesische Karibik" ein. Zentrum und einzige Stadt auf Föhr ist Wyk, eines der ältesten Seebäder Deutschlands mit kleinen gemütlichen Häuschen und prunkvollen Jugendstilvillen an der Südostküste der Insel.

Upstalsboom Wyk auf Föhr

Ein Ausflug auf die Insel Föhr wird perfekt mit einer oder mehreren Übernachtungen im Hotel Upstalsboom. Das Haus verfügt über 144 Zimmer und 23 Residenzen, einen 2000 Quadratmeter großen Spa-Bereich samt Haar-Spa, wo sich die Experten mit Hingabe um einen entspannten und gut aussehenden Kopf kümmern. Das Hotel liegt in unmittelbarerer Nähe zum Südstrand und zur Promenade, von wo aus man wunderbare Strandspaziergänge absolvieren kann. Den Abend gemütlich ausklingen lassen kann man dann in der Bar Hygge – die perfekte Kulisse, um leckere Drinks und klassisches Bar-Food in entspannter Atmosphäre zu genießen.

Gmelinstraße 11 (Wyk auf Föhr), Telefon 04681 99200; resort-suedstrand-foehr.de

Restaurants alphabetisch

Jede Menge neue Hotspots – zum Beispiel das Edmondo in der ehemaligen Die Bank

FOTO: JOANN PAI

Restaurants nach Stadtteilen

Restaurants nach Stadtteilen

Cafes & Röstereien

Bars

Umland

Bars, Bars, Bars: gepflegte Absacker mit Elbblick in der Skyline Bar 20up

FOTO: MARC SILL

Sommersaison - April bis Oktober
StrandPauli
OPEN ALL YEAR
Wintersaison - November bis März

IMPRESSUM

SZENE HAMBURG ESSEN+TRINKEN 2023/2024
Herausgeber: Tanya Kumst, Mathias Forkel
VKM Verlagskontor für Medieninhalte GmbH
Gaußstraße 190c, 22765 Hamburg
Telefon: (040) 36 88 110–0
Online: www.genussguide-hamburg.com
www.facebook.com/genussguidehamburg
www.instagram.com/genussguidehamburg
E-Mail: info@genussguide-hamburg.com
Projektleitung: Ilona Lütje (ILO), Andreas Daebeler (AND)
Redaktion Essen+Trinken: Tammy Kim Duong (KD), Marina Höfker (MHÖ), Anton Ratschat (TON), Sirany Schümann (SIS), Katharina Stertzenbach (KS), Alice von der Laden (AVL), Johanna Zobel (JZ)
Assistenz: Ann-Cathrin Forkel, Josephine Giese, Luna-Lavinya Kumst, Jule Luetge, Rebecca Heine, Fabio Steckel, Florim Nothnagel
Online-Redaktion & Social Media: Patrick Henke, Marie Oetgen
Schlussredaktion: Folko Damm, Elke Müller
Layout: Constanze Henk (Ltg.), Julia Friederike Kleinwächter, Tom Weber-Ude
Autoren dieser Ausgabe:
Manfred Augener (AUG), Thorsten Bartels, Alexander Baur (ABA), Pernille Behnke, Reimar Biedermann (BIE), Kai Bösel (KB), Erik Brandt-Höge (EBH), Nicole Büsing (NB), Frauke Constantin (FC), Kathrin Corda (CO), Benjamin Cordes (BC), Brian Couch, Andreas Daebeler (AND), Folko Damm (FD), Jens Dorendorf (JD), Andrea Eggers, Matthias Elwardt, Dagmar Ellen Fischer (DEF), Kristin Flöter (KF), Marco Fuchs (MF), Lara M. Gahlow (LMG), Lilli Gavric (LG), Karoline Gebhardt (KG), Markus Gölzer (MG), Katharina Grabowski (KGR), Anke Harnack, Frehn Havel, Michael Hein (MH), Lisa Holldorf (LH), Tina Ingwersen-Matthiesen, Birte Kahlke (BK), Heiko Klaas (HK), Julia Friederike Kleinwächter (JFK), Gereon Klug (GK), Dayan Kodua, Louisa Kopf, Thomas Kraupe (TK), Melanie-Gitte Lansmann, Peter Lau (PL), Kai Lohfeld (KL), Laura Lück (LL), Lukas Lütje (LUL), Katharina Manzke (MAN), Sascha Mika, Edina Müller, Jan Nebendahl, Hubert Neubacher, Eliane Neubert, Uschi Neuss, Levke Marie Nielsen (LMN), Ole Masch (OMA), Anna Christina Massing (ACM), Jens Mecklenburg, Almut Moritz (ALM), Katharina Neumann (KN), Matthias Onken (MO), Michael Otremba, Jan Paersch (JP), Stevan Paul, Anna Reclam (AR), Gerd Rindchen (GR), Mathias Rüsch, Kerstin Schallmaier (KSM), Inka Schneider, Mirko Schneider (MISCH), Jan Schröder (JAS), Dirk Schumaier, Dominik Schunk (DS), Martina Schwenker (MS), Sarah Seitz (SAS), Andreas Senf (AS), Jasmin Shamsi (JS), Carla Swiderski (CSW), Tom Till, Friederike Trudzinski (FT), Mara Veigl (MV), Kirsten Vogel (KV), Stefan von Ameln (SVA), Stefanie von Carlsburg, Denise Wachter (DSW), Peter und Silvi Wagner (PESI), Anne-Katrin Weber, Nadine Wenzlick, (NW), Martin Werhand, Felix Willeke (FW)
Cover: Thomas Escher
Fotos: Julia Schumacher, Marc Sill
Anzeigen: Kumst Medien Vermarktungsgesellschaft mbH
Geschäftsführung und verantwortlich für Anzeigen: Tanya Kumst
Anzeigen-Disposition: Lars Heitmann
Telefon: (040) 524 72 26 87 | info@kumst-media.de
Druck: Dierichs Druck+Media GmbH & Co. KG
Redaktionsschluss: 9. Mai 2023

Erscheinungsort und Gerichtsstand: Hamburg 2023

Ostsee

Fine Dining in lässiger Atmosphäre: Fien tu Huus in Pelzerhaken

FOTO: ELENA HERZ

Mehrwert Nährwert

„Ich krieg die Krise!" Welche jetzt genau? Heute müssen wir schon spezifizieren, was uns gerade um den Verstand bringt. Eine der täglichen Jahrhundertkrisen oder doch die persönliche Dauerkrise?

Gehen wir es küchenpsychologisch an und unterstellen, dass in jeder Krise eine Chance steckt, können wir uns vor Chancen eigentlich nicht mehr retten. Solange wir in Nähe der Küche bleiben. Wenn uns Corona eines gelehrt hat, dann, dass ein Leben ohne Gastronomie kein Leben ist. Vielleicht ist es an der Zeit, die Chance zu ergreifen, das Selbstoptimierungsprogramm in die Restmülltonne zu treten und uns verwöhnen zu lassen, bis die Schwarte kracht. Allen Propheten der Askese ein herzhaftes „Ihr könnt zu Hause bleiben" und ab ins Restaurant, an die Bar oder jeden anderen Ort, an dem sich Menschen treffen, um den Verzicht auf Verzicht zu feiern.

Unser Kolumnist Markus Gölzer will von Krise nichts mehr hören. Er will wieder ausgehen und genießen – ganz ohne Bedenkenträger

Verstärktes Schlemmen wirkt nach innen wie nach außen. In unruhigen Zeiten ist es Labsal für die überforderte Seele und den unterforderten Verdauungsapparat. Die Geschmacksknospen wühlen sich rein ins Vergnügen, der Stoffwechsel kriegt guten Stoff, der Magen freut sich über sportliche Dehnungsübungen. Und wenn es mal zu viel war, über einen Schnaps. Okay, zwei. Gedärm und Leber dürfen endlich wieder zeigen, was sie können. Hunger, nach dem ersten Gang kurz satt, dann noch mehr Hunger – das Wechselspiel der Sättigungshormone ist das Wimbledon unter den biochemischen Prozessen. Grand Slam statt Slim. Der Körper hat jetzt einen Lauf ganz ohne Bewegung. Sein Aufschlag heißt Nachschlag. Er giert nach Luststoffen wie Diät-Junkies nach Kindergrößen. Serotonin, Zucker und Fett an Gehirn: Jetzt kommt die Flut. Gehirn an Laune: Verdammt, kommt das gut. Das denkt sich auch die gebeutelte Gastrobranche und dankt mit vielen Neueröffnungen. Gastwirtschaftsweise sprechen hier von einer Chin-chin-Situation.

Sei das Voll in Wertvoll

Nie war ein üppiges Mahl wertvoller als heute. Nährwert ist der neue Mehrwert, Maßlosigkeit das rechte Maß. Wer jetzt einwirft, zum Reinhauen müssten wir das Haus nicht verlassen, das könnten wir im trüben Licht des Kühlschranks machen, auch mal im Stehen, hat recht. Aber nur, wenn es ein Doggy Bag mit den Resten des Gelages ist, bei dem wir eben im Lokal an unsere Grenzen gestoßen sind.

Völlerei will vor Zeugen begangen werden, außerdem schmeckt ja bekanntlich nichts besser als die Nachspeise der Begleitung. Sitzen wir im Restaurant, haben wir alles richtig gemacht. Aber Vorsicht! Selbst jetzt kann es noch kippen, wenn sich ein Essneurotiker in die Runde eingeschlichen hat, der uns bei jeder Bestellung mit seinen Ängsten behelligt. Kohlenhydrate machen fett, Weizen ist böse, Zucker das Kokain des kleinen Mannes und so weiter. Essensmythen gibt es viele. Manche sind wahr, manche nicht, keine gehört an den Tisch. Jetzt gilt es, Ruhe zu bewahren und den Spielverderber, nennen wir ihn Till, höflich in die Schranken zu weisen:

„Wie kannst du Steak bestellen? Rotes Fleisch ist sooo ungesund!"

„Ist schlechte Laune das nicht auch, Till?"

„Laut Weltgesundheitsorganisation WHO ist rotes Fleisch krebserregend!"

„Laut WHO-Studie von 2016 ist auch heißer Tee möglicherweise krebserregend, Till!
Und trinke ich Tee, Till?
Wie viel Verzicht willst du mir noch abverlangen, Till?"

Der Vorteil unserer statistikverliebten Zeit ist, dass wir uns immer die Studie aussuchen können, die uns gerade am besten schmeckt. Sicher ist, dass eine große Portion Glück besser ist als eine kleine. Und wenn es dann doch ein paar Kilo mehr auf der Waage sind, freuen wir uns über weniger Falten im Gesicht. Krisen hauen rein. Wir tun es auch.

FOTO: MICHAEL PFEIFFER